咬文嚼字

合订本

2021

上海咬文嚼字文化传播有限公司

上海文艺出版社

图书在版编目（CIP）数据

2021年《咬文嚼字》合订本 / 《咬文嚼字》编辑部编. -- 上海 : 上海文艺出版社, 2022
ISBN 978-7-5321-8143-8

Ⅰ. ①2… Ⅱ. ①咬… Ⅲ. ①汉语—语法分析 Ⅳ. ①H14

中国版本图书馆CIP数据核字(2021)第201989号

责任编辑 朱恺迪
封面设计 王怡君

2021 Nián《Yǎowén-jiáozì》Hédìngběn
书　　名 2021年《咬文嚼字》合订本
编　者 《咬文嚼字》编辑部
出　版 上海文艺出版社
地　址 上海市闵行区号景路159弄A座2-3楼
邮政编码 201101
发　行 上海市闵行区号景路159弄A座206室
印　刷 上海新艺印刷有限公司
开　本 787×1092 1/32
印　张 25.875
版　次 2022年3月第1版 2022年3月第1次印刷
国际书号 ISBN 978-7-5321-8143-8/H.071
定　价 60.00元（平装）
告 读 者 如发现本书有印刷质量问题请与印刷厂质量科联系
电　话 021-33854186

整个“华语圈”都应“咬文嚼字”

——从一则新闻短讯谈起

（序）

［马来西亚］林国安

《咬文嚼字》1995年创刊以来，积极“关注语文运用，纠正语文差错，传播语文知识，引导语文生活”。小小刊物，价值功能大啊！《咬文嚼字》2021年合订本即将出版，应编辑部邀约为合订本作序，正可向引导社会语文生活的《咬文嚼字》致敬。

2020年春迄今，新冠病毒肆虐全球，马来西亚亦受波及，至今疫情未灭，新闻媒体每日通报疫情变化，揪动人心。

11月10日，马来西亚某华文报章的一则新闻短讯开篇写道：“（吉隆坡10日讯）截至今午12时，国内激增6243宗新冠肺炎确诊病例，单日通报病例阔别近2周后再现6字头。”

对语言文字应用错误有一定敏锐反应的读者可以很快察觉：“阔别”用词不当。因为“阔别”意思是“长时间地分别”或“长久地分别”，这里是说时间间隔2周，时间是短的，而且也不需要滥用“拟人”修辞；直接说“间隔2周”就行了嘛。马来西亚华文报章新闻报道出现语病，已属司空见惯。无论百年老报，还是休闲小报，不难揪出语文差错。例如庆贺广告一再使用“再接再励”错误词形，等等。

华文学校、华文报章、华人社团被誉为海外华侨华人“三宝”，在传承民族语言文化教育方面扮演着重要的角色，特别是华文学校和华文报章攸关民族社会语言生活素质，反映民族语言文字应用发展水平。在马来西亚华文学校，华语文作为第一语言（母语）教学，也是主要教学媒介语，学生以华文学习学科知识，发展学科能力。然而，华校学生一般用了12年时间学习民族母语，却未必能达成最大成效——他们未能全面掌握华文运用规律，无论口语或书面语表达大量出现这样或那样的语病，读写能力也与生活实际不相适应。因此，各级华文学业评价与考试命题仍保留考查正音、识别错别字、修改病句等项目，既为语文能力测评，又唤起语用规范意识，确保语文素养培育。

社会领域用语，缺乏监控机制，语用规范意识也不强，使用随意性大。这也是上述报章语用错误的客观因素。上世纪90年代中期，有华文教育领导机构尝试在社会层面推动华语言文字应用规范化工作，但进展乏力，收效甚微。随后成立了马来西亚华语规范理事会，除了致力于实物名、地名、人名等规范工作，似乎也应该对大众传媒语用规范起到引领作用。

语言文字应用规范化是社会语言生活发展和民族文化建

设的重要内容，也是社会文明进步的重要标志。当前社会语用错误，对社会语言生活形成污染，有损民族共同语的形象与功能，语言伦理、语言文明建设面临挑战。70年前（1951年）《人民日报》社论《正确地使用祖国的语言，为语言的纯洁和健康而斗争！》对今天马来西亚华人社会建构纯洁健康语言生活，仍具有深刻现实意义。

行文至此，看到《咬文嚼字》杂志的宣传文案："咬书咬报咬刊，咬天下该咬之错；嚼字嚼词嚼句，嚼世上耐嚼之文。"是的，"咬文嚼字"意识须深入社会语言生活，呼唤语用规范认知。整个"华语圈"都应"咬文嚼字"。华人社会文化教育组织机构，可以常讲解、多宣传；大众传媒广开渠道，为民众答疑咨询。大家共同为规范社会用语提供助力，引导社会语言生活健康发展。

谨结合马来西亚华人社会语用情况，略述"咬文嚼字"的意义和作用，是为序。

2021年12月

（作者系本刊特约编委）

《咬文嚼字》2021年第1—12期(总第313—324期)

总 目 录

(斜线后的数字,前为期数,后为页数)

整个"华语圈"都应"咬文嚼字"(序)
…………………………林国安/1

名家语画

"早日战胜此次疫情,共建美好家园!"…展 旺 臧田心/1.1
莫言吟诗为"抗疫"助力
……………刘远川 臧田心/2.1
"任何一个奋斗与献身,都是永恒"……钱欢欣 臧田心/3.1
父亲的评价
……………王 笑 臧田心/4.1
"为老百姓谋幸福"
…………钱欢欣 臧田心/5.1
从"九〇后"一直干到"百〇后"
…………钱欢欣 臧田心/6.1
航天英雄寄语电子科大学子
…………钱欢欣 臧田心/7.1
"更好地为党为人民服务"
…………钱欢欣 臧田心/8.1
入党的日子就像生日
…………黄文健 臧田心/9.1
"感谢自己在最艰难的时候不放弃自己"… 李 悦 臧田心/10.1
"不辱使命,再立新功"

…………康　泰　臧田心 /11.1
"敢于有梦、勇于追梦、勤于圆梦"
…………康　泰　臧田心 /12.1

年度盘点

2020 年十大流行语 …………/1.4
2020 年十大语文差错 ………/2.4

学习专栏

读者视角　互动导向
…………………… 曹秀玲 /8.4
取舍之间的现代白话魅力
…………………… 朱庆祥 /8.8
再读陈望道《文法简论》有感
…………………… 方绪军 /8.10

前线观察

"鸡尾酒疗法"漫谈
…………………… 高丕永 /2.7
"全周期"和"闭环"
…………………… 南　园 /2.9
疫情下的"新常态"
…………………… 高丕永 /3.4
小议"我无法呼吸"
…………………… 代宗艳 /3.6

热点聚焦

要奋斗，别内卷 …… 刘心萌 /4.4
防疫抗疫用的字母词
…………………… 南　园 /4.6
孺子牛 · 拓荒牛 · 老黄牛
…………………… 王冬雪 /5.4
"空巢青年"及其他
…………………… 南　园 /6.4
"碳达峰""碳中和"等"碳族词"
说略……………… 高丕永 /6.6
"疫苗 +"词语漫谈… 高丕永 /7.4
"免疫"的前世今生
…………………… 南　园 /7.6
红色资源 红色基因 红色江山
…………………… 代宗艳 /9.4
进入"新"时代 …… 何俊萍 /10.4
说古道今话"小康"
…………………… 曹志彪 /11.4
"赶考"，永远在路上
…………………… 代宗艳 /12.4
从"谋而后动"到"谋定快动"
…………………… 曹志彪 /12.6

锁定名人

《老子的帮助》中的两处差错

…………………… 李延春 /4.8
中国“让世界为之侧目”？
…………………… 杨宏著 /4.9
“锱铢”不可写为“辎铢”
…………………… 杨宏著 /5.26
“邃密”“遂觅”大不同
…………………… 王云峰 /5.27
“聒噪”读 guō zào
…………………… 程　旭 /6.8
应是“车钳铣刨”
…………………… 汤青武 /6.9
“七斗星座”应为“北斗七星”
…………………… 杨西仑 /8.41
不存在“孑孓”这种生物
…………………… 杨宏著 /8.42
“叨扰”不读“dāo 扰”
…………………… 言逆蝶 /10.7
《白鹿原》文字献疑
…………………… 时　未 /10.8

追踪荧屏

“陪嗣”？“陪祀”！
…………………… 李景祥 /1.8
“雾凇”岂是“雾”＋“松树”
…………………… 程　旭 /1.9
“胶着”不是“焦灼”
…………………… 雷　冰 /1.10
“舍弟”前不加“我”
…………………… 孟　超 /1.11
何来“率河之滨”
…………………… 杨学建 /1.12
“骚”首弄姿不可取
…………………… 杨学建 /2.11
抗美援朝纪念日何时确定
…………………… 王书强 /2.12
“拘捕”“拒捕”大不同
…………………… 李可钦 /3.8
赐的是“绣墩”不是“锈墩”
…………………… 梁德祥 /3.9
“世面”误为“市面”
…………………… 王凤娇 /4.26
“谷个子”不等于“谷子”
…………………… 梁德祥 /4.27
读错了“解甲归田”
…………………… 汤青武 /4.28
郑国渠不是“秦朝”修建的
…………………… 刘玉琪 /5.6
是“睛好”，不是“请好”
…………………… 张　阳 /5.7
别给费祎改名……… 盛祖杰 /5.8
“千肠”如何能“百转”
…………………… 梁德祥 /5.9
刘邦“单刀赴鸿门宴”吗
…………………… 龙启群 /6.29
收礼岂能说“笑纳”

……………………梁德祥 /6.30
“穷首皓经”说不通
……………………李捷鹏 /6.31
1978 年哪有“国家教委”
……………………毛纬武 /7.8
“懵懂”误作“懵懂”
……………………盛祖杰 /7.9
那时还没有“马来西亚”
……………………高良槐 /7.10
“暗结珠胎”的误用
……………………汤青武 /8.12
劳燕岂会“双飞”
……………………龙启群 /8.13
误读“髡”字 ………李景祥 /8.14
《觉醒年代》语误两例
……………………王 莉 /9.27
蒋介石是“食言”还是“失言”？
……………………秦 武 /9.29
“刀出壳,剑上弦”？
……………………杨为仁 /9.30
“镖上”应是“摽上”
……………………程 旭 /10.24
“纷乱咙”误为“纷乱咙”
……………………张应族 /10.25
“浪涛”不能写成“浪滔”
……………………梁德祥 /10.26
莫把明君作暴君……孙延宜 /11.7
“供品”非“贡品”
……………………高良槐 /11.8
谁解“了事佛身去”
……………………龙启群 /11.9
“抡元”夺魁无关“纶”
……………………孙晓青 /12.33
“悬壶”怎能“济世”
……………………张德民 /12.34

时尚词苑

“出圈”与“破圈”
……………………代宗艳 /1.13
“多”和“空”：一对特殊的
反义词…………高丕永 /1.15
芸芸众生盼“上岸”
……………………王冬雪 /1.17
人民至上！生命至上！
……………………代宗艳 /2.13
“河长”“街长”是什么“官”
……………………曹志彪 /2.15
以“切香肠”的方式聊聊
“切香肠”…………之 苹 /2.18
漫谈“ × 更”一族新词语
……………………东 湖 /3.10
弘扬“多边主义”
……………………刘冰鑫 /3.12
“玩坏了”的“凡尔赛文学”
……………………南 园 /3.14

"直播"与"带货"
……………………代宗艳 /4.10
福袋·扭蛋·盲盒
……………………高丕永 /4.12
多姿多彩的"花式 ××"
……………………王冬雪 /4.14
浅析"飒"的两个新义项
……………………高丕永 /5.10
"沉浸式 ××"新趋势
……………………夏　雨 /5.12
形形色色的"名场面"
……………………代宗艳 /5.14
揭开"杀猪盘"的面纱
……………………代宗艳 /6.10
描述老年人生活的几个新词语
……………………之　苹 /6.12
漫话"野蛮生长"
……………………何俊萍 /6.14
聊一聊字母词念法
……………………东　湖 /7.11
"隔空"成时尚 ……刘冰鑫 /7.13
"笑点"与"泪点" …王冬雪 /7.15
谨防"割韭菜" ……代宗艳 /8.15
"鸡娃"路上无尽头
……………………王冬雪 /8.17
"直升机父母""割草机父母"
之类………………高丕永 /8.19
踏石留印,抓铁有痕
……………………何俊萍 /9.9
转危为机探"风口"
……………………高丕永 /9.11
"实锤"新义 ………王冬雪 /9.13
火热的"气氛组" …代宗艳 /10.9
"共情",让彼此距离更近
…………………刘冰鑫 /10.11
风云变幻说"韧性"
…………………高丕永 /10.13
四字格新语"学思践悟"
…………………刘冰鑫 /11.10
借词"单品"正流行
…………………高丕永 /11.12
非谓形容词"原生"和"次生"
…………………南　园 /11.14
年轻人能甘于"躺平"吗
…………………王冬雪 /12.11
"内卷"是什么意思
…………………南　园 /12.13
"智商税"探微 …高丕永 /12.15

一针见血

应是"跻身" ………胡才顺 /1.19
《诗经》里头无此句
……………………沈阳仁 /1.19
没有"一但",只有"一旦"
……………………杨宏著 /1.20

“营救”误为“迎救”
……………………周　振 /1.20
“招租”“求租”大不同
……………………潘尚池 /1.21
“彀中”不是“縠中”
……………………罗　莉 /1.21
“太祖的儿子宋太宗”？
……………………汤生根 /1.22
“文绉绉”与皱纹无关
……………………阎德喜 /1.22
附骨之疽不是蛆……得　喜 /1.23
“耒耜”莫作“未耜”
……………………厉国轩 /1.23
结算是“轧”不是“扎”
……………………汤青武 /1.24
“云宵”当是“云霄”
……………………胡礼湘 /1.24
司马相如小名“尤子”？
……………………辜良仲 /1.25
何来“杏李”………厉申东 /2.20
“苦脊”应为“苦瘠”
……………………高良槐 /2.20
“席地而起”不合常理
……………………胡礼湘 /2.21
隋炀帝非自杀身亡…陈福季 /2.21
多余的“时”字……谢云秋 /2.22
秦琼坐骑“黄膘马”？
……………………李　澜 /2.22
“海蜓”是什么……邱　云 /2.23
烧刀子“端得厉害”？
……………………汤青武 /2.23
顺理不“承章”……谢三山 /2.24
“窨入水流”？………厉国轩 /2.24
“原形”和“原型”…杨宏著 /2.25
粮票不能拓印………郑时圆 /3.16
“颀(qí)长”误作“欣长”
……………………王殿雷 /3.16
“感情”“敢情”大不同
……………………杨宏著 /3.17
“落地”该为“落第”
……………………杨顺仪 /3.17
莼菜羹不称“纯羹”
……………………国　轩 /3.18
“负笈”莫作“负岌”
……………………陈关春 /3.18
结尾是“收梢”非“收稍”
……………………盛祖杰 /3.19
“龙门阵”不是“聊”的
……………………汤青武 /3.19
不是“万家宝”是“万家室”
……………………新　德 /3.20
大兴安岭旁没有“兴凯湖农场”
……………………李景祥 /3.20
“陇西”在甘肃省西部？
……………………孙延宜 /3.21
又见“寒暄”成“寒喧”

…………………… 阎德喜 /3.21
“驻节”不应作“住节”
…………………… 沈阳仁 /3.22
何来“附冀” ……… 周宇翔 /4.16
“成讦”应为“成谶”
…………………… 洪 竹 /4.16
“生死已”还是“生死以”？
…………………… 吴孝成 /4.17
不是“岜”，应是“邑”
…………………… 厉国轩 /4.18
应是“兵马钤辖” … 厉申东 /4.18
误用“唁电” ……… 秦 武 /4.19
花朵落在“窗枢”上？
…………………… 居容人 /4.19
拉萨何来“八廊街”
…………………… 文昌聿 /4.20
“拾步”乎？ “信步”也！
…………………… 辜良仲 /4.20
应是“钴鉧潭” …… 李景祥 /4.21
荒废政事称“怠”政
…………………… 杨昌俊 /4.22
“秉钧”？ “秉钧”！
…………………… 肖遥生 /4.22
形容自如应用“裕如”
…………………… 杨为仁 /4.23
“助纣为孽”？ ……… 张震东 /5.16
摩洛哥和摩纳哥大不同
…………………… 邓增松 /5.16
没有“刑台市” …… 王宏玉 /5.17
自己不能用“惠顾”
…………………… 戴依依 /5.17
妄说“义薄云天” … 吴孝成 /5.18
何来“褚红”？ 应是“赭红”
…………………… 重 阳 /5.18
“吉安”不是“辑安”
…………………… 沈阳仁 /5.19
何来“真知烁见” … 阎德喜 /5.19
应是“兄弟阋墙” … 周宇翔 /5.20
弄错了《卖炭翁》的作者
…………………… 厉国轩 /5.20
“广褒的大地”？ …… 杨昌俊 /5.21
“方寸”不是“方阵”
…………………… 谢云秋 /5.21
苏轼并未二任杭州知府
…………………… 晋 相 /5.22
何来“视若罔闻” … 盛祖杰 /6.17
“腐蚀土”岂能当肥料
…………………… 李景祥 /6.17
“峻黑的木头桩子”？
…………………… 杨昌俊 /6.18
“羊酮体”？ “羊胴体”！
…………………… 杨亚东 /6.18
“鸣骹”不读“鸣 qiāo”
…………………… 汤生根 /6.19
“期骥”应为“期冀”
…………………… 高良槐 /6.20

何来“蔑索” ……… 新 德 /6.20
船桩怎能“锲入”陈洞
…………………… 谢云秋 /6.21
“异彩”“溢彩”莫混淆
…………………… 阎德喜 /6.21
婆媳“相敬如宾”？
…………………… 霍民起 /6.22
“厌目”不是“瞪直了眼睛”
…………………… 浦东轩 /6.22
“木筏”非“木阀” … 居容人 /6.23
“不肖”？“不屑”！
…………………… 雷晓琪 /7.17
世上本无“阿斗物”
…………………… 汤青武 /7.17
“毕路蓝缕”？“筚路蓝缕”！
…………………… 余培英 /7.18
这话不是柳宗元说的
…………………… 厉国轩 /7.18
“淳华”应是“淳化”
…………………… 李景祥 /7.19
是“屏息”不是“屏吸”
…………………… 徐长庚 /7.19
“桥段”不能写成“桥断”
…………………… 周 振 /7.20
“尺之壁”？“尺之璧”！
…………………… 国 轩 /7.20
何来“臧获”？应是“臧获”！
…………………… 重 阳 /7.21
“零摄氏度”不可写作
“摄氏零度”……… 毛萧山 /7.22
“青苔”误为“青笞”
…………………… 杨昌俊 /7.22
何来“毛莨科” …… 新 德 /7.23
“髦耋”指什么 …… 阎德喜 /7.23
“少倾”当为“少顷”
…………………… 朱耀照 /8.21
“油菜苔”应为“油菜薹”
…………………… 王宗祥 /8.21
“葵扇”就是“芭蕉扇”
…………………… 谢云秋 /8.22
“万簌俱寂”应为“万籁俱寂”
…………………… 洪 竹 /8.22
“临川四梦”是哪“四梦”
…………………… 曾秋华 /8.23
“川芎”不可写作“川穹”
…………………… 李华山 /8.23
《九歌》所写非为中秋事
…………………… 厉国轩 /8.24
菏泽从未称过“荷泽”
…………………… 新 德 /8.25
何谓“簧舍”？应是“黉舍”！
…………………… 厉申东 /8.25
“樟子面”岂能充饥
…………………… 秦 武 /8.26
应是“建言献策” … 屠林明 /8.26
“以歌八阕”误为“以歌入阙”

……………………… 宗　翔 /8.27
错误的"拥蚤者" … 王宗祥 /9.15
不是"变向"是"变相"
……………………… 厉国轩 /9.15
误用"辛丑除夕" … 李景祥 /9.16
不是"映射"是"影射"
……………………… 汤生根 /9.16
"一席戎装"？……… 陈关春 /9.17
"繁花似景"？ "繁花似锦"！
……………………… 金　甲 /9.18
蓟州早已不属河北省
……………………… 王云峰 /9.18
两个全称皆有误…… 毛纬武 /9.19
是"蒜末"不是"蒜沫"
……………………… 盛祖杰 /9.20
临汾不在山东……… 王泰元 /9.20
是"劁猪"不是"敲猪"
……………………… 史富泉 /9.21
"瘥闲"？ "瘥闭"！
……………………… 厉申东 /9.21
迁居不是"徒居"
…………………… 厉国轩 /10.15
"隽爱"应是"眷爱"
…………………… 重　阳 /10.15
"披沥即淘汰"？
…………………… 浦东轩 /10.16
"钤印"误为"钦印"
…………………… 新　德 /10.16
"无独有偶"怎么用
…………………… 屠林明 /10.17
"辇"指车，"撵"驱赶
…………………… 雷晓琪 /10.17
不懂应称"不谙"
…………………… 杨昌俊 /10.18
"吴江"早已不是县
…………………… 毛纬武 /10.19
松软称"暄"不是"萱"
…………………… 盛祖杰 /10.19
说说年号中的"祐"
…………………… 林锦春 /10.20
应是"撂下电话"
…………………… 周平果 /10.20
"箭橹弓射"？ "箭弩弓射"！
…………………… 辜良仲 /10.21
"溯汉水而下"？… 白林密 /11.16
应是"侍讲学士"
…………………… 沈阳仁 /11.16
"巫山"非"乌山"
…………………… 刘曰建 /11.17
莫将"笙竽"作"芋艿"
…………………… 晋　相 /11.18
"弦"可更"鞆"不可改
…………………… 阎德喜 /11.18
水漫金山不在雷峰塔
…………………… 李华山 /11.19
是说王维的，不是王维说的

…………………… 陈福季 /11.19
误引《爱莲说》 … 李可钦 /11.20
“四部”包含“诗词曲”
…………………… 李信宜 /11.20
“拶”是钉竹签吗
…………………… 得 喜 /11.21
“小桥流水人家”不是宋词
…………………… 厉国轩 /11.22
“一饮一啄”才对
…………………… 王中原 /12.17
“复刻”不可写作“覆刻”
…………………… 盛祖杰 /12.17
“鞠”乎？“掬”也！
…………………… 辜良仲 /12.18
“拄杖”莫作“驻杖”
…………………… 余培英 /12.18
应是“侯栗侯梅”
…………………… 厉国轩 /12.19
“契阔”不能写成“挈阔”
…………………… 杨宏著 /12.19
“踽踽而行的水牛”？
…………………… 杨昌俊 /12.20
误用“含菁咀华”
…………………… 胡礼湘 /12.21
此“会员”不同彼“会元”
…………………… 鲁智勇 /12.21
“白”冠“杜”戴
…………………… 李可钦 /12.22

学　林

音节分界法简述…… 苏培成 /1.26
什么是规范汉字…… 苏培成 /2.31
用普通话读唐诗，为什么有的
诗不押韵………… 苏培成 /3.23
什么是古今字……… 苏培成 /5.23
《红楼梦》中两个疑问句的比较
…………………… 苏培成 /7.24
“春”去还是“春”来？
…………………… 刘民钢 /8.36
说“三顾草庐”的“顾”
…………………… 陈明洁 /8.38
“怪物”与“幽灵”
——谈《共产党宣言》的一处
翻译……… 徐 茗 /10.27
从“敬畏”说到“畏友”
……… 吕永进 常祖珍 /10.28
糊涂的“一辈子”
…………………… 吕永进 /11.25
简析几个常用字… 苏培成 /12.26
“四川北路”之外
…………………… 史有为 /12.28

语苑新谈

《论语》的“格” …… 石毓智 /1.29

"生而知之"是啥意思
……………………石毓智 /2.43
"三人行,必有我师焉"
究竟何意…………石毓智 /3.27
吻瘫了美国机场……石毓智 /5.44
《论语》的"和无寡"究竟何意
……………………石毓智 /6.42
孔子所说的"中庸"究竟何意
……………………石毓智 /7.46
《论语》"素以为绚"的
女性审美观(上)…石毓智 /8.52
《论语》"素以为绚"的
女性审美观(下)…石毓智 /9.40
孔子对子路的盖棺论定
…………………石毓智 /11.38
从"乌鸦"到"高雅"
…………………石毓智 /12.45

文章病院

"崤涵"当为"崤函"
……………………汤东莞 /1.31
误说"乌台诗案"…宁继忠 /1.32
"一般"≠"一斑"…阎心士 /1.33
大海占了地球面积的
"七分之一"?……陈琢如 /1.34
"袅袅兮秋风"不是曹操的诗句
……………………夏松平 /1.35
周处斩"鲛"? ……谢云秋 /1.36
应是"颛顼氏"……周　振 /2.37
"不识知无"系笔误
……………………阎德喜 /2.38
"绘事后素"无关宣纸
……………………金　甲 /2.39
董必武并非"湖南代表"
……………………周平果 /2.40
老城厢中怎有"石窟门"
……………………陈关春 /2.41
何来"诺大的窗户"
……………………杨昌俊 /2.42
"奖章"不是"荣誉称号"
……………………王中原 /3.29
《史记》中没有《禹贡》
……………………厉国轩 /3.30
一篇文字错几多……言蹊太 /3.31
此王建非彼王建……厉申东 /3.32
"前秦"不等于"先秦"
……………………周　振 /3.33
"垆"是用酒坛垒的?
……………………盛祖杰 /4.34
"爙灾祈福"? "禳灾祈福"!
……………………江城子 /4.35
"连枷"岂能"割稻"
……………………刘曰建 /4.36
毛泽东写的不是"尽折腰"
……………………周　振 /4.37

全国人大常委会没有“副主任”
……………………赵旭国 /4.39
应是“凤头猪肚豹尾”
……………………金　甲 /4.40
小鱼“期期艾艾”地游?
……………………谢云秋 /4.41
“作伐”和改稿无关
……………………刘希贤 /5.31
《三国演义》开篇词是谁写的
……………………汤生根 /5.32
此李密非彼李密……江城子 /5.33
应是《云笈七签》…李华山 /5.34
“牡牛”岂能产崽 …庄丰石 /5.35
“程门立雪”和朱熹无关
……………………木　子 /5.36
“黄发”怎能指儿童
……………………新　德 /5.37
卷心的是“胶菜” …屠林明 /5.38
“鄂荐”? “鹗荐”!
……………………廖　宁 /5.39
“大红袍”不是红茶
……………………李　澜 /6.34
“户枢不蠹”的“蠹”不是“腐烂”
……………………周　振 /6.35
有牛为牢,是因随便宰牛要
坐牢吗……………王宗祥 /6.36
“剥丝抽茧”不合常理
……………………辜良仲 /6.37
南宋有“绍宗五年”吗
……………………梁　淮 /6.38
淮北何曾有过津浦县
……………………言蹊太 /6.39
瞿秋白在何地牺牲的
……………………陈关春 /6.40
“探颐索隐”乎?“探赜索隐”也!
……………………偶　见 /6.41
“无禄”质疑 ………孙　凯 /7.37
《论语》《孟子》《四书》岂可
并列………………辜良仲 /7.38
嫘祖应是“养蚕缫丝”
……………………沈阳仁 /7.39
国家副主席≠中央人民政府
副主席……………余雪光 /7.40
安“支架”不是“搭桥手术”
……………………晋　相 /7.41
人还活着,岂可“哀悼”
……………………舒敬东 /7.42
“宋朝第三个皇帝”是谁
……………………浦东轩 /7.43
“韶华”与“昭华” …马明辉 /8.45
法庭对证用“对质”不用“对峙”
……………………周　振 /8.46
贵客临门“饮千殇”?
……………………言蹊太 /8.47
何来“萌孽枝” ……杨亚东 /8.48
元好问不是“南宋文学家”

…………………… 沈阳仁 /9.31
古代乐器有“磬、铙、拔、
揭鼓”吗 ………… 杨昌俊 /9.32
人民币上的“中国人民银行”
是谁写的……… 刘曰建 /9.33
磨盘称“硙”不称“皑”
…………………… 杨亚东 /9.35
致公党有“会员”吗
…………………… 毛萧山 /9.36
“籍籍”是有名还是无名？
…………………… 周岩壁 /9.37
《生死疲劳》文字三误
…………………… 杨宏著 /9.38
夏衍就是沈端先… 陈福季 /10.37
“阳炎空花”？“阳焰空花”！
…………………… 厉申东 /10.38
1948 年还没有“赤脚医生”
…………………… 周　振 /10.39
“鸡鸣狗盗”非冯骓
…………………… 郑文安 /10.41
错误的《李有才版画》
…………………… 李景祥 /10.42
宋江杀了“阎婆媳”？
…………………… 良　木 /11.31
“得陇望蜀”之“陇”不是指陕西
…………………… 雷晓琪 /11.32
“裳”是裤子吗 … 陈文俊 /11.33
《中国通史》一处“张冠李戴”
…………………… 陈大新 /11.34
前蜀姓王，后蜀姓孟
…………………… 宁继忠 /11.35
“望年交”？“忘年交”！
…………………… 李景祥 /11.36
文天祥何时写《过零丁洋》
…………………… 汤青武 /11.37
说说“畲”与“畬”
…………………… 居容人 /12.38
书院书店一字间
…………………… 言蹊太 /12.39
苏子瞻被贬“儋州”
…………………… 洪　竹 /12.40
“徇私”不可写作“循私”
…………………… 雷晓琪 /12.41
何来关龙逄？无关伍子胥！
…………………… 偶　见 /12.42
人大机构细说明
…………………… 郭光辉 /12.43

缅　怀

追忆蔡先生………… 王中原 /3.34

微型讲坛

进行时还是进行式？
…………………… 石毓智 /4.29

说“厕” …………… 陈运舟 /4.32
说“阙” …………… 陈运舟 /5.50
从“饮翻杯”与“闷倒驴”看
词的地域用法…… 孙志豪 /7.33
庚·庸·康………… 陈运舟 /7.35
请慎用“聆听”
………… 陈昌来 黄 咪 /9.24

语言哲思

公安局长的性别…… 宗守云 /1.37
“你狂吻俄罗斯，我啃死西班牙”
…………………… 宗守云 /2.26
“假离婚”假在哪里
…………………… 宗守云 /3.36
拾荒，培根，车厘子
…………………… 宗守云 /4.24
“八岁、十八、二十八”为何是
“连烧三年”……… 宗守云 /5.40
“雾浓顶”没有浓雾
…………………… 宗守云 /6.24
“北京人”和“北京的人”
…………………… 宗守云 /7.28
“历史的温度”……… 宗守云 /8.28
掩盖还是彰显，这是一个问题
…………………… 宗守云 /9.22
参星和昴星……… 宗守云 /10.22
楼下邻居刷墙买了几桶油漆？
………………… 宗守云 /11.28
“把大象装进冰箱”
………………… 宗守云 /12.23

碰碰车

“我顶你个肺”是四川方言吗
………………………… 周建群 /7.44
苏东坡没当过杭州“知府”
……………………… 叶才林 /7.45

万花筒

任由“冒泡”，不如趁早“爆泡”
…………… 吴祝群 汪惠迪 /1.39
滥用谐音成语不可取
……………………… 汪惠迪 /3.38
美国副总统的中文姓名
……………………… 林国安 /4.42
满嘴喷粪的“谐音梗”
……………………… 汪惠迪 /6.54

借题发挥

辞官应用“挂冠” … 李可钦 /6.26
“走马不观花”？…… 屠林明 /6.27
杨贵妃“紧阁争宠”？
……………………… 厉国轩 /6.28

七夕何来“残月”… 郭明亮 /11.23
“垂髻”应为“垂髫”
………………… 屠林明 /11.24
石碑量词不用“甬”
………………… 李景祥 /12.9
“自牧”精神不可失
………………… 陆　荣 /12.10

有此一说

“每下愈况”与“每况愈下”
………………… 陈璧耀 /1.42
老子的“天地不仁”
到底是什么意思… 刘　旭 /3.48
“欲饮琵琶马上催”催的是什么
………………… 顾　鉴 /5.28
安全阀岂能“拧紧”
………………… 章　翼 /5.30
“App”怎么念为好
………………… 南　园 /9.50
“越绝”的“绝” …… 胡文炜 /9.51
“感同身受”新义或源自
鲁迅之别解…… 陈璧耀 /10.43

十字街头

“喷嚏”不是“喷涕”
………………… 程　旭 /2.29
“中国共民”何许人也
………………… 汪惠迪 /2.30
母亲的心意岂是“寸草心”
………………… 傅小军 /5.42
“贪恋”不是“谈恋”
………………… 段羡菊 /5.43
“戊戌”是哪一年
………………… 汪惠迪 /8.30
做“钼靶”还是“钼钯”检查?
………………… 徐婷婷 /8.31
成都博物馆展板介绍词中的
几处错误………… 刘骐珲 /8.32
白瓷产地有“刑窑”吗
………………… 程　旭 /8.35
“河东狮吼”≠“大声喧哗”
………………… 张清华 /10.31

正音室

“症状”是“zhèng 状”还是
“zhēng 状”? …… 徐婷婷 /7.30
“悁悁心目”的“悁”不读 juān
………………… 秦元伟 /7.31
“雩”读什么音 …… 王宜友 /7.32
“新圩”中的“圩”不读“yú”
………………… 汤青武 /9.7
疫苗“接种”莫读错
………………… 刘志凯 /9.8

"道行"之"行"不读 háng
…………………… 杨亚东 /11.42
身份证上"X"怎么读
…………………… 吕政保 /11.43

网言网语

你发现"宝藏"了吗
…………………… 曹　艺 /1.46
"婚活"时代　……… 姚鑫珂 /1.48
"排面"还是"牌面"?
…………………… 沈可轶 /1.50
"口嗨"怎么"嗨"
…………………… 张　弛 /2.49
今日份咬文嚼字…… 李润婷 /2.51
人生何处应"头铁"
…………………… 曹　艺 /2.52
"塌房",塌的未必是房
………… 李玲玲　陈昌来 /3.40
万物皆可"嗑" …… 丁　颖 /3.44
揭秘"网络黑话"
…………………… 李巧妮 /3.46
"中二病"是什么病
…………………… 吕依瑶 /4.50
网络文学中的"刀"
…………………… 翟子颀 /4.52
此"韭菜"非彼韭菜
…………………… 梁　聪 /4.54
当今为何多"巨婴"
…………………… 焦妍与 /5.46
网络仿拟的妙趣…… 张湘杰 /5.48
可可爱爱"××子"
…………………… 王　彤 /6.48
"黑化"面面观 …… 吕依瑶 /6.50
姨母笑——我家小孩真可爱
…………………… 邓丽娟 /6.52
谢谢,有被笑到 …… 刘可欣 /7.50
大阴阳师………… 范晓萌 /7.52
从"网抑云"到"网愈云"
…………………… 洪晓雯 /8.56
真香! …………… 陆志成 /8.58
"套娃"的套路 …… 王馨宇 /9.42
别内卷了,"躺平"吧!
…………………… 朱晨燕 /9.44
"社会性死亡","死"的是什么
…………………… 黄雨虹 /9.46
"凡尔赛文学"和"凡学家"
………………… 任春霖 /10.49
家有神兽……… 李　娟 /10.51
换了"人间" …… 钟雨辰 /11.50
趣谈"×了个寂寞"
………………… 杜星仪 /11.53
谁道人生无再少,吾辈皆言
"爷青回"……… 高安奕 /12.52
你是"可爱本爱"吗
………………… 茅嘉琪 /12.53

东语西渐

英语之“牛”何其多,英译“牛年”选哪头…………… 陆建非 /4.56
“不吃这一套”如何切换成英语…………………… 陆建非 /5.55
“卡脖子”在英语中怎么表达…………………… 陆建非 /7.59
在英语世界怎么说“躺平”………………… 陆建非 /10.53
“割韭菜”英语怎么说………………… 陆建非 /11.55

社交新风

标点符号新用法…… 徐默凡 /1.52
新叹词新用法……… 徐默凡 /2.35
网络新兴语气词概说…………………… 徐默凡 /3.51
小议朋友圈评论策略…………………… 徐默凡 /4.44
当我们说流行语时,我们在想些什么……… 徐默凡 /5.52
“哈哈”和“哈哈哈哈”区别在哪里…………… 徐默凡 /6.32
谐音梗的秘密……… 徐默凡 /7.54
微信:公私分明,建立界限感…………………… 徐默凡 /8.43
群有群规…………… 徐默凡 /9.48
信息和情感不可混淆………………… 徐默凡 /10.34
请拒绝“二元对立”的语言………………… 徐默凡 /11.44
名不正言不顺…… 徐默凡 /12.35

检测窗

编校差错扫描(二十九)…………………… 王　敏 /1.55
编校差错扫描(三十)…………………… 王　敏 /2.46
编校差错扫描(三十一)…………………… 王　敏 /3.53
编校差错扫描(三十二)…………………… 王　敏 /4.47
编校差错扫描(三十三)…………………… 王　敏 /5.57
编校差错扫描(三十四)…………………… 王　敏 /6.45
编校差错扫描(三十五)…………………… 王　敏 /7.56
编校差错扫描(三十六)…………………… 王　敏 /8.49
编校差错扫描(三十七)…………………… 王　敏 /9.54

编校差错扫描(三十八)
…………………… 王　敏 /10.46
编校差错扫描(三十九)
…………………… 王　敏 /11.47
编校差错扫描(四十)
…………………… 王　敏 /12.49

说文解字

“瀍”字新解与“鹰”的故事(上)
…………………… 刘志基 /1.58
“瀍”字新解与“鹰”的故事(下)
…………………… 刘志基 /2.54
古文字中的“鹅池”笔法
…………………… 刘志基 /3.56
由“福”“祸”之辨说开去
…………………… 刘志基 /4.59
以“罪”易“辠”的蝴蝶效应(上)
…………………… 刘志基 /5.60
以“罪”易“辠”的蝴蝶效应(下)
…………………… 刘志基 /6.56
从甲骨文“乳”看早期汉字的
“偏旁化”………… 刘志基 /7.61
从“给颜真卿挑刺”说开去
…………………… 刘志基 /8.60
“牛”是何时牛起来的
…………………… 刘志基 /9.57
“力”有几个意思… 刘志基 /10.56
“宀”的大千世界(上)
…………………… 刘志基 /11.57
“宀”的大千世界(下)
…………………… 刘志基 /12.55

读　书

华夏文明四千年与夏语记录
…………………… 郑张尚芳 /2.57
夏后氏之外的另一种夏人
…………………… 郑张尚芳 /3.61
中华文明古史…… 郑张尚芳 /4.62
“胡同”非借自蒙古语“水井”
…………………… 郑张尚芳 /5.62
“端午”漫话 …… 郑张尚芳 /6.59

八面来风

2020 年流行语里,处处是时代
奋斗的图景……… 殷建光 /1.61
“二〇二〇年十大流行语”蕴含
多重精神价值…… 冯海宁 /1.62
“咬文嚼字”,别“一年等一回”
…………………… 郝冬梅 /2.60
“十大语文差错”,你踩“雷”没?
…………………… 连海平 /2.61
有梦想谁都了不起
…………………… 刘冉冉 /2.63

编读往来

《咬文嚼字》让我受益多多
…………………… 何新人 /3.58
我与郝铭鉴先生…… 张培枫 /3.59
咬文和防疫结合好… 吴文棋 /6.61
滕州文化耐寻味…… 孙延宜 /6.62

向你挑战

一小时能带来什么
…………… 伯 淮 设计 /1.64
往后退,才有希望
…………… 梁北夕 设计 /2.64
沈从文“怕了”
…………… 伯 淮 设计 /3.64
爱的链条…… 梁北夕 设计 /4.64
跳伞的理由… 伯 淮 设计 /5.64
2 减 1 等于几
…………… 梁北夕 设计 /6.64
找回自己…… 林 琳 设计 /7.64
生命的价值
…………… 梁北夕 设计 /8.64
学会说“不”
…………… 林 琳 设计 /9.60
山顶的风景
………… 梁北夕 设计 /10.60
小小的钉子
………… 林 琳 设计 /11.60
人生的背篓
………… 梁北夕 设计 /12.60

看图说话

“一言九鼎”无关“诚信”
……………………刘 飞 /1. 封三
“魂”中岂能有“雨”
……………………王纪波 /4. 封三
“酒后驾驶”谈何“文明”
……………………罗永豪 /5. 封三
“铁”能炼成“金”吗
……………………陈汉斌 /6. 封三
“銅鍾”应是“銅鐘”
……………………周 慧 /7. 封三
“邻距离”? ………袁绪佳 /8. 封三
“漫步”和“慢步”
……………… 胡礼湘 /12. 封三

雾里看花

肥鱼是什么鱼……杨东辉 /6. 封二
“肖人栓”是什么
……………………林万树 /7. 封二
“符篱集烧鸡”是啥鸡
……………………刘桂林 /8. 封二

“镆店”何店 ……杨西仑 /9. 封二
“促肉”是什么
……………… 肖燕君 /10. 封二
如何以“简蔽”制梅
……………… 陈 敏 /11. 封二

微语录

道德……………蔡 玫 辑 /1.32
人品……………萧 果 辑 /1.51
抱怨……………乔 桥 辑 /1.54
母亲……………崔国胜 辑 /2.17
服务生…………乔 桥 辑 /2.34
哲理……………刘 芳 辑 /2.45
停下……………康 泰 辑 /3.43
今天……………乔 桥 辑 /3.50
老先生…………刘 芳 辑 /4.33
容量……………乔 桥 辑 /4.46
行动……………乔 桥 辑 /5.13
朋友……………蔡 玫 辑 /5.27
等待……………刘 芳 辑 /5.49
疼痛……………康 宁 辑 /5.56
放弃……………乔 桥 辑 /6.13
潜能……………刘 芳 辑 /6.16
简单……………蔡 玫 辑 /6.58
狼………………刘 芳 辑 /7.51
路……………… 刘 芳 辑 /9.8
智慧……………乔 桥 辑 /9.28
智慧…………… 刘 芳 辑 /11.27
爱情…………… 夏 远 辑 /12.16
心理…………… 乔 桥 辑 /12.48

火眼金睛

图中差错知多少?
………… 林肇龙等 /1-12. 封四

新年寄语

你的陪伴,是我们前进的动力!
…………………编 者 /1. 封二

广角镜

“双十大”引发广泛关注
…………………编 者 /2. 封三
我们有新家啦
……………… 编 者 /10. 封二
我们有新家啦
……………… 编 者 /11. 封二

其 他

2021 年荣誉校对名录
………………… 编 者 / 合 -1

YAOWEN-JIAOZI

咬文嚼字®

腊八

腊月（农历十二月）初八日。相传为释迦牟尼成道日，寺院此日诵经，举行法会，民间视为盛节。吴自牧《梦粱录》：“此月八日，寺院谓之腊八。大刹等寺俱设五味粥，名曰腊八粥。”

上海世纪出版集团

欢迎至邮局订阅本刊 邮发代号 4-641

国内统一连续出版物号 CN 31-1801/H

定价：6.00 元

01

2021

新年寄语

你的陪伴，是我们前进的动力！

编者

新年的钟声即将敲响，2021年正在向我们走来。在此，我们祝新老朋友，在新的一年里家庭幸福，工作顺利，身体安康！

2020年，是不平凡的一年，是注定载入史册的一年！在党中央集中统一领导下，全国人民勠力同心，守望相助，共克时艰，疫情防控形势持续向好，社会经济加快恢复。新闻出版工作也形势大好，逐步恢复正常。

2021年，我们将乘势前行，在“质量”上狠下功夫。首先，进一步提高刊物的内容质量。加大组稿力度，提升文稿质量。加强业务学习，提高审稿、编稿水平。尽一切力量，让刊物的内容质量迈上一个新台阶。其次，进一步提高刊物的编校质量。增强审读力量，提升审读水平。加强管理，严格选稿、审稿、发稿、编稿、校稿程序，严把审校关。尽一切力量，让刊物的编校质量迈上一个新台阶。

亲爱的读者朋友，我们一起步入2021吧。你的陪伴，是我们前进的动力！

2020年12月

“早日战胜此次疫情，共建美好家园！”

展　旺 / 文　臧田心 / 画

2020 年 2 月 10 日，联合国教科文组织授予屠呦呦“联合国教科文组织 – 赤道几内亚国际生命科学研究奖”，以表彰她在寄生虫病领域的研究。屠呦呦在接受记者专访时指出：人类的命运是共通的，当疾病肆虐的时候，没有人可以独善其身。为遏制和打败新冠肺炎，中国正采取大规模和强有力的科学防控措施，展现了战胜病毒的勇气和担当。“让我们携手奋进，早日战胜此次疫情，共建美好家园！”

咬文嚼字®

2021年1月1日出版

1

总第313期

主管：上海文艺出版总社
主办：上海文化出版社
编辑、出版：《咬文嚼字》杂志社
集团网站：http://www.shwenyi.com
E-mail：yaowenjiaozi2@163.com
官方微博：
http://weibo.com/yaowenjiaozish
电话传真：021-64330669
发行电话：021-64372608-181
邮购电话：021-64370935
地址：上海市黄浦区绍兴路7号
邮政编码：200020
发行：上海市报刊发行局
发行范围：国内外公开
订阅处：全国各地邮局
邮发代号：4-641
ISSN 1009-2390
CN 31-1801 / H
印刷：上海中华印刷有限公司
印厂电话：021-60829062
021-60299079
定价：6.00元

名家语画

“早日战胜此次疫情，共建美好家园！” 展　旺 / 文　臧田心 / 画 / 1

年度盘点

2020年十大流行语 / 4

追踪荧屏

“陪嗣”？“陪祀”！ 李景祥 / 8
“雾凇”岂是“雾”+“松树” 程　旭 / 9
“胶着”不是“焦灼” 雷　冰 /10
“舍弟”前不加“我” 孟　超 /11
何来“率河之滨” 杨学建 /12

时尚词苑

“出圈”与“破圈” 代宗艳 /13
“多”和“空”：一对特殊的反义词 高丕永 /15
芸芸众生盼“上岸” 王冬雪 /17

一针见血

应是“跻身” 胡才顺 /19
《诗经》里头无此句 沈阳仁 /19
没有“一但”，只有“一旦” 杨宏著 /20
“营救”误为“迎救” 周　振 /20
“招租”“求租”大不同 潘尚池 /21
“彀中”不是“瞉中” 罗　莉 /21
“太祖的儿子宋太宗”？ 汤生根 /22
“文绉绉”与皱纹无关 阎德喜 /22
附骨之疽不是蛆 得　喜 /23
“耒耜”莫作“未耜” 厉国轩 /23
结算是“轧”不是“扎” 汤青武 /24
“云宵”当是“云霄” 胡礼湘 /24
司马相如小名“尤子”？ 辜良仲 /25

学林

音节分界法简述 苏培成 /26

语苑新谈

《论语》的“格” 石毓智 /29

文章病院

“崤涵”当为“崤函” 汤东莞 /31
误说“乌台诗案” 宁继忠 /32
“一般”≠“一斑” 阎心士 /33
大海占了地球面积的“七分之一”？ 陈琢如 /34
“袅袅兮秋风”不是曹操的诗句 夏松平 /35
周处斩“鲛”？ 谢云秋 /36

语言哲思

公安局长的性别 宗守云 /37

万花筒

任由“冒泡”，不如趁早“爆泡” 吴祝群 汪惠迪 /39

有此一说

“每下愈况”与“每况愈下” 陈璧耀 /42

网言网语

你发现“宝藏”了吗 曹 艺 /46
“婚活”时代 姚鑫珂 /48
“排面”还是“牌面”？ 沈可轶 /50

社交新风

标点符号新用法 徐默凡 /52

检测窗

编校差错扫描（二十九） 王 敏 /55

说文解字

“瀌”字新解与“鹰”的故事（上） 刘志基 /58

八面来风

2020年流行语里，处处是时代奋斗的图景 殷建光 /61
“二〇二〇年十大流行语”蕴含多重精神价值 冯海宁 /62

向你挑战

一小时能带来什么 伯 淮 设计 /64

年度盘点

2020年十大流行语

《咬文嚼字》编辑部

（2020年12月）

一、人民至上，生命至上 新冠疫情给人民群众的生命和健康带来了严重威胁，全国人民紧密团结，积极投入到史无前例的抗疫斗争中。习近平总书记指示，要把人民群众的生命安全和身体健康放在第一位！在党中央集中统一领导下，全国人民勠力同心，守望相助，共克时艰，疫情防控形势持续向好，社会经济发展加快恢复。2020年5月22日，习总书记在参加十三届全国人大三次会议内蒙古代表团审议时说："人民至上，生命至上，保护人民生命安全和身体健康可以不惜一切代价。""人民至上，生命至上"体现了共产党人"以人民为中心"的价值追求，我国之所以在抗疫战中取得重大战略成果，最根本的原因就是坚持了"人民至上，生命至上"这一指导准则。

二、逆行者 逆行，指反着众人的方向而行，不走寻常路；逆行者，特指由于职责和信念所系，在发生重大危险时不顾个人安危，迎难而上，去拯救他人生命、保护他人财产的人。2020年，"逆行者"成为对在新冠疫情阻击战中涌现出的先进个人和集体的称呼。在这场抗疫斗争中，广大医务工作者、疾控工作人员、人民解放军指战员、科技工作者、社区工作者、公安民警等等做出重大贡献的人，均被称为"逆行者"。他们以坚定果敢的勇气和坚韧不拔的决心，同时间赛跑，与病魔较量，有些同志甚至献出了自己宝贵的生命。“逆行者”展现了中国人民面对生死考验时坚守岗位、不畏艰险的优良品质。

三、飒 本用以描写风声。现在流行的“飒”,特指帅气利落、潇洒清爽,多用于女性。新冠病毒肆虐神州大地,女性撑起了抗疫的大半边天。据统计,奋战在抗疫一线的医生中约有50%是女性,护士中女性超过90%。巾帼不让须眉,女性是战疫前线的“最美风景线”。用“飒”来形容她们,是全国人民对女性同胞最崇高的致敬!如今,“飒!”“真飒!”“又美又飒!”已成为人们赞美奋战在各行各业各自岗位上女性同胞的常用语,在网络上广为传播。

四、后浪 源于“长江后浪催前浪,世上新人换旧人”。2020年五四青年节前夕,短视频《后浪》以不可阻挡之势成为舆论焦点。视频中,演员何冰激情演讲,以“后浪”称呼新一代青年人,表达了对他们的认可与赞美,引起各界热议,“后浪”红极一时。当前流行的“后浪”,大致是指我们的“90后”“00后”。这一代人多为独生子女,曾让人觉得“不着调”“太叛逆”,但面对新冠疫情,他们奋不顾身,冲锋在前,用实际行动证明了自己。“后浪”承担起了历史赋予他们的责任和使命,已成为这个伟大时代的“希望一代”。

五、神兽 神异之兽,本指中国古代民间神话传说中的动物。2020年上半年,因受新冠疫情影响,全国各地中小学延期开学,孩子们在家上网课。这些孩子活泼可爱,但许多人调皮捣蛋,还智商超群,出格之事时有发生。他们在家学习,没有教师监管,家长不得不与之“斗智斗勇”,使出各种招数,犹如跟“神兽”相斗。家长们心力交瘁,盼望疫情早日结束,学校早日复课,尽快让“神兽归笼”。“神兽”便成为疫情期间居家上网课的孩子的代称。

六、直播带货 即通过互联网平台,使用直播技术,进行线上展示、导购、销售的新型商品交易形式,是“新一代电子商务模式”。新冠病毒肆虐期间,“直播带货”有效解决了实体店顾客大幅减少、库存积压商品滞销的问题,一批“大流量”带货主播实现了惊人的销售业绩,吸引了众多行业采用这种模式。据媒体报道,疫情严重的美国日前也开启了“直播带货”模式。“直播带货”已成为广为人知的流行语,进入大众视野。然而,在“直播带货”火爆的背后也出现了不少隐忧,如违规宣传,数据造假,假冒伪劣产品不时出现,售后服务无法保障,等等。有效监管已成为当务之急。

七、双循环 2020年5月14日,中共中央政治局常委会会议提出“构建国内国际双循环相互促进的新发展格局”。党的十九届五中全会通过的《中共中央关于制定国民经济和社会发展第十四个五年规划和二〇三五年远景目标的建议》再次提出,“加快构建以国内大循环为主体、国内国际双循环相互促进的新发展格局”。这是对“十四五”和未来更长时期我国经济发展战略、路径做出的重大调整完善,是着眼于我国长远发展和长治久安做出的重大战略部署,对于我国实现更高质量、更有效率、更加公平、更可持续、更为安全的发展,对于促进世界经济繁荣,都会产生重要而深远的影响。“双循环”已走进大众视野,成为社会广泛关注的“热词”。

八、打工人 打工,本指做工,多用于临时性的工作;打工人,原本多指从事体力劳动的人,通常为外来务工人员。9月22日,一名网友在网上发了一条自拍的短视频,视频中他做出要出门打工的样子,并说:“勤劳的人已经奔上了塔吊,你却在被窝里伸了伸懒腰,你根本没把自己生活当回事儿。早安,打工人!”这个视频引来大量关注与模仿,“打工人”随即引爆网络。在流传中,“打工人”适用范围扩大,指称对象多元化，几乎成了各行各业劳动者的统称。无论是社会精英还是普通职员，无论是脑力劳动者还是体力劳动者，都称“打工人”。

九、内卷　又称“内卷化”，译自英语 involution，本是社会学术语，指一种社会或文化模式在发展到一定阶段后停滞不前，或无法转化为更高级模式的现象。2020 年下半年，有几张图片刷屏：有人骑在自行车上看书，有人边骑车边用电脑，有人床上铺满了一摞摞书……“边骑车边用电脑”的同学被称为“卷王”登上热搜。“内卷”流行开来，高校学生用它指非理性内部竞争。有同学举例：老师要求论文五千字，不少同学为评优写了一万字，甚至更多。人人都超要求完成任务，但获优比例并未改变。现在，“内卷”从大学生群体中“出圈”，各行各业内部的非理性竞争都以“内卷”称之。专业人士指出，发展中出现停滞阶段很正常，关键是要有效地进行理性竞争，呼吁相关行业正视非理性的“内卷”现象，积极探索“去内卷化”的改革之路。

十、凡尔赛文学　一种“以低调的方式进行炫耀”的话语模式，也称凡学。这种话语模式先抑后扬，明贬暗褒，自说自话，假装用苦恼、不开心的口吻炫耀自己。比如，有人自炫长得瘦：“好羡慕那些轻轻松松就长胖了的人，我一个月吃了好多东西以为能到 90 斤，结果……太不公平了，我想哭！”“凡尔赛文学”的得名源自日本漫画《凡尔赛玫瑰》，这部作品细致刻画了 18 世纪末法国凡尔赛宫贵族生活的浮华奢靡，网友以“凡尔赛”借指高档、奢华的生活。11 月初，一个微博认证为作家的网友，在微博上用“平实”的文字记录她的“高贵”生活，引来网友吐槽。“凡学”因此而爆红，网上掀起了一场“凡尔赛文学”创作大赛。实际上，现在的“凡学”作品多数已不再是炫耀，而仅是一种调侃。

追踪荧屏

“陪嗣”？“陪祀”！

◎李景祥

2019年7月14日央视中文国际频道播出的《快乐汉语》节目以“荷”为主题，一位嘉宾在讲解“朱熹感莲”的典故时说：“到今天大家可以看到，有孔庙的地方都有一些他的弟子们陪sì，陪sì的弟子大多是当年追随孔子的……”此处荧屏上的同步字幕把“陪sì”均写作了“陪嗣”。其实这里应作“陪祀”。

“祀”是个形声字，读sì，从示巳声，义为祭、永久祭祀。“陪祀”有两种词义：可以指陪从祭祀，即古代祭祀时低阶官员不得侍于上侧，只能在祭坛下陪君主遥拜；也可以指附祭，即配享祭祀。鲁哀公时在曲阜的孔子故居建了第一座孔子庙，祭祀孔子。而从汉代开始，全国各地都形成了建孔庙祭孔子的习俗。随着儒家影响力的不断扩大，一些孔子弟子或历代名儒和孔子放在一起合祭，在孔庙中陪祀。其中比较出名的如“十哲”，即颜渊、闵子骞、冉伯牛、仲弓、宰我、子贡、冉有、季路、子游、子夏，自唐代开始列于孔子近侧。后世还加入了曾参、子张、有若、朱熹等，历朝历代都有变动。这些在孔庙中和孔子一同受人们祭祀的，

“雾凇”岂是“雾”+“松树”

◎程　旭

电影《我和我的家乡》里每个故事之间都是用短视频来过渡的，其中一个短视频配的同步字幕是“我对家乡的记忆就是冬天的雾松”。这里的“雾松”应改为“雾凇”。

凇，读 sōng，指云雾或水气凝结后形成的冰花。雾凇，俗称树挂，指寒冷天气下雾水冻结在树枝或电线上形成的白色松散冰晶。在寒冷天，我国北方地区和南方高山地区经常可以见到雾凇，如吉林雾凇，是当地著名的自然景观。

“松”读作 sōng，是一种常绿乔木。查《中国植物志》等资料，未见有“雾松”这个品种。从语境判断，短视频里的人说的应是“冬天的雾凇”，而非“冬天的雾松”。同样，字幕中对应的英文也不该是不知所云的 misty（雾）pines（松树），而应是 rime（雾凇）。

都可算陪祀。

嗣，读 sì，义为继承人、继承。汉语中并无“陪嗣”的说法，也解释不通。字幕中将“陪祀”误为“陪嗣”，当是两字同音所致。

“胶着”不是“焦灼”

◎雷　冰

2020 年 10 月 17 日央视中文国际频道播出的《深度国际》栏目讨论了纳卡地区的战事问题，嘉宾分析道：“停火和交火相互轮替，也是亚美尼亚和阿塞拜疆纳卡冲突的核心模式……目前双方是一个 jiāo zhuó 状态。”这里同步字幕显示的“焦灼状态”错了，应为“胶着状态”。

胶着，指牢固地胶住，比喻相持不下或工作不能进行，犹如胶住一般。理由《青衫湿》：“我为了修改一个剧本，正月初三就动身去南方，工作处于胶着状态，做衣服的碴儿早忘在脑后。”亚美尼亚和阿塞拜疆的冲突由领土问题而起，根据嘉宾的话，目前双方你争我夺，“停火和交火相互轮替”，且都未达到核心目标，那么用“胶着状态”来形容是贴切的。

焦灼，本义为烧毁、灼伤，也可形容非常着急和忧虑。交战双方自然不可能不着急忧虑，但联系语境，这里显然是说冲突双方相持不下，核心问题没有解决。那么，用“焦灼状态”就不合适了。

“舍弟”前不加“我”

◎孟 超

电视剧《老九门》第11集中，主角张启山对尹新月说：“我千里迢迢来到北平是为了找药。我舍弟的爱人得了重病，必须要找到这个药才能把她救好。”（字幕同步显示）此处台词有误，“舍弟”前面的“我”多余，应删除。

“舍”是个多音字，可以读shě，也可以读shè。读shě时有放弃、放出、离开等义。读shè时义为居住的处所，还可作谦辞，用来称呼自己的家或亲属（多指比自己辈分低或同辈中年纪小于自己的亲属）。如舍间，即自己的家；舍侄，即自己的侄子。“舍弟”是对自己弟弟的谦称，如李白《送舍弟》、杜甫《月夜忆舍弟》、杜荀鹤《别舍弟》。电视剧中张启山结义金兰的弟弟二月红之妻患病，张称她“舍弟的爱人”是合适的。

此处的“我”意思是我的，而“舍弟”中已包含此义。台词中在“舍弟”前加“我”属于叠床架屋，这里的“我”应删除。

何来"率河之滨"

◎杨学建

电视连续剧《大宋提刑官》第5集中,宋慈的岳父薛庭松协助宋慈办案,两人对话时薛庭松说道:"率河之滨,莫非王土。这梅城县一帮小污吏,仗着山高皇帝远……简直是胆大包天。"(字幕同步显示)这里出现的"率河之滨"似是而非。

"率土之滨"是个成语,语出《诗经·小雅·北山》:"溥天之下,莫非王土,率土之滨,莫非王臣。"这句话的意思是整个天下没有一处不是王的领土,四海之内没有一人不是王的臣民。率,循着、沿着;滨,水边、边境。古时认为中国四面环水,"率土之滨"即沿着大地四周的水滨,犹言四海之内,义同"普天之下"。这里的"土"即王土,天子的土地。薛庭松话里的意思是,普天下的土地都是天子领地,领地上的人都该遵守朝廷法令。

"率河之滨,莫非王土"字面上指沿着河边的土地都是王土,显然这不是剧中人想表达的意思。结合剧情,此处的"率河之滨,莫非王土"宜改为"率土之滨,莫非王臣"。

时尚词苑

“出圈”与“破圈”

◎代宗艳

近来，“出圈(quān)”成了新闻媒体上的热词。例如：

(1)阿兰的《明日赞歌》就被10多位歌手以《封疆》为名翻唱，她的《千年的虹》则被10多位歌手以《夜袭》《书剑香》《江南今何在》等不同名字，重新填词翻唱。翻唱这些歌曲的古风歌手如东篱、伦桑、HITA、奇然在圈中颇为知名，近年来也相继“出圈”。(《北京日报》2019年12月12日)

(2)《三叉戟》《隐秘的角落》等几部热播剧中，一些名不见经传的演员因为演技炸裂、角色塑造深入人心而火出圈……(《人民日报海外版》2020年7月20日)

流行词“出圈”是个新词，常用词典均尚未收录。它的初始意义是某个明星的走红不仅在自己固定粉丝圈中传播，而且被更多圈子外的人所知晓。随着使用频率的提升，“出圈”的使用从娱乐领域扩展至经济、社会、科学、文化等各个领域。例如：

(3)与长沙形成鲜明对比的是，一线城市和部分二线城市均房价高企，市民“居不易”、制造企业成本居高不下等问题越来越凸显。在这个背景下，作为“房价洼地”的长沙格外引人注目，这是其之所以能“出圈”、走红的根本原因。(《经济参考报》2020年9月23日)

(4)疫情暂时冰冻了线下销售，意外地促使直播带货正式“出圈”，成为所有商家考虑的销售渠道。(《中国青年报》

2020年5月19日）

显然，“出圈”的词义发生了泛化，引申为某事物知名度高了，火了，路人皆知了。

继“出圈”风靡后，与其相似度极高的近义词“破圈”也活跃在人们的视野中。例如：

（5）年轻人是消费主力之一，老品牌和老字号们需要放下身段，积极“破圈”，赢得年轻人的青睐和喜爱。（《人民日报海外版》2020年10月14日）

（6）虽然腾讯公司及腾讯公益慈善基金会的互联网公益路线备受关注，但互联网平台及99公益日的核心作用不在于募资，而是与公众建立起一个交互、连接的通道，并且让公益“破圈”，走出公益行业本身。（《公益时报》2020年9月23日）

“破圈”一词由“出圈”演化而来，既可以指某人或某单位的一个项目、一个方面突破了原先小的圈子，被更多的人接纳并认可，如例（5），也可以指某事物突破既有领域，在更多领域流行，如例（6）。

如今，“破圈”与“出圈”可以连用或共现，达到增强语势等语用效果。例如：

（7）“破圈”“出圈”，在阅读中打开城市（小标题，《光明日报》2020年8月19日）

（8）我们深化改革、推动创新，不能自我设限。科技创新，就是要勇于“出圈”、善于“破圈”，有全局视野和开放态度。（《经济日报》2020年8月27日）

每个人都有自己的圈子，每个圈子都有自己的文化和话语系统。城市经济的发展，人才的跨行业流动，明星直播带货，诸多“出圈”和“破圈”带来了新的机遇。在纷扰与前进中，我们要勇于“出圈”、善于“破圈”，抓住新机遇，开启新未来。

“多”和“空”：一对特殊的反义词

◎高丕永

小学语文老师一次又一次敲黑板：“多”的反义词是“少”，“空”的反义词是“满”。然而，在证券、外汇、期货等金融交易市场，“多”的反义词是“空”，“空”的反义词是“多”，“多”和“空”还组成了几对互为反义词的金融交易术语。那么，“多”和“空”是如何成为反义词的呢？又组成了哪些术语呢？

英语常用的金融交易术语“head”，意思是“当价格上涨至某价位时由于某种原因而下滑的价位区间”。上世纪初期，汉语借入这个术语时，按“head”的原始意义意译，写为“头部”。那时，借词“头部”，有时缩略为“头”，主要用于组成新的金融术语。比如：“新词拾零：‘空头’与‘多头’”（标题，《新中华》1934年第2卷第22期）。

为什么叫作“多头”和“空头”呢？原来，当时把借来的金融术语“头部”，简单地分为左右两边：左边是价格上涨区间，股票等的价值会增多，称为“多头”；右边是价格下跌区间，股票等的价值会减少，称为“空头”。人们常说的“做多头”，即“预期价格上涨而买入，等价涨后卖出，从而赚取差价”；“做空头”，即“预期价格下跌而卖出，等行情跌后买进，也能赚取差价”。

“多头”和“空头”经常缩略成“多”和“空”。两者可以成对使用。例如：“公债多空利害论”（标题，《中华周报（上海）》1933年第70期）。也可以组合使用。比如：“外汇多头翻空”（标题，《银行周报》1931年第9期）。“翻空”的意思是

“价格转跌”。“多”“空”，还组成了几对互为反义词的金融交易术语，常用的有“做多”“做空”，“利多”“利空”，“看多”“看空”，“唱多”“唱空”。

“做多”和“做空”。“做多”，就是“做多头”；“做空”，就是“做空头”。比如：“月初万帮联合，出而做多，斯时因扑交心切，三四五月做价一千零九十二元，行情颇现稳正。”（《聚星》1934年第5期）又如：“做多看左 做空看右”（标题，《股市动态分析》2011年第38期）。

“利多”和“利空”。“利多”指“预测价格上涨的信息”，“利空”指“预测价格下跌的信息”。比如：“利多谣炽人心惶惶 纱市猛抬狂跳百万”（标题，《时事公报》1948年6月13日）。“利多”“利空”，如今仍在金融市场使用。比如：“基本面利多 黄金坚守1800大关”（标题，《信息时报》2020年7月14日）。其比喻义经常用于泛指。比如：“以色列新政府对内利好对外利空”（标题，《北京青年报》2020年4月25日）。

“看多”和“看空”。这个“看”，指“做出预先判断”。比如：“看多却做空？公私募仓位现分歧”（标题，《广州日报》2020年4月3日）。又如：“汽车K线图，2019看空做多”（标题，《国际商报》2020年1月10日）。这对反义词的比喻义也可用于泛指。比如：“质量越来越高、筋骨越来越强的中国经济会再次证明，看多、做多中国的发展，仍将是富有远见的正确选择。”（《人民日报》2018年10月22日）

“唱多”和“唱空”。这里的“唱”，意思是“大力宣传”。比如：“唱空做多、唱多做空的手法近年来似乎已成为外资投行的成功盈利模式”（副标题，《证券日报》2013年6月3日）。现在，“唱多”“唱空”的比喻义也常用于泛指。比如：“在当前形势下，看好唱多中国经济，仍然占据国际舆论的主流。”（《人民日报》2019年12月16日）

芸芸众生盼“上岸”

◎王冬雪

近年来，考研人数持续上升，“考研上岸”的说法成了常用语。这里的“上岸”意味着考生通过了研究生招生考试，成为一名研究生。例如：

（1）某社交网站上，一篇关于“2019考研失败是什么体验”的回复收获上千个赞。想必其中，不仅是局内人对于作者经历的感同身受，更是对“愿我们2020届考研一起上岸”的真诚祝福。（《新京报》2019年4月1日）

例（1）中“考研失败”和“考研上岸”是两个完全相反的结果，而我们都知道“失败”和“成功”是一对反义词，那么这里的“上岸”就可以理解为“成功”。不只是考研成功叫作“上岸”，考博成功、高考成功都可以称为“上岸”。

“上岸”的基本义是从江、河、湖、海等水中来到岸上。它有两个语义特征：其一，由低到高，因为水在低处，岸在高处。其二，从水中到岸上，要付出努力，甚至要花很大力气。正是在这两个语义特征的基础上，萌生出几个新的引申义、比喻义。

第一个引申义是成功义，从初中生到高中生，中学生到大学生，本科生到研究生，硕士生到博士生，都是学历上由低到高的提升，这种种成功“上岸”都要通过努力奋斗才能获得。

“上岸”除了表示成功通过考试外，还可以表示成功找到工作。例如：

（2）最近，中国人民大学西方经济学专业研究生小李在秋招中顺利“上岸”，找到了人生第一份工作。（《人民日报》2020年9月30日）

例（1）和例（2），“上岸”都表示成功义，主体都是个人。“上岸”的主体也可以是企业、公司等，例如：

（3）预计随着此次政策的出台，未来特色小镇建设将更加规范化，而这也有望成为房地产企业的转型上岸点。（《证券日报》2018年1月22日）

例（3）的“上岸”指的是企业革新，也包含成功义，但是又多了一层转型义。企业改革与转型都需要努力拼搏，朝着更好更高的目标发展。通常，个人“上岸”强调成功义，而企业“上岸”则侧重转型义。

“上岸”还进一步演变出“脱离困境”义，例如：

（4）12年前，面对几十年未遇的金融海啸，中国和G20成员通力合作，将全球经济成功“打捞”上岸。（《人民日报》2020年5月15日）

自古以来，“水”对于习惯在陆地上生活的人类来说，就是充满危险与未知的领域，“上岸”具有摆脱危险的比喻义，“脱离困境”也表示进入一种更优更高的境地。有时，“上岸”还可以应用在借贷行业，由“脱离困境”引申出“还清贷款”（俗话说“无债一身轻”）的意思。例如：

（5）一年多过去了，肖明终于在今年6月成功“上岸”（还清贷款之意——记者注）。（《法制日报》2018年7月6日）

在现代生活中，芸芸众生面临着学业、工作、生活等各种压力，都盼望能从中解脱出来，于是“上岸”一词的新义应运而生。“上岸”这个流行词，词义相对稳定，在口语和书面语中已经广泛应用，具有旺盛的生命力。

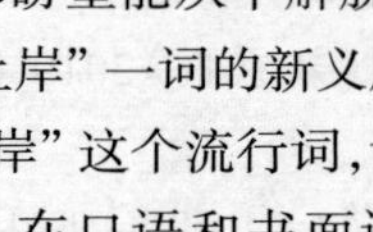

一针见血

应是“跻身”

◎胡才顺

2020年第4期《文史知识》刊载了介绍唐代诗人崔融的文章《困扰在天后罗网中的人生》，文中写道：“杨炯仅比崔融年长三四岁，以神童成名，侪身四杰，名满天下。”这里的“侪身”应改成“跻身”。

跻，读jī，从足齐声，义为登上，上升。跻身，义为踏进、跨入，形容（地位）上升，置身（某种行列、位置等）。黄裳《榆下说书·关于柳如是》：“名士得以跻身其间，原因是他们或则本身就是大地主，或则可以向大官僚转化。”上文说的是杨炯和王勃、卢照邻、骆宾王诗文齐名，被时人誉为初唐四杰，这里用“跻身四杰”是恰当的。

“侪”读作chái，从人齐声，指同辈、同类的人。“侪身”说不通，误“侪”为“跻”当是两字形近所致。

《诗经》里头无此句

◎沈阳仁

2020年8月26日《今晚报》第9版刊载了一篇写海外游子思乡的文章，叫《异域中国年》。文中写道：“小时读诗经里‘日日思君不见君，共饮长江水’，觉得地理距离造就了如此缠绵悱恻但又惨烈生动的情爱故事。”这里作者在引用时误记了出处，这句出自宋词。

“日日思君不见君，共饮长江水”一句脍炙人口，出自《卜算子·我住长江头》，原文如下：

我住长江头，君住长江尾。日日思君不见君，共饮长江水。

此水几时休，此恨何时已。只愿君心似我心，定不负相思意。

该词作者是北宋文学家李之仪，能诗文，又工词，著有《姑溪居士文集》《姑溪词》。这首《卜算子》语言通俗明白，写的是对恋人的思念之情，后收录于《宋词三百首》中。《诗经》是我国最早的诗歌总集,编定于春秋时期,形式以四字句(四言)为主,里面可不会收一首宋词。

没有"一但",只有"一旦"

◎杨宏著

陈鲁豫的随笔集《心相约(新版)》(长江文艺出版社 2006 年 9 月出版)第 33 页上写道:"有一阵,字幕里总能看到刺眼的错别字,一但发现我总是暴跳如雷,大家也意识到问题的严重性。"这里的"一但"应改为"一旦"。

旦,义为天明、早上,也指天、日。一旦,可以指一天之间,表示在很短的时间内。《儿女英雄传》第四十回:"安公子一旦之间,两桩都得了,可不算得个意外的荣华、飞来的富贵吗?"也可以指不确定的时间,有朝一日。毛泽东《人的正确思想是从哪里来的》:"代表先进阶级的正确思想,一旦被群众掌握,就会变成改造社会、改造世界的物质力量。"书中想表达的是,只要发现字幕有错别字"我"就会暴跳如雷,应用"一旦",取不确定时间之义。

但,可以表示凡是,也可以作连词表示转折。"一但"难以解释,汉语中没有这种用法。

"营救"误为"迎救"

◎周　振

2020 年第 25 期《南方文摘》第 9 版刊载了《贺龙两救警卫员》一文,其中讲了贺龙在部队除夕夜遇袭时指挥撤退的经过。当发现警卫员张昌华还未撤出,贺龙下了命令:"二排,跟我返回前院迎救张昌华,快!"这句话中的"迎救"有误,应为"营救"。

营,本义是四围垒土而居。"营"还有很多其他义项,其中一个是谋求,如营生、营利、营救。营救,意思是想方设法救援。邹韬奋《萍踪忆语》二三:"他们因为我未照他们所预期的时间到，立刻开会打算营救，疑我被地主抓去！”

迎，本义是相逢，也有迎接、奉承、正对着等义。上述引文中贺龙发现警卫员未能成功脱困，下命令设法施救，即“营救”。将“营救”误为“迎救”，当是“营”“迎”同音所致。

“招租”“求租”大不同

◎潘尚池

2018年11月20日《钦州日报》第3版刊登了一则广告，在“招租”的标题下写着：“钦州市钦南区城建监察大队公开招租五辆五菱面包车作执法用。”这里的“招租”用错了，按文意应改为“求租”。

“招租”和“求租”词义大不相同。招租，意思是招人来租赁，自己有某物（通常是房屋）想出租，为此用招贴或告白募集有意者。冰心《两个家庭》：“头一天上学从舅母家经过的时候，忽然看见陈宅门口贴着‘吉屋招租’的招贴。”求租，意思是请求租用某物，自己缺少了某物，向大众提出条件请求租用。“招租”和“求租”时一般都会发布告示，但前者是出租方，后者则是租借方。

上述广告想要表达的是：监察大队缺少执法用的面包车，想要向广大有此车辆者募集、租用。显然这里的“监察大队”属于租借方，它刊发的是一个“求租”启事。所以，广告标题和正文中的“招租”都应改为“求租”。

“彀中”不是“觳中”

◎罗　莉

2020年7月27日《成都商报》第3版上的《野鸡大学“定期发作”如何铲除“牛皮癣”？》一文写道：“但相当一部分人是因为不识其真面目，因一时失察误入觳中。‘野鸡大学’的花言巧语，往往使他们很难做出准确的判断。”引文中的

"觳中"错了，正确的是"彀中"。

彀，读 gòu，本义为张满弓，也指箭靶、目标。彀中，即箭能射及的范围，比喻牢笼、圈套。所谓"误入彀中"，在上述语境中指（学生）被"野鸡大学"的花言巧语所迷惑，误中了它们设下的圈套。

觳，读 hú，古代量器名。"误入觳中"从字面上看指误入了觳这一量器，代入语境是解释不通的。

"太祖的儿子宋太宗"？

◎汤生根

崇文书局 2016 年 1 月出版的《人间掌故：历代笔记小品》中收录有《宋太祖以诚收吴越》一文，其中写道："等到太祖的儿子宋太宗即位，为了尽'一世'之言，钱俶便考虑把自己管辖的地盘献给赵宋王朝。"宋太宗是"太祖的儿子"吗？不是！他们是兄弟。

宋太祖赵匡胤（927—976），后周时任殿前都点检，执掌兵权。960 年发动陈桥兵变，即皇帝位，国号宋，都东京（今河南开封）。他是宋王朝的创立者。宋太宗赵匡义（939—997），后改名光义，即位后改炅。他是赵匡胤的弟弟，宋王朝的第二个皇帝。按照我国古代封建王朝的嫡长子继承制度，宋太祖去世后继位的应该是他的儿子，但赵光义继位是个例外。据说杜太后（赵氏兄弟之母）去世前曾召重臣赵普入宫，并当其面让赵匡胤立下誓书，表示死后由赵光义继位。这份誓书被封在一个金匮中，史称"金匮之盟"。显然，宋太宗不是"太祖的儿子"。

"文绉绉"与皱纹无关

◎阎德喜

《修辞荟萃》（安徽大学出版社 2001 年 5 月出版）收录了《藤缠树，树缠藤》一诗，诗后有段评价："全诗没有什么文皱皱的语句，没有什么华丽的词藻，所用的全是日常生活中常用的朴素平凡的字眼。”此处“文皱皱”错了,应改为“文绉绉”。

“绉”是个形声字,从糸刍声。可以读 zhòu,指一种有皱纹的丝织品,如绉纱、碧绉。也可以读 zhōu,用于“文绉绉”,形容人谈吐、举止温文儒雅,曹禺《北京人》第一幕:“学不出一点文绉绉的秀气样子。”也可形容文辞典雅、讲究。上述诗评中与“朴素平凡”相对,用“文绉绉”是合适的。

皱,读作 zhòu,指皮肤因松弛而起的纹路,泛指物体上的褶纹。“文皱皱”解释不通,汉语中没有这种用法。

附骨之疽不是蛆

◎得 喜

2019 年第 1 期《随笔》杂志刊载的《家庭革命中的顾颉刚》中有一段说:“顾颉刚说一个人对社会厌倦了还可以拂袖而去,然而家庭里发生尊幼之间的心志不一,‘直是附骨之蛆’,是无法摆脱的。”这里的“附骨之蛆”错了,应是“附骨之疽”。

疽,读作 jū,结成块状的恶疮。附骨之疽,即紧贴着骨头生长的毒疮,比喻侵入到内部而又难以除掉的敌对势力。陶菊隐《北洋军阀统治时期史话》第七十七章:“这种行动不但可以截断京汉路的交通,而且北京也受到一定的威胁,所以奉军视为附骨之疽。”

“蛆”读 qū,指蝇类的幼虫,也比喻专干坏事的卑鄙可耻之徒。古今汉语中都没有“附骨之蛆”的说法。

“耒耜”莫作“未耜”

◎厉国轩

2020 年 8 月 15 日《上海老年报》第 7 版《叶圣陶播火怀宁堂》一文说:“陆龟蒙对农具也有研究,著有《未耜经》,详细介绍犁、耙、铲、碌碡等工具的发明经过,以及制作、使用的方法，为研究我国古代农具留下了重要的资料。”我国古代并没有《未耜经》，陆龟蒙留下的著作是《耒耜经》。

耒耜（lěisì）是我国古代耕地翻土的农具。《汉书·食货志上》：“斫木为耜，煣木为耒。”耒是曲木做成的柄，耜是安在耒下端用来铲土的部分。陆龟蒙是唐代文学家，晚年隐居松江甫里。在这期间他撰写了《耒耜经》，专门记述当时江南地区的几种农具。该篇收录于陆龟蒙自编的《笠泽丛书》，重点介绍了犁，因为犁是耒耜演化而来，故名。查文献，并无《未耜经》一书，应是“耒”“未”字形相近导致的误植。

结算是“轧”不是“扎”

◎汤青武

2020年第5期《小说选刊》刊载了《朝来夕去人海中》一文，其中写道：“今年我们情况特殊，今年活太多，一直干到年底，想完成工程再收工的，结果就过了政府财政口子扎帐的时间，今年来不及支付了。”“扎帐”是什么意思？应改为“轧账”。

“轧”是个多音多义字。可以读yà，义为碾、滚动；可以读zhá，义为把钢坯压成一定形状的钢材；可以读gá，方言词，有挤、结交、结算核对等义。轧（gá）账，即核算查对账目。方之《岁交春》：“当他轧账的时候，家中的空气简直庄严极了。”

“扎”也是个多音多义字，有zā、zhā、zhá三个读音，有捆、缠束、刺等字义。引文的意思是过了政府部门核算当年账目的时间，用“轧账”意思明确，用“扎帐”则难以理解。

“云宵”当是“云霄”

◎胡礼湘

2020年第9期《杂文选刊》刊发了文章《人在征途》，文中有以下描述：

“车辚辚，马萧萧，行人弓箭

各在腰。耶娘妻子走相送，尘埃不见咸阳桥。牵衣顿足闻道哭，哭声直上干云宵……”这是杜甫的《兵车行》，诗歌一下子就将悲惨的场景推到世人面前。

这段话引用了杜甫《兵车行》中的几句诗，其中的“云宵”错了，当是“云霄”。霄，指云、天空。云霄，指飘浮着云的高空、天际，也比喻极高的地位。“哭声直上干云霄”意思是人们的哭声大到直冲天际。宵，即夜，汉语中没有“云宵”的说法。误“霄”为“宵”应是两字音同形近所致。

此外，“闻道”也错了，应为“拦道”或“阑道”。《兵车行》原诗为“牵衣顿足拦道哭”，说亲人们拦在道上拉着衣襟顿足哭喊。也有“牵衣顿足阑道哭”的版本，“阑”通“拦”。

司马相如小名“尤子”？

◎辜良仲

近阅《文学词典》（湖北人民出版社1984年8月出版），发现第92页“司马相如”的词条下写着：“字长卿，小名尤子。因慕战国时蔺相如的为人，改名相如……”这里有个知识性错误，司马相如的小名不是“尤子”而是“犬子”。

司马相如（约前179—前118），字长卿，西汉文学家，为汉赋辞宗，代表作《子虚赋》。关于司马相如的名字，司马迁的《史记·司马相如列传》中有明确记载：“少时好读书，学击剑，故其亲名之曰‘犬子’。相如既学，慕蔺相如之为人，更名相如。”当时社会上流行给孩子取贱名，认为如此能让孩子不易夭折。司马相如长大后觉得此名不雅，加之仰慕名臣蔺相如，所以给自己改名“相如”。犬子，本指幼犬，因曾作为司马相如的小名，后世便以“犬子”谦称自己的儿子。

尤，指特异的、突出的。司马相如不曾有过“尤子”之名，恐怕是“尤”“犬”字形相近导致手民误植。

学林

音节分界法简述

◎苏培成

《中华人民共和国国家通用语言文字法》规定:“国家通用语言文字以《汉语拼音方案》作为拼写和注音工具。”用《汉语拼音方案》对国家通用语言文字进行拼写时必须做到音节界限清楚。

如果没有清楚的分界,人们就读不懂拼写的是什么意思,无法用拼音来交流。

要研究如何让拼写的音节界限清楚,就要先明白普通话的音节结构。普通话音节是由声母、韵母和声调三部分组成的。声母是音节开头的辅音,声母的后面是韵母。普通话的构成包含有二十一个辅音声母,就是 b、p、m、f、d、t、n、l、g、k、h、j、q、x、zh、ch、sh、r、z、c、s。有的音节开头没有辅音,如 an(安),这样的音节属于零声母音节。韵母又可以分为三部分:主要元音是韵腹,韵腹前面是韵头(也叫介音),后面是韵尾。如韵母 ian,其中 a 是韵腹,i 是韵头,n 是韵尾。韵腹必不可少,韵头和韵尾可以有也可以没有。声调贯穿整个音节。

两个音节相连,前一个音节的末尾和后一个音节的开头界限必须清楚,不能含混不清。后一个音节如果有辅音声母,音节界限就清楚,相反如果后一个音节是零声母,界限就容易不清。例如:“皮袄”拼为 piao 就成为“飘”,“故意”拼为 gui 就成为“贵”。再有,辅音 n 既可作为前一个音节的韵尾,例如 tan(贪),又可作为后一音节的声母,如 nai(耐)。两个音节间如果是 n,有时也会界限不清。例如 fanan,既可以是“发难”又可以是“翻案”。还有辅音 ng,是由两个字母构成的一个辅音,只能作韵尾。如 jing(京)。可有时也会分属两个音节:n 属于前一个音节的韵尾,如 lan(兰),g 属于后一音节的声母,如 gan(干)。前一音节的末尾是辅音 n 或 ng 的,容易相混。例如

danao，不知是“大脑”还是“单袄”。dangan，不知是“单干”还是“档案”。以上这些容易混淆的问题，在《汉语拼音方案》中都得到了圆满的解决。

后一音节开头是零声母的音节分为两种情况：

（一）i、u、ü 这三个元音开头的韵母，其中的 i、u、ü 既可以作韵腹，如 i（衣）、u（乌）、ü（于），又可以作韵头，如 ia（压）、ua（挖）、ue（约）。拉丁字母的 y 和 w 一般用来表示半元音，可在《汉语拼音方案》里却用作隔音字母，相当于辅音。《汉语拼音方案》规定在 i、u、ü 的前头分别加上 y 和 w，这样就和它前面的音节不混。例如“故意”拼为 guyi，“贵”拼为 gui。《汉语拼音方案》对 y、w 的用法有明确的规定。就是：

i 行的韵母，前面没有声母的时候，写成 yi（衣），ya（呀），ye（耶），yao（腰），you（忧），yan（烟），yin（因），yang（央），ying（英），yong（雍）。

u 行的韵母，前面没有声母的时候，写成 wu（乌），wa（蛙），wo（窝），wai（歪），wei（威），wan（弯），wen（温），wang（汪），weng（翁）。

ü 行的韵母，前面没有声母的时候，写成 yu（迂），yue（约），yuan（冤），yun（晕）；ü 上两点省略。

（二）a、o、e 这三个元音开头的韵母属于另一类，它们只能作韵腹，不能作韵头。如 an（安）、ou（欧）、en（恩）。为了和它前面的音节界限清楚，《汉语拼音方案》规定，在 a、o、e 的前面加上隔音符号，写作 'a，'o，'e，与前面的音节隔开。“皮袄”拼为 pi'ao，“飘”拼为 piao。

关于辅音字母 n 的使用，辅音 n 既可以出现在音节末尾作韵尾，也可以出现在音节开头作声母。如果两个 n 接连出现，前一个是韵尾，后一个是声母，如 kunnan（困难）。如果 n 的前后都是元音，汉语拼音采用了连读法，就是要尽后不尽前，例如 fanan 是“发难”。如果要拼写“翻案”，在后一个元音的前面要加隔音符号，写作 fan’an。

ng 两个字母表示的是一个鼻辅音，只能用作韵尾，不能作声母。遇到 n 和 g 两个字母相邻时，如果不是作韵尾，那么，n 就是前一个音节的韵尾，g 就是后一个音节的声母。例如“南关”拼作 nanguan，不可能是“囊弯”。如果要拼“囊弯”，就要拼作 nangwan。

《汉语拼音方案》规定的 y、w 的使用和辅音拼音的尽后都得到认真执行，可是隔音符号的使用却时常被忽视。例如：不久前出版的义务教育教科书《语文》一年级上册，其中的汉语拼音教学部分完全不讲隔音符号。在这次新编的教科书上就有缺少隔音符号的用例。如，二上 14 页的“企鹅”，应该拼作 qi’e，却拼成了 qie（且）。二上 16 页的“海鸥”，应该拼作 hai’ou，没有隔音符号就成了 haiou。有人说：“企鹅”“海鸥”每个音节上都有声调符号，可以避免音节界限混淆不清。我们认为，声调符号的有无，与是不是使用隔音符号是两个不同的问题，不要混在一起。《汉语拼音方案》是科学的方案。它靠自身的设计就能保证音节界限的清楚，而不依赖声调符号的有无。《汉语拼音方案》是全国人大批准的方案，教科书必须遵照执行，不得随意删减。为了引起社会各界对隔音符号的重视，下面列出用和不用隔音符号的对照词例：

guan 观，gu’an 固安
huan 欢，hu’an 护岸
jiang 姜，ji’ang 激昂
jie 街，ji’e 饥饿
kua 夸，ku’a 苦啊
lian 连，li’an 离岸
liao 聊，li’ao 李敖
piao 飘，pi’ao 皮袄
qian 千，qi’an 奇案
qie 切，qi’e 企鹅
tuan 团，tu’an 图案
xian 先，xi’an 西安

dangan 是“单干”，dang’an 是“档案”。

fangan 是“反感”，fang’an 是“方案”。

《论语》的"格"

◎石毓智

"格"是儒家思想中的一个重要概念,具有重要的现实意义,然而令人遗憾的是,这个概念一直被误解。这个字在《论语》中只出现过一次,有关的段落如下:

子曰:"道之以政,齐之以刑,民免而无耻;道之以德,齐之以礼,有耻且格。"

如何理解"有耻且格"这句话?在先秦汉语中,"格"就是个多义字,所以有人把它解释为"来",也有人解释为"至",还有人解释为"正",甚至有人认为是"恪"的别字,应解读为"敬"字。中华书局出版的杨伯峻的《论语译注》是权威的读本,作者的解读是依据《礼记·缁衣》的这句话,即"子曰:'夫民,教之以德,齐之以礼,则民有格心;教之以政,齐之以刑,则民有遯心。'"杨伯峻认为,这里"格心"和"遯心"相对成文,"遯"即"遁"字,逃避的意思,逃避的反面应该是亲近、归服、向往,所以用"人心归服"来解释"格"字。杨伯峻对"有耻且格"的白话翻译就是:人民不但有廉耻之心,而且人心归服。这种解读大失原意,而且上下文意也讲不通,下面就来谈谈笔者的看法。

在《"格物致知"到底是什么意思》(见《咬文嚼字》2019年第8期)一文中,笔者已经详细论证了"格"在《礼记》中的概念义,它是指一种道德范畴,指人们按照礼仪或者道德标准来行事或者取舍事物。也就是说,"格物致知"并不是权威工具书所解释的“穷究事物的原理”的意思，因为历史上“格”从来没有做“穷究”的用法。根据历史文献上的用例，“格”的本义是“长树枝”，后引申为限止、阻拦、抵御，再引申为法则、准则、法律条文。“格物致知”说的不是一种探求知识的方法，而是一种道德修养。《礼记·大学》上的这句话“物格而后知至，知至而后意诚”实际上是说，一个人的头脑只有不被物质欲望所完全占据，按照一定的道德和礼仪标准取舍事物，才能够产生智慧，因而拥有真实的心意来观察外界事物。

按照这种解读，可以很自然地理解《礼记》中另外两处“格”字的意义。一处就是“言有物而行有格也”，指讲话要有实质性内容，做事要依据一定的道德或礼仪标准。另一处则是上面杨伯峻引用的《礼记》那句话，“格心”并不是“人心归服”，而是指心里有道德或者礼仪标准，这与其前的两句话“教之以德，齐之以礼”在意思上自然连贯。同样，该段话的“遁心”与其前的两句话也是自然连贯，如果一个国君只知道运用政治威权和苛法恫吓，人民会因受不了严政苛法而产生逃离的心态。

至此，我们就不难理解上面《论语》中的那句话的意思，就是说如果用道德来教化大众，用礼仪来规范人们的行为，那么人民不但有廉耻之心，而且言行遵循道德礼仪标准。“格”的这个意思仍然保留在现代汉语的一些复合词里，诸如“品格”“格调”“严格”“人格”等，都与为人做事有标准讲原则有关。

不论是做人还是做事，都要讲究一个“格”字。一个人不能失“人格”，一个国家不能失“国格”。这是儒家文化的思想精髓，值得今人认真反思继承。

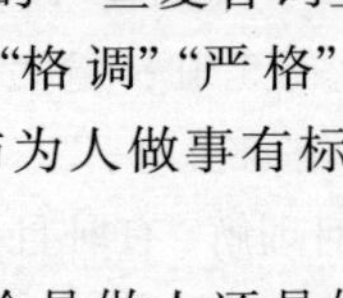

文章病院

“崤涵”当为“崤函”

◎汤东莞

2020年6月4日《南方周末》刊登的《发现河洛古国》一文介绍了双槐树古国时代都邑遗址的考古成果，在说到“河洛地区”的重要性时写道：“这里北依邙山和黄河，东据虎牢关，南眺嵩山，西有崤涵，四塞险固犹如天然屏障。”这里有一个问题，“崤涵”应改为“崤函”。

崤函，“崤”是崤山，“函”是函谷关。崤（xiáo）山，也叫嵚崟（qīn yín）山，位于河南省西部，属秦岭东段支脉。崤山分东西两崤，延伸到黄河、洛水之间。函谷关是古关名，历史上有两处。古函谷关在今河南省灵宝市东北的王垛村，战国时由秦国设置；新函谷关在今河南新安县东，西汉元鼎三年（前114）设置。函谷关东自崤山，西至潼津，号称天险，自古是中国西北地区重要关隘。因关在谷中，深险如函（封套）而得名。崤山因与函谷相连而并称“崤函”，地理位置就在“河洛地区（黄河与洛水之间的地区）”西边。

涵，本义为水泽多，也有包容、浸润等义。中国没有一处地方叫“崤涵”。

误说『乌台诗案』

◎宁继忠

2020年8月21日《作家文摘》第9版刊载了《苏东坡的"两个西湖"》一文，其中有这样一段文字："宋绍圣元年（1094），苏轼因'乌台诗案'被贬英州。"苏轼真是因"乌台诗案"被贬英州的吗？不是。

"乌台诗案"发生于宋神宗元丰二年（1079），御史何正臣等上表弹劾苏轼，说他所上《湖州谢上表》暗藏讥刺朝政之语，随后又以大量苏轼诗文佐证。此案在御史台受审，因御史台又称"乌台"，这次事件被后世称为"乌台诗案"。乌台诗案的本质是当时的变法派对苏轼等反对者的打压，最后苏轼被贬黄州，此案得以了结。元丰八年（1085），苏轼东山再起，以礼部郎中被召还朝。

几年后，垂帘听政的高太后去世，宋哲宗亲政并改元绍圣。绍圣元年（1094），宋哲宗重启改革，推行新法。因苏轼所持的一贯立场，再次被打压，被以"讥斥先朝"为名贬去英州。在赴英州途中再贬为宁远军节度副使，惠州安置。这次"被贬英州"和"乌台诗案"是两次不同的事件。

微语录·道德

孔子将要出门，天下起了雨，但没有雨伞可用。门人说：子夏有伞，向他借一下吧。孔子说：我不是不知道子夏有伞，不跟他借是因为他很吝啬，如果他不借的话，便暴露了他的缺点，他会招致别人的指责。因此，不能跟子夏借伞。

（蔡　玫／辑）

“一般”≠“一斑”

◎阎心士

2019年第1期《书屋》杂志刊有《中国古都纪胜典籍——〈雍录〉》一文。文章介绍了南宋文士程大昌所撰长安地区的志书《雍录》，说他以前人所撰有关图书相互考证，在考证中有所发现，并引其自述：“予于是立渭（水）为经，而取两代都地随列渭旁，人能并渭以推其方，而关雍地望如指掌矣。”同时评价道：“其考述精审细致可见一般。”这里有一处差错，其中的“可见一般”显然是“可见一斑”之误。

一斑，指豹身上的一块斑纹。王羲之之子王献之曾经观看父亲的门生玩樗蒲（chūpú，古代博戏），见有胜负，说：“南风不竞。”门生说：“此郎亦管中窥豹，时见一斑。”就是说如同通过竹管的小孔看豹，只能见到一点斑纹，王献之只看到了部分，没有看到整体，意指他不懂这个游戏。“可见一斑”本指只看到事物的一小部分，未见全貌，后多比喻见到事物的一小部分也能推知整体情况。如秦牧《漫记端木蕻良》：“端木的坚强性格，从他冷对十年浩劫中自己身受的折磨，也可以见到一斑。”上述文章引程大昌自述，由此体现《雍录》一书的“考述精审细致”，所以，应该是“可见一斑”。

一般，可以表示一样、一种、普通之义。如是“其考述精审细致可见一般”，那么意思则与作者的意思完全不同。误“一斑”为“一般”，是音同致误。

大海占了地球面积的“七分之一”？

◎陈琢如

著名科幻小说《海底两万里》（北京师范大学出版集团2014年10月出版的中文译本）中有几处瑕疵，如错把海洋占地球面积的“十分之七”写作“七分之一”，错把“潟湖”写作“泻湖”。

该书第70页上写道：“是呀，我很爱大海。大海就是一切！它占了地球的七分之一的面积。”大海即广阔的海洋，地球上海洋总面积约36 200万平方千米，占地球表面积约70.8%。说它“占了地球的十分之七的面积”是可以的。“七分之一”约为14.3%，与“十分之七”相差很远。

该书第288页和第289页上三次出现“泻湖”，应是“潟湖”之误。潟，读xì，义为盐碱地。潟湖，浅水海湾因湾口被泥沙等形成的沙嘴淤堵而封闭或接近封闭的湖泊。珊瑚环礁所环绕的部分水体也属此类。潟湖的主要特征是水体都为盐度高的海水，但又不与外海直接沟通。小说中提到的湖泊在一座火山内部，由地壳变动时从山顶灌入的海水形成，符合潟湖特征。“泻”读xiè，指液体很快地流下。“泻”的繁体字“瀉”与“潟”字形相近，又因“潟”字较生僻，误“潟湖”为“泻湖”的差错十分常见。过去曾有过认可“泻湖”这一词形的时期，认为“泻湖”义同“潟湖”。但现在已不认同“泻湖”的用法，正确的应是“潟湖”。

“袅袅兮秋风”不是曹操的诗句

◎夏松平

2020年10月14日《语言文字报》刊发文章《清秋佳日好读书》，其中说道：“读着读着，一阵秋风悄然而至，书页哗哗作响，秋叶纷纷而落，萧瑟又悲情，一种诗意的情感扑面而来，脑海中浮现出曹操那句‘袅袅兮秋风，洞庭波兮木叶下’，也就读出了郁郁的古典意蕴。”曹操留下过“袅袅兮秋风，洞庭波兮木叶下”的诗句吗？错了，这是屈原的诗句。

“袅袅兮秋风，洞庭波兮木叶下”出自战国楚诗人屈原的《九歌·湘夫人》，大意是：凉爽的秋风不断吹来，洞庭湖中水波泛起，岸边树上叶片飘落。该句的妙处在于用可见的水波、落叶来描写不可见的秋风，是写景名句。曹操是三国时期政治家、军事家，同时也是个诗人，他和自己的儿子（曹丕、曹植）以及建安七子开创了刚健遒劲的创作风格，世称“建安风骨”。曹操的诗歌流传至今的有20多首，全部是乐府诗，其中并无一句“袅袅兮秋风，洞庭波兮木叶下”。

《火眼金睛》提示

图1，“戎边”应为“戍边”。

图2，“螺狮肉”应为“螺蛳肉”。

图3，“步署”应为“部署”。

图4，“戮力同心”应为“勠力同心”。

周处斩“鲛”？

◎谢云秋

宜兴蛟桥，即长桥

2020年6月8日《京江晚报》A11版刊载了《曾经的脚步，再也没能回来》一文，其中写道：“我家小巷的一头是著名的周处斩鲛的长桥，一头就是太鬲桥，旁边的轮船码头天天客来客往，闹猛得很。”此处“周处斩鲛”的“鲛”应为“蛟”。

蛟，传说中能兴云雨、发洪水的龙。也指鼍、鳄之类的动物。周处（约236—297），字子隐，阳羡（今江苏宜兴）人，西晋大臣、将领。《晋书·周处传》中记载了“周处除三害”的故事，说周处少年时仗着自己膂力过人、家世显赫，纵情肆欲为祸乡里。当地百姓将他和南山白额虎、长桥下蛟并称“三害”。周处得知自己被人如此厌恶，幡然悔悟。他上山射虎，下水斩蛟，自己改过向善，“三害”因此尽除。后来周处拜名士陆机、陆云为师，励志学习，终成一代名臣。

鲛，海中鲨鱼。根据文献记载，周处下水杀的是“长桥下蛟”。此蛟生活在宜兴长桥下的河水中，和海生的鲨鱼没有关系。

语言哲思

公安局长的性别

◎宗守云

有个智力测试题：

一位公安局长正在办公室工作，忽然儿子跑进办公室，说："我爸爸和你爸爸吵起来了。"问：公安局长儿子的爸爸和公安局长的爸爸是什么关系？

对于这个问题，很多人都百思不得其解：公安局长就是儿子的爸爸，是在办公室现场的，但儿子的话又预设爸爸是不在办公室现场的，既在办公室现场又不在办公室现场，这不是矛盾的吗？

其实答案很简单：公安局长是一位女性，儿子的爸爸是公安局长的老公，两位爸爸是翁婿关系。

这样简单的问题，为什么很多人想不到答案？这涉及一种思维方式，这种思维方式在心理学中叫"思维定势"，在认知语言学中叫"社会固有模式"，具体说来，人们在思维中存在"公安局长是男性"这样的定势或固有模式，因此遇到上述问题就会出现困惑。认知语言学家莱科夫说："社会固有模式通常是人们意识到的并且常常是公众议论的话题……由于它们给各种文化期望下定义，被用来做推理，尤其是那些所谓的'即时论断'。然而，社会固有模式通常被认为是不准确的，它们在理性活动方面的运用可能会招来公开的挑战。"

就上述问题而言，"公安局长是男性"是一种思维习惯，是人们意识到的话题，可以被用来推理并做出即时论断，比如，"公安局长前来指导工作"，一般情况下都理解为公安局长是一位男性。但社会固有模式是不准确的，因为公安局长并不都是男性，也有女性公安局长。即便如此，这种社会固有模式仍然影响着语言的运用，比如：违反社会固有模式的命题会导致惊讶，可以说"那位前来指导工作的公安局长竟然是一位女性”；符合社会固有模式的命题不会导致惊讶，一般不说“那位前来指导工作的公安局长竟然是一位男性”。

社会固有模式表现在许多方面，性别的社会固有模式是其中重要的方面，这和社会分工有关，有些社会工作倾向于男性充任，有些倾向于女性充任，有些则没有性别倾向。比如，“保安、厨师”倾向于男性充任，“护士、保姆”倾向于女性充任，“教师、演员、秘书、主播”没有性别倾向。这样，性别的社会固有模式就产生了：

保安是男性 厨师是男性

护士是女性 保姆是女性

性别的社会固有模式对语言运用的影响，首先表现为性别词语修饰的差异，“男”和“女”都可以修饰上述职业称谓词语，但表达价值不同，符合社会固有模式的修饰，只有语义强化价值，没有信息表达价值：

男保安 男厨师

女护士 女保姆

这里的“男”和“女”不是用来表达信息的，而是用来强化语义的。违反社会固有模式的修饰，具有信息表达价值：

女保安 女厨师

男护士 男保姆

这里的“男”和“女”是用来表达特殊信息的，反映特定情境中的特殊情形。

性别的社会固有模式对语言运用的影响还表现在句法结构方面。有些社会地位较高的职位也倾向于男性充任，比如“总统、局长、经理、教授”等，其性别的社会固有模式也影响着语言的解读。如果这些称谓词语和“先生”组合，就是同位结构：

总统先生 局长先生 经理先生 教授先生

这些都是同位结构，“总统、局长、经理、教授”就是“先生”。

如果和“夫人”组合，就是偏正结构：

总统夫人 局长夫人 经理夫人 教授夫人

这些都是偏正结构，“总统夫人”就是“总统的夫人”，余者也都是如此。

万花筒

任由“冒泡”，不如趁早“爆泡”

◎吴祝群　汪惠迪

2020年初，新冠肺炎暴发，来势汹汹，肆虐全球，疫情此起彼伏。进入冬季，欧洲多国单日新增病例屡创新高，以致不得不再度采取封锁措施。

风景这边独好。中国疫情全面受控，工厂复工复产，人民生活正常。

环顾周边国家和地区，至本文定稿时，中国港澳特区、中国台湾地区和东盟多数国家，疫情也都已经或正在趋缓好转之中。

在疫情严重时期，各国旅游业和航空业均受重创，几近瘫痪。2020年10月21日，国泰航空公司宣布关闭旗下的全资附属公司港龙航空。如今疫情缓和，业者纷纷出谋划策，积极进取。一时间，到处“冒泡”，“航空泡泡”“旅行泡泡”“旅游泡泡”“旅游气泡”等等目不暇接。

2020年10月15日，“网易”国际在线报道说，新加坡和中国香港拟建立“安全航空旅行圈”。

2020年11月2日，中国民用航空网报道，新加坡和中国香港的“航空泡泡”计划讨论进展良好，有望在本月底前正式落实。

2020年11月11日，新加坡旅游局和中国香港旅游发展局正式宣布，双方同意建立来往新港两地的“航空泡泡”（Air Travel Bubble），并定于当月22日启航，由新加坡航空公司和香港国泰航空公司执飞。

此后，中国台湾地区媒体报道称，台湾交通部门正跟新加坡驻台代表商洽“旅游泡泡”事宜，跟越南、日本也都在洽谈之中。

东盟多国不甘落后，有的先于中国香港和新加坡，早已行动起来了。

2020 年 6 月 24 日，马来西亚《星洲日报》在社论中就说，莫让“旅行泡泡”变成“旅行泡沫”，与中国合作“旅行泡泡”盼春节实现。

2020 年 9 月 27 日，马来西亚《南洋商报》头版头条报道，旅游局允许新文（文莱）泰印（印尼）游客入境，盼望“旅游泡泡”明年年初上马。

2020 年 11 月 7 日，泰国《世界日报》报道，观光与体育部长披帕 6 日说，该部准备与中国驻泰大使馆磋商，在东南亚国家与地区之间推行“旅行泡泡”计划，开启东盟国家与地区之间的“旅行走廊”，以振兴经济。

2020 年 11 月 11 日，新加坡《联合早报》报道，印尼总统佐科希望在东南亚国家与地区之间推行“旅行泡泡”计划。

2020 年 11 月 7 日，法新社报道，欧洲一些国家也在考虑建立特殊的“旅游走廊”或“旅游泡泡”，让来自低感染风险国家与地区的人自由旅行，不需要在目的地隔离 14 天。

中新社 11 月 12 日报道，中国外交部副部长罗照辉说：“留意到中国香港与新加坡达成旅游气泡的安排，但鉴于海外疫情仍然严重，国外旅游的安排应较国内谨慎，因此内地目前无意开放境外旅游，认为现在并非推出旅游气泡的成熟时候。”

有道是人算不如天算。新加坡和中国香港“航空泡泡”正式开通前夕，即 11 月 21 日，香港第 4 波疫情持续加重，于是双方立刻宣布将“航空泡泡”计划推迟两个星期，12 月初再公布实施日期。

新冠肺炎可真折腾人，它一折腾，“航空泡泡”又在各路媒体上活跃了一阵。

“航空泡泡”又称“旅行走廊”“安全航空旅行圈”或“安全旅行经济圈”，指在疫情相对受控、双方检疫措施可以互信的国家或地区之间实现航空往来，前提是确保乘客的健康安全。

据说，全球第一个“航空泡泡”于2020年5月出现在波罗的海三国爱沙尼亚、拉脱维亚和立陶宛。

或问，“泡泡”“气泡”都是从哪儿冒出来的呢？上文“航空泡泡”所括注的Air Travel Bubble显示，它是英语bubble的直译。

中文里的“泡”指“气体在液体内使液体鼓起来形成的球状或半球状体”，重叠成“泡泡”，并与“航空”“旅游”“旅行”等词组合，新鲜倒是新鲜，可是既不能见词明义，也不能望文生义，甚至连猜想都难。说实在的，“泡泡”跟“航空”“旅游”等词挨不上边儿啊。

其实，bubble并不是非译成“泡泡”或者“气泡”不可，须因事制宜。美国“史密森尼学会”的杂志刊载过下列报道：

Travel bubbles, also called travel bridges or corona corridors, do away with that waiting period for a select group of travelers from certain countries where the coronavirus has been contained. “In a ‘travel bubble’ a set of countries agree to open their borders to each other. So people can move freely within the bubble, but cannot enter from the outside,” says Per Block, an Oxford University researcher in social mobility and methodology. (旅游bubbles，又称旅游桥或者冠状走廊，免除某些疫情受控制国家的特选游客团的等待期。牛津大学研究社会[群体]移动与方式的学者布洛克说：在一个“旅游bubble”里，一些国家同意互相开放边界，人民可以在bubble内自由行动，但是不能从外面进入。)

据此，是否可以把Air Travel Bubble称为“航空旅游特别通道”（简称航空特道/旅游特道）或“航空旅游绿色通道”（简称航空绿道/旅游绿道）呢？“特别”表示有特定条件，“绿色”表示安全。总之，我们希望“爆泡”，不希望“航空泡泡”之类的“泡泡”落户中文。一孔之见，敬请方家指正。

有此一说

“每下愈况”与“每况愈下”

◎陈壁耀

“每况愈下”如今耳熟能详，是常用成语，但鲁迅先生在《坟·从胡须说到牙齿》和《华盖集·答KS君》中，却多次嘲弄“以擅长旧学自居”的章士钊，说他把“每下愈况”错写成“每况愈下”。这又是怎么回事？章士钊“每况愈下”真用错了？

“况”字甲骨文和篆文都从水，原作“况”，如今的规范字“况”原是“况”的俗字，所以“每下愈况”和“每况愈下”原来是写作“每下愈况”和“每况愈下”的。

就“每况愈下”而言，辞书都以为出自“每下愈况”。如《现汉》只收“每况愈下”，但说“本作‘每下愈况’”；《辞海》(1989版)只收“每下愈况”，但最后说“后用‘每况愈下’表示情况越来越坏”；《辞源》“况”作“况”，两条兼收，“每下愈况”条后说“后多作‘每况愈下’”，“每况愈下”条也说“本作‘每下愈况’”；《汉语大词典》收有三条，释“每况愈下”为“见‘每况愈下’”，而“每况愈下”条也说“本作‘每下愈况’，后多作‘每况愈下’”。所有的辞书都认为“每况愈下”就是由“每下愈况”衍生出来的。其他成语词典也大致如此。

这种说法恐怕值得商榷。为厘清问题，兹先引录《庄子·知北游》原文如下：

东郭子问于庄子曰：“所谓道，恶乎在？”庄子曰：“无所不在。”东郭子曰：“期而后可。”庄子曰：“在蝼蚁。”曰：“何其下邪？”曰：“在稊稗。”曰：“何其愈下邪？”曰：“在瓦甓。”曰：“何其愈甚邪？”曰：“在屎溺。”东郭子不应。庄子曰：“夫子之问也，固不及质。正获之问于监市履狶也，每下愈况。”

文中见诸文字的是“每下愈况”，这是对“正获之问于监市履狶也”的回答。“正获”是一个名叫获的市场监管员，“监市”就是市场里的牙人即买卖中间人，“履”是踩踏，“狶”是猪。意思是说正获去问监市怎么检查猪的肥瘦，监市告之以“每下愈况”，即越往猪脚胫下部踩踏就越能感知猪之肥瘦。“况”有“甚”义，谓愈下而愈甚，即通过上下比照更易感知其肥瘦。庄子借猪之“每下愈况”以说明“道”之“无所不在”。他认为“道”离不开物，而且越从低贱的物上越能感知和明白。

与之相应的“每况愈下”也出自这段引文，但并非出自“每下愈况”，而是隐含于东郭子与庄子的五次对话中。

东郭子问庄子“道在哪里”，庄子说“道无所不在”。东郭子要求庄子举例证实，庄子就从“蝼蚁”说到“稊稗”说到“瓦甓”最后说到“屎溺”以证之。东郭子的反应却是一连串的疑问，由“何其下邪”而“何其愈下邪”而“何其愈甚邪”直至最后无语之“不应”。其间“每况愈下”的“愈下”二字已见之于文字了。再结合郭象注“履其股脚难肥处，故知豖肥耳，问道亦况下贱，则知道也”的“问道亦况下贱”，则“每况愈下”的意思就都隐含于其间了。这应该就是它的语源了。其中“况”义为“譬”而非“甚”，与“每下愈况”的“况”是不同的。“下”义也不相同，一为“卑下”，有低贱义，含贬；一为同一事物部位的下移，指下面的部位，是没有贬义的。

所以，“每况愈下”虽与“每下愈况”出自同一段文字，两者有关联，意义也有部分交叉，却是独立的另一条成语。两者一明一暗，一见诸文字而一相对隐晦，两个“况”字和“下”字的意义更是完全不同。后来“况”的“譬况”转指“状态”(《中华大字典》)义,表示情况,“每况愈下”就成了如今表示情况越来越坏的意思。

从历史上看,“每况愈下”早在宋朝就有用例,如胡仔《苕溪渔隐丛话后集·东坡一》:“后山乃比之教坊司雷大使舞,是何每况愈下?”又如洪迈《容斋续笔》卷八《蓍龟卜筮》:“人人自以为君平,家家自以为季主,每况愈下。”而“每下愈况”其时并无用例,鲁迅何以要批评章士钊为误用?难道宋人也用错了?

1936年版《辞海》未收“每况愈下”,只收“每下愈况”,其释义也只是按郭注为“按文意本以明道之无所不在,即下贱处亦可见道,履豕之股脚而知豕肥,即可以为比况,故注曰问道亦况下贱,则知道也。又据章炳麟《新方言·释词》‘愈况,犹愈甚也’”,并没有说是“情况越来越坏”。但自上世纪初直至如今,却一直有人以“每下愈况”来表示情况越来越差,如:

(1)乃闻设官分部,数至十二,已开虚縻廪禄之端,商榷阁员,每下愈况。(章炳麟《致袁世凯商榷官制电二》)

(2)他的《性史》第一集,在出版以前曾经同我谈及,印成后送给我一册,这是原板初印的真本,以后在上海续出的各集真假如何,不曾研究,也没有见到,所以无从说起,大概更是每下愈况了。(周作人《知堂乙酉文编·张竞生博士》)

(3)和这种每下愈况的情形相始终的是补给制度。(黄仁宇《万历十五年》第六章)

但同样也有人用“每况愈下”:

(1)至于村落则其困穷之象,每况愈下。(孙中山《国民党第二次全国代表大会宣言》)

(2)南归以后吗,新戏固然和北京是“一丘之貉”,旧戏也就每况愈下,毫无足观。(朱自清《“海阔天空”与“古今中外”》)

(3)的确,老辈一天少似一

天，人才好像每况愈下。（钱锺书《围城》三）

从历来这些用例和鲁迅对章士钊的批评看，“每下愈况”与“每况愈下”在语用和理解上一直就有纠葛，辞书对此也界说不一。就“每下愈况”言，《汉语大词典》说“后用以指情况越来越差”，《辞源》则说“后多作‘每况愈下’，与原义异”，意思是“每下愈况”不能用来表示情况越来越差的意思。其实这两者原是一问一答，“每况愈下”为东郭子的疑问，“每下愈况”则是庄子的回答。所以两者的意义应该是不同的。

可能是有鉴于如今“每况愈下”用例远多于“每下愈况”的事实，《现汉》只取“每况愈下”为唯一的推荐用法，《辞海》后来也弃“每下愈况”而改收“每况愈下”以符合目前的语用实际，但《现汉》“本作”之说和《辞海》新版“义亦转变”说，以及《辞源》之“与原义异”说，都还是认定“每况愈下”就是出自“每下愈况”的。这种说法似值得商榷，有重新界定之必要。至于鲁迅批评章士钊误用之公案，那是另一个值得研讨的鲁学问题了。

《一小时能带来什么》参考答案

1. 拼博——拼搏
2. 巨擎——巨擘
3. 身价——身家
4. 缺了点什么？——缺了点什么。
5. 而且——而是
6. 他却始终遵守——他都始终遵守
7. 几副——几幅
8. 大放溢彩——大放异彩
9. 不扉——不菲
10. 拥虿——拥趸

网言网语

你发现“宝藏”了吗

◎曹　艺

“恭喜你发现宝藏！”

在网络上，你可能会在各种场合遇到这句话。或许是打开一个视频时弹出的弹幕，或许是刷微博时看到的安利帖子，又或许是听小众音乐时下面的评论。当然，你不可能真的发现了什么真金白银或者珍珠宝贝。

正常情况下，“宝藏”的确与金银有关——指储藏的大宗珍宝或珍贵物品，也指蕴藏在地下的矿产资源。但是在网络上使用的，却不是这个本义。宝藏大多具有珍贵、丰富的特点，发现宝藏可以给人带来惊喜和财富，通过对于这一细节特征的引申，“宝藏”可以不再单指金银财宝，也可以用来形容珍贵、丰富的其他东西。

一般来说，“宝藏”会作为定语修饰一个名词，这个名词可以是人也可以是物。最常见的用法是“宝藏男孩/女孩”，形容某个人具有让人感到佩服或产生兴趣的性格、特长、能力等等，网络上多用于形容明星。“男孩/女孩”的称呼本就给人一种青春、阳光的积极气息，用“宝藏”与之搭配，更能体现出赞美和亲近之意。其他后接指人名词的还有“宝藏歌手”“宝藏作者”等等。相比于“宝藏男孩/女孩”带有欣赏性格优点的意味，直接称呼其职业，更多的是对其作品和能力的称赞。这样的“宝藏”，带给人们的是精神上的愉悦。

“宝藏”后接的名词也可以是物，这种搭配比较多样，比如说“宝藏视频”“宝藏节目”“宝藏眼影盘”等等，能够使人感到惊喜的事物，大多都可以与“宝藏”搭配，用来赞美它们的制作精良或使用方便，能够最大程度地满足人们的期待，带来愉悦的享受。

宝藏的另一个特点，是它的隐蔽性。通过各种传说故事的渲染，人们想起“宝藏”，也会自然而然地联系起“挖宝藏”“藏宝藏”“神秘宝藏”这样的组合，这种神秘色彩也延伸到了作为网络用语的“宝藏”上。在人们用“宝藏”赞美人或物时，都带有这种被赞美的特质是不易发现、需要挖掘的隐藏属性。比如“宝藏男孩 / 女孩”，只有深入了解他们，才能够发现那些被赞美为“宝藏”的闪光点。而当赞美对象是事物时，又隐含有“这个事物虽然好但本来很小众”或是“本身没抱太大的期待但没想到深入了解后这么精彩”的意思。也正是因为这种隐蔽性，发现了“宝藏”时才会更加惊喜。

在一些特殊语境中，“宝藏”也有贬义的用法。比如某个明星被爆出黑料，不仅令人震惊，而且深入挖掘后发现这样的黑料源源不断，也会被嘲讽地称为“宝藏男孩 / 女孩”。这种贬义的用法淡化了宝藏本义中“珍贵”的义素，更加强调了“挖掘”“丰富”的特点。

“宝藏”这种名词用作定语，不再具有指称功能，而是强调属性特征的用法其实并不少见。与“宝藏”相类似的还有“神仙”一词，“神仙女孩”“神仙网站”的说法同样常见。与“宝藏”类似，“神仙”突出了被赞美的特质让人望尘莫及并带来异常惊喜的特点。不过“神仙”一词并没有“挖掘”的隐藏含义，而具有了“超越一切”的意义。

发现“宝藏”的欣喜，体现了人们对于美好事物的追求。人们喜爱特长众多、能力强悍、性格喜人的“宝藏男孩 / 女孩”，也喜爱制作精良、使用方便、内涵丰富的“宝藏事物”。你曾经发现过“宝藏”吗？不论有没有，美好的事物有那么多，只要有一双发现美的眼睛，总会发现属于你的“宝藏”。

“婚活”时代

◎姚鑫珂

“婚活”是什么意思？其实，这个词我们并不陌生，如果你看过《非诚勿扰》《我们结婚吧》这类婚恋节目，参加过相亲活动，那么你其实已经对“婚活”有一定了解了。

“婚活”这个词来源于日语，“婚活（こんかつ）”一词是“結婚活動（けっこんかつどう）”的简称。顾名思义，“婚活”就是为了找到理想结婚对象而进行的自发性社交活动。2009年春在日本播出的电视剧《婚活、离活》便讲述了两位婚姻价值观完全不同的女性为了各自的幸福积极参加各种活动的故事，反映了现代日本社会婚恋观念的变化。

“婚活”最突出的两个特征是目的明确、态度坚决。不同于普通征婚、联谊活动，“婚活”的更深层语义是以一种找工作的态度和决心来找结婚对象的活动，经常参与者也被称为“婚活族”。由于需求量大，日本还衍生出了服务于“婚活”的“婚活市场”，即为婚活族提供专业服务的场所，采用会员登记制安排“婚活居酒屋”“婚活派对”等相亲见面活动。

“婚活”一词引入汉语后，受到汉语中“活”既指“活动”又指“生活”的影响，“婚活”便不仅仅是活动的意思了，还引申出了生活方式的含义，即一种过分看重婚姻，仅以结婚为目的的恋爱方式。

也许有人觉得“婚活”形式带给人们直奔结婚主题、缺少浪漫的感受，但是也应该看到，随着社会发展、经济增长和观念更新，人们在择偶这件事上有了更多的选择自由，因此婚活现象的出现实际上反映了现代婚恋观念平等与自由的特征。在这个意义上，“婚活”或许也可以理解为“为掌握婚姻的自主选择权而进行的自发性择偶活动”。这样一来，你是不是会觉得婚活其实也是一种高效率的找对象方式呢？

日语中不仅仅有“婚活”，而且“××活”的使用十分普遍，以至于“活”成为了一个常见的构词后缀，像“离活”“朝活”“就活”“终活”等。看到这些词你现在应该也能猜出个大概意思了吧！“离活”与“婚活”相对应，是指为了离婚而进行的相关活动，如法律咨询、财产划分等；“朝活”对于工作态度严谨的日本人来说更不陌生，他们认为一天最有效率的时间应该在早晨，所以出现了“朝活”一词，即“朝の時間を活かす”，译为“有效利用早晨的时间”；“就活”则是为了就业而进行的各种活动的总称，有点类似于我们的大学生求职活动；而“终活”便是人们在应对死亡时提前做的一些准备，比如财产分配、写遗嘱、商讨葬礼等。

可以看出来，日本人对生活中大大小小的事情都保持着严谨敬畏的态度，从婚姻到就职，从工作态度到临终计划，他们用“活动”来为每一种人生阶段命名并认真对待。这样一种对人生负责的态度，是值得尊敬的。一种语言现象的背后往往影射着某些民族的文化基因。

那么，中国“婚活时代”不远了吗？其实我们不必对此过于忧愁或期待，认真对待生活中的每一件事就是最好的回答。

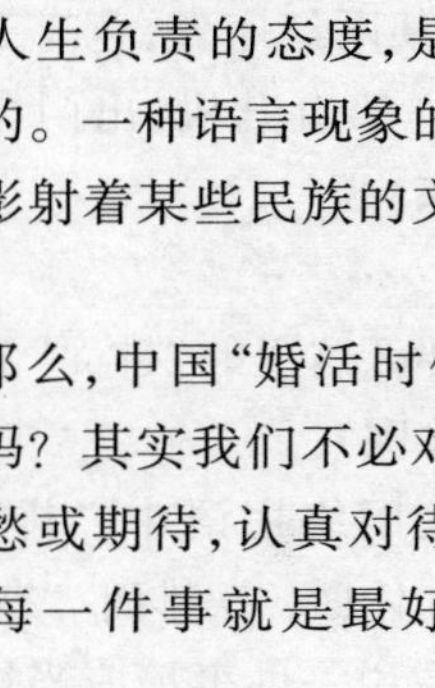

“排面”还是“牌面”？

◎沈可轶

近年来，“排面”这个词颇为流行，我们经常能在报刊标题或视频弹幕中看到这样的表达：

“排面！各地以最高礼遇欢迎援鄂医疗队回家！”

“我的偶像必须拥有排面！”

“某网红座驾，竟有五台豪车和一架直升机，出门排面堪比迎亲！”

…………

那么这里的“排面”到底是指什么呢？

在网络用语中，“排面”指排场和体面，“摆排面”“有排面”都是在说一件事情应当被操作得大气体面。“排面”这个网络流行词源于“快手App”，很多主播通过直播视频的方式分享自己的生活和心情，受到了许多观众的喜爱。视频点赞数量不断攀升，“打赏”不断增加，被粉丝们称为“倍儿有排面”。网友们甚至还推出了“快手五大土豪排面排名”，纷纷为自己喜爱的“网红”主播摇旗助阵。

“排面”这个词最早其实可以追溯到民间俗语上，如“排面儿”其实是豫剧行话之一，意为全身装束打扮，类似于我们常说的“行头”。值得注意的是，“排面”这个被广泛使用的网络词语在《汉语大词典》中难觅其踪，因此恐怕不能算是规范化的书面词语，而被收入该词典的有关词目，是与它同音异字的“牌面”。那么“排面”和“牌面”，究竟有何联系，又有何区别呢？

“排面”很有可能是对“牌面”的讹用。据《汉语方言大词典》记载，“牌面”过去是西南地区的官话，指人的仪表或排场。《汉语大词典》中也记载了“牌面”的义项，原指古代官吏、使节的一种身份凭证，因其状扁薄如牌，故称之，也有“招牌”“声望”的意思。因为使用环境的多样性，“牌面”的词义也产生了一定的分化。除了上述的义项，“牌面”也可以指打牌、打麻将摸到的牌的色面，继而引申为手里握有的资本和赢面。当下网络语境中，“牌面”和“排面”在多数情况下可以混用，但二者之间仍然存在一些细微的差别：“牌面”似乎更偏向于指事物的内在品质，如我们总是更习惯说“拎这个名牌包出门很有牌面”；而“排面”往往更偏重于数量和规模，如“去年的国庆阅兵仪式很有排面”，粉丝们在为喜欢的明星、主播应援的时候所喊的“某某必须拥有排面”，同样也是在依靠规模增加人气。

随着网络主播在各大平台不断走红，“排面”的呼声越发高涨，使用率已经远远超越了“牌面”这个老词。“排面”在用法上也有一定的特点，如“某某必须拥有排面！”有时可直接简省为“某某排面！”很多娱乐新闻也常在标题前加上“排面！”来达到“划重点”的效果，以期引起观众的注意。“排面”并不是现代汉语中的规范词语，却能在当下成为流行用语，足可见网络环境对语言词汇系统产生的影响。“排面”能否在将来进入现代汉语的规范词语行列，让我们拭目以待吧。

微语录·人品

我跟老公坐火车回老家。上车后，发现有位女士坐在我们的一个位子上。老公让我坐在另一个位子上，他自己站着。我看了看这位女士，发现她右脚有一点不方便，明白了老公让座的原因。下车后，老公见我有些许抱怨，便对我说：人家不方便一辈子，而我们只不方便两三小时而已。

（萧　果／辑）

社交新风

标点符号新用法

◎徐默凡

在书面语中，标点符号是一种不可或缺的辅助性符号系统。标点符号分为点号、标号两大类。点号用来表示口语中不同长短的停顿，如顿号、逗号、句号，有些除了表示停顿以外还附加有一定的语气语调，如叹号和问号。标号用来表示词语的性质或特殊作用，如引号、破折号、书名号等。网络语言也是一种视觉符号系统，也必须通过标点符号来记录口语中的停顿或者标注词语的性质，因此书面语中的标点符号在网络语言中几乎全部被保留下来了。另外，为了表达特殊的情感，标注特殊的词语用法，网络语言还发展出了一些全新的标点符号用法，值得我们关注。

连接号“~”原来是个标号，用于连接两个相关的项目，如“亩产1000公斤~1500公斤”，但现在被当作点号用，在句中或句尾描述语音的延长，同时表示轻快的语气，如“咳咳~我宣布~新版论坛~现在~上线啦~ ~（此处应有掌声）”。“~”经常连用，一般不用于谈论严肃的事情，年轻女性喜欢使用，显得俏皮可爱。

句号“。”原来用于句尾表示较长的停顿，但在网络语言中却经常连续使用，变成了省略号的变体形式。起因可能是中文状态下输入省略号不方便而采取的权宜之计，用多了便发展出了新功能，如“这。。。。 我不能告诉你们我看到了什么。。。。 只能说太变态了！！！”这种连用的句号除了说明语义未完外，还经常用来表示郁闷或无语的情绪状态，如：“跑步进教室，发现今天老师居然请假停课了。。。。。。。。。。”从上述例子可以看出，使用者可以根据郁闷的程度来选择“。”的多少。

叹号“！”原本用于句尾，表示停顿以及激动的情绪，但在网络语言中发展出了用于句中的用法，如“我怎么就得罪你了？要这样对我？？我！们！现！在！就！绝！交！”最后一个分句每隔一个字就用上一个叹号，表现了口语中一字一顿、咬牙切齿的语气，传神地表达了极为强烈的愤怒情绪。

括号“(　)”原来用于表明注释性文字，是一种补充说明，但在网络语言中经常用括号加拼音的方法来标注相反的意思，类似于反语用法。如“你真是一个绅(liu)士(mang)”，表面上是说“绅士”，括号里的拼音却说是“流氓”，这就是在讽刺对方做事情不地道，但反感情绪并不激烈，带有一定的搞笑意味。

删除号原来是一个修改编辑符号，不是标点符号，但在网络语言中也产生了新用法，即把说话人内心的真实想法先写出来，然后再删掉，由此表达了自嘲和调侃的情绪。如“我们是最~~胖~~棒的！”“适合~~单身狗~~一个人养的宠物有哪些？”这两例中“胖”和“单身狗”自曝短处，再修正为“棒”和“一个人”，虽是一种自嘲，却具有很强的幽默味道。

以上是标点符号在网络语言中的新用法，有趣的是，不仅有新增的，还有减少的，比如在网络聊天中，句号就很少用到。观察聊天记录，可以发现，网民们在打完一句话后，往往会在句尾附加一个表情符号，或者不加用任何符号就直接发送，很少有人用句号“。”，如果用了就会给人一种很生硬的感觉，这是怎么一回事呢？原来，书面语中是很多句子连续接排,因此句号是不可或缺的,由此来告诉读者句子和句子之间的隔断。但在网络语言中,我们不会连续输入一大段话再发出,往往是写完一句就发送一句,发送出去的几个句子在屏幕上本身就已经隔断了,不需要句号来隔断。如果加上句号,反而让人觉得你的话已经说完了,好像要就此结束聊天一样。而且书面语的应用情景是正式的、严肃的,反复使用句号会让人觉得你是在用书面语进行一本正经的交际,这就和网络聊天轻松随意的氛围不吻合了。

从语言规范的角度来看,上述网络语言中的标点符号新用法无疑是有问题的,甚至有人会认为是一种“语言污染”。但我们的观点是,网络语言其实并不是书面语,而是一种在新媒体环境下产生的和口语、书面语并列的新功能语体,因此不能完全用书面语的规范去要求它。只要这些新用法限制在网络交流的情境中,同时具有独特的表达价值,那么就没有必要去禁止它们,事实上也是禁止不了的。

微语录·抱怨

一天,锁叫醒了钥匙,并抱怨道:每天我辛辛苦苦看守家门,主人喜欢的却是你,总把你带在身上,不公平啊!钥匙同样不满,也抱怨道:你每天舒舒服服地呆在家里,多安逸啊!而我每天跟主人出门,日晒雨淋的,多辛苦啊!一日,钥匙把自己藏在家里,也想过一过待在家里的安逸日子。主人回家找不到钥匙,只好把锁砸了,并顺手扔进了垃圾桶。主人进屋后找到了钥匙,不由叹了声气,说:锁也砸了,留着钥匙干吗?也把钥匙扔进了垃圾桶。

(乔　桥/辑)

检测窗

编校差错扫描(二十九)

◎王　敏

划船用“桨”不用“浆”

【错例】江碧彩旗舞,浪白龙艇飞。各船划手,划浆整齐,很有节奏。

【简析】“划浆”应为“划桨”。“桨”和“浆”都是形声字,声旁都是“将”,区别在形符。“桨”本义指划船的工具,上段圆柱形,下段扁平而略宽。“桨”多为木制,因此从木。《正字通·木部》:“桨,长大曰橹,短小曰桨;纵曰橹,横曰桨。”“浆”从水,本义指古代一种微酸的饮料。《说文解字》:“浆,酢(cù)浆也。”引申泛指较浓的汁液,如“豆浆”“纸浆”“糖浆”等。再引申指用粉浆或米汤浸纱、布、衣服,使干后变硬变挺,如“把衬衣浆了再烫”。“划桨”即划动船桨,与浆汁、浆洗毫无关系,不能写成“划浆”。

斩敌俘获称“斩获”

【错例】这件关注现实生活的作品崭获此次比赛最高奖。

【简析】“崭获”应为“斩获”。“斩”是会意字,从车,从斤(斧钺之类),本义指断开。《说文解字》:“斩,截也。”又曰:

"斩法车裂也。"段玉裁注"后人乃法车裂之意而用铁钺",因此"斩"特指砍杀,如"斩首""腰斩""斩尽杀绝"等。再引申泛指砍伐、砍断,如"斩木为兵""斩草除根""斩钉截铁"等。"崭"是形声字,从山斩声,本义指山高而险峻的样子。《集韵·豏韵》:"崭,高峻貌。"如(所登之处)"崭然在云汉"。引申泛指高出一般,如"崭露头角"等。"斩获"原指在战争中斩首与俘获敌人,现在泛指大有收获,多指在各类竞赛中收获奖牌、取得好名次等,如"下半场比赛,双方都无斩获"。"斩获"与高峻无关,写成"崭获"是说不通的。

理性"掂量"感性"惦"

【错例】违法犯罪必然付出高昂的代价,每个人都要惦量清楚其严重后果。

【简析】"惦量"应为"掂量"。"掂"(diān)和"惦"(diàn)都是形声字,区别在形符。"掂"从手,本义指用手托着东西上下微动估量其轻重。《字汇·手部》:"掂,手掂也。"如"掂斤播两"即托在手上试轻重,比喻在小事情上过分计较。"掂"引申泛指拿、提,如"掂着扫把"。"惦"从心,本义指思念、挂念。《中华大字典·心部》:"惦,俗以思念为惦记,或云惦念。"无论是"惦记"还是"惦念",都是心里牵挂,割舍不下。"掂量"本是实指,估量的是具体物件的轻重,后来虚化,泛指用心权衡利弊、斟酌取舍等,估量的是抽象事物的轻重,如"她看看我,好像在掂量我刚才那些话的斤两"。作为心理活动,"掂"是一种理性状态,是对多少、轻重的估量,虽不精确,却有量化;而"惦"是一种感性状态,是对情感投射对象的牵挂、不舍,并不量化。上例所说对违法代价的判断,与思念无关,只能用"掂量"。

顶得难受应用“硌”

【错例】老人身下有一卷手纸铬着，哼哼着说难受。

【简析】“铬着”应为“硌着”。“硌”与“铬”都是形声字，区别在形符。“硌”（luò）从石，本义指山上的大石。《玉篇·石部》：“硌，山上大石。”“硌”另有后起义读gè，意思是凸起的东西顶着身体让人难受或受伤。此义现今是常用义，如“硌牙”“硌脚”等。“铬”（luò）从金，本义指剃去头发。《说文解字》：“铬，鬄（tì，剃发）也。”“铬”现在常用义也读gè，指一种金属元素，符号Cr。银灰色，有延展性，抗腐蚀性强。用来制造特种钢等，镀在别种金属上可以防锈。上例中老人被手纸“硌着”了，与金属“铬”无关。

“将毕也巨”莫用“鉅”

【错例】这部影片着重表现我党“作始也简，将毕也钜”的辉煌历程。

【简析】“将毕也钜”应为“将毕也巨”。“巨”金文作，是合体象形字，象一人手持“工”，本义指工匠画方形所用的矩尺。《说文解字》：“巨，规巨（矩）也。从工，象手持之。”后被假借指大。《方言》：“巨，大也。”“鉅”是形声字，本义指硬铁。《说文解字》：“鉅，大刚也。”也被借指大。《玉篇·金部》：“鉅，大也。今作巨。”1955年《第一批异体字整理表》将“鉅”作为“巨”的异体字淘汰，2013年《通用规范汉字表》规定“鉅”可用于姓氏人名、地名，但须类推简化作“钜”。“作始也简，将毕也巨”出自《庄子》，意思是事物开始时结构简单，发展完备后规模巨大。“将毕也巨”的“巨”指巨大，并非“姓氏人名、地名”，不能写成“将毕也钜”。

说文解字

『灋』字新解与『廌』的故事（上）

◎刘志基

法律的“法”，是一个构形被省略的文字。不省者亦可以用电脑输入法打出来：灋。这个“灋”的构形，直接来源于商周金文：

对于“灋”的解读，《说文》曰：“灋，刑也。平之如水，从水；廌，所以触不直者；去之，从去。”很显然，这一解释，认定了“灋”与“法律”“刑法”之“法”的同字关系。对此，迄今为止的字典辞书（包括古文字字典类工具书）一概予以认同，商承祚《说文中之古文考》：“盖灋法二字，一属周初，一属晚周。汉时亦通用之。”有所修正的意见只是说“灋”中的“去”是“盍”的初文，与来去的“去”不是同一个字，在“灋”中用作声符（参见《古文字谱系疏证》3980页）。故“灋”字表意偏旁只是“水”和“廌”。

什么是“廌”呢？《说文》：“解廌，兽也，似山牛，一角。古者决讼，令触不直。”对于这一解说，段玉裁《说文解字注》又做了进一步解释：“《神异经》曰：‘东北荒中有兽，见人斗则触不直，闻人论则咋不正，名曰獬豸（xièzhì）。’《论衡》曰：‘獬豸者，一角之羊，性识有罪。皋陶治狱，有罪者令羊触之。’”

综上，我们对“法”字传世文献解读的信息可以做如下归纳：中国在皋陶为理官的舜帝时期亦曾有过“神判”执法的历史与观念。中国古代神判的具体方式是借助于“廌”，或曰“獬豸”这种神兽来进行罪与非罪的识别。而如此观念意识，正是“灋”的造字意图的来源。

但是，“灋”的出土古文字解读，所给出的信息与上述认识有着很大的不同。

首先，"灋"字本义似乎并非是"法"。最直接的理由是，在其最早出现的金文中，"灋"都用作"废"，也就是表示"毁弃""败坏"之类意义：

王一射，奴射三，率亡（无）灋（废）矢。——乍册般铜鼋

敬乃夙（夙）夜用甹（屏）朕身，勿灋（废）朕命。——逆钟

用夙（夙）夜事。勿灋（废）朕令。——伯晨鼎

敬夙（夙）夜用事。勿灋（废）朕令。——大克鼎

今余弗叚灋（废）其覭光。——戎生编钟三

余弗敢灋（废）乃命。——叔夷钟

以上金文"灋"之铭文用例，从殷商至春秋（主要集中于西周），覆盖了"灋"出现的早期时段，居然全部表示"废"而不是"法"，这无疑可证《说文》的"灋"字解说值得质疑。为解释这个问题，南宋金石学家薛尚功试图说通"法"与"废"的意义联系："金铭'废'皆用法字，盖法有时而废。于古人通作废字，犹治乱谓之乱也。"（《历代钟鼎彝器款识法帖》卷十四释《龙（作者按：当为蔡字）敦》）然而，此说曲迂难通，并未得到人们的认同，后来的古文字研究者对此的解释可谓众口一词：假借。

假借之说的前提，是先要认定"灋"的本义是"法"。而"灋"的早期出现没有用这个本义，倒也不是不能用由于材料发现的局限，它没有机会出现来解释。但是，另有一个障碍，却是无论什么理由，都无法消除的：无论是殷商甲骨文金文，还是西周春秋的金文等出土文献材料，都未见有"法"这个词的出现。与"灋"同时的青铜器铭文中，表示"法"这个概念，一般是用"井"字来记录"型"或"刑"这个词：

曆（曆）肇（肇）对元徝（德），考（孝）春（友）隹（唯）井（型）。——曆方鼎

乍（作）册封（封）異（式）井（刑）秉朙（明）德。——作

册封鬲

女(汝)母(毋)弗帅用先王乍(作)翢(明)井(刑)。——毛公鼎

“孝友唯井(型)”就是以孝友为法则,“式井(刑)”就是效法、遵法。用为动词的“法”,则除了单用“井”以外,还多用“帅刑”来表达:

望肇(肇)帅井(型)皇考。——师望鼎

余孛(小子)肇(肇)帅井(型)朕皇且(祖)考懋(懿)德。——单伯昊生钟

文字本为记录语言而产生,既然没有这个被记录的语言单位,又怎么可能出现以这个词为本义的文字?

《周书·吕刑》《周易·蒙》等西周传世文献中出现过“法”这个词,但其真实断代,需要进一步研究。众所周知,战国以降,人们就对以前的文献在传抄过程中进行某些改动,掺杂进某些后世认识的内容。因此,对于汉语史、汉字发展史角度的某些字词的断代,出土文献是更加可信的依据。当然,这也有个前提,就是相关出土文献内容的语境,具有让这些字词出现的必然性。很显然,西周、春秋金文是完全具备这种语境条件的,如前文所引,这一时段金文常有奉法、效法的表达。西周金文近10万字,春秋金文近4万字,如果真有“法”这个词,怎么可能从不现身?

“灋”字用作“法”的意义始见于战国出土文献:

唯作五虐刑曰灋。——郭店《缁衣》27简

这种名词的“法”作动词用,即“效法”的意义,在战国铭文中也出现了:

可灋可尚,㠯(以)卿(飨)上帝。——中山王兽方壶

显然,要把这种后起意义解说成“灋”的本义,是有障碍的。然而,把一个字的早期意义认定为本义,也需要形义之间逻辑联系的论证。那么,“废”之意义,与“灋”的造字意图之间,是否具有合理的内在联系呢?答案应该是肯定的。

2020年流行语里，处处是时代奋斗的图景

◎殷建光

语言是思维的物质外壳，是时代的晴雨表。流行语是社会发展的镜子，是生活的风向标。从2020年十大流行语中，我们可以感悟时代的发展。

中国制度面对困局展现优势。不管是疫情防控，还是经济复苏，我们的制度优势乘风昂扬，表现出极大的优越性。“人民至上，生命至上”是制度优势举起的旗帜，在疫情防控斗争中高高飘扬，凝聚起强大的力量，引领我们战败病毒，跑过疫情，取得疫情防控的重大战略成果。“双循环格局”从中国实际出发，对人民负责，对世界担当，促进发展转正，经济繁荣，释放出巨大能量。

中华民族面临困难破浪前行。中华民族是一个不怕磨难，善于从磨难中崛起的民族。面对气势汹汹的疫情，“逆行者”不顾个人安危，迎难而上，拯救他人的生命、财产安全，同时间赛跑，与病魔较量，坚守岗位、不畏艰险。他们是2020年抗疫英雄，民族脊梁。据统计，奋战在抗疫一线的医生中约有50%是女性，护士中女性超过90%，成为战疫前线的“最美风景”。“飒！”“真飒！”“又美又飒！”已成为人们赞美奋战在各行各业上女性同胞的常用语，广为传播。“后浪”是指我们的“90后”“00后”，面对新冠疫情，承担起了历史赋予他们的责任和使命，成为“希望一代”。这是艰难中释放的正能量，彰显了中华民族的伟大力量。

中国人民为了幸福奋斗不

『二〇二〇年十大流行语』蕴含多重精神价值

◎冯海宁

12月4日，《咬文嚼字》编辑部揭晓了2020年十大流行语，逆行者、后浪、神兽、直播带货等年度热词入选。“今年是‘流行语’的大年。”《咬文嚼字》主编黄安靖分析，语言是记录社会的符号，“今年大事很多，这些都折射在了语言层面。”

年度流行语作为传播最广的年度语言，不仅记录了公众关注的重大事件，也与每个人的生活不同程度地存在着关联。以今年十大流行语为例，排名第一的“人民至上，生命至上”既记录了我国抗击疫情这一重大事件，也关系着每个国人的安康与幸福。

相比往年的十大流行语，2020年的十大流行语多与精神层面有关。比如排名第二的“逆行者”，指的是那些在新冠疫情阻击战中涌现出的先进个人和集体，这些人或集体既有不顾个人安危迎难而上的英雄气概，又有尽己所

息。2020年上半年，因受新冠疫情影响，全国各地中小学延期开学，家长们盼望疫情早日平复，尽快让“神兽归笼”，这是战疫时代的梦想；新冠病毒肆虐期间，“直播带货”有效解决了实体店顾客大幅减少、库存积压商品滞销的问题，这是人们与疫情斗争的升华；“打工人”指称对象多元化，几乎成了各行各业劳动者的统称，这是劳动者的自我放松。可以说，不管面临什么样的时代课题，我们的人民始终在幸福的路上奋斗不息，在复兴伟业的阳光沐浴中扬帆远航。

（原载于2020年12月5日红网，文章有删节）

能、无私付出的奉献精神，还有与时间赛跑的顽强毅力等。排名第三的“飒”，用来形容女性医生、护士在战疫前线的精神状态，具体表现为帅气利落、潇洒清爽，展现了当代“花木兰”的精神风采，这是对女性奋进者最恰当的形容之一。

又如，“后浪”的担当精神，得到“前浪”的认可和赞美；“神兽”是对疫情背景下孩子的精神状态的一种描述；而“内卷”与“凡尔赛文学”的刷屏，既展现了网友们的娱乐精神，也反映了大众对当下、对现实的一些反思和批判……

不难发现，2020 年的十大流行语多维度书写了国人的精神状态。其中，不少是积极向上的，这与今年突发疫情有关，与国家和社会弘扬健康向上的精神文化有关，还与进入新发展阶段、国人更加团结自信有关。

一个国家、一个民族的发展与进步离不开精神力量，一家企业、一个家庭、每个个体要想实现各自目标也需要精神动力。一个国家奉行“人民至上，生命至上”的治国理念，这是敬重国民、敬畏生命的精神展示与生动体现，也将释放出强大的号召力，激励人们战胜艰难险阻。

而作为普通人，即便每天过着平凡生活，也要有一些“逆行者”、打工者身上可贵的气质，也要看到并懂得欣赏“后浪”身上的闪光点，更要吸收“飒”的精神营养。因为人的一生不可能始终顺行，总有逆行的时候；因为人不是生活在孤岛，而是生活在“人人为我，我为人人”的社会。

每一年的时髦语词，在下一年会不会再流行，不好判断。但每年不断更新的流行语，恰恰是社会进步的一种折射。不管社会如何发展，流行语中蕴含的多种精神价值，是不会过时的，还将激励人们继续前行。

（原载于 2020 年 12 月 8 日中工网）

向你挑战

一小时能带来什么

（文中有十处差错，你能找出来吗？答案在本期找）

◎伯　淮　设计

拼博了半生的威尔，是个名副其实的商界巨擎，世界各地都有他的产业。

尽管拥有亿万身价，但威尔总感觉生活中缺了点什么？他开始回想起自己童年的梦想。威尔小时候曾经学过绘画，成为画家是他当初的梦想。因为种种原因，长大后他未能踏足画坛，而且进入了商场。

威尔已经数十年没拿起过画笔了，繁忙的工作也使他没足够多的时间用来画画。一番犹豫后，他和自己约定：每天抽出一小时来画画。

自从打定主意“重操旧业”，威尔展现出了他经商时磨炼出的顽强毅力。无论多忙，他却始终遵守着那个约定，每天画一小时的画。为了方便画画，威尔干脆把家里的顶楼改装成了画室。即使出差在外，他也会带着纸笔，在空闲时画几副简单的素描。

一晃十几年过去，威尔作为画家大放溢彩，取得了不扉的成绩：多次举办画展，拥有一大批拥蛋，画作被著名博物馆收藏。靠着创作获得的收入，他还设立了一个奖学金，专门资助学习绘画的学生。而这一切都是从那个约定开始的！

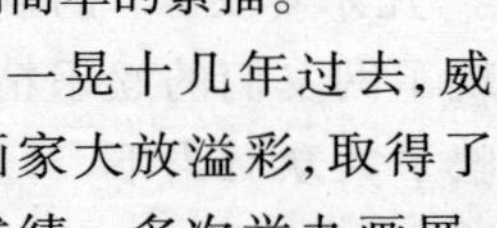

看图说话

“一言九鼎”无关“诚信”

刘飞

日前，笔者看到一个以“诚信”为题的公益广告。“一言九鼎，重于泰山”八个大字赫然在目。诚信是中华民族看重的传统美德，说它“重于泰山”无可非议，但和“一言九鼎”没什么关系。

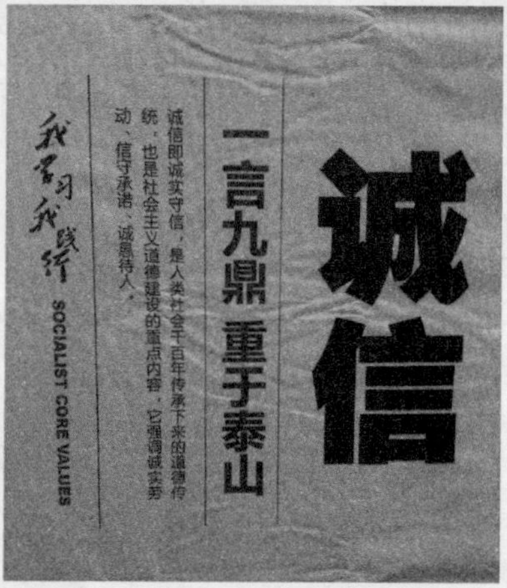

“一言九鼎”是个成语，典出《史记·平原君列传》。平原君赵胜喜欢养士，门下有个叫毛遂的食客。秦军包围赵都邯郸，赵胜去楚国求援，毛遂同往。楚王迟迟不肯答应救赵，毛遂挺身而出，晓以利害，直陈赵楚结盟对双方都是必要之举。楚王被说服，约定出兵。事后赵胜对毛遂大加赞扬，说他的一席话让赵国威望大增，比九鼎宝器还要尊贵。九鼎，相传为夏商周三代的传国之宝。后世便用“一言九鼎”形容说话的分量很重，能起到很大作用。这个成语与“诚信”无意义上的关联。

据《史记·季布栾布列传》记载，楚人季布为人耿直，只要他承诺过的事，无论多难都会办到，以致楚地有言：“得黄金百斤，不如得季布一诺。”意思是季布的诺言比百斤黄金更贵重。由此衍生出一个成语“一诺千金”，比喻说话算数，极有信用。“一诺千金”能够体现诚信的价值，用来作为上述公益广告的广告语，倒是合适的。

火眼金睛

图中差错知多少？

林肇龙 王 洁 龙启群 林启蒙 提供

（答案在本期找）

1

2

3

4

ISSN 1009-2390

9 771009 239210 01>

YAOWEN-JIAOZI

咬文嚼字®

除夕　也称大年夜，农历一年最后一天的夜晚。“除”义为去除、清除，“夕”指夜晚。古人认为，旧岁至此夕而除，次日即新岁，故称“除夕”。后来，“除夕”也指一年的最后一天。

上海世纪出版集团

欢迎至邮局订阅本刊 邮发代号 4-641

国内统一连续出版物号 CN 31-1801/H

定价：6.00 元

02

2021

名家语画

莫言吟诗为“抗疫”助力

刘远川 / 文　臧田心 / 画

新冠病毒肆虐神州大地，全国人民勠力同心，共克时艰，积极投入到史无前例的抗疫斗争中。莫言深受感动，吟诗一首，为“抗疫”助力——庚子事多变，鼠年开局惊。虽无刀剑影，却有死生情。众志驱瘟鬼，同心筑卫城。何时妖雾散，举酒泪纵横。

咬文嚼字®

2021年2月1日出版

2

总第314期

主管：上海文艺出版总社
主办：上海文化出版社
编辑、出版：《咬文嚼字》杂志社
集团网站：http://www.shwenyi.com
E-mail：yaowenjiaozi2@163.com
官方微博：
http://weibo.com/yaowenjiaozish
电话传真：021-64330669
发行电话：021-64372608-181
邮购电话：021-64370935
地址：上海市黄浦区绍兴路7号
邮政编码：200020
发行：上海市报刊发行局
发行范围：国内外公开
订阅处：全国各地邮局
邮发代号：4-641
ISSN 1009-2390
CN 31-1801 / H
印刷：上海中华印刷有限公司
印厂电话：021-60829062
021-60299079
定价：6.00元

名家语画
莫言吟诗为“抗疫”助力
刘远川／文 臧田心／画／1

年度盘点
2020年十大语文差错 ／4

前线观察
“鸡尾酒疗法”漫谈 高丕永／7
“全周期”和“闭环” 南 园／9

追踪荧屏
“骚”首弄姿不可取 杨学建／11
抗美援朝纪念日何时确定 王书强／12

时尚词苑
人民至上！生命至上！ 代宗艳／13
“河长”“街长”是什么“官” 曹志彪／15
以“切香肠”的方式聊聊“切香肠” 之 苹／18

一针见血
何来“杏李” 厉申东／20
“苦脊”应为“苦瘠” 高良槐／20
“席地而起”不合常理 胡礼湘／21
隋炀帝非自杀身亡 陈福季／21
多余的“时”字 谢云秋／22
秦琼坐骑“黄膘马”？ 李 澜／22
“海蜓”是什么 邱 云／23
烧刀子“端得厉害”？ 汤青武／23
顺理不“承章” 谢三山／24
“窨入水流”？ 厉国轩／24
“原形”和“原型” 杨宏著／25

语言哲思
“你狂吻俄罗斯，我啃死西班牙” 宗守云／26

十字街头
“喷嚏”不是“喷涕” 程　旭 /29
“中国共民”何许人也 汪惠迪 /30

学林
什么是规范汉字 苏培成 /31

社交新风
新叹词新用法 徐默凡 /35

文章病院
应是“颛顼氏” 周　振 /37
“不识知无”系笔误 阎德喜 /38
“绘事后素”无关宣纸 金　甲 /39
董必武并非“湖南代表” 周平果 /40
老城厢中怎有“石窟门” 陈关春 /41
何来“诺大的窗户” 杨昌俊 /42

语苑新谈
“生而知之”是啥意思 石毓智 /43

检测窗
编校差错扫描(三十) 王　敏 /46

网言网语
“口嗨”怎么“嗨” 张　弛 /49
今日份咬文嚼字 李润婷 /51
人生何处应“头铁” 曹　艺 /52

说文解字
“瀰”字新解与“鹰”的故事(下) 刘志基 /54

读书
华夏文明四千年与夏语记录 郑张尚芳 /57

八面来风
“咬文嚼字”,别“一年等一回” 郝冬梅 /60
“十大语文差错”,你踩“雷”没? 连海平 /61
有梦想谁都了不起 刘冉冉 /63

向你挑战
往后退,才有希望 梁北夕　设计 /64

年度盘点

2020 年十大语文差错

《咬文嚼字》编辑部

（2020年12月）

一、“新冠”的“冠”误读为 guàn。“新冠”几乎每天都在各类媒体中出现，常有人将“冠”误读成 guàn。“冠”是个多音字：读 guān，名词，指帽子或形似帽子的东西；读 guàn，动词，指戴帽子。“新冠”是“新型冠状病毒”的简称；“冠状病毒”是一种球形病毒，因其外膜上有形似中世纪欧洲王冠上的棒状突起而得名。“新冠”的“冠”取“王冠”之义，名词，当读 guān 而不读 guàn。

二、“戴口罩”误为“带口罩”。“戴口罩”是最有效的防疫措施，在相关宣传中常被误为“带口罩”。“戴”指把物品加在能发挥其功用的身体某一部位，“带”指随身携带、拿着某物品。“戴口罩”指将口罩正确地加于口鼻之上，“带口罩”即随身携带、拿着口罩。显然，“戴口罩”能阻止病毒入侵呼吸系统，而光是“带口罩”无法隔绝病毒。

三、“共渡难关”误为“共度难关”。新冠病毒肆虐，各行各业都面临前所未有的挑战，“共渡难关”成为一个高频词，其中的“渡”常误为“度”。“度”与“渡”均可指跨过、越过、经过，古汉语中常混用，但如今二者已分工：“度”与时间概念搭配，如度日、欢度佳节；“渡”与空间概念搭配，如渡河、远渡重洋。难关，本义指难通过的关口,是空间概念,与之搭配的应是“渡”而不是“度”。

四、“杏林”误为“杏坛”。广大医务人员不顾个人生命危险,逆行出征,在抗疫一线做出重大贡献。不少诗文用“杏林天使”“杏林豪杰”来称颂他们,但“杏林”常被误为“杏坛”。“杏林”与三国吴人董奉有关,据说他看病不收钱,只要求病愈的人在他家附近种杏树,病重者种五棵,轻者种一棵,日久蔚然成林。后世以“杏林”称良医,也指医学界。“杏坛”则与孔子有关,相传孔子曾于杏坛之上授业,后世便称讲学之地为“杏坛”,现泛指教育界。

五、“宵禁”误为“霄禁”。在报道国外防疫措施时,“宵禁”频频见诸各种媒体中,但常常被误成“霄禁”。“宵”指夜晚,“霄”指云、天空。宵禁,即夜间戒严,禁止通行。大多数人白天要工作,所以许多国家便限制夜间外出活动。为防疫而宵禁,根本目的是减少非必要的人际接触。“宵禁”与云、天空无关,不能写成“霄禁”。

六、“挤兑”误为“挤对”。在新冠疫情威胁下,许多国家的医疗系统几近崩溃边缘,不少媒体称“医疗资源出现挤对”。其中的“挤对”应为“挤兑”。“兑”即兑换;“挤兑”本指银行券持有人争相向发行银行兑换现金的现象,严重时会使银行崩溃,失去兑付能力。医疗资源被挤占,可类比为“挤兑”。“挤对”指逼迫别人屈从,“医疗资源出现挤对”说不通。

七、“副作用”误为“负作用”。有媒体报道,某些防治新冠肺炎的疫苗或药物出现了“负作用”,这里的“负作用”应为“副作用”。任何药物的药理作用都不是单一的,对特定的疾病而言,起治疗作用的是“主作用”,对治疗无效的,甚至不良的其他作用是“副作用”。“副”与“主”相对,强调的是附带。

药理学术语“副作用”不能写成“负作用”。

八、误用“叹为观止”形容疫情失控。截至2020年年底，美国新冠肺炎确诊病例超过2000万，病亡人数超过35万，均居世界之最。有媒体在报道相关新闻时称：美国疫情防控形势，让人“叹为观止”。“叹为观止”是个成语，表示所见事物好到了极点，是褒义词。新冠疫情，严重威胁着人类的生命与健康，是人类历史上的大灾难，不能用“叹为观止”形容。

九、“科创板”误为“科创版”。2020年11月，蚂蚁集团发布暂缓上市公告，其中将“主板”“科创板”错成了“主版”“科创版”。“板”指板块，本指地球岩石圈的构造单元，引申指具有共同特点或联系的各个组成部分。“主板”“科创板”是我国多层次资本市场体系的重要组成部分，其“板”取“板块”之义。“版”指用于印刷的上面有文字、图形的底子，“版块”仅用于报刊、节目中。资本市场体系中的“主板”“科创板”，不能写作“主版”“科创版”。

十、“螺蛳粉”误为“螺丝粉”。2020年，广西柳州特色小吃螺蛳粉走红。不少商家在宣传时错把“螺蛳粉”写作“螺丝粉”。螺蛳，淡水螺的通称，一般个体较小，可食用，肉味鲜美，营养丰富。螺丝，是螺钉的俗称，通常用金属制成，是圆柱形或圆锥形的零件，杆上带螺纹，用于连接、固定。螺蛳粉以螺蛳为主要食材，和螺丝无关。

《火眼金睛》提示

图1，“日日呜”应为“日日鸣”。

图2，“招蓦”应为“招募”。

图3，“估且”应为“姑且”。

图4，“字贴”应为“字帖”。

前线观察

“鸡尾酒疗法”漫谈

◎高丕永

2020年10月初，美国总统特朗普因新冠病毒检测呈阳性而住院治疗。三天后，他出院了，还说美国一家制药公司的抗体鸡尾酒疗法是自己康复和最终“治愈”的关键，“比疫苗还好”。制药公司老总赶忙解释：总统只是“个例”，该鸡尾酒疗法仍需“大量的临床试验”。

说起“鸡尾酒疗法”，人们首先想到的是鸡尾酒：一种以威士忌、白兰地、杜松子、伏特加等洋酒为基础，兑入甜露酒、果子露、果汁、香料等混合而成的饮料，因其色调多变、口感奇妙，被赋予了神秘浪漫的异国情调。可是，特朗普所说的“鸡尾酒疗法”里其实并没有饮料“鸡尾酒”的成分。那么，“鸡尾酒”和“疗法”为啥能组合在一起呢？这可以从两百多年前“鸡尾酒”的问世说起。

18世纪末，在法国移民开拓而成的美国城市新奥尔良，有一位药剂师，经营着一家药房，还出售秘方苦酒。一次聚会上，他用热甜酒和秘方苦酒混合成的一种新奇饮料，斟在专盛煮蛋的“coquetier”（法语指“蛋杯”）里款待来宾。新奇饮料叫什么呢？人们模仿法语“coquetier”的发音，造出了英语新词“cocktay”。后来，“cocktay”演变为跟“cock（公鸡）”和“tail（尾巴）”毫无关系的“cocktail”。“cocktail”的重要语义特征是“混合物”。因此，“cocktail”还可以指“果汁汽水”“（西餐中用生牡蛎、蟹肉、水果等混合而成的）什锦海鲜冷盘”“（用几种水果切粒混合成的）什锦水果”等。上世纪三四十年代，汉语按字面意义把“cocktail”译为“鸡尾酒”。

1996年，凶神恶煞般的艾滋病正在全球横行。就在那年，美籍华裔科学家何大一教授发明了一种全新的艾滋病疗法：让艾滋病病毒早期携带者服用由多种抗病毒药物混合而成的药品，以减少因单一用药而产生的抗药性，最大限度地抑制了病毒的“逆转录”（复制），从而把艾滋病从绝症变为类似糖尿病那样的慢性疾病。这个新疗法，经过许多国家大量的临床试验，证明确实有效，拯救了众多生命，在人类应对艾滋病方面作出了重大贡献。

何教授新疗法的专业术语是“highly active antiretroviral therapy”，冗长又复杂。有人用表示“混合物”的“cocktail”加上“therapy”，构成了简短通俗的名称“cocktail therapy”。新疗法的专业术语，汉语意译为“高效抗逆转录病毒疗法”，缺点是又长又复杂。通俗名称“cocktail therapy”，汉语早先有译为“鸡尾酒式疗法”的。比如：“鸡尾酒式疗法抗艾滋病最有效”（标题，《参考消息》1997年1月5日）。很快，“式”字省略，统一写为“鸡尾酒疗法”。

不久，特指的“鸡尾酒疗法”，开始用于泛指。比如：“冠心病防治的‘鸡尾酒疗法’就是针对促发冠心病的各种危险因素，分别设计出相应的治疗手段，然后根据每个人的不同情况，将这些方法按需要组合在一起，形成综合治疗方案，达到有效防治冠心病的目的。”（《大众医学》2003年第15期）又如：“‘鸡尾酒疗法’让防控近视效果1+1>2”（标题，《新民晚报》2019年1月6日）。

“鸡尾酒疗法”，甚至还用于“治疗”社会、经济等问题，意义相当于“多措并举”“组合拳”等。比如：“细究下来，不文明出游，并不是单一性疾病，开一种药吃吃就好。必须综合治理，来点儿‘鸡尾酒疗法’，多管齐下。”（《人民日报》2014年10月8日）

“全周期”和“闭环”

◎南园

先请看下面的例句：

（1）浙江宁波：发热病人全周期管理（标题，《健康报》2020年3月4日）

（2）持续关注新冠康复者全生命周期健康（标题，《武汉晚报》2020年8月17日）

（3）国门一线，防疫“闭环”这样形成（标题，《解放日报》2020年3月9日）

（4）发热门诊24小时运转，“闭环管理”筑牢防线（标题，《文汇报》2020年7月26日）

例（1）里的“全周期”是借词，意译英语的“life cycle”借入。“life”的意思是“生命，寿命”，“cycle”的意思是“周期，循环”。英语的“life cycle”，本义是“生命周期（生物发展过程的系列变形）”，后来泛指“（产品、方案、机构等的）生命周期”。“life cycle”，几十年前已经借入汉语，早先一般写为“生命周期”，主要用作自然科学术语。改革开放后，开始移用作社会科学术语。比如：“本年度诺贝尔经济学奖获得者莫迪利亚尼提出：家庭储蓄的生命周期假说”（标题，《参考消息》1985年10月18日）。

借词“生命周期”，后来一般改写为“全周期”。再后来，还常写为“全生命周期”，比如例（2）。2020年3月10日，在抗击新冠肺炎的关键时刻，习近平总书记专程赴湖北省武汉市考察疫情防控工作，谈到如何补齐治理体系和治理能力短板时说：“城市是生命体、有机体，要敬畏城市、善待城市，树立‘全周期管理’意识，努力探索超大城市现代化治理新路子。”两个多月后，在参加十三届全国人大三次会议湖北代表团审议时，习总书记又指出“把全生命周期管理理念贯穿城市规划、建设、管理全过程各环节”。自此，“全周期”“全生命周期”的应用范围更广了，使用场景更多了。

如今，“全(生命)周期管理”已经应用于方方面面、大大小小的治理。那么，什么是“全(生命)周期管理”呢？“全周期管理”，原先是现代企业运营的一种先进管理方式和理念，要求从产品的需求、规划、设计、生产、经销、运行、使用、维修保养，直到回收再利用的全周期各个环节，都要谨慎从事。经验告诉我们，成功的“全周期管理”，关键在于实现动态的“闭环”管理。

“闭环”，也是来自英语的借词。原词是“closed loop/feedback loop”。“closed”的意思是“闭合的”，“loop”的意思是“环路，回路”，“feedback”的意思是“反馈”。这两个英语原词，本来也只是自然科学术语，多用于工程学，后来也可以用于社会科学。汉语中，借词“闭环”也是如此。

如何理解“闭环(管理)”？可以用洗澡来比喻。洗澡前，你脑子里预设了想要的水温水量。然后，开启冷热水龙头并调节达到预期目标。洗澡过程中，你根据体感，随时按要求调控水温水量的变化。最终，洗了个舒适的澡，也积累了洗澡的经验。说得“高大上”一点，“闭环”管理就是凡事必须做到“事前预判，事中调控，事后反思”。比如，例(3)(4)。否则，会“掉链子”。

“全周期(管理)”和“闭环(管理)”，意义不同，但两者相互包含。“全周期(管理)”的每个环节，都是一个“闭环(管理)”，而“闭环(管理)”的完整过程，就是一次“全周期(管理)”。因此，有时为了强调，可以用“全周期”修饰“闭环”。比如：“全国首个注销企业‘一窗通’上线——上海率先建起从出生、成长到注销的全生命周期闭环式服务体系”(标题，《文汇报》2019年1月4日)。又如：“超大城市风险管理要做到‘全周期闭环’”(标题，《南京日报》2020年4月1日)。

追踪荧屏

“骚”首弄姿不可取

◎杨学建

《大宋提刑官》第35集中，宋慈与随从赵捕头登上了一艘别人事先安排好的花船，船上有歌女在演奏唱曲。赵捕头觉得歌女在回答宋慈提问时言行轻浮，看着不顺眼，呵斥道：“这位是宋提刑宋大人，奉圣命前去嘉州办要案，你们在宋大人面前 sāo 首弄姿，该当何罪！”这句台词确实符合赵捕头的性格，但是字幕却将“sāo 首弄姿”写成了“骚首弄姿”，正确的应是“搔首弄姿”。

“搔首弄姿”也作“搔头弄姿”，语出《后汉书·李固传》，说李固在汉顺帝驾崩后，受太后梁妠倚重，严肃朝政，整顿吏治，罢黜一批德不配位的官吏，因而遭到记恨，有人匿名上奏诬告李固：“大行在殡，路人掩涕。固独胡粉饰貌，搔头弄姿，盘旋偃仰，从容冶步，曾无惨怛伤悴之心。”“搔首弄姿”原是指妇人用手挠头发、修饰容貌的状态，后词义泛化，用来形容装腔作势、卖弄风情，也比喻诗文矫揉造作。

“搔首”“弄姿”都是动宾关系，两者连用，构成并列短语。而“骚首”语义不通，也构不成动宾关系，根本无法与“弄姿”并列。“搔首弄姿”不能写作“骚首弄姿”。

抗美援朝纪念日何时确定

◎王书强

电视剧《彭德怀元帅》第27集有这样一个情节。抗美援朝第一次战役结束后，中国人民志愿军司令员彭德怀对第40军军长温玉成说："祝贺你，打响了抗美援朝的第一枪，中央已经决定，10月25号，作为抗美援朝的纪念日。"（字幕同步显示）这个情节与史实并不相符。

抗美援朝战争中，中国人民志愿军首批作战部队于1950年10月19日入朝，第40军第118师于1950年10月25日打响了出国作战的第一仗，取得了重大胜利。战后毛泽东致电："庆祝你们初战胜利。"从1950年10月25日到1951年6月10日，志愿军连续发起五次大规模战役，共歼敌23万余人，从根本上改变了朝鲜战争的形势，将战线稳定在三八线附近。1951年党中央决定将10月25日定为抗美援朝纪念日。

1950年10月第一次战役虽然首战告捷，初步稳定了朝鲜战局，但当时战争的形势仍然非常严峻，此时就确定抗美援朝纪念日不合情理。事实上，党中央是在一年以后，才将10月25日定为抗美援朝纪念日，电视剧中混淆了时间节点。

时尚词苑

人民至上！生命至上！

◎代宗艳

2019年年底，新冠肺炎疫情突然发生。习近平总书记立即做出重要指示：要把人民群众生命安全和身体健康放在第一位。2020年9月8日，习近平总书记在全国抗击新冠肺炎疫情表彰大会上强调了“人民至上，生命至上”，并指出：“生命至上，集中体现了中国人民深厚的仁爱传统和中国共产党人以人民为中心的价值追求。”此后，“人民至上，生命至上”在主流媒体上广泛使用。例如：

（1）在抗击新冠肺炎疫情攻坚战中，从医院重症病房到社区防控一线，为了人民群众的健康，无数“平凡英雄”在各自岗位上坚守，他们勇敢逆行、救死扶伤，践行医者的初心与承诺；他们坚守一线、服务社区，助力疫情防控的人民战争。不负生命重托，不负人民期待，他们用担当与奉献，为“人民至上，生命至上”作出生动诠释。（《人民日报》2020年11月14日）

（2）回想起方舱医院内“居民配合隔离，医护人员舍生忘死，医患互相鼓励”的场景，王辰现场感叹道，“生命至上、举国同心、舍生忘死、尊重科学、命运与共”这一伟大的抗疫精神，在武汉得到了充分的体现。这也反映了党中央的英明决策和“人民至上，生命至上”的理念。（《科技日报》2020年10月22日）

在党中央的集中统一领导下，全党全国全社会勠力同心、共克时艰，疫情防控形势持续向好，经济社会发展加快恢复。中国战疫展现了“生命至上”的价值追求，生动地诠释了我们党以人为本、将人民利益放在首位的理念和使命。

什么是“人民至上,生命至上”？从字面义来理解,就是将“人民”“生命”放在社会生活的首要位置。“至上”表示“(地位、权力等)最高、居于首位”,如“顾客至上,服务第一”“国家利益至上”。长期以来,我们党始终坚持全心全意为人民服务的宗旨,把为人民谋幸福作为根本使命,而人民最重要的权利就是生命权,以人民为中心,就要最大程度保障人民群众的这个权利。从语源上看,起初,习近平总书记用“人民至上,生命至上”来抒发战疫精神。逐渐地,“人民至上,生命至上”不只适用于新冠疫情,也适用于其他情况。例如:

(3)国家综合性消防救援队伍将坚持“人民至上,生命至上”,紧紧围绕防范化解重大安全风险、应对处置各类灾害事故的核心职能,加快提升队伍正规化、专业化、职业化水平,为维护人民群众生命财产安全而不懈努力。(《人民日报》2020年11月9日)

(4)对于“十四五”乃至更长时期的药品监管工作,国家药监局有关负责人表示,要坚持人民至上,生命至上,着力增强人民群众对药品安全的获得感。(《光明日报》2020年11月19日)

例(3)的“人民至上,生命至上”是表达消防救援队伍的职业理念,例(4)的“人民至上,生命至上”是阐发药品监管工作的崇高使命。

“人民至上,生命至上”,这响亮的八字口号流行起来了。从语言运用的角度来说,其语源义与字面义相符合,通俗易懂,同时又是汉语典型的“2+2”四字格连用,节奏感强,朗朗上口;从社会层面来看,现在已经进入了一个人民当家作主的新时代,“人民至上,生命至上”彰显的是关怀,是坚守,更是平安。民心所向,胜之所往,14亿中国人在本次战疫中实现了同呼吸、共命运!可以预见,“人民至上,生命至上”将会应用得越来越广泛,直至步入成语的殿堂。

“河长”“街长”是什么“官”

◎曹志彪

汉语中，“长”（zhǎng）有“领导者、负责人”的意思。现在有不少带“长”字表示领导职位的词，如从职能部门来看，有部长、局长、处长、科长等，从行政区划看，有省长、市长、县长、镇长、乡长等，从军队建制来看，有军长、师长、旅长、团长、营长、连长、排长等，在其他企事业单位还有校长、院长、园长、馆长、厂长等。然而，这几年又出现了一批让人感觉新鲜的“×长”。

这些新面孔的“×长”最早可以追溯到2003年10月浙江省长兴县在全国率先实行的河长制、里弄长制。2016年12月，中共中央办公厅、国务院办公厅印发了《关于全面推行河长制的意见》，并发出通知要求各地区各部门结合实际认真贯彻落实，之后全国各地纷纷建立了“河长制”，任命“河长”，并且随之出现了一系列仿照命名的“×长”。我们搜罗一下，发现比较常见的大概有以下两类：

一是与河湖山林相关的，主要有河长、湖长、滩长、库（水库）长、山长、林长等，是根据相关制度主要负责对河流、湖泊、海滩、水库、山脉、林地等进行管理和保护的人。例如：

（1）乌江干流及21条支流、46座水库，都实施一河（库）一策方案，通过河长、库长巡查，发现并解决了诸如养殖网箱、畜禽养殖污染治理等很多问题。（《人民日报》2018年1月20日）

（2）武汉湖泊保护出了新招：166个湖泊，全部“包湖到人”，每个湖都由所在地干部担任“湖长”。（《人民日报》2013

年7月3日）

（3）鸡山乡后岙村村支书张文强是鸡山岛沿海的滩长。（《人民日报》2018年8月25日）

（4）2017年，王军成了村里的林长——照顾全村1.8万多亩山林。（《人民日报》2019年11月11日）

二是与街区里巷相关的，主要有街长、路长、巷长、楼长等，指根据职责要求负责城镇社区的街道、里巷、楼宇管理与服务的人。例如：

（5）东城每条街巷都将设置一名"街长"或"巷长"，负责街巷的环境建设管理工作，行使知情权、报告权、监督权、建议权和简单事项的处置权。（东方网2017年4月6日）

（6）2月3日，溧阳市纪委副书记夏国中有了一个新身份——溧城镇阳光硅谷小区"副总楼长"。（《中国城市报》2020年2月12日）

这两大类"×长"的出现正好契合了当前我国落实新发展理念、推进国家治理体系现代化的两个重要方面，一个是全面贯彻"绿水青山就是金山银山"的理念，搞好生态环境保护工作，另一个是下足绣花功夫，搞好社区的精准化服务、精细化治理的工作。这些"×长"正是在这样的大背景下应运而生的。

这些另类的"×长"在我国党政机关、企事业单位或军队现行的职务系列里是找不到的，或者说不是通常意义上的"官职"。这些新职务大致有这样几个特点：

一是大多因需而设。一般要根据具体工作需要制定专门制度"×长制"，按照制度规定进行设置，不具有通常党政职务设置上的那种固定性和系统性。也就是说，并不是所有地方都普遍设置，而是一地一策，因地制宜。

二是管辖范围聚焦、单一。顾名思义，"河长"负责所辖区域内河流的管理，"山长"负责指定山林的管理，"街长"负责某一街区的相关管理，如此等等。

三是管理职责专项化。“河长”“湖长”“滩长”等的职责侧重于加强对所辖范围环境的治理，以保护自然生态环境。“街长”“巷长”之类的职责是以市容秩序、市政设施、环境卫生、园林绿化等方面为主要内容，提升社区的服务与管理质量。

四是多为兼管职能。大多数“× 长”是由各级党政领导兼任，实行“一岗双责”。如上海市委书记李强和市长龚正兼上海“总河长”，各区负责人兼所辖区河道的“河长”。也有的可能是企业、事业单位的领导或骨干，或者是有威望的、热心的基层党员、群众志愿者兼管，如“巷长”“楼长”等。

在汉语中“长”是一个比较典型的类词缀，它可以黏附于词根后面，作为后缀来滋生新词。而且“× 长”的构词方式具有很强的开放性和能产性。如，中国古代官吏体系中就出现了“百户长”“千户长”“百夫长”“千夫长”“郡长”“县长”“乡长”“里长”“保长”“甲长”等，而到了现代，“× 长”就更多了。根据表达的需要，只需从某职务所管辖对象范围的名称里取一个核心语素做词根，再加上“长”这个类后缀，就可以造出一个新词来，于是“× 长”一族从古到今能够不断出新。

微语录·母亲

被抢救人员发现时，她已经死了，是被垮塌的墙壁砸死的。死亡的姿势十分诡异：双膝跪着，上身前倾，双手撑着身体。救援人员把手伸进她身体下面的空隙，高声喊道：“有个孩子，还活着。”经过一番努力，救援人员清理完她周围的废墟，抱出了她身下的孩子。因为有母亲身体的庇护，孩子毫发未伤。救援人员还清理出一部手机，发现手机屏幕上是一条没有发出的短信：“亲爱的宝贝，如果你能活着，一定要记住我爱你！”手机在救援人员手上传递着，无人不心碎泪落。

（崔国胜／辑）

以“切香肠”的方式聊聊“切香肠”

◎之　芊

首先，请看以下例句：

（1）事实上，银行业的这种“无声收费”早年在西方金融界已经引起关注，被称为“切香肠”——客户的银行账户是一段香肠，银行每隔一段时间，都有理由来“切取薄薄一片”，而一切都在你浑然不知之间。（《国际金融报》2012年10月12日）

（2）近年来，陈水扁利用其掌握的行政资源，加紧推行“渐进式台独”路线，企图通过切香肠的方式，一步一步实现其“台独”梦想。（《人民日报》2004年2月25日）

（3）日本政府强行推进钓鱼岛“国有化”进程的本质，是企图以渐进换大进，积量变为质变，以“切香肠”的方式蚕食中国的固有领土。（《解放军报》2012年9月13日）

以上例句里的“切香肠”是什么意思？切过香肠的读者，多数能结合上下文猜出个八九不离十。不过，这些例句里的“切香肠”倒是个借词。那么，外来的“香肠”是怎么“切”成借词的呢？我们寻求答案不妨也用“切香肠”的方式吧。

借词“切香肠”里的“香肠”，特指“萨拉米”。萨拉米，又名“蒜味香肠”“硬熏肠”等，由牛、猪肉里加入猪油、香辛料、朗姆酒，经熏蒸沥干而成，能长久储存。萨拉米，质地比较硬，一般切成薄片冷食。著名的萨拉米，有意大利萨拉米（意大利语“salami”）和德国萨拉米（德语“Salami”）等。

二战爆发前的两三年间，纳粹德国为了最终吞并邻国捷克斯洛伐克，采取了蚕食战术逐步侵占对方领土。这种战术，就像把萨拉米切成一片片薄片吃掉，所以德国人称之为“Salami-taktik”（taktik：战术，策略）。后来，这个德语名词译为对应的英语名词“salami tactics”。《英汉大词典（第2版）》则译为“萨拉米香肠战术”。此后，英语还产生了一个与“salami tactics”意义相似但更为形象生动的名词“salami slicing”。“slicing”是动词“slice”的动名词，“slice”的意思是“切、削、切成（薄）片”。“salami slicing”意思是“以一系列渐进的微小步骤达到目的的策略、战术”。

上世纪七十年代，“salami slicing”借入汉语，简单意译为“切香肠”。如今，借词“切香肠”，可以用作名词，比如例（1）。再如：“‘切香肠’如何变成‘串珍珠’——长江经济带九省二市政府及产业界人士在沪谋划共建共享”（标题，《解放日报》2015年10月13日）。也有一些用作动词。比如：“派卫生部长访台，美国要‘搏一把’还是‘切香肠’？”（标题，看看新闻网2020年8月6日）。比较常见的，是充当定语，比如例（2）（3）。

“切香肠”虽然是个借词，但灵活应用起来不输本土词语。比如：“美方学者提出，民进党及阿扁所使用的战术叫‘切香肠’，每次切下薄薄一片，虽然暂时并无大害，但香肠有限，终有一天会被他们切完，到时候就‘独立’了。大家心里都应该有数，现在香肠还剩下多少没切？”（《人民日报海外版》2007年2月13日）

一针见血

何来“杏李”

◎厉申东

“奋发图强培杏李，呕心沥血侍苗园。”出自2020年9月18日《益寿文摘》第10版《教师节感赋》诗之二《金砖强国》。其中“杏李”应为“桃李”。

“桃李”本指桃花和李花。《诗经·召南·何彼襛矣》：“何彼襛矣，华如桃李。”因以“桃李”形容貌美。《韩诗外传》卷七赵简子以“夫春树桃李，夏得阴其下，秋得食其实”“君子先择而后种”喻培养人才好比种树，要选择合适的对象。后以“桃李”称所教的学生、培养的人才。比如常用“桃李满天下”比喻栽培的后辈和所教的门生遍布天下。

“杏李”是什么意思？汉语中未见“杏李”之说，倒有“杏坛”“杏林”的说法。“杏坛”相传为孔子讲学处，后亦泛指聚徒讲学处。“杏林”常用来称颂医生。说培养学生，用“桃李”即可，何必杜撰出一个“杏李”来！

“苦脊”应为“苦瘠”

◎高良槐

2020年11月2日《福建日报》第5版刊文《“地球的肋骨”上开出希望之花》，报道了厦门湖里区精准帮扶，助力甘肃省临夏回族自治州东乡族自治县蝶变的事迹。文中有这样一句话：“‘陇中苦脊甲天下，东乡苦脊甲陇中。’恶劣的自然环境长期制约着东乡县的发展，使其成为甘肃贫困发生率最高的县。”句中的两处“苦脊”错了，应为“苦瘠”。

“瘠”本义为身体瘦弱，后又有贫困、土地不肥沃等义，如瘠薄、贫瘠。苦瘠，可指土质硗薄。晚清时期，左宗棠领兵途经会宁、定西等地，见沿途土地贫瘠，民不聊生，发出了“陇中苦瘠甲于天下”的感叹，意思是说这一带是天下最贫穷的地方。用“苦瘠”来形容以往东乡县的贫困是贴切的。

“脊”指人和动物背上中

间的骨头，引申可指物体上形状像脊柱的部分，如山脊、屋脊等。“苦脊”难以索解。

“席地而起”不合常理

◎胡礼湘

小说《锁链》(新疆生产建设兵团出版社 2017 年 11 月第 1 版)第六章中有这样的话：“在她的脑海中，开始翻动劲风掠过万古苍凉沙漠的情景，无尽的黄沙席地而起，吞噬着一个个寂寥的清晨和黄昏，只有一串串驼铃在孤独地响着……”这里的“席地而起”用得不妥，应用“卷地而起”。

卷地，义为从地面席卷而过，形容势头迅猛。唐代韩愈《双鸟》诗：“春风卷地起，百鸟皆飘浮。”上述引文想要形容劲风掠过沙漠，扬起漫天沙尘，用“卷地而起”恰如其分。

席地，原指把席子铺在地上(供人坐卧)，后来泛指在地上坐卧。巴金《家》：“他常常在马房里和‘下人们’围着一堆火席地坐着，听他们叙说剑仙侠客的事迹。”可以说“席地而坐”“席地而卧”，但说“无尽的黄沙席地而起”，不合常理。

隋炀帝非自杀身亡

◎陈福季

“后来李渊大军攻入京师，炀帝躲入迷楼自杀，唐兵将迷楼付诸一炬，正应了后诗之句。”

这是《书屋》2020 年第 8 期所刊《诗谶与文谶》中的一段话，说隋炀帝自杀身殒，唐兵火烧迷楼的结局，应了他曾作《索酒歌》中两句“他日迷楼更好景，宫中吐焰奕红辉”的诗谶。其实这段话实为作者主观臆测，历史上隋炀帝并非自杀身亡。

隋炀帝杨广(569—618)，是隋朝第二个皇帝。史书记载他在位期间大兴土木，广置宫室，穷奢极欲，四处巡游。穷兵黩武，三征高句丽，滥用民力，导致民怨载道，引发全国范围农民起义。大业十四年(618)三月,宇文化及发动兵变,杨广被逮获,最终被叛军用巾带勒死。

可见,隋炀帝身死并非自杀,与李渊和唐军也没有直接的关联。

多余的“时”字

◎谢云秋

《京江晚报》2020年4月5日A12版《起视蚕稠怕叶稀》一文中有这样一句话:“40多年前,阿拉小辰光时流行过让小学生养蚕宝宝,目的是观察动物生命的成长过程。”其中“小辰光”后的“时”字多余,应删去。

辰光,是个方言用词,义为时候。王统照《沉船》:“这时树林中的雄鸡长啼了几声,报告是正午的辰光。”小辰光,即小时候,再加一个“时”,意思便是“小时候的时候”,语义重复显而易见,在表达上不符合规范。因此,这句话中去掉“时”字,或者把“小辰光时”改成“小时候”,就通顺了。

秦琼坐骑“黄膘马”?

◎李 澜

《大运山西(山西自助游)》(上海书店出版社2011年出版)一书在第180页提到了“秦琼卖马”的故事:“隋末,在济南府当差的山东豪杰秦琼受命来潞州办事,不幸染病于店中,所带盘费俱已耗尽,故将坐骑黄膘马牵到二贤庄去卖。”此处“黄膘马”为“黄骠马”的误写。

“骠”是个多音字。读piào时,形容马疾行的样子;读biāo时,指黄色有白斑或黄色白鬃尾的马。黄骠马指一种黄毛夹杂着白点子的马,是少见的宝马良驹,据说这种马即使喂饱了草料,肋条也显露在外,所以又称“透骨龙”“透骨马”。据《隋唐演义》所记,秦琼的坐骑即为黄骠马。

膘,读biāo,义为肥肉,也指畜兽肥壮或其肥壮处。“黄骠马”被误写作“黄膘马”，应为“骠”“膘”二字音同形似，而写作者又对黄骠马的名称来由不够清楚所致。

“海蜓”是什么

◎邱　云

《京江晚报》2020年7月12日A10版《院子里的小菜园》一文中，写了一户爱喝汤的邻居：“隔壁阿婆天天要烧一只汤，小排骨冬瓜扁尖汤、丝瓜蛋花汤、番茄蛋花汤、榨菜肉丝蛋花汤、紫菜海蜓汤，花头经多，伊拉屋里厢都是‘汤司令’。”这里的“海蜓”是什么？应该是“海蜒”！

“蜒”“蜓”字形相似，但音义不同。“蜒”音yán，本作虫名，而“海蜒”并不是虫，而是用幼鳀（tí）鱼加工制成的鱼干。鳀是一种生活在温带海洋中上层的小型鱼类，体侧扁，有较强的趋光性。肉味鲜美，由其幼鱼制成的干品“海蜒”更是鲜味浓郁，拿来做菜炖汤能给菜肴的滋味锦上添花。海蜒冬瓜汤、海蜒紫菜汤、海蜒炒蛋在舟山、宁波等地是常见的地方美食，当地民间甚至有“海蜒冬瓜汤，胜于鳖裙羹”的说法，认为海蜒炖的汤比苏东坡描绘的老鳖裙羹还要美味。

“蜓”音tíng，单字没有具体的意思，多出现在联绵词中，如蜻蜓、蜓蚞（mù）等。汉语中没有“海蜓”。

烧刀子“端得厉害”？

◎汤青武

《中华读书报》2020年7月15日3版刊有知名作家周梅森先生的《饮酒趣事》，其中一章，是作者回忆去东北林区采风时的一场酒事，当中有这样一句话：“林区人豪爽善饮，请我们喝烧刀子。这烧刀子端得厉害，高达八十度，据说是全球四大烈酒之一。不过，那天给我们喝的酒没这么高度数，也就五六十度吧。”句中的“端得厉害”让人费解，怎么“端”酒算厉害？

结合文意，这里的“端得”应是“端的”。“端的”是一个双音节词，读作duāndì，有多个义项。其中有一个义项为果然、确实，在早期的白话文中比较多见，如《水浒传》第二三回：“武松读了印信榜文，方知端的有虎。”上文说林区烧刀子很烈，酒精度数很高，说它“端的厉害”恰如其分。

“得”在作助词的时候，为补语标记；“端的”是一个固定词形，其中“的”字并非作结构助词用，因而不能写作“得”。

顺理不“承章”

◎谢三山

2020年6月7日《京江晚报》A15版《我的文学梦》一文写道：“有了笔名，顺理承章就是要写作了。我开始废寝忘食地爬格子，每天至少一万字，几乎天天一个中篇……”文中的“顺理承章”是“顺理成章”之误。

顺理，即顺着条理。成章，即成文章或成条理。顺理成章指写文章或做事，顺着条理就能做好；也指某种情况合乎情理，自然产生某种结果。承，意思是承接。“顺理承章”说不通。

“窨入水流”？

◎厉国轩

2020年7月15日《老人报》刊有《我家的“量天尺”》一文，文中介绍“我”自创的“盆底窨潮法”时说：

在陶瓷盆的托盘里加水，让水改道上行，通过盆底孔洞，缓缓窨入水流，从低往高倒着顺序湿润土层，也就是“上引法”。

这段文字中的“窨入水流”有误。窨，读yìn时，作名词，可表示地下室、地窖，如窨井。作动词，表示深藏、窖藏。还可表示暗地里、隐约等义。读xūn时，同“熏”，如窨茶叶。文章中所说的是，在陶瓷盆底加水，通过盆底的孔洞，让水从下而上地进入陶瓷盆，湿润盆中的土壤。“窨”字的各义项在此处均不适用。文章中的“窨入水流”的“窨”宜改为“洇”。

洇，读 yīn 时，可表示液体在物体上向四周散开或渗透。用在此处，表示水自下而上进入盆中，湿润土壤，是合适的。文中出现的“盆底窨潮法”之名，同样宜改为“盆底洇潮法”。

“原形”和“原型”

◎杨宏著

我接触的“爷”太多，所以魏爷只是文学作品中的一个典型艺术形象，生活中并没有魏爷这样一个人。可是很多人看了我的初稿，都说他像谁谁，拿魏爷跟生活中的某个人“对号入座”。看来是我把魏爷给写活了，否则不会有那么多人在现实生活中寻找他的原形。

这段话出自长篇幽默小说《北京爷》（京华出版社 2006 年 9 月版）的《自序》，作者在其中谈到了自己的创作动机和过程。此处“原形”一词用错了，用“原型”才正确。

“原形”义为原来的形状，也可指本来的面目，含有贬义。杨沫《青春之歌》：“吴禹平拿出了一张小小的纸条，微微一笑说：‘凭着这张小纸条，就可以叫王忠这伙反动家伙原形毕露。’”

“原型”则义为原来的类型或模型，特指文艺创作塑造人物形象所依据的现实生活中的人。如北京大学中文系一九五五级所著《中国小说史稿》第六章第一节：“罗贯中在民间群众创作的基础上，继承了话本中‘拥刘反曹’的主题，接受了其中的人物原型，并注入了自己的心血，创作了《三国演义》。”

《北京爷》的《自序》中这段话所指的是某些人拿小说中魏爷的人物形象，去寻找塑造此形象所依据的现实生活中的人，甚至对号入座。这里理应使用“原型”这个词。

语言哲思

“你狂吻俄罗斯，我啃死西班牙”

◎宗守云

在冯巩、牛群的相声作品《有话坐着说》中，牛群有一段台词说道：

(1)你不光相声说得好，关键你涉足影视了。哎哟就你拍的电影，你知道观众什么评价吗？哎哟——说冯巩拍的电影，那最大的特点，演谁不像谁啊。那演的那叫什么玩意儿这是，我怎么演我也比他强啊，你不就演个那五吗？我要演，我演这六儿，你埋伏，我暴露，你没事偷着乐，我天天公开哭，你站直别趴下，我躺下就不起来，你狂吻俄罗斯，我啃死西班牙。

例(1)《那五》《埋伏》《没事偷着乐》《站直啰，别趴下》《狂吻俄罗斯》都是冯巩出演的电影名，是现成的专有名词；这六儿、暴露、天天公开哭、躺下就不起来、啃死西班牙是牛群仿照冯巩出演的电影名创造的语言形式，是仿拟的偶发词语。从现成的专有名词到仿拟的偶发词语，是通过相反或相类的联想延伸实现的。像“埋伏”和“暴露”,就是相反的联想延伸;像“狂吻俄罗斯”和“啃死西班牙”,就是相类的联想延伸。

联想延伸还可以是成系列的。同样在《有话坐着说》中,冯巩也有一段台词说道:

(2)那个影展办得,嘿呀,那叫什么玩意儿那叫,你听起的名字,“牛眼看家”,纯粹是狗眼看人,有什么了不起啊?你不就属牛吗?属牛办影展就牛眼看家啊?我还属鸡呢,我办的影展叫鸡眼看脚。那能看吗?

例(2)“牛眼看家、狗眼看人、鸡眼看脚”是成系列的相类联想延伸。

那么,说话人是怎样很自然地做到相类或相反的联想延伸的?这是由于概念的扩散激活所导致的。

扩散激活模型是美国心理学家柯林斯和洛夫特斯提出的心理学理论,该理论认为,概念是以网络的方式储存的,概念是网络中的节点,节点间的距离有远有近,距离的远近是由分类关系、联想关系、典型性等因素决定的。概念之间的联系越紧密,节点之间的距离就越短,在认知加工中就越容易激活。比如“红”这个概念,很容易和“黑、绿、火、玫瑰、鲜血”等概念联系在一起,它们之间概念节点距离近,在认知加工中很容易被激活,也很容易形成组合,像“红与黑、红男绿女、火红的太阳、红玫瑰、血红”等。“红”不容易和“空气、粒子、道德、仁义、银河系、马拉松”等概念联系在一起,它们之间概念节点距离远,在认知加工中不容易被激活。一旦形成组合,要么是错误的组合,像“红空气”;要么是修辞的组合,像“空气中弥漫着红色的浪漫气息”。

扩散激活对语言的影响主要表现在语言成分的组合方面,一般地,概念节点距离近的组合是常规的组合,概念节点距离远的组合是超常的组合。比如并列组合,像“工人和农民、老师和学生、东和西、走和跑”等，都是常规的组合；像“文学和出汗、警察和赞美诗、喊声和土块、光和盐”等，都是超常的组合。

在文学作品中，作家们常常用常规或超常的组合来谋篇，从而达到展示文学形象的目的。例如：

（3）你，伟大的双重结构的生命，兼收并蓄的胸怀：悲剧与喜剧，壮剧与闹剧，正与反，潮与汐，深与浅，珊瑚与礁石，洪涛与微波，浪花与泡沫，火山与水泉，巨鲸与幼鱼，狂暴与温柔，明朗与朦胧，清新与混沌，怒吼与低唱，日出与日落，诞生与死亡，都在你身上冲突着，交织着。（刘再复《读沧海》）

（4）自由市场。百货公司。香港电子石英表。豫剧片《卷席筒》。羊肉泡馍。醪糟蛋花。三接头皮鞋。三片瓦帽子。包产到组。收购大葱。中医治癌。差额选举。结婚筵席……在这些温暖的闲言碎语之中，岳之峰轮流把体重从左腿转移到右腿，再从右腿转移到左腿。（王蒙《春之声》）

例（3）“悲剧与喜剧”等都是常规的并列词语组合，概念节点距离近；例（4）从“自由市场”到“结婚筵席”都是超常的并列句组合，概念节点距离远。但所有这些并列组合，都具有鲜明的文学形象和丰富的文学韵味。

《往后退，才有希望》参考答案

1. 座落——坐落
2. 老雇客——老顾客
3. 一鼓脑儿——一股脑儿
4. 哪儿——那儿
5. 惊慌失错——惊慌失措
6. 你推我攘——你推我搡
7. 号陶大哭——号啕大哭
8. 节凑——节奏
9. 艰如铁壁——坚如铁壁
10. 一、两百人——一两百人

“喷嚏”不是“喷涕”

◎程　旭

在国家博物馆2020年8月30日开幕的“格物匠心——福建传统工艺展”中,展出了一件福州工木雕人物摆件,下附介绍文字称展品名为“四快之打喷涕”。这里的“打喷涕”错了,应为“打喷嚏”。

喷嚏,指鼻黏膜受刺激,急剧吸气,并由鼻中急速喷出同时发出声音的现象。也作“嚏喷”。《诗经·邶风·终风》:“寤言不寐,愿言则嚏。”讲女子醒来无法入睡,思念丈夫,不住地打喷嚏。另有一说是女子思念丈夫,丈夫那边打喷嚏,印证了“打喷嚏,有人想”的民间说法。“四快”是福建博物院馆藏的一组清代人物故事造像木雕,分别是醉酒、打喷嚏、捶背和挖耳朵,展现了四个生活中享乐快意的场景。南宋诗人刘克庄(福建莆田人)有首诗《四快图》,有这么几句:“一人筅(xiǎn)耳手不柱,一人坦背抓痒处。一人理发虱禽获,一人喷嚏虎惊去。”其中描述的“快意事”与木雕表现的内容稍有出入,但无论如何,“打喷嚏”都是“四快”之一。

“涕”,本义指眼泪,如痛哭

“中国共民”何许人也

◎汪惠迪

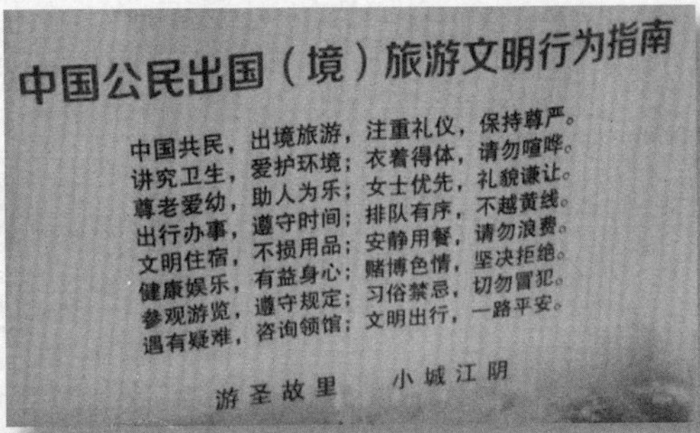

2020年12月因事到江阴市，下榻泓昇苑酒店。酒店大堂中央并排放着几块宣传牌匾。其中一块附有“中国公民出国（境）旅游文明行为指南”。“指南”四字一句，每行四个语言单位，共八行，排列整齐，形式美观，第一行是“中国共民，出境旅游，注重礼仪，保持尊严”。边看边读，“中国共民”让我愣住了。

汉语中“共主”一词，指共同崇奉的宗主，也指天子、帝王。《史记·楚世家》：“夫弑共主，臣世君，大国不亲。”司马贞索隐：“共主，世君，俱是周自谓也。共主，言周为天下共所宗主也。”

回家翻阅辞书，并未找到“共民”一词，只有共人，指敬谨供职的同僚，也可指古代少数民族部落之一，与旅游的文明礼仪也没有什么关系。酒店大堂里的这块宣传牌，应是把“中国公民”错写成了“中国共民”吧。

流涕、感激涕零。后常指鼻子里分泌的鼻涕。尽管人感冒时打喷嚏有时会伴随着流鼻涕的情况，但“喷涕”与国家博物馆展出的这件木雕主题不符，在此处是说不通的。

学林

什么是规范汉字

◎苏培成

《中华人民共和国国家通用语言文字法》(以下简称《语文法》)规定:“本法所称的国家通用语言文字是普通话和规范汉字。”“国家推广普通话,推行规范汉字。”可是在《语文法》中并没有解释什么是“规范汉字”。《关于〈中华人民共和国国家通用语言文字法(草案)〉的说明》中说:“在征求对本法草案的意见时,有的同志建议把普通话和规范汉字的定义写进法中。普通话和规范汉字在学术上都有‘定义’,但严格地说,‘定义’本身是否科学、严密还值得研究,学术上对这两个‘定义’有不同的看法。根据一些同志的建议,曾将这两个‘定义’写进了本法草案中,但反馈意见中对这两个‘定义’提出了许多意见,主要是学术方面的意见。因此,在草案的修改过程中,就把这两个‘定义’去掉了。把定义写进法中,使学术定义法定化,会引起很多不必要的争议。本法不规定普通话和规范汉字的定义,并不会造成人们对普通话、规范汉字产生误解。而且,如果需要的话,也可由国务院语言文字主管部门对普通话和规范汉字的定义作出解释。”可见,在《语文法》中没有写出普通话和规范汉字的定义是不得已而为之。我们以为在学术上总是应该早日把普通话和规范汉字的定义确定下来,有利于推广和推行。本着这种想法,本文拟对“规范汉字”的定义提出一些浅见,供研究商讨。

《〈中华人民共和国国家通用语言文字法〉学习读本》对“规范汉字”做出了定义:“规范

汉字是指经过整理简化的字和未经整理简化的字。在规范汉字中,整理简化或利用简化偏旁类推出来的简化字只占少数,多数还是历史流传下来的,沿用至今,未经整理简化或不需要整理简化的传承字,如人、山、川、日、水、火等字。”我们以为这个定义值得商榷。因为全部汉字,根据是否经过整理简化一分为二,就是经过整理简化的字和未经整理简化的字,二者合起来就是全部汉字。全部汉字都是规范字,这不合乎事实。我们以为这个定义可以修改为:“规范汉字是指经过整理简化的字和传承字中除去繁体字、异体字以外的字。”下面做些解释。

新中国建立以来,国家对汉字进行了整理简化。汉字整理方面做的工作有:(一)1955年12月22日,文化部和文改会联合公布《第一批异体字整理表》,收异体字810组,有1865字。选用810字为规范字,淘汰1055字。后来做了个别调整,从淘汰的异体字中恢复“阪”“挫”“翦”“邱”等字。《第一批异体字整理表》实有异体字795组,选用795字为规范字,淘汰1025字。(二)整理印刷铅字字形。由文改会、教育部、语言研究所组成汉字字形整理组,整理组于1964年5月编成《印刷通用汉字字形表》,收印刷通用宋体字6196字。1965年1月30日发布并逐步推行。(三)改换生僻地名用字。1955年3月至1964年8月,经国务院批准更改县级以上地名35个。2003年12月17日,民政部批准波阳县恢复为鄱阳县。(四)统一部分计量单位名称用字。文改会和国家标准计量局于1977年7月20日联合发出《关于部分计量单位名称统一用字的通知》,对部分计量单位名称用字作了统一规定。如把“哩”改为“英里”。(五)整理异形词。2001年12月19日,教育部、国家语委发布《第一批异形词整理表》,收338组。如推荐“百废俱兴”,废止“百废具兴”。由上述整理工作确定的汉字是规范汉字。

在汉字简化方面做的工作有：1956 年 1 月 28 日，国务院全体会议批准《汉字简化方案》，收简化字 414 字和 54 个可类推的简化偏旁。1 月 31 日公布，然后分四批推行。根据推行中发现的问题，对政策做了细化。1964 年 5 月，文改会根据国务院指示编辑出版《简化字总表》。《简化字总表》包括三个字表。第一表是 352 个不作简化偏旁用的简化字，第二表是 132 个可作简化偏旁用的简化字和 14 个简化偏旁，第三表是应用第二表所列简化字和简化偏旁类推简化得出来的 1754 个简化字。三个字表合计有简化字 2238 字。因“签”“须”两字重见，实有简化字 2236 字。1986 年 10 月根据国务院指示重新发表《简化字总表》，对个别字做了调整。调整后的《简化字总表》有简化字 2235 字。《简化字总表》规定：“未收入第三表的字，凡用第二表的简化字或简化偏旁作为偏旁的，一般应该同样简化。”这条规定保证汉字文本不会出现繁简字混用的现象。总之，新中国建立以来推行的简化字要以 1986 年 10 月经国务院批准重新发布的《简化字总表》为准。

2013 年 6 月 5 日，国务院批准发布《通用规范汉字表》。《国务院关于公布〈通用规范汉字表〉的通知》中指出：“《通用规范汉字表》公布后，社会一般应用领域的汉字使用应以《通用规范汉字表》为准，原有相关字表停止使用。”有的人以为有了《通用规范汉字表》，《简化字总表》就可以停止使用了。这种理解是不妥当的。因为《通用规范汉字表》里面并没有《简化字总表》第一表和第二表的内容，如果停止使用《简化字总表》，偏旁类推简化就失去了依据。最近几年出版的《语言文字规范手册》去掉了《简化字总表》也是不妥的，应该及早加以改正。

简化字是规范汉字，这是没有问题的；有人对流传了几千年的繁体字成了不规范字想不通。应该明确繁体字不等同于传承字。有的传承字有几千年的历史，而繁体字这个概念是汉字简化的产物，没有几千年的历史。繁体字是和简化字相对而言的。“人、山、川、日、水、火”等字没有经过简化，是传承字，不能叫作繁体字。“馬”字在汉字简化以前是传承字，无所谓繁体或简体。推行汉字简化以后，笔画多的“馬”被笔画少的“马”所取代，这时“馬”就是繁体字。国家推行规范汉字，包括简化字“马”，但是不包括繁体字“馬”。异体字指的是音义相同、只是字形不同的一组字。如“乘”“乗”“椉”。经过整理，确定“乘”为规范字，“乗”“椉”为淘汰的异体字。《语文法》第十七条说：“本章有关规定中，有下列情形的，可以保留或使用繁体字、异体字。”下面列举了六种情况：“（一）文物古迹；（二）姓氏中的异体字；（三）书法、篆刻等艺术作品；（四）题词和招牌的手书字；（五）出版、教学、研究中需要使用的；（六）经国务院有关部门批准的特殊情况。”

如果繁体字属于规范汉字，根据《语文法》本来就应该推行，因此其中第十七条就会显得多余。该第十七条表明，繁体字和异体字虽然不是规范字，但在一定条件下也可以使用。

微语录·服务生

一天深夜，一位老人来到一家旅店。前台服务生将他带到一个简陋的房间，略有歉意地说道：“旅店没有其他房间了。”老人看着整洁的屋子，愉快地住了下来。第二天，老人离店结账，服务生却说：“不用了，祝您旅途愉快！”原来，旅店客满，服务生不忍心让老人深夜满大街去找店住，便让他住了自己的房间。多年后的一天，服务生接到一封信。按信中所示，他来到纽约一座金碧辉煌的大楼。原来，那个深夜服务生所接待的老人是亿万富翁。富翁买下一座大酒店，并深信服务生能把酒店经营好。

（乔　桥／辑）

社交新风

新叹词新用法

◎徐默凡

叹词是用来表示感叹、呼唤、应答的词语，一般单用，不充当句子成分，而且能独立成句。书面语中常见的叹词有咦、嘿、唉、哼、哎呀等，它们不像典型的语言符号那样用任意的语音来记录语义，而只是用语音形式来记录人们本能的发声反应，因而是一种很特别的语言单位。

在网络交际中，因为用文字形式来进行日常沟通，情感互动的需求大增，书面语中那些用来表示感叹的叹词就远不够用了，因此出现了大量来自口语、方言甚至是外语的新叹词。它们没有约定俗成的文字形式，往往采用“假借”的方法，用别字来记音。

来自口语的新叹词常用的有“切”和“额”，它们在口语中其实是大量存在的，但是在规范的书面语中往往不会出现。“切”常用来表达一种不以为然、不屑一顾的情绪，如“切，你以为穿了马甲我就不认识你了？”“额”可以表示出乎意外、不如人意的情绪，如：“今天吃了泰餐……额，还是感觉中国菜合胃口。”

除了口语中的叹词被借用，网络语体还引进了大量富有方言色彩的叹词来丰富表达系统，如“矮油”是模拟叹词“哎呦”的方言发音，用法多样，可以表示惊讶、调侃、讽刺等多种情绪，如“矮油，一年来第一次运动，目前的状态只能坚持 10 分钟！”“矮油，太师真是又坏又帅，要不要这么好看哇！”再如“艾玛”是模仿东北话叹词组合“哎呀妈呀”的简省发音，表示十分惊讶的感情，如：“看到这些美味的泡芙，想象着第一口咬下去，艾玛，我的小心肝儿都酥了。”

一些外语中的感叹成分也被网民用音译的方式引入，成为网络交际中的新叹词，如英语中的 OMG，这是英语短语“Oh my god（我的天啊）”的首字母缩写，如“OMG，竟然被忽悠了那么多年！”还有“纳尼”，是日语

“什么”的音译，被用来表示惊讶的情绪，如：“纳尼？是猫猫诱惑我而不是我吸引它！”

有些短语也具有类似叹词的功能，如来自四川方言的“我顶你个肺”，表示极度愤慨，如：“我顶你个肺！这位大姐，别玩过火了，要相信因果报应哦！”来自陕西关中方言的“额滴神哪”，表示极度惊讶，如：“元宵包肉馅？额滴神哪！南北方又要吵起来了……”

这些新叹词的出现，极大地丰富了网络交际中的表达情感的手段，为大家喜闻乐见。不过，还是有两种用法需要提醒大家注意。

首先，来自方言和外语的新叹词除了可以表达丰富情绪外，还往往带有调侃搞笑的次要功能。根源可能在于对影视剧中搞笑人物的发音模仿，“艾玛”常见于喜剧小品中的东北人物，“额滴神啊”来自情景喜剧《武林外传》中老板娘佟湘玉的口头禅，而“纳尼”则是情景喜剧《爱情公寓》中男主角关谷的口头禅。一旦使用了这些语言成分，就仿佛听到了这些角色的搞笑发音，让人忍俊不禁。因此，在比较正式、严肃的交流中，应该尽量避免使用这些新叹词，以免笑场。

其次，要警惕脏话演变成叹词的不文明用法。在口语里，有人喜欢把说脏话当作发泄情绪的语言手段，有些脏话也因此变成了个别人单纯表达情绪的感叹用语甚至口头禅。这种情况在网络交际里也有体现，很多脏话也通过一些特殊手段脱敏变成了叹词。如使用谐音的“草泥马”“卧槽”“尼玛”“特么的”，使用拼音或缩写的“cao”“md”“tmd”，还有来自方言的“我靠/哇靠”“我去”“我丢”，其根源都是脏话，只不过用了别字或者模仿方言发音导致其禁忌性下降。其中最接近叹词的是简省为单音节的“靠”和“操”两个，它们的作用和分布与叹词几乎没啥两样了。上述这些语音或者字形变化都或多或少减低了这些脏话的不雅程度，不过，为了网络语言文明，还是不要使用为好。

应是“颛顼氏”

◎周　振

《南方文摘》2020年第29期刊登的《魑魅魍魉指的是三种妖怪》一文最后一段说：“魍魉水鬼，这(在)《搜神记》中就记载了，昔日颛项氏有三子，其一居若水为魍魉鬼，它善于在水中害人并且兴风作浪……”其中的“颛项氏”有误，应为“颛顼氏”。

《搜神记》是东晋干宝所写的神话小说集，“魍魉鬼”的故事记在《搜神记·疫鬼》中，原文为：“昔颛顼氏有三子，死而为疫鬼。一居江水，为疟鬼；一居若水，为魍魉鬼；一居宫室，善惊人小儿，为小儿鬼。于是正岁，命方相士帅肆傩以驱疫鬼。”不独《搜神记》，类似的故事，更早的出现在东汉思想家王充的《论衡·解除篇》，其中讲到颛顼氏有三个儿子夭折，其中一个在若水化为魍魉鬼。

颛顼(Zhuānxū)，是历史传说中古代部族的首领，“三皇五帝”的“五帝”之一，西汉史学家司马迁的《史记·五帝本纪》就有关于他的专门记载。综合历史学家们的研究，颛顼是我们中华民族始祖黄帝的孙子，号高阳氏。生于若水，居于帝丘(今河南濮阳。一说今河南商丘)。颛顼严格遵循轩辕黄帝的政策行事，使社会安定太平。此时，早先已被黄帝征服的九黎族(南方“蛮族”中最早进入中原地区的九个部落的联盟)仍信奉巫教，杂拜鬼神。颛顼便规定禁绝巫教，逼令九黎族人顺从黄帝族的教化。颛顼去世后，由于他业绩伟大且道德高尚，人们称誉他为颛顼。

“不识知无”系笔误

◎阎德喜

《才女是如何炼成的》(载2019年第1期《书屋》)中，有才女阚家蓂对旧社会大家庭生活的生动描述：“吾大叔、大姑等则终日胡言乱语，大婶母更不识知无，常夫人有鉴于此……日夜挑拨是非于吾祖之前。”这里的“不识知无”有误，正确的是“不识之无”。

“不识之无”义为不认识“之”字和“无”字，语出唐代白居易《与元九书》：“仆始生六七月时，乳母抱弄于书屏下，有指‘无’字、‘之’字示仆者，仆虽口未能言，心已默识。后有问此二字者，虽百十其试，而指之不差。”说白居易在7个月大的时候，不会说话就认识了“无”和“之”这两个字。“无”和“之”都是汉字里非常简单的字，连这两个字都不认识，近乎等于没文化。“不识之无”即用来形容人不识字，文化水平很低。李健吾《〈李广田选集〉序》：“《废墟中》，写一个不识之无的木匠，爱打老婆，老婆也让他打；他有气无处泄，她也就让他泄。”

上引文中的大婶母，没有文化，一字不识，办事不讲道理，说她“不识之无”可谓贴切。

……………………………………………………

东汉史学家班固等撰集的《白虎通义》有言：“颛者专也，顼者正也。能专正天人之道，故曰颛顼。”传说他有二妻，十个儿子成人。而三个早夭儿化为鬼怪之说，很可能与其禁绝九黎族杂拜鬼神的巫教这一行动有关联。

“顼”“项”形似，且“顼”较为冷僻，可能是致误之因。

「绘事后素」无关宣纸

◎金 甲

疫情期间，宅在家重读《论语》(北京长安出版社 2007 年出版)，有注释和翻译。《论语·八佾》第八章有这样一段话。

子夏问曰："'巧笑倩兮，美目盼兮，素以为绚兮'何谓也？"子曰："绘事后素。"

该书的译文是：

子夏问："'笑脸真灿烂啊，美目真妩媚啊，天生丽质打扮得真高雅啊'，是什么意思？"孔子说："先有宣纸，然后才能绘画。"

把"绘事后素"译成"先有宣纸，然后才能绘画"，显然有误。

据记载，在我国，书画的材料在商周时用的主要是竹简和木板。春秋战国以后，丝织的帛渐渐普遍，公元前后差不多替代了简、板。汉和帝末年蔡伦在总结前人造纸经验的基础上制造出质量较高的纸。至于质地细密、宜书宜画的宣纸，要到唐代才问世。唐代张彦远《历代名画记·论画体工用拓写》有："好事家宜置宣纸百幅，用法蜡之，以备摹写。"生活在春秋时代的孔子怎么能说出一千多年以后才出现的新事物宣纸呢？

那么，"绘事后素"是什么意思呢？首先要理解"巧笑倩兮，美目盼兮，素以为绚兮"的含义。"巧笑倩兮，美目盼兮"见《诗经·卫风·硕人》，写卫国国君卫庄公夫人齐姜容貌之美。"素以为绚"是说齐姜容貌本就美丽，又以粉黛、钗环等稍加修饰，锦上添花。

再来看"绘事后素"。这句从字面上理解，意思是先有洁白的底子，然后绘画。"素"即白色的生绢，引申为白色。《论语》中的这一章其实是以《诗》说礼，阐述了孔子礼乐思想的一个方面，涉及礼的本质及其与礼的表

董必武并非『湖南代表』

◎周平果

《南方文摘》2019 年 第 2 期头版刊登的《一位被毛泽东称为“老板”的中央会计》一文有这样的文段：“在党的早期历史中，作为既与毛泽东有过师生之谊，又与周恩来有密切工作关系的党员，熊瑾玎确实有极为特殊的经历。与毛泽东一同作为湖南代表出席中共一大的董必武同志生前回忆并肯定……当时熊瑾玎从经商盈余中拿出两万元现大洋，交由毛泽东和董必武，作为去上海参加一大提供给党的经费。”其中两次提到董必武作为湖南代表出席中共一大，此处董老的回忆虽未见诸正式的党史，但对董必武身份的表述明显有误，董必武出席中共一大，不是湖南（长沙）代表，而是湖北（武汉）代表。

在今全国重点文物保护单位中共一大会址纪念馆（今上海市兴业路76号）内的展件中，有一个《各地共产党早期组织选派代表简况表》，表中有姓名、年龄、职业、文化程度和代表属地等五项。表中的第三行董必武，代表属地为武汉；第五行毛泽东与第六行何叔衡，代表属地都为长沙。

所以，当年与毛泽东一同从湖南到上海参会，并带去熊瑾玎筹措的经费的是何叔衡，非董必武。中共一大可以说是中国共产党党史中的头等大事，董必武是武汉地区共产党早期组织的代表。出现这样的错误，实在不应该。

现形式的关系。孔子说“绘事后素”，以“素”喻礼的本质（学者大多认为是仁），以“绘事”喻礼，“先”“后”喻仁和礼的关系。其深层含义是：先有了好的本质仁，礼才会那样绚烂。

老城厢中怎有“石窟门”

◎陈关春

《我的书斋》(文汇出版社2000年12月出版)第177页上说:“我家住在南市老城厢一幢老式石窟门的西通厢房内……”这里“石窟门”写错了,写成“石库门”才对。

库,从车从广,本指储藏战车和兵甲的屋舍,后泛指贮物的屋舍。古代豪门通常把“库”设在最外面,“库门”在古代指称天子、贵人居所的大门。“石库门”最初特指一些弄堂或建筑用石条做成门框的大门,到了清末民初,这种式样的门普遍用于上海里弄住宅,所以后来“石库门”用以指称有这种大门的住宅建筑。另有一种说法,认为沪语中“库”与“箍”发音相近,这种用石条“箍”住的门可叫“石箍门”,后讹变为“石库门”,也可以说通。石库门是具有上海本地特色的旧式住宅建筑,正面为两扇黑漆大门,门框和门槛用粗石条做成,进门通常有天井,正面为客堂,两侧为厢房,大多数为楼房,也有平房。在许多以上海为背景的文学作品中,都会出现石库门的身影,如张爱玲《半生缘》:“走进去,两旁都是石库门房子,正中停着个臭豆腐干担子,挑担子的人叉着腰站在稍远

何来『诺大的窗户』

◎杨昌俊

2020年12月4日的《西北信息报》第5版，刊有《文竹》一文，其中写道："它（文竹）的长势抵近疯狂，长出了好多枝干，有的枝干粗如筷子，稍细的部分伸向窗口，蜿蜒曲折地向着太阳的方向翘首以盼，已没有了当初人为雕饰的痕迹，完全是天工造物，诺大的窗户三分之二都被它遮掩了，俨然一堵绿色的草墙。"引文中"诺大"，应写为"偌大"。

"偌"，读作ruò，代词，义为如此、这般、那么（多见于早期白话）。元代郑廷玉《忍字记》三折："正看见你这和尚，没来由吃的偌来胖。"偌大，即这么大，那么大。如《西厢记》第一本第二折："老僧偌大年纪，焉肯作此等之态？"

"诺"，读作nuò，动词，义为答应，引申出允许、应诺、遵命、顺从之意，也指答应的声音，表示同意，相当于"好吧""是的""对的"等。古时批"诺"字于公文末尾，表示许可，相当于后世的画行。未见"诺大"的用法。

"偌"与"诺"字形相近，词义、词性皆不同。由于我们平时生活中"诺"的使用频率比"偌"高，所以许多人会把"偌"误读成nuò。这或许也是把"偌大"误写为"诺大"的原因吧。

的地方，拖长了声音吆喝着。"上述引文作者出生并长期生活在上海，家住石库门是很正常的。

窟，义为土室。石窟，指依山岩凿成的石室，亦泛指石洞。后也用来特指一种就着山岩开凿的佛教寺庙建筑，里面有石刻佛像或者绘有佛教故事的壁画等，我国比较著名的有甘肃莫高窟、山西云冈石窟、河南龙门石窟等。城市里的人不可能住"石窟门"。

“生而知之”是啥意思

◎石毓智

《论语》中有一句话，千百年来令无数的人不解、费解甚至误解，那就是“生而知之者上也”。如果按照后世的语言来理解，人们不禁会问，难道孔子相信人世间真有这种生来就具备某种知识的人吗？下面为这句话所出自的段落和杨伯峻《论语译注》的白话翻译：

孔子曰：“生而知之者上也，学而知之者次也；困而学之，又其次也；困而不学，民斯为下矣。”(《论语·季氏》)

孔子说：“生来就知道的是上等，学习然后知道的是次一等；实践中遇见困难，再去学它，又是再次一等；遇见困难而不学，老百姓就是这种最下等的了。”(杨伯峻《论语译注》)

上述白话翻译很具有代表性，是典型的以现代汉语的词义来诠释古文，没有考虑到关键词“知”字古今词义的变化，因而曲解和误读了孔子的原意。

在先秦汉语中，动词“知”主要是指一种积极的创造性的思维过程，意为理解、领悟或者推理，它所对应的名词是指“智慧”，读为去声。在《论语》中“智”字都写作“知”，两者是同源关系，后来才在字形上分别开来。大约从汉代以后，“知”这个词就变成了主要做“知道”或者“了解”讲的，所涉及的对象则是有关事实或者信息，一般指被动性的信息获得，所以其对应的名词是“知识”。

《论语》中的“知”大都是领悟、推断的意思，即一种创造性的积极思维活动，而不是被动的信息获得，比如“温故而知新，可以为师矣”“告诸往而知来者”等。在整部《论语》中，“知者”都是指有超越常人智慧之人，而不是指“知道某事的人”，比如“知者不惑”“知者不失人，亦不失言”等。所以在这部中华文化最主要的典籍中，“知”常与“愚”对举，比如“唯上知与下愚不移”“邦有道，则知；邦无道，则愚”等。

其实，在《论语》里，孔子对“知”是给过明确定义的。一次樊迟“问知”，孔子回答说：“务民之义，敬鬼神而远之，可谓知矣。”这是一种从政者管理国家的智慧，就是要关注民间疾苦，避免沉湎于鬼神巫术活动而荒废朝政。又有一次樊迟问同样的问题，孔子则答以“知人”，就是能够正确理解别人，这是一种人生的智慧。由此可见，在那个时期“知”的最基本意思都是指拥有某种智慧。

毋庸置疑，人的智商是存在着天生差别的。天资聪颖者，领悟能力高，一下子就能搞懂那些深奥的道理，这属于少数的天才人物，就是孔子所说的“生而知之者”那一类人。准确地说，这些天才的智商是与生俱来的，而其感悟的道理则必须是后天的经验。孔子认为自己是次一等的智商，他说“我非生而知之者，好古，敏以求之者”（《论语·述而》）。爱好古典文化，善于思考，努力追求，方能悟出社会人生之大道理。从孔子对自己的学习经历的描述来看，其所追求的对象显然不是某些明摆在那里的具体知识，而是需要经过艰苦探索才能获得的道理。如果是简单的知识，就不需要“敏以求”了，因为具体的知识只需要看一看记住就行了。

我们上述对“知”字的解读，也可以用来重新解释《论语》中的另一段很有名的话：

子曰：“由！诲汝知之乎！知之为知之，不知为不知，是知也。”（《论语·为政》）

杨伯峻的《论语译注》对上述一段的后一句的白话翻译为：“知道就是知道，不知道就是不知道，这就是聪明智慧。”这一解读也是不准确的，问题亦是出在以“知”字现代汉语的词义来理解古文。能否做到知道就是知道，不知道就是不知道，这属于诚实与否的问题，而跟“聪明智慧”扯不上关系。根据我们的思路，正确的解读就是：理解了就是理解了，不理解就是不理解，这是拥有智慧的一种体现；不要糊里糊涂地连自己是否理解都不清楚，否则就是个缺乏智慧者。在智力劳动的领域中，那些优秀人士并不是永远不犯错误，而是能够清醒地认识到自己是否做对了某事。

弄清了“知”在先秦的词义，就可以明白孔子这里是在谈论人的智力类别，而不是说拥有某种具体的知识。在孔子看来，一等智商的人是天资聪颖，就是今天所说的天才，他们具有超越常人的领悟能力，很容易洞彻社会人生之道。其次一等的人则是资质一般，勤能补拙，靠后天的勤奋，学习前贤的经验智慧，也可以理解某种道理。第三类人就是从自己个人实践中总结经验，不断提高自己的认识能力。最下一等的人就是资质平庸，既不学习前人经验，也不思考现实问题，糊里糊涂地过一辈子。

微语录·哲理

唐僧去西天取经，马、驴都有机会跟随。驴考虑了几天，觉得此行困难重重，且危机四伏，便放弃了。而马毫不犹豫，追随唐僧而去。

经历九九八十一难，唐僧一行取回真经回到长安。

驴问马：这么辛苦，很累，很后悔吧？

马答驴：不累，不后悔！

驴天天拉磨，还被蒙住眼睛，被主人抽打。其实，它并不比马轻松。

累往往源于内心的迷茫，而非身体上的辛苦。

（刘　芳/辑）

检测窗

编校差错扫描(三十)

◎王　敏

“荧”指光亮“萤”指虫

【错例】荧火虫提灯笼，远看就像小星星。

【简析】“荧火虫”应为“萤火虫”。“荧”繁体作熒，会意字，从焱(yàn)从冂(jiōng)，从室内之光亮会意，本义指屋内灯烛之光。《说文解字》：“荧，屋下灯烛之光。”引申泛指光亮，如“荧光”“荧屏”。尤指微弱的光亮，如“荧烛”即微弱的烛光。由光亮闪烁不定，又引申指眩惑、迷惑，如“荧惑”即使人迷惑。“萤”繁体作螢，形声字，从虫熒省声，本义即萤火虫。《广韵·青韵》：“萤，萤火。”萤火虫黄褐色，尾部有发光器，白天藏在草丛中，夜晚飞出来，古人因此认为“腐草为萤”(《礼记》)。也指萤石，有玻璃光泽，受光或受热后常变色，亦称“氟石”。古汉语中“荧”“萤”多混用，如今两者分开，“荧幕”不能写成“萤幕”，“萤火虫”也不能写成“荧火虫”。

区分“籁”“赖”靠声响

【错例】他的歌声宛如天赖之音，震撼了全场。

【简析】“天赖之音”应为“天籁之音”。“赖”是形声字，从贝剌(là)声，本义指赢利、得益。《说文解字》：“赖，赢也。”

《广韵·泰韵》:"赖,利也。"如"赖利"即得利。由此引申指依靠。《广雅·释诂》:"赖,恃也。"如"依赖"。再引申指拒绝承认,如"抵赖"。也指失信于人的行为、作风,如"耍赖"。"赖"另指留在某处不肯离开,如"赖在家里",还指责怪,如"这事不赖别人"。"籁"也是形声字,从竹赖声,本义指古代的一种三孔管乐器,竹制,似箫。《说文解字》:"籁,三孔龠(yuè)也。大者谓之笙,其中谓之籁,小者谓之箹(yuē)。"引申指孔穴中发出的声音。也泛指一般的声响。如"人籁"指人口吹奏出的声音,"地籁"指风吹大地的孔穴发出的声音,"万籁"指自然界万物发出的各种声响。"天籁"本指自然界的声音,如风声、鸟声、流水声等,引申指诗文等天然浑成得自然之趣。"天籁之音"指纯净自然、悦耳动听的声音。"赖"与声音无关,"天赖之音"是说不通的。

发抖用"栗"不用"粟"

【错例】内心的恐惧让他战粟不安。

【简析】"战粟不安"应为"战栗不安"。"栗"是象形字,其甲骨文象栗树结果之形,本义指栗树。其小篆字形为,《说文解字》:"栗,木也。从木,其实下垂,故从卤(tiáo,指草木果实下垂的样子,作偏旁,后字形讹为覀)。"也指栗树的果实,即栗子。后引申借指发抖、哆嗦,如"不寒而栗"。此义曾加旁写作"慄",现规范字形仍用"栗"。"粟"也是象形字,其甲骨文象粟实下垂之形,本义指谷子去皮后的小米。其小篆字形为,《说文解字》:"粟,嘉谷实也。从卤从米。"引申泛指谷类粮食。古代以粟米等代俸禄,因此"粟"又指俸禄。"战栗"指因恐惧、寒冷或激动而颤抖,与粟米无关,写成"战粟"显然是形近致误。

“惨不忍睹”非“残忍”

【错例】车祸现场一片狼藉，残不忍睹。

【简析】“残不忍睹”应为“惨不忍睹”。“残”小篆作𣧞，形声字，从歺（è，甲骨文象有裂缝的残骨，隶变作“歹”。从“歹”的字多与死、坏、不祥等义有关），戋（jiān）声，本义指伤害、杀害。《说文解字》：“残，贼也。”如“骨肉相残”“摧残”。引申指凶恶、狠毒，如“残暴”“凶残”。又指缺损、不完整，如“抱残守缺”“身残志坚”。还引申指剩余的，如“残局”“残羹冷炙”。“惨”也是形声字，从心参声，本义指狠毒、凶恶。《说文解字》：“惨，毒也。”如“惨无人道”。由此引申指程度严重、厉害，如“惨重”“摔得惨”。另引申指悲痛、伤心，如“悲惨”“凄惨”“惨绝人寰”。“惨不忍睹”是指悲惨得叫人不忍心看下去，形容极其悲惨，与恶毒、缺损、剩余无关，不能写成“残不忍睹”。

积足干劲需“憋劲”

【错例】他已经蹩足劲儿，想好好表现一番。

【简析】“蹩足劲”应为“憋足劲”。“憋”“蹩”都是形声字，区别在形符。“蹩”（bié）从足，本义指踢、踏。《说文解字》：“蹩，踶（dì）也。”又说：“一曰跛也。”如“蹩脚”即跛脚。引申指走路扭伤了脚，如“蹩痛了脚”。“憋”从心，本义指性急。《玉篇·心部》：“憋，急性貌。”现在主要指极力忍住、抑制住，如“憋住笑”“憋了一肚子话”。又指气不通、心情不舒畅，如“憋闷”“心里憋得慌”。“憋劲”是指不泄劲，“憋足劲”是指积足了干劲，无需踢踏，无关跛脚，是不能写成“蹩足劲”的。

“口嗨”怎么“嗨”

◎张　弛

在网络语言中，有时会看到这样的表达：“那家伙又在口嗨了”“口嗨谁不会呀”。这时，你也许会感到莫名其妙：“口嗨”是什么意思？它究竟是怎么“嗨”？

“口嗨”一词最早出现于2012年某网络平台的直播中，它由“口”“嗨”两个语素构成，其中“嗨”由英文单词“high”音译而来。英语中的“high”有一个含义“因享受某种事物或获得某种成功而极度兴奋、快乐”，但此义项一般见于名词和形容词，在我国的流行文化中则衍生出了动词的用法。网友们经常使用“嗨起来”这一表达来邀请别人一起做某件令人快活的事情。同样地，在“口嗨”一词中，“嗨”也被用作动词，因此“口嗨”从构词法的角度来看应该属于主谓结构的复合词。

“嗨”本身并无明显的褒贬色彩，但“口嗨”一词则带有贬义色彩，最初被用来吐槽嘴上说得天花乱坠，却不能实际履行承诺的人。比如，某些游戏玩家在开局前“口出狂言”要胜过对方，实际却输得很惨，就会被说成“口嗨狗”。在这个意义上，“口嗨”和“吹牛”是同义词。但既已有了“吹牛”的表达，为何还需要造出“口嗨”这样的词呢？这也许是因为“口嗨”不仅在语义上结合了外来语汇、流行文化，在语音上也有着独特“优势”。从音韵的角度来看，“口嗨”一词属于十三辙中的怀来辙，相较于属于由求辙的“吹牛”更加响亮，说起来也更有昂扬恣肆的语言趣味。

在实际生活中，“口嗨”一

词可以和很多词语组合,用来描述当代人的真实体验。比如“口嗨型努力”,指某些人定下了宏大的目标却懒于完成,只会大喊口号的状态;还有“口嗨型恋爱”,指的是某些年轻人口口声声说渴望爱情,当有异性对自己示好时却退避三舍。同理,“口嗨式减肥”“口嗨式学习”等短语也具有相似的表达模式,都表示“很会说但不会做”的相同语义。

“口嗨”也衍生出了“只是为了嘴上宣泄,而现实则于事无补”的意义,这时它的语义发生了一些细微的变化。和“吹牛”同义的“口嗨”表示盲目夸大自我能力乃至发生了言语者始料未及的言行不一现象;而和“宣泄”近似的“口嗨”则是一种既知无法改变现实,便选择在言语世界里天马行空的行为。表示自我宣泄的“口嗨”如果用来形容别人,是一种带有同情意味的调侃;若用在自己身上,则体现为言语自嘲及俏皮的自我开解。

历数“口嗨”的前世今生,可以发现它其实是十几年来网络文化投射的产物。在网络环境中,个体的真实身份隐匿,不需严格地对自己的语言负责。因此,夸张的言语在网络中愈发汹涌,极致化表达似乎已经成为网络语言的共性和惯性。而在现实生活中,各种各样的压力和困难总是无可避免,人们转向网络进行言语宣泄就更显得自然了。这也是“口嗨”一词虽然带有贬义,却依然成为一种无伤大雅、有助于调节情绪的网络文化的原因。

“口嗨”虽然能纾解压力、娱乐大众,却也不可贪多。无论是哪种形式的“口嗨”,都具有脱离现实的特征。如果想获得长久的、真实的幸福,还需在现实生活中不懈努力,化嘴上的“嗨”为充满价值感的行动上的“嗨”哦!

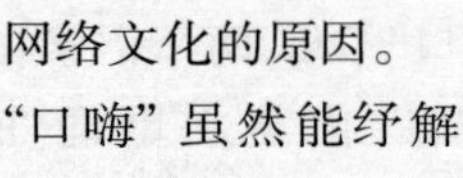

今日份咬文嚼字

◎李润婷

当我们刷朋友圈的时候，大家一定看到过这样的表达："今日份自拍""今日份快乐""今日份美食"……再配上自己的生活分享照，简单又可爱。"今日份"逐渐成为高频网络用语，悄无声息地融入了日常表达中。

"今日份"这个词源自日语口语的常用语"今日の分"。在日语语境中，这个词常见于家庭主妇煮饭食时的表达，例如：これは、今日の分の主食です(这是今天的主食)，"今日の分"可以直译为"今天的份额"。

在中日两国语言的接触和借用过程中，广大网友简化了"今日の分"的形式，省略了"の"这一表示领属结构关系的语法标记，并将"分"替换成了"份"，这样就形成了现在我们常用的"今日份"。那么也许有人会问，为什么不直接翻译成"今日分"呢？这就与汉语中"分"与"份"的用法有关了。古汉语中"分"的含义不仅仅包含现代汉语中"分"的含义，还包括现代汉语中"份"的含义。古汉语"分"的意义在日语"今日の分"中保留下来，而在现代汉语中表示"整体中的一部分"时多用"份"而不是"分"，若直接搬用日语中的"今日分"，就和现代汉语的用法不符了。

网络用语中的"今日份"一般不用作主语、宾语，而是充当修饰成分，广大网友用此来回忆、分享、调侃当天发生的事情，或记录当日的生活，或表达心情和感受。最常见的是修饰名词或名词性成分，例如"今日份美食""今日份晚餐"等。随着"今日份"的进一步发展和普及，搭配成分扩展到动词、形容词或者一些短语，例如"今日份快乐""今日份甜""今日份自拍""今日份穿搭"……但即使搭配成分为动词或形容词，进入"今日份××"结构后，在"今日份"的修饰下，整个结构都变成了一种名词性短语。

人生何处应『头铁』

◎曹艺

乍一看“头铁”，像是“榆木脑袋”的进化版“铁脑袋”，但是它们的含义却有所不同。“榆木脑袋”形容一个人思想顽固或是不解风情，这个词语的意义已经被人们所熟知，但“头铁”的意义是什么呢？“头铁”最初活跃在游戏玩家中，形容某个玩家玩游戏比较拼命，一不靠走位二不靠操作，只知道一股劲儿往前冲。开始的时候，这是一个明显的贬义词，说好听了是“莽撞”，说不好听了是“傻”。也是，光看这两个字，“头像铁一样”，脑袋连个圈都不会转，能聪明到哪儿去？

但是，随着“头铁”一词脱离游戏圈，它在不同语境中的具体含义也在渐渐变化。下面我们就通过几个例子来分析“头铁”在使用过程中的几个主要意义倾向。

“疫情没结束就不戴口罩去撸串，你是不是头铁？”这句话中的“头铁”带有明显的贬义色彩，形容做事不带脑子，分不清轻重缓急。这个意思侧重于原词中“鲁莽”这一语义的发展。

由于“今日份××”是对“今天×人做了×事有×种心情”的省略，因此就显得简洁而重点突出，在一大堆冗长的文字中脱颖而出。举个例子，假如你想分享一件日常小事，普通表述是“我今天出去吃了炸鸡，心情很好”，而简简单单一句“今日份美味”再配上令人垂涎欲滴的照片，就比前者富有新鲜感和表现力。

总之，“今日份”作为日源词经过翻译和微小改变后，不仅让人有耳目一新的新鲜感，还稍带有异域色彩。“今日份”的表达方式迎合了许多网友追求新异的审美心理，在网络中迅速流传开来。

叮！“今日份咬文嚼字”新鲜出炉啦！

“都把人家惹生气了还不道歉，你是真头铁还是假头铁？”这句话中的“头铁”侧重形容这个人的“倔”，带有贬义色彩，是一种不识好歹、自以为是的“倔”。

在一些场合，“头铁”也产生了褒义色彩的用法。比如：“别的平台都崩了，就他家还流畅，他们才是真头铁。”“疫情期间怕引起聚集性感染，影片说撤就撤，真是头铁。”这里的“头铁”形同有底气、有实力，倾向于“刚烈”这一语义表达。不过，目前褒义的运用还较为少见。

“头铁”一词用于自己身上，往往带有自嘲意味。“头铁的我没有复习就去期末考了”，“虽然肚子疼但我还是头铁地把冰淇淋吃完了”，这种“头铁”也是一种“倔强”，一般用于“虽然我知道后果但是我这么做就是开心”的语境。除了这一方面的自嘲用法，还可以说“本人头铁，考研不成功上岸绝不放弃”，“不到最后失败，我绝对不放弃，反正我头铁”。这里的“头铁”，不止是不撞南墙不回头，更带有直接将南墙撞碎的意味，强调的是一种一往无前的“倔强”。

在语义发展过程中，“头铁”不仅可以用于形容个人，也同样可以形容能够被赋予人格的事物，比如某个品牌、某个企业等。比如“疫情都发展成这样了还继续组织比赛，头铁还是你们头铁”，这里的“头铁”说的是主办方；“严查时期还继续制造假冒伪劣，怕不是真头铁”，这里的“头铁”嘲讽的是造假者。

从上面分析可以发现，“头铁”的用法越来越广泛，它的意义发展大体上仍然不脱离本义的几个要素，但是所包含的情感色彩各有不同，贬义的色彩在某些语境中逐渐淡化，更是衍生出了“铁头娃”这种略带亲昵的用法。

“头铁”的运用广泛，也可以证明涉及“倔强”“硬气”的情形在生活中出现的频率之高和情况之复杂。没有原则、不识好歹的“头铁”成为贬义，但坚定目标、一往无前的“头铁”也不应该被批判。何时该“头铁”，只有把握好尺度，才能更好地达成目标。

说文解字

『灋』字新解与『廌』的故事（下）

◎刘志基

西周和春秋时代的金文中还有一个以“廌”为表义偏旁的“慶”（简化字为“庆”）：

《说文》根据小篆解说“庆”字从鹿，就金文字形来说，“庆”字从廌从心是毫无疑问的，学者或解释为“会廌心正直善美之意”（《古文字谱系疏证》第1793页）。而就西周和春秋金文的铭文用例来看，“庆”除了用作人名外，还表“成功”“成就”的意义。

《六年召伯虎簋》：“余告慶。”什么是“告庆”呢？《国语·周语中》：“晋既克楚于鄢，使郤至告庆于周。”“告庆”即告成功。

《蔡侯纽钟》：“休有成慶。”此铭中“成”“庆”同义连文。

表示“成功”“成就”的“庆”与表示“废”（即败坏、毁弃）的“灋”无疑具有反义的相关性。而其表意偏旁都由“廌”来担当，自然是合乎造字思维的逻辑的。具体而言，将“廌”这种可表庆、成之类美好的动物沉入水中，正适合表示“废”。

甲骨文有“沈（沉）”字：

分别从“水”从“牛”或“羊”或“牢”，表示将牛羊等祭牲沉入水中。显然，这种造字方式，与“灋”是类同的。“灋”的写法中，也有不少不带“去”而只是由“水”“廌”组合的：

乍册般铜鼋　　畯簋　　伯晨鼎　　夘簋

“沉”，作为祭祀用牲方式，目的是方便被祭祀的神灵享用祭牲，因此对祭牲而言，总是具有毁灭性的处置，它同其他用牲法如“蚑（）”，描摹持械击杀一条蛇；“坎（）”，将牛头朝下埋入地坎中，用意都是一样的。只不过，“廌”在造字意图的层面，是可以象征成功、成就的动物，将其投入

水中来表示“废”,更加合乎当时造字者造“灋”字的思维逻辑。

“廌”在西周金文“庆”的造字意图中的意义表达,与由许慎所阐释的其在“灋”字中意义表达,显然是不同的:前者表达“成功”“吉庆”,后者则呈现了“廌”具有神判这种特异功能。而我们认定“灋”中的“廌”与“庆”中“廌”的意义表达的是相类同的另一个理由,则是“廌”在造字意图层面的所谓“性识有罪”意义是不存在的。

“廌”的“性识有罪”特异功能,据《论衡》记载,早在皋陶治狱时代就已被人们认识了。如果这是真的,它似乎应该在殷商文字中就显示它的存在,但事实上,这种存在无迹可寻。甲骨中“廌”已多见:

字形描摹的是有两角的动物,或曰“象野牛形”(《古文字谱系疏证》)。“廌”在卜辞中单独出现,多为祭牲。

钔廌,丙鼎犬,丁豚(屯南附1)

辛卯卜:子隮宜,叀幽廌用。(花东198)

乙亥:歲祖乙牢、幽廌,白豭,衩二卺。(花东237)

虽然“廌”在卜辞中单独出现用作祭牲时与“犬”“豖”“牢”“豭”等寻常祭牲并没啥不同,但是在充当表意偏旁时,则体现了“廌”作为殷人祭牲的某种特殊性。甲骨文又有“羈”(简化字为“羁”)字:

卜辞中用为进献祭品与祭仪:

五羈卯,叀牛王受又。(合集28154)

庚辰卜,犾,貞叀五羈先酌。(合集28155)

其构形从糸从册从廌,从糸从册即“编”字,有羁维之义,而被羁维的对象不是别的祭牲,而是廌。

与“羈”相类似的甲骨文还有“薦”字:

卜辞“薦”,用例亦皆关乎祭祀:

丙辰卜，貞王𡧊外丙薦，亡拇。（合集 35554）

甲戌卜，貞王𡧊祖甲薦，亡拇。（合集 35905）

其义“为祭登牲首之专名”，而作为“牲首”代表的，只是廌首。

甲骨文还有另外一些从“廌”字，皆为专名：薦（），地名；韉（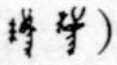），地名；[illegible]（），用为族名或人名。值得注意的是，慶（），也只是用为地名。

纵观上述甲骨文字，“廌”作为一种动物，是被殷人用作祭牲的，如果说它与牛、羊、犬、猪等一般祭牲有什么不同的话，是在某些祭祀场合可以成为一般祭牲的代表，但是要说其“性识有罪”的神异功能，并没有任何显现。因此，认定金文“灋”中的“廌”是“性识有罪”的神兽，进而认定“灋”的本义是“法”是没有来由的。

考察文献记载，《说文》“灋”字训释中的神兽“獬豸”观念应当是后世形成的。“廌”的神兽说，始见于汉代杨孚《神异志》。在战国时代的文献里，出现以羊来识别罪犯的文献记载，如《墨子·明鬼下》：

昔者齐庄君之臣，有所谓王里国、中里徼者，此二子者，讼三年而狱不断。齐君欲兼杀之，恐不辜；欲兼释之，恐失有罪。乃使二人共一羊，盟齐之神社，二子许诺。于是泏洫，摷羊而洒其血。读王里国之辞既已终矣，读中里徼之辞未半也，羊起而触之，折其脚。

这一记载，显然与“廌”的“性识有罪”传说有联系，但是也表明神兽执法文化观念中的神兽，在战国时期还没有锁定为“廌”。

由此可知，“灋”是一个基于文化观念的变化，在释读层面被“理据重构”的文字。“灋”最初只是“废”的本字，由于“神判”观念的出现，“廌”这种有角兽被赋予了“性识有罪”灵异之性，“灋”的造字意图，也被重新解释为“刑法”之“灋”的本义。由此，我们可以对中国“法”的文化观念的源流获得更加切合历史真实的认识。

读书

华夏文明四千年与夏语记录

◎郑张尚芳

人类社会从野蛮时代跨进文明时代，是以建立国家、都邑和创建文字为标志的。

一向说旧大陆有四大文明古国。古埃及、苏美尔－巴比伦－亚述都比中国早二三千年，且那时就有了古埃及象形字和楔形文字。但它们所记录的语言和文明都没有传承下来，现在埃及、两河流域使用的是阿拉伯语和伊斯兰文明，而不是原来的古埃及语、古两河语文明。印度河古文字所代表的文明也没有传承下来，千年后由北方迁入的游牧雅利安人最初也没有文字，因贸易而在阿拉米字母影响下发展出婆罗米字母来，才记录了他们的梵语系统语言，故印度文字也不是由原始文明的直接继承发展来的。

由原创文字记录的古文明一直传承至今而不衰的，只有我华夏文字和文明。

虽然我国向有五千年文明之说，那是从黄帝算起，传说他最早已经建城，而其史官仓颉、沮诵创建了文字，但这只是传说。黄帝时代的语言和文字是什么样子的，没有物证，连影儿都不好说。严格说来，我国历史上最早建立国家的自然在夏代，《世本》也记录禹父“鲧作城郭”，“禹作宫室”。在传统文字文献上我们还可见到《尚书》的“虞夏书”，《左传》《国语》《吕氏春秋》《墨子》所引的二十多则《夏书》和《夏小正》等，不过它们是否真是夏代之作遗留或部分遗留，还有待证明。就目前的考古实物材料来说，我们还只能见到商代的甲骨文实证。不过甲骨文已经是成熟的文字，它理应经历过长期的发展过程，《尚书·多士》说“惟殷先人有册有典”，殷人祖先的时代即是在夏代，其典册记录的应是夏代的汉语，有可能记商人自己的语言，也有可能学的夏语。

甲骨文所记，属于汉语的前身华夏语，无可怀疑。比如卜辞“今日不遘大风”“土方侵我田”，跟今汉语相差还不太大，跟周代的“雅言”更无大差异。而雅言其实就是“夏”言。

《荀子·荣辱》篇“越人安越，楚人安楚，君子安雅”，王先谦集解引王引之：“‘雅’读为‘夏’，夏谓中国也。”《儒效》篇又说：“居楚而楚，居越而越，居夏而夏，是非天性也，积靡使然也。”说明雅就是夏，因为中原人住的是夏地，所以就习惯说夏语了。雅同夏不错，《诗经》上博楚简《孔子诗论》的大雅，郭店楚简《缁衣》引的大雅、小雅，雅都作“頣”，即夏字。

看来孔子说的不错，三代文化史是相袭的：“周因于殷，殷因于夏。”那么三代时汉字所记本就是夏语。目前虽然未见地下出土的夏语文献，但有可信的夏语记录可以说明它确属雅言系统。

当年王国维专文以甲骨文证明《史记·殷本纪》商王与先公的世系基本正确，在《古史新证》中又进一步论述：“右商之先公先王及先正见于卜辞者大率如此，而名字之不见于古书者不与焉。由此观之，则《史记》所述商一代世系，以卜辞证之，虽不免小有舛驳，而大致不误。可知《史记》所据之《世本》全是实录。而由殷周世系之确实，因之推想夏后氏世系之确实，此又当然之事也。”

我国史书有个好传统，凡记各族人名地名都严格照原语记音，因此即使其他的夏代记录都不可信，这《夏本纪》《竹书纪年》所记夏代十四世十七王的王名也应该是确凿的夏语记录。从这17个王名中，我们也能发现夏语的5个特点，已经足以表明它是属于华夏语言系统的。

1. 夏＝雅，取义于正、大（《尔雅》《方言》）；采绘＝华（《周礼·染人》《尚书·顾命》）。

2. 夏王称“后”，故称“夏后氏”。《说文》：“后，继体君也……，发号者君后也。”此词不但汉语继承了，藏语 hgo 也继承了。

3. 夏代17个王中有7个王是双字名，除“不降”外，6位王皆以生日的天干为名：“太康（康＝庚）、中康（《纪年》作仲康）、少康、胤甲、孔甲、履癸”（“庚”“康”字根同，《殷本纪》“廪辛传弟庚丁”，卜辞就作“康丁”）。此习例后来被上甲以下商王所仿效。但以天干记日原是夏人风习，夏禹说自己“娶于涂山，辛壬癸甲”，此四天婚期他就以天干来称呼（《皋陶谟》）。所以《易经·蛊》以“先甲三日”，《易经·巽》以“后庚三日”的“辛壬癸”为吉日，那原是夏禹的大喜之日。天干的语源则基于作物种植加工的汉语称谓。

4. 以上夏王名如加修饰语，修饰语“太、少、孔、履”等都在中心词素前，与卜辞“大风、今日、土方、我田”同构，王名“不降”也与卜辞“不遘”同构。

5. 其中“太康（庚）、仲康、少康”的“太仲少”相次，它们是在“大中小”相次的基础上派生的，这些共义词系的构成也只能在华夏－汉语内部才能发生。

由此可见，夏语即是雅言的前身，夏代已用文字记录夏语。夏商周断代工程既已考定夏代始于公元前2070年，因此可以肯定华夏是四千年前进入文明时代的。

（选自《胭脂与焉支》，上海教育出版社2019年4月）

八面来风

“咬文嚼字”，别“一年等一回”

◎郝冬梅

1月5日下午，《咬文嚼字》编辑部公布了2020年度“十大语文差错”。“新冠”的“冠”误读为guàn、“戴口罩”误为“带口罩”等差错纷纷上榜。《咬文嚼字》主编黄安靖在谈及2020年度“十大语文差错”特点时说，2020年涉及“疫情”“抗疫”的条目有8条，绝对“占优”。

连续10余年来举办年度“十大语文差错”评选，黄安靖指出，目的就是最大限度地激发人们规范运用语言文字的意识，最大程度地唤醒人们对母语的敬畏意识。这样的坚守是必要的，规范语言使用，规范汉字使用，着实需要在细节处“咬文嚼字”。“年度十大语文差错”发布后，即引发了热议，很多网友感叹：“原来用了一年多的词语，都是错的。”

2020年，“新冠”字眼几乎每天都出现在生活中，却有人误将“冠”读成了guàn。“冠”是多音字：读guān，名词，指帽子或形似帽子的东西；读guàn，动词，指戴帽子。“新冠”的“冠”取“王冠”之义，名词，当读guān而不读guàn。应该说，如此广泛使用的一个字，如此焦点的一个字，在现实中，不仅普通人读错了，甚至连个别播音员也读错了。

还有“戴口罩”，不少人误为了“带口罩”。“戴口罩”是最有效的防疫措施，“戴”是指将口罩正确地加于口鼻之上，而“带口罩”即随身携带、拿着口罩。“戴”“带”不分，其实并不是水平问题，而是不经心的问题。其余诸如将“共渡难关”误为“共度难关”、将“杏林”误为“杏坛”等不规范用法，暴露的还是对语言的掌握不到位，对

“十大语文差错”，你踩“雷”没？

◎连海平

《咬文嚼字》编辑部日前公布了2020年度“十大语文差错”。其中，包括“新冠”的“冠”误读为guàn；“戴口罩”误为“带口罩”；“共渡难关”误为“共度难关”等。

……………………………………

语言背后的文化了解不深刻。

在网络社会，很多字的表达与使用规范问题，常会被有意或无意地忽视，甚至被代以表情、符号。在这样的背景下，人们对字的敏感度逐渐降低，相应的使用规范意识也逐渐模糊，久而久之难免会出现以讹传讹的情况。因而，呼吁正确使用，规范使用，十分有必要。

但应该意识到，实在没有必要苦等《咬文嚼字》来“咬”这些原本就不该出现的错误，个人应当具备咀嚼学习的习惯。对于文字的规范使用，需要我们本着敬畏之心。要知道，准确表达个人意见、规范使用语言文字，也是个人素养的体现。在某种意义上，规范语言表达，与思考、写作一样，常学常新，越磨越利，而一旦放松警惕，则难免会退化、迟钝。

而《咬文嚼字》也别“一年等一回”了。“年度纠错”之外，也要有“及时纠错”，发现社会上有“读错的字”“用错的词”，就应该及时通报，便于及时纠正，防止人们将错误变成习惯。就像广西的“螺蛳粉”一样，成为网红食品，为人津津乐道，到头来才发现，原来使用了一年的“螺丝粉”，竟是错误写法。

（原载于2021年1月6日红星新闻）

年度“十大语文差错”出炉，你踩“雷”没？在一位文字工作者看来，“共度难关”可谓年度最大的“雷”，一不小心就会踩中。

有“语林啄木鸟”之誉的《咬文嚼字》杂志，还真有一股“咬定青山不放松”的“咬”劲——自2006年开始，每年发布年度“十大语文差错”，至今年已连续发布了十多次。有些差错颇具代表性，比如2019年“十大语文差错”中提到，有人将“差强人意”当作“让人不满意”。2019年11月，男足在比赛中失利之后，足协向球迷致歉写道：“中国男足表现差强人意，令广大球迷倍感失望，中国足协对此深表歉意！”

仔细玩味“十大语文差错”，还是挺有意思的。十多年前，《咬文嚼字》第一次发布年度“十大语文差错”时，整个社会的语文出错率还比较低。到了今天，别说“十大差错”，就算是“百大差错”也不难挑。上海退休老报人周俊生在微信朋友圈里写“每日一怼”，就是专为报纸“捉虫子”，数年坚持不辍，最近还结集出版，名为《报林咬文嚼词》。作者精神可嘉，也让我们从一个侧面了解语文水平现状。

语文差错频出，冰冻三尺。不说教育层面，仅从网络语言影响角度，就非常值得注意。纵观整个网络语言环境，存在着一种过度娱乐的不良倾向，过分强调标新立异，所使用的字、词、句等语言成分刻意打破中国语言文字系统规则，不遵守语言法规、规范和标准。比如，打破现有语法规则或改变现有字词的形音义关系，生造词语，夹杂使用图形、符号、外来语，等等。一些网络用语严重偏离传统语言文字轨道，给使用者造成混乱，给学生提供了错误示范，此风不可长。

时代在发展，对新词、新语一概排斥，显然不是正确的态度。反之，若认为语言文字可以无视章法，随意拼接，标新立异，那也是错误的想法。

（原载于2021年1月6日《广州日报》）

有梦想谁都了不起

◎刘冉冉

《咬文嚼字》编辑部近日揭晓2020年十大流行语，“人民至上，生命至上”位居第一，紧随其后的分别是：逆行者、飒、后浪、神兽、直播带货、双循环、打工人、内卷、凡尔赛文学。

语言是记录社会的符号。今年大事很多，疫情是年度底色，抗疫是最大的主题。十大流行语中，有七个都与抗疫有关。

细品，纵然受疫情影响，生活充满艰辛，但今年的流行语总体却是积极的，如面对疫情冲锋在前、用实际行动证明自己不是垮掉一代的“后浪”，如疫情期间有效解决人们生活消费品难买、实体店库存积压的“直播带货”，如促进世界经济繁荣的“双循环”。还是充满力量的。如“人民至上，生命至上”反映了在党中央集中统一领导下，全国人民勠力同心、守望相助、共克时艰的强大精神支撑；如以广大医务工作者、疾控工作人员、人民解放军指战员、科技工作者、社区工作者、公安民警等为主体的千千万万“逆行者”，面对生死考验时坚守岗位、不畏艰险；如奋战在抗疫一线的医生中约有50%是女性，护士中女性超过90%，她们真可谓“又美又飒”！

此外，上网课孩子的家长泪中带着笑地把“神兽”顶上热搜；从“凡尔赛文学”开始，网友愿意大方调侃自己内心的“小虚荣”；“打工人”“内卷”也仿佛让人看到了电影里那一幕经典：“努力！奋斗！”

今年的十个流行语，像冬日阳光下晒过的一床棉被，馨香治愈。

2020年，每一个你，辛苦了！未来，依然不完美，更多委屈，更多挑战，更多重负，更多咬牙前行。加油！但行好事，莫问前程。

（原载于2020年12月5日《广州日报》官网）

向你挑战

往后退，才有希望

（文中有十处差错，你能找出来吗？答案在本期找）

◎梁北夕　设计

这家电影院座落于城市的繁华地带，每天都会有很多人来这里看电影。

一天下午，电影放映到一半时，电影院里突然起了火。看电影的人大都是老雇客，对影院的环境十分熟悉，知道此电影院只有一个安全出口。于是，大伙儿一鼓脑儿朝哪儿跑去。

电影院缺乏周详的安全防护措施，安全出口的门居然是锁着的！值班人员赶紧拿着钥匙去开门，但惊慌失错的人群在门前挤成一团，没有一人愿意让开一条路，他根本够不着。就算他拚命地挤到门前，就算他打开了锁，如果大伙儿不后退，门也很难打开，因为这门是朝里开的。唯一的希望，是大伙儿都往后退！

火势越来越大，人们却还拥在紧闭的门前你推我攘！好几分钟过去了，没有一个人能从安全门出去。烟雾越来越大，呼吸开始困难起来，有人号陶大哭，情况十分危急。

“大家注意，幕布后面还有一扇大门，快从那扇门走！”“大家注意，幕布后面还有一扇大门，快从那扇门走！”……突然有人镇定而有节凑地喊道。在绝望中听到了希望，人们立马转身向幕布后面跑去。可是跑到此处一看，哪有什么门，只有一堵艰如铁壁的墙！人们一边谩骂，一边往回跑。

整个过程大概持续了两分钟，可就是在这短短的两分钟时间里，值班人员获得了宝贵的开门机会。等到大伙儿回来时，大门已经打开了。在不到十分钟的时间里，一、两百人全都出了安全门，无一伤亡。

广角镜

“双十大”引发广泛关注

编者

岁末年初，《咬文嚼字》发布2020年度“十大流行语”和“十大语文差错”，引发社会各界广泛关注，媒体争相报道，社会反响强烈。

《人民日报海外版》《解放日报》《文汇报》《工人日报》《光明日报》《青年报》《新闻晨报》等主流媒体第一时间报道“双十大”新闻，多家媒体刊发评论予以积极评价。

东方卫视、江西卫视、辽宁卫视、安徽卫视等电视媒体以生动多样的形式报道“双十大”。

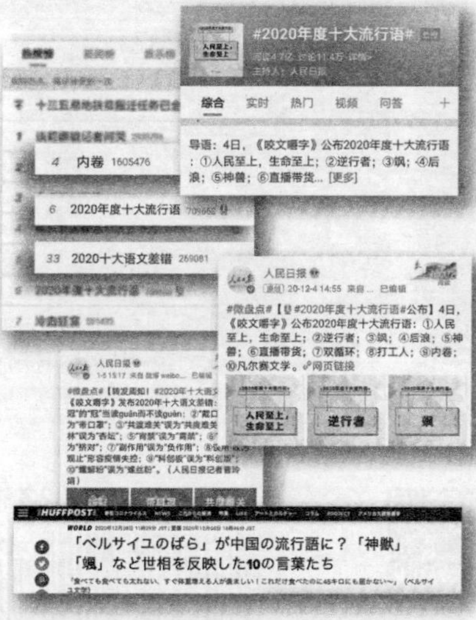

在新媒体平台，“双十大”的热度更是“居高不下”。《人民日报》、新华社、中国新闻网、澎湃新闻等在新媒体平台的报道吸引了超大流量。“双十大”新闻均登上微博热搜榜，“十大流行语”一度排名第6位。微博话题“2020年度十大流行语”阅读量达4.7亿，讨论数超11万。《人民日报》官方微博发布的“双十大”新闻，阅读量均超千万。

海外媒体《赫芬邮报》日本版以《反映中国社会百态的十大流行语》为题报道了相关新闻。

火眼金睛

图中差错知多少？

王 结 何春锋 龙启群 罗永久 提供

（答案在本期找）

1

2

3

4

ISSN 1009-2390

9 771009 239210 02

YAOWEN-JIAOZI

咬文嚼字®

惊蛰

二十四节气之一，在3月5日、6日或7日。此时气温上升，土地解冻，春雷始鸣，蛰伏过冬的动物惊起活动，故曰“惊蛰”。《月令七十二候集解》：“万物出乎震，震为雷，故曰惊蛰，是蛰虫惊而出走矣。”

上海世纪出版集团

欢迎至邮局订阅本刊 邮发代号 4-641

国内统一连续出版物号 CN 31-1801/H

定价：6.00 元

03

2021

名家语画

“任何一个奋斗与献身，都是永恒”

钱欢欣 / 文　臧田心 / 画

2021年元旦，王蒙先生发表了《告别2020，任何一个奋斗与献身，都是永恒》一文，他在文中说：“2020年翻过去了，一切都记忆犹新。我们不能忘记抗击新冠肺炎疫情的艰苦与悲壮的历程”，“我们同样不能忘记的，还有决战脱贫攻坚的胜利与经济正增长的成绩斐然”，“我们仍然注意戴好口罩，做好各项防疫工作”，“我们继续着决胜全面小康，我们将迎来第一个百年的辉煌，我们也将踏上‘十四五’的新征程”。

咬文嚼字®

2021年3月1日出版

3

总第315期

主管：上海文艺出版总社
主办：上海文化出版社
编辑、出版：《咬文嚼字》杂志社
集团网站：http://www.shwenyi.com
E-mail：yaowenjiaozi2@163.com
官方微博：
http://weibo.com/yaowenjiaozish
电话传真：021-64330669
发行电话：021-64372608-181
邮购电话：021-64370935
地址：上海市黄浦区绍兴路7号
邮政编码：200020
发行：上海市报刊发行局
发行范围：国内外公开
订阅处：全国各地邮局
邮发代号：4-641
ISSN 1009-2390
CN 31-1801 / H
印刷：上海中华印刷有限公司
印厂电话：021-60829062
021-60299079
定价：6.00元

名家语画
“任何一个奋斗与献身，都是永恒” 钱欢欣/文 臧田心/画/1

前线观察
疫情下的“新常态” 高丕永/4
小议“我无法呼吸” 代宗艳/6

追踪荧屏
“拘捕”“拒捕”大不同 李可钦/8
赐的是“绣墩”不是“锈墩” 梁德祥/9

时尚词苑
漫谈“×更”一族新词语 东湖/10
弘扬“多边主义” 刘冰鑫/12
“玩坏了”的“凡尔赛文学” 南园/14

一针见血
粮票不能拓印 郑时圆/16
“颀(qí)长”误作“欣长” 王殿雷/16
“感情”“敢情”大不同 杨宏著/17
“落地”该为“落第” 杨顺仪/17
莼菜羹不称“纯羹” 国轩/18
“负笈”莫作“负岌” 陈关春/18
结尾是“收梢”非“收稍” 盛祖杰/19
“龙门阵”不是“聊”的 汤青武/19
不是“万家宝”是“万家室” 新德/20
大兴安岭旁没有“兴凯湖农场” 李景祥/20
“陇西”在甘肃省西部? 孙延宜/21
又见“寒暄”成“寒喧” 阎德喜/21
“驻节”不应作“住节” 沈阳仁/22

学林
用普通话读唐诗，为什么有的诗不押韵 苏培成/23

语苑新谈
“三人行，必有我师焉”究竟何意 石毓智/27

文章病院

“奖章”不是“荣誉称号” 王中原 /29
《史记》中没有《禹贡》 厉国轩 /30
一篇文字错几多 言蹊太 /31
此王建非彼王建 厉申东 /32
“前秦”不等于“先秦” 周 振 /33

缅怀

追忆蔡先生 王中原 /34

语言哲思

“假离婚”假在哪里 宗守云 /36

万花筒

滥用谐音成语不可取 汪惠迪 /38

网言网语

“塌房”，塌的未必是房 李玲玲 陈昌来 /40
万物皆可“嗑” 丁 颖 /44
揭秘“网络黑话” 李巧妮 /46

有此一说

老子的“天地不仁”到底是什么意思 刘 旭 /48

社交新风

网络新兴语气词概说 徐默凡 /51

检测窗

编校差错扫描（三十一） 王 敏 /53

说文解字

古文字中的“鹅池”笔法 刘志基 /56

编读往来

《咬文嚼字》让我受益多多 何新人 /58
我与郝铭鉴先生 张培枫 /59

读书

夏后氏之外的另一种夏人 郑张尚芳 /61

向你挑战

沈从文“怕了” 伯 淮 设计 /64

前线观察

疫情下的“新常态”

◎高丕永

新冠疫情下，既要防控疫情，又要恢复生产生活，因此各行各业以及每个人都在经历着某些“新常态”。“新常态”一词，使用范围拓宽了，使用量也加大了，形成了该词历史上使用频率曲线的第二个高峰。例如：

（1）“云议政”成为当下履职“新常态”——市政协委员通过网络渠道为坚决打赢疫情防控阻击战积极献计出力（标题，《联合时报》2020 年 2 月 7 日）

（2）美国政府准备推动解封之际，多个州份的州长仍未敢掉以轻心，开始谨慎地为民众规划疫情下的生活，当中包括要求居民在公共场所佩戴口罩，有州长形容这将成为新常态。（香港《文汇报》2020 年 4 月 17 日）

（3）“云影厅”“云沙龙”“云影展”的初衷是为应对疫情的替代方案，由于影院复工牵扯诸多不确定因素，“云观影”从非常态的权宜之计逐渐变成一种新常态。（《文汇报》2020 年 7 月 2 日）

（4）该负责人承认，如何在新常态下获取顾客的信任，以及怎样解决疫情带来的新影片匮乏问题，对他们来说都是严峻的挑战。（《人民日报》2020 年 8 月 7 日）

“新常态”，意译英语的“new normal”借入。“new normal”里的“normal”，意思是“常态，常规”等。借词“新常态”，一般指“不同以往的、时常发生或持续存在的状态”。比如：“早在

2001年'股神'巴菲特以及'指数基金教父'约翰·伯格就曾提到'新常态'一词,当时,他们曾警告称'股市报酬率只有个位数将是新常态'。"(《上海证券报》2009年12月29日)

2008年,美国的次贷危机触发了全球金融危机。危机后的西方经济出现了"新常态"。所以,"new normal"成了2009年美国财经最热词语,用来特指金融危机后的西方经济。借入汉语后,借词"新常态"初期也常常用来特指金融危机后的西方经济。比如:"'新常态'的特点是发达国家增速放慢,全球金融状况收紧,对发达国家债务水平的担忧增加,全球贸易环境更加困难。"(《人民日报》2010年4月8日)

之后,借词"新常态"更多的是用来特指金融危机后的中国经济。2014年5月,习近平总书记在河南考察,第一次在公开场合提出中国经济的"新常态"。半年后,习总书记又系统阐述了中国经济新常态的内涵:"一是从高速增长转为中高速增长。二是经济结构不断优化升级,第三产业消费需求逐步成为主体,城乡区域差距逐步缩小,居民收入占比上升,发展成果惠及更广大民众。三是从要素驱动、投资驱动转向创新驱动。"(《人民日报》2014年11月10日)特指金融危机后中国经济发展的借词"新常态",形成了该词历史上使用频率曲线的第一个高峰。

"新常态",有时写为"新的常态"。比如:"目前召开的县委常委会扩大会议明确指出,当前防疫工作已经进入'新的常态',工作的重点、防控的对象都发生了明显变化。"(《武义报》2020年2月24日)"新常态",有时还写为"新常规"。比如:"从质疑口罩的作用,到强制要求人们佩戴口罩,随着美国各州态度发生变化,美国人也将面临佩戴口罩的'新常规'。"(《解放日报》2020年4月17日)

小议“我无法呼吸”

◎代宗艳

“我无法呼吸”语出美国非裔男子乔治·弗洛伊德，这是他在明尼苏达州被白人警察压住脖子死亡前的求救话语。弗洛伊德死后，抗议活动在美国各地爆发，“我无法呼吸”成为活动中出现最频繁的标语，并在各大网络报刊流行开来。例如：

（1）连日来，“我无法呼吸”抗议活动在美国多地蔓延，怒火席卷全美：纽约、洛杉矶、休斯敦等70多座城市爆发示威游行；警车着火，商店被劫，街头打砸抢烧，全美已经有至少40个城市、亚利桑那州全州及华盛顿特区宣布宵禁，场面混乱如同“战场”。（《中国纪检监察报》2020年6月2日）

（2）在捷克首都布拉格，数百名示威者6日聚集在老城广场。他们高举写有“黑人的命也是命”“我无法呼吸”“没有正义就没有和平”等标语的牌子。一些示威者随后行进至美国驻捷克大使馆门前，点燃蜡烛，悼念种族歧视受害者。（《人民日报》2020年6月9日）

长期以来，种族议题始终是困扰美国的重大社会政治问题。近年来美国的种族问题不仅没有减轻，反而有进一步加剧的趋势。“我无法呼吸”已成为美国社会一个沉痛的伤疤，也成为当下热议的话题。例如：

（3）“我无法呼吸”——日前美国明尼阿波利斯市街头这句痛苦的呻吟，连日来在国际舆论场中持续发酵。“无法呼吸”折射出美国民众和国际社会对美国种族歧视等顽疾的不满，已经到了无法忍受的程度。（《解放军报》2020年6月1日）

（4）“我无法呼吸”“黑人的命也是命”“没有正义就没有和平”“对种族主义说不！”“对警察暴力说不！”……激愤的抗议口号，将美国长期积累的系统性社会弊病揭示无遗。(《哈尔滨日报》2020年6月9日)

“我无法呼吸”用来转指抗议种族事件，是语言中的转喻用法。汉语中有种类繁多的转喻，如“吃着碗里，瞧着锅里”“雷声大，雨点小”“吃一堑，长一智”等谚语，分别喻指贪心不足、虚张声势、在受挫中增长见识等。它们所表达的实际意思与字面意思相距甚远，都是以日常生活中的现象来转指某个事理。转喻的基础是两个事物间的相似性，两项事物间存在某种内在逻辑关系，常以特色的显著性极高的一项作为喻体，来暗示所列事物在性质上最具代表性。“我无法呼吸”是黑人弗洛伊德被白人警察压住脖子窒息而亡时用尽最后气力发出的哀求，是整个事件中具有代表性的部分，成为其转喻义形成的语义基础。

随着使用范围扩大，“我无法呼吸”已经有了“我无法忍受”的引申义。2020年5月30日，外交部发言人华春莹便使用这一表达在推特上回应了美国国务院发言人摩根·奥尔塔古斯就香港国安立法一事的看法：

（5）5月30日，美国国务院发言人摩根·奥尔塔古斯就香港国安立法一事，在推特称：“这是世界的关键时刻。它将载入史册。世界各地热爱自由的人们必须遵守法治，并追究中共的责任，因其公然违背了对香港人民的承诺。”外交部发言人华春莹转发了这条推文，并附言：“我无法呼吸。”(《北京日报》微信公众号2020年5月31日)

丰富的语义与极广的流行性使得“我无法呼吸”成为一种结构定型的民谚。它表意经济又好记易懂，属于大众喜闻乐见的语言现成品，因此常被人们作为“现成话”引述于书面或口头语当中。

追踪荧屏

“拘捕”“拒捕”大不同

◎李可钦

电视连续剧《重生》第7集中有这样一个场景，杀人嫌犯范凯向警察承认罪行，见警察拿出手枪，范凯立刻举起双手，并说了这样一段话：“我不会给你任何jù捕挟警的机会让你杀了我的。”同步显示的字幕中将“jù捕”写作“拘捕”，错了，应是“拒捕”。台词逻辑也有问题，这是对警察说的话，警察如何有“挟警的机会”？

拒，读jù，义为抵御、违抗。拒捕，指以暴力方式或其他手段抗拒逮捕。根据《中华人民共和国人民警察使用警械和武器条例》规定，以暴力方法抗拒或阻碍警察依法履行职责，或暴力袭击警察危及警察生命安全时，如警告无效则警察可以使用武器。结合剧中场景，范凯既凶残又狡猾，知道“拒捕”“挟警”等暴力行为会成为警察使用枪械的理由，所以一边举手投降一边进行言语上的牵制。他的话其实可以拆成两句“我不会拒捕挟警”“我不会给你任何机会让你杀了我”，台词杂糅了这两句话导致逻辑混乱。这里改成“我不会拒捕挟警，不会给你任何杀了我的机会”，站在说话人的角度庶几可通。

赐的是“绣墩”不是“锈墩”

◎梁德祥

2020年12月5日央视戏曲频道《空中剧院》栏目播出了京剧《大保国·探皇陵·二进宫》，剧中演到老王晏驾国太临朝的场景，国太见太师进殿，说“赐xiù墩”，太师答“谢座”。同步字幕中把“xiù墩”写作“锈墩”，错了，应改为“绣墩”。

绣，读xiù，指用彩色丝、绒、棉线在绸、布等上面做成花纹、图像或文字，五彩俱备，引申指华丽的、精美的。墩，本义为土堆，也指状如土墩的坐具。绣墩，我国古代传统家具的一种，形状似鼓，腹部大两端小，也称“鼓墩”。制作材料有木、竹、藤、雕漆、瓷等，造型多样，装饰精致。剧中国太为示尊重，让人给太师搬来坐具，当是“绣墩”。

锈，读xiù，指金属表面所生氧化物，如铁锈、铜锈。绣墩的制作通常不用金属材料，不会生锈，“锈墩”显然是“绣墩”之误。

拘，义为扣押、约制。拘捕，即逮捕，指司法机关依法对犯罪嫌疑人、被告人采取羁押的强制措施。剧中嫌疑人已经认罪，警察自然可以将其当场拘捕，无需什么机会。而且“拘”读jū，“拘捕”的发音和演员读的台词不合。

时尚词苑

漫谈“× 更”一族新词语

◎东　湖

现代汉语里，本来只有一个“更新”，地道的本土词语，两个义项：其一，旧的去了，新的来到；除去旧的，换成新的。比如：万象更新、更新设备、更新武器。其二，森林经过采伐、火灾或破坏后重新长起来。（参见《现代汉语词典》第7版）大约四十年前，出现了一个借词“更新”。

借词“更新”，意译英语的计算机术语“update”借入，也有两个义项：①将程序文件升级为最新版本。比如：“更新程序”（标题，《电信技术研究》1981年第12期）。②将数据文件删减、修正、追加为最新内容。比如：“磁带文件的建立、更新及使用”（标题，《计算机技术》1981年第2期）。1990年代起，计算机应用、互联网等先后开始在我国普及，借词“更新”成了常用词，还缩略为“更”，组成了“× 更”一族新词语。

“× 更”新词语的意义，是义项①，还是义项②，要看用在什么地方。用于计算机操作系统、应用程序等程序文件，是义项①，比较多见的有“催更（催促升级）”“停更（不再提供升级）”“月更（每月升级）”等。比如：“Windows 7 退役停更 你用上 Windows10 没？”（标 题，《东方卫报》2020年1月15日）。又如：“券商 App 上半年忙升级 有券商平均月更3次”（标题，《证券日报》2018年7月12日）。

“× 更”新词语，用于网络文学、博客、微博、微信朋友圈、在线视频、电视节目、数据统计等数据文件，属于义项②，但所指范围缩小了三分之二，仅指

"内容追加"。常见的有"日更（每天追加）""停更""催更""加更"等。"停更"，指"暂时或永久停止追加内容"。比如："赛事频密，武磊的周记偶尔也会'停更'，他说：'希望可以坚持下去。'"（《人民日报》2020年7月4日）"停更"的同义词有"断更"。比如："名家微博'断更'给个说法为好"（标题，《青年报》2015年10月14日）。

有时，受众会"催更（催促追加）"。比如："《喝彩中华》开播就被催更 执着戏曲梦打动观众"（标题，《生活日报》2017年7月18日）。有时，还有"逼更（咄咄相逼地催更）"。比如："在海量的网络文学里沉浸多年，从初次被'催更'（读者催促作者快速更新）的幸福到最后被'逼更'的疲惫，其中的滋味冷暖自知。"（《光明日报》2014年2月24日）

网络小说等的"更新（内容的追加）"，通常有一定的"追加的频率"（比如"日更""月更"等），也有每次一定的"追加的数量（字数、集数等）"。"加更"，就是指"提高频率"和"增加数量"。比如："每一个正版订阅用户都有对作者打赏、催更的权利，甚至还有购买'加更票'的设定，可以要求作者每天加更6 000字、12 000字，而不是保底的3 000字。"（《人民日报》2016年1月5日）又如："《激情的岁月》加更两集连播——全民感受科学强国之路"（标题，《常熟日报》2019年10月17日）。"加更"的反义词有"减更"，网络上常见。

"×更"一族新词语的"更"，还能独立成词。比如："网络写手，面对的可能是成千上万读者的'催更'，一两天不'更'，就可能被网站和读者抛弃。"（《人民日报》2013年7月19日）又如："中国驻大阪总领馆以漫画的方式进行科普，连日来引起众多日本网友的点赞和热议……一些动漫迷留言'什么时候更新啊，求更新''快更，求求你了！'"（《环球时报》2020年3月13日，例句里的"求更新"网络上一般写为"求更"）

弘扬『多边主义』

◎刘冰鑫

2019年6月27日至29日，国家主席习近平赴日本大阪出席二十国集团（G20）领导人第十四次峰会。习主席在会议期间高举“多边主义”旗帜，倡导各国彰显合作精神，践行互利共赢理念。自此，“多边主义”成为热词，常见于联合国会议发言和主流媒体的新闻报道中。请看：

（1）习近平主席在第七十五届联合国大会一般性辩论上发表了重要讲话，旗帜鲜明、掷地有声地重申中国将坚定支持联合国，坚决捍卫多边主义，继续与各国携手构建人类命运共同体，并宣布了中方关于应对全球性挑战、促进世界共同发展的一系列重大主张和具体举措。（《人民日报》2020年9月30日）

（2）面对各种全球性威胁和挑战，国际社会比以往任何时候都更需要团结合作，更需要维护多边主义，更需要坚持国际公正和道义。（《人民日报》2020年9月26日）

“多边主义”这一概念早已出现，但是，学术界对“多边主义”至今没有统一的定义。美国著名国际关系学者约翰·鲁杰将“多边主义”解释为一种在广义的行动原则基础上协调三个或者更多国家之间关系的制度形式。在此基础上，我国学者对“多边主义”遵循的原则加以说明，即世界各国在国际事务中相互尊重、平等协商、加强合作，反对一国一意孤行、无礼对待别国。

汉语造词机制十分灵活，“多边主义”是在隐喻机制的影响下产生的，而隐喻以相似性为基础。多个国家平等交流，没有主导方，也不孤立任何一方，这一表现形式与多边形相似，各边均衡，共同发展。人们以“多边”来命名这一制度，形象生动，且符合使用要求。

如今，随着使用量的增加，“多边主义”不仅在外交政治中使用，也适用于经济、环境、文化等多个领域。请看：

（3）法国希望同中国一起推动马赛世界自然保护大会和昆明《生物多样性公约》第十五次缔约方大会取得成功，加强应对气候变化的国际合作，共同推进全球数字经济发展，展现法中维护多边主义的榜样作用。（《证券时报》2020年9月15日）

（4）当今世界正面临百年未有之大变局，新冠肺炎疫情正在全球蔓延，保护主义、单边主义抬头，逆全球化思潮进一步加剧，对全球生态环境保护造成不利影响。必须秉持人类命运共同体理念，坚决维护多边主义，建设性参与全球环境治理，为实现全球可持续发展贡献中国智慧和中国方案。（《人民日报》2020年8月14日）

受“多边主义”影响，还出现一系列“多边 ××”词语。如“多边会议”“多边关系”“多边合作”“多边贸易”等。这些“多边 ××”词语都是褒义的，反映了全球化时代各国加强合作、共同发展的理念。与“多边主义”相对，还有“单边主义”和“孤立主义”。“单边主义”指某些大国只顾自身利益，在国际社会中我行我素，不考虑其他国家合理利益的制度；“孤立主义”涉及两方面，即国防上采取不干涉原则，经济文化上通过立法最大程度限制与他国贸易交流。“单边主义”与“孤立主义”都是逆全球化、违背时代潮流的，终将被历史所抛弃。

如今，全球笼罩在新冠肺炎疫情的阴霾之下，多国经济停滞不前。习总书记在全国抗击新冠肺炎疫情表彰大会上说：“重大危机面前没有任何一个国家可以独善其身，团结合作才是人间正道……坚持多边主义、走团结合作之路，世界各国人民就一定能够携手应对各种全球性问题，共建美好地球家园。”总之，只有坚守“多边主义”，才能共同战胜困难，实现互利共赢。

『玩坏了』的『凡尔赛文学』

◎南园

2020年11月9日，“凡尔赛文学”一词，紧跟在“打工人”“尾款人”之后，爆出了“圈”。在网友的把玩(包括调侃、奚落和解构)下，“凡尔赛文学”成了新的现象级热梗，登上了热搜，造就了又一次的网络狂欢。如此轰动，起因是一位微博博主接二连三“分享日常生活”的“凡尔赛文学”。比如：“三年前，我第一次去别墅区，杭州西溪融庄，问阿姨住几楼啊？她一脸不耐烦地说，没有几楼！都是几区几栋，一栋都是我家！”

什么是“凡尔赛文学”呢？这里的“文学”，即流行词语里经常出现的“体”，是一种“话语模式”，也就是“话语的语言组织格式和特点”。比如：“任性体”(……就是任性)、“小目标体”(先定一个小目标，比方说……)。“凡尔赛文学”的语言组织特点有三：先抑后扬，明贬暗褒；自问自答；灵活运用第三人称视角。比如，本文开头那位博主，“低调”晒秀了阿姨的杭州别墅后，紧接着“隐蔽”地炫耀自己的北京别墅：“后来我在北京换了别墅，人口申报，工作人员说地址要补全，准确到几零几。我轻轻地说，不好意思，您再看看。他看了看说，啊，别墅区，不好意思。我说没关系，我以前也不知道。”可见，“凡尔赛文学”，说白了就是“以假装的不经意，表现自以为是的高级”。

“凡尔赛文学”一词里的“凡尔赛”，是“凡尔赛宫”的缩略。日本有一部以法国大革命前夕凡尔赛宫奢华浮夸生活为背景的漫画《凡尔赛玫瑰》，在年轻人中影响很大。受此启发，有网友造出了一个“凡尔赛文学”，用来指代社交平台上那些“拐着弯炫耀的话语模式”。有意思的是，偏爱山路十八弯式“秀”这“晒”那的“凡尔赛人”，往往会“翻车”。比如，上面提及的“别墅”博主，“成名”后接受采访时坦言：“这种（凡尔赛体）表达只是‘口嗨（过过嘴瘾）’。”（参见《经济观察报》2020年11月13日）更不堪的是，当她的凡尔赛文学微博“涨粉”后，赶紧连发多条广告带货，开始坐享“黑红（通过负面信息引发争议而出名）”带来的流量红利。（参见《北京晚报》2020年11月11日）

像“别墅”博主这样虚头巴脑的“凡尔赛文学”，广大网友肯定要“好好把玩”了，而线上线下的主流媒体则直接“亮剑”。比如：“‘凡尔赛文学’不过是用高级掩盖贫瘠”（标题，中国青年报客户端2020年11月10日）。又如：“‘凡尔赛文学’遭奚落是对扭曲价值观的纠偏”（标题，《光明日报》2020年11月17日）。也有媒体提醒大家要警惕“黑红”。比如：“然而这却成了某些人吸引流量的生财之道，显然需要引起相关部门重视。这一次，‘凡尔赛文学’的虚伪被网友们一眼看穿，但下一次呢？若任由此风滋长，后果不堪设想。”（《今晚报》2020年11月18日）

“凡尔赛文学”，经常缩略为“凡尔赛”。比如：“人生不靠‘凡尔赛’”（标题，《华西都市报》2020年11月15日）。有时，“凡尔赛”也可以用如形容词做谓语。比如：“如今必须飞去维多利亚港哭才值得一说。否则，就是不够高级，不够‘凡尔赛’。”（《钱江晚报》2020年11月11日）（“哭也要飞去维多利亚港哭”，也是出自那位“别墅”博主的“凡尔赛”。）用如形容词的“凡尔赛”，更多的是做定语。比如，同样上了热搜的“凡尔赛式爱情”“凡尔赛人怎么过双十一”“凡尔赛鼻祖”“凡尔赛终结者”等。

有时，“凡尔赛文学”还缩略为“凡学”。“擅长凡学的人”，可以称为“凡学家”。比如，“凡学家们请停止你们的表演”（标题，《北京青年报》2020年11月18日）。

一针见血

粮票不能拓印

◎郑时圆

2020 年 11 月 29 日《鄞州日报》第 2 版载有《听老物件讲述“光阴的故事”》一文，其中说：收藏家李杰和他的藏友们打算把他们收藏的各种粮票放在某展厅供大家观赏，但室内的温度、湿度都不利于真品的摆放，于是决定“在墙面上挂上粮票拓印件”。这里的“拓印件”有误。

拓印件即拓印所得的纸片或其复印件。拓印是一种很古老的把碑刻或铜器上的文字、图像复印下来的方法。唐代诗人王建《原上新居》诗中有“古碣凭人拓”之句。大致程序是：用一张较薄的纸仔细蒙在碑刻或铜器的表面，先轻轻拍打，使各处凹凸分明，然后涂上墨，显出有关文字、图像。拓印的前提是碑刻等有关器物有凹凸，这样才能把凹凸的文字、图案用墨显现出来。各种粮票，表面都是平滑的，文、图都没有凹凸，根本无法“拓印”。挂在墙上的不可能是“粮票拓印件”。

文中的“拓印件”可能指的是“影印件”。影印是用照相的方式制版复制。影印不要求物件有凹凸，粮票可以制作“影印件”。

“颀（qí）长”误作“欣长”

◎王殿雷

2020 年 12 月 16 日《淮河晨刊》刊发了《给农具安个家》一文，其中写道：（“青年圩广场”五个大字）“是邓凡训仿毛体题写，尤其是‘青’字，行草结合，欣长挺拔，颇具韵味”。这里的“欣长”应改为“颀长”。

颀，读 qí，修长貌。颀长，指修长、细长。杨沫《青春之歌》第一部第一章：“母亲对她的态度有了显著的好转。因为这时她已经长成了一个颀长、俊美的少女。”

欣，读 xīn，义为喜悦、高兴。

汉语中没有"欣长"这个词。误"颀"为"欣"应是两字形近所致。

"感情""敢情"大不同

◎杨宏著

其中一个侍卫躬身回道:"九爷吩咐了,除了他,谁都不准进去。"

"感情你们只认九爷,不认我吗?!王爷就要回来了,难道王爷要进去也得九爷点头吗?"

这是《杏花如梦作梅花》(新世界出版社2015年3月出版)第185页上的一段对话。其中的"感情"用错了,应是"敢情"。

"敢情"是个方言词,口语中"情"读轻声。作副词,可表示情理明显,不必怀疑。如《红楼梦》第二九回:"老祖宗也去,敢情好,就只是我又不得受用了。"还可表示发现原来未发现的情况。老舍《四世同堂》三五:"敢情胖婶子并不是胖得走不动,而是故意的不来看他们。"有人说"敢情"本该写成"敢赡(qíng)","情"是"赡"的别字替代。"赡"指受赐、接受,"敢"是谦辞。可备一说。

"感情"是名词,指对外界刺激的较强的心理反应,或者对人或物关切、喜爱的心情。上述引文中使用"感情",语意不通。误"敢情"为"感情",应是两词音近所致。

"落地"该为"落第"

◎杨顺仪

2020年11月《中国人才》第563期刊载《明朝的人才培养观》一文,其中写道:"能够进入国子监的学生都称作监生,主要生源来自会试落地的举人和从地方学校选拔出来的生员,其余学生包括达官显贵的子弟,留学生及少量捐资入学的学生。"这里的"落地"应改为"落第"。

第,本义为次序、次第,也指科举考试合格列入的等第。在科举考试中，被录取列榜标出甲乙次第称“登第”，未被录取的称“落第”。元曾瑞《留鞋记》楔子：“人都道我落第无颜，羞归乡里，那知就中自有缘故。”

落地，可以指物体落在地上，也可以指婴儿出生、声音停止等。既然上文提到“会试”，自然是“落第”而非“落地”。

莼菜羹不称“纯羹”

◎国　轩

《老同志之友》2020年第16期《秋季垂钓寻情诗》一文中引用了唐代张志和的一句词：“松江蟹舍主人欢，菰饭纯羹亦共餐。”此处的“纯羹”错了，应改“莼羹”。

莼，读chún，指莼菜，也称“水葵”，多年生水草，嫩叶滑软，可食用。莼羹，用莼菜做的羹。张志和，唐代诗人，善歌词，能书画，作品多写隐居时的闲散生活。其词今存《渔父》五首，描写季节景物为主，是早期文人词中著名之作。上文所引出自《渔父·松江蟹舍主人欢》：“松江蟹舍主人欢，菰饭莼羹亦共餐。枫叶落，荻花干，醉宿渔舟不觉寒。”菰（gū）饭，用菰米煮成的饭，菰米是古代“六谷”之一。菰饭和莼羹都是极为朴素的食物，表达了主客间的欢乐不为餐食而是出于真情。

纯，指专一不杂。纯羹，字面上看指单纯的羹汤，古今汉语中都没有这种说法。

“负笈”莫作“负岌”

◎陈关春

2020年11月15日《解放日报》第7版刊载了《最好的敬重》一文，其中写道：“但你是有可能上大学的，有可能去那些有院士的大学，还可能负岌海外，到时候再来看？”这里的“负岌”当是“负笈”之误。

“笈”读jí，用来装书籍等物便于携带的小箱子。负笈，即背着书箱，比喻外出求学。《聊斋志异·劳山道士》:"少慕道,闻劳山多仙人,负笈往游。"既然是去"海外"学习,那么说"负笈海外"是恰当的。

"岌"读jí,山高的样子,危险貌,如"岌岌可危"。"负岌"语义不通,显然是错误的。

结尾是"收梢"非"收稍"

◎盛祖杰

2020年第46期《中国电视报》A23版《在水乡乌镇寻找茅盾的脚步》一文中讲述了一段茅盾小时候的故事,说他读小学时为了应对每周作文"发明了一套三段式的公式",即:"第一,将题目中的人或事叙述几句;第二,论断加感慨;第三,用一句套话来收稍(结尾)。"其中"收稍"应改为"收梢"。

梢,读shāo,从木肖声,本义指树尖或树枝的末端,引申指事物的末尾、时间的尽头。收梢,人生和任何事物的终结部分,也指收场、结尾。鲁迅《而已集·略谈香港》:"还不如讲点有趣的事做收梢,算是'余兴'。"上文表示结尾的意思当用"收梢"。

稍,读shāo,本义为禾末,引申为略微,现多作副词,表示数量不多、程度不深或时间短暂。辞书中未见有"收稍"这个词,误"梢"为"稍"应是音同形近所致。

"龙门阵"不是"聊"的

◎汤青武

"我一边看,一边和他聊着闲龙门阵。"这句话出自2020年10月29日《南方周末》上所刊登的《乒乓》一文。"聊着闲龙门阵"不妥,"龙门阵"不是"聊"的。

摆龙门阵,是方言词,是谈天或讲故事的意思。不同的方言中闲谈、聊天有不同的说法,如侃大山、吹大牛、扯闲篇等。说法不同,对应的动词也不同:闲话,是"说"的;闲篇,是"扯"的;大山,是"侃"的;大牛，则是用来“吹”的。

龙门阵，源于古代战斗的阵法，有人说唐代名将薛仁贵曾用此阵法对付敌军。既然是阵法，那当然就不是“聊”，而是“摆”的！所以和“龙门阵”搭配的动词是“摆”。如周而复《上海的早晨》第三部二七：“陈市长不是说了，这次和大家谈谈家常，摆摆龙门阵。”另外，“龙门阵”本来就指闲谈、闲聊，“闲龙门阵”中的“闲”也属多余，应删去。

不是“万家宝”是“万家室”

◎新　德

“唐代大诗人杜甫曾在一首《忆昔》的诗中这样写道：‘忆昔开元全盛日，小邑犹藏万家宝。稻米流脂粟米白，公私仓廪俱丰实。’”这段话出自2020年8月11日《上海老年报》第7版《君瘦天下肥》一文，其中“万家宝”乃“万家室”之误。

《忆昔》是杜甫于唐代宗广德二年（764）所作的组诗，共二首，上引为其二。诗人通过追忆唐玄宗开元盛世（713—741）——百姓安居乐业、丰衣足食、国库充实、国力强盛，表达对现实的忧虑和哀叹，希冀唐代宗能重现开元盛世那样的局面。“小邑犹藏万家室”，是说小小的城镇拥有上万户人家。“万家室”，言户口多。误为“万家宝”，面目全非！

大兴安岭旁没有“兴凯湖农场”

◎李景祥

2020年12月4日《今晚报》第12版《卞之琳的诗意人生》一文中写道：“后来，巫宁坤在北京国际关系学院任教时，被划成‘右派’，被下放到大兴安岭兴凯湖农场劳动改造。”这里的地名“大兴安岭兴凯湖农场”有误，兴凯湖农场和大兴安岭并不搭界。

兴凯湖农场建于1955年，原本是一座劳改农场，后转为一般国营农场。农场位于黑龙江省东南部密山市境东南部，因濒临兴凯湖得名。兴凯湖，唐代称湄沱湖，清代改名“兴凯”，现为我国和俄罗斯共有淡水湖，是当地著名的旅游景点。大兴安岭是兴安岭的西部组成部分，位于内蒙古自治区东北部，黑龙江省西北部。北起黑龙江省漠河市北部，南至内蒙古自治区赤峰市北部，为东北到西南走向。兴凯湖农场和大兴安岭地理位置上处于黑龙江省的两边，并不接壤。所谓“大兴安岭兴凯湖”的说法不符合实际。

“陇西”在甘肃省西部？

◎孙延宜

“唐朝大诗人李白，字太白，号青莲居士。自称祖籍陇西（今甘肃省西部）……”这是2020年12月10日《滕州日报》第7版《品读诗仙李白的前生后世》一文介绍李白身世的一段话。其中括号内的注文错了，无论古今“陇西”都不在“甘肃省西部”。

陇西，现为县名，属定西市管辖。定西市位于甘肃省中部，素有“陇中”之称。陇西县的地理位置偏甘肃省东部，称它在“甘肃省中东部”或“甘肃省东南部”都可以，但不可以说“甘肃省西部”，这与事实不符。具体到李白的祖籍，他自称祖籍在陇西成纪，该地今属甘肃省静宁县，也属甘肃省东部。

六盘山南段别名陇山，陇山以西古称陇西或陇右。战国秦昭襄王二十八年（前279）置陇西郡，治处在狄道（今甘肃省临洮县南），属于甘肃省中部。所以陇西无论是指李白的祖籍“陇西成纪”，还是指今天的“陇西县”，均非位于“今甘肃省西部”。

又见“寒暄”成“寒喧”

◎阎德喜

《清末民初文坛轶事》（中华书局2005年7月出版）收

录的《忆戈公振》一文中写道："一日，赵尔巽来谒，项城方在聚仁堂楼上阅报，命侍卫延之入。寒喧毕，赵于无意中随手取《时报》一纸阅之……"这里的"寒喧"当改为"寒暄"。

暄，读 xuān，本义为（太阳的）温暖。寒暄，指冷暖，引申为问候起居冷暖，泛指宾主见面时谈天气冷暖之类的应酬话。郭小川《西出阳关》诗："不用介绍呀，不用寒暄，听见呼吸声就知道你过去在哪团。"上文中赵尔巽去拜谒"项城"（即袁世凯），主客见面后按照礼节自然要先客套一番，即"寒暄"。

喧，读 xuān，义为惊呼，也指声音大而嘈杂。"寒暄"误为"寒喧"是常见差错，《咬》刊已谈过多次了。

"驻节"不应作"住节"

◎沈阳仁

2019 年 9 月 7 日《北京晚报》第 16 版刊有《带我远行的运河》一文，文中写"在家乡淮安清江浦，我以寻访的思路探访了老街巷陌、古城遗迹"等事，其中有句："清同治三年（1864），为抵抗捻军的骚扰，住节清江浦的漕运总督吴棠修筑清河县城于里运河南岸。"这里的"住节"应改为"驻节"。

"驻"为车马停止，亦泛指屯驻或停留，有驻防、驻留、驻节等词。"节"是符节，为古时用以证明身份的凭证。汉代苏武被匈奴扣留十九年，他在那里牧羊时就手持汉节表明身份。"驻节"为高级官员在外地执行公务，在当地住下。如陈毅元帅悼叶挺将军的《哭叶军长希夷同志》诗中就有"迨后独建军，驻节珠江湄"。清同治三年修筑清河县城的那位吴棠在咸丰十一年（1861）至同治五年（1866）期间任职漕运总督，而漕运总署就在清江浦，可说他是"驻节清江浦"。

住，有居住、停止、存留、留下等诸解。"驻节"不能写作"住节"。

学林

用普通话读唐诗，为什么有的诗不押韵

◎苏培成

中国是诗的王国，自《诗经》开始直至今日，历代产生了千百万首诗歌，广泛传诵，历久不衰，成为民族的瑰宝。在唐代，各种诗体百花争艳，蔚为大观。我国古代的诗歌都是押韵的，构成了令人赞叹不绝的声律美。可是时至今日，用普通话诵读唐诗时，人们发现有的诗歌押韵，有的诗歌不押韵。这是为什么？下面举一首现代仍旧押韵的唐诗：

静夜思

李白

床前明月光（guāng），
疑是地上霜（shuāng）。
举头望明月，
低头思故乡（xiāng）。

这首诗中的“光”“霜”“乡”在古代押韵，到了现代还是押韵。在现代，它们的韵腹和韵尾相同，都是 -ang。这是不是说这首诗从唐代到现代它的读音没有变化呢？不是的。语音是不断地变化的，“光”“霜”“乡”这三个字古今的读音不同，不过这三个字按照相同的规律变化，所以到了现在仍旧押韵。如果押韵的字按照不同的规律变化，它们的读音就会有差别，有的也就不能押韵。下面举出两首诗为例：

寻隐者不遇

贾岛

松下问童子，
言师采药去（qù）。
只在此山中，
云深不知处（chù）。

这首诗中的“去”和“处”在中古是押韵的。我们查阅《广韵》《韵镜》,得到这两个字中古时的音韵位置:“去”字是溪母御韵开口三等去声,“处”字是昌母御韵开口三等去声。这两个字只是声母不同,一个是溪母,一个是昌母;而韵母部分完全相同,都是御韵开口三等去声,所以是押韵的。“开口三等”是音韵学术语,它主要说明介音(也叫韵头)的状况。“御韵开口三等”粗略地说,大约读为io。“去”和“处”为什么到了现代不押韵了呢?那是由于声母不同而引起的变化。“去”的声母是溪母,属于牙音,中古时的读音大体是k,后来受它后面的介音i的影响演变为q。“处”的声母是昌母,属于齿音,中古时的读音大体是q,后来变为ch。正是因为声母不同,引起了韵母的分化。因为“处”的声母是齿音,使得韵母后来读为u,而“去”的声母是非齿音,它的韵母后来读为ü,这两个字的声调都是去声。声韵调合起来,“去”字变为qù,“处”字变为chù。

登幽州台歌

陈子昂

前不见古人,
后不见来者(zhě)。
念天地之悠悠,
独怆然而涕下(xià)。

这首诗中的“者”和“下”在中古是押韵的。我们查阅《广韵》《韵镜》,得到这两个字中古时的音韵位置:“者”字是章母马韵开口三等上声,“下”字是匣母祃韵开口二等去声。马韵和祃韵的主要元音相同,都是a,所以“者”和“下”在中古可以押韵。这两个字的声母不同,一个是章母,一个是匣母。另外介音也不同,一个是“开口二等”,一个是“开口三等”。因为声母和介音不同,所以这两个字从中古到现代按照不同的规律演变。“者”字的声母是章母,在中古大体读为j,后来变为zh。属于开口三等马韵的“者”字本来有介音i,后来受章母的影响,介音i失落了,主要元音也由a变为e了。声调是上声。

声韵调合起来,“者”字的现代读音是 zhě。“下”字的声母是匣母,中古时是浊音,后来变为清音,读为 x。属于开口二等祃韵的“下”字,受介音的影响,韵母由 a 变为 ia。声调是去声。声韵调合起来,“下”字的现代读音是 xià。

以上例子说明,唐诗中有的押韵的字,由于语音演变的条件不同,到了后世分道扬镳就不再押韵了。这样的诗句用普通话读时有什么办法让它押韵呢?没有办法。语音的演变是不可逆的。为了押韵,人为地改变押韵字的读音行不通,那样的诗句别人连意思也弄不明白了。

用普通话读唐诗还有一种情况也会造成不押韵。例如:

乐 游 原

李商隐

向晚意不适,
驱车登古原(yuán)。
夕阳无限好,
只是近黄昏(hūn)。

查考《广韵》,我们得知“原”和“昏”的音韵位置不同:“原”字是疑母元韵合口三等平声,“昏”字是晓母魂韵合口一等平声。“原”属元韵,“昏”属魂韵,这两个字本来不同韵。《广韵》是宋代的韵书,唐代诗人写诗不可能根据宋代的韵书,只能根据唐代的口语。而《广韵》的分韵也不是随心所欲的,它根据的也是自唐以来的实际口语。可见“原”和“昏”在唐代某些方言可能同音,在共同语中虽然有区别,但是读音比较接近。古人把读音十分接近的韵部用来押韵,叫作通押。通押扩大了押韵的范围,有利于创作。《广韵》就注有“同用”的韵例。“同用”就是“通押”。例如:冬(钟同用),元(魂痕同用)。到了十三世纪平水人刘渊编了一部《壬子新刊礼部韵略》,把可以通押的韵合并为一部,例如:魂韵并入元韵,“原”“昏”成为一韵。演变到现代,“原”“昏”读音依旧可以通押。我们诵读时也只能按照现代读音去读。

春 望

杜 甫

国破山河在，
城春草木深（shēn）。
感时花溅泪，
恨别鸟惊心（xīn）。
烽火连三月，
家书抵万金（jīn）。
白头搔更短，
浑欲不胜簪（zān）。

这首诗中的“深”“心”“金”“簪”押韵。根据《广韵》，“深”“心”“金”属侵韵，“簪”属覃韵。侵韵和覃韵读音相近，可以通押。

王力先生指出：“隋陆法言著《切韵》，北宋陈彭年等曾修为《广韵》，盛行于世。《广韵》一共分为206韵，分韵太细，也不完全符合当时的语音。唐代曾规定相近的韵可以‘同用’，南宋平水刘渊索性把同用的韵合并起来，成为107韵，后人又减为106韵，这106韵被称为平水韵，一般就叫作‘诗韵’。唐代诗人虽然不是依照平水韵用韵的，但是他们既然依照‘同用’‘独用’的规则，那么平水韵正可以用来说明唐人的用韵。”（《古代汉语》校订重排本第1518页）到了今天，遇到通押的诗句也只能按照普通话的读音来读，保留通押，没有其他办法可想。

《沈从文“怕了”》参考答案

1. 学力——学历
2. 斩露头角——崭露头角
3. 受课——授课
4. 风彩——风采
5. 鸦鹊无声——鸦雀无声
6. 发楞——发愣
7. 无赖——无奈
8. 即使——虽然
9. 反醒——反省
10. 挥撒自如——挥洒自如

语苑新谈

“三人行，必有我师焉”究竟何意

◎石毓智

题目中的这句话出自《论语》，是孔子说的一句名言。这句话看似没什么好讲的，大家都会觉得浅显易懂，想当然地认为它说的就是圣人无常师，随便在大街上碰见几个人，其中就必定有我可以学习的对象。下面是原文出自的段落与有关的白话翻译。

子曰：“三人行，必有我师焉。择其善者而从之，其不善者而改之。”（《论语·述而》）

孔子说：“几个人一块走路，其中便一定有可以为我所取法的人。我选取那些优点而学习，看出那些缺点而改正。”（杨伯峻《论语译注》，中华书局，1980年）

然而在我看来，正确理解《论语》上述这句话的关键是如何诠释其中的“行”字。我查了多种权威性的解读《论语》的版本，都毫无例外地把这个字理解为“行走”“走路”的意思。可是如果这样去理解孔子的话，则不仅有违原意，而且错解了其思想精髓。

按照目前最权威最流行的说法，就是随便在大街上碰见几个行人，他们身上便一定有可以师法之处。如果孔子的意思真是如此的话，就没有必要专门强调走路的人了，因为说话的、吃饭的或者睡觉的“三人”也都没有什么区别，只要有几个人头就行了。这种解读的更大问题是，走路是人人都会的简单自然行为，如何能从中看出这些人身上的优点和短处？所以，按这种解读理解则前后文既不照应也不连贯。

其实，答案就在对“行”这个多义字的义项选择上。作为动词用时，“行”的本义是“行走”，这一用法在《论语》确实存在，例如：“见其与先生并行也。”然而在《论语》中，“行”的更为常见的用法是当“做事”讲，就是一个意义很空泛的动词，它可以与各种名词搭配使用。例如：

躬行君子，则吾未之有得。（《论语·述而》）

久矣哉，由之行诈也！（《论语·子罕》）

子曰："居之无倦，行之以忠。"（《论语·颜渊》）

故君子名之必可言也，言之必可行也。（《论语·子路》）

那时候，动词"行"可以与各种具体名词搭配，泛指各种行为，"行君子"就是"做君子应该做的事"，"行诈"就是"干不诚实的事情"。"行"也可以跟代词宾语，如上例中的"行之"，也可以不带宾语单独使用，如上述的最后一例所示。此外，在《论语》中"行"还被用作名词，指一般的社会实践活动，例如："子以四教：文，行，忠，信。"书中还有"德行"这一复合词，表示道德行为。

我认为，"三人行，必有我师焉"这句话的"行"宜解读为"做事"，就是说几个人一起做事，这时就会发现谁有什么长处，谁有什么不足，如此一来才能够知道该向谁学习，该对谁的做法吸取教训。只有在做事情的场合，在社会实践的过程中，一个人的优点和缺点才能充分展示出来，这是像走路、吃饭、睡觉等其他日常生活行为所不具备的作用。

如此一来，孔子所说的"三人"就不是大街上随便碰见的几个人，而是有机会跟他自己共事的，这就大大缩小了可师从对象的范围。试想一下，能跟孔子一起"共事"的人员范围非常有限，要么是他的学生，要么是有关政府官员，要么是个别亲戚朋友，可不是随随便便任何一个人都能进入孔子的"朋友圈"的。现实生活中的每个人都是如此，能跟自己一起做事的人员范围都是十分有限的，他们往往拥有共同的生活工作空间，具备相似的背景阅历，通常只有同这些人才具备相互学习的可能性。

孔子这句话的深意旨在鼓励人们与别人合作共事，这是一个人成长的必需，既要善于学习别人的长处，也要从别人所犯的错误上吸取教训。

文章病院

“奖章”不是“荣誉称号”

◎王中原

2020年12月12日《燕都晨报》头版刊文《中宣部授予张桂梅“时代楷模”称号》，其中写道：“她曾当选党的十七大代表，荣获‘全国三八红旗手标兵’‘全国优秀教师’‘全国教书育人楷模’‘全国五一劳动奖章’等荣誉称号。”这句话有瑕疵，“全国五一劳动奖章”不是“荣誉称号”。

称号，赋予某人或某物的名称，一般含褒义。所谓“荣誉称号”，通常指由比较权威的组织（如党政机关）所授予的具有光荣名誉性质的名称，意味着对个人、集体或事物的肯定或鼓励。奖章，发给受奖人佩戴的徽章。上文的主语是“她（张桂梅）”，那么荣誉称号指称的当然是人，“全国三八红旗手标兵”“全国优秀教师”“全国教书育人楷模”无疑都是对人的称号。但“全国五一劳动奖章”是奖章名，显然指的是物不是人，不应和其他荣誉称号并列。此句可改为：“她曾当选党的十七大代表，获得‘全国三八红旗手标兵’‘全国优秀教师’‘全国教书育人楷模’等荣誉称号和‘全国五一劳动奖章’。”

《史记》中没有《禹贡》

◎厉国轩

2020年12月8日《文汇报》第11版刊载的《震泽：太湖畔因蚕桑而生的丝绸名镇》一文说："《史记·禹贡》有云：'三江既入，震泽砥定。'"这里有误，不是《史记·禹贡》，而是《尚书·禹贡》。

《尚书》，也称《书》《书经》，儒家经典之一。"尚"即"上"，《尚书》即"上代以来之书"。该书是中国上古关于尧、舜和夏、商、周至秦穆公的历史文件和部分追述古代事迹著作的汇编。《禹贡》是《尚书》中的一篇，用自然分区方法记述当时中国的地理情况，将全国分为九州。《禹贡》假托为夏代大禹治水以后的政区制度，把治水传说发展成一篇古代地理记载，对黄河流域的山岭、河流、泽薮、土壤、物产、贡赋、交通等有着较为详细的记述，对长江、淮河等流域的情况也有粗略的记载，是中国最早的科学价值很高的地理著作。查《尚书·禹贡》，"淮海惟扬州"段确有"三江既入，震泽底(同"砥")定"一句。

《史记》是中国第一部纪传体通史。记事起于传说的黄帝，讫于汉武帝。作者司马迁在编撰时取材极为丰富，诸子百家之书都有涉及。在《史记·夏本纪》中有"三江既入，震泽致定"一句，和《尚书·禹贡》的内容有一字之差。

一篇文字错几多

◎言蹊太

2020年8月28日第34期《中国楹联报》第3版刊登了《从一座祠堂的对联看客家文化底蕴》一文，介绍“在江西石城县屏山镇，有一座远近闻名的客家祠堂——陈坊陈氏祠堂”。文中有几处值得商榷。

1.“澡井”应为“藻井”

陈坊陈氏祠堂建筑风格独特。在明代传统砖木结构上，雕梁画栋，外形装饰富涵美学特色。月牙：弯弯似弓，曲婉含情。澡井：顶部天花板建有圆形、长方形、多边形造型，其上刻有各种彩画……

这里的“澡井”是“藻井”之误。

藻井是中国古建筑中的一种装饰性木结构顶棚。自天花平顶向上凹进，似穹隆状，天花板饰以丹青，文采似藻，以方木相交，有如井栏，故称“藻井”，也称“绮井”“承尘”。清代的藻井较多以龙为顶心装饰，所以藻井又称为“龙井”。

澡，指的是沐浴全身，引申为保持节操，如澡身浴德。古建筑的“藻井”不能写作“澡井”。

2.清朝没有“成丰”年

题联者陈拜旒，字冕昭，号秋生，派名澄缨，清成丰乙卯（1855）恩贡……

这是文中对该祠堂大门外石柱上楹联作者的相关说明。引文中的“清成丰”应该是“清咸丰”。咸丰（1851—1861）是清朝定都北京后第七个皇帝清文宗爱新觉罗·奕詝（1831—1861）的年号。咸，普遍；丰，富足。咸丰，意思是“普天之下，丰衣足食”。清朝从来没有过什么“成丰”年。

3.哪来祖先“萌庇”

注解“祠堂第四石柱正迎面第五联”的联意时，文章写道：

我们是祖先正宗的一脉，显示着和平欢乐，我们先人的

此王建非彼王建

◎厉申东

2020年10月20日《上海老年报》第7版《古人咏秋》一文说："北魏王建……在《和元郎中八月十五夜玩月》中写道：'合望月时常望月，分明不得似今年。仰头五夜风中立，从来圆时直到圆。'"这里不仅所引诗句有误，还搞错了诗的作者。

该诗真正的作者是唐代诗人王建。王建(约767—约830)，字仲初，许州(治今河南许昌)人。擅长乐府诗，与张籍齐名，世称"张王"。官至陕州司马，有《王司马集》。该诗的全名为《和元郎中从八月十二至十五夜玩月五首》，其中"元郎中"指的是王建同时代的诗人元稹。王建诗末句为"从未圆时直到圆"，说的是从八月十二月未圆时直到八月十五月圆时，极写中秋赏月的兴致之高。把"未"错写为"来"，根本讲不通。

至于北魏王建，倒也确有其人。《魏书·列传》中有王建的传，其人本姓乌丸，鲜卑族，北魏外戚大臣、将领，无诗文传世。北魏(386—534)时的王建不可能和几百年后的"元郎中"元稹作诗相和。

德行能够匹配先祖，仰望我们这个祠堂，有幸地继承了祖先的萌庇……

这里的"萌庇"令人费解，应是"荫庇"之误。

"荫庇"的"荫"，读作yìn，指遮蔽。庇，庇护。"荫庇"即大树枝叶遮蔽阳光，宜于人们休息，比喻尊长照顾晚辈或祖宗保佑子孙。旧时亦指子孙因先世勋爵而受封、入仕。"荫庇"与上下文语意正相合。

萌，读méng，本指植物的芽，引申可比喻事情刚刚显露的发展趋势或情况、开端。"荫庇"不能写作"萌庇"。

“前秦”不等于“先秦”

◎周　振

2020年第34期《南方文摘》第12版刊登的《〈永乐大典〉,600年的遗失悬案》一文有一段这样的介绍:“作为大型类书,《永乐大典》按各个门类事物辑录。上自前秦,下至明初的散载诸书,从此成为前后有序的系统文集。”其中的“前秦”有误,应为“先秦”。

先秦,指秦代以前的历史时期,自远古至公元前221年秦始皇统一六国。《汉书·河间献王刘德传》:“献王所得书,皆古文先秦旧书。”颜师古注:“先秦犹言秦先,谓未焚书之前。”《永乐大典》,类书名,初名《文献大成》,明成祖命解缙等辑。广收各类图书七八千种,辑成二万二千八百七十七卷,凡例、目录六十卷。《永乐大典》的收录范围上自先秦,下达明初,号称“包括宇宙之广大,统会古今之异同”。

前秦,政权名,十六国之一。西晋末年,各族上层分子乘着各地起义不断,纷纷建立割据政权,其中在北方和巴蜀地区建立的十六个政权被称为“十六国”。350年氐族贵族苻洪称“三秦王”,352年其子苻健称帝,建都长安(今陕西西安西北),史称“前秦”。

《火眼金睛》提示

图1,“实策”应为“施策”。

图2,“侮陷”应为“诬陷”。

图3,“文民”应为“文明”。

图4,“千裏目”应为“千里目”。

编者按

2021 年 1 月 6 日，本刊特约审校蔡维藩先生于大连医科大学附属第一医院仙逝，享年 77 岁。蔡维藩先生积极投身语言文字规范化工作，担任本刊审校近十年，为语文规范事业做出了重要贡献，为《咬文嚼字》的事业发展做出了重要贡献。对蔡维藩先生的离去，我们无不悲痛万分。本期特邀和蔡维藩先生一同担任本刊特约审校，同时也是他多年好友的王中原先生撰写纪念文章，以表达我们的哀思。

追忆蔡先生

◎王中原

惊悉蔡维藩先生于元月初因病辞世，悲痛难抑。蔡先生是《咬文嚼字》杂志特约审校，也是我的挚友。

蔡先生 1968 年毕业于清华大学机电工程系。当过工人、工程师、教员、公务员。曾任大连大学常务副校长等职。自幼喜欢咬文嚼字挑错纠错，痴心不改，老而弥坚。

俗话说，英雄造时势，时势造英雄。针对“无错不成书”“无错不成报”的严峻形势，郝铭鉴先生毅然创办了《咬文嚼字》，发行量由 550 多本猛增到数十万本，这是有形的业绩；无形的功劳，是将成语“咬文嚼字”由单一的贬义用法扩展到中性甚至褒义的用法，以至《现代汉语词典》等辞书也在词条中增加了褒义成分。蔡先生先后有《咬咬〈咬文嚼字〉》《嚼嚼〈咬文嚼字〉》问世，专门咬嚼郝先生的《咬文嚼字》。他们的目标一致，绝非个人之间的意气之争！

1978 年 6 月 29 日的《人民

日报》发表了蔡先生写给《人民日报》编辑部的信和蔡先生写的《正确地使用祖国语言,认真改进报纸文风》。在信和文章里,蔡先生就当时《人民日报》存在的语文差错提出了中肯的意见,《人民日报》对蔡先生的批评表示感谢和接受。

咬文嚼字绝非小事,正如北大教授苏培成先生给蔡先生《报纸常见语文差错1000例》写的序言中说的:"规范地使用汉语汉字具有重要意义。这是因为国力的高低不但要看硬实力,而且要看软实力。硬实力主要指资源、经济、科技、军事方面的实力,而软实力主要指文化影响的强弱和国民素质的高低。"

蔡先生写作《报纸常见语文差错1000例》时,曾问过我一些问题,没想到先生在后记中特意向我致谢。书还在,人已去,抚今追昔,不禁热泪潸然。

先生写《嚼嚼〈咬文嚼字〉》时,我参与了全书的审校。对全书的体例有所建议,先生欣然采纳。

前言中提及2009年6月郝先生接受采访时说:"我们要让人说话,只要你说得对,我们就改正;即使你说得不对,我们也要保护你说的热情。"

蔡先生针对后半句写道:"对号入座,我就是那个被'保护你说的热情'的人,8年前的那本《咬咬〈咬文嚼字〉》的作者。"

成书后,蔡先生向我解释,后记中没提及我,是因为我乃该刊特约审校,我当然心领神会。

后来先生被聘为特约审校,对刊物益加关注,我们的交往也更深入。

去年4月8日,我在电脑上敲出"疫情闹得人心乱",先生提醒我"心理上的摧残很厉害"。我说"遥遥无期不到站",先生安慰我:"其实想开了,不过百分之二的病亡率,百分之八十的轻症率,而轻症可以自愈。"去年10月2日,是我们最后一次联系。先生还问我,11期校样来了没有。

这样执着的学者,敦厚的长者,率真的朋友说走就走了!也许急于去会先走一步的郝先生吧。

语言哲思

“假离婚”假在哪里

◎宗守云

《人民政协报》2019 年 10 月 14 日第 5 版有一篇题为《严查国家工作人员“假离婚”，营造良好社会风气》的文章。文章写道：

（1）近些年，愈来愈多的国家工作人员加入了离异一族。他们有离婚证，子女的户籍都在配偶的户口簿上，成了真正的“孤家寡人”。然而调研却发现，那些离异的国家工作人员大多离婚未离家。他们还与原来的配偶、子女生活在一起，他们在经济利益、社会发展等方面还是同呼吸、共命运的。他们虽与配偶离了婚，撇清了与子女的法律关系，但还是“名亡实存”的“家”的利益共同体。

这就是所谓的“假离婚”现象。从法律的角度看，这些国家工作人员办理了离婚手续，有离婚证，这标志着他们已经离婚；从家庭的角度看，他们离婚未离家，还与原来的配偶、子女生活在一起，这意味着他们并未真正离婚。“假离婚”不都是假的，而是有真有假，表现在形式为真而内容为假——形式为真，是说法律形式上已经离婚；内容为假，是说家庭生活并不是实际离婚情形。

《现代汉语词典》（第 7 版）对“假”的解释是“虚伪的；不真实的；伪造的；人造的（跟“真”相对）”。这是“假”的释义。从本质上说，“假”都表现为形式为真而内容为假。

首先，假的事物和行为在形式上都是真的，或者说都是肯定的。比如，“假茅台”有茅台商标，在形式上和真茅台相同；“假警察”有警察装束，在形式上和真警察相同；“假学历”有学历证书，在形式上和真学历相同；“假摔”有摔倒行为，在形式上和真摔相同。如果形式上全然不同，就不能说是假的，有五粮液商标的不会认为是“假茅台”，有农民装束的不会认为是“假警察”，有职称证书的不会认为是“假学历”,有哭泣行为的不会认为是“假摔”。

其次,假的事物和行为在内容上都是假的,或者说都是否定的。真茅台是由贵州茅台集团出产的、经过国家有关部门认可的酒,而“假茅台”一般情况下是不法分子私自勾兑的、未经国家有关部门认可的酒。真警察是公安部门的国家公职人员,履行警察职责,而“假警察”一般情况下是不法分子假冒的,假冒的目的是为了获利等。真学历是在教育机构中接受科学文化教育和技能训练后获得的证书,而“假学历”是伪造的。真摔是不小心摔倒,“假摔”出现在足球比赛中,比赛者在身体合理对抗或者根本没有对抗的情况下自己故意假装摔倒,以骗取对另一方的判罚。可见,“假茅台、假警察、假学历、假摔”都是内容为假。

另外,假的事物和行为都具有主观故意,如果是误认,即使有形式为真而内容为假的特征,也不能说是假的。近日搜狐网有一则报道《惊了!浙江大伯误食消毒液!竟靠真白酒起死回生!》,报道说:

(2)王大伯浙江人,今年60多岁,在家做大扫除的时候在角落里扫出了一壶“好酒”,白色塑料桶装,上面什么标识都没有,老王打开瓶盖一闻,有一股淡淡的酒香,这对于有着三十年酒龄的老王来说,简直是“天上掉馅饼”。喝了四五天后,老王觉得不对劲,好好的眼睛开始模糊看不清,到医院检查才觉得是不是最近喝的酒有问题。儿媳妇回去检查了一下,才发现这是三年前买的一瓶三无的消毒液!在公安局的协助下,查明这瓶“消毒液”就是85度的高浓度甲醇!

例(2)消毒液在外观和味道等形式上和酒一样,但在成分和功能等内容上都和酒不同,虽然也是形式为真而内容为假,但不能说消毒液是假酒,因为并不是有人故意把消毒液作为酒出售获利,而是喝酒的人误把消毒液当成酒喝。

滥用谐音成语不可取

◎汪惠迪

2020年年末，“耗子尾汁”突然走红，成了网络新词。这个词甚至流传到了国外华语圈，笔者就在新加坡《联合早报》上看到这样一个标题：《“耗子尾汁”是个什么鬼？》（2020年11月30日）。

“耗子”是从哪儿蹿出来的呢？据说出自“浑元形意太极拳掌门人”马保国拍的一段视频，是他对“不讲武德”的年轻人说的话，原意是“好自为之”，含有劝人向善之义。然而，马保国其人名不副实，多行哗众取宠、招摇撞骗之举，言行被人揭穿后，却劝别人“好自为之”，十分荒唐。马保国的视频在网络流传后，根据他说话时浓重的口音，网友生造了一个词语“耗子尾汁”，取他所说“好自为之”的谐音。

网友用“耗子尾汁”代替“好自为之”，以此来讽刺马氏，心情上可以理解。但老实说，“耗子尾汁”这四个字，看了就有点恶心。笔者认为“耗子尾汁”是个拙劣的谐音成语，是语言中的糟粕，应坚决予以剔除。

成语是汉语中的瑰宝，是中华传统文化的精华，不少成语拥有很深的文化背景，在使用成语时应怀有敬畏之心。“耗子尾汁”这种噱头十足的谐音成语如果广泛流传，久而久之将污染祖国的语言文字。

自从改革开放以来，在全球华语圈中，谐音词语，尤其是谐音成语，不时出现在人们的现实语文生活和虚拟语文生活中，优秀的少，拙劣的多。不少粗劣的谐音词语损害语言的健康，是到了坚决扫除的时候了。

自去年年初新冠肺炎疫情暴发以来，与疫情相关的新闻报道大量见诸媒体，尤其是融媒体。在百度输入“抗疫”关键词，资讯多达259万条，与“疫”字相关的谐音式标题层出不穷，乱象丛生。例如“‘疫’诺千金”“‘疫’举成名”“不堪‘疫’击”“背水‘疫’战”等等。这些拙劣的谐音成语“或牵强别扭，或浮夸不实，或空话套话，或俗气逼人”。（曾佰龙:《谐音式新闻标题不能因“疫”成病》，“中国语情”公众号，2020年11月21日，武汉大学中国语情与社会发展研究中心主办）

拙劣的谐音词语新加坡也存在。有位读者投书《联合早报》言论版说：“居家的日子里，可以静下心来，每天通过媒介不间断地了解到最新疫情信息。不过，渐渐地，我发现手机上、报纸上，到处都写着：疫起过生活、疫起来晨运、疫起来做饭、疫起来上课……当我看到满屏满眼的谐音字时，心里真不是滋味。”（金春华:《为下一代减少语文污染》，2020年6月26日）不用“一起”，非用谐音的“疫起”，“疫起”“疫起”“疫起”……新加坡的疫情起起落落，一再反弹，难道还“起”得不够吗？还要一个劲儿地“起”个不休吗？如此爱用“谐音”手法，是否到了滥用的地步了呢？

谐音是汉语里一种独特的修辞现象，它以富有创意的联想为基础，巧妙地利用字词之间的同音关系来表情达意，其辞式有谐音双关、谐音析字、谐音仿拟、谐音拈连、谐音曲解、谐音对偶、谐音避讳、谐音藏词等十多种。优秀的谐音式标题能突出新闻主旨，增强新闻情趣，凸显新闻色彩，但是乱用、滥用，就会造出像“耗子尾汁”这种粗鄙的词语。媒体编辑应该严格把关，杜绝粗劣的谐音词语污染媒体，污染我们的语言。中国是汉字汉语的故乡，应该树立榜样。

网言网语

“塌房”，塌的未必是房

◎李玲玲　陈昌来

近期的娱乐圈，“翻车”刚过，“塌房”又爆。随着饭圈爱豆们恋爱的消息被频频爆出，“塌房”一词也火遍全网，2020年更被网友戏称为“塌房元年”。自家爱豆背着自己偷偷恋爱了，让追星女孩感受到了房子倒塌般的天崩地裂感，粉丝们纷纷表示自家的房子塌了，俗称“塌房”，例如：

（1）追星也追得倒霉透顶，塌房的塌房，没塌的还在塌房的路上，连一直支撑着我不断给我力量的人也要出问题了，一时间我好像一无所有。（微博）

（2）2020年可以说是连环塌房，除了爱豆外，竟然也塌到了《令人心动的offer》上。日前，有网友爆料称节目中的李晋晔和张典娜在谈恋爱，看到此消息后，一众网友哀号表示自己的房子塌了，而且地基都没了。（微博）

受“打工人”“尾款人”等一系列“××人”的影响，“塌房”的粉丝也被称为“塌房人”。但是相比较于带有乐观色彩的“打工人”“尾款人”等系列“××人”，“塌房人”则完全是一种悲伤的自我调侃。因而，套入口号中不像“打工人，打工魂，打工都是人上人”那样积极的自我暗示，而是“塌房人，塌房魂，塌房就是人下人”，自我调侃和戏谑程度加深。请看：

（3）人的追星路上，哪能不塌几座房。群里安静如鸡万事顺心，姐妹切号文图刷屏都是吃瓜人。危楼高百尺，今天就是塌房人。桃花潭水深千尺，塌房塌到自己家。（微博）

(4)塌房人，塌房魂，塌房就是人下人。吃瓜吃到自己家的是塌房人，本月中日韩连环塌房的是塌房人，流着泪做闲鱼链接的是塌房人……清空出100G内存的是塌房人。(腾讯网)

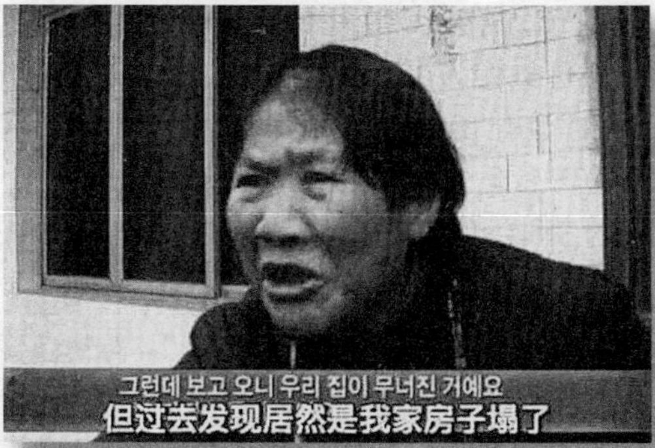

其实，“塌房”一梗最初来自一个韩国电视节目对老奶奶的采访。这位老奶奶在不知道自家房子塌了的情况下，跑去围观看热闹，没想到看到的却是自家的热闹。在采访中，老奶奶说道：“我听说那边房子塌了，就过去看热闹，但过去发现居然是我家房子塌了，一下子我的眼泪就下来了。”话语之间，可以感受到老奶奶对自家房子塌了是毫无心理预备和满是痛心，似乎房子是塌在了老奶奶的心里，内心也遭受了房子坍塌时的震裂。这种心境迁移到粉丝身上，有某种同感。

那么，粉丝们的“塌房”感从何说起呢？一则受老奶奶家房子塌了一梗影响，吃瓜吃到了自家偶像的粉丝和看热闹看成自家热闹的老奶奶，心境是相似的。而“塌房”梗对网民来说已经是提前知晓，有预设的，“塌房”粉丝借“塌房”更能表达出自己的心情。二则对于追星粉来说，偶像是他们非现实生活中的一个精神寄托，满足了他们对于理想型的美好幻想。而偶像一旦谈恋爱或者人设标签一旦崩塌，对于粉丝来说如同精神世界的“崩塌”，其打击程度就如房子坍塌一般。

这种“塌房”感实际上是一种认知上的隐喻和转喻。中国人历来看重房子，房子是家的象征，是赖以生存的地方，而房价贵作为当今社会的普遍现象，也让房子在人们心里的价值分量增加。这种认知经验经过提取、处理投射到心理认知层面，有某种相似性。房子是一种空间结构，精神世界在人的内心也是一种无形的空间结构。粉丝对自己的偶像已经产生出一种如房子般外在坚固、内在有价值意义的情感，这种情感一旦坍塌，就如房子坍塌。

其实，"塌房"一词宋代文献中即出现，原指用于寄存商旅货物的场所，宋吴自牧《梦粱录·塌房》："富豪内侍诸司等人家于水次起造塌房数十所，为屋数千间，专以假赁与市郭间铺席宅舍及客旅寄藏物货并动具等物。"在宋明时期，"塌房"又名邸店，用于寄存商旅货物以及猪、羊等牲畜，寄存者需要支付相应的寄存和保管费用。到了明代，由官设塌房，供商人寄放货物，并抽取"塌房税"。这种用法的"塌房"可记作"塌房①"。例如：

（5）帝乃命于三山诸门外，濒水为屋，名塌房，以贮商货。（《明史·食货志五》）

（6）五年，令两京户部、都察院委官、各将地方自置塌房、库房、店房、菜园、果株，并大小铺行。（《大明会典》）

（7）永乐初定制，嫁娶丧祭时节礼物、自织布帛、农器、食品及买既税之物、车船运已货物、鱼蔬杂果非市贩者，俱免税。准南京例，置京城官店塌房。（《明史·食货志五》）

（8）三月丙申，增置应天府都税司副使二员，分管三山门外沿河塌房官税。（《江苏省通志稿大事志》）

"塌房①"在明后就不再使用，已经成为历史名词。到了现代，"塌房"是指房子坍塌，并未成词，可记作"塌房②"。"塌房②"是在语言经济原则下出现的缩略形式，由于导致"塌房"的方式有多种，"塌房②"可以是"坍塌房屋""倒塌房屋""冲塌房屋""压塌房屋”“垮塌房屋”“震塌房屋”“浸塌房屋”“淋塌房子”等等的缩略形式。在句子中，“塌房②”可以用作定语和宾语，请看：

（9）一人突遭地陷之灾，埋在塌房下面，是消防官兵把他抱了上去。（《人民日报》1993年）

（10）6月19日，钱其琛一到珠海，便赶到发生火灾、塌房事故的珠海裕新染织厂，询问了救灾善后工作的进展情况，并代表国务院看望慰问了伤员。（《人民日报》1994年）

（11）常德市鼎城区60多个村的1100多户农民不同程度受灾，供电中断，数千亩农作物受损，众多农房倒塌，一老人在塌房中死亡。（新华社2002年）

（12）甲：不偷不抢你们那儿没法儿活呀。那地方太穷了，盖房子没砖、没瓦，就拿那臭黑泥往起堆，晴天也有塌房的，阴天也有塌房的。（《中国传统相声大全》）

网络用语“塌房”便是来自于“塌房②”，可记作“塌房③”。从“塌房②”到“塌房③”，通过转喻和隐喻机制，从看热闹看到自家热闹的老奶奶，到吃瓜吃到自家瓜的粉丝，两个事件的关联性以及心境表达的相似性，让“塌房”实现了由具体转指抽象；又通过结构隐喻的相似性，实现了“塌的是房”到“塌的不是房”的成功转变。

微语录·停下

有句世界名言说：“如果走得太快，要停一停，等候灵魂跟上来。”当你遇到无法解决的事情时，如果停下脚步，让疲惫的心灵喘息一会儿，或者静静地站着，看看是否还有其他路可走，问题或许就能迎刃而解。

（康　泰/辑）

万物皆可“嗑”

◎丁　颖

当你沉浸在电视剧剧情中，你钟爱的两个人物开始频频互动，你是否会激动地打下“我嗑到了”的弹幕？当你的偶像发布一张新的海报，你沉浸其中无法自拔，又是否会发布“我好嗑他的颜”的评论呢？网友们对于“嗑”这个词，应该无比熟悉。毕竟万物皆可“嗑”。

嗑，是一个形声字，从口，盍声，本义与“口”有关，《新华字典》上解释为“上下门牙对咬有壳的或硬的东西”。在“嗑”字风靡网络前，常见的用法有“嗑瓜子”。但古往今来，“嗑”的对象都并不仅限于“有壳的或硬的东西”。《易传》中有“颐中有物曰噬嗑”“噬嗑，食也”的说法。《儒林外史》第三回：“我一天杀一个猪还赚不得钱把银子，都把与你去丢在水里，叫我一家老小嗑西北风。”这里的“嗑”都与“吃”的含义基本一致。

后来，在毒品交易中出于隐蔽性考虑，黑话“嗑药”产生，最初特指在舞厅等娱乐场所吃摇头丸等毒品。此处的“嗑”也是“吃”的意思，但在此意义上增添了“好这一口”的隐含义，凸显了毒品让人神经迷乱、成瘾难断的作用。

随着“嗑药”一词的流传，网友们借用“嗑药”中“嗑”的隐含义创造了一些网络词语，最著名的就是“嗑 cp”。“嗑 cp”的“嗑”并不是“吃”的意思，而只取“嗑药”中“好这一口”的隐含义，指的是“cp”爱好者们如同“嗑药”一样上瘾。cp，即英文中的couple一词的缩写，原意是“情侣、配对”。“嗑cp”一词就用来形容粉丝非常喜欢自己支持的荧屏或小说中的情侣。该词最早出自动漫圈，近年来cp所指称的配对对象也越来越多元。只要两个人物相处时的情形让粉丝们觉得很甜，那就可以作为被“嗑”的对象了。从动漫角色到银幕情侣，再到综艺节目上“甜蜜互动”的明星，这些都已经变成粉丝们“嗑cp”的对象了。

不但如此，可“嗑”的cp对象依然在扩张。在雷神山和火神山医院火速开建的过程中，无数网友化身“云监工”，在观看直播的同时，嗑起了“挖掘机天团”的cp：恩恩爱爱的两只“小黄”，“办公室恋情”的“白滚滚”……“嗑cp”之后，“嗑颜”一词也成功流行起来。当你深陷明星的颜值无法自拔，你便能深深感受到“嗑颜”的快乐了。

现在，你是不是已经迫不及待想要拿起手机体验“嗑”的快乐了？别急，让我们再来检查检查你是否真正懂得了“嗑”。回想一下，你是怎么读“嗑cp”这个词的，“嗑”是念“kē”还是读“kè”？我们做过一个小调查，念两种不同读音的人数竟不相上下。

在现代汉语中，“嗑”为多音字，有两个声调，一是阴平，一是去声。阴平“嗑”意思为“多话”，北方方言词“唠嗑”即取此意。去声“嗑”即上文所说的“上下门牙对咬有壳的或硬的东西”，常直接作“吃”使用。根据上文对“嗑cp”一词的追根溯源，我们认为此词中的“嗑”来源于去声“嗑”，所以，此处的“嗑”也应该读去声。

“嗑”的学问，三言两语难以道明；“嗑”的乐趣，亲身体会方可了然。在工作劳累了一天之后，拿起手机，靠着“嗑cp”“嗑颜”给自己回血，每个人选择用不同的方式体验着网络带给自己的快乐。

揭秘“网络黑话”

◎李巧妮

网络语言中一直不乏稀奇古怪的短句，如果你了解它们的由来，体会到它们所传达的“梗”，那么自然可以会心一笑。当然，对此一头雾水、莫名其妙的人也不在少数。那么就让我们来为大家揭开这些“网络黑话”的神秘面纱。

先举几个例子：一条微博的言论十分幼稚，漏洞颇多，而下面有一条指正的评论却相当精彩，于是网友A评论说：“同九年，汝何秀？”网友B则回复道：“原博就是个‘九漏鱼’吧，看了真叫人‘冷抖哭’。”

“同九年，汝何秀？”是“同样是九年义务教育，你怎么这么优秀？”的缩写，用以表达对评论作者机智发言的肯定；而“九漏鱼”则与之相反，是“九年义务教育的漏网之鱼”的缩写，用来讽刺对方没有常识。至于“冷抖哭”，这三个字组合起来已经有了相当的画面感了，究其根本是“手脚冰凉，浑身发抖，眼泪不争气地流了下来”的缩略版。

通过这几个例子，相信读者们也大致感受到了这些“网络黑话”的魅力，下面我们总结一下这些特殊缩略语的“打造规律”。

一、提取原句关键词

不难发现，这些缩略语是在原来复杂句子的基础上进行了提取概括。如何筛选字词，删去赘余，对于“网络黑话”的形成至关重要。归根结底，就是“取其神，弃其形”六字。以上面所说的“冷抖哭”为例。“手脚冰凉，浑身发抖，眼泪不争气地流了下来”，这句话描述的就是一种状态，因为某件事情的发生而产生负面情绪的身体反应。

手脚冰凉，概括起来无非一个“冷”字，浑身发抖是一个“抖”字，流眼泪用一个“哭”字代替，如此这般便将原本冗长的句子变得简洁凝练了。而如若随意选取，则无法达到此种“只可意会不可言传”的奇妙效果。

二、贴合表达习惯

这些缩略语不是随意剪裁拼接而成的，它们往往符合现代汉语的表达习惯。

网络缩略语有缩略句和缩略词两种。原话如果是一个完整句子的话，那么将它进行“语言加密”的时候，我们一般不会将其缩写成一个词，而仍然保持其句子的形态。例如“同九年，汝何秀？”这句“网络黑话”里，仍然有主语谓语以及状语，显然是一个完整的句子，我们读起来也是相当通顺的。相同的还有由“我陷入了思考”这句话“加密”而成的“我陷思”，这是一个主谓宾俱全的短句。至于词和短语的“加密”，也符合现代汉语的构词法。例如“九漏鱼”是一个偏正结构的名词，在句子中也可以很正常地当作宾语来使用——“你真是条‘九漏鱼’。”类似的还有“妈见打”（主谓结构的短语），“冷抖哭”（表示状态的动词性短语）等等。

那么，这些经过“加密”的网络缩略语究竟会有怎样的表达效果呢？

首先，这些网络缩略语大多具有强烈的娱乐色彩，并且通过“浓缩”的隐晦表达强化了原句的讽刺效果。如“我真是冷抖哭”比原句直白的表述更具讽刺意味，被网友们广泛地应用于在一些微不足道的小事上做出的过激反应。

其次，本文将这些缩略语称为“网络黑话”，就意味着“它们”具有一种社群隐语的保密功能。这就在本不熟识的陌生网友之间，形成了一种传递暗号式的默契，隔着屏幕也似有心照不宣之感。

通过本文的解读，相信“网络黑话”已经不再神秘，期待读者们下次与之相遇时，能够会心一笑，共享这份“网络默契”。

有此一说

老子的"天地不仁"到底是什么意思

◎刘　旭

"天地不仁,以万物为刍狗;圣人不仁,以百姓为刍狗",见《老子》第五章,这一句在历史、政治、文学及影视作品中被大量引用,很多人都把它解成对天地的痛恨,以为是说,老天太不仁慈,才给人间制造了那么多惨剧。不只是中小学生,不少大学生甚至是某些学者和名人都在犯这个错误。

著名画家、散文家木心的《木心讲老子》(《文学回忆录》)中把老子的这句话解为对天地的诅咒——儒家"天人合一","天命不可违也",独有老子,一上来就拆穿把戏:"天地不仁,以万物为刍狗。"叛逆的气势好大!当然,奴隶们不服,反问道:"那么圣人呢,圣人是最仁的呀。"老子立即说:"圣人不仁,以百姓为刍狗。"

这种解释明显是把天地和圣人对应"瞎眼天地"和"残酷暴君"。木心老先生的才华与文笔很让人佩服,他的散文造诣非常高,能和他相比的人不多,但他在此处明显曲解了老子的本意。木心由自己的经历,把老子看得过于愤世嫉俗,其实老子是豁达的,一种超宇宙的宏大。

老子的"道",其关键点在于"无为"式的超脱。曹魏时期王弼版《道德经》在此句下注解为"天地任自然,无为无造,万物自相治理,故不仁也"(中华书局版第13页),意思是天地无为,自在自为,不需要讲仁。所以,"不仁"要和"无为"相应和,而绝不是在诅咒天地。首先要明白"仁"是从哪儿来的。

这个"仁"实际是孔子的那个仁。《说文解字》中说，仁，亲也，从人从二，本义是对人友善、相亲。后来被孔子发展为与统治相关的道德范畴，提倡"仁爱""仁政"，《论语·颜渊》中有："樊迟问仁。子曰：'爱人。'"《礼记·中庸》中说："仁者人也，亲亲为大。"《孟子·尽心下》说："仁者，人也。"

在老子看来，"仁"变成一套统治理念和价值体系正是社会崩坏的结果。《老子》第十八章说："大道废，有仁义；智惠出，有大伪；六亲不和，有孝慈；国家昏乱，有忠臣。"即仁义、孝慈本是人类的本能情感，臣子的忠心是不言自明的职业操守，但这一切都变成强制性的统治思想提出时，正是天下已经不存在这些优良品质的写照：大道废、国家混乱之时，仁义和忠臣才显得难能可贵，人心都变得功利奸诈了才会有大伪之事，只有六亲不和了，才显得孝慈的美好，此为"失道而后德，失德而后仁，失仁而后义，失义而后礼"（第三十八章）。所以，要"不尚贤，使民不争；不贵难得之货，使民不为盗；不见可欲，使民心不乱"（第三章），第十九章则直接推出绝对反"仁"之论："绝圣弃智，民利百倍；绝仁弃义，民复孝慈"，即不刻意去标榜仁爱、孝慈和忠臣之事，天下才是真的大治。老子的符合天道之"仁"实际是：统治者让百姓吃上饭、过好日子，天下就自然安

孔子和老子的纪念邮票

定，不需要你费心去告诉百姓应该怎样去做，即天地之仁是自然存在的，刻意去做反而违反天道，是“伪仁”。

总之，老子的“天地不仁，以万物为刍狗；圣人不仁，以百姓为刍狗”，实际是针对孔子的。他认为孔子的“仁学”是虚伪之学、名利之学，而“无为”“无名”“无我”之道才是万物的根本和终极。大量的诸葛亮式和山巨源式的“隐士”的存在，更见很多文人名道实儒之“名利”之心。《庄子·秋水》中直接说“伯夷辞之以为名，仲尼语之以为博”，把伯夷和孔子的仁义之行都直接归于沽名钓誉。所以，天地不仁和圣人不仁的“仁”是对孔子的否定。“刍狗”是古代祭祀时烧的草扎的狗，属于至贱之物。所以这两句大意如下：天地不仁，把万物都看成草狗；圣人不仁，把人民都看成草狗。即在无为式的天道面前，宇宙所有存在都如同草狗，什么都是平等的，都无价值，或者都有同样的价值。其隐含的意思是，人类不要老把自己当成天地的主宰，其实人和草狗一样，没有贵贱高低之分，都是渺小的。这样才更符合老子的原意。

目前，中国教育越来越重视传统文化，越来越多的孩子和网民都能正确理解老子这句话了，这是大好事。

微语录·今天

有位大师曾经说过：人生只有三天——昨天、今天和明天。昨天已经过去，不管它是辉煌还是苍凉，都让它真正地过去，不要纠结于昨天的点点滴滴。明天还未到来，那是个充满了希望的世界，可以憧憬，可以幻想，但不能太执着，因为它永远在你的前面，你不可能真正地走进明天。只有今天是最真实的，每个人都活在今天，今天的阴晴冷暖，都能切切实实地感受到，要踏踏实实地过好今天。

（乔　桥/辑）

社交新风

网络新兴语气词概说

◎徐默凡

语气词是用于句尾或句中停顿处表示一定语气的助词，是汉语特有的一种词类。书面语中常用的语气词有啊、吧、吗、呀、啦、呢等，一句话用不用语气词，用什么语气词，都会产生不同的语言效果。比如同样是表示赞同，以下表达就有不同的含义：好（仅仅表示同意，没有额外情感）；好吧（有点勉强地同意）；好呀（轻松愉快地同意）；好呢（积极顺从地同意）。在网络交际中，为了更充分地表达情感，出现了很多书面语中没有的语气词，我们来简单介绍一下。

第一个来源是对口语语气词的转写。口语中的语气词数量要比书面语多，在网络语言中引进了很多书面语不常用的口语语气词，有些没有规范汉字的就用别字方式记录，如噜、惹等。

“噜”和“惹”都是对口语中“了”或者“啦”变音形式的转写，网民一开始使用它们主要是为了求新求异，但用久了，也产生一些特定的语气意义，主要是表示轻松愉快。如“元气满满噜，好好读书好好生活！”例句中“噜”带有一种轻快的语气，所表达的事件也基本是说话人主观认为的好事。而“惹”除了轻快语气外，更加突出了说话人“卖萌”的情绪，显示自己的可爱腔调，如“我好可爱啊太可爱惹！”例句中的“太可爱惹”话语表达本身就是在卖萌，用上了“惹”更使人觉得“萌味”十足。

“惹”和“噜”的语气略有差异，可能和它们的读音差异有关。“惹”是舌尖后音加上声调，有点像小孩子发音咬舌头，因此感觉更萌了。“噜”和“惹”连用，还产生一个固定搭配，即“天惹噜”，专门用来表示出人意料的感叹，不过这种感叹是卖萌性质的，所以感叹的对象一般不是坏事，即使是坏事，也并不带有悲伤的情绪，如：“天惹噜！我忘记带耳塞回来了！”

第二个来源是对方言语气词的转写。方言中的语气词数量要比普通话多得多，用法也复杂得多。网络语体从各地方言中吸收了不少新语气词来表示特殊的情绪，这些语气词没有汉字记录，就采用谐音的方法加以转写，如来自吴方言的“伐”和“额”。

“伐”是来自上海话的疑问语气词，作用同普通话的“吗”，如“你去伐？”“饭吃了伐？”“额”也来自吴方言，作用类似于“啊”，适用面很广，但是感叹的程度要比“啊”低，表示轻微的感慨，如“很漂亮额”“好麻烦额”。值得注意的是，并不是特定方言区的使用者才选用这些方言语气词，它们是作为网络语言中一种通用的语气词被大家普遍使用的。

第三个来源是网民自创的新语气词，其特点是只有书面形式，在口语中并不使用，如吼、啊喂等。

“吼”的用例如“祝你们有一个美好的周末吼”“小姐姐好好补充能量，晚上演唱会再见吼”。“吼”可能来自拟声词“吼吼”，在网络语体中用来模拟得意的大笑声，这个拟声用法依附到句子结尾，和句子本体间不再有停顿，同时也简化为一个音节，就逐渐演变为语气词了。因为这个来源，“吼”经常用来表达一种高兴、兴奋的语气。

还有一个很有特色的双音节网络语气词是“啊喂”，如“对自己有点自信啊喂”“我已经三天没有洗澡了啊喂”。这些例子中的“啊喂”在口语中并不见人使用，可能的来源是语气词“啊”和招呼类叹词“喂”的杂糅，其语气意义也是两者的相加，既有“啊”的感叹语气，又带上了“喂”提醒别人注意的功能。

在网络交际中，语音语调都是无法用来表情达意的，语气词的功能就更加凸显出来，这是网络语言中出现大量新兴语气词的主要原因。

检测窗

编校差错扫描(三十一)

◎王　敏

花招骗人是“噱头”

【错例】至今还有人不知道非法传销的本质和嘘头。

【简析】“嘘头”应为“噱头”。“噱”“嘘”都是形声字,区别在声符。“嘘”读xū,本义指缓缓呼气、呵气。《说文解字》:“嘘,吹也。”《玉篇·口部》:“嘘,吹嘘。《声类》曰:‘出气急曰吹,缓曰嘘。’”引申指叹气,如“唏嘘”。又引申指吹捧,如“吹嘘”。“噱”读jué(豦音jù),本义指大笑。《说文解字》:“噱,大笑也。”《汉书·叙传上》:“谈笑大噱。”颜师古注:“噱噱,笑声也。”如“可发一噱”。“噱”现常用读音为xué,常用词是“噱头”,指引人发笑的话或举动,引申指滑稽、好笑,又引申指花招、骗人的手段,如“摆噱头”即耍花招。“噱头”误为“嘘头”,一方面是因为“噱”“嘘”形近易混,另一方面大概是因为摆“噱头”骗人往往离不开弄虚作假的吹嘘吧。

“焖”用小火“闷”烦心

【错例】烹调老年人食物,应多炖煮蒸闷,少煎炸熏烤。

【简析】“炖煮蒸闷”应为“炖煮蒸焖”。“闷”(mèn)是形声字,从心门声,本义指烦闷、愤懑。《说文解字》:“闷,懑也。”如

“闷闷不乐”“郁闷”。引申指密闭、不透气，如“闷罐子车”“闷葫芦”。又引申指声音粗重，如“闷雷”。“闷”又读mēn，指因空气不流通而引起的不舒适感，如“闷热”。引申指掩藏、盖着，如“许多话闷在心里”。又指不声张、不吭声，如“闷声不响”“闷头苦干”。还指久在一处不与外界接触，如“闷在家里”。“焖”(mèn)是形声兼会意字，从火从闷会意，闷也表声，本义指一种烹饪方法，即盖紧锅盖，用小火把食物煮熟或炖烂。如“油焖笋”“焖牛肉”。“炖煮蒸焖”，把菜肴煮软烧烂，便于老年人进食消化。“闷”不是烹饪方法，不能与“炖煮蒸”并列。

“癸”“揆”“暌”“睽”理分明

【错例】突然尝到儿时的美味，仿佛重逢揆违已久的老友。

【简析】“揆违”应为“睽违”。形声字“睽”“揆”声符都是癸(guǐ)，区别在形符。“癸”甲骨文作，金文作，是象形字，象二矢交错，表示用矢(箭)来度量。其籀文讹为𤼽，从癶(bō，两足)从矢会意，表示用步如矢进行测量。隶书、楷书“癸”则进一步讹为从癶从矢省。“癸”早在甲骨文中就被假借作天干第十位，且渐为假借义专用，度量之义则另加手旁造“揆”表示。《说文解字》：“癸，冬时，水土平，可揆度也。”意思是冬季农闲时平整丈量土地。“揆”本义即度量、测量。《说文解字》：“揆，度也。”引申指估量、揣测，如“揆情度理”“揆时度势”。度量需标准，“揆”又引申作名词，指准则、道理，如“古今同揆”。“暌”从日，本义指日落。《古今韵会举要》：“暌，日入也。”后“暌”本义不用，常用作“睽”的假借字。“睽”从目，本义指两目不能集中视线于一物。《说文解字》：“睽，目不相听也。”《说文解字义证》：“从目之睽当云视也。”引申指违背、乖离，如“睽异”即意见不合。又引申指分离、分散，如“睽离”即分离，“睽别”即分别，“睽违”即不在一起。但要注意：目字旁的“睽”，如今常用词形是“睽睽”，形容张目注视的样子；而日字旁的“暌”，则固定作表示分离的“睽”的假借字，如今“暌离”“暌别”“暌违”均应作“睽离”“睽别”“睽违”。“揆”是“癸”的加旁分化字，“暌”是“睽”的形近假借字。理清了它们之间的关系，就不会把“暌违”误为“揆违”了。

自相一致乃“自洽”

【错例】武术作为“基础”的意义，主要在于其身体动态的“自恰性”。

【简析】“自恰性”应为“自洽性”。“洽”“恰”都是形声字，区别在形符。“洽”从水，本义指沾湿、浸润。《说文解字》：“洽，沾也。”如“洽衿”即沾湿衣襟。引申指深入（人心）。《尚书·大禹谟》：“好生之德，洽于民心。”孔颖达疏：“洽，谓沾渍优渥。洽于民心，言润泽多也。”浸润是双向的，一方面是主动浸入，另一方面是开放接受，由此引申指双方相互融合而不抵牾，如“融洽”。又引申指广博，如“博识洽闻”。另引申指商量、商谈，如“洽谈”“接洽”“面洽”。“恰”从心，本义指用心。《说文解字》新附：“恰，用心也。”用心就能相合，引申为适合、恰好。《正字通·心部》：“恰，适当之辞。”唐朝杜甫《南邻》：“秋水才深四五尺，野航恰受两三人。”又用作副词，表示正好、正巧，如“恰如其分”“恰当”，又表示刚刚，如“恰才”即刚才。所谓“自洽”，是指事物诸要素之间是彼此融合、协调一致的，不存在自相矛盾、相互抵牾的情况。“自洽性”指的是事物自相一致的属性，与正好、刚刚无关，不能写成“自恰性”。

说文解字

古文字中的“鹅池”笔法

◎刘志基

书法理论界有一种观点，汉代以前，人们是“无意为书”，尚无书法之“自觉”。“两周金文，秦汉石刻，被今人视为艺术杰作，但在当时，写、刻者的意思，也不过如同今人写个公文、写个报告这样，只存在着为交流而写字这个通常的用意，并无艺术创造的审美动机。因此并未形成真正意义上的‘书法’艺术。”（姜澄清《论书法艺术美感的起源与发展》，《二十世纪书法研究丛书·审美语境篇》，上海书画出版社2000年出版，第75页）

作为一个先秦古文字的研究者，看了太多古文字的书法之美，对此种认识颇难认同。因此每每留意古文字中的书法“艺术创造的审美动机”之存否。大量材料证明，这种“动机”绝非“并无”，试说如下。

对书法艺术表现手段来说，避复，可以算是最能体现“艺术创造的审美动机”的一种。因此，如果先秦古文字书迹中存在此类书法艺术表现手段，则“并无艺术创造的审美动机”说就难以成立了。笔者曾经举证过甲骨文、金文、楚简文字中大量的“避复”现象，因此，一般的避复，就不再赘述了。下面说一下古文字中一种更加深层的“避复”。

书法圣地兰亭有一“鹅池”碑，碑上“鹅池”二字据传是王羲之父子手笔，这当然是无稽之谈，但是书法之美，是无可置疑的。“鹅池”究竟好在哪里？或许可以说出许多，但最明显的一点，也是用了避复的手法。但这种避复不是“字”的避复，而是

“鹅池”碑

“结构”的避复：“鹅”寻常的写法是左右结构，“池”也是左右结构，一幅作品就两个字，都是左右结构，未免单调。因此，把“鹅”写成上下结构，相对于左右结构的“池”，就有了避复之趣。

古文字中也多类似手法。仅举两例。《郭店·语丛二》15—16简：“訏生於諼，忘生於訏。”简文如下：

这句中两个“訏”自然是避复的，但还不仅如此。前一句“訏”写成上下结构的，与同句左右结构之“諼( )”形成区别（当中的“生”和“於”都是独体，没有结构问题）；后一句“訏”写成左右结构的，与同句上下结构之“忘( )”形成区别。可以认为，这样处理除了具有同字避复的效果，也达到了结构避复的目的。

《郭店·尊德义》“弗勇则亡复”（33简）……“勇不足以沬众”（35简），简文作：

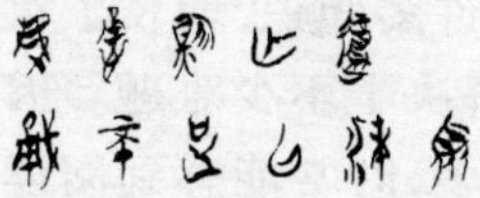

前一句的“勇”写成上下结构的“恿( )”，后一句“勇”写成左右结构的“甬攴( )”。因为两个句子并不相邻，同字避复的需求并不充分。然而，在前一句中，上下结构的“恿( )”的前后分别是独体的“弗”和左右结构的“则”，而后一句中，左右结构的“甬攴( )”后两字分别是独体的“不”和上下结构的“足”，结构避复的效果倒是更为明显的。

由此可见，汉前古人书法实践中“艺术创造的审美动机”并非乌有。

《咬文嚼字》让我受益多多

◎何新人

我是2006年开始订阅《咬文嚼字》的。多年来,我从中学到了许多知识,增长了很多见识,解决了不少难题。因为受益良多,时常能感到阅读的快乐。

我是一名语文教师。以前看到“女红”一词一直想当然地读“女 hóng”。2006年第2期《咬文嚼字》一到手,看到一篇《“女红”的“红”不读 hóng》的文章,才知道应该读“女 gōng”,同时也明白了读 gōng 的理由。自己既已成了明白人,就跟同事们说了,于是大家都告别了错误的读法。

《咬文嚼字》的内容也成了我日常生活的谈资。阅读了2007年第6期刊登的《朱军遭遇“家父门”》之后,第二天我便跟同事们讲述了朱军在和毛新宇的对话中误用“家父”一词的事情,转述了杂志中的观点,并告诫大家:与人交谈时,该用口语表达时,尽量别用书面语,尤其别故作知识渊博之样,用自己一知半解的语词,否则不但让人一头雾水,甚至会闹出丢脸的笑话。

在2017年初,当地邮局的工作失误,导致我未能订到《咬文嚼字》该年度的第1期。我要求补订,却被告知“超过征订期”。由于找不到零售点,无奈之下,我选择向杂志社求助。我给《咬文嚼字》的编委何伟渔教授写了一封信,说了对杂志的喜爱以及没能订到第1期的原因,希望何教授能帮我达成心愿。过了不久,我收到

我与郝铭鉴先生

◎张培枫

2005年，我到上海“杨家溪大酒店”帮助亲戚开店，当“办公室主任”。这个“办公室主任”宛如酒店的“大管家”，此后酒店里所有的布置、菜名都由我负责安排。

这年8月，上海延安中路上的上海展览中心举办了“书展”。我得到消息，上午九点多就跑去“书展”看看。在上海展览中心大厅中间有个不高的主席台，台下有上百张座椅。我到大厅时，所有椅子上都坐满了人。我将买来的一摞书当凳子，坐在人群边沿。那天是《咬文嚼字》杂志社在大厅中搞活动，我坐下后，《咬文嚼字》的郝铭鉴主编正好上台开始主持

……

了《咬文嚼字》杂志社寄来的2017年第1期杂志。感激之余，我立即致电编辑部，询问需要多少费用，然而接电话的同志却说：“不用了，这期杂志是赠送的。”

自此，我把《咬文嚼字》当作了我的好伙伴，大凡见到文友，都会向他们推荐这本杂志。我还特意将这本杂志借给一些人阅读，先让他们尝到“甜头”，信服之后自然就订阅了。

不怕你们说我自吹自擂，凭借从《咬文嚼字》学到的知识，我市作协的领导多次表扬我，说我是新余文学界的“啄木鸟”。新余市作家协会2011年创办《新余文学》杂志时，编辑部还邀请我担任该刊的责任校对。

活动。郝主编讲："我感谢和欢迎诸位前来参加今天的《咬文嚼字》编辑部活动。我本想今天中午请大家吃饭，但今天来了这么多人，恐怕请不起。于是我想了个办法，我到过上海很多家酒店和饭店，品尝过它们的饭菜，今天我将这些酒店、饭店的菜谱作为考卷发给大家。这张考卷上的文字含有不少错误，请你们当考生做题找错。只要谁把错误的菜名全都改对了，我一定请他吃饭，决不食言。"之后郝主编把写着菜名的卷子发给大家。这场考试比开卷考试还要开放，只见郝主编笑容可掬地站在台上，看着考生们从交头接耳小声讨论，到面红耳赤互相争论，他全程都不加阻止。等到收回答卷，郝主编当即公布答案，我发现22个差错中自己找出了20个，有两个没答对。当场批完卷子后，我的成绩为全场第一，不过毕竟没全对，我也没能"吃上饭"。

我在活动结束后，拿着自己的名片找到郝主编，对他说："我是福建人，在闵行金都路1号的杨家溪大酒店工作。我诚邀你们编辑部人员方便时来酒店吃个饭，我请客。"郝主编当即也给了我他的名片，并答应道：有空我们一定去看看。

过了几天，郝主编给我挂了电话，说周末上午他们编辑部来杨家溪酒店应邀做客。我便让厨师长做好了迎客的准备。当天，《咬文嚼字》编辑部果然来了，包括主编、副主编一共8位"文字精英"。吃饭之前，这些文字大师从酒店的墙壁字画到百来道菜肴的名称、价格，从字体大小到内容简繁，全都仔细地看了一遍。检查完毕后，得知所有文字都是我写的，对我赞赏有加。特别是副主编王敏先生，我在进店时拿了一册自己写的故事《糊涂才连中三元》给他看，直到大家都上桌吃饭，王敏先生还在目不转睛地盯着书看，看完后才开始用餐。

读书

夏后氏之外的另一种夏人

◎郑张尚芳

禹接替舜为部落联盟共主，称夏后氏，《史记·夏本纪》“夏禹”正义：“夏者，帝禹封国号也。《帝王纪》云：禹受封为夏伯，在豫州外方之南，今河南阳翟是也。”（古本《竹书纪年》作阳城，非阳翟。）

原来夏是禹成功后的封地，所以禹也曾被称为“戎禹”，因他出身原不是夏人是戎人（生于石纽，在汶山广柔）；或称“崇禹”（《逸周书·世俘》），《尧典》“伯禹”传“禹代鲧为崇伯”。那么“夏”是在他被封之前已有此名，禹被封为夏人君长，故才称夏后（夏王称后，如古本《竹书纪年》后启、后相、后泄、后桀，即因戎语首领为“后”，比较藏文 hgo），而不单称有夏。

这就如周王弟叔虞被成王封为唐君，故称唐叔，但那里不仅原是周王所灭唐国之都，也是一处故夏墟，所以《左传》定公四年叙述分封唐叔事：“命以《唐诰》，而封于夏虚（墟），启以夏政，疆以戎索。”杜注：夏虚（墟），大夏，今太原晋阳也。新君来了，不是靠周法，还拿原住民的习惯法来管治。后来叔虞之子燮父改国号为晋，三家分晋后魏国自命晋国正统，还“乘夏车，称夏王”（《战国策·秦策四》）。

此处故夏墟也称大夏之墟。《左传》昭公元年：“子产曰：昔高辛氏有二子……季曰实沈……迁实沈于大夏，主参，唐人是因，以服事夏商……及成王灭唐，而封大叔焉，故参为晋星。"《括地志》："夏后别封（尧裔子）刘累之孙于大夏之墟为唐侯。"这都把夏后与大夏分别开来，对着说。

《尚书》在夏后氏之前，已提到夏。《尧典》："帝曰：皋陶，蛮夷猾夏，寇贼奸宄（guǐ）。汝作士，五刑有服，五服三就。"伪孔传"猾，乱也"，《史记》集解引郑玄注："猾夏，侵乱中国也。"牟庭《同文尚书》："按，猾夏者，谓中夏人之狡猾者……僖二十一年《左传》曰：'蛮夷猾夏，周祸也。'谓或蛮陌外夷，或中夏狡猾之人，皆为周祸，非谓蛮夷侵中夏独足为祸也。"这些猾夏还和蛮夷一样成了皋陶专政的对象，因此俞樾《俞楼杂纂》二十五又引《孔宙碑》"是时东岳黔首、猾夏不宁"为比，疑夏为扰（擾）。而梁启超《中国历史研究法》第五章则提出质问：《尧典》"此语盖甚可诧。夏为大禹有天下之号，因禹威德之盛，而中国民族始得'诸夏'之名，帝舜时安得有此语？假令孔子垂教，而称中国人为汉人，司马迁著书，而称中国人为唐人，有是理耶？此虽出圣人手定之经，吾侪终不能不致疑也"。

在过去，以上这些疑问的确很难解释。

现在我们知道，中国古代北方曾分布着一个大夏族，不但在北狄形成的过程中是重要成素，甚至还可能是中原一些地区的先住民族，和中原华族先民包括夏后氏有交替关系。看历史遗留的大量夏墟，就既有夏后的，也有大夏的。

《史记·秦始皇本纪》："禹凿龙门，通大夏。"这是禹治水时所到之地域，可能即于此留下重大影响。按《水经注》："大夏川径大夏故城南，东北注于洮水。"可见大夏河因古大夏城而得名，今甘南大夏河旁还有临夏县、夏河县。

《史记·封禅书》："桓公曰：寡人北伐山戎过孤竹，西伐大夏涉流沙。"

《管子·小匡》载齐桓公："西征，攘白狄之地，遂至于西河，方舟投柎，乘桴济河，至于石沈，县车束马，逾太行与卑耳之貉，拘秦夏，西服流沙西虞，而秦戎始从。"秦夏即上列封禅书的大夏，国近西河，西近流沙。

秦始皇《琅邪台铭》："西涉流沙，南尽北户，东有东海，北过大夏，人迹所至，无不臣者。"即秦时尚以大夏作为北方国族的代表。

《逸周书·王会》北方台"其西般吾白虎，屠州黑豹，禺氏駒駼，大夏兹白牛……"下还列有犬戎、数楚、匈奴。此篇所附托名伊尹的《商书·四方献令》："正北空同、大夏、莎车、姑他、旦略、豹胡、代翟、匈奴、楼烦、月氏、孅犁、其龙、东胡，请令以橐驼、白玉、野马、騊駼、駃騠、良弓为献。"

上篇内大夏都和月氏（禺氏）、匈奴并列，作为北方游牧民族代表贡献牛马骆驼。但我们另文怀疑过，大夏（古音*dagraa）就是吐火罗 tokhara，藏文 tho-gar 的兼意音译，是白种的印欧人，月氏是其一支（乌孙也是），他们的势力从中原撤出后，退保河西走廊及西域，在唐代还分布在焉耆、龟兹、吐鲁番，有吐火罗语文献为证，但后来融合于突厥人。部分大夏人西迁到妫水以南的"大夏"（Bactria）的，之后也融入当地人种，文书采用了当地语言，但原来正说吐火罗语，《汉书》称其都城"监氏"，《史记》作"蓝市"，就是吐火罗语 kamti（城）。

中国北方游牧族在和其南方华人较量中失利而导致的大西迁有三次，其中最早西迁的游牧族是大夏，其次是匈奴，最晚是唐代的突厥，他们都引发了其他民族的迁徙链，所以叫作大迁徙。

（选自《胭脂与焉支》，上海教育出版社 2019 年 4 月出版）

向你挑战

沈从文“怕了”

（文中有十处差错，你能找出来吗？答案在本期找）

◎伯　淮　设计

沈从文学力只到小学毕业，但他通过多部小说的发表，在文坛斩露头角。1929年，经徐志摩推荐，沈从文被中国公学聘为国文系讲师，给大学部一年级学生受课，讲新文学和写作。

在沈从文任教的首日，教室里一早就坐满了学生，不少人都是慕名而来，想一睹这位青年才俊的风彩。

上课时间到了，沈从文走进教室，站在讲台上，看到下面黑压压坐满了人，心不由怦怦直跳。教室内鸦鹊无声，大家都把目光集中到了这位新任讲师身上。备课时沈从文是下了不少苦功的，可这时一句也说不出，所有话都堵在了嗓子眼里出不来。

就这样，沈从文站在讲台上发楞，学生坐在教室里等他开讲。好几分钟的沉默之后，沈从文才聚拢了神思，一边语速极快地讲起了课，一边在黑板上龙飞凤舞地写着提纲。结果，原计划讲一小时的课，不到半小时就讲完了。

接下来怎么办？沈从文再次陷入窘境。无赖之下，他拿起粉笔在黑板上写道：“我第一次上课，见你们人多，怕了。”看到这句话，学生们发出一阵善意的笑声，并热烈鼓掌，给这位“怕了”的讲师以鼓励。

即使第一次上课就出了“洋相”，但沈从文并没有气馁，他对“失败”进行了反醒，找到了存在的问题和努力的方向。很快，沈从文就能在讲台上挥撒自如了，并且得到了学生们的爱戴。

火眼金睛

图中差错知多少？

岳 伟 龙启群 刘春生 雷晓琪 提供

（答案在本期找）

1

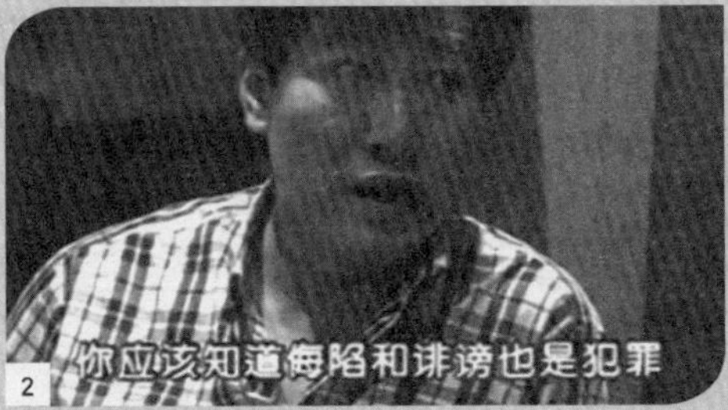

2

3

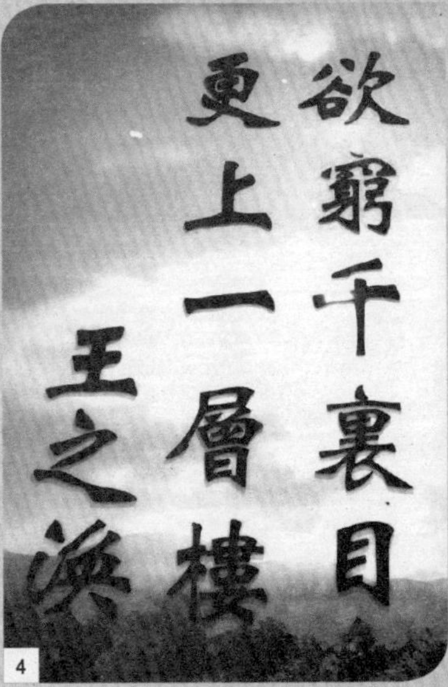

4

ISSN 1009-2390

03>

9 771009 239210

YAOWEN-JIAOZI

咬文嚼字®

清明

二十四节气之一，在4月4日、5日或6日。此时阴退阳进，万物“吐故纳新”，呈现出一片“清净明洁”之态，故曰“清明”。《逸周书·周月》朱右曾校释引孔颖达曰：“清明，谓物生清净明洁。”民间有清明节踏青、扫墓的习俗。

上海世纪出版集团

欢迎至邮局订阅本刊 邮发代号 4-641

国内统一连续出版物号 CN 31-1801/H

定价：6.00 元

04

2021

父亲的评价

王 笑/文 臧田心/画

黄文秀生前是广西百色市委宣传部派驻乐业县新化镇百坭村驻村第一书记，她给村民留下了许多可歌可泣的故事。在黄文秀任上，百坭村 103 户贫困户脱贫 88 户。2019 年 6 月 17 日凌晨，黄文秀遭遇山洪因公殉职，年仅 30 岁。今年 2 月 25 日，全国脱贫攻坚总结表彰大会在人民大会堂隆重举行，黄文秀被授予“全国脱贫攻坚楷模”荣誉称号。在习近平总书记念出黄文秀名字的瞬间，泪水在其父亲的眼中回旋，人们看到无不心碎！“女儿回乡后一心扑在工作上，是党培养了她，她为党的事业做出了贡献，我为她骄傲！”这是黄文秀父亲对女儿的评价。

咬文嚼字®

2021年4月1日出版

4
总第316期

主管：上海文艺出版总社
主办：上海文化出版社
编辑、出版：《咬文嚼字》杂志社
集团网站：http://www.shwenyi.com
E-mail：yaowenjiaozi2@163.com
官方微博：
http://weibo.com/yaowenjiaozish
电话传真：021-64330669
发行电话：021-64372608-181
邮购电话：021-64370935
地址：上海市黄浦区绍兴路7号
邮政编码：200020
发行：上海市报刊发行局
发行范围：国内外公开
订阅处：全国各地邮局
邮发代号：4-641
ISSN 1009-2390
CN 31-1801 / H
印刷：上海中华印刷有限公司
印厂电话：021-60829062
021-60299079
定价：6.00元

名家语画
父亲的评价　王　笑/文　臧田心/画/1

热点聚焦
要奋斗，别内卷　刘心萌/4
防疫抗疫用的字母词　南　园/6

锁定名人
《老子的帮助》中的两处差错　李延春/8
中国"让世界为之侧目"？　杨宏著/9

时尚词苑
"直播"与"带货"　代宗艳/10
福袋·扭蛋·盲盒　高丕永/12
多姿多彩的"花式××"　王冬雪/14

一针见血
何来"附冀"　周宇翔/16
"成讦"应为"成谶"　洪　竹/16
"生死已"还是"生死以"？　吴孝成/17
不是"岜"，应是"邑"　厉国轩/18
应是"兵马铃辖"　厉申东/18
误用"唁电"　秦　武/19
花朵落在"窗枢"上？　居容人/19
拉萨何来"八廊街"　文昌聿/20
"拾步"乎？"信步"也！　辜良仲/20
应是"钴鉧潭"　李景祥/21
荒废政事称"怠"政　杨昌俊/22
"秉钓"？"秉钧"！　肖遥生/22
形容自如应用"裕如"　杨为仁/23

语言哲思
拾荒，培根，车厘子　宗守云/24

追踪荧屏
"世面"误为"市面"　王凤娇/26
"谷个子"不等于"谷子"　梁德祥/27
读错了"解甲归田"　汤青武/28

微型讲坛
进行时还是进行式？ 石毓智 /29
说“厕” 陈运舟 /32

文章病院
“垆”是用酒坛垒的？ 盛祖杰 /34
“爙灾祈福”？“禳灾祈福”！ 江城子 /35
“连枷”岂能“割稻” 刘曰建 /36
毛泽东写的不是“尽折腰” 周　振 /37
全国人大常委会没有“副主任” 赵旭国 /39
应是“凤头猪肚豹尾” 金　甲 /40
小鱼“期期艾艾”地游？ 谢云秋 /41

万花筒
美国副总统的中文姓名 林国安 /42

社交新风
小议朋友圈评论策略 徐默凡 /44

检测窗
编校差错扫描（三十二） 王　敏 /47

网言网语
“中二病”是什么病 吕依瑶 /50
网络文学中的“刀” 翟子颀 /52
此“韭菜”非彼韭菜 梁　聪 /54

东语西渐
英语之“牛”何其多，英译“牛年”选哪头 陆建非 /56

说文解字
由“福”“祸”之辨说开去 刘志基 /59

读书
中华文明古史 郑张尚芳 /62

向你挑战
爱的链条 梁北夕　设计 /64

热点聚焦

要奋斗，别内卷

◎刘心萌

要说2020年热度最高的网络语言，“内卷”当仁不让，各大主流媒体关于“内卷”的讨论层出不穷，简直“万物皆可卷”。豆瓣话题“你所在专业或从事行业有哪些‘内卷’现象”下，已有千万级的浏览量，数百条回答涉及求职、晋升、育儿、升学、婚恋各个领域。那么问题来了，到底什么是“内卷”呢？

“内卷”从字面意义上不难理解，简单说就是“向里面把东西弯转成筒形”。据考证，“内卷”原本还是一个社会学概念，最早由人类学家吉尔茨在《农业内卷化——印度尼西亚的生态变化过程》一文中提出，意思是“边际效用递减、没有发展的增长”。后来，中国的历史社会学家黄宗智用“内卷”来研究长江三角洲的小农经济，据此解释为什么当时的社会运行没有出现大突破。

如今作为网络热词的“内卷”，显然没有那么深奥的学术含义，而是带上了调侃的意味，其最早流行可能源于几张清华学霸的照片，有同学边骑自行车边看电脑，因其过分努力的行为给旁观学生带来焦虑和压力，被称为“清华卷王”。由此生发的网络用法层出不穷：可以作为名词，如“人生是张饼，内卷是宿命”；可以作为动词，如“今天你又内卷了吗”；也可以作为形容词使用，如“这个人也太内卷了”。

从字面意义上的“内卷”，到学术意义上的“内卷”，再到网络语言中的“内卷”，它经历了一个语义指称对象泛化，同时语义内涵不断丰富的过程。

在网络语言中，“内卷”主要表达以下几种隐含意义：

首先是竞争的白热化导致竞争的无序化。人们在日常生活的方方面面拼尽全力，以使自己在社会上获取竞争优势，但最终却会导致竞争的无序化，让整个群体在这种“不良竞争”中受损。比如外卖小哥原本有10分钟送餐时间，结果有人通过提速、占道等不良竞争行为，提前几分钟抵达，公司通过大数据计算，觉得他们还能再快，就会进一步缩短送餐时间。在这种情况下，外卖小哥尽管已经非常努力，甚至因闯红灯等行为有生命危险，但规定的送餐时间却越来越短，工作环境越来越恶化。这里把外卖小哥整体送餐时间的缩短、竞争的残酷激烈形容为“内卷”，便是第一种语义的抽象。

其次是过度精益求精带来无意义的重复。比如新时代的母亲们在育儿活动中食不厌精、脍不厌细，以往粗糙的养育方式被过度精细化取代，各种紫外线消毒奶瓶、针对婴儿不同部位的护肤品层出不穷，各位母亲绝不敢让娃输在“起跑线”，这被戏称为“母职的内卷化”。再如996公司的加班制度，很多职员花费了大量时间“磨洋工”，虽然回家越来越晚，看上去人人都很努力，公司的整体效益却并没有提升。这个层面的含义与学术意义上的“内卷”有共通之处，都是指过度的精细化带来的内耗。

最后是大众身不由己地被裹挟进入无处不在的竞争。这里的意思强调了“内卷”不是主观努力、主动选择的结果，而是出自被逼无奈、不努力就被别人甩下的恐惧。这一点在“教育内卷”“育儿内卷”“职业内卷”上都有充分的体现，比如补习班广告就利用这一点：“您来，我们培养您孩子；您不来，我们培养您孩子的竞争对手。”这样的广告词，立刻使家长产生一种焦虑，从而被胁迫进入内卷轨道，结果“越能吃苦，越过却越苦”。

理解了“内卷”，就可以发

防疫抗疫用的字母词

◎南园

2020年初以来，防疫抗疫成了新常态，媒体上经常出现一些有关的字母词。先简要介绍几个有关新冠病毒名称以及检测的字母词。请看以下例句（本文例句的年份均为2020年，以下年份从略）：

（1）医护人员如何有效防护COVID-19？世卫组织如是说（标题，《科技日报》2月20日）

（2）天津首批一万人份“2019-nCoV病毒检测试剂盒”发往武汉（标题，《民族日报》1月28日）

（3）科学家首次实现对新冠病毒RNA直接测序（标题，《中国科学报》3月11日）

（4）在一次新闻发布会上，钟南山院士特别推荐了抽血筛查IgM/IgG抗体和咽拭子核酸检测的“双重检测”措施。（《人民日报》3月14日）

例（1）的“COVID-19”，来自WHO（世界卫生组织，简称“世卫组织”）确定的新冠肺炎英文名称。例（2）的“2019-nCoV”，来自WHO建议使用的新冠病毒英文名称。这两个字母词，因为发音比较复杂，一般只用于书面语。例（3）的“RNA”指“核糖核酸”。核酸有两种主要类型，一种是“DNA”（脱氧核糖核酸），另一种就是“RNA”。对新

现“努力”“奋斗”“拼搏”不等于“内卷”，“内卷”指的是那种在不合理竞争中为了胜出不择手段的无序竞争。对我们来说，该如何做到努力拼搏而不陷入内卷呢？首先，我们不能盲目跟风，要明白自己想要的到底是什么；其次，不要一味迎合别人的评价体系，相信“三百六十行，行行出状元”；最后，不要总是陷入无意义的比较，稳扎稳打，安心走好属于自己的道路。总之，需要我们扪心自问，做出适合自己的正确选择。

冠病毒RNA的测序，就是确定其基因组序列（遗传信息）。这对及时发现病毒变异、检测病毒、治疗病患、研发疫苗都有决定性意义。由于新冠病毒只含“RNA”一种核酸，因此检测体内有没有新冠病毒的“核糖核酸检测”（RNA检测），可以简称“核酸检测”。例（4）的“IgM（免疫球蛋白M）”和“IgG（免疫球蛋白G）”，是体内因感染新冠病毒而产生的特异性抗体。检测有没有这两种抗体就是检测是否感染过新冠病毒。

下面，简单介绍一下防疫抗疫中其他几个常见的字母词。请看以下例句：

（5）核酸判断“有没有”，CT判断“重不重”（标题，《解放日报》2月6日）

（6）ECMO支撑21天，她终于走出ICU（标题，《羊城晚报》3月14日）

（7）该技术所需的纳米孔测序平台对实验室要求不高，适合在医院和CDC等实验室开展。（《人民日报》3月4日）

（8）……已经有186个国家和地区加入COVAX全球新冠疫苗计划。（《人民日报》11月16日）

例（5）的“CT”，指“与计算机技术相结合的X光机”，特点是“断层扫描”。“X光机”也是字母词，百年前的同义字母词是“X光镜”。例（6）的“ECMO”，指“体外膜肺氧合装置”，俗称“人工肺”，是ICU（重症监护室）里为急危重症患者提供生命支持的体外循环系统。例（7）的“CDC”，泛指“疾病控制和预防中心”。但是，“CDC”本特指“美国疾病控制和预防中心”。所以，现在特指的“CDC”前面需加上“美”或“美国”，否则容易误解。例（8）的“COVAX”，是WHO主导的“新冠疫苗全球分配机制”，汉语一般写为“全球新冠疫苗计划”或“新冠肺炎疫苗实施计划”。可能是为了受众更好理解这个新字母词，经常把“COVAX”和它的汉语名称连在一起使用。比如，例（8）。

锁定名人

《老子的帮助》中的两处差错

◎李延春

何来“毋为己甚”

王蒙先生著作《老子的帮助》(华夏出版社2009年出版)第38页上有这样一句话:“第九章的中心是讲物极必反,毋为己甚,急流勇退,见好就收。这样的道理在我国已经成为常识,各种说法很多,但是做到的却很少很少。”“毋为己甚”应为“毋为已甚”。

“已(yǐ)”有多个义项,其中一个义项为太、过分。毋为已甚,也写作“不为已甚”,即不做得太过分,多指对人的责备或处罚适可而止。语出《孟子·离娄下》:“孟子曰:‘仲尼不为已甚者。’”讲的是孔子待人处事从来不做太过分的事情。

“己(jǐ)”义为自身、自己,也是天干的第六位。“毋为己甚”难以索解。

灭亡不能称“浡”

《老子的帮助》第121页有句曰:“一个是至少在当时,想掌控天下、打造天下的人(各国的君王、大臣谋士们)太多,成功的太少。兴之也忽、亡之也浡的太多,铁打的江山太少。”其中“兴之也忽”与“亡之也浡”中的“忽”和“浡”两字应调换位置。

浡,音bó,义为兴起,事物自始生而发展起来,由小而大或由少而多。《孟子·梁惠王上》:“天油然作云,沛然下雨,则苗浡然兴之矣。”“苗浡然兴之”即禾苗蓬勃地生长起来。忽,本义为忽略、不重视,也可表迅速、快速。《左传·庄公十一年》:“桀、纣罪人也,其亡也忽焉。”

“浡”在使用习惯上与“兴”搭配,不可与“亡”搭配。“亡之也浡”说不通。

中国"让世界为之侧目"？

◎杨宏著

钱文忠著《戊子草》(青岛出版社 2014 年 4 月出版)第 3 页上说：

导致惨重损失的汶川大地震更是震惊了世界。然而，中国没有倒下，中国挺住了，中国自信自己依然能够为世界贡献上一场精彩的奥运会，这就理所当然地让世界为之侧目，中国赢得了全世界的尊重。

其中的"侧目"一词使用不妥。

侧，义为向旁边歪斜。"侧目"可指不敢正视，用来形容畏惧。如沙汀《淘金记》第一章："在他身后一席上，一共有五个茶客，全是江湖上的朋友，曾经凭着手枪或者骰子使人侧目，但是现在已经规矩起来了。"也可表示斜目而视，用来形容愤恨。如陈天华《中国革命史论》："始皇之暴戾恣睢，虽人皆侧目，而卒无敢发难者，必待其死而后反侧四起。"还可指斜目旁视。如夏丏尊、叶圣陶《文心》十五："乐华侧目凝想，同时把收据藏进衣袋里。"上述文章想表达的是中国获得世界的肯定和赞许，"侧目"用在此处不合文意，可改用"瞩目"或"注目"。

瞩，义为看见、注视。"瞩目"即注视。"注目"的意思也是注视，还可表示重视。上述引文中使用"瞩目"或"注目"，就能准确表达文意。

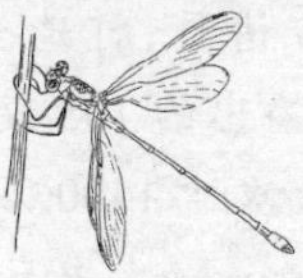

“直播”与“带货”

◎代宗艳

随着网络运用的普及化，网络文化时时影响着人们的生活，丰富了人们的语言表达方式。近年来，“直播”一词的使用频率逐渐攀升，如“网络直播”“游戏直播”等，层出不穷。广播电视界将“直播”界定为“广播电视节目的后期合成、播出同时进行的播出方式”。按播出场合可分为现场直播和播音室或演播室直播等形式。而目前流行的“直播”，多指网络直播。例如：

（1）浙江省诸暨市创设“1963法润”直播平台，在线互动开展理论宣讲、法律普及，孵化网红宣讲员、打造全天候云课堂，已播出的105期节目，累计观看人次逾1400万，评论超50万条……（《人民日报》2020年11月10日）

（2）网络游戏直播是网络游戏迅猛发展的衍生品。游戏产业的高速发展为网络游戏提供了大量的直播内容，同时通过网络直播，网络游戏的受众也迅速扩大。（《中国新闻出版报》2020年9月24日）

淘宝、抖音、快手、拼多多等多种网络平台发展迅速，网络直播已经由早期的游戏直播转换为多种以“带货”为主要形式的电商直播。例如：

（3）今年进博会首次启用线上直播带货形式，在各路主播的带动下，广大观众足不出户就可以云上打卡、云上逛展，从而无限延展了进博会的时空。（《中国青年报》2020年11月10日）

（4）香甜软糯的玉米、甜脆多汁的苹果、厚实匀称的木耳……如果您不能亲临现场选购我省物美价廉的扶贫产品，展位中直播带货的主播们或许能够为您解决这一遗憾。(《吉林日报》2020年10月17日)

所谓“直播带货”，就是指通过一些互联网平台，使用直播技术进行商品线上展示、咨询答疑、导购销售等的新型服务方式。既然“直播带货”是一种以销售为目的的直播模式，那么为什么不称之为“直播售货”“直播卖货”或者“直播销货”呢？首先，“带”含有“带动”之意，“带货”即指明星等公众人物对商品的带动作用，现实社会中，明星们对某一商品的使用与青睐往往会引起消费者的效仿，掀起这一商品的流行潮。其次，与传统的“卖货”不同，带货主播往往从产品使用者的角度来推荐产品，他们在话筒前、镜头前以有声语言为主要手段，跟粉丝现场互动，营造出一种轻松活泼的气氛，减少了传统推销给人们心理上造成的不适感。再者，“带货”在语言使用上比较含蓄、委婉，甚至可以给听话人留下一定的想象空间，比起直截了当的销售，更容易被人接受。

网络购物在带动消费新市场、推动人民就业、发展网络经济等方面发挥了重要作用。2020年初以来，由于疫情的影响，线下销售模式遭受较大冲击，直播带货表现出极强的爆发性。当前，以李佳琦和薇娅为代表的带货主播成了网红，网络电商直播构筑了一种新的消费情境。如今，“直播销售员”已经成为一种新的职业。例如：

(5)“直播带货”等新型消费模式的兴起和发展壮大，不仅催生了“直播销售员”等新职业，带动许多地区广大群众脱贫致富，更为数字经济注入了新的活力。(《人民日报》2020年11月10日)

作为新事物，“直播带货”也存在虚假宣传、质量低劣等新隐患。消费者应当具有一定的辨别力，避免盲从，理性消费，适度消费。

福袋·扭蛋·盲盒

◎高丕永

近年来，“盲盒”引领着新潮的消费，受到年轻人的热捧。这是一种营销手段。在“盲盒”之前，还流行过“福袋”和“扭蛋”。“福袋”“扭蛋”“盲盒”都一样，主要是满足了人们体验惊奇消费的需求，玩的就是心跳。

19世纪中叶，英美的集市、杂货店等，开始廉价出售可以任意选购的小袋子。里面装了什么，打开才知道。这种价格低于袋内物品价值的袋子，美国英语叫作“grab bag”（“grab”指“快速抓取”，隐含“机不可失”之义，“bag”指“袋子”），英国英语则称为“lucky bag”（“lucky”指“幸运的”）。20世纪初，日本的百货公司为了在新年等节日里促销（也为了处理尾货），引进了“lucky bag”，意译并用汉字写为“福袋”。20世纪90年代，“福袋”传入中国，汉语也写为“福袋”。

20世纪80年代，日本从美国引入了“capsule toy”（“capsule”指“密封容器、胶囊”，“toy”指“玩具”）。日语音译“capsule toy”写为“カプセルトイ”。这种装有动漫玩偶、玩具等像胶囊一样密封起来的塑料容器，形状像蛋，因此日语里俗称为“蛋（たまご）”。这种“蛋”一般放在自动售卖机里销售。买家投币后，扭转机器上的旋钮，机器就会下一个“蛋”。拿到“蛋”后，才知道买到的是哪一款。本世纪初，这种“蛋”从日本传入中国，汉语一般意译为“扭蛋”，出售“扭蛋”的机器叫作“扭蛋机”。

三四年前，又从日本传来了“盲盒”。现在，一些城市的地铁站、超市里，设有盲盒自动售卖机。“盲盒”的营销手段，与

“福袋”“扭蛋”基本相同：动漫、影视作品的系列玩偶，或者原创设计的系列玩具，放在外表相同的包装盒内。买家只能随机购买，打开后才能看清。有的玩家，“一入盲盒深似海”，为了买到心仪的款式就不得不买买买。玩家中还流行着一些有关“盲盒”的专用词语。比如，“抽盒”指“随机购买某系列中的一个”，“端盒”指“将某系列一锅端（全部买下）”，“雷款”指“不好看的款式”，“稀有款”指“制作特别精致，很难‘抽’到的款式”，等等。

汉语的“盲盒”，从日语借入。日语的“盲盒”，则从英语借入。英语的“盲盒”，常见的有三种说法：“blind case”“blind box”“blind pack”（“blind”指“盲的，未看实物而购买”；“case”“box”“pack”均指“盒子”）。如果“盲盒”的外包装用的是袋子，英语称为“blind bag”。日语意译，用汉字写为“盲袋”。汉语也写为“盲袋”。比如：“系列6共有69款盲袋，内含不同惊喜，其中有一个金色稀有

款。”（《中外玩具制造》2020年第6期）

“盲盒”，在商圈里颇受欢迎。比如：“近年来，这种靠神秘感和不确定性来吸引买家的营销方式渐成时尚，‘万物皆可盲盒’，实体书店卖书也瞄上了盲盒的玩法。”（《广州日报》2020年5月7日）又如：“百威啤酒的限量版盲盒，包含宇航员、包租公等行业角色的旺仔牛奶职业罐，藏有小龙虾、花椒鸡或馋嘴牛蛙的今锦上生鲜盲盒……近日来，由潮玩掀起的‘盲盒’热潮里，频频出现跨界新玩家，也成为不少消费者的新宠。”（《每日商报》2020年10月15日）

多姿多彩的“花式 ××”

◎王冬雪

“花式”,名词,本义是“花纹(以及颜色)的式样”,后引申出“多种多样的”这一义项,具有形容词的特点。

最初,“花式”作为形容词主要用于体育领域,常与一部分运动项目名称合起来构成定中结构,如“花式足球”“花式跳绳”“花式篮球”。随着使用频率逐步提高,“花式”的词义开始转移,由形容事物性质状态演变为形容动作方式。“花式”常常用在动词前,作状语,组成状中结构“花式 ××”。其使用状况如下:

首先,“花式 ××”的应用领域扩大了。例如:

(1)线上线下学习《民法典》新意十足,“花式”普法更接地气(标题,《人民日报海外版》2020 年 11 月 6 日)

(2)由《今日影评》团队与脱口秀达人李雪琴联手打造的《电影大会》,将于 2021 春节档花式“召开”。(《北京日报》2020 年 11 月 19 日)

(3)90 后开始花式养生,80 后爱跑步对抗中年焦虑。(《北

“盲盒”,还“出圈”到了公益等其他领域。比如:“上海福彩推出微信游戏助力营销宣传 线上盲盒抽奖 探索‘趣味+公益’新玩法”(标题,《中国社会报》2020 年 7 月 6 日)。又如:“近日,多所高校陆续发放录取通知书。鲜花种子、校徽盲盒、时光转盘、风琴折页、剪纸艺术……别出心裁的设计、各具特色的创意,赢得不少网友点赞。”(《人民日报》2020 年 8 月 13 日)

京青年报》2020年11月4日）

“花式××”不再局限于体育领域，已经扩展到政治、经济、文化等诸多领域。例（1）中“花式普法”属于法律领域，例（2）中“花式召开”属于文化领域，例（3）中“花式养生”属于日常生活领域。疫情期间大家无法外出，只能利用有限的场所自行开发丰富多彩的活动方式，因此衍生出了一批“花式按电梯”“花式上网课”等与生活起居息息相关的表达。

其次，“花式××”的“××”由动词扩大到动词性短语。例如：

（4）视频里，深情表白之后，卢泽昭还“花式”秀成绩。（《解放军报》2020年3月1日）

（5）浙江企业八仙过海各显神通，开始花式助力口罩的生产。（《都市快报》2020年2月28日）

起初“花式”修饰的中心语以双音节动词为主，例如“花式促销”“花式直播”“花式养鸡”；后逐步扩展到修饰短语，甚至修饰一个小句。类似例（4）、（5）的表达方式渐渐增多，如“花式打发时间”“花式抢注商标”“花式秀出你的童心”。

再次，“花式××”的感情色彩多样化。例如：

（6）面对国内疫情防控的大溃败，美国政府抗疫不力的失误和责任再难掩盖，而美国政客“花式甩锅”的滑稽闹剧更是沦为笑柄。（《人民日报》2020年11月17日）

（7）苏大强则被刻画成“花式作妖”、懦弱胆小、自私自利的形象。（《光明日报》2020年7月8日）

以往“花式××”的感情色彩一般都是中性或褒义的，如今跟例（6）的“花式甩锅”，例（7）的“花式作妖”一样，像“花式奉承”“花式逃税”“花式造假”之类的贬义用法也多起来了。

新世纪以来，生活水平日益提高，人们开始追求精神文化上的富足，状中结构“花式××”的走红体现了人们无穷无尽的想象力和创造力。

一针见血

何来“附冀”

◎周宇翔

《党员、党权与党争》(华文出版社 2010 年 11 月出版)第 211 页上有这样一句话:“原来党权并非真正高于一切,而是附冀于政权和军权之上。”其中的“附冀”应为“附骥”。

“附骥”是“附骥尾”的略语,也可作“附尾”,“骥”在这里指良马、骏马。“附骥”即蚊蝇附着于良马之尾,可以随之日行千里,比喻依附先辈或名人之后而成名。语出《史记·伯夷列传》:“颜渊虽笃学,附骥尾而行益显。”这句话的意思是:颜回固然一心向学,然而他的名声还是借由孔子才得以彰显的。“附骥尾”有时也与“攀鸿翮”搭配使用,如王褒《四子讲德论》:“夫蚊虻终日经营,不能越阶序,附骥尾则涉千里,攀鸿翮则翔四海。”后来“附骥”的用法逐渐泛化,表攀附之义,如《红楼梦》第三十七回:“是这么着就起,若不依我,我也不敢附骥了。”

上引文想要表达的是,20 世纪 30 年代,国民党的党权日趋衰落,沦为政权和军权的附庸,“附骥”用在此处,是值得商榷的。“冀”义为企图、非分地谋求,也有希望、盼望的意思,把“附骥”写成“附冀”是根本说不通的。

“成讦”应为“成谶”

◎洪　竹

唐瑜著《二流堂纪事》(生活·读书·新知三联书店 2005 年 11 月出版)第 50 页上刊有一幅北京市北海公园的照片,其右侧附有一段说明文字,大意说的是“文革”时期,江青为了把北海公园作为私人游乐的花园,在必经之路的桥梁前设置了铁栏,“岂料此‘铁栏’成讦,不久之后,自己和‘自己人’都进了铁栏,加上铁窗”。这里的“成讦”应是“成谶”之误。

"谶"音 chèn，义为预言吉凶得失的文字、图记，迷信的人指将来要应验的预言、预兆。"成谶"即指过去说的话或做出的预言真的应验了。清黄景仁《杂感》诗："十有九人堪白眼，百无一用是书生。莫因诗卷愁成谶，春鸟秋虫自作声。"上述引文想表达的是江青在北海公园的桥前设置铁栏方便自己享乐，对应了日后她的牢狱生活，这里用"成谶"是恰当的。

"讦"音 jié，义为攻击别人的短处或揭发别人的阴私。《论语·阳货》："恶讦以为直者。"说的是子贡憎恶那些用揭发别人的短处来表明自己正直的人。汉语中并不存在"成讦"一词，"成讦"也难以讲通。

"生死已"还是"生死以"？

◎吴孝成

《书摘》2020 年第 11 期刊载有李文杰《陆徵祥在巴黎和会》一文（原载《日暮乾清门：近代的世运与人物》一书，上海人民出版社 2020 年 6 月出版），其中说道："虽说爱国者应首先考虑'苟利国家生死已'的大是大非，但毕竟清议可畏。"文中的"苟利国家生死已"应作"苟利国家生死以"。

"苟利国家生死以，岂因祸福避趋之"是林则徐《赴戍登程口占示家人》第二首中的名句，意思是：如果（这件事）对国家有利，我将不顾生死（去做），难道能因为有祸就躲避，有福就上前迎受吗？"生死以"语本《左传·昭公四年》。春秋时代，郑国大夫子产改革军赋，受人诽谤，他坦然地说："何害？苟利社稷，死生以之！"后来，汉代蔡邕《朱公叔谥议》中有云："苟除民害，死生以之。"以，有凭借、依靠义，在这里指听凭、照例。"死生以之"或"生死以之"，即不论死活都要去做。"苟利国家生死以，岂因祸福避趋之"是林则徐因禁烟被贬流放伊犁，临行与家人告别时所作，抒发了他的爱国心声，也是他辉煌一生的真实写照。

“已”有停止、完成的意思，“生死已”似可理解为不论死活都停止了。林诗不是这个话。

不是“岜”，应是“邑”

◎厉国轩

《上海老年报》2020年11月3日第7版《最初的“市场管理”及其他》一文中说：“田野间农夫所住的是小岜，小岜住十家，俗称‘十室之岜’或称‘有市之岜’。”这句话中的“岜”均为“邑”之误。

“邑”音yì，此字在甲骨文中的字形为，上为囗（wéi），表疆域，下为跪着的人形，表人口，有土地有人，就是邑。“邑”原指侯国、国都，后泛指一般城镇。“十室之邑”即有十户人家聚集的地方，通常指很小的地方。语出《论语·公冶长》：“子曰：‘十室之邑，必有忠信如丘者焉，不如丘之好学也。’”“岜”音bā，义为石山，现一般作地名用字，如广西的岜关岭、贵州的岜沙苗寨等。

“岜”与“邑”音义迥异，系形似致误。

应是“兵马钤辖”

◎厉申东

《上海老年报》2020年11月19日第8版《赵伯驹岛屿云生图》一文说：“赵伯驹，南宋著名画家……南宋高宗时任浙东兵马铃辖”。“兵马铃辖”应是“兵马钤辖”。

钤（qián），有锁、印章、兵法等义，后引申有钳持、威慑管束的意思。辖，即管理、管辖。钤辖，本义为节制管辖，后也指宋代武官名，也作“兵马钤辖”。北宋前期，选朝官及诸司使以上官充任。以职权、官资、驻地不同分为二等三类若干种，如以职权分有路兵马钤辖和州兵马钤辖两等，以官资序位分有兵马都钤、兵马钤辖、副兵马钤辖三等，而州兵马钤辖因其所领军名目不同又分为驻泊兵马钤辖和在城兵马钤辖。宋初，钤辖为将帅之职，而到了南宋绍兴年后，渐成虚职，或以贵宦子弟食禄荣衔。上述引文所提赵伯驹，为宋太祖七世孙，是宋朝宗室，因极擅丹青而得到宋高宗的赏识，其弟赵伯骕，亦是绘画大家。赵伯驹所处的年代，兵马钤辖应已成为虚职。

铃，古代一种金属乐器，像钟而小。古代军职中没有"兵马铃辖"这一职名。

误用"唁电"

◎秦　武

《百花园》2020 年第 5 期刊登有《日子，摇晃着前进》一文，写的是甥舅之间的感情，感人至深。但里面有一处表达错误："孩舅离去半月后，我收到母亲的唁电：'前天，你孩舅突发心肌梗死，猝死。已入葬。家中安好，勿念。'"错误出在"唁电"一词的运用上。

"唁"本义为对遭遇非常变故者进行慰问，后特指对丧者家属进行慰问。"唁电"即指慰问死者家属的电报、电传等。而上述文章中，母亲给"我"发的电报，不是表达慰问而是通报丧事，不能称之为"唁电"。

花朵落在"窗柩"上？

◎居容人

2020 年 10 月 15 日的《宜宾晚报》B2 版刊有《温柔初秋》一文，其中写道："手执书卷，靠窗而读，一两朵娉婷的花从枝头掉落，舒展于窗柩之上，待我再抬头，花朵已不在，轻轻地来，又悄悄地离开。"引文中的"窗柩"，应写为"窗棂"。

棂，读作 líng，义为旧时窗户或者栏杆上雕有花纹的格子。"窗棂"即窗格子，也叫窗棂子。柩，读作 jiù，义为装着尸体的棺材，如灵柩、棺柩。

棂与柩，音义皆不同，汉语中没有"窗柩"。

拉萨何来“八廓街”

◎文昌聿

《北京晚报》2020年10月25日所刊《自驾去西藏》一文讲述了作者自驾游西藏的经历，在讲到拉萨时有这样一句话：“走过八廊街，我们这才来到布达拉宫前，感受这雄伟的建筑带给我们的震撼。”笔者也曾前往拉萨旅游，知道拉萨有一条著名的街叫“八廓街”，而不叫“八廊街”。八廓街名声在外，2009年第一届“中国历史文化名街”评选推介活动评选出十条文化底蕴深厚的知名街区，八廓街因历史悠久，底蕴厚重，名列榜上。

八廓街又称八角街，据说是由于在拉萨的四川人很多，四川话中“廓”与“角”的发音相近，八廓街误读成“八角街”了。藏语“八廓”读作“帕廓”，意思是中圈。在拉萨，围着大昭寺释迦牟尼转经的道路有三条。外圈叫“林廓”，内圈叫“囊廓”，中圈叫“帕廓”，八廓街是围绕大昭寺转经的中圈，被藏民视为“圣路”。不少西藏人说，没到过八廓街，不算到过拉萨。他们认为在八廓街可以放下人生一切烦恼和负重，心灵之旅便由此开始。

现在八廓街既是商贾云集的所在，又是游客旅游购物的不二选择。“八廓街”误为“八廊街”，当是“廓”“廊”形近所致。

“拾步”乎？“信步”也！

◎辜良仲

我想，那是因为生活在柳江两岸的人们都是幸福的，特别是在夜色里拾步江滨，在灯光桨影里，听江声浩荡，享宁静人生的时候。“二十四桥明月夜”，一座座跨江大桥霓虹璀璨，一艘艘游轮流光溢彩，江岸瀑布流淌着光影……

这段文字来自《光明日报》2021年1月24日第10版登载

的散文《柳江，一条狂野之河》，其中的“拾步”用得不对，可改为“信步”。

“拾”是个多音字。读作shí时，义为把东西从地上捡起来，也有整理、收集等义。读作shè时，义为轻步而上，如拾级，即逐步登阶。不管哪个义项，“拾步”在文中都难以说通。

“信”有随意、随便、放任之义。“信手”即随手，“信步”即随意走动，漫步。毛泽东《水调歌头·游泳》：“不管风吹浪打，胜似闲庭信步。”上述引文想表达的是夜晚在柳江岸边随意走走，欣赏美丽的夜景，用“信步”是合适的。

应是“钴鉧潭”

◎李景祥

《沈阳日报》2020年12月22日第7版刊载《“三绝碑”与柳宗元》，列举了柳宗元一些知名的散文作品：“柳宗元的山水游记，清新秀美，情景交融，大都作于被贬永州的时候，《永州八记》是他游记文的代表作，比如《小石潭记》《钴姆潭西小丘记》等都是千古传诵的名篇。”这里所列的作品中，《钴姆潭西小丘记》错了，“钴姆潭”应是“钴鉧潭”。

柳宗元是唐代著名文学家，因参与王叔文集团的政治革新活动失败，被贬为永州司马。永州以永山得名，在今湖南省西南部。《永州八记》是柳宗元在永州写下的有连续性的山水游记，当时永州还是个僻远荒凉的地方，八篇所记皆是眼前小景，语言简洁清隽，借山水之题，发胸中愤懑不平之感，是唐代山水游记中的佳作。“八记”中的第三篇是《钴鉧潭西小丘记》。钴鉧潭位于永州市西山西麓，“钴鉧(gǔmǔ)”为古时熨烫衣物用的熨斗，钴鉧潭因其岸线的形状像一只熨斗而得名。误为“钴姆潭”，除了“钴”与“钴”，“姆”与“鉧”字形相近，大概也是没弄清“钴鉧潭”得名的由来吧。

荒废政事称“怠”政

◎杨昌俊

2020年11月17日的《解放日报》第12版，刊有《这位书生打破“误国”魔咒》一文，提及前凉一代儒将谢艾几度挫败强敌之事，其中写道：“在谢艾的指挥下，前凉军队连破劲敌，张重华不免自满，逐渐迨于政事。”引文中的“迨于政事”，应写为“怠于政事”。

怠，读dài，本义为懒惰。引申出松懈、轻慢、冷淡、疲倦等义。如怠工，指故意消极对待工作，降低工作效率；倦怠，指疲乏困倦。“怠于”一词，即“于……怠”，指在某个方面表现出懒惰、松懈、怠慢的情况。“怠于政事”，顾名思义，即对政事不再热心投入，尽可能不做或者少做，甚至荒废。

迨，也读dài，本义为及、赶上。陆游《读书》诗：“两眼欲读天下书，力虽不迨志有余。”引申出趁着、等到等义。《诗经·小雅·伐木》：“迨我暇矣，饮此湑矣。”大意是说，等我有空闲，大家一起饮酒。“迨于政事”难以索解。

“秉钓”？“秉钧”！

◎肖遥生

2020年第20期《国家人文历史》刊有《朝堂上的明争与暗斗》一文，提及清末朝野对“己亥建储”的反应时，有这样一段话：“如两江总督刘坤一，在戊戌政变后不久，毅然于10月3日致电总理衙门，希望秉钓者们切勿将所有改革失败的包袱全甩在光绪头上，更不能像谣言那样离心离德，而是应该携手开创未来……”其中的“秉钓”应为“秉钧”。

秉，本义是禾稻一把，引申出拿着、执持之义，进一步又引申出掌控、管治之义。钧，音jūn，是古代的一种重量单位，三十斤为一钧。有成语“千钧一发”，指用一根头发悬挂千钧重的东西，用来形容事态极其危险。“钧”也可指制作陶器用的转轮。如“钧陶”即用钧制陶，比喻造就人才。秉钧，指手持制陶用的转轮，比喻执政。

钓，音 diào，本义为钓鱼，引申出施用手段谋取、猎取之义。如“钓名”即作伪以求虚名。从上述引文来看，文章想要表达的显然是执政、掌权的人，而“秉钓者”并无此义。

“钧”与“钓”，音、义皆不同。把“秉钧”写成“秉钓”，应是形近致误。

形容自如应用“裕如”

◎杨为仁

《教师博览·原创版》2020年第6期第67页有这样一句：“诚然，旁征博引做文章，中人之资就能应付阙如，但要如老子一般以五千言讲破天道，则全赖智慧。”那么，“应付阙如”是否运用正确呢？

阙是个多音字，读 quē 时，有空隙、缺口、空缺等义。“阙（quē）如”一词，出自《论语·子路》：“君子于其所不知，盖阙如也。”大意是说，君子对于不懂的东西，就应当存疑，保持缄默，不要乱说。“阙如”即存疑不言，空缺不书，后也有缺少、没有之义。徐特立《卫生展览会的重要意义》：“但中医的处方特别少，中国旧有卫生材料和方法均没有，生理和解剖学也是阙如。”

回到原句中，“应付阙如”就是“应付不了”或“没有应付”，显然不符合文意。揣摩语境，应把“阙如”改用“裕如”。“裕如”形容丰足有余的样子，引申有自如之义，“应付裕如”即“应对自如”，这才是文章想要表达的意思。

语言哲思

拾荒，培根，车厘子

◎宗守云

先看两个例子：

（1）明明是拾破烂收废品翻垃圾箱，到了喜子这里就成了“拾荒”，小五哥又笑了，真能拽文啊。（阿占《人间流水》，《山东文学》2020年第5期）

（2）反正就是个咸肉，叫成培根就不一样了，叫樱桃不值钱，叫车厘子那就洋气了。（皮佳佳《手指可以触天》，《山花》2019年第7期）

例（1）“拾破烂收废品翻垃圾箱”和“拾荒”意义相同，但后者比前者文雅；例（2）“咸肉”和“培根”意义相同，“樱桃”和“车厘子”意义相同，但“培根”和“车厘子”比“咸肉”和“樱桃”洋气。这反映了语言的标签功能。意义相同，选择不同的表达方式，就相当于贴上不同的语言标签，其表达效果不同：贴上“拾破烂收废品翻垃圾箱”的标签，就显得浅俗；贴上“拾荒”的标签，就显得文雅。

语言的标签功能，反映了语言形式的多样性和可创造性。正是因为语言形式多样，以及语言形式可以创造，才给语言的标签化带来了便利，人们可以根据自己的需要，对业已存在的语言形式进行选择，也可以对尚不存在的语言形式进行创造，进而为表达内容贴上不同的语言标签。

语言标签可以反映不同的文化特色。例如：

（3）大概是物以稀为贵罢。北京的白菜运往浙江，便用红头绳系住菜根，倒挂在水果店头，尊为“胶菜”；福建野生着的芦荟，一到北京就请进温室，且美其名曰“龙舌兰”。（鲁迅《藤野先生》）

（4）吕旷说，我发现日本人还挺会起名的。欧阳阳问，怎么呢？吕旷说，猪肉不叫猪肉，叫豚肉，鸡翅不叫鸡翅，叫手羽先，河泡子不叫河泡子，叫川，名起得洋气，听着一下就上档

次了。(郑执《森中有林》,《芒种》2020年第10期)

例(3)反映了不同地域的文化特色,北京的白菜在浙江被贴上"胶菜"的标签,福建的野生芦荟在北京被贴上"龙舌兰"的标签。例(4)反映了不同民族的文化特色,猪肉、鸡翅、河泡子在日本被贴上"豚肉、手羽先、川"的标签。语言标签不同,文化特色也不同。

语言标签也可以反映不同的人物心理。例如:

(5)他赤膊在凉席上睡着了。醒来,一个小姑娘脸对脸盯着他,吓得他一下子坐了起来。你是,你就是我妈的那个情人?小姑娘认真地提问。还好,用的是"情人"这个文雅词,按老家口语应该称"姘棍"或者"相好"。不过,一个小姑娘,而且是王小凤的女儿这样当面发问,张平还是猝不及防,他躲闪着眼睛点点头。(余一鸣《慌张》,《花城》2018年第2期)

(6)达旮家"危改"后,芭蕉带来几块塑料牌牌。在一楼摆着电视机的客厅墙上,钉了一块牌:广播电视厅。堆放五谷杂粮的房间,牌牌上是粮食局。厨房门楣上的牌牌是后勤服务管理局,隔壁卫生间的牌牌是污水处理中心。二楼用来接待客人的房间,牌牌上是外事办……达旮的男人从广东回来,见到这些牌牌立马有一种君临天下的感觉。(红日《暗香》,《作家》2020年第4期)

例(5)王小凤的女儿用"情人"标签,而不是用"姘棍"或"相好",是因为她对张平并没有敌意和恶意,而只是一般性地了解情况;例(6)芭蕉把达旮家的房间贴上"广播电视厅"等标签,是因为芭蕉有对"上层"生活的梦想和渴望。

语言的标签功能也有消极的一面。心理语言学认为,语言标签容易引起偏见,造成社会刻板印象。在语言运用中,我们既应该发挥语言标签的积极功能,也要克服语言标签的消极功能,让语言更好地服务社会,服务人类。

追踪荧屏

“世面”误为“市面”

◎王凤娇

电视剧《正青春》第5集中，蔡蔡给章小鱼和董欣看凌潇潇签下的合约，章和董看到凌潇潇这样一个新人签下这么多大单惊讶不已，蔡蔡说：“瞧你们这没有见过shì面的样子。”shì面，字幕上误作“市面”了，应为“世面”。

“世”表示世界、人世，“世面”指形形色色的社会情况。《红楼梦》第十六回，贾元春省亲的消息传出来后，王熙凤和贾琏在家里谈论起此事说：“果然如此，我可也见个大世面了。可恨我小几岁年纪，若早生二三十年，如今这些老人家也不薄我没见世面了。”而“市面”常用有两个含义。一是泛指市场，如：这种产品市面上很少见。二是指城市工商业活动的一般情况，如市面繁荣、市面萧条等。

电视剧这个场景中的台词，是想形容人阅历丰富，经历过各种各样的场面，这与人所处的世俗环境有关，因此“见过市面”改作“见过世面”才对。

『谷个子』不等于『谷子』

◎梁德祥

央视综合频道2020年10月24日播出的纪念中国人民志愿军出国作战70周年文艺晚会中，演员朗诵《谁是最可爱的人》片段时，把原文中“敌人的死尸像谷个子似的”错成了“敌人的死尸像谷子似的”。少了一个字，意思却差了一大截。

“个子”通常指人的身材，或动物身体的大小，也可用来指某些捆在一起的条状农作物。秋收时，农民把谷子割下来，一堆一堆地放在地里晒。一堆叫作“一铺（pū）子”。晒过之后，再一铺子一铺子地捆起来，这道工序叫作“拿个子”。一捆一捆的捆好了的谷子，就叫“谷个子”。捆好的谷个子随手丢在田野里，横躺竖卧一大片。《谁是最可爱的人》是作家魏巍从朝鲜战场归来后所创作的通讯文章，最早发表于1951年4月11日的《人民日报》，写的是1950至1951年抗美援朝战争最艰苦阶段，志愿军战士英勇反击美国侵略军的英雄事迹。“敌人的死尸像谷个子似的在山前堆满了，血也把这山冈流红了”这句，描写的是松骨峰战斗后，敌人的死尸在山前堆满了，就像秋收时田野里的谷个子似的：横七竖八地散落在田里，漫山遍野一大片。

谷子既可指粟这种农作物，也可指谷子没有去壳的籽实。这两者都不能让人联想到敌人弃尸荒野的场面。

读错了『解甲归田』

◎汤青武

反映瑞金革命根据地斗争的电视连续剧《红色摇篮》第14集中有这样一段情节。第二次“围剿”失败，蒋介石立即部署第三次“围剿”，并在出发前向全国发布《出发剿匪告全国将士书》，其中说道：“幸赖我总理之威望，人民之协力，诸将士忠诚勠力，必能于最短期间，消除共祸，奠安国族。”也说到自己，“幸而完成夙愿，决当解甲归田，表我心迹”。这里的“解甲归田”，演员在读报时念的是“xiè”。到第17集，“围剿”失败后，地方军阀借机联手逼蒋下野，蒋介石闻知后，赌气说：“内外交困，官逼民怨，此次都在我的意料之中……也罢，生逢乱世，不如解甲归田，逍遥自在。”演员念的依然是“xiè”。两处都读错了。

“解甲归田”的“解”，正确的读音为jiě。解（jiě）本义为用刀分割动物或人的肢体，后引申有分开、解除、解释、了解等义。解甲，即脱下盔甲。解甲归田，义为脱下战袍，回乡务农，指军人离开军队，不再参与战争。

“解”是个多音字，读作xiè时，主要有三个义项：懂得、明白；旧时指杂技表演的各种技艺，特指骑在马上表演的技艺；表地名、姓氏。无论哪个义项，放进“解甲归田”都说不通。

微型讲坛

进行时还是进行式？

◎石毓智

近些年来，有一个词两种写法用得特别广，即“进行时”和“进行式”，从网络语言到官方传媒乃至政府文件中都很常见。中央电视台有一档节目叫《2020考古进行时》，就是专门报道新近的考古发现。这个词也见于知名作家的作品中，例如：

他说：“你恋爱过吗？”珮柔震动了一下。“是的。”她说。“正在进行式？还是过去式？”（琼瑶《浪花》）

所谓“现在进行式”是说戏剧“展现在我们眼前的不是已经完成了的，而是正在完成的事件”。（高行健《绝对信号》）

这个概念来自英语语法，它在汉语中的使用实际上是英语两个不同语法范畴的混合体：一是英语的时态（tense），大家知道英语有三种时态——过去时、现在时和将来时，都有不同的语法标记，主要表达动作行为发生的绝对时间位置；二是英语的体（aspect），只有两种——进行体（progressive）和完成体（perfect），侧重表达动作行为的进行状况，是正在进行之中还是业已完成。汉语没有稳定的语法标记来表达时态，而有三个体：完成体“了”、进行体“着”和经历体“过”。因为语文教育中不太讲语法，所以即使是受过高等教育，许多人也不清楚汉语语法这些概念，有关的知识多是来自英语学习上的感受。结果，即使是权威的工具书也弄不清楚“时”和“体”这对概念的区别。

2016年第7版《现代汉语词典》收入了“过去时”“进行

时”和“完成时”这几个词，下面是有关解释。

过去时：语法中指动词所指动作发生在过去的一种时态◇反腐只有进行时，没有～。

进行时：语法中指动词所指动作正在发生的一种时态◇改革只有～，没有完成时。

完成时：语法中指动词所指动作已经完成的一种时态◇改革只有进行时，没有～。

上面释例反映了概念上的错乱。如果讲动作行为发生的时间，只能是“过去时”与“现在时”“将来时”的对应；如果是谈动作行为发生的状况，那就是“进行式”和“完成式”的对应。上述第一个词的释例“反腐只有进行时，没有过去时”，这句话在事理上是说不通的，比如去年反腐、前年反腐的行为用英文来表达，肯定得用过去时。这里确切的说法应该是“反腐只有进行式，没有完成式”，下面两个词的释例亦然。不过，词典编纂者也没有搞清楚“时”与“体”的区别。

词典编纂者把“进行时”等都看作名词，然而在现实语言使用中，其用法是多彩多姿的，除了名词用法外，还可以作独立动词用，谓词成分词缀用，有时甚至还可以作形容词用。下面引例皆根据北京语言大学BCC语料库，“进行时”和“进行式”都常用，前者略多于后者。

一、下面一组的例子里的“进行时(式)”作谓语的核心动词，可以受“正在”“热烈”等副词修饰。“早餐进行时”就是“正在吃早餐”，如此等等。例如：

老牛粉丝破400万回馈大典进行时。

周周新货全国包邮买一送一进行时。

两个小朋友早餐进行时。

《青少才艺》“奇奇校园行”活动本周五开始热烈进行式。

三个姑娘11·11火锅进行式。

“小巨人”的“脱胎换骨”尚在进行式的过程。

二、“进行时(式)”还可

以跟在形容词或者动词短语之后，用如体标记“着”，表示状态或者行为正在发生。“报名进行时”就是说“正在报名”，“减肥进行时”就是正在减肥，如此等等。例如：

高考报名进行时！

聊聊可以，晚餐就算了，减肥进行时。

五折抢购进行时！

陈蓉《北京的雪》公演进行时。

早安，早上轧马路进行时。

我反正正在无聊进行时，我来把你打一顿吧。

她知道她口中那个“君子”，此刻正在上演“背叛进行式”。

三、“进行时(式)”用如形容词或者名词，表示某种行为的现实状态。“这种情况还是处于进行式”是说情况是现实的，“将美丽停留在进行时”就是永远美丽的意思。例如：

而子女的衣服由妈妈洗，却成了天经地义的“现在进行式”。

一部名著以“正在进行式”边写边演。

我跟他同床共枕过，事实上，这种情况还处于进行式。

不是失恋，是乱七八糟恋，现在进行式。

“进行时”现在已经成为大众日常用语，而且《现代汉语词典》这种权威的工具书也已收录。“进行时(式)”有特殊的表达功能，汉语其他词语难以替代，看起来这个受英语语法影响而产生的词语要待在汉语里不走了。那么就涉及一个规范问题，即到底是应该用“时”字还是“式”字？从语法学的角度看，当谈到时间位置时应该用“时”，即“过去时”“现在时”和“将来时”，因为这些都属于时态的范畴。然而当谈到动作行为进行的状态时则宜用“式”，就是说最好用“进行式”或者“完成式”，因为这属于动词的体范畴。

然而，约定俗成的力量往往大于学理。汉语没有时态这一语法范畴，加上语文教育中语法方面的内容薄弱，一般人都分不清楚“时”和“体”的区

说"厕"

◎陈运舟

厕所是人们日常生活中无法避免的话题。"厕"篆文作廁，后隶变为"廁"，是个形声字，从广，则声。本义即为便所。《说文解字》："廁，清也。"段玉裁注："清、圊，古今字。圊言至秽之处，宜常修治使洁清也。""厕"字在中国至少有着两千年的历史，《左传·成公十年》有云："（晋侯）将食，张（胀），如厕，陷而卒。"说的是鲁国成公十年（前581）的一天，晋侯（晋景公）想尝尝新麦的味道，便命人弄来让厨子做好，正准备大饱口福，忽然觉得肚子发胀，便急匆匆走进厕所，不想一头栽进厕坑里淹死了。由此也可以知道当时的"厕"规模够大。古时许多住宅的便所都修在与猪圈相近的地方，因而"厕"后也可指称猪圈。

东汉刘熙《释名·释宫室》对"厕"有一番见解，他说："厕，杂也，言人杂厕在上非一也。"各种人都可以进去，因而有杂之义。其他辞书也有类似的诠释，《玉篇》："厕，杂也。"《广雅·释言》："厕，间也。""间"的字形会月光从门缝里照进来之义，其本义为空隙，引申有参与、夹杂之义，因而"厕"作动词有参与、混杂、涉足、插足、置身其间的意

别，所以也许会在"错误"的道路上一直走下去。可以预测的两种结果是：一、最后大众使用最多的说法将成为规范；二、将"进行时"与"进行式"分别明确词义与适用情况。从本文的辨析看，做到第二点并没有那么困难，何乐而不为？

恩。《史记·乐毅列传》："先王过举，厕之宾客之中，立之群臣之上，不谋父兄，以为亚卿。"说的是乐毅在给燕惠王的信中感念先王（燕昭王）的知遇之恩：先王抬举我，把我列入宾客之中，又把我选拔出来高居群臣之上，没有同父兄宗亲大臣商议，就任命我为亚卿。

在古汉语中，"厕"又同"侧"，表侧旁、边沿之义，引申为隐蔽之地。"厕""侧"两字相通不仅是因为读音相同、字形相近，还与古代厕所通常建于住宅偏僻隐蔽之处有关。《拾雅》："隐侧之处曰厕。"《史记·张耳陈余列传》："汉八年，上从东垣还，过赵，贯高等乃壁人柏人，要之置厕。"司马贞索隐："今按：云'置厕'者，置人于复壁中，谓之置厕，厕者隐侧之处，因以为言也。"

在古代，出于风水的考虑，在屋宅修建时通常会把厕所修在房屋的东边，由此，我们在许多古代小说中看到的东厕、东司、东厮、东净、东圊一类的词，都是厕所的代名词。如《水浒传》第六回："还有那管塔的塔头，管饭的饭头……管东厕的净头，这个都是头事人员，末等职事。"《金瓶梅词话》第十九回："西门庆正在后边东净里出恭。"又因这些厕所的代名词都带"东"字，上厕所便又称"登东"。如《水浒传》第一〇九回："那时王庆手下亲幸跟随的，都是假登东，诈撒溺，又散去了六七十人。"

微语录·老先生

老先生常到一个报刊亭买报纸，店员总是一脸傲慢无礼的样子。有朋友问老先生：为何不到别的地方去买？老先生笑着回答：为了与她赌气，我必须多过一条马路，徒增麻烦。再说，没礼貌是她的问题，我为什么要因为别人而改变自己？

（刘　芳/辑）

文章病院

“垆”是用酒坛垒的？

◎盛祖杰

2020年第43期《中国电视报》B22版刊有《趣谈古代的广告营销》一文，其中提到了“文君当垆”的典故：“沿街酒家会将空的大酒坛垒成高台，称为‘垆’。……卓文君这个大美女在高垆上揽客……司马相如只好老老实实回去后厨洗碗，留下‘文君当垆，相如涤器’的典故。”句中有关“垆”和“当垆”的说法，难觅理据，亟须辨正。

垆，本义是黑色坚硬的土壤，《说文·土部》：“垆，刚土也。”后也指古时酒店里安放酒瓮的土台子，引申可借指酒店。“当垆”即卖酒之义，一些古籍中也作“当卢”“当炉”。“文君当垆”的典故出自《史记·司马相如列传》：“相如与俱之临邛，尽卖其车骑，买一酒舍酤酒，而令文君当炉。”讲的是卓文君与司马相如私奔，其父卓王孙得知后大怒，断了他们的经济来源。司马相如与卓文君从成都到了卓家所在的临邛，变卖车马，买下一家酒店。文君在店堂卖酒，相如则和雇工们一起洗涤酒器。后以“文君当垆”比喻美女卖酒，或用作为了追求婚姻自由而甘受贫困的典故。

“垆”是用土造的墩子，可不是什么“空的大酒坛垒成”的“高台”，“卓文君这个大美女”更不可能蹲、坐、站在这样的“高台”上招揽顾客。“文君当垆”或可描述为卓文君在自家开设的酒店里，守着安放在土墩上的酒瓮，亲自卖酒。上述文章的说法，未免有些想象过头了。

“爙灾祈福”？“禳灾祈福”！

◎江城子

《西安日报》2020年10月24日第8版所刊《汉代丝织品流行“茱萸纹”》一文，讲到了汉代服饰中盛行的装饰纹样：“从西汉时期的丝织品中，可以看到丰富多彩、耐人寻味的纹样，茱萸纹、云气纹是汉代服饰中最为盛行的装饰图案纹样，寄托着汉族劳动人民爙灾祈福的美好心愿，期盼国泰民安、生活富裕、人寿年丰。”引文中的“爙灾”错了，应写为“禳灾”。

茱萸纹

“禳”音ráng，本指我国古代一种除邪消灾的祭祀活动，后也指除去邪恶或灾异。宗懔《荆楚岁时记》：“（五月五日）采艾以为人，悬门户上，以禳毒气。”禳灾，即攘除灾祸。鲁迅在《朝花夕拾·无常》中提到了年幼时看的目连戏：“这都是敬神禳灾的演剧，全本里一定有一个恶人，次日的将近天明便是这恶人的收场的时候，‘恶贯满盈’，阎王出票来勾摄了，于是乎这活的活无常便在戏台上出现。”

古人把茱萸称为“避邪翁”，它常常与被称为“延寿客”的菊花同时出现在重阳节，都有着美好的寓意。茱萸纹在汉代作为服饰纹样而流行，正是人们祈福“禳灾”的心理反映。“爙”音rǎng，形容火烧起来的样子，也指火星。“爙灾祈福”说不通。

“连枷”岂能“割稻”

◎刘日建

《北京晚报》2020年10月17日第16版刊有《秋天读秋诗》一文，文章列举了一系列与秋天有关的诗：“范成大在《秋日田园杂兴》中所写‘新筑场泥镜面平，家家打稻趁霜晴。笑歌声里轻雷动，一夜连枷响到明’，展现了农民为抢时间连夜割稻，辛勤劳作到翌日天明的景象，表达了诗人对农民的钦佩之情。”这段话把范诗说的“打稻”误以为“割稻”。范诗写的场景是，新平整的打谷场地面平坦得像镜子。“割稻”当在稻田，稻田如何“新筑场泥镜面平”？“割稻”一般只有窸窣声，岂会如闻“轻雷动”？传统“割稻”的工具是镰刀，又怎会“一夜连枷响到明”？而作者之所以产生这个错误，可能是把“连枷”误为收割工具了。

连枷，也作连耞、梿枷。是一种手工脱粒农具。由手柄及敲杆铰链构成。操作者持柄使敲杆绕柄端短轴旋转，敲击铺在地面上的作物穗荚，使籽粒脱落。《农政全书·农器》：“连耞，击禾器。”光看文字解释，对未见过或未使用过连枷的人来说，还真不知其为何物。上世纪70年代，笔者到农村驻队时曾见过也学着使用过连枷。那时农村以生产队为基础，农作物脱粒时，在打谷场上，十几个人分成两排，面对面地击打，纵横移动。双方连枷举落，你上

毛泽东写的不是“尽折腰”

◎周　振

《老年知音》杂志2020年第8期刊登的一幅标明为毛泽东《沁园春·雪》的书法作品，字体为草书，笔法娴熟老到，苍劲有力。令人遗憾的是，作品中除了“唐宗宋祖，稍逊风骚”句漏书“祖”字外，“江山如此多娇，引无数英雄竞折腰”句，竟写成了“江山如此多娇，引无数英雄尽折腰”，背离了毛泽东的原作。

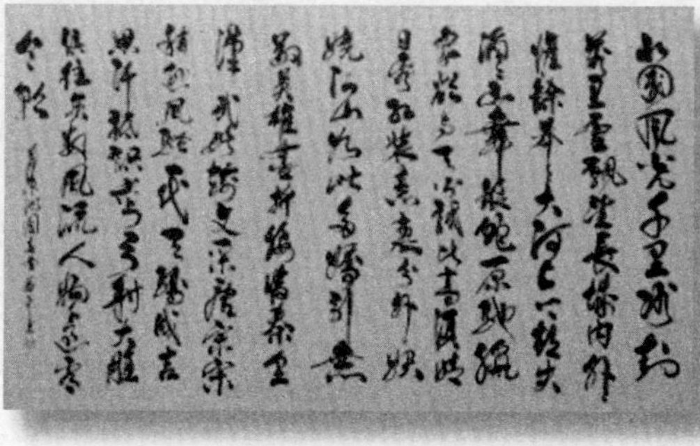

此图为《老年知音》杂志2020年
第8期刊登的《沁园春·雪》书法作品

毛泽东的《沁园春·雪》创作于1936年2月。当时，毛

我下，此起彼落，节奏分明，响声雷动，加上欢声笑语和“打场号子”，确实“笑歌声里轻雷动”。

《国语·齐语》记载：“管仲曰：昔者，先王处农就田野，令农夫群萃而州处，察其四时，权节其用，耒耜枷芟。”其中的“枷”即连枷。由此可知早在公元前7世纪，齐国就已经开始使用连枷了。现在农业机械化突飞猛进，很少使用连枷了，这可能是“打稻”误为“割稻”的原因吧。

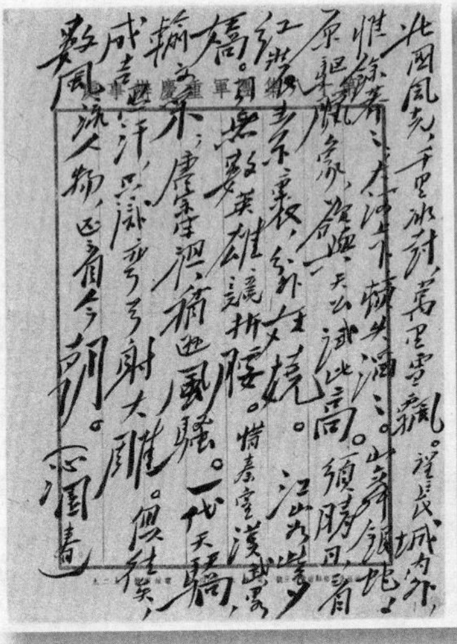

此图为毛泽东赠
柳亚子的《沁园春·雪》手书原稿

泽东途经陕西省清涧县袁家沟一带，适逢大雪，看到纷飞的雪花装点下的壮丽河山，联系当时蓬勃发展的革命形势，毛泽东兴致勃发，文思泉涌，写下了这首气势磅礴、雄浑豪放的词篇。1945 年抗日战争胜利后，毛泽东率中共代表团到重庆与国民党进行谈判，其间，毛泽东多次与在渝民主人士进行会谈，其中就有著名诗人、民主人士柳亚子。两人相谈甚欢，柳亚子向毛泽东索诗，毛泽东便把《沁园春·雪》这首词亲手书写赠送给柳亚子。11 月 14 日，毛泽东的这首词被重庆《新民报·晚刊》发表。之后，重庆《大公报》也转载了这首词。

现今通用的汉语简化字是新中国成立后才确定的。毛泽东手书送给柳亚子先生的《沁园春·雪》便是繁体字。“江山如此多娇，引无数英雄竞折腰”句中的“竞”字，毛泽东手书的是繁体“競”。竞(競)，本义指争胜、角逐等。如：竞争，竞赛，竞技。“江山如此多娇，引无数英雄竞折腰”的意思是，祖国如此俊美壮丽的江山，吸引着无数英雄豪杰争着为她贡献自己的聪明才智，甚至不惜付出自己的宝贵生命。

尽(繁体“盡”)，本义指完、终了，引申义指达到极点、全部、都、死亡等。如：尽职尽责，山穷水尽，尽收眼底，同归于尽。“无数英雄尽折腰”不是毛泽东想要表达的意思，也不是《沁园春·雪》中的句子。

全国人大常委会没有“副主任”

◎赵旭国

《中国老年》杂志2021年2月上半月刊载有《做一个优雅的老者》一文,文中提到“全国人大常委会副主任王光英”,这里存在明显错误。全国人大常委会何曾有过“副主任”?

1954年,第一届全国人民代表大会第一次会议通过的《中华人民共和国宪法》明确规定,全国人大常委会由“委员长、副委员长若干、秘书长、委员若干人组成”。此后,全国人大常委会“委员长”“副委员长”的名称一直沿用至今。王光英同志曾担任八届、九届全国人大常委会副委员长。

之所以出现这样的错误并非偶然,应是与地方各级人大常委会负责人称谓发生混淆所致,人大常委会“主任”“副主任”是地方人大常委会负责人的名称。1954年制定宪法时确定地方人大不需要设立常委会,因此也就没有地方人大常委会负责人的名称。1979年7月,第五届全国人民代表大会第二次会议通过了《关于修正〈中华人民共和国宪法〉若干规定的决议》,规定“县和县以上的地方各级人民代表大会设立常务委员会,它是本级人民代表大会的常设机关”,这次会议通过的《中华人民共和国地方各级人民代表大会和地方各级人民政府组织法》增加了“县级以上的地方各级人民代表大会常务委员会”一章,其中规定常委会由主任一人、副主任若干人和委员若干人组成,此规定也一直沿用至今。

应是“凤头猪肚豹尾”

◎金　甲

《解放日报》2019 年 11 月 7 日第 15 版刊有《那安静的一树繁花》。该文前半篇阐述了汪曾祺文章“一派天然”的艺术特色：标题朴素，开篇朴实无华，转折自然，收尾意尽而止。又说：“‘龙头凤尾猪肚子’这样的‘要诀’在汪曾祺的文章里大半被打破了。”此处的引语“龙头凤尾猪肚子”有误，应作“凤头猪肚豹尾”。

“凤头猪肚豹尾”一语，出自元末明初陶宗仪的《南村辍耕录》，说乔梦符博学多能，以乐府称，尝云：“作乐府亦有法，曰凤头猪肚豹尾六字是也。大概起要美丽，中要浩荡，结要响亮。尤贵在首尾贯穿，意思清新。苟能若是，斯可以言乐府矣。”乔吉，字梦符，号笙鹤翁、惺惺道人，是元朝著名的散曲家、戏曲作家，散曲创作的成就尤高。其散曲作品丰富，风格清丽，明清人多以他同张可久并称元散曲两大家。“凤头猪肚豹尾”是乔吉散曲创作经验的总结。“凤头”指凤的头部美丽俊俏，因用以比喻诗文写作的开头部分要美丽精彩；“猪肚”指猪的肚子饱满而圆实，诗文主体要像猪肚子那样有充实、丰富、饱满的内容；“豹尾”指豹的尾巴非常有力，比喻乐曲、诗文的结尾部分要响亮、坚劲有力。

“凤头猪肚豹尾”也被称作“六字法”，在文学写作评论中广泛使用。“凤头”“豹尾”分别对应美丽精彩的开头和坚劲潇洒的结尾，而“龙头”“凤尾”则难以产生这样的联想。

小鱼“期期艾艾”地游?

◎谢云秋

《京江晚报》2020年7月19日A14版《心底的温暖》一文中有这么一句:“小鱼期期艾艾地游进来,可没等我将米箩拖出水面,它们就倏地跑到箩外了。”这里的“期期艾艾”令人费解。

期期艾艾是个成语。《史记·张丞相列传》中记载,西汉大臣周昌有口吃的毛病,一次因为太子废立的问题和刘邦发生争论,心中又急又气,说话时口吃更加严重:“臣口不能言,然臣期期知其不可;陛下虽欲废太子,臣期期不奉诏。”又刘义庆《世说新语·言语》:“邓艾口吃,语称艾艾。晋文王戏之曰:‘卿云艾艾,定是几艾?’对曰:‘凤兮凤兮,故是一凤。’”说的是三国魏名将邓艾也口吃,有时称呼自己时会连说“艾艾”,一次司马昭有心戏弄他问:“你老是说‘艾艾’,到底有几个邓艾啊?”邓艾回答说:“古诗说‘凤兮凤兮’,其实只有一只凤凰。”“期期”和“艾艾”都有口吃讷言之义,后以“期期艾艾”形容说话口吃结巴。杨沫《青春之歌》第一部第十四章:“平日这欢腾的爱笑爱闹的小伙子,变得期期艾艾地说不上话来。”

“期期艾艾”是形容口吃的,上引文中却用来形容小鱼在水中游动,显然用错了地方。

万花筒

美国副总统的中文姓名

◎林国安

2020年美国总统选举尘埃落定，今年1月20日Joe Biden和Kamala Harris在国会大厦前宣誓就职，分别成为美国第46任总统和副总统。

世界传媒广泛报道这一大事。我们注意到，中文媒体对总统Joe Biden都译为“拜登”，但对副总统Kamala Harris的译名却不一致。中国大陆传媒和新加坡联合早报译为“哈里斯”；美国中文传媒、台湾中文传媒、大马中文报章称“贺锦丽”。

中文媒体对美国新任副总统姓名称谓的不一致，反映外国人名翻译法则与“名从主人”语用翻译原则的取舍标准。“哈里斯”是人名音译，“贺锦丽”可是副总统本人的中文姓名。

据中国侨网2019年4月10日报道，早在2003年，哈里斯参选美国旧金山地方检察官时，为深入当地华社争取支持，由华裔友人父亲起了一个中文姓名——“贺锦丽”。此举经美国中文媒体的广泛报道，不仅为她竞选造势，也开了当地非华裔政界人士起“官方中文姓名”的先河。事缘美国旧金山市为华裔集中地，当地选举的选票采用中英双语对照印刷，参选人可提供“官方中文姓名”，以让华裔选民产生“同根同源”的亲切感，增加支持度。

说到哈里斯副总统的中文姓名，的确是有“姓”有“名”。“贺”是中国百家姓之一，“锦丽”义为华美、鲜明美丽，在汉语中本就带有美好的寓意。同时，“锦丽”谐音“锦鲤”，锦鲤，原是一种高档观赏鱼。2018 年中国国庆期间，支付宝官方微博推出寻找“中国锦鲤”转发抽奖活动，中奖者即为“中国锦鲤”，引发网友疯狂转发。“锦鲤”一词成为了幸运、好运的象征，因而走红。“锦鲤”一词还同时入选《咬文嚼字》“2018 年十大流行语”和中国国家语言资源监测与研究中心“2018 年度十大网络用语”。

非华裔外国名人起中文姓名，多有先例。例如加拿大医生白求恩（Henry Norman Bethune）、美国汉学家费正清（John King Fairbank）、英国科学家李约瑟（Joseph Terence Montgomery Needham）、瑞典汉学家马悦然（Goran Malmqvist）、澳大利亚原总理陆克文（Kevin Rudd）等，他们起中文姓名似有一通则：中国姓氏附加本名谐音。现在迎来美国副总统贺锦丽，为中文姓名学增添佳话。

贺锦丽副总统生于美国加利福尼亚州奥克兰，父亲是牙买加非裔，母亲为印度人（已故）。她是美国首位女性副总统，也是美国历史上首位拥有黑人和亚裔血统的副总统。据报道，贺锦丽司法、政界经验丰富，曾任旧金山区域检察官、加利福尼亚州总检察长、加利福尼亚州民主党联邦参议员等职，致力推进种族平等、争取女性平权，政治思想有进步的一面。但愿她出任美国副总统之后，能够积极参与构建人类命运共同体，齐心维护世界和平与发展，协助全球人民增进民生福祉、创造美好生活，乃无愧于“贺锦丽”中文姓名的意义。

社交新风

小议朋友圈评论策略

◎徐默凡

“朋友圈”是一种新的媒介形式，好像是个人开办的微型媒体，可以图文并茂，记录生活，抒发情感，也可以转载文章，指点江山，嬉笑怒骂……这种自媒体与传统媒体有一个很大的不同就是互动性极强，读者可以即时看到更新，随时点赞评论，如果意犹未尽还能和作者展开多轮对话。不过，在朋友圈发表评论，也有不少策略和禁忌，不知道你注意到了没有？

首先要有边界意识，评论前要清楚判断关系。微信好友大体可以分为三类。一种是机缘巧合加上微信的朋友，现实生活中可能只有数面之缘，即使对方出于礼貌给你开放了朋友圈，你也最好保持沉默，做一个静悄悄的观众。一种是现实中有一定往来，但没有私交的朋友，比如跨部门的同事、生意上的客户、培训时的同行，那不妨做个“点赞之交”，礼貌地点赞，尽量避免唐突地留言。还有一种是真正的好友，现实生活中经常见面，双方也知根知底，那就可以发评论了。

发表评论不是和作者私聊，而是半公开的对话，除了交际双方，还有一个潜在的观众群。以微信朋友圈为例，评论和评论回复都是向双方的共同好友开放的，这些共同的好友包括双方的同事、同学甚至是客户，情况非常复杂，亲疏程度各有不同，能够和大家共享的恐怕都是些场面话，所以过分私密的评论不宜出现。在这个意义上，在朋友圈发状态和评论都是带有一点“表演”性质的：微信就是舞台，主角就是你我，观众就是共同好友。只有深切认识到这一点，才能使我们的朋友圈交际得体又合宜。

不要发表令人难堪的评论。朋友圈是公开的，所以低级趣味不能有，“政治正确”也要讲。哪些评论会使人难堪而要注意避免？有一个简易的鉴别办法：别人无法自由选择的东西，最好不要进行评论，比如评论别人的外貌、身材、家庭出身等，类似于“你的眼睛太小，戴这副假睫毛不合适”“怎么你们家都这么胖，看来基因不太好，要努力减肥啊”“照片背景是你老家吗？很破败啊”，这些评论的内容都是个人无法改变的，你去评论它，轻则显得低级无聊，重则会触怒朋友。即使夸奖别人的评论，按照这个检验办法推导，也应该选择通过个人努力获取的特征来评论比较好，比如夸奖别人长相漂亮不如夸奖她衣品出众，赞美屋子整洁不如赞美主人勤劳。

还要尽量避免询问私人信息。如：“这件衣服真好看，多少钱啊？”“这是在哪里吃饭？旁边那个女孩子是谁？”“你这个包挺好看，是什么牌子？”……有的人问题多多，就会惹人讨厌。真要对这些问题感兴趣，不妨私信询问。因为你和作者的关系好，不等于作者和所有共同好友关系好，有很多问题的答案作者不愿意让别人看到，所以也就会不方便回答。

不要和异性好友过度互动。有的人开朗热情，也颇有异性缘，平时爱和异性好友开开玩笑，比如“哇，这打扮迷死人了！”或者“穿成这样，今天又要去哪里‘吃喝嫖赌’？”这些言谈在日常互动中都是无可厚非的，但是在朋友圈里却要收敛。因为在日常的口语交际中，我们和别人的对话都是稍纵即逝的语音流，只有在场的个别人能听到。但是在朋友圈中，评论和互动都是长期保留的，即使设置了“三天可见”，这些互动内容也会在三天里被所有共同好友反复看到。即使只是一些玩笑话，假如反复出现，你们的关系就会被强化识别并歪曲放大，在有些人看来甚至会觉得你们在公开打情骂俏。

说了这么多禁忌，你可能会觉得，朋友圈评论这么麻烦，我以后再也不发了，谨言慎行做个“潜水观众”得了。其实倒也不必矫枉过正，微信朋友圈极大地拓展了现代人的社交空间，密切了因日常琐务而日益生疏的亲友关系，是非常有价值的交往新模式。在朋友过生日时送上由衷的祝福，在同学晒娃晒宠物的时候逗几句嘴，在亲戚发老照片时回忆一下童年趣事，在师长转发好文章时交流一下阅读感受……新朋友一回生二回熟，老朋友常来常往更加热络，在网上真正实现了“海内存知己，天涯若比邻”。

总之，微信朋友圈给我们带来了更大的社交空间，但并不是自由自在的个人小天地，而是人来人往的熟人社区，要想经营好这份自媒体，也要细心探索其中的新法则。在朋友圈交流时，请尽量少发口水评论，努力做一个有趣的灵魂。你发一个评论，作者要回，读者要看，大家都要耗费时间精力。所以，要当好自己的“审稿人”，会心一笑轻轻一赞也是一种缘分。只有确实触动到你，不吐不快，才有感而发。物以稀为贵，朋友们也会珍惜你偶尔的精彩点评。

微语录·容量

一滴墨汁落在一杯清水里，清水立即污染变色；就算世界上所有的墨汁泼进大海，大海依然是蔚蓝的大海。人处一世，不可能不受到外物的侵扰；是否能承受与外物无关，取决于自己是否有足够大的容量。

（乔　桥／辑）

检测窗

编校差错扫描(三十二)

◎王　敏

水在字中盛可“衍”

【错例】“期货合约”是最早开发出来的金融洐生品。

【简析】“洐生”应为“衍生”。“洐”与“衍”字形近似，但构字理据不同。“洐”(xíng)是会意兼形声字，从水从行，行亦声，本义指沟水流。《说文解字》：“洐，沟水行也。”“衍”(yǎn)是会意字，从水从行，甲骨文作，从水循河道漫流会意，本义指水循河道流汇于海。《说文解字》：“衍，水朝宗于海貌也。”段玉裁注：“洐字水在旁，衍字水在中。在中者，盛也。”洐，水弱，仅行沟渠；衍，水盛，朝宗于海。因此，“衍”引申指溢出，如“衍溢”，又指富足，如“富衍”，再引申指滋生繁殖，如“繁衍”，还指多余，如“衍文”。“衍生”的“衍”指演变，显然是水在字中的“衍”的引申义，而与水在字旁的“洐”无关。

咬住舌头称“咋舌”

【错例】新能源车的高速发展令人乍舌。

【简析】“令人乍舌”应为“令人咋舌”。“乍”(zuò)，甲骨文作，会意字，现在学界多认为“乍”为“作”的本字，其本义有人认为是耕作，也有人认为是制作(卜龟、衣服等)。如今，

"乍"专用于引申义,读 zhà。作副词,可指刚刚、起初,如"初来乍到",也可指突然、忽然,如"乍冷乍热";作动词,可指因害怕而颤动,如"一惊一乍",也可指壮、大,如"乍着胆子"。"咋"(zé)是形声字,从口乍声,书面语中常指咬住、啃。《正字通·口部》:"咋,啖也,啮也。"如"咋笔"即操笔,古人构思为文时常以口咬笔杆,故称;"咋指",咬指出血以自誓。在方言口语中,"咋"读 zǎ,是疑问代词,有人认为其发音是"怎么"的急读合音,含义即"怎么",如"咋样""咋办"等;读 zhā,用于"咋呼",指大声说话。"咋舌",指把舌头咬住或忍住不言,形容惊异、畏惧得不敢出声。"令人咋舌"指让人吃惊或畏惧而不敢说话。"乍"没有咬住的意思,"令人乍舌"语义不通。

"珠联璧合"非墙壁

【错例】证婚人称这对新人"珠联壁合,佳偶天成"。

【简析】"珠联壁合"应为"珠联璧合"。"壁"与"璧"都是形声字,两者区别在形符。"壁"从土,本义指墙壁,即用土坯、砖石等垒砌或用竹木做成的遮挡物。《说文解字》:"壁,垣也。"引申指像墙壁一样直立的山崖,如"悬崖峭壁"。又特指军营的围墙、营垒,如"坚壁清野""作壁上观"。"璧"从玉,本义指中国古代的一种玉器,圆形扁平,中心有孔。《说文解字》:"璧,瑞玉,圜也。""璧"用作祭祀、朝聘等的礼器,也作装饰品。引申泛指美玉,如"白璧微瑕"。半圆形的璧称"半璧",两个"半璧"合成一个圆形的璧,即为"合璧"。"合璧"常喻指配置得宜,互相映照。"珠联璧合",指珍珠穿在一起,美玉合在一块儿,比喻优秀的人物或美好的事物汇集在一起。"珠联璧合"与墙壁无关,不能写成"珠联壁合"。

心中害怕“瘆得慌”

【错例】山洞深处阴森恐怖，让人渗得慌。

【简析】“渗得慌”应为“瘆得慌”。“渗”与“瘆”都是形声字，两者区别在形符。“渗”从水，本义指液体慢慢地透入或漏出。《说文解字》：“渗，下漉也。”如“渗水”。引申泛指其他事物渐渐侵入。如唐代司空图《独望》：“远陂春早渗，犹有水禽飞。”“瘆”从疒（nè，甲骨文字形为，象人有病痛而倚靠休养的样子，是“病”的初文，以“疒”为部首的字含义与疾病有关），本义指病而寒战。《玉篇·疒部》：“瘆，寒病。”引申指惊恐、使人害怕。《集韵》：“瘆，骇恐貌。”如“瘆人”。古汉语中有以“渗”通“瘆”的用法，但是现代汉语中的“渗”与“瘆”已明确分工。“瘆得慌”形容恐怖、可怕的状态，与液体透漏无关，“瘆得慌”不应写成“渗得慌”。

倒汤用“滗”不用“憋”

【错例】倒弃没喝完的珍珠奶茶，应先把奶茶憋干净，再把珍珠倒入湿垃圾箱。

【简析】“憋干净”应为“滗干净”。“憋”是形声字，从心敝声，本义指性急。《玉篇·心部》：“憋，急性貌。”后引申作动词，指极力抑制、忍住，如“憋住呼吸”“憋了一肚子意见”。又作形容词，指心情不顺畅，如“憋屈”“憋得难受”。“滗”（bì）也是形声字，从水笔声，本义指挡住渣滓或泡着的东西，将液体倒出或挤出。《玉篇·水部》：“滗，笮（zé，压榨）去汁也。”如“滗汤药”“把汤滗出去”。“把奶茶滗干净”意思是把奶茶液体倒光，一点都不剩。“憋”与“干净”搭配，语义扞格难通，显然是错误的。

网言网语

“中二病”是什么病

◎吕依瑶

“中二病”最早出自日本广播节目《伊集院光·深夜的马鹿力》,主持人说:“我刚刚得了中二病。”此词语便逐渐流传开来。顾名思义,“中二病”可以简单地理解为青少年在初中(日本称为“国中”)二年级发作的疾病。因为青少年在那一段时间形成了模糊的世界观,同时在心中构建起了自我认同的形象——自己是“和别人不同的人”,“不再是一个孩子,也不是一个平庸的大人”;别人是“随波逐流的乌合之众”,是“永远无法理解我的人”;世界可能正“遭受着黑暗势力的威胁”,需要“与常人不一样的我去拯救”……于是这群“中二病患者”常常会有些令人“不明觉厉”的言行,在此略摘几条:

开始思考世俗和高深的问题,并暗自得意自己哲学王的身份;

开始听古典音乐,并瞧不起听流行音乐的同龄人;

明明没有被朋友背叛过,却痛心疾首地说友情是虚假的;

虽然不明白尼采、康德等人说的是什么意思,但很喜欢故作高深地引用他们的话,觉得自己说出“查拉图斯特拉如是说”的时候酷毙了……

他们大都很有个性并且热衷于表现自己,然而这些想法和言行在常人看来却难以理解。所以很多人都会觉得这不过是一群假装成熟、愤世嫉俗,但其实很幼稚的小孩子,并将他们归入“病号”。

如果将“中二病”这一偏正结构进行拆分,我们可以看出它是由定语“中二”和中心词“病”两个部分构成。“中二”在这里采用了以典型部分代替整体的借代修辞:“中二病”的高发人群往往是十几岁的青少年,不妨以不上不下的“初中二年级”来借代整个发病期。这种以简代繁的构词方式,方便了该词在网络文化中的传播使用,还因此衍生出了同系列的病名“高二病”“大二病”“研二病”等等,分别用以指代在不同年龄阶段人群的典型表现。

至于它为什么是一种病呢?我们可以先看看“病”的定义:在生理或心理上发生的不正常的状态。因为“中二病患者”往往会表现出某些病态自我意识,这在“非中二”群体看来是很滑稽的甚至扭曲的精神状态,于是就把这一种精神状态比喻为“病”。需要注意的是,虽然称为“病”,但严格来说并不属于医学概念上的“疾病”,称为“症”或“症状”更合适些。也是出于这个原因,如今大家在使用时也常会去掉“病”这个容易引发贬义化解读的后缀,直接将“中二”作为一个中性的形容词,用来形容那些类似的性格特征。

从“中二病”的起源来看,它在大多数语境下都不可避免地带有贬斥的感情色彩。最早也是他人对青少年过于自以为是的独特言行的戏谑称谓,但后来随着使用范围越来越广,“中二病”作为一种常常出现在文学、影视作品中的人设属性,开始逐渐剥离了贬义。作者会有意让这些角色用他们的独特言行让故事更加幽默,往往让人忍俊不禁,“中二病”也因此具有了独特的可爱之处,颇受特定群体的喜欢。

“你又犯中二病啦?”“你的回复也太中二了吧。”“中二病永远不毕业!”网友们为自己年少时期的种种迷惑行为找到了病因,并开始怀念那个自我意识过盛、狂妄又不谙世事的自己。毕竟,“人不中二枉少年”啊。

“中二”虽然被称作“病”,但请别担心,多数的“中二病患者”都会因青涩的流逝而自我痊愈,变得冷静,变得成熟,最后不动声色地变成真正的大人。

网络文学中的“刀”

◎翟子颀

在网络文学的评论中，“刀”的出现频率很高。看到“刀”，如果你的脑海中浮现出的是在厨房大展身手的菜刀，那可就大错特错了。那么，这是什么样的“刀”呢？

“刀”作为中国古代侠客必备的武器，常常会带上“行侠仗义”“铲恶锄奸”的隐藏意义。这在习语和成语中就有不少体现，例如“两肋插刀”“路见不平，拔刀相助”等。但是在网络文学的评论中，“刀”从江湖人物的手中转移到了读者手中，读者在对某个情节、某个反派强烈不满时，就会在评论里发帖“拿我的刀来”，边看边“砍”，充满了代入感。还曾经有过一个趣闻，某网站在新闻标题中，把“厘米”错写成了“米”，于是，标题变成了“监拍女子持40米长刀当街砍人”，被网友脑补出40米长刀砍人的画面，笑点满满。从此以后，“40米大刀”便成为一个梗，被广泛使用，也进入了网络文学的评论系统。当读者义愤填膺、怒不可遏时就会说：“我那把40米长的大刀呢？”“把40米的大刀给我拿来！”

有时候，“刀”不仅仅针对故事中的人物，读者之间也会拿“刀”展开一场“恶战”。“情敌相见，分外眼红”是常见的事情，在网络文学中，表达对某一主人公的喜爱，往往喜欢使用“×××是我的！”“谁都别跟我抢×××！”这样的表述。当别人也这样“表白”后，互相就成为“情敌”了。这时候，同一个主人公的“粉丝”会说“拔刀吧，情敌！”由此来争夺自己心爱的主人公。当然啦，众所周知，主人公属于另一个主人公，“拔刀”抢不来他的爱。

在网络文学中，“刀”还发展出另外一种新的含义，成了“悲剧性作品”的代名词，也就是通常说的“虐文”。“虐文”读得人心如刀割，便直接用“刀”代替；而与“刀”对应的则是“糖”，用来代指满篇都是甜蜜恋情的“甜文”。这样一来，作者“发刀”就是写了虐心的故事，“发糖”是写了甜甜的故事。同时，读者读虐文可以称为“挨刀”，读甜文可以称为“嗑糖”。这种表述方式加强了读者的阅读感受，夸张而生动。

另外，还有一个在动画、漫画、游戏、小说领域都流行的表达——“寄刀片”。在网络连载中，读者会吵着要给作者“寄刀片”，以“威胁人身安全”的方式来要求作者写出符合读者期待的结局。当然啦，“寄刀片”只是虚拟的网络言语行为，千万不要发展到现实生活中，这样会触犯法律的哦！

总之，网络文学评论里的“刀光剑影”，非常生动、非常精彩。不管是“嗑糖”，还是“挨刀”，都可以让读者暂时放下现实中的烦恼，在网络世界中给自己放个假。

《爱的链条》参考答案

1. 记价器——计价器
2. 文质杉杉——文质彬彬
3. 一如继往——一如既往
4. 途径——途经
5. 荒辟——荒僻
6. 寒风刺股——寒风刺骨
7. 申出——伸出
8. 掩没——淹没
9. 一愁莫展——一筹莫展
10. 拥上——涌上

此“韭菜”非彼韭菜

◎梁　聪

当我们在网络购物平台上选购心仪商品的时候，时常能够发现“某某店家又要开始割韭菜了”这样的网络评论，如果你是刚刚开始接触网络的网民，可能会误以为市场上有某家专门种植韭菜的农产品公司要开张做生意了。但事实并非如此，网络用语中的“割韭菜”可不是采摘新鲜韭菜以供贩卖，而是“通过某种商业营销手段来刺激消费者购买商品”的意思。

韭菜本来是日常生活中很常见的一种蔬菜，怎么会和商业营销联系到一起呢？这就要从韭菜本身的特点说起了。作为一种优质农作物，韭菜相比于其他蔬菜的一个显著特点就是生命力顽强，生长迅速，正如民间俗语所说的那样“割了一茬又一茬”。

近些年来，随着商品经济和互联网商业的发展，人们手中可以自由支配的金钱越来越多，消费的渠道越来越多，消费的欲望也越来越旺盛，出现了一些为了满足自己的购物欲望而进行大量无节制消费的消费者。于是，网友就抓住了消费能力超强（生命力强）和消费欲望旺盛（生长迅速）这两个“共同”特点，用“韭菜”一词来讽刺那些盲目消费的消费者们，他们就像田里的韭菜那样“一茬接一茬”地不断生长。“割韭菜”也自然成为商家为了销售产品而进行大肆宣传刺激消费者购物的代名词。

随着“韭菜”这个比喻被

越来越多人所接受，“韭菜”和“割韭菜”的范围也逐渐地扩大。在今天的互联网语境下，大部分通过商业行为获取利润的行为都可以戏称为“割韭菜”，而这些商业行为的目标用户自然就是被收割的“韭菜”了。比如，在各式各样的网络购物节中“买买买”的顾客是“韭菜”，金融市场上盲目追求经济效益而忽视风险的个体投资者也是“韭菜”，在网络应用中大肆充值并消费的玩家也可以被称为“韭菜”。在“韭菜”的基础含义之上，还衍生出了诸如“十有八韭”（用来形容股市惨淡，股民普遍亏损的现象）、“忠实韭菜”（比喻那些狂热地追求某个特定品牌产品的消费者）等一系列有趣的用法。此外，如果“割韭菜”时的“吃相”太过难看，有时候还会导致“韭菜伤根”（指卖货太狠以至于一段时间内顾客的消费能力降低）或是“把韭菜连根都拔了”（指用户可能转向其他商家进行消费）的尴尬局面。

总之，“韭菜”在网络用语中是一个带有一定贬义色彩的词语，虽然人们时不时也会在花钱的时候用“韭菜”来自我调侃一番，但更多的时候“韭菜”还是用来讽刺那些盲目消费、“人傻钱多”的消费者。而“割韭菜”更多也是用来讽刺批评那些为了赚钱不择手段，不把消费者当人，而是当作韭菜那样“收割”的商家以及他们的过度营销行为。

此“韭菜”非彼韭菜，在互联网消费风潮盛行的当下，我们可要擦亮眼睛，可别一不留神就成了别人盘中的“韭菜”呀。

《火眼金睛》提示

图 1，“义正言辞”应为“义正词严”。

图 2，“福碌”应为“福禄”。

图 3，“编篡”应为“编纂”。

图 4，“全民抗议”应为“全民抗疫”。

东语西渐

英语之“牛”何其多，英译“牛年”选哪头

◎陆建非

今年是中国农历牛年，多国领导人以多种形式纷纷向全球华人和华裔或亚裔社区致以新春祝福，他们不约而同地概括出牛的特性和象征，即无怨、可靠、无私、有力量、坚韧不拔等，旨在巧妙借助牛的精神和寓意来鼓舞人心，催人奋进，战胜新冠病毒，重振世界经济。牛作为今年新春的开场主角，着实火了一把！

笔者注意到，“牛年”外译时，英语世界都用ox这个单词。在英语中，牛的分类特别细致，因为“牛”对西方人的生活和生产也具有广泛而深刻的影响。

1. ox表示不分性别的通称牛。也特指阉割过的公牛，泛指野生或驯养的牛类。oxen是ox的复数形式，有公的，也有母的。此词引申含义是蛮小子。ox经过训练后可在田间劳作或拉车运载东西，体形较大且强壮。西方人对ox持有敬重的心态，因为它多指用于耕种的牛，是一种强健和勤劳的象征。

2. cow表示母牛，奶牛，肉牛。在许多农业地区，cow不仅可以耕田，还可用于繁殖和供应牛奶。在很多语境中，cow被视为可爱、讨人喜欢的一种牛，西方人常把奶牛和宁静舒适的乡村生活联系在一起。

3. bull指未阉割的通常用于配种的公牛，亦指其他雄性动物。西班牙和美洲地区经专门饲养用作斗牛表演的公牛，就用bull这个词，bullfighting是“斗牛表演”的意思。bull可引申为彪形大汉，作动词表示“莽

撞”。在英语中,bull 这个词有时含有些许否定意义,如“盛气凌人”“具有攻击性”。

4. cattle 是牛这种哺乳动物的总称,不会特指某一性别、年龄、类型或者品种。在 cattle 下面,包含乳牛、公牛、被阉割的牛以及未成年的小牛等。此词是集体 / 集合名词,本身就是复数名词,所以不存在 one / a cattle 的说法。

5. calf 用于小牛,牛犊。

6. bovine 也有牛的意思,不过范围较大,表示牛科动物。

7. buffalo 指水牛(分非洲水牛和亚洲水牛两种)或野牛。

8. steer 指阉公牛,肉用公牛。

把“牛年”的“牛”译成 ox,这是东西文化的共识。生肖年在英语中约定俗成的组词方式是:year of the + 动物名。因此,“牛年”就译成:the Year of the Ox。此处的 ox 首字母需大写,即 Ox,有时也可全大写,即 OX,前面应用定冠词 the。year 的首字母有时也大写。

《纽约时报》2021 年 2 月 4 日刊出一文,题为 *Pursuing the Spirit of Niu*(追求牛的精神),记者直接用汉语拼音表示牛,这是一个值得注意的现象。

Niu has been an important force on Chinese farms for thousands of years. Therefore, in Chinese culture, Niu is often used to symbolize a hardworking and trustworthy spirit. There is a famous saying in Chinese — “Although Niu only eats grass, it produces milk” — which praises Niu's willingness to contribute.(几千年来,牛一直是中国农业的重要力量,因此,在中国文化中,牛常被用来表征勤劳守信的精神。中国有一句名言,牛吃的是草,产出的是奶,赞美牛的奉献精神。)

在全国政协 2020 年 12 月 31 日举行的新年茶话会上,习近平总书记强调要发扬为民服务孺子牛、创新发展拓荒牛、艰苦奋斗老黄牛的精神,在全面建设社会主义现代化国家新征程上奋勇前进。“三牛精神”形象生动，顿时在海内外媒体走红，为人们津津乐道。

《新华每日电讯》2021 年 1 月 4 日发表题为 *The Spirit of the Ox*（牛的精神）一文，其中引用了习近平总书记首次提出的"三牛精神"。

We must promote the spirit of the ox in serving the people, driving innovative development and working tirelessly.（我们必须发扬为民服务孺子牛、创新发展拓荒牛、艰苦奋斗老黄牛的精神。）

《中国日报》2021 年 2 月 11 日推出一篇题为"*Three cattle spirit" steers China to bullish Year of the Ox*（"三牛精神"引领中国进入牛年）的文章，其中说：

China is ringing in the Year of the Ox, a new beginning of great significance for both the Chinese people and the Communist Party of China (CPC) that has led the whole nation to overcome many challenges, including COVID-19. The new year will also be defined by the "three cattle spirit".（中国即将迎来牛年，对中国人民和带领整个国家战胜包括新冠疫情在内的各种挑战的中国共产党而言，这是一个意义非凡的新开端。新的一年也被赋予了"三牛精神"的含义。）

2021 年 2 月 18 日，中国外交部发言人华春莹也在其推特上用英语对"三牛精神"进行了描述，她把"三牛精神"译成"three ox spirit"，笔者觉得不够精准。"three ox spirit"指的是三种牛的精神，还是牛的三种精神？这里的复数也很难处理，用在哪个词上？复数 spirits 在更多的语境中指"酒精"，或指灵魂、情绪等，表示精神时，spirit 是不可数名词，应用单数表达。这样的话，倒不如译成 three kinds of ox spirit，明示牛的三种精神，或者也可简单译成 the spirit of the ox。在推文中华春莹将"三牛"分别译成三组词：serving-the-people ox（孺子牛）；pioneering ox（拓荒牛）；persisting ox（老黄牛）。别有情趣，可圈可点。

说文解字

由“福”“祸”之辨说开去

◎刘志基

春节前夕，人民文学出版社向读者发出一封“致歉信”，原因有点邪乎：出版社想乘着春节推出一种“新年礼盒”，其中收录的名家手迹“福”居然错为“祸”字。虽然福祸相依，但是大过年的，误把“福”写成“祸”总是一件糟心事吧？这“祸”闯得有点大，向读者道歉，也算理所当然。

平心而论，人民文学出版社有点冤，因为他们闯的这种文字祸，其实当下已是并不鲜见的社会现象，只是没有赶在春节祈福的这个风口上，所以一般也上不了热搜，大家或不明就里，或见怪不怪，于是也就听之任之。比如说他们这次闯祸，直接的来源就是《启功书法字汇》，道歉信中彩笔圈出祸根字样，网友们直呼“甩锅”，我倒觉得这锅该甩，不能只是枪打出头鸟，分清责任嘛。再比如此祸事一出，好事者就用支付宝 AR“扫福字集五福”去扫这个福冠祸戴的草书，居然也能领到福卡。不妨再举两个例子。

其一，上海教育电视台有一个《中国之最》节目，内容很好，但是节目有一个古文字印文形式的 logo，却把“最”字写成了“”。

这个字形看上去似乎与我们今天熟悉的“最”字很对应：上面是“日”，左下是“耳”，右下是“又”。错了吗？真错了。首先，“最”的古文字形最早见于睡虎地秦简,形体为。其字《说文解字》小篆形体作“”,解为“犯而取也。从冃、从取”,这是此字的本义。古文字形“最”的上部明显可见为“冃”旁,而节目 logo 中却按照现在简体字“最”的结构写为了“日”旁,所以从文字结构上看,是驴唇不对马嘴。其次,“”这个字形,明显是模仿先秦古文字字形,而“最”字却是始见于秦代,这在字体(或曰书体)使用上又是关公战秦琼。须知,这可是出现在“教育”电视台传统文化类节目中的错误,这是不是也算闯了个文字“祸”呢?

其二,春节期间,上海一家“新雅食品旗舰店”推出促销合体字对联,其中有如下字形:

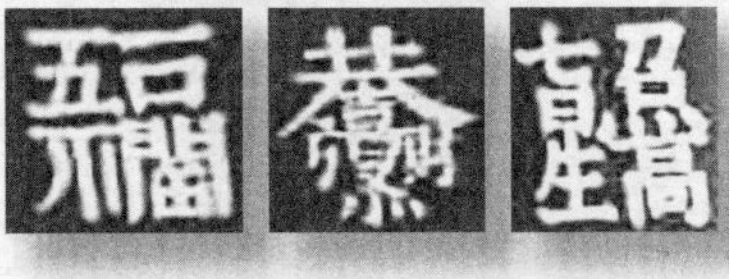

字显然不难认:第一个是“五福临门”,第二个是“恭喜发财”,第三个是“七星高照”。此种文字,其实属于一种传统民俗现象,所以被称为“民俗合体字”。作为一种文字形式的民俗艺术,“民俗合体字”就是要利用汉字合体字组合规律的框架,来表达某种有意义的语段。对这种艺术字形的评估标准,其实就是两条:一是要准确,即按照汉字合体的组合规律,可以清晰地辨识组成语段的各个文字字形;二是要精妙,就是通过偏旁组合的共享简省,出人意料地构成一个既具有外在美观性又内含美好语义逻辑的字符组合体。能够体现上述两条标准的传统民俗合体字很多,比如下图的“招财进宝”“好学孔孟”“反正都有”,只要稍加审视,观者自可体悟其中之精妙,不烦笔者赘说。

不怕不识货,只怕货比货,相形之下,上述“五福临门”“恭喜发财”“七星高照”等字形的问题立现。正确都做不到,精

妙就更无从说起:“五福临门”的“临”在哪里?“恭喜发财”的“发”又是如何组合的?“七星高照”之“高”的那一点,又怎能变成四点?由此不免生出一些担心:此类民俗合体字,在当今商业广告宣传中出现得越来越多,如果随之出笼越来越多似是而非的不良字形,对于我们的文字生活而言,一定是祸不是福。

综合上述的几种文字应用的“祸”事,不难发现“祸”出有因,那就是人们一旦在文字的应用中涉及历史传统,就容易生出祸事来:以“祸”为“福”,是不辨草书,草书是王羲之那个时代成形的;“最”的误写,是误用商周时代的古文字;“五福临门”之类尴尬,同样是在效仿颇有历史渊源的民俗合体字传统。由此不能不引发进一步的思考。

我们使用的是具有三千多年历史积淀的文字,由于字脉未断,即使当今的文字使用,也往往自然而然地产生调动这种历史资源来丰富我们的文字意蕴表达的现实需求。这是我们独有的文化财富,是汉民族作为文字的“世家”的万贯家财,有了这笔资源不用,那是把自己降格为文字历史积淀的家徒四壁者,算是败家子。因此,运用草书、古文字、民俗合体字等传统资源来助力当今文字应用,无疑是应该得到点赞的。然而,事情都有两面,财富的另一面是负担。要想享用这笔历史财富,就需要有能力穿越历史隧道,恰到好处地消费这笔传统资源。然而,要具备这种能力,又谈何容易。没有金刚钻又要揽瓷器活儿,时不时闯些祸,也就在所难免了。

如何来改变这种现状呢?从根本上说,当然是要提升全体社会成员的母语文字水平。当然,这不是短时期可以完成的。远水到来之前近渴怎么办?其实也好办,只要我们对自己的母语文字多一点敬畏之心,在运用文字的历史资源进行“创意”之际少一点天不怕地不怕,多一点学习、查阅、请教,消灾免祸还是大有希望的。

中华文明古史

◎郑张尚芳

通常说中华文明有五千年的历史，从《现代汉语词典》附录《我国历代纪元表》来看，这是从黄帝开始算起的。但确切的王朝记载则是从夏商周起算的，在“夏商周断代工程”里，夏朝始于约公元前2070年。假如严格按建立国家王朝为文明社会标准，那么应是四千年文明史，但夏商文明已经高度发达，其前自然应有一个孕育发展的阶段，所以此前那一千年华夏部落联盟首领掌权的“五帝”时代，应看作中华文明的育成期。

夏商周已是世袭王朝，夏代十七王、商代三十一王都指国王本人，“五帝”中每帝则实际分别代表担任联盟首领的那个部族，不限于一人。这点在古代常不被人理解，所以《大戴礼记·五帝德》列“黄帝、颛顼、帝喾、尧、舜”为五帝，而开篇就说：“宰我问于孔子曰：昔者予闻诸荣伊，言黄帝三百年。请问黄帝者人邪，亦非人邪？何以至于三百年乎？”据说孔子是用黄帝百年亡后，民畏其神、用其教各百年来搪塞过去的。其实这本和《吕氏春秋·慎势》“神农氏十七世有天下”，皇甫谧《帝王世纪》说神农氏生帝临魁至帝榆罔“凡八代及轩辕氏”的“神农氏”不指个人一样，五帝都自有世代，故合计可达千年（当然神农氏原要往前另列在燧人、伏羲、神农的三皇系列，分别表示人类进入用火、猎牧、农耕原始进化阶段，还不是文明历史范畴。神农原本也跟黄帝的偶族炎帝不同时，乃刘歆误予并混）。

现在还不能明确找到五帝的文化遗址。虽然上古文献里唐尧、虞舜遗迹要多些，大小戴《礼记》“虞夏商周”并称四代，太史公自说祖上在虞夏朝典天官事。《论语》也说及唐虞、尧舜之事，周初封唐叔于晋，指明那里就是尧墟。可真要像殷墟那样的，确定他们文化遗址，还得等待考古发掘的新发现。现在我们说黄帝是人文始祖，以之作为中华文明起点，是从传述文献上看到黄帝时的文明成就。据说有：

衣冠：其臣伯余作衣裳，或云“胡曹作衣、冕”。其妻嫘祖发明蚕丝。

文字：其史官仓颉、沮诵作书。

历法：其师大挠造甲子，隶首作算数。容成著调历。

舟车：臣共鼓、货狄造舟，传黄帝造指南车战蚩尤。

冶炼：《史记·封禅书》“黄帝采首山铜，铸鼎于荆山下”，铸鼎是青铜器的高端产品。

如果这些记载确有史实，那么应该能表明具备文明特征了。目前虽未得到实证，也不确知当时黄帝族的民族属性，但依据王名分析，有些方面还是可以了解的。

《史记·五帝本纪》说黄帝“有土德之瑞，故号黄帝”。按“帝”字古义是天神或祖神，注意，黄帝不像“帝喾、帝尧”那样“帝”作大名居前，则“黄”不是名词而是形容词，应该是黄土地上的人民对其祖神的尊称（形容词居前，亦合于华夏语的特征）。“黄”，甲金文像系玉饰用的腰围绶带（参唐兰说。有人说“黄”是“璜”初文。笔者认为不对，璜是半月形的，而“黄”中口象一圆圈围人腰），尊号里用上该字，也是黄帝时期文明历程进入“作衣裳”阶段之一证。

《史记》说黄帝“名曰轩辕”。按轩指曲辕高车，辕指直辕大车，既以此为名，则或者对造车有贡献，或者生于擅用车之族（有如后世“狄历”或“敕勒”因乘高车而称为“高车”族）。总之当与制车有关吧。

从王名分析，也可反映出其时代的文明业绩。前列五点中，可印证其二。

（选自《胭脂与焉支》，上海教育出版社 2019 年 4 月）

向你挑战

爱的链条

（文中有十处差错，你能找出来吗？答案在本期找）

◎梁北夕 设计

一位盲人打车，下车时记价器显示12元。司机把盲人扶下车，送进小区，并且不肯收车钱，说：“不用付钱，因为我挣钱比你容易。”正在此时，一位文质杉杉的男士走了过来，并上了这辆车。到了目的地，车价显示15元。男士却给司机27元，说：“我挣钱比你容易，刚才那位盲人的车钱我付吧。今后我们一如继往，去帮助有需要的人。”

类似的故事，并不鲜见。

一个年轻人自驾游，途径一个牧区时遭遇暴风雪，汽车意外抛锚，被困在了一个荒辟之地。夜已很深，寒风刺股，年轻人冻得瑟瑟发抖。正在他心急如焚的时候，来了个骑着马的男子。二话不说，骑马男子用马把汽车拉到了小镇上。年轻人感激不尽，为了表示谢意，他拿出一笔钱给骑马男子。骑马男子却说：“不需要回报，但我要你一个承诺，当别人有困难时，你也要尽力帮助他。”年轻人深受感动，发誓要像骑马男子一样，在有人需要帮助的时候，毫不犹豫地申出援助之手。在后来的日子里，年轻人帮助过无数需要帮助的人，他每次都把骑马男子那句话转述给被他帮助的人，拒绝任何回报。

在多年后的一天，因遭遇洪水，年轻人被困在了激流中的一块大石上。水势越来越猛，水位越来越高，大石很快就会掩没在洪水之中。年轻人一愁莫展。就在千钧一发之际，一位勇敢的少年冒着危险救了他。在他表达谢意时，少年竟然说出了那句自己曾说过无数次的话：“不需要回报，但我要你一个承诺，当别人有困难时，你也要尽力帮助他。”

一股暖流拥上年轻人的心头：我串起了一根链条，爱心在链条上传递着，经过无数的人，现在又传了回来。

“魂”中岂能有“雨”

王纪波

这是一幅宣扬中华文化中“友善”价值观的公益广告。美中不足的是，“魂”错写成“⿰雲鬼”。

“魂”是个形声字，从鬼，云声。古人认为，“魂”是附在人体上的一种非物质的东西，离开人体人便死亡，而人死亡后它仍然独立存在。后来“魂”泛指一切事物的人格化精神。也特指崇高的精神，如“民族魂”“国魂”中的“魂”。广告中的“善作魂”即“以善为魂”，“魂”指崇高的精神。

“魂”还有一个异体字，写作“䰟”，“魂”“䰟”均以“云”为声符，以“鬼”为义符，从未有以“雲”为声符的“⿰雲鬼”。这个差错的出现，与“云”“雲”两字的“纠缠”有关。

“云”是象形字，指空中流转卷舒的云层，后假借表“说”等义。“云”便另加义符“雨”成“雲”，专指云彩及其相关联的引申义。此后，“云”“雲”两字各司其职，互不干扰。

上世纪50年代简化字颁布实施，“雲”与“云”合并，统一写作“云”。“雲”“云”两字便开始纠缠，在需要写繁体字的场合，常有人把该写“云”的地方写成“雲”。比如在用繁体字排版的古籍中，“子曰诗云”就常被误成“子曰詩雲”。汉字中有很多以“云”为偏旁的字，除“魂”外，常见的还有“纭”“耘”“妘”等，这些字中“云”都不能繁写成“雲”。

误“魂”为“⿰雲鬼”，当是相关人员对“云”“雲”分合变化一知半解所致。

火眼金睛

图中差错知多少？

李可钦 顾银乔 汤生根 汪 润 提供

（答案在本期找）

1

2

4

3

邮政 扫码订刊 轻松快捷

淘宝 扫码购书 优惠立享

微信公众号 扫码关注 精彩无限

ISSN 1009-2390

04>

9 771009 239210

YAOWEN-JIAOZI

咬文嚼字®

小满 二十四节气之一，在5月20日、21日或22日。此时北方小麦等作物进入乳熟期，籽粒开始灌浆而逐渐饱满，但尚未完全充盈，故曰“小满”。《月令七十二候集解》：“小满者，物至于此小得盈满。”

上海世纪出版集团

欢迎至邮局订阅本刊 邮发代号 4-641

国内统一连续出版物号 CN 31-1801/H

定价：6.00 元

05

2021

规范汉语大学堂2
规范汉语大学堂

西洋的幻象
精装

名家语画

“为老百姓谋幸福”

钱欢欣 / 文　臧田心 / 画

毛相林，重庆市巫山县竹贤乡下庄村党支部书记、村委会主任。在他的带领下，下庄村村民用最原始的方式在悬崖峭壁上凿石修道，历时 7 年铺就了一条 8 公里的“绝壁天路”，还有村民为此献出了宝贵的生命。村里的贫困面貌因此改变，村民渐渐过上了富裕的生活。2021 年 2 月 25 日，毛相林荣获“全国脱贫攻坚楷模”荣誉称号。领奖回乡后，毛相林深有感触地说：“为老百姓谋幸福就是我的梦想，在下庄干出个样子来，才对得起跟我一起修路的群众和 6 位献出生命的英雄。”

咬文嚼字®
2021年5月1日出版
5
总第317期

名家语画 “为老百姓谋幸福” 钱欢欣/文 臧田心/画/1
热点聚焦 孺子牛·拓荒牛·老黄牛 王冬雪/4
追踪荧屏
郑国渠不是“秦朝”修建的 刘玉琪/6
是“赒好”,不是“请好” 张 阳/7
别给费祎改名 盛祖杰/8
“千肠”如何能“百转” 梁德祥/9
时尚词苑
浅析“飒”的两个新义项 高丕永/10
“沉浸式××”新趋势 夏 雨/12
形形色色的“名场面” 代宗艳/14
一针见血
“助纣为孽”? 张震东/16
摩洛哥和摩纳哥大不同 邓增松/16
没有“刑台市” 王宏玉/17
自己不能用“惠顾” 戴依依/17
妄说“义薄云天” 吴孝成/18
何来“褚红”? 应是“赭红” 重 阳/18
“吉安”不是“辑安” 沈阳仁/19
何来“真知烁见” 阎德喜/19
应是“兄弟阋墙” 周宇翔/20
弄错了《卖炭翁》的作者 厉国轩/20
“广褒的大地”? 杨昌俊/21
“方寸”不是“方阵” 谢云秋/21
苏轼并未二任杭州知府 晋 相/22
学林 什么是古今字 苏培成/23
锁定名人
“锱铢”不可写为“辎铢” 杨宏著/26
“邃密”“遂觅”大不同 王云峰/27
有此一说
“欲饮琵琶马上催”催的是什么 顾 鉴/28
安全阀岂能“拧紧” 章 翼/30

主管:上海文艺出版总社
主办:上海文化出版社
编辑、出版:《咬文嚼字》杂志社
集团网站:http://www.shwenyi.com
E-mail:yaowenjiaozi2@163.com
官方微博:
http://weibo.com/yaowenjiaozish
电话传真:021-64330669
发行电话:021-64372608-181
邮购电话:021-64370935
地址:上海市黄浦区绍兴路7号
邮政编码:200020
发行:上海市报刊发行局
发行范围:国内外公开
订阅处:全国各地邮局
邮发代号:4-641
ISSN 1009-2390
CN 31-1801/H
印刷:上海中华印刷有限公司
印厂电话:021-60829062
021-60299079
定价:6.00元

文章病院

“作伐”和改稿无关　刘希贤 /31
《三国演义》开篇词是谁写的　汤生根 /32
此李密非彼李密　江城子 /33
应是《云笈七签》　李华山 /34
“牡牛”岂能产崽　庄丰石 /35
“程门立雪”和朱熹无关　木　子 /36
“黄发”怎能指儿童　新　德 /37
卷心的是“胶菜”　屠林明 /38
“鄂荐”？“鹗荐”！　廖　宁 /39

语言哲思

“八岁、十八、二十八”为何是“连烧三年”　宗守云 /40

十字街头

母亲的心意岂是“寸草心”　傅小军 /42
“贪恋”不是“谈恋”　段羡菊 /43

语苑新谈

吻瘫了美国机场　石毓智 /44

网言网语

当今为何多“巨婴”　焦妍与 /46
网络仿拟的妙趣　张湘杰 /48

微型讲坛

说“阙”　陈运舟 /50

社交新风

当我们说流行语时，我们在想些什么　徐默凡 /52

东语西渐

“不吃这一套”如何切换成英语　陆建非 /55

检测窗

编校差错扫描（三十三）　王　敏 /57

说文解字

以“罪”易“辠”的蝴蝶效应（上）　刘志基 /60

读书

“胡同”非借自蒙古语“水井”　郑张尚芳 /62

向你挑战

跳伞的理由　伯　淮　设计 /64

热点聚焦

孺子牛·拓荒牛·老黄牛

◎王冬雪

今年是牛年，即农历辛丑年。习近平总书记在全国政协新年茶话会和春节团拜会上发表讲话，两次提到要大力发扬“为民服务孺子牛、创新发展拓荒牛、艰苦奋斗老黄牛”的精神。“三牛”精神既是对过去一年中国人民攻坚克难、顽强拼搏的感悟与总结，也是对新的一年中华民族锐意进取、砥砺前行的期盼与展望。

“牛”是中国传统社会的“六畜”之一，象征着吃苦耐劳、埋头苦干、无私奉献的精神品格。自古以来，无数文人墨客采取撰写诗篇、描摹画卷的方式，歌颂勤劳勇敢的牛（如《耕牛》《饮牛歌》《五牛图》），塑造出多姿多彩的“牛”的形象。

“孺子牛”典出《左传·哀公六年》，说的是春秋时，齐景公与儿子嬉戏，景公叼着绳子当牛，让儿子牵着走。（参见《现代汉语词典》）“孺子”，即小孩子。而在鲁迅笔下，“横眉冷对千夫指，俯首甘为孺子牛”，“孺子牛”比喻任劳任怨、无私奉献的人。

“拓荒牛”是改革开放中创业者的象征。1978 年十一届三中全会召开，改革开放的春风吹遍神州大地。一大批创业者甘当拓荒牛，勤勤恳恳、默默耕耘，从“无”到“有”，将“荒地”开垦成“良田”，誓将我国建设成为现代化强国。1980 年代，画家刘汉在他画的《拓荒牛》上题诗：“风吹雨打不回头，力瘁筋摧勿怨尤。何必计较鞭加背，此生原是拓荒牛。”

“老黄牛”是民间对黄牛的

昵称，《王杰日记·一九六四年五月三十日》："我们革命战士……要具备'老黄牛'的忠心耿耿埋头苦干的精神。"诗人臧克家写的是"块块荒田水和泥，深翻细作走东西"。"老黄牛"象征着负重前行、脚踏实地的人。

"孺子牛""拓荒牛""老黄牛"的形象业已深入人心。习近平总书记又为它们注入了新的时代内涵，将"三牛"精神凝练为十二个字：为民服务，创新发展，艰苦奋斗。

做为民服务孺子牛，要始终把人民利益放在第一位，把实现好、维护好、发展好最广大人民根本利益作为一切工作的出发点和落脚点。人民群众是国家的主人，坚持全心全意为人民服务的根本宗旨，是中国共产党始终得到人民支持和拥护的根本原因，也是建党以来取得一系列伟大成就的重要基础。"为中国人民谋幸福，为中华民族谋复兴"，是中国共产党的初心和使命。不忘初心，牢记使命，以实现人民对美好生活的向往为奋斗目标。

做创新发展拓荒牛，要始终坚持全面深化改革，提升自主创新能力。世界正处于百年未有之大变局，即将迎来新一轮科技革命，唯有创新才能抓住机遇，从而在变局中谋发展。要坚持把创新放在我国现代化建设全局的核心地位，倡导理念革新、体制革新、技术革新，提升大众创业、万众创新水平。

做艰苦奋斗老黄牛，要始终发扬克己奉公、顽强拼搏的作风，戒除骄傲自满的不良情绪。自成立以来，中国共产党始终披荆斩棘、自强不息，创造了一个又一个辉煌成就。而今我国已进入"两个一百年"奋斗目标的历史交汇期，应当接续奋斗，再创辉煌。

"老牛亦解韶光贵，不待扬鞭自奋蹄。""孺子牛""拓荒牛""老黄牛"蕴含着中华民族的精神内核，习近平总书记大力倡导发扬"三牛"精神，勉励我们以"不怕苦、能吃苦"的态度，昂首迈向新征程。

追踪荧屏

郑国渠不是“秦朝”修建的

◎刘玉琪

秦朝修筑郑国渠

央视纪录频道播出的《稻米之路》系列纪录片讲述了稻米从古至今的传播过程以及与人类社会的密切关系，其中第二集《向北之旅》中有这样一段描述：“为了解决农田供水问题，秦朝修筑郑国渠，保证了帝国农业生产，这个大型水利工程直到今天依然雄伟壮观。”白璧微瑕，郑国渠的修筑朝代，不是“秦朝”而是“周朝”。

郑国渠是古代关中平原的人工灌溉渠道。秦王政元年（前 246），韩国水利家郑国受韩王之命赴秦，游说秦王兴修水利工程，以图延缓伐韩时间。秦王政采纳了这个建议，征发大量民工，由郑国主持，开凿西引泾水、东注洛河的灌溉渠。工程进行中，郑国的意图被察觉，但他告诉秦王，开渠对秦是万世之利，最终得以继续施工。该工程长达三百余里，灌田四万余顷（灌溉面积约等于现在二百八十万亩），史称“于是关中为沃野，无凶年，秦以富强，卒并诸侯，因命（名）曰‘郑国渠’”。从结果来说，郑国渠大幅提高了关中平原的粮食产量，增强了秦国国力。

秦朝是中国历史上第一个中央集权君主专制的统一王朝，

是“赙好”，不是“请好”

◎张　阳

浙江卫视2021年2月5日播出的节目《王牌对王牌》中，出现了一处文字错误。嘉宾沈腾对贾玲说：“你那票房你就qíng好吧！”这里同步字幕显示的“请好”是错误的，应改为“赙好”。

赙，读作qíng，义为受赐、承受。通常用于方言中，如“赙等”，义为坐等（责罚）或坐享（好处）。“赙好”是一个方言词，意思是坐等着接受好处，比如“这件事包在我身上了，你就赙好吧”。结合上述语境来看，贾玲主演的电影口碑优秀，沈腾要表达“你的电影票房一定会很好，你坐等好结果就行”的意思，用“赙好”正合适。

请，读作qǐng，是请求、邀请的意思，比如请假、请客，还作敬辞，表示希望对方做事之意。“请好”从字面上看可以有多种解释，但无法准确表达沈腾用“赙好”所表达的意思。

始于公元前221年秦王政统一六国。秦朝建立之时，郑国渠早已修筑完成，准确地说，它是“战国时期秦国”修筑的。

别给费祎改名

◎盛祖杰

2021 年 2 月 6 日央视中文国际频道播出的《中国地名大会第二季》节目中，有嘉宾在对杜甫的诗句“门泊东吴万里船”进行讲解时说：“诸葛亮的时候他底下有一个大臣叫费 yī，费 yī 要出使去东吴，从这桥上出发……”这两个 yī 本应是“祎”，但荧屏上的同步字幕却都显示为“袆”。

费祎（？—253），字文伟，三国时期蜀汉大臣。初任黄门侍郎，为诸葛亮所重。继蒋琬执政，任大将军、录尚书事。建兴三年（225），诸葛亮委派他以昭信校尉身份出使东吴，孙权称赞他：“君天下淑德，必当股肱蜀朝”（《三国志·费祎传》）。节目中嘉宾讲的就是这件事。

祎，读 yī，义为美好、珍贵。袆，读 huī，指王后所穿祭服，上面绘有野鸡图纹，也指古代服饰中的蔽膝、佩巾。“祎”“袆”二字，一个示字旁，一个衣字旁，虽形近但音义各不相同。既然讲的是费祎，那就不该把他的姓名改写成“费袆”。

“千肠”如何能“百转”

◎梁德祥

电视剧《闯关东前传》第14集中，主角管粮和雪竹几经波折后终于订婚了，在写婚礼请柬的时候，雪竹的父亲对管粮感叹道：“你和雪竹啊，真可谓一波三折，千肠百转。好在现在有了个结局，好好珍惜吧！”（字幕同步显示）台词中的“千肠百转”错了，应改为“千回百转”。

回，义为运转、回绕。转，义为回还、辗转。所谓“千回百转”，即经过了千百次的回旋辗转，形容事情的进程极为曲折。李广田《〈闻一多选集〉序》：“这就是闻先生的道路，这就是他的千回百转的道路。”也作“千回万转”“千回百折”。剧中台词是在感叹两个主角从相识相知到定下终身的过程多有曲折，“一波三折”和“千回百转”都是这个意思。

肠，主管消化吸收的内脏之一，也指内心、感情等。“千肠”是一千条肠子吧，如何能“百转”？古今汉语里都没有“千肠百转”之说。

浅析“飒”的两个新义项

◎高丕永

在现代汉语中，“飒”原本只是一个不能独立成词的语素。如今，不但演变成了单音词，而且有了两个新义项。一个新义项，用作形容词，意思等同于“飒爽”（以下称为“形容词‘飒’”）；另一个新义项，用作叹词，表达“如愿以偿时的喜悦”等（以下称为“叹词‘飒’”）。2020年的全民抗疫斗争中，各行各业的女同胞逆向而行，奋力拼搏，形容词“飒”也成为了大热词。叹词“飒”，因为动漫和游戏，在年轻人中和网络上很流行。

形容词“飒”，用作定语的比较多。比如：“80后致信90后：你是白衣战士，你是很暖很飒很可爱的‘小羊’”（标题，《中国青年作家报》2020年3月31日）。又如：“袁苑：老社区里又美又飒的女片警”（标题，《平安时报》2020年6月16日）。作定语的形容词“飒”，可以重叠使用。比如：“美美的‘公主’，飒飒的‘冯素珍’，酷酷的‘李兆廷’，萌萌的‘春红’……首次将黄梅戏的种子植入年轻人的‘二次元’世界。”（《人民日报》2020年10月22日）

用作定语的形容词“飒”，可以构成用于女性的称呼。比较多见的是“飒姐”，一般用于年龄稍长于本人的女性，表示赞赏。比如：“战疫一线最美‘飒姐’”（标题，《中山日报》2020年2月5日）。还有“飒蜜”，也比较多见，已收入教育部语言文字信息管理司策划的《2006汉语新词语》，释义为“英姿飒爽的年轻女性”。

形容词“飒”，也可以用作

谓语。比如:“狙击病毒的女少将,太飒了!”(标题,《中国家庭医生》2020年第6期)。又如:“这名‘硬核’女所长,够飒!”(标题,《太原晚报》2020年3月17日)。形容词“飒”,还可以充当非主谓句的核心词。比如:“超飒!女护士剃掉鬓发上‘战场’”(标题,《阳江日报》2020年2月13日)。又如:“真飒!抗疫全国三八红旗手,广元1人上榜”(标题,《广元日报》2020年10月1日)。

叹词“飒”,常用来构成叹词非主谓句(或称“独词句”),可表达“如愿以偿时的喜悦”,经常用在体育训练或比赛的场合。比如:“昨天晚上适应场地训练中,河北女排的妹子们训练相当积极。尤其是打出漂亮球的时候,妹子们齐刷刷地喊一声‘飒’(sà),相当提气。”(《燕赵晚报》2014年2月21日)又如:“中国羽毛球队的大部分队员,都有得分后狂喊一声‘飒’的习惯,这一习惯已经在世界范围叫开。”(《新闻晨报》2015年5月13日)叹词“飒”,也可以表达“决心”。2020年热播都市剧《安家》里,有一个自强不息的卖房“新人”娄山关。他奋臂喊出的“飒!”,相当励志。有时,叹词“飒”还可以表达“惊讶”。

那么,形容词“飒”和叹词“飒”,是从哪里来的呢?形容词“飒”,2000年左右从日语借入汉语。很久很久以前,日语从古汉语借去了“飒”“飒飒”“飒爽”等。然而,读音与汉语原词相似的日语“颯”,有一个汉语原词没有的义项,指“精神抖擞,气宇轩昂,姿态矫健,态度、行为机敏利落”等,相当于汉语的“飒爽”。叹词“飒”,是日语感叹词“さあ”的音译。日语的“さあ”用在句首,表达“如愿以偿时的喜悦,以及决心、惊讶、犹豫”等,日本的游戏和动漫里经常用到。汉语的“飒”,发音恰好与“さあ”十分相似。所以,叹词“飒”是一个音译借词。

“沉浸式 ××”新趋势

◎夏　雨

“沉浸”，本义是人（或物）完全浸泡在水中，借助隐喻－认知机制，衍生出形容人完全处于某种精神状态的比喻义。“沉浸式”由动词“沉浸”与类词缀“式”组合而成，具有形容词的性质。

“沉浸式”最基本的语法功能是作状语，修饰动词性成分，构成状中结构。“沉浸式××”最初出现在电影行业，例如：

（1）电影院可以提供线上沉浸式观影，利用虚拟现实技术，吸引眼球，推出5D、6D等宅家观影服务。（《国际金融报》2020年7月27日）

电影院一般会配备有专门的装置，通过灯光、特效等技术使观众从视觉、听觉等方面获得一种全方位、立体式观影体验，达到身临其境的效果。

之后，“沉浸式××”的应用扩展到音乐、戏曲等艺术文化领域，以及经济贸易、政治工作等领域。例如：

（2）线下销售平台，主要是创新打造以绣茶坊、绣咖啡、绣之茶为代表的混搭销售空间，探索沉浸式销售的新模式。（《人民日报》2020年10月5日）

（3）不同于挂职、借调，实训干部不进党政机关，而是到民营企业、中介组织和投资机构当职员，接受“沉浸式教育”。（《人民日报》2021年1月13日）

“沉浸式××”使用范围不断扩大，它的句法功能和句法位置也在不断丰富。

句法功能上，“沉浸式”不仅修饰动词，如“沉浸式展览”“沉浸式授课”“沉浸式见证”；还可以修饰名词，如“沉浸式昆曲”“沉浸式技术”“沉浸式弹幕”；还可以修饰短语、小句等复杂结构，如“沉浸式公益体验活动”“沉浸式多地跨屏访谈”“沉浸式体验地底采矿的全过程”。

句法位置上，“沉浸式××”结构在句子里可作主语、谓语、宾语、定语等多种句法成分。如：

（4）在实景游戏体验馆中，人们身着戏服扮演不同角色，沉浸式体验让参与者更充分融入故事，切身感受“第二人生”。（《人民日报》2021年2月23日）

（5）杰克不仅对看过的中国电视剧如数家珍，也曾经到中国的多个城市旅游，沉浸式感受中国文化和现代生活。（《人民日报海外版》2021年2月26日）

电影院“沉浸式观影”只是借助VR（虚拟现实）、AR（增强现实）等科技手段给人带来感官上的多重体验，而伴随着经济迅速发展，人们精神文化需求不断增强，呼吁更具交互性、参与度等认知体验性的文化活动出现。因此，一批以角色扮演、实景体验为卖点的文化消费场所应运而生，广受欢迎，如“沉浸式主题公园”“沉浸式博物馆”“沉浸式体验馆”等，“沉浸式××”将成为未来休闲活动的新趋势。

微语录·行动

如果不握紧拳头，就不知道自己的力量到底有多大；如果不咬紧牙关，就不知道自己的坚持到底有多强；如果不挺身而起，就不知道自己的决断到底有多正确。最强悍的竞争力，取决于两个字：行动。

（乔　桥/辑）

形形色色的“名场面”

◎代宗艳

《东成西就》里的高手过招、NBA 总决赛的巅峰对决、《大话西游》里紫霞仙子剑指至尊宝时的深情对峙……一度成为人们津津乐道的“名场面”。什么是“名场面”呢？“名场面”一词来源于日文，指影像世界中给人留下深刻印象、为人熟知的经典片段。“名场面”最初主要在日剧迷、日漫迷等圈子内使用。由于“名场面”言简意赅，极具表现力，其影响日益扩大，微信、抖音、微博等社交平台上网友们不断为“名场面”贡献新的用例，“名场面”逐渐成为大众喜闻乐见的热词。例如：

(1)大年三十，收看春节联欢晚会是中国人一道特殊的“年夜饭”。1月19日晚，湖南卫视《天天向上》播出“春晚名场面”特辑(上)，与春晚金牌主持人倪萍和张明敏、杭天琪、付笛生、任静、李琼、阿尔法、林妙可、侯高俊杰等数位熟悉的“春晚面孔”，一起回忆那些年大家看过的春晚名场面。(《新快报》2020年1月21日)

(2)《英雄》里的书法馆、《菊豆》里的染坊、《太阳照常升起》里的花海……在中国电影美术设计展区展出的“色彩·蒙太奇电影美术、新媒体装置艺术展”，不仅重现了许多经典电影的名场面，还以其为灵感进行场面再创作。(《东阳日报》2020年11月1日)

在各种影视营销号的推送中，我们总能见到各种各样的“名场面”，如“催泪名场面”“相爱相杀名场面”“爆笑名场面”等。那么到底什么样的场景算得上“名场面”呢？1987年版的《红楼梦》电视剧将“宝黛初见”的情景演得十分经典，可谓是“名场面”。而如今网络上广泛使用的“名场面”，则大多取决于个人感受，很难用一个统一的标准来界定。随着“名场面”的大量使用，其适用范围也从影像世界扩大到大众的日常生活。例如：

（3）名场面！内蒙古举办骆驼比赛，6000峰骆驼草原竞赛（标题，《人民日报》2019年12月2日）

（4）看一次燃一次！阅兵训练场七大名场面合辑（标题，《人民日报》2019年9月28日）

从句法上看，“名场面”是一个名词性结构，既可以单独成句，位于标题的开头，如例（3），也可以受名词或形容词修饰，如例（4）。从语义上看，“场面”泛指在一定场合下的情景，通常把同一时间或地点展示的内容看作一个场面；“名”即“著名、有名”之意，因此“名场面”有了表达“为人熟知的经典片段”的语义功能。从语用上看，“名场面”常见于网络语体和口语语体当中，随着短视频软件的不断开发与剪辑技术的发展，大量网民借助科技平台来还原自己喜欢的影视剧场面。例如：

（5）太空沙、泡泡机、橡皮泥……最近，广州一名摄影师佃小鱼，利用儿子的玩具和一些废品，还原了一部部经典电影的名场面。他告诉记者，陪孩子一起玩耍的时候，总是能激发出一些灵感，于是便和儿子一起进行创作。（《鄂尔多斯晚报》2020年8月21日）

“名场面”的走红，一方面填补了汉语表达上的空缺，另一方面迎合了当代大众交际过程中追求新奇和趣味的心理诉求。无论是影视剧中的“名场面”，还是日常生活中的“名场面”，形形色色的“名场面”，反映了人们对经典片段的怀念。一系列“名场面”的出现提高了该词的使用频率，也加速了它的传播。

一针见血

“助纣为孽”?

◎张震东

2020年12月28日《江海晚报》第15版刊发了《那些年,我最难忘的人和事》一文,其中写道:“虽然我侥幸逃过一劫,但是我至今仍为自己的‘助纣为孽’感到内疚,对同学们的痛哭感到同情,对老师的做法感到不解。”句中的“助纣为孽”错了,正确的应是“助纣为虐”。

虐,读nüè,义为残害、残暴。助纣为虐,又作“助桀为虐”,纣和桀分别是商代和夏代的最后一个王,相传两人都是暴君,各自断送了自己的王朝。帮助商纣、夏桀行残暴之事,比喻帮助恶人做坏事。《红楼梦》第九回:“原来这贾瑞最是个图便宜没行止的人……一任薛蟠横行霸道,他不但不去管约,反‘助纣为虐’讨好儿。”

孽,读niè,本义为庶子。也有恶事、罪过的义项,如作孽。“助纣为虐”是个成语,不能随意改成“助纣为孽”。

摩洛哥和摩纳哥大不同

◎邓增松

2020年6月15日《北京晚报》第22版《改写〈地理图〉》一文,讲述相声界前辈张善曾先生改写传统相声《地理图》,在新版中加了一个小贯口,“把中国的国土面积和其他国家的国土面积比较了一下”。这个贯口中这样说道:“我们伟大的祖国,跟其他国家的面积比一比,相当于一个多美国,三个印度,五个墨西哥……欧洲有个国家叫摩洛哥面积比较小,我们能顶它五十万个……”这里的“摩洛哥”有误。

摩洛哥在非洲西北端,北邻地中海,并不是欧洲国家。而且摩洛哥也不算小,国土面积是45.9万平方千米,比荷兰、瑞士、丹麦、比利时、葡萄牙都大得多。我们国家的陆地面积约为960万平方千米,怎么能顶摩洛哥“五十万个”？

如果说是欧洲的小国，那应该是摩纳哥。摩纳哥，全名摩纳哥公国，位于法国东南地中海岸。其国土面积是2.02平方千米。文中显然把摩纳哥说成摩洛哥了，不仅如此，数字表述也明显有误。与摩纳哥作比，我国国土面积顶它何止“五十万个”？改成“五百万个”才贴近事实。

没有“刑台市”

◎王宏玉

2021年第6期《中国电视报》A21版有一段对央视少儿频道《SK极智少年强》节目的介绍，其中写道：“站上第四场城市突围赛对决舞台的是赤峰红旗中学和刑台市第一中学两所学校的同学。”这句话中将“邢台市”误成了“刑台市”。

邢，读xíng，本古国名，为公元前11世纪周王分封给周公之子的诸侯国，位置在今邢台市境。先后划入京津冀城市群和中原城市群，是河北省重要的工业城市。邢台市第一中学始建于1943年，前身为晋冀抗日中学。

“刑”读作xíng，本义为惩罚、刑罚。中国没有“刑台市”，将“邢”误为“刑”，当是二字音同形近所致。

自己不能用“惠顾”

◎戴依依

电视连续剧《风起霓裳》第5集中，女主角琉璃在多年没见的舅舅的制衣铺触景生情，怕被识破身份而匆忙离开，临走时说：“小女突然想起家中还有要事，今日先行告辞，日后再来惠顾。”（字幕同步显示）这里的“惠顾”用错了。

“惠顾”有两个词义。一是指关心照顾，现已不常用。二是用来敬称他人的光临。茅盾《子夜》八：“冯云卿虽尚未蒙惠顾，却也久闻大名。”剧中琉璃显然是想表达自己之后会再次去店里，但“惠顾”作为敬辞不可用在自己身上。这里直接说自己会“日后再来”就可以了。

妄说“义薄云天”

◎吴孝成

2018年7月16日《人民政协报》头版刊发了《从传统文化看关公》一文，其中讲到了“义薄云天”这个成语，说：“为什么都推崇他（指关羽）？义薄云天。这个词气象万千，内容丰富，传统意识里没有比天大的，没有比云更深远的，但是他厚重的义，让云和天都显得薄了。”这种说法有误，“义薄云天”的“薄”义为“迫近”。

薄，从艸溥声，是个多音多义字。读bó，指轻微、少量，也作书面语表示迫近、靠近。指扁平物体厚度小、（感情）冷淡、（土地）不肥沃等义时，白读为báo，文读为bó。读bò，用于“薄荷”。“义薄云天”其实是化用自成语“高义薄云”（也作“高义薄云天”），即正义之气上扬以至于迫近了云天，极言义气之盛。“义”即节烈正义之气，“云天”指高空，而“薄”取迫近之义。将“义薄云天”的“薄”当“厚薄”之“薄”来解，显然是错误的。

何来“褚红”？应是“赭红”

◎重　阳

2021年1月4日《文汇报》第7版刊载了《柿染：植物之色》一文，其中写道：“投入生锈的铁器，是因为铁锈的成分是三氧化二铁，可令染物发色鲜明……那位朋友在朋友圈里晒出的衣服照片，透着一种昏黄或褚红的颜色……”何来“褚红的颜色”？“褚红”应改为“赭红”。

“赭”是个形声字，从赤者声，读作zhě，义为赤土。古人会用赤土（即赭石，主要成分为三氧化二铁）来制作颜料，一般呈红褐色，也有土黄色和红色的。赭红，如赭土一般的红色。

引文中说到用“三氧化二铁”染色,那么染出的衣服呈“昏黄或赭红的颜色”也就顺理成章了。

“褚”是一个多音字。可以读 zhě,古代指士兵;可以读 zhǔ,书面语,指在衣服里装铺丝绵,也指口袋;可以读 Chǔ,用作姓。古今汉语中都没有见到用“褚红”指颜色的。

“吉安”不是“辑安”

◎沈阳仁

2021 年第 1 期《老同志之友》刊载有《活跃在战场上的杂技小分队》一文,开篇写道:“1951 年,我只有 13 岁,便随着一支杂技小分队从吉林通化辑安(现吉安)进入朝鲜战场。”这里的注解有误,“吉安”应改成“集安”。

辑安是旧县名,地处长白山地,在吉林省南部、鸭绿江西岸,是中国历史文化名城。清光绪二十八年(1902)置辑安县,属奉天省(1929 年改名辽宁省)管辖。1954 年由辽宁省划归吉林省通化专区。1965 年改集安县。1988 年改设市。可见,1951 年的“通化辑安”即现今的集安市,且当时不属吉林,而属辽东省(1949 年设立,1954 年撤销)管辖。

我国确有地名“吉安”。江西省中西部有吉安市,始于隋代的吉州。吉安市下辖还有一个吉安县。无论吉安市还是吉安县都和“吉林通化辑安”相距遥远,不是一处地方。

何来“真知烁见”

◎阎德喜

《讽刺与幽默》2015 年 3 月 13 日第 14 版上有一篇文章《信任的缘由》,其中写道:“事实证明,哈里没有让罗斯福失望……他为罗斯福提出了无数的真知烁见,帮助解决了一个个难题……”这里“真知烁见”的“烁”应改为“灼”。

灼,读 zhuó,本义为灸、烧,

也可指明白透彻。真知灼见，即真正知道，清楚看见，引申指正确而透彻的认识和见解。江藩《汉学师承记·顾炎武》：“两家之学皆深入宋儒之室，但以汉学为不可废耳，多骑墙之见，依违之言，岂真知灼见者哉！”哈里能帮罗斯福“解决一个个难题”，想来他的建议都是“真知灼见”不假。

烁，读shuò，光亮的样子，也指热、烫。“真知灼见”不能写作“真知烁见”。

应是“兄弟阋墙”

◎周宇翔

《五四运动与现代中国》（上海人民出版社2009年8月出版）一书中收录了一篇文章《在“共和理想”与“权力欲望”之间——〈斐爱斯柯在热那亚的谋叛〉研究》，其中说：“可见，即便理想远大……往往还是会‘剑拔弩张’乃至‘兄弟睨墙’，斗手段、争胜负……”这段话中的“兄弟睨墙”错了，应改为“兄弟阋墙”。

阋，读作xì，相争、争吵之义。《诗经·小雅·常棣》：“兄弟阋于墙，外御其务（侮）。”说的是兄弟会在墙内家里争吵，但遇到外来欺侮时会一致对外。后人用“兄弟阋墙”来比喻内部相争、不和睦。

“睨”读nì，指斜着眼睛看。“兄弟睨墙”成了兄弟一起斜眼看墙，让人莫名其妙。

弄错了《卖炭翁》的作者

◎厉国轩

2021年2月12日《文汇报》第4版《“牛”转乾坤！艺术史为何钟情于十二生肖中的它》一文有段导语，其中写道：“在唐代诗圣杜甫的《卖炭翁》中，牛是古代底层劳动人民悲苦生活的化身……”《卖炭翁》是杜甫写的吗？不是！是白居易所作。

白居易（772—846），唐代诗人，字乐天，号香山居士。早年家境贫困，颇历艰辛。在文学上倡导新乐府运动，主张“文章合为时而著，歌诗合为事而作”。曾作《新乐府》五十首组诗，其中不少篇章尖锐揭发了当时的社会矛盾，反映了民生困苦，《卖炭翁》正是这五十首组诗之一。该诗写了卖炭翁辛苦烧炭却被太监强行贱价收购的经过，揭露当时“宫市”的残暴黑暗。

被后世尊为“诗圣”的杜甫(712—770)发扬了初唐开创的“新乐府”诗歌，其诗大胆揭露当时社会矛盾，对穷苦人民寄以深切同情，其中著名的有组诗《三吏》《三别》。白居易受杜甫的影响很深，曾主张继承杜甫的创作精神。也许正是因为两人在诗歌创作上有不少相似点，导致了“白冠杜戴”之事。

“广褒的大地”？

◎杨昌俊

2020年11月18日《牛城晚报》第12版刊载了《叩响冬天的门》一文，其中写道：“叩响冬天的门，深邃的天空给了我一个回应，用它的悠远的寂寥；广褒的大地给了我一个回应，用它多情的怀抱……”句中的“广褒”应改为“广袤”。

“袤”是形声字，从衣矛声，读mào。本指古时衣服带以上的部分，也指纵向或南北向的长度。“广”与“袤”相对，指横向或东西向的长度。广袤，指土地的面积，引申指开阔、宽广。《清史稿·食货志一》：“关外土旷人稀，蒙古地尤广袤，利于屯垦。”用“广袤”形容“大地”是常见的用法。

褒，读bāo，多用来和“贬”相对，表示夸奖。汉语中没有“广褒”一词，误“袤”为“褒”可能是形近所致。

“方寸”不是“方阵”

◎谢云秋

《新华日报》2020年12月10日第18版有《冬藏》一文，

其中说:“不管人的世界里怎样翻云覆雨,自然界按照她的方式泰然前行。我们只要跟随着她的脚步,必不会心猿意马,乱了方阵。”这里的“方阵”用错了,乱了的应是“方寸”。

方寸,本义为方始一寸,也指一寸见方。还可比喻心、脑海,并引申出心绪、思绪的意思。汉语中有“方寸乱”一词,形容心绪烦乱,没了主张。晋袁宏《后汉纪·献帝纪五》:“今失老母,方寸乱矣。无益于事,请从此辞。”上述文章是说,“跟随着她的脚步”,就不会因自然界的变化而失去主张,乱了心绪。“乱了方寸”用在其中十分妥帖。

“方阵”指的是方形的军阵,《孙膑兵法》中的“十阵”之一。后也指四人对局的麻将牌局。代入上文,显然不合语境。

苏轼并未二任杭州知府

◎晋　相

2021年1月22日《辽宁日报》第10版上刊有《苏东坡还是个治水名人》一文,文中说:“宋哲宗元祐四年(1089)三月,52岁的苏东坡第二次出任杭州知府,此时西湖淤塞得更加严重……”苏东坡一共就做过一次杭州知府,这里所谓“第二次出任杭州知府”错了。

苏轼(1037—1101),字子瞻,号东坡居士,北宋文学家、书画家,“唐宋八大家”之一。宋神宗时曾任职史馆,熙宁四年(1071)因反对王安石新法而求外职,任杭州通判。这是苏轼第一次任职杭州。通判的地位略次于州府长官(知府),有连署州府公事和监察官吏的实权,号称“监州”,但毕竟不是知府。十八年后的元祐四年(1089),苏轼第二次来杭州任职,这次任的是杭州知府了。元祐六年(1091),他奉调回朝,从此再未去过杭州。“第二次出任杭州知府”一事乃子虚乌有。可见,苏轼确实两次任职杭州,一次任通判,一次任知府,并非两次都任知府。

学林

什么是古今字

◎苏培成

在汉语文字学中很早就出现了"古今字"这个术语。《礼记·曲礼下》:"曰予一人。"郑玄注:"余予古今字。"《说文解字》:"气，云气也。"段玉裁注:"气氣古今字。"那么，什么是古今字？古今字对于阅读古代文献有什么作用？本文就来谈一谈这个问题。

语言文字都是发展的。就字义来说，造出一个新字时，它只有一个意义，这个意义叫作本义。这个字在使用过程中，由本义孳生出来的字义叫引申义，有的引申义还可以再孳生出新的引申义。这样一来这个字就变成了多义字。例如现代汉字"释"字，本义是说明，如"解释、注释"。引申义有消散，如"释疑"。消散还有自己的引申义放开，如释放。"释"字就变成有三项意义的多义字。多义字出现在句子里每次用的只能是其中的一项意义。读者根据该字在句子里的使用环境，确定出现的是多义字中的哪个意义。如果确定错了，句子就会读不懂，甚至造成误解。怎么解决这个问题呢？办法是根据需要可以为多义字的有关义项造专用字。原来的那个多义字和后来新造的单义字就构成"古今字"。例如：

齧(niè)/ 啮。《说文》:"齧，噬也。从齿，㓞(qià)声。"本义是咬。《礼记·曲礼上》:"侍立于长者……毋齧骨，毋反鱼肉。"引申义是缺口。《淮南子·人间训》:"夫墙之坏也于隙，剑之折必有齧。"其另一引申义是侵蚀。《战国策·魏策二》:"昔王季历葬于楚山之尾，栾水齧其墓。"后世造"啮"字表示咬。《论衡·论死》:"今人死，手臂朽败，不能复持刀，爪牙隳落，不能复啮噬，安能害人？"齧和啮是古今字。后世咬的意义只用"啮"，不再用"齧"。

陈/阵。“陈”字小篆作。《说文》:“,从𨸏,从木,申声。”本义是陈列。《战国策·齐策四》:“君宫中积珍宝,狗马实外厩,美人充下陈。”引申为战阵的阵。《论语·卫灵公》:“卫灵公问陈于孔子。”后来为战阵的意义造专用字“阵”。《楚辞·九歌·国殇》:“凌余阵兮躐(liè)余行,左骖殪(yì)兮右刃伤。”陈和阵是古今字。后世战阵义只用“阵”,不再用“陈”。

汉字在夏代已经萌芽,在殷商后期有了很大的发展,能够按照词语的词序完整地记录语言。可是先秦时期的汉字数量还不很多,有些意义还没有专用字,于是大量使用假借字。《卜辞通纂》:“其自西来雨?其自东来雨?其自南来雨?其自北来雨?”在这20个字里面,除了4个“雨”字用的是本义外,其他的字用的都是假借义。“其”是象形字,本义是簸箕,假借为虚字。“自”是象形字,本义是鼻子,假借为介词。“来”是象形字,本义是麦子,假借为动词。“东”“西”“南”“北”也都是假借字。在先秦文献里,假借字的使用比较普遍。一个字的本义和假借义有时不易分清,给阅读带来困难。为了解决这个问题,人们时常为假借义造专用字。例如:

说/悦。《说文》:“说,说释(yuèyì)也。从言、兑。一曰:谈说。”段玉裁注:“说释即悦怿。说悦、释怿皆古今字。许书无悦怿二字。”“说”字的本义是谈说,假借为喜悦的“悦”。《论语·学而》:“学而时习之,不亦说(yuè)乎?”后来造悦字,成为喜悦的专用字。《庄子·徐无鬼》:“武侯大悦而笑。”说和悦是古今字,后世喜悦义只用“悦”,不再用“说”。

气/氣/餼。甲骨文有“气”字,本义指云气、雾气、水气等气。这个“气”字有三种假借用法:一用为乞求的“乞”,二为迄至的“迄”,三为表示终止的“讫”。同一个“气”字有上述的本义和三种假借义,在使用中容易混淆。为了准确表义,在字形上逐渐分化。到小篆里把表示云气的“气”改用“氣”字，“气”和“氣”是古今字。小篆的“氣”字是从米气声的形声字，本义是赠送客人饲料和粮食。“氣”字被借用来表示云气的“气”，只得又另造“餼”字表示它的本义，“氣”和“餼”是古今字。“餼”后来改读为 xì。表示乞求的气后来改用“乞”，在表示乞求的意义上，“气”和“乞”是古今字。迄至的“气”后来改用“迄”，在迄至的意义上，“气”和“迄”是古今字。表示终止的“气”后来用“讫”，在表示终止的意义上，“气”和“讫”是古今字。

古今字是由分化多义字的需要而产生的，是不是所有的多义字都要分化呢？当然不是，只限于容易产生歧义的多义字才要分化。《汉语大字典》(第二版)里的“湛”字有 9 个读音和 23 个义项，这 23 个义项里除了个别的现代义外，都是古代典籍里出现的文言义，包括本义、引申义和假借义。在这些义项里，《汉语大字典》记录的分化字只有表示沉没义的，后作“沈(沉)”；表示水潭义的，后作“潭”；表示浸泡义的，后作“渐(jiān)”或作“渍(zì)”；表示久雨义的，后作“霮”等。所以，古今字的作用是分化多义字里容易产生歧义的字义，以避免字义的混淆，有利于语言文字的应用。还要说明的是，古今字与异体字有别。异体字是一组音义相同的字，可以互相取代，而古今字里的古字是多义字，今字是它的分化字。今字只能替代古字的部分音义。有了今字，古字仍要使用，不能废弃，只是字义有减少。

对于古今字，学者间还有不同的认识。有的学者主张古字与今字的字义可以完全相等。例如凷/块、灋/法、壄/野、歙/饮等。这种看法值得商榷。从以上几组例字看，斜线两侧的字音义全同，那是由小篆与楷书不同的结构构成的异体字，不是我们研究的古今字。

锁定名人

“锱铢”不可写为“辎铢”

◎杨宏著

陈鲁豫所著《心相约》（长江文艺出版社 2006 年 9 月出版）第 12 页上这样说道：“在 safeway 买了第 20 个纽约奶酪蛋糕后，我绝望地发现自己重了好几磅。这还得了！我可是个对体重辎铢必较的人啊……”句中“辎铢必较”是“锱铢必较”之误。

“锱（zī）”和“铢（zhū）”均为古代衡制单位，换算规则有多种说法，一般从《说文解字》：“锱，六铢也。”一锱等于六铢，四锱等于一两，“锱”和“铢”都是很小的重量单位，“锱铢”用来比喻微小的数量、微小的利益、极少的钱。成语“锱铢必较”指对很少的钱或很小的事，都十分计较。凌濛初《二刻拍案惊奇》卷三一：“就是族中支派，不论亲疏，但与他财利相关，锱铢必较，一些情面也没有的。”也作“锱铢较量”或“铢铢较量”。陈鲁豫是知名的主持人，为了能在镜头前拥有更好的形象，对于自己身材和体重的控制自然也很严格，用“锱铢必较”恰如其分。

“辎”与“锱”同音，本义为古代有帷盖的载重车，后亦泛指车辆。也指辎重，即外出时所带的包裹箱笼。明代张煌言《北征得失纪略》：“且多携眷挈辎，日行三十里。”“辎铢必较”难以索解，误“锱”为“辎”，当是两字音同形近所致。

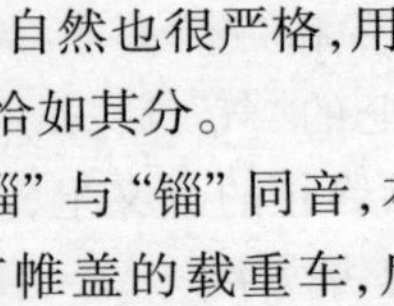

“邃密”“遂觅”大不同

◎王云峰

2021年第1期《当代》杂志发表了梁晓声的长篇小说《我和我的命》，写深圳打工人的经历。书中主人公方婉之感慨人生时，引用了周恩来总理所作的一首《无题》诗中的句子，却将“邃密群科济世穷”错成了“遂觅群科济世穷”。

周总理所作的这首《无题》，原文为：“大江歌罢掉头东，邃密群科济世穷。面壁十年图破壁，难酬蹈海亦英雄。”这首诗作于周恩来去日本留学之前，抒发了他矢志报国的情怀。诗的意思是：唱完《念奴娇·赤壁怀古》（首句为“大江东去”）后就掉头东行，精密研究各种科学以求能挽救国家于危亡。花费十年苦功只为回国能打破现状有一番作为，即便壮志难酬，（像陈天华一样）蹈海殉国也称得上英雄。“邃”指深远、精深；“密”指深、幽深。“邃密”本义为幽深、精细，引申为精密研究的意思。

遂，义为顺、合乎（心意），也作副词指于是、就。觅，指寻找。从字面上看“遂觅”可理解为“于是去寻找”，代入诗中语境并不合适。

微语录·朋友

得意时，朋友认识了你；落难时，你认识了朋友。如果不经过风雨患难，你很难知道谁是真正的朋友。

（蔡　玫/辑）

有此一说

“欲饮琵琶马上催”催的是什么

◎顾 鉴

部编版教材《语文》四年级上册中收录了唐代诗人王翰的《凉州词》：“葡萄美酒夜光杯，欲饮琵琶马上催。醉卧沙场君莫笑，古来征战几人回。”书中对“欲饮琵琶马上催”一句做了注释：“正要举杯痛饮，却听到马上弹起琵琶的声音，在催人出发了。”按照这种说法，骑在马上弹琵琶就犹如急急地吹响集结号，为的是催促将士们出发。然而，这里的“催”真的指“催人出发”吗？笔者认为值得商榷。

“催”的本义就是催促，从古至今很多人在理解“欲饮琵琶马上催”时都做此解。如清代王尧衢《古唐诗合解》中就说：“‘欲饮’又一顿，言主将尚未饮，而将士环立以待起身。‘琵琶马上催’，将士不敢催促主将，只将琵琶在马上撩拨，以代将士之催……”用弹琵琶代替口头催促，似乎还挺文艺。但这种解释显然脱离了时代背景，细想之下也于理不合。

王翰善写边塞生活，为人任侠使酒，恃才不羁。这首《凉州词》以“葡萄美酒夜光杯”开始，描绘了一派热闹的酒宴场景，后两句“醉卧沙场君莫笑，古来征战几人回”写了饮酒后的豪放姿态。再来看第二句，“欲饮”，酒还没喝上呢！如果真是有人骑在马上用琵琶声催着出征，那就必须就此停杯了，哪还有后面的“醉卧沙场”之说？《唐诗鉴赏辞典》（上海辞书出版社2013年8月出版）上就提出过质疑“这里的‘催’字，有人说是催出发，和下文似乎难以贯通”。“难以贯通”正是“催人出发”之说最大的硬伤，了解琵琶的人断不会认为它有此功用。

琵琶，本作“枇杷”，据汉代

刘熙《释名·释琵琶》中的说法，该乐器“本出于胡中，马上所鼓也。推手前曰枇，引手却曰杷，象其鼓时，因以为名也”。琵琶演奏在唐代发展到了一个高峰，是当时最盛行的乐器之一，各种宴会都少不了它。而且琵琶最初就是在马上演奏的，边塞地区的军中，骑在马上弹琵琶实属平常之举。唐诗中涉及琵琶的诗不少，如岑参《白雪歌送武判官归京》中的“中军置酒饮归客，胡琴琵琶与羌笛”，同样是边塞诗写军中场景，琵琶显然是酒宴上弹来助兴的，丝毫不见“催促”之用。既然“琵琶”本是塞外酒宴上寻常的助兴乐器，那“催”在这里似可作“弹奏”解。《唐诗三百首》（中华书局2009年7月出版）在对这首诗的解析中就写道：“据刘熙《释名·释琵琶》说，琵琶是马上弹奏的乐器。催：弹奏。”如此一来，诗的意思就好理解了：葡萄美酒盛满了夜光玉杯，举杯欲饮时又闻乐声响起，那是马上有人在弹奏琵琶助兴。于是将军对左右感慨，我要是醉倒在战场上也请不要嘲笑，出征后生死难料，此时如何不饮？

其实，“催”作催促解释未必不能说通，但应正确理解“催”的是什么。明代唐汝询所著《唐诗解》中这样解释该诗：“此为戍客豪饮之词。言注美酒于玉杯之中，既将饮矣，而适有琵琶以侑觞（yòushāng，劝人饮酒），可不称快乎！于是语其同侪者曰：君无笑我之狂，观古来战士，生还者几人，而可不饮乎？”这里的“催”固然是催促，但不是“催人出发”，而是“催人饮酒”。刘学锴先生在撰写《唐诗选注评鉴》（中州古籍出版社2013年9月出版）时也持这种观点，他在注解时说：“第二句‘欲饮琵琶马上催’，进一步用促柱繁弦、欢快热烈的琵琶演奏声，将军中宴饮迅速推向高潮。正在主客举杯欲饮的时刻，侑酒助兴的马上琵琶声奏出了急骤热烈的旋律，在催促参与盛宴的人们频频举杯，开怀畅饮。”

安全阀岂能“拧紧”

◎章 翼

提到安全生产时经常能看到“拧紧安全阀”的提法,如:《山东招远金矿火灾事故致6死——央媒:生产“安全阀”必须常拧常紧》(2021年2月18日澎湃新闻)、《为复工复产拧紧“安全阀”》(2020年4月14日《人民日报》)。“拧紧安全阀”的说法之所以屡见不鲜,大概是很多人都认为:把安全阀拧紧就安全了,就能阻止危险“漏”出来了。这和安全阀的实际使用情况全然不符。

阀,指机器中调节和控制流体的流量压力和流动方向的装置,如水阀、气阀、安全阀。安全阀是一种特殊的阀,通常会安装在锅炉、压力容器、高压管道等设备中,和其他阀仅仅起到开关作用不同,它是为了保证机器运作安全而设置的。安全阀通常处于关闭状态,当设备内压力超过规定数值时,即自动开启,放出容器中的一部分流体,使压力下降;当压力下降到正常数值时即自动关闭。如此就可防止设备内流体的压力超过限度而发生破裂等损坏事故,进而保护人身安全和设备运行。常见的安全阀有重锤式、弹簧式和脉冲式等。按照规定,锅炉和压力容器必须安装这种阀,受到劳动保护部门的监督。

大众对阀的印象通常是可以拧紧拧松的转轮式开合阀,也知道安全阀能有效保证生产安全。殊不知安全阀乃是自动阀,既不需要人去操作也没有用来拧的转轮。真要想办法“拧紧”了开不了了,导致其不能正常排压,反而会带来危险!即使是为了宣传,遣词用句时也应考虑实际。

同样是催促,从“催人出发”改成“催人饮酒”,不但能契合诗中场景,而且更能体现诗人洒脱不羁的情怀!

文章病院

“作伐”和改稿无关

◎刘希贤

《今晚报》2021年2月15日第7版连载了介绍武侠小说作家宫白羽的传记《武林笔侠——白羽传略》，其中说到宫白羽靠通信结识鲁迅（周树人）的经过，说：“周树人何许人也？看过大量新文学作品的白羽对此名却颇感陌生，但他与周作人是兄弟肯定无疑。从信中语气看，似乎也是一位修养很深的文化人。既然周作人患病不能赐教，何不请他作伐，帮助改稿投稿。”这里的“作伐”一词用得不妥当，它和“改稿投稿”无关。

“作伐”一词典出《诗经》。《诗经·豳风·伐柯》：“伐柯如何？匪斧不克。取妻如何？匪媒不得。”意思是砍柴离不开斧头，娶妻少不了媒人。后人便用“伐柯”或“作伐”来指做媒。从上文语境来看，宫白羽找周氏兄弟是为了请求改稿并做投稿推荐的，和做媒没有任何关系，更何况他当时根本不认识周树人，如何会请他“作伐”？

汉语里有“作法”一词，有多个义项。可以指创制典章法律，可以指道士施展法术，可以指作文作画的方法。此外还有施展手段的义项，《儒林外史》第三二回：“这事在你作法便了。做成了，少不得‘言身寸’。”代入语境，若说宫白羽敬佩周树人的文化修养，请他“作法”，“帮助改稿投稿”，似勉强可通。

《三国演义》开篇词是谁写的

◎汤生根

“夜静更阑，人世几回伤往事；月白风清，山形依旧枕寒流。”这是《成语名句对联鉴赏辞典》（华语教学出版社 2017 年 3 月出版）第 473 页收录的一副对联。该书在对这副对联进行赏析时指出，“人世几回伤往事，山形依旧枕寒流”出自刘禹锡的诗，并说“这两句诗的意味与罗贯中的‘青山依旧在，几度夕阳红’十分相似，感叹人世的浮沉”。这里有个常识性错误，“青山依旧在，几度夕阳红”的著作权不属罗贯中，而是杨慎。

杨慎（1488—1559），字用修，号升庵，是明代文学家、学者。其人工诗文，擅词曲，著有《升庵集》《升庵长短句》《廿一史弹词》等。《廿一史弹词》中收录有杨慎的一首《临江仙》：“滚滚长江东逝水，浪花淘尽英雄。是非成败转头空。青山依旧在，几度夕阳红。　白发渔樵江渚上，惯看秋月春风。一壶浊酒喜相逢。古今多少事，都付笑谈中。”该词气势恢宏，十分贴合三国时代的故事，却不是为《三国演义》所作。《三国演义》（原名《三国志通俗演义》）是元末明初文学家罗贯中（约 1330—约 1400）所撰，可见的最早刊本为明嘉靖本，共二十四卷二百四十则。清文学批评家毛宗岗协助其父毛纶对《三国演义》进行了评改，包括增删情节、整顿回目、改换诗文，并依据朱熹的《资治通鉴纲目》增强了尊刘黜曹的

此李密非彼李密

◎江城子

2021年2月8日《蚌埠日报》A6版刊有《牛年说牛》一文，其中提到与“牛”有关的名人，所举的例子中有“晋代‘牛角挂书’的李密”。熟悉历史的人都知道，“牛角挂书”的李密是隋末唐初人，在此处却被说成是魏晋时期的，这样“穿越”，令人哑然。

“牛角挂书”的典故，出自《新唐书·李密传》：“闻包恺在缑山，往从之。以蒲鞯乘牛，挂《汉书》一帙角上，行且读。”说的是李密骑牛时在牛角上挂《汉书》，一边走一边看书。后用以比喻勤学苦读。陆游《对酒》诗：“牛角挂书何足问，虎头食肉亦非豪。”这里的李密（582—619）字玄邃，他参与杨玄感起兵反隋，失败。后投奔瓦岗军，成为首领，人称魏公。618年为王世充所败，入关降唐。不久因反唐被杀。

魏晋时期的李密（224—287）字令伯，原系蜀汉官员，后为亡国之臣。晋武帝时屡次征召李密。他以父早亡、母再嫁，与年老体衰的祖母刘氏相依为命，需要奉养送终，上《陈情表》表示先尽孝后尽忠，打动晋武帝。刘氏亡故，李密方去京城赴命。

同名同姓的古人容易晃眼，落笔时要搞清楚他们的朝代、事迹等，才不会闹出笑话。

封建观念，形成了现今流行的一百二十回本。毛本《三国演义》开篇引用的《临江仙》是毛氏父子移置的，却未注明作者是杨慎，导致不少人误以为出自罗氏之手。

应是《云笈七签》

◎李华山

《辽宁日报》2021年1月30日第7版上有一篇《宋代印刷术繁荣放大韩愈影响力》，其中讲到宋版书十分珍贵，说："2003年7月13日，一页南宋淳祐四年（1244）蒙古人刻《玄都宝藏·云芨七笺》，还没有毛巾大，竟以4.95万元成交。"这里搞错了书名，"云芨七笺"是"云笈七签"之误。

《云笈七签》是著名道教类书，由北宋张君房编辑而成。时宋真宗崇尚道教，想要校正秘阁道书，由张君房担任总修校人。大中祥符五年（1012）张君房取朝廷所赐道书及苏州、越州、台州旧道藏，同十个道士一起从事修校。天禧三年（1019）编成《大宋天宫宝藏》四千五百六十五卷，之后又取其中精要辑成《云笈七签》一百二十二卷。《云笈七签》集北宋以前《道藏》主要内容之大成，保留了不少原书已失传的经籍片断和人物传记，是研究道教的重要资料。笈，读jí，用来装书的箱子，引申指书籍；云，比喻高。道教称收藏经籍的书箱为"云笈"。签，读qiān，可指用简单文字提出要点。"七签"在这里指"七部"，道教经书有三洞（洞真、洞玄、洞神）、四辅（太玄、太平、太清、正一）共七部。《玄都宝藏》为元代编纂的道藏，其中就收录有《云笈七签》。

芨，读jī，见于"芨芨草"和"白芨（白及）"，均为植物名。笺，读jiān，指古书中的一种注释，也可指公文体裁或书信等。查典籍，未见有《云芨七笺》一书。

“牡牛”岂能产崽

◎庄丰石

2021年2月13日《新民晚报》第11版上刊载有《牛司令说牛》一文。其中有这样的描述：“连队里一头苗条清秀的年轻牡牛，好似人中美眉……这头牡牛有过三次生育……牡牛产崽后，身体虚弱。”这里“牡”用错了，应该用“牝”(pìn)字。

徐悲鸿《九方皋》(局部)

《史记·龟策列传》中有：“禽兽有牝牡。”牡，指雄性鸟兽。牝，与“牡”相对，指雌性鸟兽。有成语“牝鸡司晨”，意思是母鸡报晓，旧时贬喻女性掌权。《新唐书·长孙皇后传》：“与帝言，或及天下事，辞曰：‘牝鸡司晨，家之穷也，可乎？’”

“九方皋相马”的故事也出现了“牡牝”之辨。伯乐推荐的九方皋相马回来，与秦穆公说他相来的好马是“牝而黄”(黄色母马)，而实际上是“牡而骊”(黑色公马)。于是穆公责备伯乐。伯乐喟然叹息，九方皋注意的是马的内在，外表他不去留心，这正证明了他善于相马。事实证明，九方皋的选择是正确的。“牝牡骊黄”后比喻事物的表面现象。

《牛司令说牛》把牛的雌雄之称搞错了，应该是“牝牛产崽”，牡牛是不能产崽的。

“程门立雪”和朱熹无关

◎木　子

《沈阳晚报》2021年1月29日第10版刊载了《纪晓岚〈河中石兽〉说的是真事吗》一文，其中写道：“所谓‘讲学家’，当然是纪晓岚最反对的‘宋学家’，宋学即宋明理学，独爱莲的周敦颐、程门立雪的朱熹都是其代表人物。”然而，和“程门立雪”的典故有关的共三人，其中并无朱熹。

“程门立雪”是一个成语，典出《宋史·杨时传》中的故事。话说年过四十的杨时有一次去洛阳拜访老师，其师程颐当时正在小睡。为了不打扰恩师休息，杨时和同门游酢一同侍立在程颐身旁，静静等候。当时门外在下雪，等到程颐醒来时，门前的雪已经积了一尺厚。后人为了赞美这种尊师重道的行为，演化出了“程门立雪”这个成语。该故事中涉及的三人都是北宋理学家：程颐（1033—1107），字正叔，人称“伊川先生”，和其兄程颢师从周敦颐，世称“二程”；杨时（1053—1135），字中立，人称“龟山先生”，和故事中的另一人，人称“廌山先生”的游酢，以及吕大临和谢良佐共列“程门四大弟子”。至于朱熹（1130—1200），他是南宋理学家，和故事中三人生活的时代相差几十年，和“程门立雪”一事扯不上关系。

朱熹虽然未曾“程门立雪”，和程、杨二人倒不是毫无关系。朱熹间接师承于杨时，他继承了二程的学说并将其发扬光大，世称“程朱学派”。这或许就是作者将“程门立雪”误套在朱熹身上的原因。

“黄发”怎能指儿童

◎新　德

2020年6月22日《人民日报》第6版刊有《竹丝翻转　巧手成编》一文，该文在介绍竹编手艺人赵行恩时这样写道：“6岁上手，跟着祖父学竹编手艺，从黄发垂髫到斑斑白发，大石竹编的第五代传人赵行恩，已是84岁的耄耋老人了。”这段话中用“黄发垂髫”代指童年，与“斑斑白发”并列，显然误解了“黄发垂髫”的意思。

“黄发垂髫”是由“黄发”和“垂髫”两个词组合而成。人的头发随着年龄增长由黑变白，之后又渐渐变为浅淡的黄色，这种头发是高寿的象征，即所谓黄发。“黄发”常用来形容年老，也引申指老人。古代儿童不束发，头发自然下垂，垂下的头发即垂髫，“垂髫”可以指童年或儿童。

在上述语境中，作者想要表达赵行恩从童年开始学艺，从事这一行直到老年，用“斑斑白发”指代老年自无不妥，但用“黄发垂髫”指代童年则错了，“黄发”如何能指儿童？“黄发垂髫”语出晋陶渊明的《桃花源记》，其中有句“黄发垂髫，并怡然自乐”。这里将“黄发”“垂髫”并列，意思是从老人到孩子，即各个年龄层的人都很快乐。作者可能是受名篇名句影响，又没有正确理解词义才导致此误。

卷心的是"胶菜"

◎屠林明

《新民晚报》2020年12月10日第20版刊有《卷心菜》一文，文章写道："卷心菜是我喜欢的一种蔬菜……菜卷心无独有偶，例如茭菜。但茭菜卷成羊奶子形，而卷心菜却呈西瓜形……"这里描述的所谓"茭菜"，其实应改为"胶菜"。

根据上文的描述，这种和卷心菜（结球甘蓝）同样卷心的蔬菜应是结球白菜。结球白菜又称"大白菜""黄芽菜"，十字花科草本植物，叶生于短缩茎上，叶片薄而大，心叶会包合成球，即所谓"卷心"。结球白菜原产中国，是中国北方主要蔬菜，其中又以山东、河北等地所产最为著名。山东省东部有胶州市，以胶河得名，该地特产"胶州大白菜"驰名全国，"胶菜"便是"胶州大白菜"的省称。鲁迅《朝花夕拾·藤野先生》："北京的白菜运往浙江，便用红头绳系住菜根，倒挂在水果店头，尊为'胶菜'。"

茭，本指喂牲口的干草料。也可指"茭白"，即菰的花茎，经

“鄂荐”？“鹗荐”！

◎廖　宁

《北京晚报》2021年1月25日第27版刊载了《钟氏父子与钟家胡同》一文，文中写道：“清代编撰的《怀柔县志》科考举人中列有钟大相的名字……‘鄂荐’是中举的雅称……”这里的“鄂荐”错了，根据语境当是“鹗荐”之误。

根据《后汉书·文苑传下·祢衡》中的记载，孔融和祢衡两人是好友。孔融为了举荐祢衡，曾写《荐祢衡表》，其中说：“鸷鸟累百，不如一鹗，使衡立朝，必有可观。”意思是猛禽虽多，不如一只善于捕鱼的鹗鸟有用，祢衡的才能犹如鹗鸟，在当朝百官之上。鹗(è)是一种凶猛的鸟，背部褐色，头、颈和腹部白色，常在江河湖泊及海滨飞行，擅长捕食鱼类，通称“鱼鹰”。因为这个典故，后人用“鹗荐”来指推荐有才能的人。和汉代采用察举选官不同，隋唐以后开始用科举选拔人才，而“鹗荐”一词沿用了下来，成了恭贺别人科举登榜的祝词，《幼学琼林·卷四·科第类》：“贺登科，曰荣膺鹗荐。”因此，说“鹗荐”是“中举的雅称”也不恰当，应改为“中举的贺词”。

“鄂”读作è，古地名，现多用作湖北省的简称。汉语中没有“鄂荐”一词，误“鹗”为“鄂”当是音同形近所致。

菰黑粉菌（一种真菌）刺激而膨大，形成肥大的纺锤形嫩茎，是一种鲜美的蔬菜。但即使把茭白称作“茭菜”，其外形也和卷心菜相差甚远，显然不符合引文的描述。

语言哲思

"八岁、十八、二十八"为何是"连烧三年"

◎宗守云

作家尹学芸在《苹果树》（《花城》2021年第1期）中写道：

半仙佯装听不见，脸朝向天空，掐着指头算，说你栽棵苹果树吧，我给你画个符，你在树下烧了。只要树活着，你儿子就不会死。"记住，逢孩子'八'岁那年烧，八岁、十八、二十八连烧三年，符能保佑他一辈子。"

八岁、十八、二十八是三个有间隔的年龄，在三个有间隔的年龄烧符，为何是"连烧三年"呢？"连"，一般理解为无间隔的持续，如"连睡了五小时""连跑了一万米"等，这些行为状态都是连续不断的，没有间隔。"连"有时也用于有间隔的反复，如"连吃了八天鱼""连刮了三场风"等。这些行为状态都是有间隔的，像"连吃了八天鱼"，并非说这八天每时每刻都在连续不断地吃鱼，而是说这八天每天都有吃鱼的行为，吃鱼是有间隔的反复行为。"八岁、十八、二十八连烧三年"也是"连"用于有间隔反复的情形，只不过这个间隔时间有点长而已。

"连"为什么既可以用于无间隔的持续，又可以用于有间隔的反复呢？这反映了语言成分的多义性，而这种多义性是由于意象图式转换导致的。

认知语言学认为，人们在日常生活与客观世界互动的体验过程中，能够获得一些反复出现的简单而基本的认知结构，这就是意象图式，有"容器图式""系联图式""整体－部分图式""中心－边缘图式"等等。意象图式是可以转换的，意象图式的转换导致了语言成分的多义性。比如“多丛图式”和“团块图式”，离散物的集合是“多丛图式”，连续性整体是“团块图式”。“多丛图式”和“团块图式”是可以转换的，也就是说，用于“多丛图式”的语言成分，也可用于“团块图式”，这就导致了语言成分的多义性。举例来说，量词“堆”既可用于“多丛图式”，又可用于“团块图式”。“一堆石头”是“多丛图式”，石头是离散物的集合，是许多块石头堆积起来的；“一堆黄土”是“团块图式”，黄土是连续性整体，不能离散为独立个体。量词“堆”既可用于“多丛”，又可用于“团块”，这就是它的多义性。当然，这里所说的多义是语用意义的，即可以有两种以上不同理解，但不是词汇意义的，在词典中并不能分立为不同义项。

“多丛图式”和“团块图式”的转换，是视觉经验的直接反映，正如张敏在《认知语言学与汉语名词短语》中所说：“由可辨识的多个个体组成的一个群体，当我们离得够远时，它们在我们的视觉中就慢慢变为混沌的一团。在一定距离之外，一连串的点也会被感知为一条线。不光连续的点会变为一维的线，一个移动的零维的点也会转换为一维的线。”

“多丛图式”和“团块图式”的转换，可以用于空间事物，这在形状量词的使用上表现尤为明显。比如，面状量词“片”，“有一片庄稼”是“多丛图式”，“有一片水域”是“团块图式”。

“多丛图式”和“团块图式”的转换，也可以投射到时间进程。“多丛图式”在时间上表现为有间隔的反复，“团块图式”在时间上表现为无间隔的持续，也正如张敏在《认知语言学与汉语名词短语》中所说：“这种转换在语言里也很常见，如汉语的表进行的‘在、着’和英语的进行时‘-ing’形式都既可以表无间断的持续（‘他在想问题’），又可以表有间断的反复（‘他在眨眼睛’）。”“连”用于无间隔的持续和有间隔的反复，也正是这种意象图式转换所导致的。

十字街头

母亲的心意岂是“寸草心”

◎傅小军

笔者春游浙江兰溪游埠古街，见一店铺外悬挂一幌子，上面有当地特色小吃“肉沉子”的详细介绍。大意是说这道小吃是丈母娘为女婿精心准备的，使用了家里最好的食材，只求这番礼遇能让女婿善待女儿。暂且不提其文字表达多有不通之处，“肉末”也错写成了“肉沫”，最大的问题在文末。文末写道：“代代相传，寄予了母亲悠悠寸草心。”母亲的心意怎么能说是“寸草心”呢？这里明显是误用。

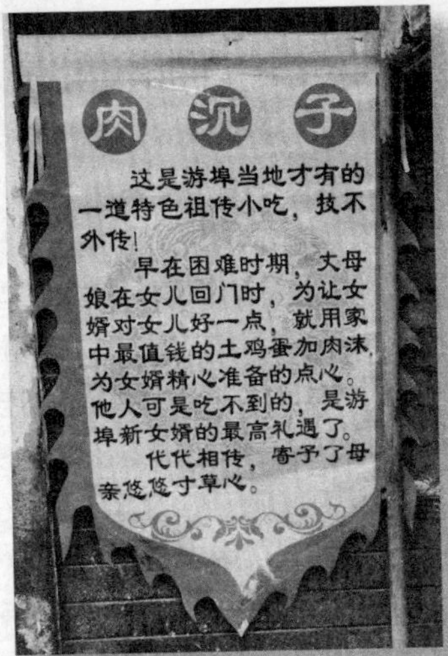

唐代诗人孟郊曾作《游子吟》：“慈母手中线，游子身上衣。临行密密缝，意恐迟迟归。谁言寸草心，报得三春晖！”诗歌感情真挚，特别是末句用“寸草心”和“三春晖”分别喻指儿女和母亲的心意，为人称道。后衍生出成语“寸草春晖”，意思是子女报答不尽父母的养育之恩。寸草，即小草；春晖，春日的阳光。“寸草”“寸草心”的比喻义只会在子女自述时用到，形容自己对父母的微小心意。

我国一向崇尚孝道，尊敬父

“贪恋”不是“谈恋”

◎段美菊

近日下榻贵阳某酒店，夜色下只见大门口的霓虹广告牌上正滚动显示宣传语：“火灾发生时，不谈恋财物，不乘坐电梯……”这段话一看便知是为了普及防火知识。其中的“谈恋”显然应改成“贪恋”！

贪，爱财；恋，爱慕、留恋。贪恋，即十分留恋。柔石《二月》四：“他贪恋这时田野中的雪景。白色的绒花，装点了世界如带素的美女。”当火灾等灾害来临，最重要的无疑是保障自己的人身安全。这时如因贪恋财物，想着带上什么再走，最终耽搁了避难的时机，无疑会得不偿失。

谈，对话、主张。汉语中没有“谈恋”一词，“谈恋”和“财物”也扯不上关系。

母长辈。“肉沉子”的由来故事更体现了深厚的母爱：即使女儿已经出嫁成家，母亲还是竭尽所能地为女儿谋幸福。本来是赞美母爱的文字，最后却用“寸草心”来比喻，实在荒唐！

语苑新谈

吻瘫了美国机场

◎石毓智

三十年之前，“吻”算是很出格了。影视上见到男女接吻，观众自己脸上都发烧，害羞一点儿的还把眼睛捂上，更不要说在大庭广众之中、众目睽睽之下做这个动作。若这样做，不仅会被人认为有碍观瞻，甚至被人斥为有伤风化。现在这跟喝杯矿泉水差不多了，稀松平常。

让你大胆想一想，“吻”会带来什么严重的后果？大胆想，不要保守。有人会说，“吻得太用力了，结果吻肿了嘴唇”；还有人会说，“吻得太久了，结果吻晕了一位女士”。中国留美博士生江海松的一吻竟“吻瘫了美国机场”，可以说前无古人，后无来者。这是一则真实的故事。请看当时的一则报道：

中国博士吻瘫美国机场

2010年1月3日，在美国攻读生物学博士学位的江海松在纽瓦克机场为女友送行，在女友进入安检区后，江海松偷偷钻过一个通道的安全隔离带，与女友拥吻。其擅闯行为导致机场一个航站楼关闭6小时，超过100架航班无法正常起飞，数千乘客重新安检。

短短两天后，网络上“吻瘫机场”就有20余万条。如何处置江海松，是拘留还是罚款，这是司法部门关心的事情。我们关心的是，为什么能说这样的话？没有江博士这一惊世骇俗之举，谁也无缘看到“吻”和“瘫”还能走到一起来。同样，没有美国机场反恐反得风声鹤唳，甚至有些神经质，也欣赏不到这个绝妙用法。最关键的是，没有汉语的一条语法规律，一切都成为不可能。

“吻瘫”是个动补结构，“瘫”是补语。动补结构带宾语遵循着一条严格的规律：如果补语指的是主语的属性，就不能带宾语。之所以不说“他吃胖了烤鸭”，是因为“胖”指的是主语“他”，而与“烤鸭”没关系。相反，如果补语指的是宾语的属性，就可以自由带上宾语，虽然这个动词在一般情况下都不能带宾语，比如“他笑疼了肚子”“她哭肿了眼睛”。

“吻瘫机场”之所以可以用，就是因为它符合汉语动补短语带宾语的规律。“瘫”指的是机场的状况，显然与江博士无关，江博士精神着呢！

语言最了不起的一点是，只有没被认识的现象，没有不能用语言表达的东西。没人用跟不能说，这是两回事。在没有发生这件事情之前，如果一个中学生异想天开，造出“吻瘫机场”这样的句子，语文老师一定认为这不合语法，扣分，理由是“从来没有人这样说”。其实，使用语言也是一种创造活动，但是一定要按照一定的规矩来。

再看一个类似的例子。大家还记得黄宏、牛莉和雷恪生合演的小品《考验》吧？老汉要考验考验女儿新结识的男朋友，看他将来会不会听女儿的话。老汉假扮成一个钓鱼者，坐在湖边打瞌睡。女儿就让男友朝老汉的光脑勺上弹三个“脑瓜崩儿”。男友别无选择，只好照办。老汉假装生气，指着旁边站着的女儿，佯怒道：“是她让你弹的吧？”男友这时还蒙在鼓里，确实表现不凡，护着自己的女友说道：“不是，是我自作主张。”老汉笑道：“别装了，我是她爹，我还不知道？”男友一听，坏了，以为自己那三个脑瓜崩儿竟把老汉脑子弹出问题了，紧张地跟女友小声说：“坏了，给你弹出一个爹来。”

没有这个环境，“弹出一个爹来”，也听起来很新鲜。但是看了这个小品，那是自然得不能再自然了。

沉闷的时代，伴随的也是乏味的语言。现在人们不仅求新、求变、求异，而且生活节奏加快，隔三岔五，就会产生一个新鲜的话语出来。

网言网语

当今为何多“巨婴”

◎焦妍与

当今社会飞速发展，物质条件逐渐充裕，人们的生活水平不断提高，这样的时代呼唤着更为文明和心智成熟的社会公民。然而，吊诡的现象似乎总是存在，现代社会里依旧存在着各种“巨婴”，“巨婴式游客”“巨婴男”“巨婴渣”等等依旧是吃瓜网友们爱用的新闻评论词。那么“巨婴”到底是什么？

“巨婴”语素意义为“巨型婴儿”，在医学领域指的是“出生时体重超过4000克的婴儿”，是孕妇在怀孕期间的营养过剩而引发的不健康现象。“巨型婴儿”不仅会给生产的母体带来危害，还直接影响婴儿成长过程中的健康。而网络热词中的“巨婴”则是有比喻义的，这种比喻义使得“巨婴”从医学范畴扩展至社会学范畴，也从一个医学术语走向具有广泛社会性的大众话语。“巨”本来指“身体巨大”，暗含“身体成熟”的含义，而“婴”本来指“婴儿”，暗含“心智不成熟”的含义。“巨”和“婴”这两个语义上完全相悖的语素组合在一起构成了一个具有极大概括力和冲击力的词语，指的是“像婴儿一样心智不成熟的成年人”。而这种心智不成熟，往往体现在个人、家庭和社会三个方面：

在个人性格层面天真自恋而脱离现实，或者个性偏执任性，缺乏理性，容易冲动。在家庭中娇生惯养，虽然具备劳动能力却过分依赖家庭甚至啃老，或者作为丈夫或妻子却依赖自己的另一半。在社会上表现自私,缺乏社会责任感和法律意识,对国家大事漠不关心。

在某些语境中,“巨婴”与网络热词“妈宝男”词义相通,指的是由于家庭成长环境中母亲的溺爱和过度“掌权”,导致男性虽然成年但是依旧在心理上依赖母亲,无论是事业还是感情都服从于母亲的选择。某种程度上说,“巨婴”和“妈宝男”等词的盛行,其背后是社会中普遍存在的问题,兼具心理学和社会学的深刻内涵。

“巨婴”一词作为医学用语早已有之,但在具有更广泛的社会含义之后才逐渐成为网络热词。“巨婴”一词,使人们关注社会中心智不成熟的成年人群体,迅速点燃各大媒体和朋友圈的情绪,准确地击中了中国社会中普遍存在的教育缺陷,是当代中国经济飞速发展而人文素养相对短缺的时代缩影。

此外,“巨婴”还比喻像婴儿般不具备自主发展能力的企业,如“扔掉补贴奶水‘巨婴’将成巨鹰”(《中国城市报》2017年2月20日),从整句话来看,这个新闻标题巧用谐音对比,“巨婴”一词简洁明了,内涵丰富。

在语法层面上,“巨婴”一词不仅可作主语、宾语,还可在句子中作定语,与其他词语组合,起修饰作用,如“巨婴渣”即以“巨婴”修饰“渣”,指心理不成熟且以自我为中心的成年男性。又如“巨婴父母”“巨婴股民”“巨婴男友”。

由此可见,“巨婴”一词的流行,是社会现象在语言上的体现,是人们对于社会热点的语言反思。人们用“巨婴”来抨击某些不负责任的人和事,在揭示社会丑恶现象的同时,却也体现着人们对于富有担当、心智成熟的公民人格的向往。相信在未来的时光中,多数的“巨婴”们也会不断反思自己,逐渐完成真正的成长。

网络仿拟的妙趣

◎张湘杰

仿拟是指按照已有的语言表达形式，临时造出新的语言形式的一种辞格，就如同“旧瓶装新酒”。它的模仿对象一般是固定词语或短语，也可以扩大到句子、段落、篇章，甚至语体、风格。根据仿照的对象，仿拟可分为仿词、仿句、仿篇、仿体和仿调。接下来我们就依照这个分类来盘点网络语言中的“仿拟”。

首先，最简短也是走在潮流最前端的是“仿词”。随着选秀节目层出不穷，大家都忙着评选偶像团体里“门面担当”“声乐担当”以及“舞蹈担当”，而到了网友自己身上呢，既然不能歌不善舞，大家就借用“仿拟”给自己安了“饭桶担当”“气氛担当”“倒霉担当”一系列的头衔。游戏用语也是网络用语的一大组成部分，承认自己是“脑残”的朋友很少，但借“脑残”仿拟称自己“手残”的朋友却不少。网友们在给明星起组合名时，常常在两人的名字中各取一个字而后借用谐音仿拟成语，比如王一博和肖战的组合名叫“博君一肖（博君一笑）”，周震南和张颜齐的组合叫作“南以颜喻（难以言喻）”等。此类的谐音仿拟还有抗击疫情中使用的“‘罩’夕相处”“临危不‘聚’”等。

其次就是人们常用的仿句。根据鲁迅先生的“其实地上本没有路，走的人多了，也便成了路”，网友仿拟出了“世上本没有脏话，打游戏多了就有了”，“世上本没有真相，信的人多了就有了”。对于惠子的“子非鱼安知鱼之乐”，网友写出“子非我安知我之乐”。这类对于名句的仿写，往往在幽默之中给自己的语句增添一分理据性。而游戏直播中流传出来的“不会吧，不会吧，不会还有人……”的句式，则引发了一种无厘头搞笑的风潮：在学校里挂着“不会吧，不会吧，不会还有人考不上一本吧”的横幅；在螺蛳粉店门口贴着“不会吧，不会吧，不会还有人没吃过螺蛳粉吧”的标语；期末开玩笑道“不会吧，不会吧，不会还有人没复习完吧”……

至于仿篇、仿体和仿调，由于难度系数较高，在网络语言中的使用就没有那么频繁，但还是不乏优秀的网友进行了高明的创作，如仿拟天气预报：“今天夜间到明天白天，你的手机将出现鹅毛般的祝福，你的心情将以晴为主，受气氛影响，笑声将席卷你周围，预计将来52周将不断刮顺风！”仿拟翻译腔：“哦！天呐，我的老伙计！看在上帝的分上，为什么不多睡会儿？”还有对于顾城那首《门前》的仿拟：“草在结它的种子，风在摇它的叶子/我们站着，不说话/场面一度十分尴尬。”

通过以上盘点我们能发现，仿拟是一种十分巧妙、机智的修辞格。它仿照人们熟知的现成的语言材料，根据表达的需要临时创造出新的语、句、篇来。在“熟悉”中制造“陌生”，在“平凡”中制造“新奇”，于“本体”与“仿体”的反差中使得语言生动活泼，或讽刺嘲弄，或幽默诙谐，都妙趣盎然，给人带来不一样的语言体验。

微语录·等待

如果事与愿违，就相信上天另有安排；所有失去的，都会以另外的方式归来。充满信心，相信时间不会亏待你，相信未来不会亏待你。最好的结局常在最不经意的时候出现。唯一要做的，是怀揣希望继续努力，去拥抱美好明天的到来。

（刘　芳/辑）

微型讲坛

说"阙"

◎陈运舟

《诗·郑风·子衿》:"挑兮达兮,在城阙兮。"阙(què),是古代一种建筑,指修建在宫殿两旁高台上的两座高楼,始于周代,盛行于汉。阙的别名颇多,它又称宫阙、魏阙、象阙、象魏等等。《玉篇》:"魏、象魏,阙也。"

称阙为魏阙,是取"魏"高大之意。古代魏、巍二字相通。《说文》:"巍,高也。从嵬,委声。"段玉裁注:"高者必大,故《论语》注曰:'巍巍,高大之称也。'后人省山作魏,分别其义与音。"阙之高大,《古诗十九首》里说:"两宫遥相望,双阙百尺余。"阙高百尺,非浮夸之词,据北魏郦道元《水经注·渭水三》所记,汉代建章宫东凤阙高七丈五尺。

称阙为象魏、象阙,则是因阙最初当是统治者张布法令与告示之处。《周礼·大司寇》:"正月之吉,始和,布刑于邦国都鄙,乃悬刑象之法于象魏,使万民观刑象。""刑象"即古代描绘刑罚的图画。用以公诸民众,以示儆戒。说起来,古时"形""刑"相通,《逸周书·武纪》:"其形慎而杀。"朱右曾校释:"形当为刑,刑当其罪曰杀。刑、形古通。"《世说新语·方正》:"(夏侯)玄曰:'虽复形余之人,未敢闻命。'""形余"即"刑余",指受过刑之人。"形象""刑象"或有关。

"使万民观刑象",从阙的古文字也能推断一二。篆文阙字就是门内一个倒悬的人体旁有人仰视之：，即屰，是一个倒着的人，《说文》："屰，不顺也。"此"不顺"之人有违法之意，他代表受刑之人。即欠字，《说文》："张口气悟也。象气从人上出之形。"代表观刑象之人。所以阙又称象阙，如沈约《上建阙表》："诏匠人建兹象阙。"

阙既是宫殿两旁的建筑物，故而它又是宫殿、朝廷，甚至是皇室、天子、京城、国家的代名词。如《庄子·让王》："身在江海之上，心居乎魏阙之下，奈何？"又如岳飞名篇《满江红》："待从头收拾旧山河，朝天阙。"其中的"天阙"本指宫殿前的楼观，在此是指皇帝居住的地方。"朝天阙"即面见皇帝。阙又指古代神庙、坟墓前两旁的巨柱，多用石雕成。清代李富孙《汉魏六朝墓铭纂例》卷三："阙者，墓道外左右所立石阙，古人即题氏讳官爵于上，以表识之。"

古书中，有时阙与"缺"同，读 quē，取其两阙之间"阙然为道"之意。徐锴《说文系传》："以其阙然为道，谓之阙。"即说宫阙左右各一，中间有道空缺，所以引申表缺口空缺。如郦道元《水经注·江水二》："自三峡七百里中，两岸连山，略无阙处。"这里的阙当豁口、空缺讲。而诸葛亮《出师表》："愚以为宫中之事，事无大小，悉以咨之，然后施行，必能裨补阙漏，有所广益。"这里的阙则当缺点、过失讲。阙漏、阙误、阙疑、阙如中的阙都是"缺"之义。"阙漏"即"缺漏"，"阙误"同"缺误"，"阙疑"义为把疑难问题留着不做判断，而"阙如"则是欠缺、空缺的意思。

《火眼金睛》提示

图 1，"是于"应为"始于"。

图 2，"栽脏"应为"栽赃"。

图 3，"茼篙"应为"茼蒿"。

图 4，"崇得"应为"崇德"。

社交新风

当我们说流行语时，我们在想些什么

◎徐默凡

语言不仅是交流的工具，也是一种思维的工具；不仅塑造了我们的社交方式，也塑造了我们的认知方式。当我们在说流行语的时候，流行语也不可避免地影响到我们的思维活动。

现在的网络流行语，当然有新鲜、活泼、接地气的优点，但也存在三个明显的缺点：浮夸化、标签化和浅薄化。浮夸化就是追求夸张的语义表达，动不动就封“王”称“霸”，说“神”道“仙”，语不惊人死不休。标签化就是把复杂的社会现实、复杂的人物事件，都粗线条地划分为有限的类别。浅薄化就是不追求形义配合的深层语言趣味，而只进行形式上的浅加工，能夺人眼球就够了。谐音梗就是浅薄化的一个典型例子，每年通过谐音的方式会产生大量的流行语，比如蓝瘦香菇（难受想哭）、集美（姐妹）、雨女无瓜（与你无关）等等，究其实质只是换了一个别字记音，和修辞中巧妙的谐音双关不可同日而语。

特殊的网络传播方式是造成流行语缺点的一个重要原因。借助网络，今天流行语发展出一种病毒式的传播方式，其使用率呈几何级数增长，传播速度之快令人难以想象。一个新鲜的说法，可能会在一夜之间就传遍整个互联网络。但是，传播快也带来了一个负面影响——缺少了时间的过滤和积淀，泥沙俱下，鱼龙混杂。流行语本是语言生活中的一个常见现象，在任何时期都是普遍存在的，网络时代之前的流行语往往是文学作品、影视作品、春节联欢晚会中流传出来的，经过长期的口耳相传或者文字媒体的广泛引用才能流行起来，所以留下的一般都是“文质兼美”的精品。如果说从前的流行语是久经考验的“经典款式”，一用忘不了；那么现在的流行语就是“新潮产品”，尝个鲜就很快下架了。在这种形势下，浮夸化诉诸强烈的情感表达，标签化夺人眼球地凸显特征，浅薄化立竿见影地无厘头搞笑，这都是促进快速传播的高效手段。

网络流行语的这些缺陷肯定会对使用者的思维方式产生深远影响。如果长期使用浮夸的流行语，就会养成一种过度夸张的思维习惯，用情感的宣泄来代替理性的明辨。对习惯使用网络语言的一代人来说，似乎所有的东西都是被放大的，好像说出的任何话语都是加上一个感叹号的，都是以“哇哦”“哇塞”这样的一种情绪表达出来的，但是对精微细腻的思想感情却缺少了识别和表达的能力。

热衷于到处套用网络流行语，也很容易简化思维活动，采用“贴标签”的方式去和对象打交道。仔细辨析的话，就可以发现标签的类型就那么几组，只不过是换了一个热点事件就换一个新表达，比如“社畜”“996”“打工人”流行的时间不同，但都表达了一个核心意思，并没有太多观念上的创新。在人际交往中，按照这样简单分类的方式去评判对象，我们就不愿意去深入体会一个人身上的复杂性和全面性，而是用“海王”“内卷”“后浪”一下子就对号入座了。这在某种程度上也是网络语言暴力频繁产生的一个重要原因。即使在赞扬别人的时候也不例外，所有和疫情斗争的人都是“逆行者”，不再去思考“逆行”的动机、过程和压力，不再去思考不同逆行者的细微差异。网络流行语里的人物都是扁平的，不是立体的。显然，这种语言使用方式对我们认识世界和社会、处理人际关系都是有很大危害的。

浅薄化则会带来追求快速反馈、放弃深度思考的习惯。使用者希望话语一经使用就引发别人的关注，用最低的成本去求取最大的收益。长此以往，我们的语言就会粗鄙化，我们的思考也会肤浅化。别字代替双关，搞笑代替幽默，哈哈一笑之余没有可回味的东西，还会对这种快速刺激逐渐上瘾，放弃对精致事物的追求。就像长期用鸡精做菜，会带来口感的迅速提升，但久而久之就败坏了味蕾，不能体会真正鸡汤的醇厚了。

流行语的诞生、传播和消亡，本来是语言正常的新陈代谢，这种新陈代谢一直在进行着，但是网络时代极大提升了流行语变化的速率，我们要留心的不仅是它们对语言规范的影响，更要警惕它们对思维方式的冲击。慎重对待语言，就是慎重对待我们的思想。

《跳伞的理由》参考答案

1. 问那个孩子，——问那个孩子：
2. 漏出——露出
3. 一幅若有所思的表情——一副若有所思的表情
4. 兰天——蓝天
5. 颌首——颔首
6. 侘异——诧异
7. 笑地东倒西歪——笑得东倒西歪
8. 举足无措——手足无措
9. “不是”，——“不是，”
10. 嘎然而止——戛然而止

东语西渐

“不吃这一套”如何切换成英语

◎陆建非

美国阿拉斯加时间2021年3月18日，中共中央政治局委员、中央外事工作委员会办公室主任杨洁篪，国务委员兼外交部长王毅在安克雷奇同美国国务卿布林肯、总统国家安全事务助理沙利文举行中美高层战略对话。杨洁篪在开场白中阐明中方有关立场并表示，我们希望这次对话是真诚的、坦率的。他特别强调，美国没有资格居高临下同中国说话，中国人不吃这一套。表述坚定，语气铿锵，顿时在国际社会和海内外媒体激起强烈反响！尤其是“中国人不吃这一套”这句话引起了阵阵热议。

这一口语化的表达在中文语境中十分常见，但要一下子译成英语，让英语世界的受众即刻听懂并接受，并非易事。会场的中方译员译成“It is not the way to deal with the Chinese people.”（这不是应对中国人的正确方式。）译者用了It is… +动词不定式的句型，倒过来阐明较为平和，但我们总觉得还不太精准达意，不够那个味儿。

此句中的核心词是“这一套”，在上下语境明了的情况下，“这一套”是指“这一套说辞”或“这一套做法”。“不吃”就是“不买账”“不起作用”或“无效”的意思。

为了更好地表达这个意思，首先一种，笔者认为借用“work”一词较为便捷。例如“这个方法很灵”，译成英语就是：It really works. 又如“这一套做法对我们不起作用”，在上下文明确的前提下，译为：It doesn’t work on us.

此外，英语中还有一个词用在这种语境中也十分贴切，那就是buy。这个单词除了表达“购买，获得，消费”，还有“相信，信服”之意。例如“我对‘我没有时间’之类的借口不买账”，即：I do not buy the “I don't have the time” excuse. 又如“内阁议员们对纳吉的想法不买账”，即：The cabinet is not buying into Mr. Najib's ideas.

在日常交流中，“I won’t buy it.” 就意味着 I don’t believe it.（我不吃这一套。）“我信你个鬼！”可译成：I won’t buy what you say/do. 或 I don’t buy your story.

所以，“中国人不吃这一套”可译成：It doesn’t work on the Chinese people. 或者 We Chinese people won’t buy it.

我国外交部发言人经常使用一个金句“中国人不是吓大的”，也有异曲同工之妙，可以翻译成：Threats and intimidation will never work on China.（威胁和恐吓永远对中国起不了作用。）或者：We Chinese people don’t/won’t buy threats and intimidation.（我们中国人不吃威胁和恐吓这一套。）

微语录 · 疼痛

一条小蛇咬住了壁虎的尾巴，壁虎断尾而逃。一个农夫见了，对壁虎说：“可怜的小东西，尾巴都断了，多痛啊，来，我给你包扎上。”壁虎感激地对农夫说：“我不怕疼痛，疼痛说明我还活着。包扎了伤口，我怎么能长出新的尾巴来呢？”说完，小壁虎带着钻心的疼痛，爬走了。

（康　宁／辑）

检测窗

编校差错扫描(三十三)

◎王 敏

“醮”饮酒尽“蘸”入沾

【错例】 当地人在享用美味时习惯醮酱料。

【简析】 “醮酱料”应为“蘸酱料”。“醮”音 jiào,形声字,从酉焦声,本义指醮礼,是古时冠礼、婚礼所行的一种简单仪式,尊者对卑者酌酒,卑者接受敬酒后饮尽,不需回敬。因醮礼用酒,所以“醮”字从酉。《说文解字》:“醮,冠娶礼,祭。”段玉裁注曰:“详经文不言祭也。盖古本作:‘冠娶妻礼也,一曰祭也。’”《玉篇·酉部》:“醮,冠娶妻也。”《晋书·礼志下》:“古者婚、冠皆有醮。”再婚、再嫁都称作“再醮”,意思是再一次举行醮礼,本为男女通用,元以后专用于女子丧夫后再嫁。“醮”又指祭祀。《玉篇·酉部》:“醮,礼祭也。”由祭祀义引申,后代僧、道设坛祈祷也叫“醮”。如《红楼梦》:“叫在清虚观初一到初三打三天平安醮。”醮礼是将酒饮尽,因此“醮”引申指水尽、财尽,如“贫曰醮,富曰肥”。“蘸”音 zhàn,本义指将物体没入水中,构字理据不详。《说文解字》新附字:“蘸,以物没水也。此盖俗语。从艸,未详。”如唐朝韩愈诗句“蔷薇蘸水笋穿篱”。清代郑珍《说文新附考》:“今考蘸,盖别从蕉声,非加艸。”引申泛指在液体、粉末或糊状物中沾一下就拿出来,如“蘸墨水”“蘸胡椒粉”。古汉语中偶有以“醮”替“蘸”的用法,但如今“醮”“蘸”分工明确，“蘸酱料”不能写成“醮酱料”。

“剌”开束缚“刺”刀尖

【错例】构成为境外剌探情报罪的，将面临刑法的惩罚。

【简析】“剌探”应为“刺探”。“刺”的初文是“朿”，甲骨文写作，象形字，本义指树木上纵横杂生的尖刺。《说文解字》：“朿，木芒也。象形……读若刺。”后来，为了表示动词的意思，以“朿”加“刂”（刀）会意造了“刺”字（朿兼表声），因此，“刺”是会意兼形声字，本义指用尖利的东西扎。《说文解字》：“刺，直伤也。”此后，名词“朿”泛指芒刺，动词“刺”泛指刺杀，两者各司其职。但没想到，“刺”竟渐渐替代了“朿”。段玉裁注：“朿今字作刺，刺行而朿废矣。”今天，“刺”既作名词又作动词，而且引申指刺激，如“刺鼻”，又指讥讽，如“讽刺”，还指名帖（相当于名片），如“名刺”。“剌”是会意字，从束从刀，本义指用刀割开束缚的东西。引申泛指割开、划开，音 lá，如“手剌（今作拉）破了”。捆绑后又割开，前后悖谬，引申指违背、违戾，音 là。《说文解字》：“剌，戾也。”段玉裁注：“戾者，违背之意。”如“乖剌”“剌谬”。“刺探”指暗中侦察、私下打探，其中的“刺”当是从扎穿、刺透引申而来，写成“剌探”显然是说不通的。

“虐”指残害“疟”指病

【错例】疟待小动物的残忍行径，令人发指！

【简析】“疟待”应为“虐待”。“虐”甲骨文写作，会意字，从虎从人，会虎张口食人之意。其小篆字形讹作，为会意字，从虍（hū，指虎头）从爪从人，本义指老虎以爪伤人。《说

文解字》:“虐,残也。从虍,虎足反爪人也。”隶变后,楷书写作“虐”,只剩虎头、虎爪。引申泛指残害,如“方命虐民”“肆虐”。再引申指残暴,如“虐政”“虐杀”。“疟”繁体字作“瘧”,会意兼形声字,从疒(nè,表示与疾病有关)从虐,虐兼表声,本义指时而发冷、时而发热的一种疾病,俗称“打摆子”,让病人饱受虐待。“瘧”字简化时去除了虎头。《说文解字》:“疟,热寒休作。”可见,疟疾的得名,确实有恶疾虐待病人的联想,但“虐待”这种残暴的手段,却并不必然与疟疾相关,“虐待”没有理由写成“疟待”。

“疽”疮深恶难根除

【错例】这个组织号称附骨之蛆,一旦被它盯上,很难摆脱。

【简析】“附骨之蛆”应为“附骨之疽”。“疽”(jū)和“蛆”(qū)都是形声字,区别在形符。“疽”从疒,本义指多生于肩、背等处的毒疮。《说文解字》:“疽,痈也。”痈疽,中医学病名,合称指皮肤和皮下组织的化脓性炎症,分称则深浅有别。明代张自烈《正字通·疒部》:“痈之深者曰疽,疽深而恶,痈浅而大。”附骨疽因其附骨成脓,故名。初起寒战高热,患肢疼痛难动,皮肤日久红肿,骨胀明显,继而破溃出脓,淋漓不尽。必待死骨脱出,方能愈合。附骨疽病症与化脓性骨髓炎相似。“蛆”从虫,本义指蝇类幼虫,身软色白,有环节,多生于不洁之地,以粪土腐肉等有机物为食。《说文解字》:“胆(蛆的异体字),蝇乳肉中也。”“附骨之疽”是紧贴骨头生长的毒疮,常比喻侵入内部、难以根除的敌对势力。蛆虫固然令人厌恶,却没什么贴着骨头生长的蛆虫,而且,无论长在哪,蛆虫都不是去不掉的。明乎此,“附骨之疽”大概不会再误为“附骨之蛆”了吧。

说文解字

以“罪”易“辠”的蝴蝶效应（上）

◎刘志基

在汉字发展史上，“罪”是一个有着奇特遭遇的文字。《说文》：“罪：捕鱼竹网。从网、非。秦以罪为辠字。”段玉裁《说文解字注》在“捕鱼竹网”下云：“竹盖衍”，将“从网、非”改为“从网非声”，并云：“声字旧缺，今补。本形声之字，始皇改为会意字也。”在“秦以罪为辠字”下，段玉裁引《文字音义》曰：“始皇以‘辠’字似‘皇’，乃改为‘罪’。”

上述文字，乍看起来只是记载了汉字发展史上的一件小事，即“罪”这个词在用字上被秦始皇张冠李戴了，但实际此举的后果却并非只局限于影响一个字词的使用规范，它在文字系统和词汇系统中产生了某种程度的蝴蝶效应。而这种效应的发生因由，在上述文字中已可窥见蛛丝马迹，下面尝试做一点解读。

首先需要追究的是，在用“罪”来替代“辠”这件事上，秦始皇究竟是怎么想的，只是“以‘辠’字似‘皇’”就随便选了个同音字吗？应该没那么简单。众所周知，秦始皇是一个对文字十分较真的皇帝，“书同文字”“焚书坑儒”都是明证，当然，不能容忍“‘辠’字似‘皇’”。按照段玉裁的说法，“罪”本来是个形声字，是秦始皇把它改成了会意字，而许慎在编《说文解字》时沿用了秦始皇对“罪”的造字意图的理据重构，所以才将“罪”的造字本义分析为“从网、非”。据此来看，秦始皇一定是经过深思熟虑，认真琢磨了“罪”的造字意图，才会选定它来代替"辠"的。那么,为什么要做这样的选择呢?这当然要从"罪"本来的意义说起。

段玉裁析"罪"字之构形理据本是"从网非声"无疑是正确的。那么"罪"本来就是一种读音与"辠"近似的"网",而且未必限定为《说文》所谓"竹网"(段注认为"竹"为误增字),选择它来代替"辠"除了读音类似的原因以外,还有字义的关系,不然的话,秦始皇就没有必要将其改成"从网、非"了。《说文》解释"非"曰"违也",也就是"违背"的意思。凡不合乎准则者都可以叫作"违"。那么,与其会意的"网",在秦始皇心目中应该是与"违"正相对立的东西,或者它对于"违"来说,应该有"制服""控制""约束"之类意义。梳理一下"网"字更早的历史,我们或许可以理解秦始皇的这种认识是怎么来的。

甲骨文"网"字多见,无一例外都表示"以网捕捉禽兽"的意义。《甲骨文合集》10514:

甲寅卜,乎鸣网雉,隻(获)。丙辰凤,隻(获)五。

以上"网雉",就是用网捕捉野鸡。《甲骨文合集》10976:

壬戌卜,㱿,贞取犬乎网鹿于蕽。

以上"网鹿",就是用网捕鹿。"网"的这种意义,在诸多甲骨文字形中得到直观的体现:

上述字形描摹,第一个是捕鸟,第二个是捕兔,第三个是捕鱼,第四个是捕麋,第五个是捕虎,第六个是捕熊。而捕猎的工具,都是网。由此可知,就字源的造字思维来看,网就是用来制服禽兽的基本用具。禽兽,作为上古时代人们生存竞争中的主要需征服对象,对于秦始皇这样的统治者来说,自然可以用来类比同样成为主要生存威胁的违反律令法制的人和事——即"非",而与之相对应的"网"自然也可以类比"非"的对立面——"法",表现在造字理据上,"罪"以"网""非"会意,自然是再合适不过的。

读书

"胡同"非借自蒙古语"水井"

◎郑张尚芳

京津一带以及内蒙古、东北三省叫小街巷为"胡同",张清常先生写了四五篇文章说是来自元代蒙古语水井 huttak 的译音,并说因胡同多有井,胡同以井为名的也特别多。此论影响不小。《汉语大词典》也采取源于蒙古语说,但依《汉语外来词词典》则应作:"胡同(-tòng)源于蒙古语 gudum。元人呼街巷为胡同,后即为北方街巷的通称。"

张氏之说是从明沈榜《宛署杂记·街道》"衚衕本元人语,字中从胡从同,盖取胡人大同之意"起意的,但实际胡同与蒙古语水井比,音义都有差距。大家知道,吸收外来词大多是由于有前所未见的新事物传进来了,像古之"葡萄、苜蓿、菩萨、罗汉、佛、塔、劫、禅",今之"沙发、巴士、咖啡、逻辑",或出于赶时髦,学社会上层语,如唐以后称"兄姊"为"哥、姐"之类,而汉语表街巷的词语,自古以来"街、坊、巷、弄、里巷、曲巷、火巷、火弄、后衖"等已经够多了,何必再另行吸取音义并不贴切的译词呢。

衚衕一词虽后起,衕字则早,《说文解字》:"衕,通街也。"南宋鄞县人楼钥《小溪道中》诗:"后衕环村尽溯游,风山寺下换轻舟。"说明他在上舟之前,是先在环村的小巷中恣意穿行尽兴游览了一圈的。人们常说"前街后巷",后衕显然与后巷同义。"衕"字《广韵》有去声徒弄切、平声徒红切二音,楼钥此诗依平仄律显读去声,应音如“洞”。这跟早期胡同写作“胡洞”正相合。

古朝鲜司译院的汉语会话教材《翻译老乞大》:“这衚衕窄,牵着马过不去”,俩字的谚文注音是“衚·hu/·hhu 衕·tung/·ttung”,谚文声母双写,依例对汉语的文读浊音,而左·点则表去声。1998年新发现的保持元代用词旧样的原本《老乞大》,则此句原写作“这胡洞窄”,洞字正说明衕乃读去声,不读阳平。(也合于明杨慎《丹铅总录·琐语》:“今之巷道名为胡洞,字书不载。”)元至治新刊《全相平话三国志》也有“张飞着力杀上血湖洞入去”。

那么“胡洞、湖洞”很可能来自“后衕”——因为“猴猻”后又作“胡猻”,“喉咙”又作“胡咙”。“猴喉后”都是古侯部字,自古至宋,都经过o—u—ou的音变链的演变历程,若有滞后在u段的,就会混入“胡”音里去,则“后衕”就可音如“胡洞”了(谚文音注表明,元明间“胡洞”两字皆读去声,其文读皆读浊声母,这正与“胡[读去]”来自“后”的推断读音相合)。

宋人既然已有“后衕”的说法,那么就不好说来自元代蒙古语借词了。

就退一步说来自借词,元代之前,北方多年在辽金统治之下,也不一定非得说是元代借蒙古语的。张先生在《再说“胡同”》中否定了日本多田贞一《北京地名志》以胡同对蒙古语“浩特”(按[xot]称牧区的村落、城市),说是蒙古语的四个后元音不能错对。按今蒙古语城镇为got,似乎跟胡同相距是更远了。但“胡同”广泛见于东北三省方言中,它跟达斡尔kotung、满语hoton、锡伯Xotun、鄂伦春kutun、赫哲Xoton、鄂温克xoton等语“城镇”一词的音义又是很接近的,那么说它是由满洲(清代满族自称)语言借来的也是有可能的。

(选自《胭脂与焉支》,上海教育出版社2019年4月出版)

向你挑战

跳伞的理由

（文中有十处差错，你能找出来吗？答案在本期找）

◎伯　淮　设计

在一档谈话节目中，美国知名主持人理查德请来了一个小男孩做嘉宾。谈话一开始，理查德便问那个孩子，“你长大后想做什么工作？你的理想是什么？”

小男孩脸上漏出一幅若有所思的表情，说：“我想当一名飞行员。这样我就能开大飞机飞上兰天，载着很多人去很多的地方！”

理查德颌首赞许，决定顺着这个话题“刁难”一下小男孩，问道：“如果有一天，你载着乘客们飞在半空，飞机缺油，发动机马上要熄火，这时候你怎么办？”

这是个从未想过的问题。小男孩考虑了好一会儿，给出了一个令人侘异的回答：“我会提醒全部乘客系好安全带，然后我找来降落伞赶紧跳伞……”

大家哄然大笑，童言无忌嘛，小孩子的话不必当真！当然，也有人摇头苦笑，感叹世风日下，这孩子太自私了，竟然对他人安危全然不顾。看到现场观众笑地东倒西歪，小男孩有点举足无措，不明白大家为何发笑。

理查德止住笑，继续问道：“你跳伞后有什么打算？就这样丢下乘客们不管了吗？”

“不是”，小男孩这才讲出了自己的想法，“我要下去拿燃料，然后赶紧回来救大家。不然飞机上所有乘客都会死掉的。”

听完孩子的话，现场的骚动嘎然而止。

看图说话

“酒后驾驶”谈何“文明”

罗永豪

笔者在某乡村散步，见到路边有个水泥砌成的宣传栏，上面有个“温馨提示”，一共两行大字。上一句“文明农村美如画”还不错，后一句“酒后驾驶靠大家”让人目瞪口呆，这是要大家都“酒后驾驶”吗？如此行为还谈什么“文明”？酒后驾驶的景象，如何“美如画”？

酒后驾驶是一种对自己和他人人身安全极端不负责任的行为。根据世界卫生组织的调查报告，有超过一半的交通事故与酒后驾驶有关。在我国，酒后驾驶不仅违反了《中华人民共和国道路交通安全法》，情节严重者甚至要按《中华人民共和国刑法》严厉惩处。显然，“酒后驾驶”是应该杜绝的行为，绝不可提倡！

稍稍琢磨不难发现，宣传语其实想表达的意思是：杜绝酒后驾驶靠大家！可能考虑到上下两句字数要相等，于是“阴差阳错”地删掉至为关键的“杜绝”两字，于是闹出了极其荒唐的笑话。若将“酒后驾驶”省作“酒驾”，“文明农村美如画，杜绝酒驾靠大家”虽然对得不是那么工整，至少意思是通顺的。

火眼金睛

图中差错知多少？

夏斯斯　龙启群　阿　春　陈金生　提供

（答案在本期找）

1

2

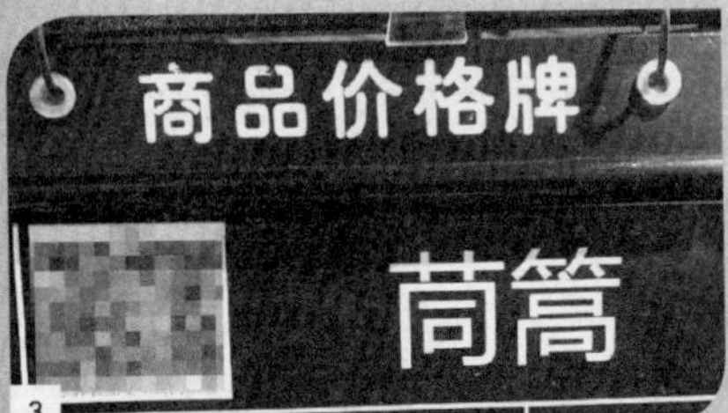

3

4

ISSN 1009-2390
9 771009 239210 05

YAOWEN-JIAOZI

咬文嚼字®

端午

在农历五月初五，我国传统节日，民间有赛龙舟、吃粽子、佩香囊等习俗。为何称“端午”？历来说法不一。“端”有开头、初始的意思。有人说，这个节日最初在五月的第一个午日，故曰“端午”。有人说，“五”“午”相同，“端午”即“端五”，如同“初五”。

上海世纪出版集团
欢迎至邮局订阅本刊 邮发代号 4-641
国内统一连续出版物号 CN 31-1801/H
定价：6.00 元

06
2021

雾里看花

肥鱼是什么鱼

杨东辉

武汉闹市区有家“肥鱼馆”。“肥鱼”到底是什么鱼？是指肥硕的鱼吗？答案本期找。

从“九〇后”一直干到“百〇后”

钱欢欣 / 文　臧田心 / 画

“杂交水稻之父”袁隆平院士已过九十高龄，他在提起第三代杂交水稻双季稻亩产取得重大突破时，中气十足地说：“我身体还可以，脑瓜子还不‘糊’，我还可以继续工作，继续做对人民、对社会、对国家有意义的工作，我还是鼓起勇气继续干下去，从‘九〇后’一直干到‘百〇后’。”

咬文嚼字®

2021年6月1日出版

6

总第318期

主管：上海文艺出版总社
主办：上海文化出版社
编辑、出版：《咬文嚼字》杂志社
集团网站：http://www.shwenyi.com
E-mail：yaowenjiaozi2@163.com
官方微博：
http://weibo.com/yaowenjiaozish
电话传真：021-64330669
发行电话：021-64372608-181
邮购电话：021-64370935
地址：上海市黄浦区绍兴路7号
邮政编码：200020
发行：上海市报刊发行局
发行范围：国内外公开
订阅处：全国各地邮局
邮发代号：4-641
ISSN 1009-2390
CN 31-1801 / H
印刷：上海中华印刷有限公司
印厂电话：021-60829062
021-60299079
定价：6.00元

名家语画
从“九〇后”一直干到“百〇后” 钱欢欣/文 臧田心/画/1

热点聚焦
“空巢青年”及其他 南园/4
“碳达峰”“碳中和”等“碳族词”说略 高丕永/6

锁定名人
“聒噪”读guō zào 程旭/8
应是“车钳铣刨” 汤青武/9

时尚词苑
揭开“杀猪盘”的面纱 代宗艳/10
描述老年人生活的几个新词语 之苹/12
漫话“野蛮生长” 何俊萍/14

一针见血
何来“视若罔闻” 盛祖杰/17
“腐蚀土”岂能当肥料 李景祥/17
“峻黑的木头桩子”？ 杨昌俊/18
“羊酮体”？“羊胴体”！ 杨亚东/18
“鸣骹”不读“鸣qiāo” 汤生根/19
“期骥”应为“期冀” 高良槐/20
何来“蔑索” 新德/20
船桩怎能“锲入”陈洞 谢云秋/21
“异彩”“溢彩”莫混淆 阎德喜/21
婆媳“相敬如宾”？ 霍民起/22
“厌目”不是“瞪直了眼睛” 浦东轩/22
“木筏”非“木阀” 居容人/23

语言哲思
“雾浓顶”没有浓雾 宗守云/24

借题发挥
辞官应用“挂冠” 李可钦/26
“走马不观花”？ 屠林明/27
杨贵妃“綮阁争宠”？ 厉国轩/28

追踪荧屏

刘邦"单刀赴鸿门宴"吗　龙启群 /29
收礼岂能说"笑纳"　梁德祥 /30
"穷首皓经"说不通　李捷鹏 /31

社交新风

"哈哈"和"哈哈哈哈"区别在哪里　徐默凡 /32

文章病院

"大红袍"不是红茶　李　澜 /34
"户枢不蠹"的"蠹"不是"腐烂"　周　振 /35
有牛为牢，是因随便宰牛要坐牢吗　王宗祥 /36
"剥丝抽茧"不合常理　辜良仲 /37
南宋有"绍宗五年"吗　梁　淮 /38
淮北何曾有过津浦县　言蹊太 /39
瞿秋白在何地牺牲的　陈关春 /40
"探颐索隐"乎？"探赜索隐"也！　偶　见 /41

语苑新谈

《论语》的"和无寡"究竟何意　石毓智 /42

检测窗

编校差错扫描（三十四）　王　敏 /45

网言网语

可可爱爱"××子"　王　彤 /48
"黑化"面面观　吕依瑶 /50
姨母笑——我家小孩真可爱　邓丽娟 /52

万花筒

满嘴喷粪的"谐音梗"　汪惠迪 /54

说文解字

以"罪"易"辠"的蝴蝶效应（下）　刘志基 /56

读书

"端午"漫话　郑张尚芳 /59

编读往来

咬文和防疫结合好　吴文棋 /61
滕州文化耐寻味　孙延宜 /62

向你挑战

2 减 1 等于几　梁北夕　设计 /64

顾　问
濮之珍　何伟渔
陈必祥　金文明
姚以恩

主　编　黄安靖

副主编　王　敏

特约编委
汪惠迪(中国香港)
田小琳(中国香港)
林国安(马来西亚)
吴英成(新加坡)

责任编辑　施隽南
何中辰
朱恺迪

发稿编辑　戚新蕾
赵晓骏

封面设计　王怡君

特约审校
陈以鸿　李光羽
王中原　张献通
黄殿容　王瑞祥

热点聚焦

"空巢青年"及其他

◎南　园

"空巢青年",一般指"离开父母和其他亲人、在大城市打拼、单身且租房独居的年轻人"。近年来,我国的"空巢青年"越来越多。2021年3月4日,全国政协十三届四次会议开幕。有一位全国政协委员提交了一份提案,针对部分"空巢青年"缺乏精神寄托、居住条件差等困境,建议有关部门关注这些"空巢青年"的婚恋问题,并为他们提供身心健康方面的服务。这个提案冲上了热搜,也引发了"空巢青年"这个称谓的第二次火爆。

"空巢青年"的第一次火爆发生在2016年。那年5月,心理惊悚电影《妄想症》上映。影片的情节是围绕着几个"空巢青年"因孤独和失落而导致的变态行为来展开的,引起了线上线下的热议。但是,有些议论从极端视角,用极端案例,给整个"空巢青年"群体涂上了浓浓的"悲情色彩",因而又引发了不少批评。比如:"'空巢青年'不是一代人的集体命名"(标题,《南方都市报》2016年5月23日)。又如:"大众话题不必放大'空巢青年'的伤与痛"(标题,《工人日报》2016年9月7日)。

与此同时,更多的是呼吁理性理解"空巢青年",切实帮助他们走出困境。比如:"读懂'空巢青年'背后的利益诉求"(标题,《燕赵都市报》2016年9月7日)。又如:"总的说来,'空巢青年'更需要社会各界给予有针对性的帮扶,而不是过度悲情化的解读。"(《光明日

报》2017年4月27日）

“空巢青年”这一称谓，已经使用了五六年。然而，还是有人不喜欢这个称谓。为什么呢？除了“以偏概全”的言论所涂抹的悲情色彩，还因为这个称谓里的“空巢”自带了浓烈的悲情色彩。

古汉语中就有“空巢”，往往不是简单地指“（雏鸟长成飞走后）空的鸟巢”，而是喻指“（子女长大离去后）让父母感到孤独和失落的家”。唐代诗人白居易在《燕诗示刘叟》里这样写道：“一旦羽翼成，引上庭树枝。举翅不回顾，随风四散飞。雌雄空中鸣，声尽呼不归。却入空巢里，啁啾终夜悲。”

1970年代末，汉语用喻指“孤独和失落”的“空巢”，意译英语的“empty nest”（子女长大成人离开后，只有父母单独生活的家庭）。接着，又用“空巢父母”意译英语的“empty nester”，用“空巢综合征”意译英语的“empty nest syndrome”（空巢家庭的孤独和失落）。2012年，借词“空巢”已经收入《现代汉语词典》第6版。

2000年代初，汉语用语义特征为“孤独和失落”的借词“空巢”，仿造了“空巢老人”。差不多这个时候，中国的第一代独生子女长大并离开父母。但是，他们父母的年龄大多还在中年，平日里已习惯“一切围绕孩子转”，孩子的突然离家，让他们感到孤独和失落。于是汉语又仿造出了“空巢中年”。

“空巢老人”“空巢中年”，难熬的是“精神空巢”（即空巢综合征，也就是孤独和失落）。比如：“专家表示，老年大学‘一座难求’的背后是老年人的‘精神空巢’，他们渴望被关注和充实自我。”（《半月谈内部版》2019年第12期）

可见，大凡用“空巢”组成的词语，都让人“隔空”感到“孤独和失落”。难怪“空巢青年”的称谓，至今不受待见。比如：“建议把‘空巢青年’提法改为‘觅巢青年’”（标题，《新民晚报》2021年1月26日）。

『碳达峰』『碳中和』等『碳族词』说略

◎高丕永

2020年9月22日，国家主席习近平在第七十五届联合国大会上宣布，中国力争2030年前二氧化碳排放达到峰值，努力争取2060年前实现碳中和。在今年“两会”上，“碳达峰”“碳中和”写入了《政府工作报告》。今年4月22日，习近平主席应美国总统拜登邀请出席领导人气候峰会，发表题为《共同构建人与自然生命共同体》的重要讲话，再次郑重承诺：“中国将力争2030年前实现碳达峰，2060年前实现碳中和。”“碳中和”“碳达峰”等“碳族词”再次引起广泛关注。

汉语的“碳”，以前只是指“一种非金属元素，构成有机物的主要成分”。“碳”的英语同义词是“carbon”。第一次工业革命以来，煤炭、石油等化石燃料的大量使用，造成大气层内二氧化碳含量上升了40%之多，加速了全球的气候变暖。因此，“carbon”开始引申指“二氧化碳”，构成了一些新词语。汉语不仅借入了这些新词语，并且用这个新“碳”（引申义的“碳”）造词，从而形成了“碳×”一族新词语。

“碳汇”（carbon sink），有时译为“碳库”，指“吸收大气中二氧化碳的大面积海洋浮游植物或陆地植物（特别是森林）”。与“碳汇”相对应的是“碳源”（carbon source）。比如：“碳源和碳汇分别指二氧化碳的释放源和吸收体。”（2019年5月8日）（本文例句均出自《人民日报》，报名从略）这两个词，如一起使用，可以合并称为“碳源汇”。比如：“北极是目前地球上碳源汇格局变化最剧烈的地区。”（2019年5月8日）值得关注的是，“碳汇”和“碳源”，已收入《现代汉语词典》（参见第6、7版）。

“碳排放”（carbon emission），

指“使用化石燃料排出的二氧化碳气体量”。比如:“我国碳排放增速逐渐降低”(标题,2018年11月19日)。“碳排放”接近或等于零,称为“低碳(排放)”(low-carbon),常用来修饰名词,构成定中短语。比如:“低碳经济,面向未来的选择”(标题,2016年6月30日)。

“碳足迹”(carbon footprint),意思是“个人、家庭或组织在一定时间内日常活动的碳排放量”。比如:“算算你的‘碳足迹’”(标题,2015年11月28日)。“消除碳足迹”的“碳补偿、碳抵消”(carbon offset),可以通过“碳市场”(carbon market)里的“碳交易”(carbon trade),购买“碳排放权、碳信用”(carbon credit)来实现。当然,最有效的“碳补偿”是落实植树造林、节能减排等环保措施。比如:“全面落实低碳场馆、低碳能源、低碳交通、林业碳汇等措施,建立碳补偿工作机制,努力实现冬奥会碳排放全部中和的目标。”(2021年1月23日)

“碳达峰”(carbon peak),指二氧化碳的排放不再增长,达到峰值之后开始下降。比如:“中央经济工作会议将‘做好碳达峰、碳中和工作’确定为2021年8项重点任务之一,充分彰显中国言必信、行必果的大国担当。”(2021年1月7日)“碳中和”(carbon neutral),有时译为“碳平衡”,指“碳排放降低为零,或通过环保等措施抵消碳排放”。比如:“中国郑重承诺,力争2030年前二氧化碳排放达到峰值,努力争取2060年前实现碳中和。”(2020年12月23日)“碳中和”的同义词是“零碳(排放)”(zero carbon)。比如:“新技术助力建设‘零碳’雄安”(标题,2017年11月2日)。

以上均为意译的“碳 ×”新词语,此外,汉语还用这个新的“碳”仿造了“碳减排”“碳评”等“碳 ×”新词语。“碳减排”,指“通过减少使用化石燃料,减少二氧化碳的排出”。“碳评”,一般指“对投资项目碳排放影响的评估制度”。

锁定名人

“聒噪”读 guō zào

◎程　旭

腾讯视频的综艺节目《演员请就位》第2季第8期中，导演赵薇介绍其作品《剧场》翻拍自美国电影《子弹横飞百老汇》，是通过一个比较夸张的故事，表达艺术面前人人平等。赵薇说，这个作品里，演员王智演的角色非常“guā zào”，屏幕字幕同步显示为“聒噪”。“聒噪”读错了，应该读guō zào。

聒，音guō，本义是吵扰，嘈杂。《说文·耳部》：“聒，欢语也。”聒噪，指说话琐碎，声音喧闹，令人烦躁。《水浒传》第三回：“问甚么！但是只顾卖菜来，一发算钱还你！这厮只顾来聒噪！”在早期白话作品中，“聒噪”也是江湖上打招呼用的习惯语，犹言打扰了，对不起。《西游记》第三回：“悟空将金冠、金甲、云履都穿戴停当，使动如意棒，一路打出去，对众龙道：‘聒噪！聒噪！’”赵薇说角色形象浮夸、吵闹，用“聒噪”没错。赵薇所读的guā zào，对应的词有“刮躁”和“呱噪”，词义与“聒噪”大致相当。如《新水令》：“懊恼，这宵，受煎熬，被

应是"车钳铣刨"

◎汤青武

在作家梁晓声的长篇新作《我和我的命》(《当代》2021 年第 1 期)里,姚芸向"我"如数家珍般解说工厂的常见工种:"车钳洗刨,虽然车字打头,但实际上钳工最令人刮目相看,因为钳工必须同时也是技术过硬的车工,对洗床和刨床上的活儿,也要拿得起放得下。"姚芸解说的四个工种应该是"车钳铣刨",而非"车钳洗刨","洗床"也应为"铣床"。

"铣"是个多音字。读 xiǎn 时专用于"铣铁"一词,即铸铁;读 xǐ 时,义为铣削,即用铣床进行金属切削的意思。铣床是金属切削机床,用来加工平面、曲面和各种凹槽,加工时工作台上的工件移动着跟铣刀接触,铣刀做旋转运动切削。铣床在机械制造和修理等部门得到广泛应用。车钳铣刨磨,是金属加工中的五个核心技术。铣工是金工重要工种之一,与车工、钳工、刨工、磨工并列。

金工中并无"洗工"和"洗床",产生这个错误应是"洗"与"铣"两字音同形近所致。

凄凉一弄儿相刮躁。画檐间铁马儿晚风敲,纱窗外促织儿频频叫。"王小波《革命时期的爱情》:"如果打对面楼上呱噪的高音喇叭,一弹就能把喇叭中心的高音头打扁,让它发出'卟卟'的声音。"但均为过时的用法,现已不推荐使用。即便要用的话,字幕也要做相应改动才行。

时尚词苑

揭开“杀猪盘”的面纱

◎代宗艳

近年来，各种各样的“杀猪盘”事件频频刷屏于各大媒体。2019年12月16日，国家语言资源监测与研究中心发布了“2019年度中国媒体十大新词语”，“杀猪盘”赫然在列。如今，形形色色的“杀猪盘”霸屏网络，活跃于众多媒体。它那隐藏于面纱后的真容，需要我们层层揭开、细细探究。

“杀猪盘”究竟从何而来呢？这些年随着网络的发展，网络赌博兴起。真假网赌混杂在一起，逐渐发展出一套全新的诈骗模式。“杀猪盘”，就是指诈骗分子利用网络交友，诱导受害人投资赌博的一种电信诈骗方式。例如：

（1）利用微信、探探等交友工具，在婚恋交友网站上冒充成功男士，以谈恋爱为幌子结识单身女性，完成“培养感情”“请君入瓮”等步骤后，鼓动被害人“投资”或参与所谓高回报平台，一步步将她们引入精心编织的陷阱。近日，江苏省淮安市洪泽区检察院以涉嫌诈骗罪对张友、成才、许宝等9名实施“杀猪盘”诈骗嫌疑人批准逮捕。（《检察日报》2019年10月20日）

（2）平均每起“杀猪盘”电信诈骗案件受害人损失约18万元，有人被骗金额高达数百万甚至上千万元，有人被“恋人”怂恿甚至不惜卖车卖房，欠下高利贷；虽然案件量只占整个诈骗类犯罪案件的6%，但骗取的财产金额已超过所有诈骗案件涉案金额的25%。（《经济参

考报》2020 年 8 月 3 日）

不同于其他骗局的“短平快”，“杀猪盘”最大的特点就是放长线“养猪”，养得越久，杀得越狠。诈骗分子准备好人设、交友套路等“猪饲料”，将社交平台称为“猪圈”，在其中寻找被他们称为“猪”的诈骗对象。通过建立恋爱关系，即“养猪”，最后骗取钱财，即“杀猪”。例如：

（3）在线上“恋人”看来，杨明凯们只不过是用所谓“爱情”圈养的“猪”，养肥了自然要“杀掉”。这种只进不出的骗局，被行业内的人取了个很形象又残酷的名字——“杀猪盘”。（《新京报》2019 年 2 月 28 日）

从语源上看，“杀猪盘”是“从业者们”自己起的名字，属于黑话的一种。所谓黑话，是指特定群体用于回避群体以外的人而使用的暗语。被特定圈子在网络上使用的秘密词语可称为“网络黑话”。比如 00 后网络黑话以高度缩略的字母缩写为特征，如 xswl（笑死我了）、cdx（处对象）、dbq（对不起）等。起初，“杀猪盘”只在“从业者们”自己的圈子中使用，随着这种新型诈骗案件频现，“杀猪盘”一词逐渐走进大众视野，被越来越多人所熟知。从认知视角而言，“杀猪盘”是隐喻认知模式下的产物。隐喻是建立在两个意义所反映的现实现象之间的某种相似的基础上的引申方式。汉语中有许多隐喻范例，如“上有天堂，下有苏杭”喻指“苏杭就像天堂一样是最美好的地方”。骗子们把受害人比喻为“猪”，养肥了再痛下杀手，故将这种诈骗行为称为“杀猪盘”。

“杀猪盘”最常见的形式是爱情骗局。类似的骗局连中央电视台都曾多次曝光，但上当的人依然不少。网络交友须谨慎，要强化防范心理，不要轻易投入感情和交付钱财。况且，“天上不会掉馅饼”，所谓“低成本、高回报”往往是骗人的幌子。千万不要贪图轻易获取的钱财，赚钱还是要脚踏实地。

描述老年人生活的几个新词语

◎之　芊

1980年代起，描述老年人生活的一些新词语，陆续出现在汉语里。这些新词语，折射了当代中国老人的生活现状，也凸显了老年人需要帮助关怀的热点。常见常用的有“留守老人”“老漂族”“银发族”“夕阳红”等。

现代汉语的“留守”，以前一般指“部队、机关、团体等离开原驻地时留下少数人在原驻地担任守卫、联系等工作”。1991年，上海电影制片厂以当时出国“淘金热”带来的社会问题和家庭矛盾为主题，拍摄了故事片《留守女士》，反响强烈。次年，影片获得了第16届开罗国际电影节最高大奖。“留守女士”一词爆红后，“留守”的新义指“家庭中某(或某些)主要成员长期在外地或国外，其配偶、父母或孩子留在原居住地工作、照看家庭、就学”。很快，“留守老人”也用开了。比如：“乡村振兴应该先从农村互助养老开始，让留守老人有归宿、让进城子女在城里能安心创业。”(2020年11月16日)(本文例句均出自《人民日报》，出处从略)又如：“为确保村里留守老人有人管、有人帮、有人陪，新区动员社会组织、志愿者广泛参与，建立常态化联系帮扶制度，实现关爱工作全覆盖。”(2021年2月15日)

“老漂族”，指“为照顾第三代而远离家乡、来到陌生大城市生活的老人”。比如：“城市服务不能忽视这些数量庞大的‘老漂族’，要让他们与当地人一样享受均等的基本公共服务和社会保障,使‘老漂族’的异地生活开心、踏实。”(2016年2月19日)有时,也用“沪漂老人”“北漂老人”等具体说明是“漂”在哪个城市的“老漂族”。比如:“北漂老人,就盼‘异地报销’”(小标题,2017年10月27日)。“北漂老人”,就是“漂”在北京的“老漂族”。

“银发族”,1980年代末从台湾传来大陆,现在也用得较多。比如:“开直播、拍视频、网上购物……从日常生活到文体娱乐,许多‘银发族’通过一块小小屏幕发现新的兴趣爱好、丰富精神世界。”(2020年11月17日)“银发”组成的词语,常见的还有“银发产业”“银发市场”“银发经济”等。比如:“更长远地看,健全多层次养老服务体系能带动‘银发经济’,畅通国内经济大循环。”(2020年11月13日)又如:“推动银发产业发展壮大,应多从供给侧发力,补上老年用品不好用,老年人不会用、不敢用的短板。”(2021年3月3日)

描述老年人生活的新词语,最红的当数“夕阳红”。1993年10月11日,中央电视台的《夕阳红》栏目首播。这是央视最早的也是至今唯一仍在播出的面向老年人的栏目。由此,“夕阳红”一词,成为形容健康开朗、老有所为老年人的专用词。比如:“2007年4月,‘夕阳红志愿服务队’队长姜清泉看到街道发布招募义务打捞员的号召后,第一个报名参加。”(2020年6月15日)

微语录·放弃

快乐是什么?有时,快乐就是懂得放弃。人不能轻言放弃,这是大家都知道的人生常识。然而,在某些情况下,放弃就是人生智慧,放弃了才能获得释然的快乐。

(乔　桥/辑)

漫话“野蛮生长”

◎何俊萍

车太贤、全智贤主演的爱情电影《我的野蛮女友》美国版海报

提到“野蛮生长”，得先说说“野蛮”一词。《现代汉语词典》(第7版)解释“野蛮”有两义：一是不文明；没有开化。二是蛮横残暴；粗鲁。从感情色彩来看，无疑是个贬义词。

2007年，地产大鳄、万通集团董事长冯仑《野蛮生长》一书出版，此书深刻剖析了改革开放以来几代民营企业的生存“流变”和企业家的心路历程，受到众多创业者的追捧，成为当年畅销热书。2016年，李宇春唱响金曲《野蛮生长》，表达一股原始、直白、旺盛的冲劲，捕获了众多“玉米”(宇迷)的心。一时间，“野蛮生长”一词迅速火爆起来。

另外，2001年，由当红明星全智贤主演的电影《我的野蛮女友》风靡中国。《我的野蛮女友》，英语翻译为“My Sassy Girl (MSG)”，“sassy”义为粗鲁无礼又时尚活泼，应该说翻译非常准确。但是“野蛮生长”中的“野蛮”却应译为“brutal”才更为贴切，意为残暴蛮横，自由任性。这两个“野蛮”，从感情色彩来看，似乎都偏向中性词了。

“野蛮生长”之所以流行，一方面是有形象感，更有动感，可以让人想见某事物发展壮大的过程；另一方面与个性张扬的时代特征和国民心态密切相关，其内涵很难准确阐释，好比一个矛盾综合体，“既令人不快又无可否认”，“既无序野性又蓬勃向上”，“既任性逆反又不失闯劲”，含义和用法都非常丰富。

“野蛮生长”并非新的组合。就语源来说，它原始的基本用法是用来描述生物界的现象，形容迅猛繁殖，疯狂生长。例如：

（1）大喜：西溪湿地生态环境年年向好　小忧：外来物种野蛮生长（《钱江晚报》2020年9月15日）

讲的是一枝黄花（产自加拿大，桔梗目菊科植物）等外来物种因超强的繁殖能力，不断侵占其他植物的生存空间，给生态环境带来严重破坏。

如今“野蛮生长”用来描写人，则是一种衍生的用法，形容人不屈服于命运，不给自己留退路，对自己严苛，甚至有些残暴。例如：

（2）一个80后草根创业者的野蛮生长（中国经济网2015年2月5日）

讲述的是四川巴中一个贫穷小山村的80后创业者莫正彪，用十年的“野蛮生长”，从矮矬穷到财务自由，从倾家荡产到翻身回血，从职高辍学到自主创业，从打工仔到两家公司老总，实现了底层草根的成功逆袭。此处的“野蛮生长”相当于“逆行生长”，敢于直面人生的风雨，逆风飞扬，终获成功。

“野蛮生长”还广泛地移用到人们从事的教育、服务、经济、网络等各种活动或行为，形容无序疯狂地发展壮大。例如：

（3）少儿英语不能“野蛮生长”（《人民日报》2018年1月4日）

（4）民宿业“野蛮生长”引发问题不断　专家建议立法规范（《法制日报》2019年7月30日）

(5)“野蛮生长”的农村自建房安全谁来管(《新华每日电讯》2020年9月7日)

(6)网络直播：如何从野蛮生长迈向美好体验(《光明日报》2019年4月10日)

“野蛮生长”还延伸到利益、改革等抽象事物，形容快速地滋长、推进等。例如：

(7)透过这一系列新闻事件，我们也看到少数干部个人利益的“野蛮生长”，更感受到了种种不当个人利益对群众利益和公共利益的损伤。(《人民日报》2011年1月13日)

诚然，在政府部门有序、有目标的引导下，“野蛮生长”是能够健康快速地推进的。例如：

(8)沪深改革再回首：深圳“野蛮生长”，浦东“逆风前进”(《南方周末》2020年10月23日)

浦东和深圳，作为改革开放试验田，在政府的正确指导下，敢于试验，勇于尝试，“野蛮生长”，才有现在的朝气蓬勃、繁荣兴旺。

总之，一项新事物的萌芽、生长、壮大总是让人欣喜的，但在“生长”的过程中，不能过度“野蛮”，而应规范、合理、有序地健康发展，才能更好地服务人民和社会。

微语录·潜能

呈现在每个人身上的能量，都只是其潜能的一部分，而不是其全部，包括最杰出的人，如牛顿、爱因斯坦、霍金等等。因为，潜能潜伏在生命的最深处，很容易被惰性所掩埋。只要是人，都具有一定程度上的惰性；能量的释放程度与惰性的克服程度成正比。因此，杰出的人只是克服的惰性比普通人多一些而已。

(刘　芳/辑)

一针见血

何来“视若罔闻”

◎盛祖杰

2021年3月23日《环球时报》第14版《拜登对华外交未走出“特朗普泥潭”》一文中写道：“拜登政府上台后喊出了美国外交要‘为美国中产阶层服务’的口号。但在对华政策上，它却拒绝取消特朗普政府贸易战加税，对中国新的市场开放政策视若罔闻，继续给中国扣帽子、打棍子。”其中的“视若罔闻”错了。

“视”即看，是眼睛的功能，“闻”有听见、嗅的意思，分别对应的是耳朵、鼻子的功能，彼此互不搭配。以“视若”开头的成语有“视若无睹”，意思是看见了好像没看见一样。钱锺书《围城》三：“辛楣欣然对苏小姐做个眼色，苏小姐忽然变得很笨，视若无睹。”用“罔闻”收梢的成语有“置若罔闻”，表示放在一边，好像没有听见似的，形容不重视，不关注。《红楼梦》第十六回：“宁荣两府上下内外人等，莫不欢天喜地，独有宝玉置若罔闻。”

“视若无睹”和“置若罔闻”都可以用来表示对眼前事物漠不关心。然而，杂糅成“视若罔闻”则等于说虽然看着，却听不见，于事理不合，也难以索解。

“腐蚀土”岂能当肥料

◎李景祥

《北京日报》2021年3月12日第18版所刊《老树新花》中这样说道：“老荣不仅摆弄土生土长的花草，还学着播种、压条、分株或扦插……山上的腐蚀土是最好的有机肥，他一袋袋装回。”从山上装回的肥料应是“腐殖土”，而不是“腐蚀土”。

殖，有脂膏积久而腐败之义。腐殖土是由腐烂的植物物质以及各类有机垃圾（如厨余）组成的混合物，通常由森林中表土层树木的枯枝残叶，经过长时期微生物的分解转化后形成。腐殖土既贮存了植物的营养成分,又改善了土壤的结构性,有利于土壤通气、保水、保肥,能改良土壤,提升肥力,是培植盆栽花草的常用材料。

腐蚀,指物质因化学作用而逐渐消损破坏。有腐蚀性的泥土怎么能当肥料呢?

"峻黑的木头桩子"?

◎杨昌俊

2020年11月28日的《保山日报》第5版刊有《冬日赏秋》一文,文中提及当地人称为"灯笼"的柿子时这样写道:"你随意敲开一户人家的门,院里又是秋的一角裙摆,那些硕果不只是俏丽地从院里探出头去,若不是那些峻黑的木头桩子支撑,灯笼树早已趴在了院子里,长成藤蔓。"引文中的"峻黑的木头桩子"让人费解,细想一下,应写为"黢黑的木头桩子"。

"黢",音qū,本义为黑。两个同义语素组成的"黢黑"一词,义为特别黑,特别暗。多用于口语。鲍昌《庚子风云》第十七章:"黢黑油亮的蛐蛐儿,得儿得儿叫个不停。"

"峻",音jùn,本义为高,形容山高而陡峭。如"崇山峻岭",意为高大而险峻的山岭。引申出严厉苛刻之义,如"严刑峻法",意为严酷的刑法律令。

上引文中用于支撑灯笼树的桩子的一端是埋在土里的,时间长了,颜色自然发黑,用"黢黑"形容是合适的。桩子的颜色和高大险峻没什么关系,"峻黑"说不通。

"羊酮体"?"羊胴体"!

◎杨亚东

《保定日报》2020年11月7日A1版刊有文章《念好"羊经"发"羊财"——唐县肉羊全产业链发展纪实》,其中这样写道："县农业农村局畜牧水产站站长刘乾亥告诉记者，出栏后的活羊主要销往新疆、山东、广东、北京等地，屠宰加工后的羊酮体及羊肉产品主要销往北京、上海、西安、沈阳等大城市，形成了'买全国、卖全国'的唐县特有模式。"这里的"羊酮体"有误，应改为"羊胴体"。

胴，音 dòng，有躯干之义。胴体，除了指躯干，也特指牲畜屠宰后，除去头、尾、四肢、内脏等剩下的部分。上段中的引文分别交代了出栏后的活羊和屠宰加工后的羊躯干及羊肉产品的销售情况，所以理应写作"羊胴体"。

酮，音 tóng，有机化合物的一类，是羰基的两个单键分别和两个烃基连接而成的化合物。酮体，是肝脏脂肪酸氧化分解的中间产物乙酰乙酸、β-羟基丁酸、丙酮的统称。将该词代入原文语境，解释不通。

酮体与胴体词义相差甚远，但酮与胴读音相近，并且因为字形相似，"胴"常被很多人误读如"酮"（tóng），这大概是"羊胴体"被误成"羊酮体"的原因吧。

"鸣骹"不读"鸣 qiāo"

◎汤生根

柳开是北宋文学家，传世之诗不算多，最有名的当数《塞上》："鸣骹直上一千尺，天静无风声更干。碧眼胡儿三百骑，尽提金勒向云看。"中华书局 2016 年 8 月出版的《名家讲古诗》在解读这首诗时说："鸣骹（qiāo）是一种响箭，又叫鸣镝。"解读的意思没错，但是括注里的拼音却注错了，鸣骹的"骹"不读 qiāo，应读作 xiāo。

"骹"是个多音字，在现代汉语中已不常用。读作 qiāo 时，本义为胫，即小腿。也指胫骨近脚处较细的部分，还指手腕或脚腕。后引申用来指称轴状物体较细的部分。读作 xiāo 时，同"髐"，义为鸣镝，即古代的一种响箭。《塞上》这首诗描写的场景是：天静无风的时节，数百名骑兵在草原上奔驰，突然响箭直刺云霄，骑兵不约而同地勒马伫立，凝神仰望。显然，诗中的“骹”指的是响箭，读成 xiāo 才正确。

“期骥”应为“期冀”

◎高良槐

诗会分“惊涛与期骥”“飘零与决绝”“微澜与希望”三个篇章展开。本次活动旨在通过演绎杨骚先生 14 篇作品，展现革命战争年代的历史画卷和诗人爱国爱乡的情怀以及对国家对人民的无限热爱，从而引导学生们传承红色基因，厚植爱国情怀。

这是《福建日报》2020 年 11 月 26 日 11 版所刊《纪念杨骚诞辰 120 周年诗会在闽南师大举办》一文中的一段话，句中的“期骥”错了，应改为“期冀”。

冀，有希望、盼望之义。期冀，意思是希望、期望。如李瑛《花》诗：“说不尽的理想，讲不完的期冀。”骥，本义为骏马。汉语中有“骐骥”一词，是骏马、千里马的别称，也用来比喻贤才。《晋书·冯素弗载记》：“吾远求骐骥，不知近在东邻，何识子之晚也！”

“期冀”误为“期骥”，当是“冀”“骥”音同形近致误。

何来“蔑索”

◎新　德

《上海老年报》2021 年 2 月 2 日 5 版《自贡燊海井》一文中有这样一句话：“从‘燊海井’展馆进入，不远处是一个横卧在地的井架。它由一根根圆木、蔑索捆制而成，俗称‘天车’。”“蔑索”显系“篾索”之误。

“篾”（miè）从竹，指竹子劈成的薄片，竹子外皮称篾青，质地较韧，制成绳索称作“篾索”，可作捆绑物件和缆绳等用。如《水浒传》第二十回：“来到窄狭港口，只见岸上约有二三十人两头牵一条大篾索，横截在水面上。”

“蔑”（miè），是个会意字，从苜（mò），从戍。“苜”是眼睛歪斜无神，“戍”是戍守人。合而表示人过于劳倦眼睛歪斜无神。本义为眼睛红肿看不清。后也表细小、轻微之义。“蔑”跟绳索不搭界，又何来“蔑索”？

船桩怎能“锲入”陈洞

◎谢云秋

《扬子晚报》2021年1月5日B3版《父亲的星光》一文中有这样一段话：“父亲紧起一篙，船贴着场头冲上，又缓缓退回。我拖着船桩，跃上场坎，将其锲入一眼陈洞，复紧紧缆绳，固定好重载的稻把船。”这段话中的“锲入”应改为“楔入”或“揳入”。

楔，读xiē，本义指填充器物的空隙使其牢固的木橛、木片等，后用作动词，指把楔形物插入或捶打到物体里面。动词义的“楔”现在多写作“揳”。锲，读qiè，本指镰刀一类的农具，引申有用刀刻之义。上引文想说的是为了拴住缆绳，固定好船只，“我”把船桩插进一个陈洞里，用“楔入”或“揳入”，文从字顺。“锲入”可勉强理解为刻入，但和语境不符。

“异彩”“溢彩”莫混淆

◎阎德喜

《黑龙江广播电视报》2018年第47期05版登载的《一起传承吧家乡的皮影戏》一文，列举了一系列皮影戏流派：“在我国各地，皮影都广泛流传，比如四川皮影、山西皮影、北京皮影等等，从而形成了溢彩纷呈的众多流派。”句中的“溢彩纷呈”当是“异彩纷呈”。

异彩，义为奇异的光彩，常用来比喻突出的成就或表现。鲁迅《且介亭杂文二集·内山完造作〈活中国的姿态〉序》：

“事实胜于雄辩，这些漫文，不是的确放着一种异彩吗？”异彩纷呈，即奇异的光彩纷纷呈现。上引文想说的是我国各地的皮影戏都有自己的特点和成就，各有精彩之处，这里用“异彩纷呈”恰如其分。

与“溢彩”搭配较多的是“流光”，构成常用成语有“流光溢彩”，流动的光影，满溢的色彩，形容光彩流动闪烁。一般用来形容车灯、霓虹等，有时也用来形容时装表演和珠宝的色彩艳丽。

婆媳“相敬如宾”？

◎霍民起

儿子是处长，媳妇也是大干部，炳麟叔婶实际上是儿子家里不花钱的保姆，好在炳麟婶温柔豁达，她与儿媳和睦相处，相敬如宾，白天在儿子家洒扫做饭其乐融融，晚上他们会回到自己的住处。

这是《风过童年》（天津人民出版社2020年10月出版）第114页上的一段话。句中的“相敬如宾”用错了。相敬如宾，也作“相待如宾”，义为相处时如对待宾客，形容夫妻相互尊敬。《左传·僖公三十三年》：“初，臼季使过冀，见冀缺耨，其妻馌之，敬，相待如宾。”说的是臼季出使冀国时，看到冀缺在田间除草，他的妻子给他送饭，两人之间互相尊敬。“相敬如宾”一词是用来形容夫妻关系的，拿来形容婆媳关系是不合适的。

上引文中，既然已经说明了婆媳俩“和睦相处”了，就不必多此一举加上“相敬如宾”了吧。

“厌目”不是“瞪直了眼睛”

◎浦东轩

《上海老年报》2020年10月1日5版《窗台上的客人》一文中，有一段话提到了《韩诗外传》里记载的一事：“孔子一日正在书房鼓瑟，忽见一只猫在追捕老鼠，老鼠东躲西藏，急得猫儿拱起脊背瞪直了眼睛。”这段话对应《韩诗外传》的原文为：“乡者，丘鼓瑟，有鼠出游，狸见于屋，循梁微行，造焉而避，厌目曲脊，求而不得。”“厌目”是“瞪直了眼睛”之义吗？非也。

此处“厌”音 yā，《说文》：“厌，笮也。”段注：“《竹部》曰：笮者，迫也，此义今人字作压，乃古今字之殊。”“厌目”即压着眼睛，这里义为眯眼看。《韩诗外传》中提到的“厌目曲脊”，是说猫儿眯起眼睛拱起背脊，而不是瞪直了眼睛。“瞋目”才是瞪直了眼睛。

“木筏”非“木阀”

◎居容人

2021年4月2日的《池州日报》第7版刊有《花开旧溪》一文，其中写道：“秋浦河从玉屏山下呈‘S’形蜿蜒而过，硬是把几百户人家的旧溪村裹成了一个与世隔绝之地，土地贫瘠，水灾频繁。……村民进出全靠小木阀，（雨）季时，水流湍急，一不留神就会翻船。”引文中的“木阀”，应写为“木筏”。

筏，指用竹木、牛羊皮等制成的水上交通工具。木筏，顾名思义，即用长木材并排编扎而成，也叫“木筏子”。

阀，本义指古代仕宦人家大门外的左右柱，常用来榜贴功状。《玉篇·门部》：“在左曰阀，在右曰阅。”故以“阀阅”代称仕宦门第。“阀”还可指管道、机械中对流体、流量、压力起调节、控制作用的装置，也叫“阀门”，如水阀、气阀等。这个义项为英语“valve”的音译，与之前仕宦人家相关的义项不是一条线索。但无论哪个义项，“木阀”在这里说不通。

“筏”和“阀”两字同音，意思却大相径庭，不可混为一谈。

语言哲思

『雾浓顶』没有浓雾

◎宗守云

作家葛亮在《瓦猫》(《当代》2021年第1期)中写道:

(1)我静静看了一会儿,说,这村叫“雾浓顶”,今天倒是给足了面子,一丝雾没有。卓玛便笑了,说,老师,您这是作家的说法。我们这“雾浓顶”,其实是藏语的音译。“雾”是菩萨的意思,“浓”是下去了,“顶”和“邸”一样是高地,合起来就是菩萨下去的地方。

例(1)“雾浓顶”是音译地名,“菩萨下去的地方”是音译地名的本源义,说话人说“今天倒是给足了面子,一丝雾没有”,这是正话反说,实际上是把“雾浓顶”理解为“大雾浓厚之顶”,这是音译地名的附会义,是按照汉语字面理解的意义。

音译地名的本源义一般都属于冷知识,只有当地民众或专业人员等知晓。比如,“巴黎”名称源于“巴黎西”部族,部族名称源于凯尔特语Par,意思是“船夫”或“水手”;“耶路撒冷”源于希伯来语,本源义是“和平之城”;“乌鲁木齐”源于蒙古语,本源义是“优美的牧场”;“齐齐哈尔”源于达斡尔语,本源义是“边疆”或“天然牧场”。正因为如此,作家、学者在介绍或描绘地方风貌的时候,往往会说明音译地名的本源义。例如:

(2)关于这一点,从呼和浩特和包头这两个蒙古语言的地名可以得到说明。呼和浩特,蒙古语意思是青色的城;包头的意思是有鹿的地方。这两个蒙古语的地名,很清楚地告诉了我们,直到十三世纪或者更晚的时候,这里还是一个有森林、有草原、有鹿群出没的地方。(翦伯赞《内蒙访古》)

音译地名有时被说话人按照字面意义望文生义地附会,这就是音译地名的附会义。如果说话人误以为音译地名就是字面意义，这样的附会是“误解性附会”，像例（1）就属于误解性附会。再如：

（3）博学的徐桐竟不知，地球上除了中国还有别的国家。他坚认那些“乱七八糟的国名”，是出于英夷的编造，“西班有牙，葡萄有牙，牙而成国，史所未闻，籍所未载，荒诞不经，无过于此！”在他眼里，只有大清才是世界上最完美的国家。对时人把美国译作“美利坚”，他就气恼万分，说：中国什么都美，美国有什么可“美”的？中国诸事顺利，美国有什么可“利”？大清国军队无所不坚，美国还有什么可“坚”？反正一切都是中国好，蛮夷之邦毫无是处。（乐朋《笨叟村语》）

例（3）清代徐桐把“西班牙”和“葡萄牙”理解为“牙而成国”，把“美利坚”理解为三个并列的形容词意义，都是误解性附会。

如果说话人明知道音译地名不是字面意义，但又故意运用音译地名的字面意义来建构话语，就是“别解性附会”。例如：

（4）甲：我姨给我端上很多水果盛情款待我。

乙：都有什么？

甲：我一看，第一盘儿是刚果。

乙：刚果？

甲：没吃过啊。

乙：尝尝啊。

甲：拿起来我就咬。一咬可坏了……

乙：怎么了？

甲：硌了我的西班牙了。（相声《新地理图》）

例（4）说话人明知道“刚果”“西班牙”不是字面意义，但还是按照字面意义表达，这是别解性附会，是为了达到相声作品逗笑取乐的目的。

一般说来，误解性附会是消极的，是由于说话人知识结构不足而造成的；而别解性附会是积极的，是说话人出于娱乐的目的故意为之，是作为一种艺术作品的表现手段而存在的。

借题发挥

辞官应用"挂冠"

◎李可钦

> **不附权贵　挂官归里**
>
> 据后人研究，宋之才出使金国其实与秦桧大有关联。宋之才曾经与秦桧有过一次争论，因而得罪了这位权倾一时的权相奸臣。秦桧说："大儒不可多用。"宋之才

《新平阳》报2020年3月20日第7版刊有文章《理学名家　大宋贤才——南宋平阳礼部侍郎宋之才》，文中第四个小标题为"不附权贵　挂官归里"，写的是宋之才因不满秦桧专权而辞官闲居乡里的内容。小标题中"挂官"不对，应写成"挂冠"。

"冠"是个多音字，在这里读作guān，指帽子，此处特指官员的帽子。挂冠，语出晋袁宏《后汉纪·光武帝纪五》："（逄萌）闻王莽居摄，子宇谏莽，杀之。萌会友人曰：'三纲绝矣，祸将及人。'即解衣冠，挂东都城门，将家属客于辽东。"说的是王莽独揽朝纲，逄萌的儿子逄宇因谏劝王莽被杀死，逄萌就将官衣官帽挂在东都城门之上，离开官场避祸。另外《南史·隐逸传下·陶弘景》载，陶弘景于齐高帝作相时，曾被引为诸王侍读。他家贫，求作县令不得，于是脱朝服挂神武门，上表辞禄，被称为"神武挂冠"。后因以"挂冠"表辞官、弃官之义。鲁迅《故事新编·理水》："有的咬一口松皮饼，极口叹赏它的清香，说自己明天就要挂冠归隐，去享这样的清福。"

官，亦读作guān，最常用义项指政府机关或军队中经过任命的公职人员，例如官员、做官等，"挂官"难以索解。将"冠"误作"官"，应是音同义混所致。

“走马不观花”？

◎屠林明

“浅犁到深耕，走马不观花”，2019年12月30日的《人民日报》4版头条在报道检察机关对监狱的监督由过去主要采用派驻检察，改为巡回检察的方式时，使用了这样一个标题。其中的“走马不观花”有斟酌一番的必要。

显然，“走马不观花”是对成语“走马观花”的变用。走马观花，也作“走马看花”，顾名思义即骑在奔跑着的马上看花。语出唐代孟郊《登科后》：“昔日龌龊不足夸，今朝放荡思无涯。春风得意马蹄疾，一日看尽长安花。”后因以“走马观花”形容得意、愉快的心情。马跑得快，骑在马上看花，自然不能看仔细，所以，“走马观花”也用来比喻匆忙和粗略地观察事物。

上述报道的标题在“走马”与“观花”间加了一个“不”字，变为“走马不观花”，以之与“浅犁到深耕”语对应，想表达的意思是，检察机关对监狱的监督检察深入全面仔细，不是“走马观花”般匆忙敷衍。然而，这能用“走马不观花”来表达吗？其实，“走马观花”的“走马”与

第一落点

关注巡回检察①

浅犁到深耕，走马不观花

老检察和老狱警眼中的“从驻到巡”——

本报记者 刘森森 乔林

新修订的人民检察院组织法今年1月1日起施行，明确规定人民检察院可以对监狱、看守所等场所进行巡回检察。7月1日起，全国检察机关改变过去以派驻检察为主的监督方式，全面推行对监狱巡回检察。

此前，部分省份检察机关开展了为期一年的对监狱巡回检察试点工作。巡回检察的效果怎么样？试点工作探索了哪些做法？取得了哪些经验？记者近日在部分试点地方进行了调研。

——编者

郭林修带着巡回检察组6名成员，在山西省临汾监狱开展了新一轮检察。身材微胖的郭林修一边抹着脸上的汗，一边认真地查验监狱食品仓库。这只是监狱检察官行使职能的一个方面。从食品安全，到在押人员的人身安全、减刑监督，只要涉及法律执行层面，他们都要监督到位。

破解“熟视无睹、因熟生腐”

郭林修是山西省临汾市检察院刑事检察三部副部长，也是该院巡回检察组的负责人。该院刑事检察三部，是专门负责监督法律执行的部门。临汾市的两所监狱，成了郭林修最熟悉的地方。此前，对于监狱的监督一直主要采用长期派驻的办法。去年山西

杨贵妃『絮阁争宠』？

◎厉国轩

《上海老年报》2021年4月15日8版所刊《䋈阁争宠说唐明皇——〈长生殿〉赏析》一文，介绍了著名评弹艺术大师杨振雄对《长生殿》的改编和演绎。文章标题中的“䋈阁”错了，应是“絮阁”。

“絮阁争宠”的故事出自清代洪昇《长生殿》第十九出《絮阁》，讲的是唐明皇李隆基的两位宠妃，杨玉环和江采蘋宫廷争宠的故事。絮阁即翠华西阁，是梅妃江采蘋原本的住处，唐明皇在絮阁召两年前被打入冷宫的梅妃幽会，被赶来的杨妃撞破，欲兴师问罪，引发了一场情感风波。《絮阁争宠》是杨振雄以洪昇的《长生殿》为蓝本而改编创作的弹词，多年来都备受听众的喜爱。

“䋈”是个生僻字，读rú，义为敝衣破布之类的，还有堵塞等义，在现代汉语中已不再使用。“絮”和“䋈”字形相近，但是音义迥异，不能混为一谈。

箴(笔名费一苇)合作,对文
润色整理,上世纪40年代
新仙林书场演出《长生殿》,
宫中团圆。此剧的教益是:
今来逞侈心而穷人欲,祸败
之。”

䋈阁争宠说唐明皇

——《长生殿》赏析

曲名家俞振飞赏识,并结识
兰芳、盖叫天等京剧大师。
杨振雄对于杨贵妃的塑
既写出她的骄纵,又道尽她的

“观花”是修饰与被修饰的关系，“走马”为“观花”的方式，即“走马式观花”。或者说，“走马”与“观花”是同时进行的，边“走马”边“观花”。“走马不观花”，从字面上理解就是一心只跑马，不看周围的花，这与文章想表达的意思大相径庭。

要改变“走马观花”的方式，否定词应放在修饰语前，而不能放在中心语前，所以只能是“不走马观花”，而不能仅是为了从句式上对应“浅犁到深耕”，写成“走马不观花”。

追踪荧屏

刘邦"单刀赴鸿门宴"吗

◎龙启群

近期热播的电视连续剧《刑警之海外行动》,讲述的是公安部高笑天局长领导的专案组,在没有海外执法权的情况下,与海外执法机关合作,在美国成功劝说潜逃在外的两名关键证人回国作证。第八集中高局长在动员潜逃出国的某大公司老总宋成功回国出庭指证犯罪集团首犯时,两人谈起了楚汉之争,高说,一般世人的评价,刘邦长于智谋,项羽则更有勇气,但他觉得刘邦的勇气也不少,"不然的话,他不会单刀赴鸿门宴"。

刘邦是"单刀赴鸿门宴"吗?《史记·项羽本纪》对这件事的记载是:"沛公旦日从百余骑来见项王,至鸿门……哙即带剑拥盾入军门。"可见,刘邦赴鸿门宴并不是"单刀",而是带了百余护卫,他的护卫也是全副武装的。高局长说刘邦"单刀赴鸿门宴",与史实不符。

我国历史上确有"单刀赴会"之事,但主人公是另外一人,那就是鼎鼎有名的关羽。《三国志·吴志·鲁肃传》中记载,公元215年,刘备取益州,孙权令诸葛瑾找刘备索要荆州,刘

收礼岂能说『笑纳』

◎梁德祥

中央电视台新闻综合频道播出的电视剧《什刹海》第12集中，名厨庄老爷子在自家四合院里宴请外国房客大卫，餐前，大卫向主人们赠送了礼物。庄志斌在接受礼物时说："那我们就笑纳了啊。"这里的"笑纳"一词用错了。

"笑纳"是一个敬词，在送礼物的语境中使用，希望对方接受馈赠。笑是"笑话""见笑"；纳是"接受""收下"。笑纳即含有"礼物菲薄，不成敬意，让您见笑了，敬请收下"的意思。郭沫若《屈原》第二幕："送了这点菲薄的礼物，以备阁下和阁下的舍人们回魏国去的路费，真是菲薄得很，希望阁下笑纳。"

剧中，大卫在送礼时说"大妈，一点薄礼，不成敬意，还请您笑纳"，这话说得很得体。庄志斌接受礼物时说"那我们就笑纳了"，这就大错特错了，把"笑纳"改称"愧领"就合适了。

备不答应，孙权极为恼怒，便派吕蒙率军取长沙、零陵、桂阳三郡。长沙、桂阳蜀将当即投降。刘备得知后，亲自从成都赶到公安，派大将关羽争夺三郡。孙权也随即进驻陆口，派鲁肃屯兵益阳，抵挡关羽。双方剑拔弩张，孙刘联盟面临破裂，在这紧要关头，鲁肃为了维护孙刘联盟，不给曹操可乘之机，决定与关羽商谈，"肃邀羽相见，各驻兵马百步上，但诸将军单刀俱会"。经过商谈，缓和了紧张局势，随后，孙权与刘备商定平分荆州，"割湘水为界，于是罢军"，从而维护了孙刘联盟。

“穷首皓经”说不通

◎李捷鹏

学者傅佩荣教授在微博视频讲座《国学新青年》第168集中这样说：“朱熹根本没讲清楚。宋朝明朝的学者这么多人，连起来几十个人，个个都是拼命念书，念到穷首皓经了。然后有没有通？没有。”这里的“穷首皓经”错了，应改为“皓首穷经”。

“皓首穷经”是一个成语。“皓”是白的意思，“穷经”即极力专心研究经书和古籍；“皓首穷经”义为直到年老白头还在钻研经籍，形容勤勉好学，至老不倦。也可以用来讽刺人虽一辈子努力读书，却没把书读通。如《三国演义》第四十三回中诸葛亮对程德枢的反驳：“若夫小人之儒，唯务雕虫，专工翰墨，青春作赋，皓首穷经，笔下虽有千言，胸中实无一策。”

傅佩荣教授在视频中想说的是，有些读书人拼命念书几十年，依然没把书读通，此处用“皓首穷经”是恰当的。这个成语也可以写成“穷经皓首”，或者“白首穷经”，都不会改变成语的意思。但“穷首皓经”不行，因为说不通。

社交新风

“哈哈”和“哈哈哈哈”区别在哪里

◎徐默凡

在网上看到这样的段子，网友们把“哈”的使用数量和复杂的心理活动联系了起来——

哈哈：敷衍

哈哈哈：开心

哈哈哈哈：觉得你很有趣

哈哈哈哈哈哈：可能有求于你

虽说是段子，但是大家看了也觉得挺有道理的，那么这个道理在哪里呢？

认知语言学中有一个“象似性原理”，说的是语言形式和语义结构之间存在着一定的对应关系，包含了各种表现形式，如复杂象似性、顺序象似性、对称象似性、重叠象似性等。其中最容易理解的是“顺序象似性”，意思是语言形式的顺序和语义事件发生的顺序是对应的。比如“她结了婚，生了孩子”和“她生了孩子，结了婚”相比，虽然描述的是两个同样的事件，但因为表达顺序不同，所以时间顺序也不同，一个是“结婚生子”，一个是“未婚先孕”。

“哈哈”的重复现象则和另一种象似性——重叠象似性有关，也就是语言形式的重叠和语义内容的数量变化有关。比如形容词重叠，“干干净净”要比“干净”程度深；比如量词重叠，“一首首歌”比“一首歌”的数量要多，“一首一首歌”则表现了许多歌曲的依次出现。“哈哈”是一个拟声词，模拟人的笑声，它的重叠用法比较简单：“哈哈”用得越多，说明笑的时间越长；笑的时间越长，说明笑的人越开心。

以上“哈哈”叠用是重叠象似性原理的最简单应用，还可以在此基础上进行推理。笑的人越开心，可以推理出对发话人正面评价就越多，如：说话人讲了一个很好玩的段子→说话人说话很有意思→说话人性格很有趣……因此，表面上看“哈哈”的数量表现了自己的开心程度，暗地里还隐含了对发话人正面评价的程度。

既然自己的开心也暗示了对对方的欣赏，那么为了礼貌起见，就会有故意夸张自己的开心程度以取悦对方的做法存在了。这在日常交流中也是存在的，比如：收到礼物后大喊大叫显示自己的喜欢，对同伴的赞扬表现出超常的快乐……在网络交际中，别人无法看到你真实的表情和体态，对自己开心程度的夸张就会变得更加方便——只要增加“哈”的数量就可以了。但是万事要有度，如果夸张过头，就会让人觉得虚伪造作。所以，在对话中不断打出一连串“哈哈哈哈哈哈”，特别是对方的话并不怎么好笑的时候，就不得不让人怀疑是在故意讨好、有求于对方了。

网络交流中，重叠象似性原理的应用还有一个典型的案例，就是很多人都觉得重叠的“嗯嗯”“哦哦”“好的好的”要比单个的“嗯”“哦”“好的”更亲切更礼貌，这是什么原因造成的呢？原来语言形式的重叠带来的不仅可以是客观事物层面的数量变化，也可以是主观情感的程度变化——重叠越多，表示说话人对此越重视，态度越诚恳。试比较：

（1）钱钱钱，到处都是钱。

（2）钱钱钱，你就知道钱。

第一句中“钱”的重叠，主要表现了客观数量的增加；第二句中“钱”的重叠，则主要是主观重视程度的增加了。

“嗯”变成“嗯嗯”，“好的”变成“好的好的”，基本功能没有变，都是在答应对方的要求，但是感觉重叠以后应答者对发话者的要求更加重视了，态度更诚恳了。这都是重叠象似性带来的心理效果——对方花了更多的时间来制造更复杂的语言形式，这显然是和对方的重视程度成正比的。

说到这里，你学会怎么用“哈哈”和“嗯嗯”了吗？

文章病院

“大红袍”不是红茶

◎李　澜

《中国文化一本全》(天津人民出版社 2015 年出版)一书中,有相当的篇幅介绍了中国的茶文化,其中写道:“大红袍是红茶的代表,它香味浓,经久耐冲。”大红袍名中带“红”就是红茶吗?

其实大红袍不是红茶,是乌龙茶。乌龙茶又称青茶,和绿茶、红茶、黑茶、白茶、黄茶并称“六大茶类”。乌龙茶属半发酵茶,介于绿茶(不发酵茶)和红茶(全发酵茶)之间,叶底红边(发酵泛红)青心(不发酵仍为绿色),所以又称“绿叶红镶边”。

大红袍是乌龙茶中的名品。它名字的由来有多种说法,一说是因早春时节茶树在春芽萌发时嫩芽呈红色,从远处望去,如红袍披身,遂得此名。还有说得名是来自民间传说,传说有多种版本,流传比较广的说法是古时有一个举子进京赶考,路过武夷山时突发急病,腹痛难忍,一个老和尚取所藏茶叶泡了一碗茶,举子喝下后病痛即止。后举子高中,前来向和尚致谢,问明茶叶出处后,脱下身上大红袍绕茶丛三圈,将其披在茶树上,故得“大红袍”之名。

像大红袍这样因为名字而被许多人误会的茶,还有大名鼎鼎的安吉白茶。安吉白茶按照制作工艺不属白茶,而属绿茶。之所以被称为白茶,主要是因为安吉白茶的茶芽嫩叶呈玉白色。

可见,中国茶文化博大精深,切不可望文生义。

“户枢不蠹”的“蠹”不是“腐烂”

◎周　振

《报刊文摘》2020年9月9日8版刊登的《调五脏，多用三个方法》一文开篇语：“传统中医认为，‘流水不腐，户枢不蠹’，意思是说，流动的水不会发臭，经常转动的门轴不会腐烂。这说明，运动着的事物总能保持长久生命力。”以成语“流水不腐，户枢不蠹”来说明运动对事物生命力的重要作用是符合逻辑的，但把“户枢不蠹”的“蠹”解释为“腐烂”并不贴切。

蠹，本义指木材、衣物的蛀虫。《说文》：“蠹，木中虫。”段注：“蠹，在木中食木者也，今谓之蛀。”引申指侵蚀或损耗钱财、物件的人或事。

成语“流水不腐，户枢不蠹”，亦作“流水不腐，户枢不蝼”。其中“腐”即败坏变质，“户枢”指门轴，“蠹”的意思是生蛀虫。这个成语的意思是，流动的水不会变质腐臭，转动的门轴不会被虫蛀蚀。比喻常运动的事物不易受外物的侵蚀。在古代，住房的门由门楣、门框、门槛、门板等组成，这些组件大多为木质材料，而木质材料容易生蛀虫。但门板的轴由于平日的开门关门而经常转动，让蛀虫不敢侵蚀这个部位，这就是“户枢不蠹”的来由。

将“蠹”解释为“腐烂”，显然与“蠹”的字义不符，也与成语的本义相异。

有牛为牢，是因随便宰牛要坐牢吗

◎王宗祥

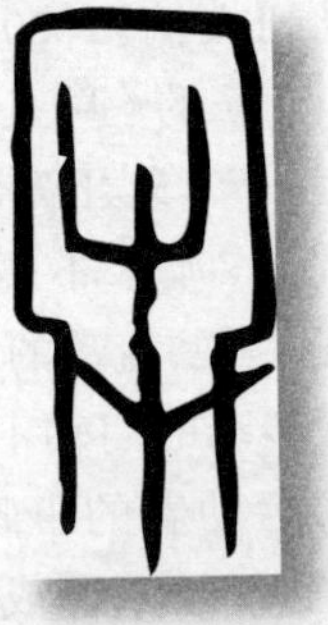

图为甲骨文“牢”字

今年是农历辛丑年，生肖牛。翻开报纸，围绕“牛”展开谈论的文章不胜枚举，其中也有不少误说“牛”的。《新民晚报》2021年2月25日第13版刊有《但愿牛年真的“牛”》，其中有这样一句话：“有‘牛’为‘牢’。盖因牛在古代是极重要的生产力、‘劳动力’，随便宰牛是要坐牢的。”这里对“牢”的说文解字，实误。

“牢”是个会意字，商代甲骨文中就已存在，从牛在栏圈中，会关牲畜的栏圈之意。《说文》：“牢，闲，养牛马圈也。”《战国策·楚策四》：“亡羊而补牢，未为迟也。”意思是失去了羊，及时修补羊圈，还不算晚。商代甲骨卜辞中有“大牢”“少牢”等词。古时候祭祀频繁，祭祀时经常要用牛羊猪之类的牲畜作为祭品。古代祭祀，对于圈养之牛和非圈养之牛区分甚严，根据卜辞所反映的情况，殷人称普通的牛为“牛”，这些牛通常是普通牧放中的牛，也有临时征收来的，而“牢”是在圈栏里专门饲养的牛，作为祭牲，用“牢”要比用“牛”更为隆重，这种专门饲养的牛，小者称“小牢”，大者谓“大牢”。后“牢”也泛指祭祀或

“剥丝抽茧”不合常理

◎辜良仲

2021年3月29日《光明日报》第11版载有《心至真，理致知，学致用——记心理学家、北京师范大学教授张厚粲》一文，文中有这样一段话：“授课时，先生声音洪亮，娓娓道来，条理清晰，举一反三，剥丝抽茧、深入浅出。有理论、有数据、有故事、有情怀，带来理论联系实践的思考，给人启迪。讲台下的学生听到的是心理学的知识，感受到的是生机勃勃的能量，常会感叹：通透潇洒，大师风范！”这里的“剥丝抽茧”有悖常理，正确用法应为“剥茧抽丝”。

“剥茧抽丝”为常用成语，如朱光潜《艺文杂谈·谈对话体》：“疑难是思想的起点与核心，思想由此出发，根据有关事实资料，寻求关系条例，逐渐剥茧抽丝，披沙拣金。”一层一层地剥开蚕茧，一根一根地抽取丝，比喻根据顺序寻求事物的发生、发展过程。也用来形容分析事物极为细致，而且一步一步很有层次。

蚕丝没法“剥”，蚕茧也无法“抽”，“剥丝抽茧”有违常理，语义上也讲不通。

宴享时用的牲畜。

“牢”的“牢狱”之义始于汉代。司马迁《报任少卿书》：“故有画地为牢，势不可入。”意思是说在地上画一个圈，当作监狱。《释名·释宫室》：“狱，又谓之牢，言所在坚牢也。”可见，“牢”表示监狱之义也是由养畜的圈栏引申而来，与古代随便宰牛要坐牢无关。

南宋有“绍宗五年”吗

◎梁 淮

每当菊花盛开的秋日，许多泉州人喜欢“赏菊”，有的还要特地到“执节”游赏一番。据说南宋孝宗时，泉州人诸葛瑞出使金国遭受无理威胁和侮辱，他持节不屈，绍宗五年，泉州太守真西山为表彰他的崇高气节，便在泉州东北郊立一“执节”石坊。后人就把这一带称为“执节”。

这段话出自《福建日报》2020年11月21日第4版所刊的《花村纪行》一文。句中的“绍宗五年”令人生疑。

南宋共有9个皇帝，依次为高宗、孝宗、光宗、宁宗、理宗、度宗、恭帝、端宗、帝昺，并没有“绍宗”。南宋有22个年号，其中也没有“绍宗”这个年号，但有一个年号“绍定”。“绍定”是宋理宗赵昀的第二个年号，共计6年。宋理宗是南宋第五个皇帝，前后共使用过8个年号，分别为宝庆、绍定、端平、嘉熙、淳祐、宝祐、开庆、景定。显然，“绍宗五年”有误，应该是“绍定五年”。

此外，上引文中说南宋孝宗时出使金国的是“诸葛瑞”，也错了，应是“诸葛廷瑞”。诸葛廷瑞，字麟之，福建南安人，是南宋绍兴二十七年进士。淳熙十六年（1189）奉命使金，不惧威胁、不卑不亢地完成皇帝交办的使命，表现出文明使臣应有的尊严和气度，深得孝宗皇帝赞誉。后来，为了纪念诸葛廷瑞，后人在其故里为他立了“执节”石牌坊，同时还兴建了“执节宫”。

淮北何曾有过津浦县

◎言蹊太

2021年1月5日《合肥晚报》A15版刊有《减租减息　淮北抗日根据地这样做》一文,文章说:“在长期抗战中坚持和发展起来苏中、苏北、淮南、淮北四块抗日根据地。1941年10月,淮北苏皖边区行政公署正式成立,东至运河,西靠津浦县,南临淮河,北达陇海线,是新四军华中抗日根据地的重要组成部分,其重要的战略地位不言而喻。”其中说的“津浦县”令人疑惑,淮北地区未曾听说有这个县。

淮北抗日根据地,是抗日战争时期中国共产党领导创建的19块根据地之一,它位于豫皖苏鲁四省交界地区,东临运河,西达商(丘)亳(县)公路,南濒淮河,北抵陇海铁路。由豫皖苏、皖东北、邳(县)睢(宁)铜(山)三个地区组成。淮北抗日根据地北与冀鲁豫和山东抗日根据地接壤,东与苏北和苏中抗日根据地毗邻,南与淮南抗日根据地相连,是华北八路军和华中新四军的联系枢纽,战略地位十分重要。1941年8月,华中局决定成立淮北苏皖边区行政公署、中共淮北苏皖边区委员会及淮北苏皖边区军政党委员会。这标志着淮北苏皖边区抗日根据地正式形成。在这片区域中,并没有津浦县。上引文所说的“津浦县”,应是“津浦线”之误。

津浦线,即津浦铁路,是一条由天津通往南京浦口的铁路干线,全线于1908年开工建设,1912年建成通车。津浦铁路在徐州与陇海铁路交会,在南京浦口轮渡过江与京沪线(今称沪宁线)连接,是中国近现代铁路交通的南北重要干线。

瞿秋白在何地牺牲的

◎陈关春

2021年3月7日《解放日报》第6版刊登了《刘文典真的踢过那一脚吗》，文章中批评了前几年流传甚广的一篇"奇文"，说陈公博临刑时，面对刑场朗声而曰："此处甚好。"然后从容就刑。接着又写道："其实这片'开阔绿地'上的这句'此处甚好'，真是有人'朗曰'的，那是曾任共产党领袖的革命烈士瞿秋白，牺牲在江西刑场时的慷慨和从容。""奇文"把红色志士的视死如归，移花接木到汉奸陈公博头上，确实不对；说瞿秋白的牺牲地是"江西刑场"，也是不符合史实的。

瞿秋白

瞿秋白(1899—1935)，是中国共产党早期的主要领导人之一。1934年10月，中央红军主力开始长征后，瞿秋白因为身体原因留在了江西苏区坚持游击战争。1935年在一次突围转移途中，于福建省长汀县遭到国民党军队包围而被捕，于6月18日在长汀罗汉岭英勇就义。据当时的目击者说，瞿秋白走出长汀的中山公园，"信步至亭前，已见小菜四碟，美酒一瓮，彼独坐其上，自酌自饮，谈笑自若，神色无异"，酒毕徐步刑

“探颐索隐”乎？“探赜索隐”也！

◎偶　见

“池墨泼飞云”微信公众号于2020年5月9日，将上海师范大学2017级书法班学员篆刻课程结课作品制作成微信图文展，冠以《探颐索隐》题发布，“探颐索隐”为“探赜索隐”之误。

赜，读作zé，本义为幽深奥妙，引申有探求、探索之义。探赜，探索奥秘；索隐，探求隐微的道理。“探赜索隐”是个成语，最初与卜筮有关，语出《易·系辞上》：“探赜索隐，钩深致远，以定天下之吉凶，成天下之亹亹者，莫大乎蓍龟。”孔颖达疏：“探谓窥探求取，赜谓幽深难见。卜筮则能窥探幽昧之理，故云探赜也。索谓求索，隐谓隐藏。”探赜索隐，即探索幽深隐微的事理。刘师培《论中土文字有益于世》：“惟群治之进，礼俗之源，探赜索隐，鲜有专家。”

颐，读作yí，本义指口腔的下部，即下巴，后有保养、休养等义，也可用作助词。无论哪个义项，“探颐”都说不通。

“赜”与“颐”，两者虽然字形相近，但是读音和意思都相去甚远，不可混为一谈。

场，对着一处草坪，微笑道：“此地很好！”从容殉难。

可见，瞿秋白是在红军长征后，由江西转移到福建长汀时，被敌军抓捕的。长汀位于福建省西部，邻接江西省，地处武夷山南段，为今龙岩市的辖县。如今在瞿秋白的就义地——长汀县城西门外罗汉岭，建有瞿秋白烈士纪念碑。

语苑新谈

《论语》的『和无寡』究竟何意

◎石毓智

"和"是中国古代哲学的一个重要概念，在先秦时代主要是指一个系统内部的不同元素之间协调合作，从而达到最佳效果。所以，它不仅适用于人类社会，还用于烹饪、音乐、农业等领域。到了后来，这一概念主要是指人与人之间相处的氛围，意为和气、和蔼、和平或者团结。如果用今天的意思来理解古典文献，就难以领会先哲的思想精髓。

《论语》中多次出现"和"这个词，弄清它的含义十分有助于准确理解这部经典。下面以杨伯峻《论语译注》关于"和无寡"的白话翻译来加以说明。

丘也闻有国有家者，不患寡而患不均，不患贫而患不安。盖均无贫，和无寡，安无倾。(《论语·季氏》)

我听说过：无论是诸侯或者大夫，不必着急财富不多，只须着急财富不均；不必着急人民太少，只须着急境内不安。若是财富平均，便无所谓贫穷；境内和平团结，便不会觉得人少；境内平安，便不会倾危。(杨伯峻《论语译注》)

杨伯峻把这里的"和"理解为"和平团结"，虽然不能算是完全错误，但是没有准确把握住孔子的思想精髓。和平团结只是一种民风，而人口众寡则是有关国家力量的大小，两者并不是一回事。拿家庭来比喻就比较好理解，夫妻相敬如宾是家庭内部和睦，然而并不能保证这个家庭就有能力在社会竞争中胜出，能够让家业兴旺；只有夫妻双方在做事情上相互配合才能够兴家立业，然而夫妻双方在做事情的过程中可能会出现意见分歧，甚至闹矛盾争吵，可是这表面上的不和睦却往往有利于家业兴旺发达。

要了解"和无寡"的思想精髓，需要弄清楚"和"与"同"

这两个相对概念的内涵。《左传·昭公二十年》记载了晏子对此的一个经典解释。晏子首先用烹饪来说明，做一份美味佳肴，不仅要有合适的火候和适当的水分，还需要合适比例的酱、醋、盐等佐料。所做饭菜的味道是否鲜美可口，是判断烹饪技术是否达到“和”的终极标准。这里特别强调多种不同元素的相互协调，再好的食材，如果只有单一品种，做出来的饭菜也不会好吃。用晏子的话说就是：“若以水济水，谁能食之？”然后晏子用君臣之间的关系来阐释“和”的意旨：“君臣亦然。君所谓可，而有否焉，臣献其否以成其可；君所谓否，而有可焉，臣献其可以去其否。”也就是说，君臣之间的关系是否达到“和”的状态，关键看能否成大业，在实现目标的过程中，他们的意见可能有分歧甚至争执，为臣的要敢犯颜直谏，为君的要善纳良言。“同”则与此不同，用晏子的话说就是：“君所谓可，据亦曰可；君所谓否，据亦曰否。”为臣的始终与君的意见保持一致，就是人们所谓的团结，然而这种和平团结的君臣氛围，不仅难以成就大业，反而会给国家带来灾难。历史的教训是，一个国君的周围都是阿谀奉承的佞臣，这个国家就危险了。

类似的，孔子是这样来区别君子和小人的：“君子和而不同，小人同而不和。”（《论语·子路》）就是说，君子之间能够坦率直言，以正确意见纠正错误意见，实现最佳的社会效果；而小人之间则是无原则无是非地附和，观点一致，则往往是败事之因。表面上看起来，君子之间有争执有辩论，有时甚至伤了和气，但利于成事；小人之间意见高度一致，表面上很团结，但是难以成事。

“和”这个概念强调两点：一是要有不同的元素，二是相互配合达到最佳效果。一个系统是否达到“和”，主要看它是否实现最佳效果。“和”在先秦文献中的适用范围很广，不仅用于人际关系，而且也用于音乐、烹饪、种庄稼等领域。五音相调所产生的声音叫“和声”，例如：“故和声入于耳而藏于心。”(《左传·昭公二十一年》)五味配合适当的美味佳肴叫“和羹”，例如：“亦有和羹。”(《左传·昭公二十年》)风调雨顺而五谷丰登为“和熟”，例如：“国无道而年谷和熟。”(《左传·昭公十八年》)

至此，我们可以明白，孔子所说的“和无寡”就是指，一个国家的强大在于人民之间协同合作而达到最佳社会效果，而不在于人口数量的绝对多少。《左传·桓公十一年》有个极为类似的观点：“师克在和，不在众。”就是说一支军队能够战胜敌人，主要在于内部各个部队协同合作而实现最大的战斗力，而不在于军队数量的绝对多少。

弄清了“和”在先秦时期的内涵，就可以正确理解《论语》其他地方“和”的用法。《论语·学而》记载：“礼之用，和为贵。”就是说礼节的设立与运用，主要是为了协调人们之间的行为，从而达到最佳的社会效果。衡量一种礼仪是否合理，主要是看它的社会效果如何。

现在所说的“家和万事兴”中的“和”，也是强调的家庭成员之间能够相互协同合作，就容易办成各种事情。这里主要强调的是行动，而不仅仅是和睦的氛围。其实，内部没有矛盾，是一种消极的状态，并不能一定保证发挥出各个成员的潜力，而达到最佳效果。“万事兴”是最佳效果，为此一个家庭成员之间可能有不同意见，可能闹矛盾，但是最终能够成大业。

“和”这个概念具有重要的现实意义，可以用于家庭、单位乃至国家。现在人们所谓的“团结”往往指的是思想统一，没有辩论争吵，没有矛盾，意见相同，步调一致，这在先哲看来只是一种“同”的状态，不利于成就大业。先哲提倡的是“和”，主张各个成员协调合作，让每个人的智慧能力发挥到极致，实现最佳合力效果，如此方可以实现事业兴旺和国家富强。

检测窗

编校差错扫描(三十四)

◎王　敏

稻米之中无“梗米”

【错例】常喝梗米粥，可健脾养胃。

【简析】“梗米”应为“粳米”。“粳”(jīng)和“梗”(gěng)都是形声字，两者区别在形符。“粳”从米，本义指粳稻。“粳”在《说文解字》中写作“秔”，另有异体“稉”：“秔，稻属。……稉，秔或从更声。”《集韵·庚韵》：“秔，或作粳。”如今规范化，以“粳”为正体。粳稻是介于籼稻与糯稻之间的一个品种，其米粒粗短，黏性较强。籼米细长，黏性较弱；而糯米有长有短，最富黏性。粳米胀性小，吃口好，现在吃得最多；籼米胀性大，吃口差，现在吃得少；糯米则可酿酒、包粽子。“梗”从木，本义指一种榆树。《说文解字》：“梗，山枌(fén)榆。有朿(刺)，荚可为芜荑(芜荑，中药)者。”由刺榆，梗引申指植物的枝或茎，如“木梗”“花梗”。植物枝干是主体，梗含义引申，与“概”连用为“梗概”，指大体的内容；枝干多坚挺，梗又指挺直，如“把头一梗”；枝干难移动，梗还指阻塞、妨碍，如“梗阻”“从中作梗”。“梗米”频现，与误读有关。“粳”曾有异读音gēng，但《普通话异读词审音表》早就规定“粳”统读为jīng。若能读准“粳(jīng)米”，大概就不会把它写成“梗米”了。

“厄运”受难“卮”酒杯

【错例】战火纷飞，寺庙也难逃被摧毁的卮运。

【简析】“卮运”应为“厄运”。“厄”是“軛”的本字，金文作，象形字，象驾车时套在牲口颈上的曲木。字发展到楷书中，分化出戹与厄两种写法，如今规范化，以“厄”为正体。车軛卡住牲口脖子，“厄”由此引申指狭窄地带、险要之处。《说文解字》：“戹，隘也。”另，《过秦论》：“闭关据厄，荷戟而守之。”再引申指受困、为难，如“困厄”“阻厄”。进一步引申指灾难，如“厄境”“厄难”。由于“厄”后来仅用其引申义指困苦、灾难，其本义用加形符“车”的“軛”表示，表示险要之地则用加形符“阜”（左阝）的“阨”表示，如今规范化，仍作“厄”。“卮”（zhī）小篆作，会意字，从匕（匙）从卪（即卩，jié，甲骨文作，象人跪跽之形），以跪坐之人持匙取饮，会酒器之意。楷化后作巵，俗体为卮，如今规范化，以“卮”为正体。《说文解字》：“巵，圜器也。”如“卮酒”即杯酒。用作“卮言”，指酒后说话随意，后常用为对自己著作的谦辞，如《艺苑卮言》。“厄运”错成“卮运”，纯属形近致误。

“滨”“濒”“频”“颦”会一字

【错例】频临绝迹的“桃花水母”，素有“水中大熊猫”之称。

【简析】“频临绝迹”应为“濒临绝迹”。“濒”为会意字，金文作，或作，从涉从页，以人在河边欲渡，徘徊皱眉，会水边之意。小篆作，楷化后作“濒”。《说文解字》：“濒，水厓（yá，同涯，水边），人所宾附。频蹙不前而止。从页从涉。”“濒”构字理据复杂，内涵丰富，后世变化很大，其读音一分为二，

字形一分为四。读 bīn——①名词，本义指水边，后作“滨”，②“濒”则引申作动词，指靠近水边，如“濒湖”“濒海”，泛指临近、接近，如“濒危”“濒亡”；读 pín——③临河欲渡而徘徊，来回走动，“濒”字省掉水，分化作“频”，专以指频繁之义，后又指频率，④临水难渡而愁，即皱眉，后加声符“卑”分化，小篆作，后楷化省作“顰”，《说文解字》：“顰，涉水顰蹙。”可见，“频”是“濒”的分化字，两者关系密切，却音不同，义有别。“濒临绝迹”指接近绝迹，显然与“频繁”并无关系。“濒临”之所以误写为“频临”，大概是把“濒”误读成“频”造成的。

去芜存菁用“提炼”

【错例】有色金属提练厂非法排放，严重污染了环境。

【简析】“提练”应为“提炼”。“炼”和“练”都是形声字，区别在形符。“炼”从火，本义指冶炼。《说文解字》：“炼，铄（熔化）治（加工）金也。”“铄治金”即通过加热使金石等物质熔化从而提高纯度或性能，如“炼钢”“炼油”“锤炼”。引申指通过实践活动，提高能力、素质等，如“锻炼”“磨炼”。又引申指推敲使文字精美，如“炼句”“炼字”。“练”从糸，本义指把生丝或丝织品煮得柔软洁白。《说文解字》：“练，湅（liàn，把丝等煮制得柔软洁白）缯（zēng，丝织品的总称）也。”也作名词，指煮得柔软洁白的丝织品，如“素练”。由煮丝，引申指反复操作、学习，如“操练”“训练”“练习”。练得多，则经验多、阅历广、能力强，如“熟练”“老练”“干练”，再进一步则熟能生巧，如“简练”“洗练”。“提炼”是提纯，是去芜存菁，与能力、熟巧无关，写成“提练”是说不通的。“炼”与“练”在古汉语中曾有通假的用法，如今彼此分工，不再混用。

网言网语

可可爱爱“××子”

◎王　彤

近来，“××子”格式的昵称在网络上很是流行，再加上选秀节目的推波助澜，我们经常可以看到有网友这样称呼自己喜欢的明星或影视剧中的人物：虞书欣被称为“欣欣子”，宁静被称为“静静子”，电视剧中迪丽热巴饰演的女主角周放被称为“放放子”……这个“子”到底有啥奥妙呢？

“子”是一个日常使用频率很高的汉字，它的本义是“孳生”，后来引申出“儿女”“儿子”等意思。古代经常在姓氏后面加“子”表示尊称，比如称管仲为“管子”、孔丘为“孔子”、荀况为“荀子”等。到了现代汉语中，有些人名尤其是单名后会加一个“子”作为昵称，比如“小桂子”“小妮子”。以上这些常见用法都为网络语言中的“××子”用法做了铺垫，但是其真正来源是网络饭圈文化，更重要的是受了日语的影响。

“××子”格式首先在饭圈中出现，用于明星的爱称或昵称，这明显是受到了日本女性名字的影响。日本女性的名字末尾常常会有一个“子”字，如“洋子”“智子”“美子”“菜菜子”等，这样的名字听起来十分可爱，因此就被粉丝广泛借用，一般是选择明星名字中的一个字进行叠字再加上“子”，以此来表示亲昵和喜爱。

与这种格式类似的还有之前流行的“××酱”，“××酱”也是饭圈文化受到了日本文化的影响而逐渐扩大使用范围的。“酱”源自日语的“ちゃん”

（罗马音念 chan，音译为“酱”），日语中一般在称呼亲密的人时，会在除了姓之外的名后面加这个“酱”的后缀。粉丝对喜爱的偶像也可以称“酱”，如粉丝称呼乒乓球明星福原爱为“爱酱”。现在网络中“××酱”称呼来源于此，其称呼对象往往有可爱、亲昵的感觉。

“××子”与“××酱”之间的区别有很多。“××子”一般使用名字中某个字进行叠字，常用于名人尤其是明星的称呼，比如用“敏敏子”称呼刘敏涛。而“××酱”的用法更加广泛，不局限于名字的叠字：如果在除了姓之外的名后面加“酱”，一般只用于极度亲密的人之间；在亲人的称呼后面也可以加“酱”，显得非常可爱；另外自称“酱”主要用于网名，如网络红人“papi 酱”，这样的表达会显得更加亲切、可爱。通过对比可以看出，“子”和“酱”都含有可爱的意味，但“××酱”的表达会更加私人化，而“××子”的表达就比较公开。

从饭圈用语到全网流行，网络的发展使得某一言语社团中的语言变异快速地扩散，进而不断丰富我们的语言。不知“××子”这种可可爱爱的称呼有没有影响到你呢？

《2减1等于几》参考答案

1. 启示——启事
2. 闻名遐尔——闻名遐迩
3. 不足 10 余人——不足 10 人
4. 出类拔粹——出类拔萃
5. 面面相慷——面面相觑
6. 泼浪鼓——拨浪鼓
7. 别出心栽——别出心裁
8. 铰尽脑汁——绞尽脑汁
9. 经融——金融
10. 沉没——沉默

“黑化”面面观

◎吕依瑶

不知道你有没有在影视剧里看过正派人物精神崩溃，唤醒体内另一个黑暗人格的场景？如果有的话，你就能理解“黑化”一词的含义了：人物在性格上、精神上或者行为上发生邪恶的变化，而且往往伴随着能力的巨大提升。“黑化”最早只是动漫、游戏圈中用于鉴别人物性格属性的词语，但由于极其贴切、恰当地形容了人物性格和心理变化，因此颇受网民甚至媒体的“重用”：

黑化后的美国队长，战斗力得到了极大的提升。

“黑化”或“训化”——人工智能的明天在哪里？

用“黑化”一词来形容这种类似人格分裂性格的潮流是由日本游戏掀起的。早期的“黑化”主要指人物堕落腐化、近乎癫狂的可怖状态，而且常常伴随着一些外貌上的显著变化，典型人物如《哈利·波特》中因心魔难扼最终成为伏地魔的汤姆·里德尔。后来又逐渐引申出性情大变的含义，“黑化”的人物放弃了唯唯诺诺的处事准则，表露出人性的阴暗，却往往可以带来激烈的戏剧冲突。因为“黑化”既能突出真实饱满的人物性格，又能推动情节发展至高潮，成为作家、编剧们在创作时不可缺少的经典桥段。如近些年来大热的大女主剧，女主角无一例外都是最初亲切和蔼、胸无城府，但由于某些原因或契机（一般为遭受精神刺激）而性情大变，最后变得睚眦必报、工于心计。这样的情节既颠覆了观众传统印象中女主角的“老好人”人设，又满足了观众对“以恶制恶”的期待，深受观众喜爱。

“黑化”为何能如此贴切地形容一个人的性格变化以至于让观众产生共鸣呢？这就要对“黑”这个色彩词进行追溯。“黑”本来就可以用来形容一个人心眼坏、狠毒，因为“黑”与“暗”的特点是相联系的，因此“黑”也常常用来描述和解释不光明的事物。基于此，“黑”与人物的邪恶性格联系了起来。“黑化”也随着这个含义而诞生，简单来说就是一个人变坏了。再加上“黑”又是一种沉重、压抑的颜色，就更能表明剧情的黑暗化，人物的悲哀化。因此“黑化”一词很快就取得了大众的认可。

大家看到这儿可能觉得奇怪了，咦？好像和我理解的“黑化”不太一样。的确，还存在另一个来源的“黑化”，它与“神化、丑化、妖魔化、同质化”等词的构词法相同，表示“使对象变黑”，含义与“抹黑”“丑化”的意思相近。如：

一些国外媒体发布了很多不实的信息，故意“黑化”武汉这座城市。

与之相对应，舆论监督不等于负面报道，更不是故意“抹黑”“黑化”。

在这里，“黑化”是使动用法，意思是“使某个对象变黑、变坏”，即故意甚至恶意把“黑”的属性强加在对象上。而网络用语中的“黑化”是主动用法，更接近于“主动展示人物隐藏性格”的含义。

在鼓励“温、良、恭、俭、让”的文化中，“黑化”本是一种负面标签，但如今大家也开始认同“黑化”，这是因为越来越多的人更愿意去展现自己真实的情绪，表达自己真正的观点，敢于拒绝敢于反对，也不怕因此被别人孤立。这在某种程度上体现了一种进步——不以沉默忍受忽视，不以软弱顺从暴力。“黑化”在今天带给我们的启示就是勇敢活出真实的自己。

姨母笑——我家小孩真可爱

◎邓丽娟

追星是现代年轻人重要娱乐方式之一，粉丝群体不断壮大，与之对应，粉圈文化也产生了大量流行词语，“姨母笑”就属于其中的一个典型。

“姨母笑”源自韩语이모미소，一开始是指阿姨辈的追星女性在看到偶像可爱瞬间时，眯着眼睛的慈祥笑容，带有对偶像的宠爱意味，也拉近了自己与偶像的距离。另外，“姨母笑”也会用于一些八卦的情境，比如看到偶像和另一位明星亲密互动，就会有自家的孩子终于有望找到对象的欣慰感，此时，“姨母笑”就会登场。粉丝在“姨母笑”时，总会产生自己就是偶像现实生活中的七大姑八大姨的错觉，感慨“我家小孩真可爱”。

但是，“姨母笑”中为何是“姨母”而不是“阿姨”“姑姑”“舅妈”等亲属称谓呢？可能关键在于粉丝如何看待自己与偶像的关系。大部分粉丝买偶像的代言产品或者为偶像打榜做数据，都是觉得自己在为偶像的事业发展贡献力量。这会使粉丝产生与偶像血脉相连的感觉，所以在粉丝看来，自己与偶像的关系是极其亲密的。在“姨母”“阿姨”“姑姑”“舅妈”几个称谓中，“姨母”脱颖而出就是因为其亲密性。妈妈在小孩成长过程中是八卦信息的主要输出者，而“姑姑”和“舅妈”一个是妈妈丈夫的姐妹，一个是妈妈兄弟的妻子，关系中隐含一位男性中间人，不够亲近。“阿姨”的称呼已经泛化,女性长辈都可以称为"阿姨",没有那个热乎劲儿。"姨母"则不同,她是妈妈的姐妹,是和妈妈有直接血缘关系的人,看着孩子长大,更容易接受关于孩子的八卦倾诉,由此在一众称谓中冲出重围。至于为什么是"姨母"而不是更加常用的"姨妈",这或许和"大姨妈"的隐指意义有关,为了避免一些不必要的联想,更常用的"姨妈"被弃用了。

随着粉圈的年轻化,年轻女孩也会调侃地使用这个词来形容自己的笑容,以此多维度地表达对偶像的爱。这就意味着,你即使只有十八岁,也可以对二三十岁的明星露出"姨母笑"。此时,"姨母笑"中"长辈"的语义就脱落了,更偏向于是像姨母那样慈祥的笑容。

更进一步,"姨母笑"不再局限于女性,男性也可以"姨母笑"。事实上,随着粉丝群体的壮大,男性粉丝的数量也很可观,所以一度出现过"姨父笑"这个词。但是,"姨父"给人的画面感显然没有"姨母"来得生动活泼,很难让人联想到宠爱感与八卦情境。毕竟在固有印象中,过年回家关心小孩婚恋状况的还是以七大姑八大姨为主。姨父作为年长的男性,天然地带有威严感。所以,"姨母笑"的用法还是占据了主流,男性粉丝也开始"姨母笑"。在这样的语境中,"姨母笑"中的"女性"指向也脱落了,"姨母笑"开始单纯指面对可爱瞬间或八卦场面的慈祥笑容。

有些人使用"姨母笑"可能只是单纯享受"我家小孩真可爱"的快乐,过过嘴瘾。而对于资深粉丝来说,"姨母笑"展现的是年轻一代渴望通过对偶像的"照顾"感受到心理上的长久陪伴。不过,无论是哪种,说话人都从中获得了满足感。

万花筒

满嘴喷粪的“谐音梗”

◎汪惠迪

修辞方式数十种，在当今人们的语文生活中，谐音双关的使用频率越来越高。谐音双关是利用读音相近或相同的词语，把字面含义和实际含义联系起来，使人产生联想，领悟其意，会心一笑。

下面举两个例子请各位读友评说评说。

2019年我国高校统考日期是6月7日、8日两天，6月7日适逢端午节小长假，放假3天，因此各个考点前送考的爷爷奶奶、爸爸妈妈、兄弟姐妹或亲朋好友结伴而行，摩肩接踵，交头接耳，眼中满含期盼之情。蔚为大观的是送考人的服饰打扮，仿佛是在进行一场行为艺术。

送考的爸爸穿马褂，寓意马到成功。送考的妈妈着旗袍，寓意旗开得胜，旗袍衩高开，寓意“高中夺魁”。有人左手高举菊花，右手高举葵花，寓意“一举夺魁”。有人颈挂双粽，双手高举葵花，寓意“高中”“一举夺魁”。

考生本人呢，须穿紫色内

某地送考家长高举向日葵，祝福考生“一举夺魁”

裤，寓意“指定赢”。盖因我国北方方言有把“屁股”叫作“腚”的，“腚”裹紫色，便成“紫腚”。“紫腚”与“指定”谐音，而“指定”作副词，有肯定、毫无疑问义。考生还得记住，进入考场，拿到试卷，千万别忙着答卷，务必先亲吻试卷，然后下笔。何也？因为“吻过”寓意“稳过”。你看，为了讨个好彩头，各施各法，可谓绞尽脑汁。

我国著名作家、画家、文化学者冯骥才曾说，“我们的公众已然生活在这种日益粗鄙不堪的环境中了”，而“我们今天的文化却正在走向粗鄙化”。可是，这还算好的。日前，我收到一个公众号发来的视频，兹将男主播的解释词（附字幕）照录如下：

吸粪车爆炸

广西一辆吸粪车在街边正常行驶，可能因为沼气太过浓烈，爆炸了，而且威力巨大，方圆50米内无人幸免。当时和吸粪车并行的还有一辆公交车，车上的乘客们做梦也没有想到自己也会有人人有“粪”的那一天，行人都变成了“屎行者”。周边店铺也惨遭“发粪涂墙”，满城尽带黄金甲。这是有屎以来，屎无前例，最过粪的一次灾难，史称安屎之乱。总结：人生自古谁无屎，用纸只能用一尺。

粪即是屎，屎即是粪。靓仔主播满嘴“喷粪”，观其神态，洋洋得意，拿粗鄙当有趣，“叹为观止”矣。

《肥鱼是什么鱼》解疑

进店了解，原来这家店是宜昌人开的。店家说，宜昌人所说的“肥鱼”即“鮰鱼”，也有“鮰老鼠”“江团”“肥沱”等俗称。鮰，音huí，在鄂东，以及受鄂东话影响的鄂西、陕南等“楚语区”，读音变为“féi”。当地人不知实情，便按音找字，于是“鮰鱼”便成了“肥鱼”。加上这种鱼鳔肥肉厚，称“肥鱼”倒也贴切形象。日久，人们只知“肥鱼”而不知“鮰鱼”了。

说文解字

以“罢”易“辠”的蝴蝶效应（下）

◎刘志基

值得注意的是，秦始皇放飞的这只蝴蝶，在当时乃至以后的汉字演变发展中引发了若干连锁反应：“网”这个字符，乃至从“网”得义的一些字，都衍生出了不同以往的意义内涵。

“罢”，《说文》曰：“遣有辠也。从网、能。言有贤能而入网，而贯遣之。《周礼》曰：‘议能之辟。’”所谓“遣有辠”，就是放遣有罪之人；“言有贤能而入网，而贯遣之”是对“遣有辠”的进一步解释，意思是有贤能的人进入法网而赦免放遣之；所引《周礼》的“议能之辟”，是说商议关于有才能者的刑法。而“从网、能”的造字本义分析，则是以“网”表示“法”，以“能”表示贤能者。很显然，“罢”字后世通行的“罢免”之义，与《说文》的此种解释是可以无缝对接的。然而，“罢”字原本的意义却并非如此。甲骨文中即有“罢”字，即上举第六个上“网”下“熊”的甲骨字形，从卜辞辞例看，绝无“遣有辠”的意思，只是用作人名或地名，而其造字意图，当从张舜徽之说，即“能（熊属）在网下为罢惫……故‘罢’字当以疲困为本义”（张舜徽《说文解字约注》）。《睡虎地秦简·法律答问》133：“罢癃守官府”中的“罢癃”指腰曲背驼的残疾者，则其“罢”字意义还是本义的一种引申。

“詈”，《说文》：“骂也。从网从言。网辠人。”其中“网辠人”一句，诸家多认为有脱误，段注直接将其删除。骂人是一种不合法规的行为，所以“从网从言”会意也是非常容易理解的，“网”就表示“法网”。然而，这又与“詈”字原初的意义并不相同。“詈”最早见于清华简《楚居》，其辞例为“詈由四方”，根据语境，释者或读“詈由”为“历游”。更有学者考虑上古文献语言习惯的因素，将其读为“盘游”。《尚书·五子之歌》中有“乃盘游无度，畋于有洛之表，十旬弗反。”而“詈”中的“言”，疑纽元部；“盘”，并纽元部。“由”和“游”都是喻纽幽部。所以“詈由”可读为“盘游”。“盘游”是联绵词，又可作“游盘”，如《文选·西征赋》：“厌紫极之闲敞，甘微行以游盘。”显然，不管是读为“历”还是读为“盘”，都与《说文》所谓“骂也”毫无关系。

“骂”，《说文》：“詈也。从网马声。”徐锴《说文解字系传》曰：“谓以恶言加，网之也。”其中“网”自然也表示“法网”。然而，此前的“骂”也与“恶言相加而入法网”毫无关系。“骂”最早见于《侯马盟书·一八五：一》，其辞例为：“骂(沒)顋□之身及丌(其)孙=(子孙)”。可见，这时的“骂”只是个人名。从文献用字来看，“骂”以其后世通行意义出现，大体在汉代以降，《战国策》虽有“箕踞以骂”(燕策三)的文例，但学界共识，该书资料虽是战国，成书却在秦后。所以，“骂”的“詈也”之义，亦属后世的“华丽转身”。

诸多从“网”之字的意义变化，与“罪”字的身份转换，不管是从字义联系上还是从时间对应上看，都有显而易见的关联性，因此，我们有理由认定，秦始皇的易“辠”为“罪”，影响的并不仅仅是这两个字本身。“罪”本义是“网”，表意的偏旁也是“网”，从秦始皇改变它的构字理据来看，就是把“网”这个字符与“法”这个概念实现了对接，于是，诸多以“网”来构形的字，也就与“法”扯上了关系。可以证明这种逻辑的还有以“网”为词素的词语：“法网”“刑网”“极网”“宪网”“峻网”“周网”……这些双音词中“网”都是“法”的同义词，而从文献用例来看，它们的出现时代，也都在秦以后。值得特别说一下的是老子所言的“天网”，“天网”虽然可以与“法网”同义，但是在老子“天网恢恢疏而不漏”的语境中，它却非“法网”的同义词，其变身为“法网”的另一种表述，同样是秦汉以后。可见秦始皇的改字，对语言思维也同样发生了影响。

秦始皇这次改字之所以能够引起连锁反应，显然与皇权的力量不无关系。这一改字行为实际是始皇帝确立自己权威的一系列举措中的一个有机组成部分：为了强调自己比以往任何一个帝王都伟大，他把“皇”字变成自己的专称；为了让这个“皇”的伟大深入人心，又将这个与“皇”形似的“辠”打入冷宫。这样一改，足以让“皇”更加声名大震。不言而喻的是，在当时，这个改字的命令一定是每个写字人都必须知晓的，因为谁都不愿意因为写错了个字而脑袋搬家。如果按照今天的方式来处理，这道改字政令不仅会作为最新法条公布，而且一定会上热搜，进而成为写字人群中尽人皆知的最重要信息。也就是说，这一由政令推动的关乎文字理据的以“网”为“法”的思想，一定会迅速演化为社会共识，所以它波及当时乃至以后语言文字系统中相关字词的演变，也就没有什么可奇怪了。

微语录·简单

简单的人，最好与复杂保持距离。简单的人，一旦混进复杂的人堆，就很难做回简单的人。因为，在复杂的世界里，做复杂的人简单，做简单的人复杂。

（蔡　玫 / 辑）

读书

“端午”漫话

◎郑张尚芳

端午节又到了，温州话叫“重五日”“重五节”，自然是指五月五日的“五”的重复而言。这跟“二月二、三月三、六月六、七月七、九月九”都算节一样，可常说的也只有“重九”可比“重五”。

《野客丛书》：“今言五月五日曰重五。”五月五日称重五好懂，怎么通称“端午”呢？“端”是开端、初始。《艺文类聚》(四)引周处《风土记》“仲夏端午，烹鹜角黍”注“端，始也，谓五月初五日也”。所以一月称“端月”，初一称“端一”，初五称“端五”，五午同音，因也写作端午。原先是其他月的初五也可称端午的，《容斋随笔·八月端午》“唐玄宗以八月五日生，……《唐类表》有宋璟《请以八月五日为千秋节表》，云‘月惟仲秋，日在端午’，然则凡月之五日皆可称端午也”，后来才成了五月端午的专称。

“五”“午”不但自古同音，在历法上，正月建寅则五月正好对“午”。《史记·律书》五月“其于十二子为午”，所以改端五为端午还有历法的根据。以此五月端午有单称“午日”。到明清时又出现“端阳节”的叫法，午时为一日之中阳气极点，大概取此来替换吧。

端午节最普遍的活动是赛龙舟、吃粽子(角黍)，更早还有彩丝系臂等，来源有祭拜纪念屈原、伍子胥、曹娥、介子推等说法，可我最信服的还是闻一多先生的《端午考》所提出的，起源于拜龙图腾祭。其实屈原是在南人图腾祭日愤以身殉的。《淮南子·要略》“各有龙

端午节赛龙舟

忌”许慎注“中国以鬼神之事曰忌,北胡南越皆谓‘请龙’”,《说苑·奉使》记越国使人说“蛟龙又与我争焉,是以剪发文身,烂然成章,以像龙子者,将避水神也”,既然自饰为龙子,则祭拜龙祖更是重大之节日,竞渡、投粽、错臂等虽有以避蛟龙的记载,实际相反,应如闻一多所说本皆起源于远古取悦龙祖之旧仪。古人濒水而居,依水而活,试问生活在川泽地区的人有不怕蛟龙(鳄鱼)的吗?

出于对图腾的敬畏,古时又对“五月五日”这一天很忌讳,称为“恶日”,有时甚至还弃养当日所产之子。南朝梁宗懔《荆楚岁时记》:“五月俗称恶月,多禁忌,忌曝床荐席及修盖房屋。”《宋书·王镇恶传》:“镇恶以五月五日生,家人以俗忌,欲令出继疏宗。(王)猛见奇之,曰‘此非常儿,昔孟尝君恶日生而相齐,是儿亦将兴吾门矣’,故名之为镇恶。”这也原是从怕得罪图腾而产生的原始忌讳来的。

(选自《胭脂与焉支》,上海教育出版社 2019 年 4 月出版)

《火眼金睛》提示

图 1,“在急”应为“在即”。

图 2,“富贯一方”应为“富甲一方”。

图 3,“品偿”应为“品尝”。

图 4,“粘粘自喜”应为“沾沾自喜”。

咬文和防疫结合好

◎吴文棋

2020年年初，新冠肺炎疫情发生后，《咬文嚼字》针对疫情，专门新辟《前线观察》和《疫情聚焦》栏目，刊登了涉及抗击新冠肺炎的50多篇文章。这些文章纠正了“冠”的误读，介绍了“冠状病毒”“火神山医院”“雷神山医院”“方舱医院”的命名理据，道出了“核酸检测”的实质，指出了“气溶胶”为何物，等等。这些知识是很多人不知道的。对部分人似懂非懂的阴性与阳性、细菌和病毒的区别，《咬文嚼字》也做了比较具体的探讨。

另外，《咬文嚼字》从2020年第4期到第10期，《名家语画》栏目的语和画采用的都是抗疫名人的故事，如钟南山院士、李兰娟院士、第一个发现新冠病毒的张继先大夫、穿成人纸尿裤在实验室潜心研究“新冠”疫苗的陈薇院士等，内容感人至深。

文字咬嚼和疫情防控实在结合得好。读者既读正、用对了字词，又收获了许多与抗疫有关的知识，还受到了思想教育，可以说是一举多得。

习近平总书记对新冠肺炎疫情防控高度重视，多次发表讲话、撰写文章，还亲临疫区武汉慰问、指导。《求是》杂志从2020年第4期开始，连续5期头篇发表习总书记的抗疫文章。而《咬文嚼字》小本精刊，能主动长时间做这样的结合，难能可贵。

滕州文化耐寻味

◎孙延宜

我是《咬文嚼字》杂志的一名忠实读者。在收到2020年度最后一期杂志后，我像往常一样，利用整整三天的时间，一字一句地拜读完了它。不承想，其中竟有两处提到了我们滕州市的文化，倍感荣耀和自豪。

第一处是提到了我们滕州的“滕”字之源。王敏老师在《以“縢”绑腿“滕”为姓》一文中写道：“‘滕’也是形声字，从水朕声，本义指水向上腾涌。《说文解字》：‘滕，水超涌也。’后假借为名词，指中国西周时代的一个诸侯国，在今山东省滕州市一带。‘滕’后又作姓。”

我们滕州历史悠久，古为三国五邑之地，素有“滕小国”之称，更有“善国”之美誉。1958年8月9日凌晨，毛泽东主席在兖州站火车上接见时任滕县县委第一书记王吉德时，就曾风趣地称他为“滕小国国王”，至今传为美谈。

我们滕州的名称虽然历史上曾有国、县、郡、州、市等称谓，但“滕”字，除汉、晋时期之外，却基本未变，一直沿用至今。那么，“滕”字的含义究竟是什么？为什么起了“滕”字来做本地的名称呢？从我市出土的铜器金文上可以看出，“滕”字远古为“塍”字。《说文解字》中解释“塍，稻中畦也”，《苍颉篇》说“塍，畔也”，都是指田界而言。由于古代“滕”与“塍”同音，后来便将“塍”字假借为“滕”了。明、清年间的《滕县志》解释“滕”是因为本地泉水“腾涌”，且黄帝封其子于此地，以“滕”为姓而得名。这与王老师的解释是一致的。

从“滕”字的来历及其演变不难看出，在远古时期，我们这里的农业生产就很发达了，是一个泉水腾涌、美丽富饶的地方。

第二处是讲到了前掌大遗址。刘志基先生在《“妇”的箕帚缘》一文中写道：“‘帚’仅见于河南安阳出土的‘妇好’铜器铭文中，而‘婦’不仅见于河南安阳的出土材料，还见于河南辉县褚邱和山东滕州官桥镇前掌大村等地的出土铜器铭文，也就是说，在商代金文‘诸妇’中，只有极少数的书写用字是‘帚’，而绝大多数是‘婦’。”

滕州古墓遍布全境。1981年秋，中国社会科学院考古研究所，在我市官桥镇北辛文化遗址西南五公里前掌大村崖头，先后发掘大、中、小型商代古墓葬十余座，出土的部分文物有很高的历史价值。其中的大墓室为平面呈“申”字形深坑，并有地面“享堂”建筑遗迹，均为省内首次发现，专家由此推断，前掌大在殷商时期应有诸侯方国存在。

前掌大遗址商周墓地

前掌大遗址发现于1964年4月，此后经过数十年的发掘，出土了大量的青铜玉器、石器骨器、陶器蚌片、漆器饰物等文物，都极具考古、历史价值。上述刘先生所引用的“婦”字，就是一个最好的明证。

《咬文嚼字》杂志是一份专业性、知识性极强的知名刊物，为32开本，只有区区60多页，却在同一期的两篇文章中提到了我们滕州这个县级市的历史文化，这也可以视为滕州曾是“文化昌明”之邦的一个佐证。古老而美丽的滕州，我爱您。

向你挑战

2 减 1 等于几

（文中有十处差错，你能找出来吗？答案在本期找）

◎梁北夕　设计

一家大公司要招聘一批管理人员，招聘启示刚刚贴出没多久，就吸引了一大批应聘者。

公司在业内闻名遐尔，前来应聘的人不乏行业翘楚，及条件优越的高学历者。经过数轮淘汰，最终进入面试环节的不足10余人。当然，能留下的都是出类拔粹的行业精英。

关于面试的形式和题目，大家有各自的猜想和预测，共同点是：一定很“刁”，一定很难！最终呈现在大家面前的题目出人意料地“简单”：2减1等于多少。

看到这个题目，应聘者面面相觑，心里不由都敲起了波浪鼓：“不会吧，连学都没上过的小孩子都会做的算术题，竟然拿来考我们？”“答案不会这么简单，里面肯定大有文章。”“考官一定是想得到一个别出心栽的答案。”“这是在考‘创造性’思维能力。”……

就这样，大家开始较尽脑汁地想答案。有的答：“等于被减掉的1所能换来的所有东西。”有的答：“2减1等于1是消费，等于2是经营，等于3是贸易，等于4是经融，等于100是贿赂……”还有人居然答：“领导说它等于多少就等于多少，答案就是领导意志。”总之，千奇百怪，五花八门。

只有一个人，犹犹豫豫地回答：等于1。主考人员问他为什么不大大方方地说出来，他沉没了一会儿，说：“实话实说，有时并不是一件容易的事。”最后，这个说出答案是1的人被录用了，被录用的也只有他一个人。因为，公司要招聘的，就是敢于实话实说的人。

“铁”能炼成“金”吗

陈汉斌

最近参观一个教育基地，在大厅稍事休息时，发现墙上挂着的一幅标语有些奇怪，它写的是“精雕细刻出精品，千锤百炼铁成金”。意思大家都明白：不断打磨，精益求精，才能做出最好的产品。但“铁成金”有欠推敲之处，不如改为“铁成钢”。

“铁”和“钢”，都是指以铁元素为主的合金，两者的主要区别在于碳的含量。由铁矿中提取铁，将矿石、焦炭和石灰石在高炉中冶炼，使氧化铁还原成生铁。生铁经过进一步锤打冶炼，除去碳、硅、磷等杂质，可得到钢。相比生铁，钢有良好塑性，强度高，韧性好，还耐腐蚀。成语“百炼成钢”，意思是铁经过多次锻炼，能炼成钢，比喻人或事物久经斗争生活的考验，变得非常坚强。

而“金”是另外一种金属，“铁”无论如何锻炼，都是成不了“金”的。也许有人说，这是为了押韵，但不能因为押韵违背常理。

火眼金睛

图中差错知多少？

李 虎 晁芳芳 林万树 周建群 提供

（答案在本期找）

1

2

3

4

ISSN 1009-2390

06>

9 771009 239210

YAOWEN-JIAOZI

咬文嚼字®

小暑

二十四节气之一。在7月6日、7日或8日。此时天气渐热，但未至最热。《月令七十二候集解》：“暑，热也。就热之中分为大小……今则热气犹小也。”小暑，即小热。

上海世纪出版集团

欢迎至邮局订阅本刊 邮发代号 4-641

国内统一连续出版物号 CN 31-1801/H

定价：6.00 元

07

2021

雾里看花

“肖人栓”是什么

林万树

笔者曾在某大楼墙上看到“肖人栓”三个字。肖，有像、相似的意思；栓，是开关、塞子。“肖人栓”难道是像人一样的栓？答案本期找。

名家语画

航天英雄寄语电子科大学子

钱欢欣 / 文　臧田心 / 画

特级航天员杨利伟曾做客电子科技大学，与电子科大师生分享中国“飞天”的壮阔历程。最后，杨利伟寄语电子科大学子：“你所站立的地方，正是你的中国；你怎么样，中国便怎么样；你是什么，中国便是什么。希望大家一起为实现伟大中国梦努力奋斗。”

咬文嚼字®

2021年7月1日出版

7

总第319期

名家语画
航天英雄寄语电子科大学子 钱欢欣/文 臧田心/画/1

热点聚焦
“疫苗+”词语漫谈 高丕永/4
“免疫”的前世今生 南园/6

追踪荧屏
1978年哪有“国家教委” 毛纬武/8
“懵懂”误作“懵憧” 盛祖杰/9
那时还没有“马来西亚” 高良槐/10

时尚词苑
聊一聊字母词念法 东湖/11
“隔空”成时尚 刘冰鑫/13
“笑点”与“泪点” 王冬雪/15

一针见血
“不肖”？“不屑”！ 雷晓琪/17
世上本无“阿斗物” 汤青武/17
“毕路蓝缕”？“筚路蓝缕”！ 余培英/18
这话不是柳宗元说的 厉国轩/18
“淳华”应是“淳化” 李景祥/19
是“屏息”不是“屏吸” 徐长庚/19
“桥段”不能写成“桥断” 周振/20
“尺之壁”？“尺之璧”！ 国轩/20
何来“臧获”？应是“臧获”！ 重阳/21
“零摄氏度”不可写作“摄氏零度” 毛萧山/22
“青苔”误为“青笞” 杨昌俊/22
何来“毛莨科” 新德/23
“髦耋”指什么 阎德喜/23

学林
《红楼梦》中两个疑问句的比较 苏培成/24

语言哲思
“北京人”和“北京的人” 宗守云/28

正音室
“症状”是“zhèng状”还是“zhēng状”？ 徐婷婷/30
“悁悁心目”的“悁”不读juān 秦元伟/31
“雩”读什么音 王宜友/32

主管：上海文艺出版总社
主办：上海文化出版社
编辑、出版：《咬文嚼字》杂志社
集团网站：http://www.shwenyi.com
E-mail：yaowenjiaozi2@163.com
官方微博：
http://weibo.com/yaowenjiaozish
电话传真：021-64330669
发行电话：021-64372608-181
邮购电话：021-64370935
地址：上海市黄浦区绍兴路7号
邮政编码：200020
发行：上海市报刊发行局
发行范围：国内外公开
订阅处：全国各地邮局
邮发代号：4-641
ISSN 1009-2390
CN 31-1801/H
印刷：上海中华印刷有限公司
印厂电话：021-60829062
021-60299079
定价：6.00元

微型讲坛
从“饮翻杯”与“闷倒驴”看词的地域用法　孙志豪 /33
庚·庸·康　陈运舟 /35

文章病院
“无禄”质疑　孙　凯 /37
《论语》《孟子》《四书》岂可并列　辜良仲 /38
嫘祖应是“养蚕缫丝”　沈阳仁 /39
国家副主席≠中央人民政府副主席　余雪光 /40
安“支架”不是“搭桥手术”　晋　相 /41
人还活着，岂可“哀悼”　舒敬东 /42
“宋朝第三个皇帝”是谁　浦东轩 /43

碰碰车
“我顶你个肺”是四川方言吗　周建群 /44
苏东坡没当过杭州“知府”　叶才林 /45

语苑新谈
孔子所说的“中庸”究竟何意　石毓智 /46

网言网语
谢谢，有被笑到　刘可欣 /50
大阴阳师　范晓萌 /52

社交新风
谐音梗的秘密　徐默凡 /54

检测窗
编校差错扫描（三十五）　王　敏 /56

东西语渐
“卡脖子”在英语中怎么表达　陆建非 /59

说文解字
从甲骨文“乳”看早期汉字的“偏旁化”　刘志基 /61

你挑战句
找回自己　林　琳　设计 /64

顾　问
濮之珍　何伟渔
陈必祥　金文明
姚以恩

主　编　黄安靖

副主编　王　敏

特约编委
汪惠迪(中国香港)
田小琳(中国香港)
林国安(马来西亚)
吴英成(新加坡)

责任编辑　朱恺迪
施隽南

发稿编辑　戚新蕾
赵晓骏

封面设计　王怡君

特约审校
陈以鸿　李光羽
王中原　张献通
黄殿容　王瑞祥

热点聚焦

“疫苗+”词语漫谈

◎高丕永

1796年，世界上第一支天花疫苗在英国诞生。这种疫苗的原料取自患天花的牛犊，所以英语名称是“vaccine”（来自拉丁语，指“与牛有关的东西”）。“vaccine”，起初仅指牛痘苗，后来可以泛指疫苗。“vaccine”借入汉语时，特指的译为“牛痘苗”，泛指的译为“免疫苗”（后来缩略为双音节的“疫苗”）。这两个借词，1920年代在报刊上已常见。

牛痘苗的发明和普及，使得人类社会彻底战胜了肆虐3 000年的天花。同样的道理，新冠疫苗也是全球战胜新冠病毒的关键。然而，新冠疫苗刚开始研发时，一些发达国家已经抢先超量预订。这种“垄断疫苗资源的自私行为”就是“疫苗民族主义”（vaccine nationalism）。比如：“在西方奉行‘疫苗民族主义’和保护主义背景下，低收入国家无疑将成为世界经济复苏的一块短板。”（《新华每日电讯》2021年4月1日）

“疫苗竞赛”（vaccine race），一般指“在疫苗研发、测试等技术层面的竞争”。比如：“疫苗竞赛不能违背安全第一原则”（标题，《南风窗》2020年第22期）。“为购得疫苗而展开的竞争”，一般被称为“疫苗竞争”（vaccine competition）。比如：“世卫组织日前指出，阿斯利康和辉瑞公司都存在供应问题，没有一家公司能够负担起整个欧洲的疫苗接种，疫苗竞争的白热化或将难以真正纾解。”（《人民日报海外版》2021年2月9日）因“疫苗竞争”而引发的争端，叫作“疫苗争端”（vaccine dispute）。

为了全球新冠疫苗的公平分配，世卫组织等牵头设立了“COVID-19 Vaccine Global Access Facility”。这个项目的名称，通常意译为“新冠（肺炎）疫苗实施计划”。比如：“中国拟向‘新冠疫苗实施计划’提供1 000万剂疫苗”（标题，《羊城晚报》2021年2月4日）。但是，中国总是被西方舆论恶意扭曲为在搞“疫苗外交”（vaccine diplomacy），即“利用疫苗谋取地缘政治利益”。比如：“指责中国‘疫苗外交’，居心险恶”（标题，《新华每日电讯》2020年12月25日）。

常见的“疫苗+”词语，还有指“新冠免疫情况证明”的“疫苗护照”（vaccine passport）。比如：“欧盟讨论推行‘疫苗护照’”（标题，《环球时报》2021年1月20日）。为了早日接种并得到“疫苗护照”，或者为了缓解因接种不到疫苗而产生的“疫苗焦虑”（vaccine anxiety），西方有一些人加入了“疫苗旅游”（vaccine tourism），即以旅游的名义，去别的国家或地区接种稀缺的疫苗；还有一些人化身“疫苗猎人”（vaccine hunter），搜寻临近过期而被接种站遗弃的疫苗。比如：“‘疫苗猎人’‘疫苗旅游’？美国深陷疫苗之乱”（标题，央视新闻客户端2021年2月2日）。

2019年1月，世卫组织公布了当年度全球十大健康威胁，“疫苗犹豫”“艾滋病”“埃博拉病毒”名列其中。“疫苗犹豫”（vaccine hesitancy），是指“在可获得疫苗接种的情况下仍拒绝或延迟接种”。造成“疫苗犹豫”的因素比较复杂，有对疫苗不信任、接种不方便、信息误导、自满情绪等等。为了消除新冠疫苗犹豫，我国正在落实不少有效的措施。比如：“这波院士天团的‘最强代言’，相信会让不少患有疫苗犹豫症的人吃下定心丸。”（人民日报评论微信公众号2021年4月12日）

“免疫”的前世今生

◎南 园

古汉语中，早就有涉及“免疫”的用例，在《物理小识》(1643)和《松峰说疫》(1782)等古籍里，指“免受瘟疫邪气侵害”。1898年，由梁启超倡议编选、选文多出自《时务报》《知新报》《湘报》等维新报刊的《皇朝经世文新编》出版。这部书里，出现了“化学”“植物学”“育婴”“免疫”等一批新名词。《皇汉医学》(1927)里有介绍西方免疫学概况的章节，用到了“免疫性”一词，即现代意义的“免疫”。1937年，“免疫性”已收入《国语辞典》。

现代意义的“免疫”(又称“免疫力”)，指“由于具有抵抗力而不患某种传染病，通常分为先天性免疫和获得性免疫两种”。(参见《现代汉语词典》)“先天性免疫”，又称“自然免疫”，指“出生时就具有的免疫力”。“获得性免疫”，又称“后天性免疫”，指“先前感染过传染病或接种疫苗而获得的免疫力”。人类彻底消灭天花的经验告诉我们：阻断传染病传播最安全有效的方法是构建“群体免疫”。

“群体免疫”(herd immunity)，指“人或动物群体中的很大一部分因接种疫苗而获得免疫力，使得其他没有免疫力的个体因此受到保护而不被感染”。新冠疫苗接种率要达到多少才能“群体免疫”呢？专家们认为至少要70%。比如：“吴尊友：接种率达70%才敢打开国门”(标题，香港《文汇报》2021年4月16日)。“群体免疫”，有时写为“集体免疫”。比如：“‘方舱医院'可借鉴 '集体免疫'靠疫苗"(标题,《南方日报》2020年3月19日)。

"免疫屏障"(immunity barrier),是"群体免疫"的同义词。比如:"当人群中的接种率达到非常高的程度时,这个免疫屏障就建立起来了。"(《光明日报》2020年12月22日)有时,"群体免疫"和"免疫屏障"合并成"群体免疫屏障"使用。比如:"尽早接种新冠疫苗,共筑群体免疫屏障"(标题,《文汇报》2021年3月31日)。汉语自创的"免疫长城"也是"群体免疫""免疫屏障"的同义词。比如:"贡献'一臂之力' 共筑免疫长城"(标题,《新华每日电讯》2021年4月8日)。

"免疫鸿沟"(immunity gap),指"不同国家间、群体间,因疫苗分配的不公平而在构建群体免疫方面存在的差距"。比如:"跨越'免疫鸿沟',须对'疫苗民族主义'说不"(标题,《光明日报》2021年4月1日)。又如:"许多发展中国家正面临严重疫苗短缺,不少国家甚至一剂难求,'免疫鸿沟'正在成为令人遗憾和不幸的现实。"(《人民日报》2021年4月5日)"免疫鸿沟",有时还写为"免疫落差"。比如:"国家或地区间免疫落差的存在,依然有可能导致新冠病毒的大规模传播,因此实现群体免疫目标必须在全球范围内共同推进。"(《光明日报》2021年3月31日)

汉语"土生土长"的"免疫洼地",指"由于没有足够数量的疫苗或虽有足够数量疫苗但接种人数不够多而造成群体免疫力不足的状态"。比如:"在全球疫情防控中,中国跑赢了上半场。但是,如果不尽快建立起免疫屏障,就有可能形成一个免疫洼地。"(《人民日报》2021年4月19日)又如:"过大的免疫落差和免疫洼地,不仅使病毒得以继续传播、扩散,也为病毒的变异提供了可能,从而使已免疫'高地'重新陷落。"(《光明日报》2020年12月22日)

追踪荧屏

1978年哪有"国家教委"

◎毛纬武

2021年2月17日晚，中央电视台一套播出的感动中国2020年度人物颁奖典礼中，在介绍叶嘉莹的事迹时说："1978年暮春，叶嘉莹在报纸上看到内地的学校需要教师，便即刻给国家教委写了一封申请信，她希望不要任何报酬回国教书……"这里的"国家教委"错了，当时的名称是"教育部"。国家教委只存在于1985年6月至1998年3月之间，不到13年。

教育部是国务院主管教育事业和语言文字工作的组成部门，是为数不多的设立最早且仍然保留其名的国家部委之一。1949年，成立文化教育委员会、教育部。1952年11月，增设高等教育部(高教部)。1958年2月，高教部并入教育部。后又恢复高等教育部。1966年，高教部再次并入教育部。1970年6月，中共中央决定撤销教育部，成立国务院科教组。1975年1月，第四届全国人大一次会议决定恢复教育部。1985年6月18日，第六届全国人大常委会第十一次会议决定撤销教育部，设立国家教育委员会，即上述颁奖典礼中

“懵懂”误作“慒懂”

◎盛祖杰

电视连续剧《因法之名》第一集中，有这样一段女主角邹桐的画外音：“对于我们五个 měng 懂无知的少年来说，命运也就在那一天发生了巨变。”“měng 懂”应为“懵懂”，同步显示的字幕却错成了“慒懂”。

“懵(měng)懂”的词义是糊涂、不明事理。如元代乔吉《扬州梦》第二折：“又不是痴呆懵懂，不辨个南北西东。”“懵懂少年”通常指没有经历世事磨炼、思想单纯的少年。电视剧中，邹桐他们当年都是小学生，称其为“懵懂无知的少年”是贴切的。

“慒”是个多音字，并不常用。读 cóng 时，表示谋虑。读 cáo 时，表示昏乱。“慒”“懂”不能组合成词。

提到的“国家教委”。1998 年 3 月，第九届全国人大一次会议通过了《关于国务院机构改革方案的决定》，国家教委更名为教育部。

所以，如果是在 1978 年，那时应是给教育部而非国家教委写信。

那时还没有“马来西亚”

◎高良槐

电视连续剧《毛泽东》第37集中，日本突然袭击了美国珍珠港，太平洋舰队遭到重创。美国总统下令对日宣战，太平洋战争爆发。此后不久，在日本军队大本营内，东条英机对部下下令，字幕翻译道：“为了迅速取得大东亚圣战的胜利，我命令第二十三军进攻香港，第十四军进攻菲律宾，第二十五军进攻马来西亚、新加坡……”太平洋战争时期还没有“马来西亚”，东条英机哪会说出“进攻马来西亚”呢？

马来西亚（Malaysia），简称大马。马来西亚地区16世纪起相继被葡、荷、英等国侵略。18世纪80年代起逐步沦为英国殖民地。第二次世界大战中为日军占领，日本投降后，英国恢复殖民统治。1957年8月31日马来亚联合邦（Federation of Malaya）宣告独立。1963年，马来亚与新加坡、沙巴及沙捞越组成了马来西亚联邦。1965年8月，新加坡退出马来西亚联邦。

显然，电视剧制作者没有注意到当时还没有“马来西亚”这个说法。将“马来西亚”改为“马来亚”，就符合事实了。

聊一聊字母词念法

◎东　湖

汉语字母词，按来源分，基本上有四种：英语缩略语、西文字母加汉字（或阿拉伯数字）的组合、汉语拼音首字母的组合、日语罗马字首字母的组合。《现代汉语词典》第7版收录了一大批字母词，但没有明确标注读音。那么，字母词怎么念呢？由于大多数字母词来自英语缩略语，我们且从英语缩略语的念法说起。

英语缩略语，数量最多的是取合成词里每个词的首字母构成的组合。如果首字母组合不符合辅音元音的拼读条件，就按字母的读音念（以下简称“字母念法”）。比如“OTC”（来自“over the counter”，指“非处方药”）。如果首字母组合符合辅音元音的拼读条件，又不会同其他词的读音混淆，就拼读念出（以下简称“拼读念法”）。比如，“SIM卡”里的“SIM”，来自“subscriber identification module”，读音是[sim]（方括号中标注国际音标，下同），指“用户身份识别”。而如果符合拼读条件，但是会与别的词混淆，则改用“字母念法”。比如，指“世卫组织”的“WHO”、指“信息技术”的“IT”，要用“字母念法”。

有的英语缩略语，取合成词里每个词的前两个字母构成，可以保留所取字母原来的拼读（即“拼读念法”）。比如，“Wi-Fi”（来自“wireless fidelity”，念['waiˌfai]，指“无线局域网”）、“Hi-Fi”（来自“high-fidelity”，念[ˌhai'fai]，指“高保真度”）。

还有的英语缩略语，取一个词的前三个或三个以上的字母构成（有时有变形），也保留所取字母原来的拼读。比如，指“传真”的“FAX”，取“facsimile”的前四个字母且有变形，念[fæks]。

有的英语缩略语，用“字母念法”“拼读念法”混合使用的“混合念法”。比如，来自“business-to-business”（企业对企业的电子商务）的“B2B”，由两个首字母“B”和“2”（这个“2”的英语发音与“to”构成谐音，不表示数目）构成，按“B to B”念。还有的英语缩略语，取同一个词不同部位的字母构成（有时有变形），读音为原来整个词的发音（以下简称“整词念法”）。比如，“PPT”（来自“PowerPoint”，指“演示文件”），读如“PowerPoint”。又如，“BBQ”（来自“barbecue”且有变形，指“野外烧烤”），读如“barbecue”。

以上所说，是英语缩略语在英语中的念法。我们将有用的英语缩略语借入汉语，那就变成汉语字母词了。在汉语字母词中，来自英语缩略语的，大多数保留了英语的念法。其中，“混合念法”的字母词比较少，常见的有“B2B”、“C2C”（消费者之间的网上交易）、“P2P”（点对点网络借款平台）等。“整词念法”的，只有“BBQ”。“拼读念法”的字母词较多一点，常见的有“SIM卡”里的“SIM”、“Wi-Fi”、“Hi-Fi”、“FAX”等。“字母念法”的字母词最多，常见的有“IT”、“AI”（人工智能）、“IP”（知识产权）、“VR”（虚拟现实）、“ICU”（重症监护病房）等。

但是，有些英语缩略语，进入汉语后会改用同汉语语音系统比较协调、人们又习惯使用的“字母念法”。比如，“整词念法”的缩略语“PPT”、“拼读念法”的“UFO”（不明飞行物）等字母词皆改用“字母念法”。

至于其他三个来源的字母词，数量不多，基本上都用“字母念法”。本文不细说了。

“隔空”成时尚

◎刘冰鑫

中国武术中传说有一种功夫，练功者隔着一段距离用拳掌攻击对方，可以将其击倒，这就是所谓的“隔山打牛”或“隔空打人”。这种功夫常常出现在一些文学作品中，是人为虚构的，现实世界并不存在。前几年，苹果公司开发出“隔空投送”功能，设备之间虽然隔着一定距离，但可以通过蓝牙传送照片、视频、文稿等，方便快捷。于是，“隔空”一词再次进入人们视野。如今，“隔空”广泛使用，频频现身科技领域，指隔着一定空间距离进行某项操作。例如：

（1）有没有想象过，手机还可以“隔空充电”？近日，在上海举办的第9届世界移动通信大会（MWC）上，应用了隔空无线充电技术的OPPO X2021卷轴概念机引人关注。（《四川日报》2021年3月3日）

（2）市民在展厅中能遇见俏皮的机器人讲解员，了解新能源技术的秘密，体验智能家居，还能感受生活中有用、有趣的科技，比如模拟山区道路的“云端高速”、隔空操作的挂号机……（《潇湘晨报》2020年9月17日）

2020年初，新冠肺炎疫情来袭，人与人之间的接触被迫减少。但我们提倡“隔离病毒，不隔离爱”，人们以“隔空”的形式表达情感，增加非接触式交际，因此，大批“隔空××”词语出现。例如：

（3）……来接田家桥村解除隔离的村民刘大姐回家。医护人员把刘大姐送了出来，一边叮嘱她回家后的注意事项，

一边跟她隔空拥抱着告别。(《天津日报》2020年2月10日)

(4)北京迎来了疫情期间的新高考。……老师对学生的祝福也采用了新形式——北京青年报记者在人大附中考点外看到,老师与学生隔空击掌送祝福。(《北京青年报》2020年7月8日)

(3)(4)两例"隔空"是可视范围内的情感表达,空间距离短。时下,借助科技手段,通过网络平台,远隔重洋也可以"隔空"互动。例如:

(5)《在一起(TOGETHER)》由中国经典民歌《茉莉花》和意大利作曲家普契尼歌剧《图兰朵》中的著名咏叹调《今夜无人入睡》重新编配而成,中意歌唱家隔空对唱。(《北京晚报》2020年4月11日)

(6)斯特芬迪、内戈特和纽曼三名身在不同地方的女子撑杆跳高顶级选手上演"隔空对决",这是继三名男子撑杆跳高名将在自家花园上演线上对决之后的又一次"终极花园对抗"。(《北京日报》2020年5月20日)

例(5)"隔空对唱"指中意两国艺术家突破空间阻隔,共同演唱歌曲,激励世界人民共克时艰,砥砺前行;例(6)"隔空对决"打破了原有的竞赛模式,线上比赛遵守了各地疫情防控要求,也体现了竞争公平性,为运动员搭建了展现实力的新平台。

"隔空"不仅指空间上的距离,也可以指时间上的距离。例如:

(7)17日晚,由国家大剧院制作、黄盈执导的话剧《十字街头》在大剧院小剧场亮相,舞台表演与经典影像同时呈现又彼此互动,让这个剧成为今天的年轻人与83年前年轻人的隔空对话。(《北京日报》2020年10月19日)

例句中"隔空对话"指话剧舞台上当代青年人的表演与上世纪经典影片《十字街头》交会,两个时空的表演交叉进行,当代青年人与曾经的年轻人同

“笑点”与“泪点”

◎王冬雪

“笑点”和“泪点”都是名词，结构相同，用法相似，常用来描述某一时间点喜悦或悲伤的情绪状态。它们最初出现在影视评论中，用于评论电影或电视剧的故事情节。剧情中能够引起观众发笑的内容为“笑点”，能够引起观众落泪的内容为“泪点”。例如：

（1）剧中，喜剧元素下的生活碰撞更是笑点密集，“趣味调侃”与“新新人类物语”不胜枚举，轻松幽默的同时，不失生活智慧。（《人民日报海外版》2020年1月31日）

（2）朱锁锁在婚礼现场和叶谨言释然的拥抱打动了观众，戳中了大家的泪点……（《中国城市报》2021年1月25日）

“笑点”“泪点”分别表示让人发笑、流泪的剧情，是可数名词，常同“多”“少”“密集”等表示数量的词语搭配使用。

随着使用频率提高，“笑点”“泪点”从影视、综艺评点的文艺领域扩展到日常生活、新闻报道等多个领域。新冠疫情期间，全国上下齐心抗疫，诸多感人事迹涌现，“笑点”“泪点”

……………………………………

步表演，相互对话，创新了艺术表现形式，巧妙的构思突破了时间上的限定，还让经典作品发声。

“隔空”规避了时空距离，不仅反映了科技的进步，更传递着人间的温情。当下，“隔空”正成为一种时尚，让人们在有限的时空里创造出无限的可能。

出现频率迅速增高，例如：

（3）医护人员握拳鼓劲的一句话，戳中中国人的泪点。（《人民日报》2020年5月10日）

“泪点”原是医学概念，指人的一个身体部位，位于泪道起始管口处。一旦某种刺激触发了“泪点”，便会流出眼泪。如今，“泪点”的本义经过重新诠释，进一步抽象化。“戳中泪点”“激发泪点”的表达，并非表示实际刺激到“泪点”这一部位，而是指在抽象层面，即在某事的刺激下，让人伤心或感动落泪。“泪点”转指让人流泪的触发点，比如影片中某一感人桥段。

“笑点”指让人欢笑的触发点。但与“泪点”有所不同，因为人的身体不存在“笑点”部位，这一“部位”本是人们想象的产物。

“笑点”和“泪点”进一步演变出新的意义——表示让人发笑、流泪的最低限度，常跟“高”和“低”搭配使用，例如：

（4）南北名嘴的合作被网友戏称为“一锅夹生饭”，更有人批节目“笑点低”，是一场没啥看头的故事会。（《新华日报》2012年10月9日）

（5）自觉失态的贾乃亮笑着自嘲：“一谈女儿我就泪点低。”（《京华时报》2014年8月15日）

“点”的义项众多，其中一项是“一定的地点或程度的标志”。（参见《现代汉语词典》第7版）比如化学上“燃点”和“沸点”，分别指的是物体达到燃烧、沸腾的临界值。“笑点”和“泪点”由让人发笑、流泪的地方引申出最低限度义，实为横向的区域向纵向的值域进行投射的结果。

“笑点”和“泪点”应用范围日益扩大，还衍生出许多“×点”的表达，表示让人××的地方，比如“槽点（让人吐槽的地方）”“虐点（让人虐心的地方）”“幽默点（让人觉得幽默的地方）”。“×点”结构的兴起符合语言表达的经济原则，只要三两个字便可表达出某种关键性情感。

一针见血

“不肖”？“不屑”！

◎雷晓琪

2020年11月26日《南方周末》C21版刊载《江青：都云阿龙痴》，其中写道：

我说话从来不喜欢转弯抹角，看不惯他（阿龙）这样颠三倒四的“古怪”行径，不肖地问他：“你搞什么鬼？”他会大言不惭地自我解嘲：“人在江湖一定要八面玲珑……”

这里的“不肖”属于错用。

不肖，可表示不似，特指子不似其父那样贤能。《说文解字》：“肖，骨肉相似也。从肉小声。不似其先，故曰‘不肖’也。”还可表示不成才、不正派，如吴玉章《从甲午战争前后到辛亥革命前后的回忆》六：“留日学生中也确有一些不肖之徒，见利忘义，以致被它软化。”还可作自谦之词。

“不屑”是认为不值得的意思，如不屑一顾。也可表示轻视。上述文章中“我”看不惯阿龙“颠三倒四的‘古怪’行径”，要表达对阿龙的轻视，应使用“不屑”，不应用“不肖”。

世上本无“阿斗物”

◎汤青武

《散文选刊》2020年第10期载有散文《让尘土复归于尘土》，写自己的父亲总是打电话催着自己和兄弟姐妹回家，然后心安理得地收儿女们给的钱。其中这么写道：“于是我们约定定期定量给他钱，这俗世里最俗的阿斗物，很能安慰他半世沧桑辛苦。”用“阿斗物”来指代自己和兄弟姐妹给父亲的钱，显然是错误的。因为，钱是“阿堵物”，不是“阿斗物”。

阿堵，读作 ēdǔ，是六朝人口语，犹言这、这个。以“阿堵物”指钱，出自刘义庆《世说新语·规箴》。其中说王夷甫“雅尚玄远”，不曾说钱字。有一次妻子让家中婢女将钱堆绕在他床边，王夷甫早晨起来，见到钱，呼婢曰："举却阿堵物。"即拿掉这个东西。后来就以"阿堵物"指钱。

阿斗（Ā Dǒu），是三国蜀汉后主刘禅的小名。刘禅为人无能，虽有诸葛亮等人辅佐，也未能振兴蜀汉。后用"阿斗"或"扶不起的阿斗"称呼懦弱无能、不思振作的人。

"阿斗"与"阿堵物"风马牛不相及，汉语中更没有什么"阿斗物"。

"毕路蓝缕"？"筚路蓝缕"！

◎余培英

2021年4月8日《珠江商报》A4版《党史学习教育的"内功"与"外功"》一文有这样一段话："通过学党史，了解我们党创造辉煌开辟未来的底气，了解我们党毕路蓝缕奠基立业的骨气，了解我们党矢志践行初心使命的志气，进而了解中华民族从站起来、富起来到强起来的历史逻辑、理论逻辑与实践逻辑。"其中"毕路蓝缕"应为"筚路蓝缕"。

筚，用荆条、竹子等编成的篱笆或其他遮挡物。《左传·宣公十二年》："筚路蓝缕，以启山林。"筚路即筚辂，指的是柴车。蓝缕，破衣服。意思是驾着柴车，穿着破旧的衣服去开辟山林，形容创业的艰苦。也作"荜路蓝缕"，"荜"同"筚"。

毕，可表示完结、完成，如：毕其功于一役。也指完全，如：群贤毕至。也作姓氏等。"筚路蓝缕"不能写作"毕路蓝缕"。

这话不是柳宗元说的

◎厉国轩

去年新冠疫情暴发在家中赋闲之际，翻阅旧报，读到2014年3月5日《南方都市报》上的《孟学农谈两度引咎辞职　个人升迁看太重才会遗憾》一文，其中有这样一句："柳宗元就说过，穷则独善其身，达则兼济天下。"说错了，这话不是柳宗元说的。

这两句话是早于柳宗元一千多年的战国时期的思想家孟子说的，见于《孟子·尽心上》。原句是“穷则独善其身，达则兼善天下”。后人改为“穷则独善其身，达则兼济天下”。意思是说：不得志的时候就洁身自好，修养个人品德；得志显达的时候，就要造福天下。

孟子此语常被后人引为个人立身行事的圭臬。如白居易《与元九书》：“古人云：‘穷则独善其身，达则兼济天下。’仆虽不肖，常师此语。”前述旧文显然犯了张冠李戴之误。

“淳华”应是“淳化”

◎李景祥

《老同志之友》2020年10月上期刊有《诚信品格成就了北宋名相晏殊》一文，文章开头简单介绍晏殊：“晏殊，字同叔，抚州临川（今属江西）人，出生于宋太宗淳华二年（991），当时正是北宋人才荟萃的时代。”此处的“淳华”应是“淳化”。

宋太宗（939—997），即“赵炅”。北宋皇帝，是宋太祖之弟，976—997年在位。宋太宗用了太平兴国、雍熙、端拱、淳化、至道五个年号。淳化从990年开始使用，995年改为至道。“淳化”有纯正平和、敦厚的教化、驯化等意义。宋太宗的年号“淳化”不可写作“淳华”。

是“屏息”不是“屏吸”

◎徐长庚

《炎黄春秋》2020年第4期刊有《孙家栋与中国第一颗人造地球卫星》一文，文章中说道：“最后一次急促的撤离警报拉响后，发射场坪空无一人，地下控制室的潜望镜伸向地面，人们屏吸等待火箭点火的最后一瞬。”“屏吸”一词明显是“屏息”之误。

屏息，即暂时抑制呼吸。屏，义为抑制。息，指呼吸，一呼一吸谓之一息。汉语中没有“屏吸”一词。误“屏息”为“屏吸”应是音同所致。

“桥段”不能写成“桥断”

◎周 振

“谍战剧或案情片里用药巾捂住口鼻麻翻受害人，是并不鲜见的桥断，人们权当看戏。”这句话出自2021年2月24日《报刊文摘》第4版刊登的《网红医生迷晕自己惹争议》一文。其中的“桥断”有误，应为“桥段”。

段，指事物、时间的一节或一部分，如两段木头、一段文章、一段时间。也指事物划分成的部分，如地段、段落、阶段。桥段，电影术语，译自英语中的“bridge plot”。“bridge”本义为桥，引申为渡过，“plot”意为情节、策划等。两个单词合起来，指电影中两个大段落之间的小段落，起过渡作用，就像文章中的过渡段。可以是一个动作、一个表情、一句台词、一个镜头的移动、一个故事情节或一个场面的切换，把上一场戏引入下一场戏。

断，可表示（长形物）分成不相连的段，如砍断、截断。也可以表示隔绝、使不再相继，如断交、断绝往来。还有拦截、阻拦之义，如断球、断后。

显然，上述文章所说的“谍战剧或案情片里用药巾捂住口鼻麻翻受害人”的“并不鲜见”的情节，是“桥段”。“桥段”一词不能写成“桥断”，这是显而易见的。

“尺之壁”？“尺之璧”！

◎国 轩

《养生月刊》2020年第11期刊有《〈淮南子〉的精神“自得”之道》一文。其中引《淮南子》语曰：“夫日回而月周，时不与人游，故圣人不贵尺之壁而重寸之阴，时难得而易失也。”这段引语出自《淮南子·原道训》，原文为“尺之璧”，而非“尺之壁”。

尺之璧，即直径一尺的大玉璧，言其珍贵。“尺之璧”与后文的“寸之阴”相对，“寸之阴”即日影移动一寸的时间，言时间之短暂。上述引句的意思就是寸阴比尺璧还要珍贵，因此人们应该珍惜每一分每一秒的时间。曹丕《典论·论文》：“则古人贱尺璧而重寸阴，惧乎时之过也。”

“尺之壁”或许可理解为一尺长或宽的墙壁，但这与“寸阴”无关，并且也无法衬显出“寸阴”之珍贵。

何来“臧获”？应是“臧获”！

◎重　阳

《宣和画谱》第七卷评价北宋著名画家李公麟的人物画时说：“尤工人物，能分别状貌，使人望而知其为廊庙、馆舍、山林、草野、闾阎、臧获、台舆、皂隶。”而2021年3月30日《上海老年报》第7版《〈五马图〉引发的历史回忆》一文引用这段话时却将其中“臧获”一词误引为“臧获”。

臧获，可指奴婢。《方言》第三：“臧，甬，侮，获，奴婢贱称也。荆淮海岱杂齐之间，骂奴曰臧，骂婢曰获。”“臧获”即古代对奴婢的贱称。如司马迁《报任安书》中有：“且夫臧获婢妾，犹能引决，况仆之不得已乎！”

《宣和画谱》的评价中“廊庙、馆舍、山林、草野”不必多说。“闾阎”指里巷内外的门，借指平民。“台舆”又称“舆台”，是古代十等人中两个低微等级的名称，舆为第六等，台为第十等，泛指操贱役者、奴仆。皂隶，也是古代十等人中两个低等级的名称，皂为第五等，隶为第七等，泛指贱役，后专以称衙门里的差役。“臧获”与“闾阎”“台舆”“皂隶”属于同类。而荻是多年生草本植物。“臧荻”无从索解。

“零摄氏度”不可写作“摄氏零度”

◎毛萧山

2020年12月30日《杭州日报》第8版《工程现场 他们汗湿衣裳，施工保进度》一文首段说：“钱塘江江面温度已经是摄氏零度以下，但沪杭甬改建工程钱塘江新建大桥工地依旧如火如荼。”这里的“摄氏零度”明显有误，“摄氏度”是不能拆分的。“摄氏零度”应为“零摄氏度”，也可写作“0℃”。

摄氏度是摄氏温标的单位。摄氏温标是目前世界上广泛使用的一种温标，它由18世纪瑞典天文学家安德斯·摄尔修斯提出。即在一个标准大气压下，把纯水的沸点定为100摄氏度，水的凝固点定为0摄氏度，其间分成100份，1份为1摄氏度。摄氏度的符号是“℃”。

“摄氏度”是中华人民共和国法定计量单位之一。“摄氏度”是一个单位，不可随意分开使用，不能将“零摄氏度”写作“摄氏零度”。

“青苔”误为“青筶”

◎杨昌俊

好多次，我呆呆地审视着家乡屋顶上的青瓦，一块压着一块，多像叠加在一起的日子……写满春秋，结满岁月的青筶。

这段话出自2021年1月6日《娄底晚报》第7版文章《挚如青瓦》。“结满岁月的青筶”让人不知所云，“结”宜改为“长”，而“青筶”应为“青苔”。

苔，多音字。读作tāi时，指舌苔，是舌头表面滑腻的物质。观察其颜色变化，可以推断病症，是中医辨证施治的一种依据。读作tái时，指苔藓植物，根、茎、叶的区别不明显，有绿、青、紫等色，多生长于阴湿之处。因其延贴地面，也叫作地衣。“青苔”指在阴暗潮湿地方生长的绿色的苔藓植物。

笞，读作 chī，指用鞭、杖或竹板抽打。如“鞭笞”指用鞭子或板子打，比喻严厉谴责。特指古代用竹板或荆条打人脊背、腿部或臀部的刑罚，即“笞刑”。“苔”“笞”两字字形相近，应是致误原因。

何来“毛茛科”

◎新　德

《长寿养生报》2020 年 11 月 17 日《良药苦口话黄连》一文说：“黄连为毛莨科多年生草本植物黄连（包括三角叶黄连、峨眉野连和云南黄连）的根茎。”何来“毛莨科”？应是“毛茛科”。

毛茛（gèn）科，大多为一年生或多年生草本，亦有木质藤本或直立灌木。有供药用的黄连、威灵仙等和供观赏的飞燕草、侧金盏花等，有一部分为有毒植物，如毛茛。

莨，读作 liáng 时，即薯莨，多年生缠绕藤本，地下具块茎，外紫黑色，内为棕红色，可用以染丝绢、棉、麻织物，如盛产于广东的“莨纱”。读作 làng 时，指莨菪，一种多年生草本植物。多生于山野，有毒，可作药用。

“莨”与“茛”，一点之差，音义迥异。

“髦耋”指什么

◎阎德喜

《黑龙江广播电视报》2018 年第 20 期文章《70 岁，倔强老太从扫厕所再起步……》中说道：“2003 年 7 月 28 日，吴胜明被释放。此时的她已经是髦耋老人，孑然一身，无家可归。”其中“髦耋”应为“耄耋”。

耄（mào），指八九十岁的年纪。耋，指七八十岁的年纪。耄耋，指年老高龄。上述引文中的吴胜明 2003 年时是 70 岁，可称“耄耋老人”。髦（máo），古代可指马颈上的长毛、英俊杰出之士、幼儿垂在前额的短头发等等。现在常用在“时髦”中。文中的“髦耋”难以索解。

学林

《红楼梦》中两个疑问句的比较

◎苏培成

《红楼梦》是中国古典白话小说中的瑰宝，从文学的角度研究《红楼梦》的佳作时有出现，研究成果不断涌现，可是语言运用方面尚有很大的研究空间。本文试图做一点尝试，敬请各界读者指正。

下面先从《红楼梦》的程乙本和庚辰本的第二十一回引用说同一个事件的两个段落。

（1）正说着，凤姐走进院来，因见平儿在窗外，便问道："要说话，怎么不在屋里说，又跑出来隔着窗户闹，这是什么意思？"贾琏在内接口道："你可问他么。倒像屋里有老虎吃他呢！"平儿道："屋里一个人没有，我在他跟前作什么？"凤姐笑道："没人才便宜呢！"平儿听说，便道："这话是说我么？"凤姐便笑道："不说你说谁？"平儿道："别叫我说出好话来了！"说着，也不打帘子，赌气往那边去了。（《红楼梦》程乙本）

（2）一句未了，凤姐走进院来，因见平儿在窗外，就问道："要说话两个人不在屋里说，怎么跑出一个来，隔着窗子，是什么意思？"贾琏在窗内接道："你可问他，倒像屋里有老虎吃他呢。"平儿道："屋里一个人没有，我在他跟前作什么？"凤姐儿笑道："正是没人才好呢。"平儿听说，便说道："这话是说我呢？"凤姐笑道："不说你说谁？"平儿道："别叫我说出好话来了。"说着，也不打帘子让凤姐，自己先摔帘子进来，往那边去了。（《红楼梦》庚辰本）

这段引文里有两个疑问句，一个是程乙本里的："平儿听说，便道：'这话是说我么？'"另一个是庚辰本里的："平儿听说，便说道：'这话是说我呢？'"两句的区别只是句末语气词不同，一个是"么"，一个是"呢"。有位中学语文老师给我写信，谈了他对这两个疑问句的看法。他说：我觉得，"这话是说我呢？"似乎比较好。理由是："程乙本"的"这话是说我么？"是是非问句，句末用"么"。而"庚辰本"的"这话是说我呢？"用了"呢"就变成特指问句了，意思是，你这话是在说我吧？语气似乎比较委婉，从上下文来看，比较恰当。

这种看法对不对呢？为了讨论这个问题，先要介绍白话文里疑问句的结构特点。白话文的疑问句分为四类：

1. 是非问句。发问者提出一个判断，要对话方做出回答，是肯定还是否定，这样的疑问句是是非问句。是非问句的句末可以有疑问语气词"吗(也作么)"，但是不能有疑问语气词"呢"。对话方的回答可以是"是""对的"或"不是""不对"等。例如：

今天是星期一吗？——是(或不是)。

你要去上海吗？——去(或不去)。

2. 特指问句。发问者在疑问句中使用疑问词语提出询问的焦点，征询对话方的看法。句末可以有疑问语气词"呢"，但是不能有疑问语气词"吗(么)"。对话方不能用"是"或"不是"来回答，而要针对疑问词语所问的内容来回答。例如：

今天是星期几？——今天是星期一。

你要去哪里？——我要去上海。

3. 选择问句。发问者提出几种可能的选项，要对话方从中选择做出回答。在每个选项的后面可以有疑问语气词"呢"，但是不能有疑问语气词"吗(么)"。对话方要从几个选项里选择一项做出回答。例如：

今天是星期一呢，还是星期二呢？——星期一（或星期二）。

你去北京呢，还是去上海呢？——去北京（或去上海）。

4. 反复问句。发问者在疑问句的谓语部分用肯定与否定相并列的形式提问。在疑问句的后面可以用疑问语气词“呢”，不能用疑问语气词“吗”，对话方要根据实际情况做出肯定或否定的回答。例如：

今天是不是星期一？——是（或不是）。

你去不去上海？——去（或不去）。

汉语是十分发达的语言，为了适应交际的需要，它的句式有很多变化。就疑问句来说，上述的基本类型可以变化出：

“我的书包呢？”“我的书包”是名词性成分，它的后面用疑问语气词“呢”构成特指问句，意思是问“我的书包在哪儿？”

“我明天去上海，你呢？”“你呢”是特指问句，问“你明天怎么样？”

“今天是星期几吗？”如果问：“今天是星期几呢？”这是特指问句。如果把语气词“呢”改为“吗”，整个句子就变成了是非问句，意思要对方确认“你是问今天是星期几吗？”以上的例子说明疑问语气词的使用对疑问句的表达极为重要。根据上面谈到的这些知识，我们来分析前面介绍的那位老师对《红楼梦》里的疑问句的分析。

程乙本里的“这话是说我么？”这是是非问句，而庚辰本里的“这话是说我呢？”不是特指问句，因为句子里没有疑问词语。它也不是是非问句，因为它的末尾没有用疑问语气词“吗（么）”，而用的是疑问语气词“呢”。我们认为这是选择问句的省略式，它的末尾用了疑问语气词“呢”，表达的意思是“这话是说我还是说谁呢？”这个句子里隐含着的“谁”不表示疑问，而是暗指“贾琏”。这个句子的意思不能理解为“你这话是在说我吧？”按照我们的解释，把“这话是说我呢？”放回《红楼梦》说的这段故事里，正好表现当时平儿的心理。《红楼梦》的这段故事，是说贾琏见平儿娇俏动情，便搂着求欢，被平儿夺手跑了，急得贾琏弯着腰恨道：“死促狭小淫妇！一定浪上人的火来，他又跑了。”平儿在窗外笑道：“我浪我的，谁叫你动火了？难道图你受用一回，叫他知道了，又不待见我。”正在这时凤姐走进院来，她看到平儿和贾琏一个在窗外一个在窗内闹，就明白了八九成，所以就问道：“要说话两个人不在屋里说，怎么跑出一个来，隔着窗子。是什么意思？”平儿道：“屋里一个人没有，我在他跟前做什么？”凤姐笑道：“正是没人才好呢。”意思是屋里正好没人才可以求欢。平儿听了这话心里十分不快，这场闹剧明明是贾琏引起的，而凤姐只责备她平儿，偏袒贾琏。可她因身份卑贱不便直说，所以她就用了个选择问句，提出了另一个选项“还是说谁呢？”凤姐明白平儿这话的含义，回答道：“不说你说谁？”把平儿的话堵了回去。而程乙本的“这话是说我么？”反映不出平儿的不平，也反映不出凤姐、贾琏、平儿这三人间的复杂关系，所以我们以为庚辰本的这个疑问句要胜过程乙本。

《找回自己》参考答案

1. 金钱、产业、甚至妻子儿女——金钱、产业，甚至妻子儿女
2. 自抱自弃——自暴自弃
3. 沉缅——沉湎
4. 熟料——孰料
5. “不过”，——“不过，”
6. 污诟——污垢
7. 脏的——脏得
8. 神釆飞扬——神采飞扬
9. 所向披糜——所向披靡
10. 不堪入耳——不堪入目

语言哲思

“北京人”和“北京的人”

◎宗守云

先看两个例子：

（1）在我们那边的人眼睛里我已经成为北京人了，可是在北京人当中呢，认为我是外地来的，就是那种“北京的人”，我在这个公司工作快10年了，我的同事说起来我还是一个外地人。（安顿《绝对隐私》）

（2）我说：“你们北京人一辈子说的话，至少多我们一倍。”

她走过来往我膝盖上坐，整个身子仰在我怀里，头搁在我肩膀上亲昵地蹭着我脸。

“你们北京人？你不是北京人啊？”

“我啊，我是北京的人，你们是北京人。”

“汉语被你们糟蹋了，加一个‘的’就欲盖弥彰。”她把性感的嘴唇在我脸上凑着，吹出一缕缕清新的青春独有气息。（陈楫宝《万寿路姑娘》，《天津文学》2021年第3期）

例（1）（2）“北京人”和“北京的人”意义不同，“北京人”指世居北京的人，“北京的人”一般指在北京工作的外地人。“北京人”，“北京”和“人”紧邻，语言成分距离近，所表达的概念距离也近；“北京的人”，“北京”和“人”被“的”隔开，语言成分距离远，所表达的概念距离也远。这反映了语言的“距离象似性”原则。

认知语言学认为，语言成分之间的距离，反映了语言成分所表达的概念之间的距离，这就是语言的“距离象似性”原则。“距离象似性”原则可以解释很多语言现象。比如，在英语中，workers由三个语素组成，包括词根语素work、派生语素er以及屈折语素 s。派生语素用来构词，和词根的概念距离近，因此形式上紧邻词根；屈折语素用来表达语法意义，不用来构词，和词根的概念距离远，因此形式上可以不靠近词根。再比如，在汉语中，表示量度的形容词和表示颜色的形容词修饰中心语，一般都用“量度形容词 + 颜色形容词 + 中心语”的形式，而不用“颜色形容词 + 量度形容词 + 中心语”的形式，比如，可以说“大白狗、小黄玉米”，不能说“白大狗、黄小玉米”。这是因为，颜色往往是一种恒久的属性，自始至终都不会变化，因此和中心语的概念距离近，语言形式上也靠近中心语；量度往往是一种可变的属性，尤其是动植物，其生长过程是由小到大直至变老，因此和中心语概念距离远，语言形式上不一定靠近中心语。

就“的”而言，在定中结构中，不带“的”的定中结构，定语和中心语概念距离近；带“的”的定中结构，定语和中心语概念距离远。正因为如此，许多语法学家都认为，带“的”的定中结构是领属短语，不带“的”的定中结构是复合词，因此，“北京的人”是领属短语，“北京人”可以看作复合词。领属短语成分之间概念距离远，复合词成分之间概念距离近，甚至就是一个专名。比如，“北京大学”是高校的专名，“北京的大学”是领属短语；“中国历史”是课程的专名，“中国的历史”是领属短语；“《世界汉语教学》”是语言学杂志的专名，“世界的汉语教学”是领属短语。专名的所指往往是简单的，比如“上海师范大学”和“华东师范大学”，作为高校的专名，所指非常简单；领属短语的所指往往比较复杂，比如，“上海的师范大学”不仅包括“上海师范大学”，也包括“华东师范大学”，“华东的师范大学”不仅包括华东师范大学，还包括“上海师范大学、南京师范大学、江苏师范大学、浙江师范大学、杭州师范大学、安徽师范大学、淮北师范大学、福建师范大学、江西师范大学、山东师范大学”等。

正音室

“症状”是“zhèng 状”还是“zhēng 状”？

◎徐婷婷

2020 年 4 月 1 日东方卫视《今晚》节目中，主持人介绍多地发现新冠肺炎无症状感染者，并与专家连线讨论。其间，主持人多次将“无症状感染者”的“症”误读为 zhēng，其实此处的“症”应读为 zhèng。

“症”字有两个读音：zhēng 和 zhèng。“症”读 zhēng 时，指腹中结块的病，繁体作“癥”。《玉篇·疒部》：“癥，腹结病也。”“症（癥）”表示坚硬而不移动，能指出明确痛处的腹内结块。另有一个字“瘕（jiǎ）”，表示聚散无常，痛无定处的腹内结块。现在，“症”读 zhēng，一般见于“症结”一词。症结，中医指腹腔内结块的病，常用来比喻事情办砸或者难以解决的关键所在。

“症”的另一个读音 zhèng，指症候、病象。比如恐高症、多动症、孤独症等，其中的“症”都读第四声。“症状”是指人或动植物发生疾病而表现出来的异常状态。比如，发烧、流鼻涕、咳嗽都是感冒的症状。所以，节目中提到的“无症状感染者”的“症”应该读为 zhèng。

“悁悁心目”的“悁”不读 juān

◎秦元伟

唐代李华《吊古战场文》中有这样一段话：

苍苍蒸民，谁无父母？提携捧负，畏其不寿。谁无兄弟？如足如手。谁无夫妇？如宾如友。生也何恩，杀之何咎？其存其没，家莫闻知。人或有言，将信将疑。悁悁心目，寝寐见之。

阴法鲁主编的《古文观止译注》修订本（北京大学出版社2011年出版）一书在注释中，将“悁悁心目”的“悁”注音为juān。这明显错了，“悁”没有juān的读音。此处的“悁”应该读yuān。

悁，从心肙声，有两个读音。读yuān时，可表示忿怒之义，如忿悁。也可表示忧愁之义，如悲悁。读juàn时，是躁急之义，如悁急。

悁悁，可指忧闷貌。如《诗经·陈风·泽陂》：“寤寐无为，中心悁悁。”也可指忿怒貌。如《后汉书·陈蕃传》：“至于陛下，有何悁悁？而小人道长，营惑圣听，遂使天威为之发怒。”还可指恳切貌。

《吊古战场文》描述古战场的荒凉凄惨，揭示战争对人民所造成的苦难。上述引文表达的是对百姓从军战死的痛惜和悲悯之情。“其存其没，家莫闻知。人或有言，将信将疑。悁悁心目，寝寐见之。”大意是：他们的生死，家人无从听闻知道。有人传言，也是将信将疑。心中忧愁郁闷，在夜里梦中见到他们。因此，“悁悁心目”其实是指心里忧愁，其中的“悁悁”指忧闷貌。“悁”取“忧愁”之意，其音应是yuān。

“雩”读什么音

◎王宜友

孔子的老家曲阜有一条舞雩台路，舞雩台路上有一块路牌，其上将“舞雩台”注为了“WUYUNTAI”，有误。“雩”字应注为“YU”，而不是“YUN”。

雩有两个读音。读 yú，指古代为祈雨而举行的祭祀。《说文解字》：“夏祭乐于赤帝以祈甘雨也。”古代求雨之祭叫“雩祭”。因有乐舞，故亦称“舞雩”。凡读过《论语·先进》的，对此不会陌生。《先进》中有：“莫春者，春服既成。冠者五六人，童子六七人，浴乎沂，风乎舞雩，咏而归。”朱熹对此作注：“沂，水名，在鲁城南……舞雩，祭天祷雨之处也。”舞雩台，即祭天求雨的地方，今山东曲阜城南有舞雩台。“雩”还是兽名和古地名。读作 yù 时，指虹。

显然，舞雩台应注为“WUYUTAI”，而不能注为“WUYUNTAI”。这块指示牌长时间赫然立在路边，应尽快改正。

微型讲坛

从“饮翻杯”与“闷倒驴”看词的地域用法

◎孙志豪

朋友是一位青年书法家，推荐一款酒，名叫“饮翻杯”，这三个字是他写的。从字面上看，饮就是喝，翻就是倒，杯是酒具。我想当然地认为，“饮翻杯”应该指这种酒劲大，能把人喝倒。其实，并非如此。

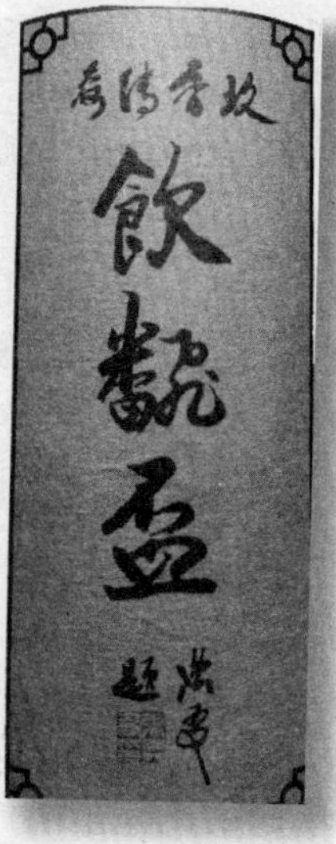

李荣主编、白宛如编纂的《广州方言词典》里说，粤语里“返”字有虚化的用法，举例有“饮返杯”（意思是喝它一杯）、“有返两度”（意思是有两下子）。“饮返杯”和“饮翻杯”虽是不同的字，表示的却是同一个意思。暨南大学彭小川教授曾经写过《广州话的动态助词“翻”》（《方言》1999年第1期）。她认为“翻”这个词是动态助词，是回复体的标志。粤语这种回复体是普通话所没有的，所以无法对译。她说：

北京话没有跟它相对应的助词。换言之，用北京话往往难以准确地译出广州话原句的意思。如：“快哟睇翻你嘅书，咪四围望！”用北京话只能对译成“快点儿看你的书，别四处张望！”这样对译，读者既可以把“看书”这种行为理解成是已然的，也可以理解成是未然的。其实这句话的原意是说话人要求听话人恢复“看书”的行为，但对译成北京话后，意思表达得不准确。

和上面“翻”指回复本来的或曾有的不同，“饮翻杯”里的“翻”，所指回复并非实际的回复，而是意念上的回复。比如，(聚会时)应该要喝上几杯的，现在喝上了，就是回复到应有的状态了。没了“翻”，可以是喝上了，但不能表示应该喝上的预期和回复体的状态。

笔者曾求教于中山大学林华勇先生，粤语里动态助词用“翻”还是“返”好？他认为：“翻”表示这种词的记音，本字可能是“返”字。方言用字，本有歧异。如果不了解“翻”字在粤语里的虚词用法，看见“饮翻杯”就难免望文生义，贻笑大方了。

另有一种酒——“闷倒驴”。“闷倒驴”是产于内蒙古的一种酒，酒精度数差不多60度。健壮如驴，也可“闷”倒，该酒之烈，跃然纸上。“闷”有两读。读mèn，是烦躁、不舒畅的意思。读mēn时，有密闭、使不透气、不声张等意思。“闷倒驴”的“闷”读mēn，但显然不是常见的意思。究竟是什么意思，颇值得探究一番。

汉语中有一个说法是“打闷棍”。《汉语大词典》解释“闷棍”是一种古代的武器。《西游记》第九七回：“众贼欢喜，齐了心，都带了短刀、蒺藜、拐子、闷棍、麻绳、火把，冒雨前来。”细究“闷棍”的含义，“闷棍”应是致人昏闷的棍子，其中的“闷”由“闷(mēn)”的密闭、使不透气义引申而来，应是昏闷、使失去知觉的意思。中原官话中还有“我一棍闷死你”这种说法，表示我一棍把你闷倒打死——使你失去知觉甚至死亡，多表达一种极度愤恨的情绪。“闷倒驴”的“闷”取使失去知觉之义，“闷倒驴”即这种酒烈到能使驴失去知觉。

庚·庸·康

◎陈运舟

庚的古文字,其形甚多,甲文有等,金文有、等诸形。郭沫若认为:“观其形制,当是有耳可摇之乐器。以其声类求之,当即是钲。”(《甲骨文字研究》)钲就是钟的前身。有学者考证,后世之可以悬挂的打击乐器钟,系由商代行军时手持击之的钲演变而来的。

庸与庚有着剪不断的关系。庸的金文作,上面是庚,下面是用。《说文》:“庸,用也。从用,从庚。”此说未精准。庸与庚同为古代一种乐器,也即郭氏所言“当即是钲”。庸指钟,古书不乏其例。《诗经·商颂·那》是殷商后代宋人祭祀其始祖成汤的一首乐歌。其中说:“庸鼓有斁(yì),万舞有奕。”毛传:“大钟曰庸;斁,斁然,盛也。”诗句是说钟鼓敲得

说到“酒”和“闷”,《现代汉语方言大词典》说“闷”在哈尔滨,有将杯中的酒一口喝干的新起说法。习用语“感情深,一口闷”正是这种用法。这种“闷”即干脆利落、爽快地一饮而尽的意思。

本文依托酒名,无非是想说明探索词的方言用法并不高深莫测,生活处处可思考罢了。关于酒,《诗经·小雅·宾之初筵》把饮酒前后的变化及醉酒的丑态描写得入木三分。“饮酒孔嘉,维其令仪”,好酒之人不妨经常涵之咏之,深思之。

好响亮啊，万舞跳得多优美啊！甲骨卜辞中也有“惟祖丁庸奏”(《甲骨文合集》27310)，即祭祀祖丁奏响大钟。

说起来，我们现在常说的小康社会、小康之家的康，也与庚有关联。小康一词最早出自《诗经·大雅·民劳》：“民亦劳止，汔可小康。”是说人民劳苦，庶几可得稍稍的安康。《礼记·礼运》：“如有不由此者，在埶(同势)者去，众以为殃，是为小康。”句意是，如有人不守礼义，民众就罢免他，并将其视为祸殃，这就叫小康社会。郑玄注：“康，安也。”小康即小安。宋人洪迈《夷坚志》：“然久困于穷，冀以小康。”这里的小康是说经济上较为富足，这是人们所希望的，小康即小富。小康亦即小安、安乐、安宁、安康，诸如此类。古代作品中，康还有丰盛、富足、繁荣、昌盛之意；现代汉语中康乐、康宁、安康、健康等词语习见。

追溯起来，其古今词义源头均在庚这口大乐钟之中。康的甲骨文字形作，金文作(毛公鼎)，均从庚，从四点，四点表示从庚这口大钟中发出的声响。《尔雅·释诂》：“康，乐也。”邢昺疏：“康者，安康也。”乐器大钟奏响，当然令人愉悦、欢乐。郭沫若《甲骨文字研究》：“从庚之字有康字……余意此康字必以和乐为其本义，故殷、周帝王即以其字为名号……康字盖从庚，庚亦声也。”历史上商朝先后诞生了太庚、南庚、盘庚、祖庚四位名中有“庚”字的君主，其中盘庚是第二十位君主。“盘庚迁殷”是史上著名事件，他将商都城从奄(山东曲阜)迁到殷(河南安阳)，商王朝从此中兴。

《“肖人栓”是什么》解疑

“肖人栓”其实是“消火栓”，用来灭火的装置。字是粘贴在墙上的，因粘贴不牢，“消”掉了“氵”，“火”掉了“丷”，从而成了莫名其妙的“肖人栓”。

文章病院

“无禄”质疑

◎孙　凯

屈原的《天问》中有：“兄有噬犬，弟何欲？易之以百两，卒无禄。”中华书局2016年1月出版的《楚辞》（林家骊译注）将“无禄”注释为“丧失爵禄”（第106页），然而对应译文却是：“他想用一百辆车来交换它，却最终丢失了性命。”（第108页）那么，“无禄”到底是“丧失爵禄”还是“丢失了性命”？

《汉语大词典》中“无禄”有以下几个义项：可表不幸。《诗经·小雅·正月》：“忧心惸惸（qióngqióng，忧思貌），念我无禄。”朱熹集传：“无禄，犹言不幸尔。”可指不禄，古代称士之死，亦泛指死亡。《公羊传·隐公三年》：“天子曰崩，诸侯曰薨……士曰不禄……”汉何休注：“不禄，无禄也。”也指没有俸禄。如《左传·襄公二十二年》：“有宠于薳子者八人，皆无禄而多马。”还指没有禄命，没有禄食的运数。

从文章来看，此处“无禄”应该指“丧失爵禄”。王逸《楚辞章句》对此句的注释是：“秦伯有噬犬，弟鍼（音qián）欲请之。秦伯不肯与弟鍼犬，鍼以百两金易之，又不听，因逐鍼而夺其爵禄也。”秦伯指秦景公。鍼，指后子鍼。王逸对此句的注释大意是，秦景公不肯给其弟鍼猛犬，鍼用百两金去换，秦景公仍然不肯，鍼逃奔晋国，失去爵禄。

后子鍼，是秦桓公子，秦景公同母弟。根据《史记》的记载，后子鍼得宠，有人诬陷他，他怕被诛杀，投奔晋国，车重千乘。晋平公说：“您这么富裕，何必逃亡呢？”后子鍼回答：“秦国君主无道，我怕被杀，要

《论语》《孟子》《四书》岂可并列

◎辜良仲

2021年4月22日《光明日报》第15版载有《写一本书，让世界来读中国——"4·23"世界读书日汉学家访谈》一文，其中有这样一句："我已经把《论语》《孟子》《四书》……《中外文学交流史：中印卷》《我与柯棣华》等著作翻译成了印度语和英文。"《论语》《孟子》《四书》岂可并列？

众所周知，"四书"指《大学》《中庸》《论语》《孟子》，为儒家传道、授业的基本教材，其中许多语句已成为脍炙人口的格言警句。其中，《论语》记载孔子及其弟子的言行，《孟子》为孟子及其弟子万章等著。《大学》《中庸》则是《礼记》中的两篇，《大学》一说是孔子学生曾子所作，《中庸》相传为孔子之孙子思所作。南宋淳熙间，朱熹把《论语》《孟子》《大学》《中庸》编在一起。因为它们分别出于早期儒家的四位代表性人物，所以称为"四子书"，简称"四书"。朱熹分别为"四书"作了注释，其中，《大学》《中庸》的注释称为"章句"，《论语》《孟子》的注释因为引用他人的说法较多，所以称为"集注"。《四书》中已包括《论语》《孟子》，不可将三者并列。

等到他后代即位，我才回秦。"后来秦景公去世，子秦哀公继位，后子针才回到秦国。

可见，将"无禄"解释成"丧失爵禄"，才更符合句意，也更符合史实。

嫘祖应是“养蚕缫丝”

◎沈阳仁

2021年4月29日《光明日报》第11版《科学考古领路人》中讲留美归来的李济1925年到1926年“调查并发掘了山西夏县西阴村，这是国人自己主持的第一次科学的考古发掘，不仅再次发现与仰韶村相似的史前彩陶等遗存，还发现有人工切割痕迹的半个蚕茧”，“这一发现，让仰韶文化在华夏腹心地带的存在得以确认，也让很多人联想到中国作为丝绸之国的悠久历史，以及黄帝之妻嫘祖养蚕缂丝制衣的古老传说”。嫘（léi）祖是传说中养蚕缫丝的创造者，她并未发明“缂丝”，这段话中的“缂丝”显系“缫丝”之误。

嫘祖，在《史记·五帝本纪》中有这样的记载：“黄帝者，少典之子，姓公孙，名曰轩辕。”“黄帝居轩辕之丘，而娶于西陵之女，是为嫘祖。”嫘祖也作累祖、雷祖。传说是她发明了养蚕缫丝之法，后世奉她为先蚕圣母。

缫丝，即抽茧出丝。将若干茧丝合并成生丝可为制衣之用。现在我们也还在养蚕，还在使用蚕丝，虽然已见不到“村南村北响缫车”“谁家煮茧一村香”的村景了。

而缂（kè）丝，亦称刻丝、缂绣，是我国特有的丝织手工艺。以细蚕丝为经，以各色彩丝为纬，彩色纬丝仅在图案花纹需要处与经丝交织。织品当空照视时，其图案花纹，似刻镂而成。缂丝盛于宋代，起始年代尚无定论。但典籍之中从未有嫘祖缂丝的记载，这是可以明确的。

国家副主席≠中央人民政府副主席

◎余雪光

《文史精华》2021年第3期刊有《1950年：新中国收回美国在华兵营》一文，文中这样说道："国家副主席刘少奇为慎重起见，电告正在苏联访问的毛泽东，'望即指示'。"中华人民共和国收回美国在华兵营发生在1950年，说刘少奇是"国家副主席"，与史不符，刘少奇当时是"中央人民政府副主席"。

1949年10月1日中华人民共和国成立到1954年9月15日第一届全国人大召开前，在国家机构体系中，没有设置国家主席。当时，行使国家政权的最高机关是中央人民政府委员会，对外代表中华人民共和国，对内领导国家政权。中央人民政府委员会设主席1名，副主席6名，委员56名，秘书长1名。毛泽东为中央人民政府主席，朱德、刘少奇等6人为中央人民政府副主席。

1954年9月召开第一届全国人民代表大会第一次会议，会议通过了第一部《中华人民共和国宪法》。宪法规定中华人民共和国国务院即中央人民政府，并设立中华人民共和国主席，与全国人大常委会结合起来行使国家元首的职权。中央人民政府委员会和政务院不再存在。1954年9月至1959年4月，毛泽东和朱德分别担任国家主席和副主席。1959年和1965年，刘少奇两次当选为国家主席。

1950年时，我国还未设立国家主席和副主席，因此，文中提到的"国家副主席刘少奇"应该是"中央人民政府副主席刘少奇"。

安“支架”不是“搭桥手术”

◎晋　相

《老同志之友》2021年4月下《患者就医应知晓的权利》一文中，举了一个案例：“居民黄阿姨因突发冠心病而入院抢救。医院实施手术时，在没有征求患者本人任何意见的情况下，在进行心脏搭桥手术时直接使用了进口支架（与国产支架价格相差1万元）。结果双方为支付医药费打起了官司。”心脏搭桥手术和心脏支架手术是两种手术，怎么会“在进行心脏搭桥手术时直接使用了进口支架”呢？

冠心病，即冠状动脉粥样硬化性心脏病，是冠状动脉血管发生动脉粥样硬化病变而引起血管腔狭窄或阻塞，造成心肌缺血、缺氧或坏死而导致的心脏病。心脏搭桥手术和心脏支架手术都是治疗冠状动脉疾病的手术方法。

心脏搭桥手术是使用从胸部、腿部或手臂内取下的一条血管来绕过狭窄或阻塞的冠状动脉部位，沟通主动脉及冠脉远端，以改善心脏血流。那段移植过来的血管就是“桥”。

心脏支架手术，又称冠状动脉支架植入术。是将支架植入被堵塞的冠状动脉中，支架会将堵塞的血管撑开，使血液流动。

两种手术都是为了救治冠心病患者，医生会视患者的病情，采用不同的手术进行治疗。从文章的描述来看，黄阿姨是安了心脏支架，是接受了心脏支架手术，并没有接受“搭桥手术”。

人还活着，岂可"哀悼"

◎舒敬东

> **关于成都四十九中一学生坠亡的情况通报**
>
> 2021年5月9日18：40许，成都市第四十九中学高二学生林某某在学校发生高坠，不幸离世。对此，我们感到无比痛心和惋惜，对失去孩子的父母及亲属表示深切哀悼和慰问。
>
> 事发后，成华区高度重视，立即成立由区委宣传部、区委政法委、区公安分局、区教育局等部门组成的联合调查组开展调查。

5月9日，成都四十九中一名高二学生在校坠楼身亡。5月11日，成都市成华区教育局的官方微博发布《关于成都四十九中一学生坠亡的情况通报》。该《通报》首段写道："2021年5月9日18：40许，成都市第四十九中学高二学生林某某在学校发生高坠，不幸离世。对此，我们感到无比痛心和惋惜，对失去孩子的父母及亲属表示深切哀悼和慰问。"看到这里，我如鲠在喉：对失去孩子的父母及亲属，怎能"表示深切哀悼"？

"哀悼"一词，《现代汉语词典》的解释是"悲痛地悼念（死者）"。释义非常清楚，使用对象也十分明确，应是去世的人，如哀悼死难烈士。《通报》说"对失去孩子的父母及亲属表示深切哀悼和慰问"，亡者的父母和亲属尽管是伤心欲绝，但依旧还活着，岂可对他们表示"哀悼"？

对生者，用"慰问"是应该的。将此处的"对失去孩子的父母及亲属表示深切哀悼和慰问"改成"对坠亡学生表示深切哀悼，对失去孩子的父母及亲属表示诚挚慰问"，这样就得体了。

“宋朝第三个皇帝”是谁

◎浦东轩

2021年4月6日《上海老年报》第7版刊有《勾栏瓦舍与南戏》一文，其中说，北方的宫廷艺人、勾栏艺人、流浪艺人与南方艺人合二为一，“为戏曲的发展提供了最充分的人员条件。如此，到宋朝第三个皇帝光宗年间，‘百戏艺术’终于发展成为‘南戏’”。文章说“宋朝第三个皇帝光宗”，有误，宋光宗不是宋朝第三个皇帝。

宋朝可分为北宋（960—1126）和南宋（1127—1276）。公元960年赵匡胤（即宋太祖）代后周称帝。国号为“宋”，定都在开封（今河南开封）。靖康元年（1126）金兵攻入开封，俘宋徽宗赵佶、钦宗赵桓二帝。次年（1127）徽宗之子、钦宗之弟赵构（宋高宗）在南京（今河南商丘市南）称帝。1138年，南宋迁都临安府（今浙江杭州）。宋朝以1127年赵构称帝为界，此前史称“北宋”，此后史称为“南宋”。南宋于德祐二年（1276）为元所灭。

宋朝第三个皇帝，那应该是北宋真宗赵恒，而非“光宗”。真宗赵恒于咸平元年（998）至乾兴元年（1022）在位。光宗则是南宋第三个皇帝，绍熙元年（1190）至绍熙五年（1194）在位。“南宋第三个皇帝”不能称为“宋朝第三个皇帝”。

《火眼金睛》提示

图1，“栓链”应为“拴链”。
图2，“廖糟”应为“醪糟”。
图3，“禅翼”应为“蝉翼”。
图4，“请匆占用”应为“请勿占用”。

碰碰车

"我顶你个肺"是四川方言吗

◎周建群

2021年第2期《咬文嚼字》刊有《新叹词新用法》，读后获益匪浅。该文第六段称："有些短语也具有类似叹词的功能，如来自四川方言的'我顶你个肺'，表示极度愤慨……"这里有个小错误，"我顶你个肺"并非来自四川方言，而是来自粤方言。

在香港文艺作品中早就出现过该短语。如1992年香港无线电视台出品的电视连续剧《大时代》第39集中，郑少秋饰演的丁蟹就说了一句"我顶你个肺"。又如周星驰所主演的喜剧电影《唐伯虎点秋香》里，华夫人也曾经说出"我顶你个肺"。

在辞书中也可找到依据。根据《香港粤语词典》（江苏教育出版社1997年5月出版），"顶"在粤语中可用作骂人话。如"我顶！"即"呸！"的意思。

"我顶你个肺"真正火起来是在2006年以后。这一年由宁浩导演的喜剧电影《疯狂的石头》在全国公映，影片中的国际大盗麦克多次使用"我顶你个肺"来骂人，以表示其愤然而无奈的心情。之后，"我顶你个肺"逐渐成为众多网友在论坛、留言板中常用的口头禅。而饰演大盗麦克的连晋正来自香港，据说该句台词也是由演员本人设计的。

《疯狂的石头》中的故事发生在重庆，而重庆1997年3月之前属于四川省，这大概是作者将"我顶你个肺"当作四川方言的原因。

苏东坡没当过杭州“知府”

◎叶才林

2014年第7期《咬文嚼字》刊有笔者的《苏轼在杭州做什么官》，文章指出苏轼曾任杭州“知府”的说法有误。没想到，2021年《咬文嚼字》第5期《苏轼并未二任杭州知府》一文又出现了此种说法，文章写道：“苏东坡一共就做过一次杭州知府”，“十八年后的元祐四年（1089），苏轼第二次来杭州任职，这次任的是杭州知府了”，“一次任通判，一次任知府”。这三处杭州“知府”都是杭州“知州”之错。

根据《中国历代行政区划》等书，宋朝的行政机构实行路、州、县三级制。宋初为加强中央集权，改唐道制分境内为二十一路，其后分合不一。州属于路。府则是有着特殊地位的州，大多由首都、陪都和皇帝担任过节度使的州而升府。宋代委派朝臣为府长官，称“知（主管）某府事”，简称“知府”。派朝臣为州一级的地方行政长官，则称“权知某军州事”，简称“知州”。这两种称谓的区别是分明的。

宋代，杭州初为“州”，后升“府”。北宋时杭州属两浙路，为州。到了南宋建炎三年（1129），杭州升为临安府，其时杭州长官可称“知府”，但也不称“杭州知府”，而应称为“临安府知府”。苏轼于北宋元祐四年（1089）出知杭州，于元祐六年（1091）被召回朝。在此期间，杭州是“州”非“府”。故苏轼当时担任的应是杭州“知州”，而非“知府”。

语苑新谈

孔子所说的“中庸”究竟何意

◎石毓智

根据各种权威性工具书，“中庸”一词是指儒家的一种处世哲学，主张不偏不倚、不走极端。这一词又引申为不追求卓越，满足于中游的意思，因而又产生了“庸才”“庸俗”“庸人自扰”等带有贬义色彩的词语。然而，这种理解与孔子所说的“中庸”之意大相径庭，使得人们错解了儒家思想的一个精髓。

在整部《论语》中，“中庸”一词只出现过一次，下面为其原文与杨伯峻的白话翻译。

子曰：“中庸之为德也，其至矣乎！民鲜久矣。”（《论语·雍也》）

孔子说：“中庸这种道德，该是最高的了，大家已经是长久地缺乏它了。”（杨伯峻《论语译注》）

杨伯峻在附注里专门对“中庸”做了注解，指出：这里的“中”为折中无过，也无不及，是调和之意；“庸”的意思则是平常。他认为，孔子拈出这两个字，表示他的最高道德标准，其实就是指折中的和平常的东西。然而，如果按照这个意思去理解，“中庸”顶多只能算是一种看问题和办事情的具体操作方法，如何能够上升为“最高的道德标准”呢？而且这种方法并不难掌握，怎么会一般人都缺乏它呢？如此一来，前后文意扞格不通。那么，孔子所说的“中庸”到底是什么意思呢？

先看“中”和“庸”这两个词在那个时代的各自含义到底是什么。“庸”在早期的典籍中的基本用法是作动词“用”讲，例如“我生之初，尚无庸”（《诗经·兔爰》）；又作“经由”讲，例如“鲁道有荡，齐子庸止”（《诗经·南山》）。“中”在《诗经》中最常搭配的一个词是“心”，表示一个人的内心世界或者心灵深处。例如：

心乎爱矣，遐不谓矣？中心藏之，何日忘之？（《诗经·隰桑》）

羔裘如膏，日出有曜。岂不尔思？中心是悼。（《诗经·羔裘》）

我们认为，《论语》所说的“中庸”就是“中心是庸（用）”的缩写。这里的“中心”就是一个人的理想志向或者良知本性，就是提倡做事情看问题，要遵循内心的理想志向，不违背自己的良知本性。如此“中庸”才能称得上是一种最高的道德境界，因为能做到这一点难能可贵，现实世界中很多人做不到。

《论语·尧曰》一章记载了当尧让位给舜的时候说的一段话：“尔舜！天之历数在尔躬，允执其中。”其中的“中”就是伟大理想和坚定的志向。尧的意思就是说，上天的伟大使命已经落到你的身上，你要牢记住这个使命来管理好天下。在孔子看来，尧就是达到“中庸”道德标准的圣人。

“中庸”的“中”指的是内心的志向理想，这与孔子的思想体系和谐一致。孔子是非常看重人的志向和事物的本性的，认为志向可以给人以力量，理想可以成就功业。《论语》中有很多这方面的论述，诸如：

子曰：“三军可夺帅也，匹夫不可夺志也。”（《论语·子罕》）

子曰：“苟志于仁矣，无恶也。”（《论语·里仁》）

子曰：“吾十有五而志于学，三十而立，四十而不惑，五十而知天命，六十而耳顺，七十而从心所欲，不逾矩。”（《论语·为政》）

我们这一解释不仅与孔子思想和谐一致，也与其他儒家典籍的有关用法相互印证。儒家经典“四书”之一《中庸》，其中多次用到“中庸”这个词。根据我们的上述分析，可以对此书的有关用法做出简单一致的解释。

《中庸》对“中”有个明确的定义：“喜、怒、哀、乐之未发，谓之中。”“中也者，天下之大本也。”“中”就是人不受外界因素干扰时的一种心态，就是一个人的本心、志向、良知；人之所以有喜怒哀乐，都是受外界因素的刺激而产生的情感。对于国家来说，就是“天下之大本”，即社会秩序赖以建立的根本原则。这里对“中”的解释与我们上面对《论语》的“中庸”的解读相符，而与不偏不倚的处世态度没有什么关系。

根据我们的分析，“中庸”是“中心是用”之意，就是不违背自己的志向，按照自己的意志行事，在孔子看来，具备这一素质的人就能胜过“三军”的力量。《中庸》也有类似的论述：“天下国家，可均也；爵禄，可辞也；白刃，可蹈也；中庸不可能也。”用现在的话说就是，天下国家的土地人口可以划分转让，一个人的爵位俸禄可以辞去，兵器白刃可以踏过，然而坚强的意志是不可动摇的。如果按照传统对“中庸”的理解，这里就无法解释，因为“不偏不倚”只是一种做事的方法而已，跟土地、人口、权位、刀刃等实体事物不是一回事，无法放在一起比较。

既然“中庸”是根据本性和良知做出的选择判断，由此而做的行为发端于自己内心深处的呼唤，那么就不是为别人看的，如此就不会受社会上的是非曲直和成败荣辱的影响。由此出发就很容易理解《中庸》这句话：“君子依乎中庸，遁世不见知而不悔，唯圣者能之。”君子按照自己的理想行事，即使选择隐居而不为世人所知，也不会因一生默默无闻而后悔，只有圣人能够做到这一点。要知道，隐居是一种愤世嫉俗的极端行为，这与不偏不倚的处世态度是相互矛盾的。如果按照后世的理解，什么事情都不偏不倚，不走极端，那就不大会出现自绝于人世的隐士。

孔子的一生就是践行自己所说的“中庸”之道的最高境界，为实现自己的政治理想，周游列国，颠沛流离，累累若丧家之犬，几次危及性命，然而无怨无悔、坚定不移地追求自己的理念。《史记·孔子世家》记载，孔子去世前不久，对前来看他的子贡说：“天下无道久矣，莫能宗予！”孔子一生的志向就是改变无道的社会，恢复周朝的礼乐制度，为此他发愤忘食，乐以忘忧。当孔子一行在陈蔡被围困，弟子子贡劝他是否可以降低一下标准，便于诸侯国君接纳他们的政治理念，孔子则决不降其志，还批评子贡的志向不够远大。在当时的天下人看来，孔子就是个一根筋走极端者，用石门这个地方看城门者的话说，就是“知其不可而为之者”(《论语·宪问》)。孔子在自己的理想上是从不打折扣的，他用自己的一生来践行“中庸”，他的拯救天下的理想和意志让他成为中华民族的圣人。

“中”是一个多义词，除了“中心”外，还可以表示两端的中间。后来人们望文生义，就把“中庸”的“中”理解为不走极端，处事不偏不倚。同时，本来表示“使用”的“庸”，也被赋予了“平常”“一般”“平庸”等意思。

“中庸”是儒家所提倡的最高道德标准，其原意是指一个人要有坚定的信念，据此来判断是非，规范自己的言行。用现在的话说，就是不忘初心，听取自己灵魂的呼唤。这一思想贯穿于儒家各种经典著作中，由此来理解，不仅可以做出一致的解释，而且理解也更加深入。同时这也很有现实意义，社会的发展进步离不开那些坚定不移地实现其伟大理想的志士仁人。

网言网语

谢谢，有被笑到

◎刘可欣

上网看到好玩的帖子，你还在评论区“哈哈哈哈”吗？教你一招，要想矜持又委婉地表达觉得很好笑，应该说：“谢谢，有被笑到。”

谢谢，有被笑到！主持人太有梗了！

《脱口秀大会》的谐音梗太有意思了！谢谢，有被笑到！

近来，简单粗暴的“哈哈哈哈”逐渐无法满足网友的表达欲，取而代之的是“谢谢，有被笑到”。在年轻群体中，这种用法非常普遍。“有＋动词/动词词组”的用法在古代汉语中不多见，“有”一般相当于助词，没有实际意义，如“女子有行，远父母兄弟”（《诗经·邶风·泉水》）。《现代汉语词典》收录了“有”在部分动词前出现的用法，如“有劳”“有请”。在文学作品中，南方作家尤其是台湾作家受到闽南方言的影响，格外青睐“有＋动词/动词词组”的用法，如“他真的是有吃醋吗？”（琼瑶《青青河边草》）词典的收录和文学作品的使用都表明，“有＋动词/动词词组”用法具有一定的社会认可度和接受度。“谢谢，有被笑到”正是这种语法现象的特殊化呈现，“有”后面的“动词/动词词组”采用了被动语态，取消了动作的主动性，说话人成为动作的受事，“有被笑到”本质上表达的是说话人被某人某事逗笑。

“以后我要做一个高冷的帅哥，第一步就是把‘哈哈哈哈’换成‘谢谢，有被笑到’。”网友表示这种表达更为高级，也显得自己相对矜持。所谓礼多人不怪，一句“谢谢”挂嘴边总没有坏处。网络交流也是如此，对方让我们心情愉悦，我们不妨回馈一句感谢。因此，“谢谢，有被笑到”是矜持的表现，更是文明礼貌的行为。此外，相比于“哈哈哈哈”对笑的单方面生理性表达，“谢谢，有被笑到”还增加了“笑”的互动性。这句话首先预设了一个发出搞笑元素的主体，并对这个主体表达感谢，一来一去，形成了有效互动。

当然，在很多语境中“谢谢，有被笑到”也可能并非是因为觉得好笑，而是一种嘲讽的用法。比如：“人家跟他谈恋爱，他跟人家谈法律。谢谢，有被笑到。”此时的“笑”是嘲讽，暗示前述事实非常离谱，让人觉得离奇可笑。

同时，“谢谢，有被笑到”已经衍生出一类句式，即“谢谢，有被 × 到”，其他心理感受也开始进入该句式中。这类句式正在渗透进生活的方方面面，只要是表达心理活动和主观感受的词语都可以代入句式。

第一次等外卖等了两个小时，谢谢，有被气到。

是什么样的魔法竟能够让11月的上海获得26℃的高温？谢谢，有被热到！

再次为人类幼崽的可爱程度折服，谢谢，有被萌到。

代入的词语是整个句式的点睛之笔，决定了句式的核心意义，其感情色彩也决定了句式的感情色彩。

那么，读到这里的你，有没有被科普到呢？

微语录·狼

长者：每个人的心里都有两只狼，他们相互在残酷地搏杀。一只代表暴躁、嫉妒、狂傲、罪恶……；一只代表温和、宽容、感恩、善良……。

年轻人：哪只狼会取胜？

长者：被喂食的那一只。

（刘　芳/辑）

大阴阳师

◎范晓萌

在网络评论里经常出现“大阴阳师”的回复，这是什么意思呢？来看一个例子，有一个外卖店铺里的评论是：“厨师的手艺精深，一两牛肉可以炒五个菜。”显然这个评论是在讽刺这家店做菜牛肉放得少，但是用了曲折的表达手法。针对这个评论，下面的回复就是“大阴阳师”，所以这里的“大阴阳师”有着特殊的网络含义，表示“说话阴阳怪气”的意思。

“阴阳怪气”的语言往往以反讽为目的，这一过程要借助一定的语言形式加以实现。比如不断地重复词句，在甲提出观点后乙回复“不会还有人这样想吧不会吧不会吧不会吧”，或者在表示反对意见时说“不是吧不是吧不是吧”，这些反复形式就有很强的讽刺意味。再比如将“你”替换为“您”并加上大量礼貌用语，以此表达一种表面尊重实则讽刺的态度。针对以上种种带有讽刺意味的话语，我们都会授予评论者“大阴阳师”的称呼。

“阴阳师”的网络语义也不是凭空产生的，现代汉语中有很多与之相关的词语。

“阴阳”一词本身有多个义项，最常见的是指中国古代哲学中的一对概念。古代朴素的唯物主义思想家把矛盾运动中的万事万物概括为阴、阳两个对立的范畴，并以双方变化的原理来说明物质世界的运动和变化，这就是阴阳学说。而专门研究阴阳学说、掌握阴阳术数的道士则被称为“阴阳师”，这是“阴阳师”的较早用法。

“阴阳”的另一义项是指“阴间与阳间”,“阳间”就是人间,“阴间”则被认为是人死后去往之地,所谓“阴阳两隔”就是指人死之后去往阴间,和世间就永远无法沟通了。因为“阴”代表“阴间”,“阴”也往往被用来描写不好的事物或现象,如“阴气”“阴霾”“阴险”“阴森”等。过去还有一种专门在丧葬中相看墓地、选择吉日的人,被认为有沟通阴阳的超能力,被称为“阴阳生”或者“阴阳先生”。

汉语中有一个成语“阴阳怪气”,用来表示“性格、言行等乖僻,跟一般的不同”,从字面上说也就是变化无端,一会儿阴,一会儿阳,一会儿冷淡,一会儿热情。还有一个词语“阴阳人”,原来指雌雄同体的人,后来也可以指“阴阳怪气的人”,这恐怕是网络“大阴阳师”的直接语义来源之一。

“阴阳师”表示“阴阳术士”的用法本来已经随着时代的变化而消逝,但近年来,随着游戏《阴阳师》的火爆,“阴阳师”大大增加了曝光率,并在社交媒体上广泛传播。“阴阳师”的死灰复燃再加上原来“阴阳人”的用法,两者碰撞产生了“大阴阳师”的反语用法。相较于“阴阳人”这一称呼,“大阴阳师”的“大”加重了语义程度,“师”使褒义贬用的讽刺意味更浓,在网络语境中“大阴阳师”取代“阴阳人”的说法,专门用来指“说话阴阳怪气讽刺技能出众的人”。

“阴阳师”的出现是多种文化交融的产物。词语总是随着社会文化的发展而不断发展的,网络时代随着各种文化群体的交流壁垒逐渐消弭,相信今后会有更多类似“大阴阳师”的词语出现来丰富我们的语言世界。

社交新风

谐音梗的秘密

◎徐默凡

谐音梗是当下公共交流中的一种常见语言技巧,不管是《吐槽大会》这样的娱乐节目,还是公众人物的微博发言,或者朋友圈的状态发布,随处可见谐音梗的身影。每年的网络流行语评选,也少不了“谐音梗”的加入:2020年的“集美(姐妹)”,2019年的“雨女无瓜(与你无关)”,2018年的“冲鸭(冲呀)”,2017年的“笔芯(比心)”,2016年的“蓝瘦香菇(难受想哭)”……

谐音梗貌似最近几年才红火起来,其实背后的语言学原理并不新鲜。语言使用要遵循经济原则,语言符号不可能做到一个语音形式对应一种意义,往往存在同音多义的情况。这就催生了大量的谐音现象,最常见的恐怕就是双关——使用一个形式却同时具有两重含义。刘禹锡脍炙人口的《竹枝词》就用到了谐音双关:“东边日出西边雨,道是无晴却有晴。”“晴”谐音“情”,既表示天气的变化,又代表了感情的起伏,意味悠长,耐人寻味。很多民俗中的“讨口彩”现象也利用了谐音规则,如藏在新房被褥里的“枣子、花生、桂圆、瓜子”谐音“早生贵子”,春节倒贴福字谐音“福到了”。民俗中还有一些语言禁忌,背后的道理也是谐音,如送礼物时不能给别人送钟(送终),恋人不能分享一个梨(分离),等等。

今天的谐音梗,同样也是利用一音多义的语言单位制造出来的,和之前的双关修辞和民俗谐音本质相同,用法略有区别。首先,谐音梗往往只有谐音,没有双关。也就是说,字面意义本身没有表达价值,只是利用同音关系带出隐藏的意思。比如“镖局帮妖怪运送盐的时候需要很多辆马车,因为妖盐货重(妖言惑众)”,在这个谐音梗里,“镖局送盐”之类只是一个铺垫,是没有表达价值的,真正的表达重心在于谐音的“妖言惑众”。这有点像谐音歇后语,比如“孔夫子搬家——尽是书(输)”。此类谐音梗如果凝固下来,为大家所接受,也有可能会变成新的歇后语。其次,谐音梗没有民俗心理基础,既不是祈福也不是禁忌,只是一种语言游戏。比如网上流传的“土味情话”很多就利用了谐音梗,“三十晚上的鞭炮再响,都没有我想你那么想”,“响”谐音“想”,纯粹就是一个搞笑。

汉语中的同音语素特别多,很容易加以利用,所以在当下的社会交流中,谐音梗的“制作成本”不高,已经成为日常交流的润滑剂了。不过,谐音梗容易说,好的谐音梗却很难造,有的谐音梗只是谐音而已,就很无聊,甚至有“恶趣味”的嫌疑,如“小明晚上在野外迷路了,寒冷的夜晚,他只能抱着一块墓碑取暖,那个是保温碑(保温杯)”,就毫无语言趣味可言。

如何说出高明的谐音梗?有两个办法。一个是尽量利用遥远联想,把不相关的语义内容组合到一起,让人觉得异想天开,妙趣横生。比如“被你赞过的朋友圈,叫甜甜圈”,两个“甜甜圈”,一个是食品,一个是朋友圈,语义相去甚远,却巧妙联系在一起,具有创新性。另一个就是向双关修辞学习,努力使字面意义和隐藏意义都和语境相关,就会使人觉得构思巧妙,含义丰富。比如牛年的新年祝福“牛转乾坤”,既有“鼠去牛来”的意思,又有“扭转乾坤”的意思,含义丰富。再比如牛年的另一句谐音梗祝福——happy new(牛)year,就更巧妙了,new和“牛”跨语言谐音,而且new year和牛year双关,可算是谐音梗中的精品了。

检测窗

编校差错扫描(三十五)

◎王　敏

“苦心孤诣”非油“脂”

【错例】他自幼习武，苦心孤脂十数载，功夫炉火纯青。

【简析】“苦心孤脂”应为“苦心孤诣”。“脂”是形声字，从肉(月)旨声，本义指有角动物的油脂。《说文解字》：“脂，戴角者脂，无角者膏。”引申泛指油脂，如“脂肪”。又比喻指民众用血汗换来的财富，如“民脂民膏”。还引申特指胭脂，如“涂脂抹粉”。传统观点认为，“诣”(yì)是形声字，本义指古代前往朝廷或上级、尊长处，拜访。《说文解字》：“诣，候至也，从言旨声。”如“诣阙”即指赴朝堂。也有人认为“旨”是会意字，其甲骨文从匕(匙)、从口，会用勺子将食物送入口中之意，本义指味甘美。《说文解字》：“旨，美也。”因此，“诣”也是会意字，从言从旨，表示前往尊长处致以问候，用语言表达美好心意。引申泛指前往、到某地去，如“发兵诣赵”。再引申特指学问所达到的境地，如“国学造诣很高”。“苦心孤诣”指苦心钻研，到了别人所达不到的地步，也指为寻求解决问题的办法而煞费苦心。误“诣”为“脂”，多半是因为误读。“诣”与“脂”上古音同属脂韵，中古音已分化，“脂”为平声脂韵，而“诣”则为去声霁韵。只要记住“诣”不读“脂”，就能少犯“苦心孤脂”的错误。

查看探测要用"勘"

【错例】开机前，导演带领拍摄团队堪景。

【简析】"堪景"应为"勘景"。"堪"和"勘"都是形声字，两者区别在形符。"堪"从土，本义指地面突起的地方。《说文解字》："堪，地突也。"引申指承担、胜任。清代段玉裁注曰："堪言地高处无不胜任也……引申之，凡胜任皆曰堪。"又引申指经得起、受得住，如"不堪一击"。再引申指值得，如"前途堪忧"。进一步虚化为助动词，指可以、能够，如"堪当重任""苦不堪言"。"勘"从力，本义指校对、核定。《说文解字》新附字："勘，校也。"如"勘误""勘正"。引申指查看、探测，如"勘探""勘验"。"勘景"是指影视作品开拍之前，摄制团队到拍摄现场去查看具体条件是否符合拍摄需求，与经得起、能够无关，写成"堪景"是说不通的。

"内""纳"分化"讷""呐"别

【错例】这一代人，忠诚、勇敢、刚毅、木纳，实现了民族复兴。

【简析】"木纳"应为"木讷"。"纳"是形声字，从糸（mì）内声，本义指丝被水浸湿。《说文解字》："纳，丝湿纳纳也。"纳纳，濡湿貌。"纳"初文是"内"。"内"是会意字，本义指进入。甲骨文字形从冂（jiōng，表范围）从入，会进入范围之意，金文字形则从宀从入，会进入屋内之意。《说文解字》："内，入也。从冂，自外而入也。"清代段玉裁指出，"今人谓所入之处为内"，这是把"内"的引申义当成本义了。也就是说，名词"内"（nèi）虽更常用，其实是引申义；动词"内"（nà）为本义，后加旁分化作"纳"。"纳"

后引申指接收、收进，如“吐故纳新”“吸纳”，又指收容、接受，如“纳谏”“采纳”，还指收藏，如“藏污纳垢”。有收进的一方，必定有交付、献出的另一方。因此，“纳”再引申指献纳，如“纳忠效信”，后常用于交纳粮款，如“纳贡”“纳税”。“讷”(nè)是会意字，本义指言语迟钝。《说文解字》：“讷，言难也。从言从内。”《论语·里仁》：“君子欲讷于言而敏于行。”何晏集解引包咸曰：“讷，迟钝也。”“讷”是“㕯”(nè)的分化字。《说文解字》：“㕯，言之讷也。从口从内。”段玉裁注：“(㕯)《檀弓》作‘呐’……此与言部‘讷’音义皆同，故以‘讷’释‘㕯’。”王筠《说文解字句读》：“㕯，讷，古今字也。”“口”与“言”用作表义偏旁可以通用，“㕯”与“讷”即所谓的“异部重文”。而内外结构的“㕯”变为左右结构就是“呐”。因此，“㕯”“讷”“呐”读nè时，三者是异体字。如今，“㕯”未见于规范，“呐”分化专指呐喊，读音为nà；而“讷”则专指言语迟钝。“讷”“纳”读音、含义、构字理据均不同，写成“木纳”说不通。

惊异用“诧”怒叱“咤”

【错例】黑娃当了土匪头子，更是叱诧风云。

【简析】“叱诧”应为“叱咤”。“诧”“咤”都是形声字，区别在形符。“诧”从言，本义指夸耀。《集韵》：“诧，夸也。”引申指诳、欺骗，如“甘言诧语”即甜言蜜语、诳骗人的话。现在主要表示惊异，如“惊诧”。“咤”(zhà)从口，本字作吒，本义指叱怒声。《说文》：“吒，喷也，叱怒也。从口乇声。”《正字通》：“咤，本作吒。”如今“咤”为规范正体，“吒”另表他义。“叱咤风云”指发怒叫喊可使风云兴起或变色，形容威势极大。古汉语“诧”“咤”可通，如今二者分工，“叱咤”不能作“叱诧”。

东语西渐

"卡脖子"在英语中怎么表达

◎陆建非

随着世界各国在核心技术和关键领域内的竞争日趋激烈,"卡脖子"成了一个热词,频频现身国内媒体和政府文件。2019 年 10 月 30 日在全球硬科技创新大会上,《2019 中国硬科技发展白皮书》正式发布。该文件系统论述了发展硬科技的时代背景、硬科技在各领域的突破和进展、国内各城市硬科技产业发展情况以及全球主要城市硬科技创新状况。《白皮书》对硬科技的定义进一步深化,即硬科技是指那些需要长期研发投入、持续积累的高精尖原创核心技术。同时该文件明确指出,鉴于当下国际经济贸易形势,硬科技可以直接定义为"卡脖子"技术。这一表达既直观,又形象。

那么中文热词"卡脖子"在英语世界如何表达呢?

笔者注意到中外媒体在翻译引用时,使用了"stranglehold(勒颈、压制、束缚)""bottleneck(瓶颈)""core(核心)""key(关键)"等词来表示"卡脖子"。

"stranglehold"是个名词,意思是卡脖子、勒颈,引申指完全控制、绝对控制。以"stranglehold"对译"卡脖子"的,如新华网 2018 年 5 月 30 日报道中国科学院第十九次院士大会、中国工程院第十四次院士大会 28 日上午在人民大会堂隆重开幕。报道中引用了习近平总书记的一段话,"加强对关系根本和全局的科学问题的研究部署。在关键领域、卡脖子的地方下大功夫,集合精锐力量，做出战略性安排，尽早取得突破”。新华网对应的英语译文为：Prime resources should be focused and strategic planning made to deal with “key areas and stranglehold problems,” Xi said, calling for breakthroughs at the earliest possible date in these fields.

其中便将“关键领域、卡脖子的地方”翻译为“key areas and stranglehold problems”，使用了“stranglehold”一词。

“bottleneck”的意思是瓶颈，引申指阻塞点、障碍等。用“bottleneck”指代“卡脖子”，也是常见的切换方式。

如中国国际服务贸易交易会（China International Fair for Trade in Services）网站2020年9月21日以双语刊文，其英文标题为“High-Quality Economy Should Be Driven by High-Quality Technologies, CAS to Include ‘Bottleneck’ Problems into List of Scientific Research Tasks”；中文标题为《以高质量技术驱动高质量经济，将卡脖子问题纳入中科院科研任务清单》。“卡脖子问题”对应“‘Bottleneck’ Problems”（瓶颈问题），用“bottleneck”翻译“卡脖子”。

也有切换成“core（核心）”和“key（关键）”，以间接地表示“卡脖子”的意思。这两个词与前两者相比更易理解。如：

CGTN（China Global Television Network，中国国际电视台）2020年10月3日刊文，题为“Xi Jinping calls for reform to break through development bottlenecks”（习近平呼吁通过改革来突破发展瓶颈）。其中写道：During the meeting, Xi urged Anhui to strive for breakthroughs in “key and core technologies” and rely on reform to strengthen driving forces for its development.（在会议上，习敦促安徽努力在“卡脖子技术”上取得突破，依靠改革增强发展动力。）

“core”“key”可分开用，也可在两词中加“and”，甚至也有直接重叠使用的例子。

从甲骨文“乳”看早期汉字的“偏旁化”

◎刘志基

前几天母亲节，朋友想发个古文字材料的朋友圈，便来索字。未加思索，便给了个甲骨文“乳”字：

朋友问：“这‘乳’字好像图画，怎么分析呢？”回答这个问题说了挺多话，答完觉得还有点意思，姑且记录在下面。

这个甲骨文“”见于《甲骨文合集》22246的这样一条卜辞中：“辛丑卜，乎爰帚姼乳。”翻译过来就是“殷王辛丑日占卜，让帚姼去哺乳”。甲骨文用“帚”字表示“妇”，“妇”即殷王配偶，“姼”就是这个“妇”的名字。这条卜辞里的“乳”的意思也就是“哺乳”。

“”的结构怎么分析呢？《古文字谱系疏证》说：“从‘子’从‘女’，会子就母乳之意。”（第1033页）但是这个说解显然不太合适，因为“”中的所谓“子”和“女”并非这两个字一般的古文字构形：

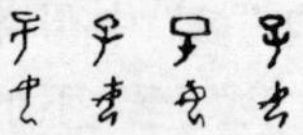

上面两行甲骨文，第一行是“子”，第二行是“女”。很明显，“”中的两个偏旁与它们并不相同。可以认为，甲骨文的这个“”字是直接传承了原始图画的形态，用后来的偏旁分析方法来解析它，其实并不合适。更合适的解读是：“一人跪坐伸出双臂揽‘子’于怀以就乳。”

然而，到了《说文解字》小篆中，“乳”变成了真正的偏旁组合，而且与甲骨文的字形形成了奇妙对接：

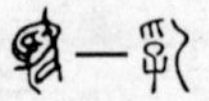

关于这个小篆“乳”，许慎说：“乳，人及鸟生子曰乳，兽曰产。从孚从乙。乙者，玄鸟也。《明堂月令》：‘玄鸟至之日，祠于高禖，以请子。’故乳从乙。请子必以乙至之日者，乙，春分来，秋分去，开生之候鸟，帝少昊司分之官也。”这段说解，兼及形义两端，就字形的分析来说，不难发现，“”中的“孚”上的“爪”来自“”中母亲伸出去揽子的右手，“孚”下的“子”来自“”中那个张大嘴吮乳的小儿，而“”中的“乙”，也就是许慎说的“玄鸟”，则是“”中那个哺乳小儿的母亲的身形转化而来的。很显然，“”被“理据重构”了，而新的理据，则集中表现为许慎对“”中的“乙”，即玄鸟的解说：玄鸟被视为主宰人们生育的神鸟，所以表示“生育”的“乳”要用它来表意。关于“玄鸟”的解说，殷商以后文献中频见。

《诗经·商颂·玄鸟》：“天命玄鸟，降而生商。”

《史记·秦本纪》：“秦之先，帝颛顼之苗裔孙曰女修。女修织，玄鸟陨卵，女修吞之，生子大业。”

因此人们很容易意识到“乳”的构形变化是“玄鸟”文化观念的出现带来的，但实际并不尽然。

《说文解字·叙》：“仓颉之初作书，盖依类象形，故谓之文。其后形声相益，即谓之字。文者，物象之本；字者，言孳乳而浸多也。”许慎此说，揭示了一个既简单又深刻的事实：在仓颉初作书（即汉字初创）造成一些象形之“文”以后，汉字发展的主要方式，就是把独体的“文”相互组合，从而营造越来越多的合体的“字”。在“形声相益”（这个“形声相益”当泛指合体字的形成，而并不限于形声字的造字）而成“字”的同时，“文”也就变身为今天所谓的偏旁。因此，这可以视为一个“偏旁化”的过程。而“乳”的变化，正是“偏旁化”的一种表现，由此可以发现，“偏旁化”的演变，又是文字构形系统对偏旁的一个选择或改造的过程。此类情况并不鲜见，再举几例如下。

“保”，殷商金文象人反手背“子”形：

而西周金文变作：

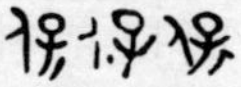

则“”偏旁化为“人”。

“鸣”，殷商文字从“鸡”的表意初文从“口”：

而西周金文变作从“鸟”从“口”：

鸡鸣，显然是最令古人印象深刻的一种鸣叫，所以用“鸡”“口”会意是再合适不过的了。无奈这善鸣的“鸡”实在难以描画，所以只好被通用的“鸟”所替代。

“乘”，甲骨文从“人”从“”作：

“”就是“櫱”，《说文》释为“伐木余”，也就是被伐去主干的树桩子，上古时代人们登高（也就是“乘”）最容易找到的踏脚处或许就是这种树桩了，所以甲骨文“乘”就写成“大（正面站立的人）”登上“（树桩）”的形态。同样是因为“”字不便书写，所以西周金文将其替换成更通用的“木”，写作：

综上所述，从“乳”字的构形演变中，我们不难看到汉字发展史的一种事实：用构形简单、方便书写、通用性强的偏旁来替换汉字构形系统中的图画性成分，是偏旁化运动的一种基本趋向。对于古老汉字的生生不息而言，这种趋向正如赋予其生命活力的母乳，使得汉字在其历史发展过程中通过孳乳演变而方便识记和书写，因而成为汉字数千年传承的一种重要保障。

向你挑战

找回自己

（文中有十处差错，你能找出来吗？答案在本期找）

◎林　琳　设计

他本来颇有资产，生活富足。谁也不曾想到，他后来投资失败，金钱、产业、甚至妻子儿女，都离开了他。

他深陷绝望之中，自抱自弃，每天沉缅于酒精之中，还一度想到过死亡。就在这时，有人告诉他，有位哲学家能帮人走出低谷。他立刻赶去，寻求哲学家的帮助。

他向哲学家讲述了自己的遭遇，熟料哲学家竟说："我帮不了你。"唯一的希望也破灭了，他再次陷入绝望之中。"不过"，哲学家再次开口，"我知道一个人，这个世界上他是唯一能帮你的人。""谁？"他眼中又一次亮起希望的光。

哲学家把他带到一面镜子前，让他看着镜子，对他说："就是他。""我自己？"他不敢相信，镜子里的自己是那么狼狈——头发蓬乱，满脸污诟，衣服很长时间没有换洗，脏的不堪入目。"对。这个人就是世界上唯一能帮你走出低谷的人。再靠近一点，仔细回想这个人原来的样子。"

他想起以前神采飞扬、斗志昂扬的自己，想起曾一路披荆斩棘、所向披糜的自己。……再看看镜子里不堪入耳、萎靡不振的自己，他不由笑了起来。

"谢谢您，我明白了！"说完，他转身离去。

多年之后，哲学家迎来一位神色从容的客人。这位客人就是他。他告诉哲学家，他又找回了自己曾经拥有的一切，更重要的是——他又找回了他自己。

“銅鍾”应是“銅鐘”

周慧

去桐城旅游，常有人在参观了闻名天下的六尺巷后，顺道去附近的桐城中学。桐城中学的钟楼旁一面墙上刻着：桐中敲銅鍾童男童女同上學。据说，这是有心人出的上联，下联至今没人对出。

按相关规定，题词及招牌的手书字等可以保留繁体字，这里用繁体字书写并没有问题；但其中第五字“鍾”，写成“鐘”才对。

“鍾”从金重声，本指一种盛酒的器具，引申出积聚、集中的意思。“鐘”从金童声，是一种敲击发声的乐器，引申指寺庙悬挂的钟，又引申指计时器和时间。所以，应是“銅鐘”而非“銅鍾”。上个世纪50年代，简化字颁布使用，“鍾”“鐘”均被简化为“钟”。“銅鐘”被误写成“銅鍾”，当是相关人士对“钟”与“鍾”“鐘”的对应关系不甚明了所致。在古代，偶尔也有人把“鍾”当成“鐘”的通假字使用，这也可能是致误原因。

类似的情况很多。比如，常有人把“故里”误为“故裏”、把“髮廊”误为“發廊”、把“北斗”误为“北鬥”等等。同样，在用繁体字书写的时代，“里”与“裏”、“髮”与“發”、“斗”与“鬥”是不同的两个字，各司其职，各有其用。

在使用繁体字的时候，一定要勤翻字典，弄清简繁字之间的对应关系。只有如此，才能避免产生类似的文字差错。

火眼金睛

图中差错知多少？

郭宝龙 陈敏 孙凯歌 袁忠芍 提供

（答案在本期找）

1

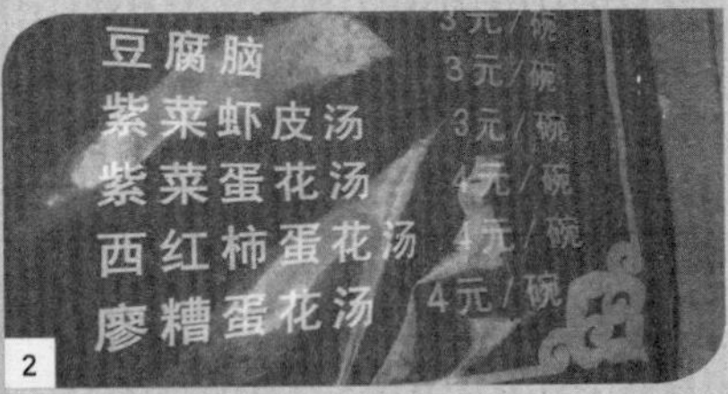

2

3

4

ISSN 1009-2390

07>

9 771009 239210

YAOWEN-JIAOZI

咬文嚼字®

七夕

中国历史悠久的传统节日。相传，农历七月初七夜晚，织女、牛郎于天河鹊桥相会，故名“七夕”。“七夕”在现代也被视为中国的“情人节”。旧时，妇女在此时进行祭拜、乞巧活动，向织女乞求智慧和巧艺，因而此节又有“乞巧节”或“女儿节”之称。

上海世纪出版集团

欢迎至邮局订阅本刊 邮发代号 4-641

国内统一连续出版物号 CN 31-1801/H

定价：6.00 元

08

2021

雾里看花

“符篱集烧鸡”是啥鸡

刘桂林

这张照片拍于河南街头某处。“符篱集烧鸡”是啥鸡？猜猜看，答案本期找。

名家语画

“更好地为党为人民服务”

钱欢欣 / 文　臧田心 / 画

马毛姐，安徽无为人，1935 年 9 月出生，1954 年 6 月入党，解放战争时期“支前英模”的杰出代表。在 1949 年的渡江战役中，年仅 14 岁的马毛姐参加“渡江突击队”，不幸手臂中弹，但她咬牙坚持，不畏枪林弹雨，6 次横渡长江，运送 3 批解放军战士成功登岸。1951 年马毛姐受邀赴北京参加国庆观礼，受到毛主席接见，并获毛主席“好好学习，天天向上”题词。今年 6 月 29 日，马毛姐在人民大会堂金色大厅获颁“七一勋章”。马毛姐表示：“会叫我女儿（把“七一勋章”）送到渡江战役纪念馆去，给以后的人看看，更好地为党为人民服务。”

咬文嚼字®

2021年8月1日出版

8

总第320期

主管：上海文艺出版总社
主办：上海文化出版社
编辑、出版：《咬文嚼字》杂志社
集团网站：http://www.shwenyi.com
E-mail：yaowenjiaozi2@163.com
官方微博：
http://weibo.com/yaowenjiaozish
电话传真：021-64330669
发行电话：021-64372608-181
邮购电话：021-64370935
地址：上海市黄浦区绍兴路7号
邮政编码：200020
发行：上海市报刊发行局
发行范围：国内外公开
订阅处：全国各地邮局
邮发代号：4-641
ISSN 1009-2390
CN 31-1801/H
印刷：上海中华印刷有限公司
印厂电话：021-60829062
021-60299079
定价：6.00元

名家语画
"更好地为党为人民服务" 钱欢欣/文 臧田心/画/1

学习专栏
读者视角 互动导向 曹秀玲/4
取舍之间的现代白话魅力 朱庆祥/8
再读陈望道《文法简论》有感 方绪军/10

追踪荧屏
"暗结珠胎"的误用 汤青武/12
劳燕岂会"双飞" 龙启群/13
误读"髡"字 李景祥/14

时尚词苑
谨防"割韭菜" 代宗艳/15
"鸡娃"路上无尽头 王冬雪/17
"直升机父母""割草机父母"之类 高丕永/19

一针见血
"少倾"当为"少顷" 朱耀照/21
"油菜苔"应为"油菜薹" 王宗祥/21
"葵扇"就是"芭蕉扇" 谢云秋/22
"万簌俱寂"应为"万籁俱寂" 洪 竹/22
"临川四梦"是哪"四梦" 曾秋华/23
"川芎"不可写作"川穹" 李华山/23
《九歌》所写非为中秋事 厉国轩/24
菏泽从未称过"荷泽" 新 德/25
何谓"簧舍"？应是"黉舍"！ 厉申东/25
"樟子面"岂能充饥 秦 武/26
应是"建言献策" 屠林明/26
"以歌八阕"误为"以歌入阙" 宗 翔/27

语言哲思
"历史的温度" 宗守云/28

十字街头

“戊戌”是哪一年　汪惠迪 /30
做“钼靶”还是“钼钯”检查？　徐婷婷 /31
成都博物馆展板介绍词中的几处错误　刘骐珲 /32
白瓷产地有“刑窑”吗　程　旭 /35

学林

“春”去还是“春”来？　刘民钢 /36
说“三顾草庐”的“顾”　陈明洁 /38

锁定名人

“七斗星座”应为“北斗七星”　杨西仑 /41
不存在“孒孑”这种生物　杨宏著 /42

社交新风

微信：公私分明，建立界限感　徐默凡 /43

文章病院

“韶华”与“昭华”　马明辉 /45
法庭对证用“对质”不用“对峙”　周　振 /46
贵客临门“饮千殇”？　言蹊太 /47
何来“萌孽枝”　杨亚东 /48

检测窗

编校差错扫描（三十六）　王　敏 /49

语苑新谈

《论语》“素以为绚”的女性审美观（上）　石毓智 /52

网言网语

从“网抑云”到“网愈云”　洪晓雯 /56
真香！　陆志成 /58

说文解字

从“给颜真卿挑刺”说开去　刘志基 /60

向你挑战

生命的价值　梁北夕　设计 /64

学习专栏

编者按

在中国共产党成立100周年庆祝日前夕，上海咬文嚼字文化传播有限公司与上海师范大学对外汉语学院党组织，联合开展了一次“党史”学习交流活动，主题是“陈望道《共产党宣言》译本的语言学价值”。大家一致认为：陈望道《共产党宣言》译本的出版发行，为马克思主义在中国的传播、为中国共产党的诞生、为中国革命的胜利，奠定了坚实的思想理论基础；陈望道《共产党宣言》译本也是一部典范的现代白话文著作，对现代汉语标准语的形成，起到了重要推动作用，其语言学价值同样不容忽视。本栏所刊，为交流活动中的部分书面发言。

读者视角 互动导向

◎曹秀玲

《共产党宣言》首个中文全译本的出版发行，极大地推动了马克思主义在中国的传播，同时为中国共产党的诞生奠定了坚实的思想理论基础。对此，习近平总书记在给复旦大学学生的回信中指出：“100年前，陈望道同志翻译了首个中文全译本《共产党宣言》，为引导大批有志之士树立共产主义远大理想、投身民族解放振兴事业发挥了重要作用。”

陈望道先生对马克思主义学说的深刻理解、出色的外语能力和深厚的语言文字功底，使之成为全译《共产党宣言》（以下简称“《宣言》”）的理想人选。《宣言》首个全译本以英译本为主，同时参证日译本，从而避免了单一译本翻译可能导致的与原文表述的偏离。译本全文共计2万6 000余字。字里行间浸润着陈望道先生对马克思主义学说的深入解读、表征方式以及宣介效果的深入思考。在尊重原典，坚持“信达雅”的基础上，译本充分反映白话文的历史面貌。基于理论学说传播的需要，语言表述通俗易懂，生动形象。本文主要从言语互动视角考察全译本的语篇构建特点。

首先，全文多处采用拟对话形式，借此形成语篇内外潜在的译者和读者之间的“互动交流”。例如：

（1）你们仔细想，现在的工银劳动，能够替劳动者本身造点财产吗？那是丝毫没有的，只替资本家造了些资本；这资本即是掠夺工银劳动的一种财产。

（2）我们还要禁止父母掠夺儿女。你们以我们为罪犯吗？好，我们甘心做罪犯！

（3）我们资本家先生，诬陷共产党公然创设妇女共有制，而且大发义愤，这是很可笑的事。

例（1）先提问请读者进行思考，然后给出答案；例（2）通过“我们”和“你们”之间视角切换和设问句，创设资产阶级与共产主义者之间的“对话”形式；例（3）中“我们”与“资本家先生”组成同位短语，看似拉近距离，实则表达嘲讽之意。

其次，通过多重复句对马克思主义学说加以阐释，为便于读者对马克思主义原理深刻逻辑内涵的理解，句子间用关联标记加以明示。例如：

（4）接着市场一天比一天扩大，需要又一天比一天增加，这时手工工场组织，也不能应付了。于是又有蒸汽及大机器出来演了一场生产事业的革命。从此大规模的“近代产业”,便取了手工工业的地位;豪富的实业家,产业军的总首领,近代的有产阶级,便把产业界的中等阶级降伏了。

(5)德国是共产党所最注意的。因为这国里有产阶级革命底机运正在成熟了,因为这国底革命,是在欧洲文明更进步的状态之下实行的,比十七世纪的英国十八世纪的法国无产阶级更加发达的多,而且因为德国有产阶级的革命,即时会引起无产阶级的革命。

(6)可是一方面产业愈加发达,一方面无产阶级不但人数增加,而且渐次集中结成大团体,力量加大,对于自己力量的自觉也愈深了。而且,机器又抹去各种劳动底差别,因此劳动阶级间的利害关系和生活状况,就渐趋一致,工资又几乎到处降到同样低的水平。有产阶级里面,又渐起竞争,商业因此起了恐慌,劳动者底工资,也因此更被动摇。而且,机器不住的进步,使他们的生活刻刻不安;劳动者和资本家个人的冲突,又逐渐带着两阶级间冲突的彩色。于是乎,劳动者就结了团体(劳动联合)去对抗资本家。

例(4)和例(5)分别为相对单一的多重顺承和因果关系复句,例(6)则通过多重复杂复句关系阐释产业发展和无产阶级人数增加导致的深刻而复杂的社会变化,200余字的一段表述关联成分有10多个。

再次,换言标记等元话语形式的文本解读频繁出现。例如:

(7)德国(尤其是普鲁士)底资本阶级对于封建贵族和专制王政的战争,换句话说,就是自由主义运动,逐渐逼紧来了。

(8)在这种恐慌里面,发生一种古代梦想不到的流行病——就是生产过度的流行病。

(9)人的价值变成了交换价值,无数永久特许的自由换了单纯的无理的自由,就是自由贸易。简单说,有产阶级,是由从前带着宗教和政治的假面具的掠夺,更变为赤条条的,没廉耻的,迫切的,残忍的掠夺。

(10)这种生产和交换机关发展到一定地步,封建社会的生产及交换状况,换句话说,就是农业和手工业底封建的组织,简括些说,就是财产底封建的关系,便不能和那已经发展的生产力适应了。

(11)共产主义的特征,并不是废止一般的财产,只是废止资本家的财产。现代资本家的私有财产这件东西,就是根据阶级对抗,根据少数掠夺多数人的生产和分配制度底最后极完备的表现。

所以共产党的理论,一言以蔽之,就是:废止私有财产。

例(7)和例(8)分别通过"换句话说"和破折号与"就是"组合对前述话语用一种表述方式加以重述。例(9)用"简单说"引出前述话语的另外一种更易理解的表达形式。例(10)通过"换句话说"和"简括些说"对封建社会的生产及交换状况已不适应生产力发展的实际情况在前述话语基础上再进行两种表述。例(11)则通过"一言以蔽之"对生产和交换关系发展到一定阶段的社会特征和共产主义理论加以精要概括。

综上可见,《宣言》首个中文全译本反映陈望道先生匠心独具的语言运用和语篇构建,借此使一种原本理论思辨色彩浓厚的新学说更具可读性、更便于理解和传播。从某种意义上说,全译本是陈望道先生稍晚提出的"消极修辞"和"积极修辞"具体实践的典范。20世纪30年代由陈望道先生发起的"文法革新讨论"和所著《修辞学发凡》,印证着他坚守的科学主张——"根据中国文法事实,借镜(鉴)外来新知,参照前人成说,以科学的方法谨严的态度缔造中国文法体系",也充分彰显陈望道先生学外不唯外的自主创新精神,值得后学传承并发扬光大。

取舍之间的现代白话魅力

◎朱庆祥

现代人谈口语和书面语的区分，谈叙事、说明、议论和抒情等语体，往往归属于语体风格、文章体裁等纯语言学问题。但一百年前谈口语和书面语的区分，不仅是语言学问题，更是思想文化革新问题。

1917—1920年，现代白话文运动方兴未艾。现代白话文的词汇、语法和新式标点的标准都还没有确定，没有形成统一规范，作为现代汉语的语法基础的典范作品大多尚未面世。现代白话文语法比较有影响的，比如胡适先生的《国语文法概论》(1921)，黎锦熙先生的《新著国语文法》(1924)，这些都是在陈望道先生翻译《共产党宣言》(1920)之后的成果。《共产党宣言》该采用怎样的白话言语表达出来，如何做到翻译的“信达雅”，为谁翻译，翻译给谁看，是对身兼革命者和语言学家身份的陈望道先生的一项巨大的挑战。面对挑战，陈望道先生获得了巨大成功。

陈独秀先生创办的《新青年》杂志1918年发表了鲁迅先生的《狂人日记》，这是中国的第一篇现代白话小说，是小说领域的现代白话。紧随其后，在翻译领域，陈望道先生翻译的《共产党宣言》(1920)为现代白话文又奉献了一部经典。陈望道先生的白话译本《共产党宣言》(1920)对中国革命有深远的影响。1949年7月，在北平召开的第一届全国文学艺术工作者代表大会上，周恩来同志当面称赞他：“陈望道先生，我们都是你教育出来的！”

陈望道先生翻译的白话译本《共产党宣言》，也为现代普通话送来了曙光。

白话文是相对于文言文而言的，即用白话写成的文章。白话文学可以追溯到唐代“变文”，甚至更远。五四运动前后的白话文运动是现代白话文运动，并不是普通话，但是给予了普通话丰富的养料。1956 年 2 月 6 日国务院发布的《关于推广普通话的指示》中，对普通话的含义做了界定，确定普通话“以北京语音为标准音，以北方话为基础方言，以典范的现代白话文著作为语法规范”。五四运动前后的白话文运动和国语运动为现代汉语语法做出两大贡献：一是典范的现代白话文作品；二是典范的白话文语法规范规则。陈望道先生的白话译文《共产党宣言》是典范的现代白话文作品，闪烁着普通话的词汇、语法之光。比如现代汉语里经常说“小清新、小可爱”，实际上该白话译文里就已经出现了大量近似的类词缀“小 ×”结构，如“小技术、小工厂、小商人、小富豪、小资本、小职工、小农夫、小制造家”等等。虽然时隔一百多年了，但是如同现代人说话一样，可以时空穿梭。

文言文和现代白话在语法领域有些系统性区别和对立。俗话说，“之乎者也矣焉哉，用得成章好秀才”。“之乎者也矣焉哉”这些助词是文言文的助词特征标志，用得越好，则该文言文越优秀；反过来，用得不好，越说明不像文言文。现代汉语普通话常用的动态助词是“着、了、过”，句尾语气助词是“的、了、呢、吧、吗、啊”。“之乎者也矣焉哉”在陈望道先生的白话译文《共产党宣言》里完全被抛弃了，现代汉语的动态助词和语气词系统在该白话译本里都出现了，或者说有了雏形或变体，这一取一舍之间，普通话的光辉顿时就放射出来了。

普通话的动态助词“着、了、过”的使用：

（1）继续着明争暗斗

（动态助词“着”）

（2）已经有了时机

（动态助词“了”）

（3）前代的权力阶级，也都有过这种谬想（动态助词“过”）

普通话句尾助词“的、了、呢、吧、吗、啊”等的使用：

（1）生产事业是由同行组

再读陈望道《文法简论》有感

◎方绪军

陈望道先生是上世纪三四十年代“中国文法革新讨论”运动的主将，在汉语词类问题、汉语文法体系建构和文法研究方法等方面，多有创见，影响深远。他的文法思想较集中地体现在《文法简论》一书中，这是他的最后一部著作，在他晚年住院期间完成，1978年出版。我是1983年读到这本书的，当时还是修现代汉语课的学生。几十年过去了，现在重读这本书，仍然很受启发。

陈先生践行着文法研究服务语文应用的思想。他的语文研究除了文法以外，还涉及白话文、标点、修辞、文章作法等众多领域，他在这些方面的研究都是为着语文应用（包括教学）服务的。他翻译的《共产党宣言》在白话文和标点运用等方面就体现了他的语文思想。

合一手把持的　　（句尾“的”）

（2）财产聚在少数人手里了　　（句尾“了”）

（3）你们想一下罢　　（句尾“吧”的变体）

（4）居然包含在社会的劳动里面呢　　（句尾“呢”）

（5）你们的教育，不也是社会的教育吗　　（句尾“吗”）

（6）万国劳动者团结起来呵　　（句尾“啊”的变体）

陈望道先生的白话译本《共产党宣言》是现代白话的先驱之一，在关键时期，取舍之间，现代白话魅力顿时绽放！思想之光，词汇之光，语法之光，不仅影响到今天，还会影响到明天。

在《文法简论》中，他说："讲究文法，也就是要自觉地去认识和理解语文组织的规律性，更好地发挥语文在社会斗争、革命事业中的积极作用。这也正是我们学习文法、研究文法的目的所在。"可见，他的文法研究并不单纯为了所谓的学问，更不是为了"多发论文"。

陈先生重视对汉语文法特点的恰当认识。他是卓越的翻译家，对中外语言异同有深刻认识。鉴于西洋文法重视词法或形态学，而汉语缺乏发达的形态变化，他主张讨论汉语文法要以句法为重点。他在重视汉语文法特点的同时，也注重汉语与其他语言的共性，反对把汉语文法搞成"特殊文法"。比如，针对有人说汉语的文法特点是靠词序和虚词，他明确指出这是"不尽妥当"的，因为在其他语言里，词序和虚词也是重要的语法手段。

陈先生看重更早时期汉语文法思想传统。汉语学界一般认为，汉语语法研究始于《马氏文通》。但陈望道先生却认为我国的文法研究"可以追溯到很远"，两千多年前的《公羊传》《墨子》《荀子》及后来刘勰的《文心雕龙》、卢以纬的《语助》等等，都有对汉语文法现象的论述。《文法简论》中多处引用了古代文论中对一些汉语文法现象的论述。他认为"在文法研究方面，我们是有着丰富的学术遗产可以批判地继承的"。

陈先生提倡辩证的文法研究方法。针对复杂的文法现象，陈望道先生提出了立足语文事实、扣住组织和功能、追求抽象概括、用继承和发展的眼光来开展研究。比如，汉语词类划分是个老大难问题，他主张以功能为标准来划分词类，但要分清单项功能和综合功能、主要功能和次要功能、经常功能和临时功能。这样，就不会得出词无定类的结论，也不会因为汉语里有"人其人"之类的结构，就说"人"既是名词又是动词。

这些认识，今天看来仍很有现实意义，对我们广大语文工作者仍不失警醒作用。

追踪荧屏

“暗结珠胎”的误用

◎汤青武

电视连续剧《换了人间》第5集中，有这样的一个情节。汤恩伯来到溪口，向表面隐退，实际上却在暗中掌控着国民党军队的蒋介石密告，时任国民党浙江省主席的陈仪暗中通共，深夜造访汤恩伯，规劝他一同率部投共反蒋，陈可负责与江北共军联络。蒋介石向汤表示，其实自己料到陈仪“早就暗结珠胎了”（字幕同步显示）。陈仪暗中通共不假，但这不能叫“暗结珠胎”。

珠胎，本义为蚌体中正在成长尚未剖出的珠子，后也用来比喻幼子和胎儿。暗结珠胎，常用作形容男女偷情致使女子怀孕。《清朝野史大观·清代述异二·淫妇诬翁》：“积半年，事渐寝矣，而汪腹中暗结珠胎，百计求堕之不得。”因而“暗结珠胎”义有专指，即指男女私情，而且是有了“成果”（珠胎）的，用这个词来形容陈仪私下与共产党有联络的行为并不合适。

那改成什么词比较妥当呢？我觉得，即便还是以“暗”起头的词语，也可以有几个选择：“暗度陈仓”，比喻暗中进行某种活动；“暗通款曲”，形容隐瞒别人，私下进行沟通接触……这些都比“暗结珠胎”要符合电视剧的语境。

劳燕岂会『双飞』

◎龙启群

电视连续剧《中国神探》第3集中，为了侦破沈家大院谋杀案，“神探”谷梁找到了萨克斯演奏员古大江。古大江的前女友舞蹈演员慕容小婉跟他分手，傍上了美籍华人司徒雄。古大江指责慕容小婉这样做为的是那张绿卡，谷梁趁机旁敲侧击地对古大江说：“慕容小婉拿到这张绿卡，你俩就可以破镜重圆，劳燕双飞……”

歌唱演员田震唱过的《未了情》，大家都十分熟悉，其中的一句歌词是“虽有灵犀一点通，却落得劳燕分飞各西东”，这儿却说成“劳燕双飞”。那劳燕究竟是分飞，还是双飞？

劳燕，分别指的是伯劳和燕子两种鸟。劳燕分飞，典出《乐府诗集·杂曲歌辞八·东飞伯劳歌》：“东飞伯劳西飞燕，黄姑织女时相见。”后以“劳燕分飞”比喻别离。瞿秋白《赤都心史》二九：“兄弟姊妹呢，有的在南，有的在北，劳燕分飞，寄人篱下。”亦省作“劳燕”。而且按照两种鸟的习性，我国大部分种类的伯劳均是留鸟，而燕子是一种候鸟，两种鸟习性不同，比翼双飞的可能性极低。可见，劳燕只可用在分离的语境中，并不能用来比喻团圆。电视剧中设计“劳燕双飞”的台词，应是没弄清“劳燕”的典故吧。

误读“髡”字

◎李景祥

央视科教频道2021年5月17日《百家讲坛》播出《评说〈资治通鉴〉(第三部)9缇萦救父》,讲汉文帝时期,名医淳于意因被人恶意告发而获罪,被押送到长安接受刑罚。淳于意最小的女儿缇萦向皇帝上书,表示愿替父受刑。汉文帝深受触动,对当时普遍刑罚过重的情况做了调整,下诏命官员修改法律条文,废除肉刑,改为其他刑罚。“原来实行(髡)刑的,(髡)刑就是把头发去掉……改为城旦,城旦是干什么呢?每天早上起来修城墙去。”主讲老师把“髡”读成了wù,这里读错了。

髡,正确的读音为kūn,本义为剃去毛发,后也有僧尼、修剪树枝等义。髡刑是古代一种剃去罪人须发的刑罚,我国古时男子是要蓄全发的,因为传统观念中,身体发肤,受之父母,是不允许随意毁伤的。受髡刑的人,会受到歧视,产生精神上的羞辱,影响到一生。废除这一刑罚,可谓是一项善政。

髡这个字现在已经很少使用了,错读为wù应是读字只读半边所致。

时尚词苑

谨防“割韭菜”

◎代宗艳

韭菜，属百合科多年生宿根蔬菜，适应性强，抗寒耐热，中国各地都有栽培。与其他蔬菜不同，它显著的生长特点就是被割掉后，很快就会又长出。“割韭菜”，就是当韭菜达到了生长盛期，割一茬很快又长一茬，可以反复收割。如今，“割韭菜”已常用于股市，比喻机构、大户抛售股票导致股票市场（或个股）大跌，为其迎来新的建仓机会，再重新在低位建仓，如此循环波段操作，获取大利润，而中小股民却大受其害，就像韭菜一样，一次又一次地被“割”，一次又一次地赔钱，最终亏得血本无归。例如：

（1）恒大高新近期的股价走势颇为诡异。先是无理由的两个涨停，而后又连续大跌，有股民在股吧中质疑恒大高新被大资金利用割韭菜……（《北京商报》2021年4月13日）

（2）为获得高额回报，许多人对股票及理财产品趋之若鹜。但若有不慎，投入的资金却像“割韭菜”一样被割走，甚至血本无归。（《安徽日报》2021年3月10日）

流行语“割韭菜”，与语言中的隐喻用法有关。隐喻就是建立在两个意义所反映的现实现象之间的某种相似的基础上的引申方式。认知语言学家认为，隐喻不仅仅是一种语言现象，更是一种通过语言表现出来的思维方式，是两个相似认知模型之间的“投射”。比如“一寸光阴一寸金”，“金子”是始源域，“光阴”是目标域，通过这一隐喻让人们认识到时间就像金子一样珍贵，要好好把握和珍惜。流行语“割韭菜”中，“韭菜”喻指金融圈的基层群众的财富。所谓“割韭菜”，是说这些基层群众的财富就像韭菜被割一样，一次又一次遭受损失，最终以赔钱为结局。

当今，“割韭菜”不再局限于股市领域，逐渐扩展用于更多场合。例如：

（3）经历多年国际国内市场竞争洗礼，中国企业的品牌商标意识越来越强，创牌与护牌已经成为企业管理重要内容。尽管如此，中国品牌商标被人割“韭菜”的事，还是时有发生。（《民生周刊》2021年3月29日）

（4）继“炒鞋”之后，“炒熊”又成了当下“炒”局里的一个热点，一些其实很平常的积木类熊造型玩具，被炒到了十几万元甚至更高。“新华视点”记者调查发现，“炒熊”背后黑幕重重，一些年轻人渴望“一夜暴富”，盲目入市“炒熊”，殊不知套路重重、暗藏风险，多数人或将面临被“割韭菜”的命运。（《鲁中晨报》2021年4月21日）

（5）以为遇到“白富美”，结果被割韭菜（标题，《平安时报》2021年3月30日）

例（3）的“割韭菜”指中国品牌商标被一次又一次地冒用，例（4）的“割韭菜”表示一些年轻人盲目入市“炒熊”而一再亏损，例（5）的“割韭菜”则指被所谓“白富美”的骗子骗得精光。

从结构上看，“割韭菜”是一个“1+2”式动词性短语，读起来朗朗上口，如“薅羊毛”等。从语义上看，“割韭菜”有三层语义：一是原义“收割韭菜，割了一茬又一茬”；二是比喻义“买股票，买了套，套了割，割了买，反反复复，损失惨重”；三是泛指“投身一个领域，不停地投入，妄想走大运，结果却亏大了”。面对屡见不鲜的“割韭菜”事件，我们要具有防范意识，不要心存侥幸，盲目跟风，同时应拓宽自己的信息获取渠道，多思考，树立合理的理财投资理念。

“鸡娃”路上无尽头

◎王冬雪

近年来，在北上广深这类升学竞争十分激烈的大城市里，流行着这样一种教育方式：家长疯狂为孩子报名各类补习班，逼迫孩子不断“加码”，努力拼搏。这种“给孩子打鸡血”的教育方式被叫作“鸡娃”。“鸡娃”一词在网络上一经出现便引起热烈讨论。例如：

（1）“内卷式鸡娃”成为热词，家长和孩子的“数学焦虑”也愈发凸显，课外培训低龄化严重。（《中国妇女报》2021 年 4 月 26 日）

“鸡娃”，述宾结构短语，基本用法是充当谓语，其中的“鸡”用作动词（“打鸡血”义）。比如“疯狂鸡娃”“沉迷鸡娃”“今天你鸡娃了吗”。随着使用频率提高，“鸡娃”的语法功能扩展了，也可以充当主语、宾语、定语。例如：

（2）“鸡娃”成家长圈流行病？减负需学校家庭社会形成合力（标题，《中国青年报》2019 年 11 月 15 日）

（3）什么才是“鸡娃”的正确方式？（标题，《潇湘晨报》2021 年 5 月 8 日）

“鸡娃”话题爆火之后，与之密切相关的事物“鸡娃 ×”也随之而来，比如“鸡娃群（交流鸡娃经验的聊天群）”“鸡娃号（发布鸡娃讯息的公众号）”“鸡娃界（有关鸡娃的领域）”。

“鸡娃”使用领域日益扩大，意义深入人心。如今，动词“鸡”既能单独充当句子成分，表达“打鸡血”的意义，比如“还没鸡自己就开始鸡爸妈了”“鸡娃如何鸡出未来”，又能和一些语素组合成词或短语，共同表达新的意义。例如：

（4）“耐鸡”，是指娃能经受住父母安排的高强度学习任务；而“自鸡”，则是指娃自我加压，主动给自己安排更多的学习和活动。（《中国青年报》2021年2月4日）

“鸡娃”还可以用作名词，指被家长“打鸡血”的孩子。例如：

（5）对于“鸡娃”们来说，每天除了在学校学习的时间，不是在上补习班，就是在去补习班的路上，这几乎是对他们最好的写照。（《人民日报》2019年12月17日）

之后，又由“鸡娃”演变出一系列形容孩子的名词，比如“素鸡（注重素质教育的孩子）”“荤鸡（主攻语数外等应试教育的孩子）”“牛蛙（优秀孩子）”“青蛙（普通孩子）”。这一类杜撰的新词层出不穷，俨然成了“鸡娃界”的“黑话”，再如：

（6）数学成绩好的叫“奥牛”，能看英文原版著作的叫“英牛”，两项兼具的叫“英奥混血牛”，等等。（《北京青年报》2021年4月11日）

教育是一个亘古不变的话题，父母望子成龙、望女成凤的愿望千百年来都是一脉相承的。然而，“鸡娃”乱象的出现并泛滥，却是反常的，其根源来自阶层焦虑。“鸡娃”们往往出生在中高收入家庭，父母处于社会的中高阶层，他们害怕子女会从自身所处阶层掉落下去，因此必须通过教育竞争来鞭策孩子奋进。其目的不仅是要守住目前“精英圈层”的地位，还要进一步向上攀爬。这样的教育方式违背了教育的初衷，也不利于孩子的健康成长，并且会导致教育竞争日益加剧，社会评价体系日渐单一。世间没有一套万能的教育模式，可以套用到每一个孩子身上。家长们可以借鉴、参考别人的教育理念，但切莫陷入教育焦虑，盲目攀比，盲目“鸡娃”。

“直升机父母”“割草机父母”之类

◎高丕永

不少中国父母在孩子的教育问题上非常焦虑，为了孩子能上名牌大学，恩威并施让孩子像打了鸡血一样亢奋学习，同时还监控孩子的一言一行，包办过多，代替过多，干预过多。这样的父母，汉语通常用“虎妈狼爸”“鸡娃父母”来形容。英语里也有类似的奇异称谓，因为不少西方父母在孩子的教育问题上同样也是非常焦虑。正如俗话所说，“可怜天下父母心”啊！这些英语词语，有几个已经借入了汉语。请看以下例句：

（1）厦门：万名“直升机父母”空降厦大（标题，《珠海特区报》2005年9月19日）

（2）“直升机父母”错把教育投资当教育（标题，《新华每日电讯》2019年7月12日）

（3）学会挫折教育　不做“割草机父母”（标题，《年轻人》2019年第7期）

（4）活在焦虑中的“割草机父母”（标题，《济南日报》2020年7月20日）

例（1）（2）里的“直升机（式）父母（helicopter parents）”，指“为了孩子的‘健康成长’，像在孩子头顶上盘旋的直升机一样，监控着他们的一举一动，时刻准备着去干预的父母”。现在，不少大学生的父母，教育焦虑越来越厉害。比如，在高考后录取前代为填报高考志愿，早晨打电话叫醒孩子起床上课去，为孩子不理想的成绩找老师讨价还价等。即使毕业工作了，还会去找孩子的雇主代替孩子进行薪酬谈判或主张权益。

例(3)(4)里的“割草机(式)父母(lawnmower parents)”，指“为了孩子的‘健康成长’，像割草机一样走在孩子前面，随时帮助孩子扫清障碍的父母”。“割草机父母”，会主动告诉孩子的室友自己的孩子不会打扫卫生，告诉孩子的老师不要批评自己的孩子，告诉孩子的朋友要给予自己的孩子更多的友爱和包容等。有时，“割草机父母”还写为“除草机(式)父母”。比如：“除草机式父母培养的是未来的‘妈宝男’”(标题，《浙江老年报》2016年3月30日)。

“割草机父母”的同义语是“扫雪机(式)父母(snow-plow parents)”。比如：“值得关注的是，在当下的中国，像‘直升机式父母’那样24小时监控、不放心、不放手，像‘扫雪机式父母’那样处处代劳、处处争取、既保护过度又想确保孩子处于竞争金字塔尖的家庭教育方式，不乏其例。”(《中国教育报》2019年4月18日)因为英语“plow”的本义是“犁”，有时候“扫雪机(式)父母”写为“雪犁父母”。

从英语借入的，还有“冰壶父母(curling parents)”。打冰壶时，为了冰壶顺利滑向所期望的方向，运动员在冰壶前极力打磨滑道。因此，“冰壶父母”指“把孩子当作冰壶，始终在其前面指引方向、清除障碍的父母”。此外还有“气泡纸父母(bubble-wrap parents)”，指“像塑料气泡包装纸一样把孩子严严实实保护起来的父母”。比如：“过度干预的父母越来越多，除了虎妈外，‘直升机父母’‘割草机父母’或‘扫雪机父母’‘气泡纸父母’越来越多。”(《文汇报》2015年11月20日)

以上关于父母的中英文奇异称谓，用形象、生动的比喻，化抽象为具体，让人从不同的视角“看到”了天下父母共同的教育焦虑。

一针见血

“少倾”当为“少顷”

◎朱耀照

2021年5月23日《钱江晚报》A0006版所刊《春风识茶》一文中，有这样一段描写：“少倾，主人已撷茶若干于壶，开水浇沸，旋即绿叶腾空，展于水面，亭亭玉立，若跳天鹅湖的芭蕾姑娘，湖是碧绿的，裙摆是碧绿的，水雾袅袅，微风扑面。”句中的“少倾”当为“少顷”。

“倾”与“顷”字形上仅相差一个偏旁。但在意义上，区别较大。“顷”读qǐng，主要义项有三个：(1)为中国市制田地面积单位，一顷为100亩。(2)短时间。如顷刻、俄顷等。(3)刚才、近来。表示动作、行为在不久以前发生，常用于书面语。如顷接来信。少顷，义为片刻，一会儿。鲁迅《且介亭杂文末编·女吊》：“自然先有悲凉的喇叭；少顷，门幕一掀，她出场了。”上段《春风识茶》引句描写的是主人“三炒三揉”精做茶叶后泡茶的场景，作为两个间隔时间不久的程序之间的时间连接词，“少顷”是准确的。

“倾”音qīng，有歪斜、趋向、倒塌、用尽等义。如倾斜、倾倒、倾向、倾听等。汉语中“顷”与“倾”分工明确，“少顷”不能写作“少倾”。

“油菜苔”应为“油菜薹”

◎王宗祥

2021年3月19日《扬子晚报》A4版刊有一则广告：“天天吃油菜苔”营养与美味兼得，“国民小菜”老少都爱。下面的广告语这样说道：“油菜花开了，大片的油菜花金灿灿的真好看！……上海金桑园的‘天天吃油菜苔’每年3月中旬采摘油菜花和花茎……”这里提到的“油菜苔”都应改成“油菜薹”。

薹，音tái，是大蒜、韭菜、油菜花等长出的细茎，嫩的可食用，如蒜薹、韭薹、油菜薹等。

"苔"是个多音字,读 tái 时,通常是指隐花植物的一类,根、茎、叶的区别不明显,常贴在阴湿的地方生长,如青苔等。刘禹锡《陋室铭》:"苔痕上阶绿,草色入帘青。"

"薹"和"苔"是两种不同的植物种类,不可混为一谈,"油菜薹"也不能写作"油菜苔"。

"葵扇"就是"芭蕉扇"

◎谢云秋

2020 年 8 月 27 日《京江晚报》A16 版《消失的夏天老物件》一文中写道:"常用的有纸扇、葵扇、折扇、芭蕉扇、麦草扇、羽毛扇,考究的有绢扇、团扇、骨扇、象牙扇、檀香扇……大大小小,形状各异。"文中将"葵扇"和"芭蕉扇"并举,认为是两种不同类别的扇子,是不对的。

葵扇,是用蒲葵的叶、柄制成的扇子,也叫蒲扇。这种扇子质轻价廉,是中国使用最广的扇子。因外形像芭蕉树的叶子,也称作"芭蕉扇"。所以说,"葵扇"和"芭蕉扇"其实是同一种扇子,只不过命名的方式不同罢了。

"万簌俱寂"应为"万籁俱寂"

◎洪 竹

小说《撩你心弦》(江苏凤凰文艺出版社 2017 年 10 月出版)第 141 页上有这样一句话:"房间里很静,空气里除了她的轻浅呼吸,万簌俱寂。"在第 172 页上还有这样的描述:"山林万簌俱寂,层层叠叠地被白雪覆盖着。"这两句话中的"万簌俱寂"都错了,应纠正为"万籁俱寂"。

"籁"音 lài,原指古代的一种竹制管乐器,类似箫。《史记·司马相如列传》:"摐金鼓,吹鸣籁。"裴骃集解引《汉书音义》:"籁,箫也。"后"籁"也指从孔穴里发出的声音,亦泛指一般的音响。"万籁"即各种声响。唐代常建《题破山寺后禅院》:"万籁此都寂,但余钟磬音。”“万籁俱寂”表示自然界中万物发生的各种音响都没有，形容周围的环境十分寂静。清沈复《浮生六记·浪游记快》：“但见木犀香里，一路霜林，月下长空，万籁俱寂。”

“簌”音sù，常用的有两个义项。一个是垂、垂下；一个是抖动。也可用作象声词，如“簌簌”“簌落”。《水浒传》第一回：“太尉定睛看时，山边竹藤里簌簌地响，抢出一条吊桶大小、雪花也似蛇来。”“万簌俱寂”说不通。

“临川四梦”是哪“四梦”

◎曾秋华

华中科技大学出版社2016年出版的《大学语文精编》（第二版）第162页写道：“明代最重要的戏剧成果是汤显祖的‘临川四梦’（《紫钗记》《还魂记》《牡丹亭》《南柯记》）……”其中括注的内容有误，《还魂记》《牡丹亭》其实是同一部作品的不同名称而已。“临川四梦”到底是哪四梦呢？

“临川四梦”是明代著名戏剧家、文学家汤显祖四种传奇剧本的合称，分别为《紫钗记》《还魂记》《南柯记》《邯郸记》，前两部是儿女风情戏，后两部是社会风情剧。汤显祖是江西临川人，四部传奇剧本又皆与梦境有关，因而有了“临川四梦”之说。四剧中的《还魂记》又名《牡丹亭》，塑造了杜丽娘、柳梦梅、春香等典型形象，颂扬了天然自发的人性和爱情，是汤显祖最著名也最有影响力的作品。因汤显祖所居书斋名叫玉茗堂，“临川四梦”又称“玉茗堂四梦”。

“川芎”不可写作“川穹”

◎李华山

2021年5月12日《北京晚报》第22版所刊《唐代没有小仵作　皇帝想赐都没辙》一文中，指出了热播网剧《御赐小仵作》中部分与史实不符的内容，在谈到仵作的工作规范时说："现场燃香：点燃麝香、川穹、细辛、甘松等，以防邪气。"这里的"川穹"应写作"川芎"。

川芎（xiōng）是一种伞形科多年生草本植物，所以其"芎"从"草"；这种植物主要产于四川西部，所以名称中用了一个"川"字。中医讲究用"地道药材"，凡名字里带"川"字的，大都产于四川或以四川为主要产区，如川贝母、川黄连、川锦纹（大黄）等。川芎这种药材有羽状复叶，花白色，果实为卵形，有锐棱，根状茎可入药，有活血行气、祛风止痛的功效。

穹，音qióng，本义为穷尽，也可代指天空。药材中没有"川穹"。"芎""穹"两字音近形似，许是致误之因。

《九歌》所写非为中秋事

◎厉国轩

2020年9月30日《益寿文摘》第13版刊有《中秋节的习俗：古人中秋必做十件事》一文，文中所举古人中秋必做的第十件事为饮桂花酒，以"屈原的《九歌》中有'援北骥兮酌桂浆''奠桂酒兮椒浆'的诗句"为例证，错了。此处"援北骥兮酌桂浆"系"援北斗兮酌桂浆"之误姑且不论，而《九歌》所写非中秋事。

"援北斗兮酌桂浆"出自屈原《九歌·东君》，是为祭祀太阳神而作的祭祀辞。"援北斗兮酌桂浆"赞颂日神以北斗星为壶觞，斟满美酒，洒向人间。此"桂浆"泛指美酒，而非特指桂花酒。"奠桂酒兮椒浆"出自屈原《九歌·东皇太一》，此诗为祭祀上皇春神诗，诗中写到祭春神时的祭品有瑶席、玉瑱、蕙草、肉兰、美酒（"桂酒"亦并非一定指桂花酒）等，祭春神当在春天，不可能在中秋时节，故也不是写中秋时节饮桂花酒。

古人中秋节饮桂花酒诗不少，但上例所引不合屈原《九歌》原义，与中秋节的习俗无关。

菏泽从未称过“荷泽”

◎新　德

《上海老年报》2021年4月6日5版《江南牡丹一花倾城》一文说：“（江苏省常熟市）尚湖最成气候的名花就是牡丹，浩浩乎达五万余株，囊括了九大色系，除了自家的品种，有的取之于河南洛阳，有的移植于山东荷泽。”此处“荷泽”系“菏泽”之误。

菏泽（Hézé），山东省地级市，中国牡丹之都。古称曹州。清雍正十三年（1735），曹州升州为府，设附郭县，赐名菏泽。关于菏泽之名的由来，说法不一。一说因南有菏山，北有雷泽，故名；又一说，《书·禹贡》所说古代九泽之菏泽、雷泽、大野泽均在其境内，故名。曾设菏泽县、菏泽专区、菏泽市。1983年再改为菏泽市（县级），2000年升设地级市，原菏泽市（县级）更名为牡丹区。

从历史上看，无论是县、市、专区、县级市、地级市，始终名为菏泽，从未使用过荷泽一名。产生这个错误，应是“荷”“菏”两字音同形近所致。

何谓“簧舍”？应是“黉舍”！

◎厉中东

2021年5月25日《上海老年报》第8版刊有《上善若水》一文，谈的是和教育有关的内容。文末所附七言诗中有诗句：“簧舍育才凭慧眼，杏坛督教仗胸怀。”这里“簧舍”错了，应该是“黉舍”。

“黉”音hóng，义为古代的学校。《后汉书·仇览传》：“农事既毕，乃令子弟群居，还就黉学。”“黉舍”，即校舍，亦代指学校。《北史·儒林传序》：“衣儒者之服，挟先王之道，开黉舍，延学徒者，比肩。”另有“黉门”“黉宇”“黉宫”“黉序”“黉校”等均代指学校。2006年4月19日，连战先生在厦门大学发表演讲，就曾当场挥毫写下“泱泱大学止至善，巍巍黉宫立东南”的题词。“黉舍”“杏坛”都和教育相关，用在《上善若水》这篇文章中是合适的。

“簧”音 huáng，乐器中用苇、竹、木、金属等制成的发声的片状振动体。也指有弹力的机件，如弹簧。“簧舍”为何物？闻所未闻。

“樟子面”岂能充饥

◎秦　武

陈力娇在其小小说《越狱》（《小说月刊》2021 年第 1 期）中，写到了抗日战争快要结束时，在中苏边境修公路的中国战俘的生活：“在这里每天累得直不起腰，吃的是发霉的樟子面，屎都拉不下来，还不让上厕所，去就挨打。”看到“樟子面”时，我愣住了，有这种面吗？

再查阅一些资料后，笔者发现引文中的“樟子面”应为“橡子面”之误。橡子面是用橡树的果实磨成的粉，可以充饥，味苦，不易消化，一般只有在灾荒年才会拿橡子面来度荒。杨朔《海市》：“我家里净吃苦橡子面，等着粮食下锅。”

“樟子”，即樟树的果实，也称香樟子、樟木子，棕黑色圆球形，可以入药，有散寒祛湿、行气止痛之功效，能治胃寒腹痛、肿毒。也富含各种挥发油，如樟脑、肉桂醛、丁香酚等，具有重要的经济开发价值。但唯独不能充当食物，哪怕是用来度荒也不行！

应是“建言献策”

◎屠林明

2021 年 5 月 14 日《益寿文摘》报《编读往来》版写道：“自第四批特约评报员上岗以来，充分履行了自己的职责与义务，积极为本报谏言献策。”这句话中的“谏言”用得不妥。

谏，义为直言规劝，使改正错误。一般用于对尊长或朋友，或下级对上级。封建时代则多用于规劝君主，如《战国策·赵策四》：“太后不肯，大臣强谏。”谏言，即规劝君主、尊长改正错误的话。

而上引句中所谓的“谏言献策”，是特约评报员履行评报的职责与义务，对报纸表达自己的看法、提出建议，并不存在什么下对上的关系，也不属于直言规劝。这里的“谏言”应改为“建言”，即提出建议，陈述主张或意见。宋代曾巩《救灾议》：“有司建言，请发仓廪与之粟，壮者人日二升，幼者人日一升。”

“谏言”通常有特定的使用语境和时代背景，不可和“建言”混为一谈。

“以歌八阕”误为“以歌入阙”

◎宗　翔

2021 年 2 月 24 日《中华读书报》第 3 版刊《牛与中国文化》，文中写道：“早在上古荒洪（洪荒）时候，牛就与我们的祖先建立了亲密关系。《吕氏春秋》曰：‘昔葛天氏之乐，三人操牛尾，投足，以歌入阙。’”其中引文“以歌入阙”应为“以歌八阕”。

上述文字所引的这段话出自《吕氏春秋·古乐》：“昔葛天氏之乐，三人操牛尾，投足以歌八阕：一曰‘载民’，二曰‘玄鸟’，三曰‘遂草木’，四曰‘奋五谷’，五曰‘敬天常’，六曰‘建帝功’，七曰‘依地德’，八曰‘总禽兽之极’。”说的是上古葛天氏时的乐舞，三个人手里拿着牛尾巴，一边踏着舞步一边唱歌。阕（què），本义为乐曲终了，也用作歌曲或歌词量词，“歌八阕”即演唱了八首乐歌。上古时期的乐舞，通常与祭祀活动有关，有研究称葛天氏的乐舞主要是表现劳动生产生活的，从歌名中的“遂草木”“奋五谷”“总禽兽”，可知当时人们的狩猎、畜牧和耕种生活。

阙（què），义为宫门、城门两侧的高台，后借指宫廷、帝王所居之地，“入阙”不合文意，与《吕氏春秋》的原文也不符。

语言哲思

『历史的温度』

◎宗守云

微信公众号“馒头说”的创办人张玮（网名馒头大师），从2017年8月起开始出版《历史的温度》系列作品。从语言的角度看，历史是时间性存在，指自然界和人类社会的发展过程，温度是具体物的属性，指物体冷热的程度，历史是没有温度属性的，说“历史的温度”，显然是把历史当作具体物看待了，这是隐喻现象，即“历史是具体物”，具体物有温度，所以历史也有温度。

“历史的温度”不仅包含隐喻，也包含转喻。转喻相当于修辞中的借代，是利用两个事物的相关性，用一个事物代替另一个事物的表达方式。

首先，历史作为整体概念，用来代替历史中的人，这是整体代替部分的转喻。《历史的温度》的作者张玮在《自序》中说：“其实我对‘有温度’的理解是，历史不是冷冰冰的，我们看似由时间、地点和一连串数据组成的历史事件，背后的主角是一个个活生生的人，是有血有肉的人构成了我们的历史。而既然是人，就一定有人性，一定有故事，一定有温度。”因此，“历史的温度”实际上就是“构成我们历史的人的温度”。

其次，温度作为整体概念，用来代替达到一定数值的温度，这也是整体代替部分的转喻。在作者张玮看来，“历史有温度”可以解释为“历史不是冷冰冰的”，那么反过来说，如果历史是冷冰冰的，那么历史就是没有温度的。其实，即使是冷冰冰的事物，也一定是有温度的，只不过温度没有达到一定数值而已。因此“有温度”和“没温度”都是转喻，是用整体的温度概念来代替达到一定数值的温度。例如：

（1）有个实实在在的东西伏在你身上，它看得见，摸得着，有形状，有重量，有触觉，有温度，有动作……（百合《哭泣的色彩》）

（2）晚江却笑起来，说喝中国汤温度是滋味之一；没温度就少了一味，滋味好，你嘴巴尽可以热闹。（严歌苓《花儿与少年》）

例（1）“有温度”是达到了一定数值的温度，例（2）“没温度”是没有达到一定数值的温度，例（1）（2）都是整体代替部分的转喻。

转喻是语言中特别常见的现象。转喻发生在同一个认知框架内，这个认知框架是整体，由认知框架内的部分组成。最常见的转喻有两种，一是“整体代替部分”，用整个认知框架代替认知框架中的某个部分；一是“部分代替整体”，用认知框架中的某个部分代替整个认知框架。

“整体代替部分”，是因为整体比部分更加显著，比如，“手机坏了”，一般情况下只是手机的某个部分损坏而已，不是手机的所有组成部分都损坏了，这是用手机的整体概念代替手机损坏部分的转喻。再比如，“吃苹果”，一般情况下只是吃苹果的果肉，不吃苹果蒂、苹果核、苹果籽等，这是用苹果的整体概念代替苹果果肉的转喻。

“部分代替整体”，是因为部分在整体中具有典型性、突显性，比如，“我请你喝酒”，一般情况下不只是在一起喝酒，还一起品菜、喝汤、吃主食等，这是用喝酒这个部分代替整个进食框架的转喻。再比如，“我送她一束花”，花不仅包含花朵，一般还包含枝条甚至叶片，这是用花这个部分代替整个花枝框架的转喻。

转喻现象是普遍存在的。正如沈家煊先生所说：“转喻不是什么特殊的修辞手段，而是一般的语言现象；转喻也不仅仅是语言现象，而是人们一般的思维和行为方式。我们的思和行所依赖的概念系统从根本上说具有转喻的性质。”相比而言，转喻比隐喻更加基本。莱科夫和约翰逊有言，隐喻是我们所赖以生存的；我们也可以说，转喻更是我们所赖以生存的。

十字街头

“戊戌”是哪一年

◎汪惠迪

辛丑春节假期，应邀去参加朋友的宴请。宴席订在常州一家大型饭店，笔者走进饭店大门时，映入眼帘的是招牌两侧吸引眼球的一副红底金字对联。上联是“久闻天目湖美”，下联是“宴品鱼头汤鲜”，落款时间采用传统的干支纪法，所署为“戊戍年”。“戊戍年”是哪一年啊？

“干支”是天干地支的合称。天干为甲、乙、丙、丁、戊、己、庚、辛、壬、癸，简称干，也称十干；地支为子、丑、寅、卯、辰、巳、午、未、申、酉、戌、亥，简称支，也称十二支。二者依次相配，组成六十个基本单位，通称“六十甲子”。古人依次用来表示年、月、日、时的次序，周而复始，循环使用。现在农历仍用干支纪年。按“干支纪年法”，有“戊戌（wùxū）年”。地支中的“戌”配十二生肖中的狗，所以“戊戌年”也称狗年。最近的“戊戌年”是2018年。

“戍”读 shù，是动词，本义为军队防守，如“卫戍”“戍边”等。“戊”“戌”“戍”三字字形相近，很容易读错或写错。上面金字对联的落款中，将“戌”误作“戍”，实在令人遗憾。

做“钼靶”还是“钼钯”检查?

◎徐婷婷

乳腺钼靶是目前最主要的乳腺癌筛查手段之一。它的正式名称是“乳腺X射线摄影”,是一种低剂量X光拍摄乳房的技术,能清晰显示乳腺各层组织,进而发现乳腺增生、乳腺组织结构紊乱及各种良恶性肿瘤等情况。可是医院里有的地方写“钼靶”,有的地方写“钼钯”,查阅一些学术论文的网站,医学论文里也存在“钼靶”“钼钯”两词混用的情况。那么“钼靶”和“钼钯”到底哪个对呢?或者是两个都对?

我们可以从做这项检查所用的设备入手。用于钼靶检查的摄影装置是一种特殊的X线机。X线机产生射线的主要部分是球管,球管的核心部件是阴极和阳极,其中阳极接受阴极发出的高速粒子轰击的部位叫“靶面”,像射击时被击中的靶子一样,靶面通常用熔点高的金属钨制成,因此也称“钨靶”。钼靶机器的特殊之处在于,它在球管阳极靶面用的不是金属“钨”,而是金属“钼”,这是为了产生更适合检查乳房软组织的射线。“乳腺钼靶”这种检查方法便因所用设备的特点而得名,这也是对其英语描述 mammary gland molybdenum

成都博物馆展板介绍词中的几处错误

◎刘骐珲

近日,成都博物馆举办了"列备五都——秦汉时期的中国都市"特展,然而在几处展板介绍词中却出现了一些很明显的文字错误。笔者不揣浅陋,试作辨析纠正。

图 1

在一块介绍釦器的展板(图 1)上,有这样一段文字:"《汉书·禹贡传》记载:'蜀广汉主金银器,岁各用五百万。'此处的金银器据考证指的就是在器物口部或耳部镶贵金属构件的名贵漆器——釦器……"

---

target 的直接翻译。

"钯"也读 bǎ,是一种稀有贵金属,银白色,有良好的延展性和可塑性,可做催化剂,或制造精密电阻、珠宝饰物等。它能让爱美的女性喜笑颜开,却没办法保护女性乳房健康。

显然,"钼靶"不可写成"钼钯"。女性为了乳房健康,需要重视定期筛查,记得去做"钼靶检查"。

这段话中的“禹贡传”改成“贡禹传”才对。

事实上,展板上引用的这句话在《汉书》中的出处,更确切的篇目名应为《汉书·王贡两龚鲍传》,主要叙述王吉、贡禹、龚胜、龚舍、鲍宣几人的事迹,是一篇以“清节之士”为主的类传。贡禹是西汉时期的一位贤臣,也是成语故事“弹冠相庆”的主人公。王吉和贡禹是交谊深厚的一对朋友,贡禹曾多次被免职,王吉在官场也不得志。后来,王吉被朝廷委以重任,贡禹听闻后十分高兴,于是把自己的官帽取出,弹去灰尘,准备戴用,世称“王阳在位,贡公弹冠”,即说他们情投意合,志趣相同。“蜀广汉主金银器,岁各用五百万”出自贡禹给汉元帝的奏言,对当时王公贵族、富豪人家竞相侈靡和苛重的赋役的现象提出反对。

而《禹贡》是中国古代地理名著,属于《尚书》中的一篇。《禹贡》将中国划为九个区域,即是“九州”,并对各州的山川、地形、土壤、物产等情况做了简要描述。《汉书》中并没有名为“禹贡”的篇目。

而在一幅“西汉时期商业中心分布示意图”(图2)中,把“阳翟”错写为“阳地”。阳翟(dí)是中国古代的地名,在今天的河南禹州,据传是夏启的都城。夏启在剿灭有扈氏后,为了废除传统的部落禅让制,确立王位世袭,曾在此会盟诸侯举行“钧台之享”,以此确立了夏启的“共主”地位,从而我

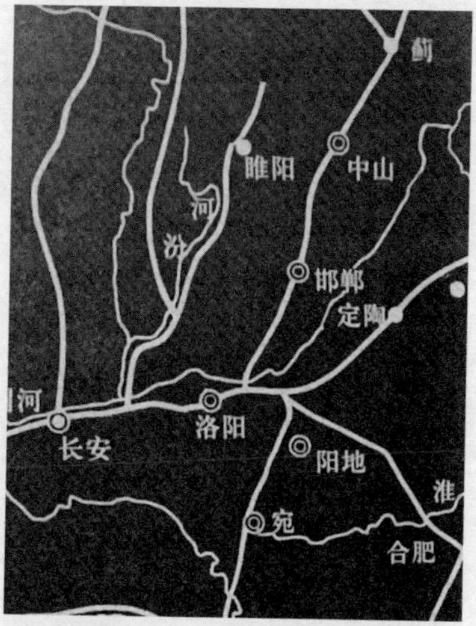

图2

国进入了“家天下”的历史阶段。战国时期，阳翟曾为韩国的都城。西汉时，阳翟为颍川郡治所。

同样是在这幅图上，“睢阳”的位置错标在了黄河中下游以北的位置。睢阳今属河南省商丘市，是中华文明重要的发祥地，是西汉梁国的国都，历史上有名的睢园便是建于此地。睢园是梁孝王刘武游赏与延宾的苑囿，当时文人墨客诸如司马相如、枚乘等都是睢园宾客，并为之吟咏。睢园以翠竹闻名，《滕王阁序》中“睢园绿竹”的典故即来源于此。睢园又名梁园，俗语“梁园虽好，不是久恋之家”，用来指旅居的地方再好，也不能久留。以地图上洛阳为标准，睢阳应在洛阳的东部，地图上却标在了北部，可以说是南辕北辙。

除了上面所说的特展外，其他展厅也有明显的错误。如在“成都汉代漆器出土地点分布图”（图3）中，错将“荥经”标为“荣经”，荥经今属四川省雅安市，“荥”为多音字，四川荥经的“荥”读作yíng，河南荥阳的“荥”读作xíng。四川没有“荣经”这个地方。

博物馆是为公众提供知识的重要文化场所，因此，博物馆工作人员应以严谨的态度来向游客介绍每一件展品背后的文化内涵，毋令“以其昏昏，使人昭昭”的现象发生。

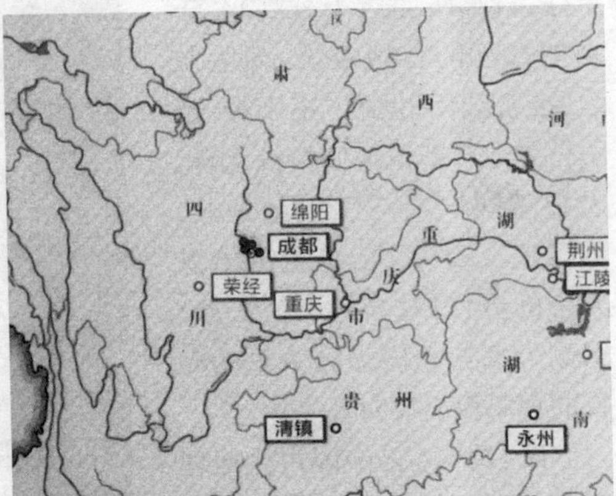

图3

白瓷产地有“刑窑”吗

◎程　旭

> **Q: 白釉是何时出现的？**
>
> A: 白釉最早出现在汉代，比青釉瓷器晚了400多年，白釉瓷器开始是青白色的，因为瓷器中铁的含量高于1%就是青色的，少于1%就是白瓷了，所以中国白瓷经历青瓷、青白瓷、卵白釉、甜白釉、象牙白、白釉的发展过程。中国历史上白瓷产地有德化白瓷、定窑白瓷以及刑窑白瓷等。

在北京木木艺术博物馆举办的《门阀、和尚、方士和狮子——三至九世纪中国陶瓷艺术特展》上，策展方开辟了一个关于陶瓷艺术的文博知识普及的区域，在“白釉是何时出现的”这则问答中，列举了一系列我国知名白瓷产地：“中国历史上白瓷产地有德化白瓷、定窑白瓷以及刑窑白瓷等。”笔者发现著名的白瓷窑场“邢窑”被错误地写成了“刑窑”。

邢窑，是我国历史上重要的烧瓷窑场，现存遗址位于河北省邢台市辖内丘、临城两县境内的太行山东麓丘陵和平原地带。它烧造出洁白莹润的白瓷制品，开了我国烧造白瓷的先河。据考古资料表明，邢窑创烧于南北朝晚期，经过隋朝的飞速发展，唐朝时达到鼎盛，成为我国早期生产白瓷的中心。因在古代通常以烧制陶瓷的窑场所在地的州命名，内丘在唐代隶属邢州，故得名“邢州瓷窑”，简称“邢窑”。因其与当时的南方越窑青瓷并驾齐驱、平分秋色，被后人誉为“南青北白”。

“邢窑”得名与其产地有关，误写作“刑窑”应是“邢”“刑”两字音同形近造成的。

“春”去还是“春”来?

◎刘民钢

毛泽东主席不仅是中华人民共和国的缔造者,也是一位大诗人。他的诗词作品,大多脍炙人口,传诵极广,《卜算子·咏梅》就是其中之一。这篇词作收入小学五年级课本,是大家十分熟悉的。不过,对这首词的解说,却仍有可商之处。

这首词的写作年代,正值我们国家在世界上不仅受到西方资本主义国家的打压,而且与东方阵营的关系也出现裂痕,同时国内还正经历着前所未有的困难时期。《卜算子·咏梅》正是表达了在如此险恶的环境中,作为领袖人物的坚定信念、无畏气概和对前途的高瞻远瞩和满怀信心。

风雨送春归,飞雪迎春到。
已是悬崖百丈冰,犹有花枝俏。
俏也不争春,只把春来报。
待到山花烂漫时,她在丛中笑。

词中的第一、二句:“风雨送春归,飞雪迎春到”,现在一般多解释为:风风雨雨把去春送走,满天飞雪又把来春迎到。也就是说一、二句中的“春”不是指同一年的春天。这不免让人感到有点奇怪,作者写词,何以要跨越了两年来写?而且我们觉得,这样的解释似乎离这首词的本意有点远。

这里的关键,是动词“归”字的解释。“归”是一个带有一定方向性的动词,可以是归去,也可以是归来。比如我们说“归国华侨”,这是说归来的侨胞。说“物归原主”,那是说东西归到了原主人身边去。查检字典和辞书,《现代汉语词典》“归”字的第一、第二个义项是返回和归还,《辞源》“归”字的第一、第二个义项也是返回和归还。不论古今,“归”的意义似乎都是归来为主。不过在古代的诗词中,“归”到底是归来还是归去,还真不太好说。比如《诗经》中的《桃夭》:“之子于归,宜其室家。”是归去还是归来呢?这关键要看这句话是谁说的。我们再以大家熟悉的《唐诗三百首》中的诗为例。

《唐诗三百首》中共用到“归”字79次,其中“归”的方向既有来,也有去。比如王维的《送别》:“山中相送罢,日暮掩柴扉。春草明年绿,王孙归不归?”这里的“归”显然是归来。李商隐《夜雨寄北》:“君问归期未有期,巴山夜雨涨秋池。何当共剪西窗烛,却话巴山夜雨时?”这里的“归期”却是指回去的时间。

正是因为“归”字的方向可来可去,有时候诗人会在“归”字的后面加上“来”或“去”字以明确动作的方向。如李白的《长相思(二首之二)》中的“不信妾肠断,归来看取明镜前”一句,用的就是“归来”。韦应物的《淮上喜会梁川故人》则是用了“归去”:“何因北归去,淮上对秋山。”

那么《卜算子·咏梅》中的“归”究竟是归去还是归来呢?我们认为这里应该解释成“归来”:风雨把春天送了回来,漫天飞雪也正迎接着春天。这样解释,不仅把两个“春”字落在了一个春天上,理解起来比较顺畅,更重要的是这个解释更符合词的本意。作者写作这首词的时间是在1961年11月,当时的国际环境,正如“黑云压城城欲摧”,让人感到窒息。但是毛泽东却以其宽广的胸怀和眼光,从风雨和大雪中看到了春天的即将到来。

我们还可以参看同一时期毛泽东的另一首诗作《七律·冬云》。这首诗写于1962年12月,即写成《咏梅》词后的一年:“雪压冬云白絮飞,万花纷谢一时稀。高天滚滚寒流急,大地微微暖气吹。独有英雄驱虎豹,更无豪杰怕熊罴。梅花欢喜漫天雪,冻死苍蝇未足奇。”写的也是一样的意境,表达的也是一样的意志。因此，“风雨送春归”和“飞雪迎春到”，说的应该是同一个冬天，迎接的也应是同一个春天。

面对当前严峻复杂的世界局势，毛泽东的上述这两首诗词，今天读来，也正有着非凡的教育和启迪意义。

说『三顾草庐』的『顾』

◎陈明洁

“三顾草庐”，早已是人所共知的成语，而且大多知其出典：刘备三次屈尊到诸葛亮所居草屋，请其出山辅佐自己成就大业的故事。在小说《三国演义》的叙事中，有关回目题作“刘玄德三顾茅庐”，因而写成“三顾茅庐”更为多见。人们对这一成语虽然耳熟能详，但其中“顾”字的释义，却往往因拘于一端而在转述或今译时经常误用。

统编语文教材九年级上册中，节选《三国演义》第38回“隆中决策”部分，取篇名为“三顾茅庐”。教材注释：“顾：拜访。”在该小说的文本语境中，这一注释并无问题，因为其叙事以“玄德访孔明”的主线展开，将刘备对诸葛亮的敬重之态描述得淋漓尽致：虽经历了两次往访不遇，欲再次前往时又力排关羽、张飞异议；第三次到达草庐时适逢诸葛亮“昼寝未醒”，便“拱立阶下”等候“半晌”；见诸葛亮“翻身将起忽又朝里壁睡着”，即阻遏童子通报而“又立了一个时辰”；待诸葛亮醒后入后堂更衣，耐心等待了“又半晌”，方得以见到诸葛亮；甫一见面，即行“下拜”之礼，言称“久闻先生大名，如雷贯耳”云云。据此描写，转述这一情节说“刘备三次到草庐拜访诸葛亮”，可算是对“三顾茅庐”的准确阐释。然而，统编语文教材九年级下册的《出师表》中，诸葛亮说“先帝……三顾臣于草庐之中”，应是“三顾草庐”的最早出处，能否照搬以上“顾”的释义，将此语今译为“先帝……三次到草庐来拜访我”呢？回答肯定是不能的。因为“拜访”是一个敬词，用于对所访对象表示恭敬或敬重。现代人际交往的礼仪中也经常用到这个词，如“您哪天有空在家，我到府上去拜访您”。但“拜访”不能用于称说他人对自己的来访，如不能说“我周五在家，你到时来拜访我吧”，或“你能来拜访我，我很高兴”之类，因为说话人不能要求（或形容）对方对自己恭敬或敬重。

汉语中的敬词和谦词，是中华传统文化中礼仪文明的一种体现，对此加以正确认识和传承使用，也是检验语文素养的一个方面。就“拜访”一词的表敬用法而言，关键在于理解“拜”字。从古代造字之初起，“拜”即是表示敬意的一种礼节：行礼时两膝跪地，低头与腰平，两手至地。后泛用为行礼的通称，又用在其他动词前表示对对方的敬意。如：拜见，用于客人会见主人时表示恭敬；拜望，用于探望敬重的对象；拜别、拜辞，用于和敬重的对象告别；拜托，表示恭敬地委托他人办事；拜读，表示阅读所敬重对象撰写的文字；等等。所有类似词语，都不能在说话者双方之间反过来使用。可是，作为敬词的“拜访”，如今被误用的现象已较为普遍，口语和书面语中出现“拜访我”已是屡见不鲜，如：

采访者：听说本地历任领导对您都非常尊重，能举些例子吗？

受访者：是的。我虽然做的事情还不多，但县里、区里领导逢年过节经常来拜访我，咨询我，令我非常感动。

在文言文的译文中，也经常看到这样的误用。如曹操《短歌行》诗中“越陌度阡，枉用相存”两句，就有译为：“客人穿过纵横交错的小路，屈驾来拜访我。”文言文中的“顾”，在对应的译文中忽视语境而译为“拜访”，以致出现“拜访我”这一敬词误用的现象，也颇为多见。如南朝陈沈炯《独酌谣》诗句“智者不我顾，愚夫予未要”，有的书里即把“不我顾”译为“不拜访我”。宋曾巩《赠黎安二生序》中讲黎生和安生携其所作文“辱以顾余”，有鉴赏文章也将此句译为“不以为耻辱来拜访我”，或“屈辱自己来拜访我”。颇令人担忧的是，当今语文界对“拜访我”这一有违礼仪的语言现象似已麻木不仁，以至在教材文言文的相关译文中也出现同样的问题。如统编教材中的《出师表》，在配套的《教师教学用书》“参考译文”中，对“三顾臣于草庐之中”句，即译为“接连三次到草庐来拜访我”。而且，该篇译文注明“选自《名家精译古文观止》，中华书局1993年版”，但又注明“略有改动”。经检核中华书局出版的该书，其译文对此句中的“顾”并没有译为“拜访”，而是译成“访看”。可见，《教师教学用书》的译文改用“拜访”是编者刻意所为。再看其他书中对《出师表》的今译，将该句译成“三次到草庐来拜访我”，已然比比皆是，举不胜举。

诚然，文言文中的“顾”是个多义词，其义项之一确可释为“拜访”，在现代汉语的词典里也多举“三顾茅庐”为例。但这一释义并非是唯一的，其同义词如“看望”“探望”“访问”等，都可根据语境用来解释或对译“顾”字。在表敬的语境中，如“刘玄德三顾茅庐”之“顾”，可注释或今译为“拜访”；但表述他人的到访，如诸葛亮述说刘备“三顾臣于草庐之中”，就不能拘执“拜访”的译释，而应以其他同义词代之。顺便说明，该篇译文原译作“访看”，仍有欠当之处：一则现代汉语已不用此词，作为词组又颇生疏别扭；再则古书中的“访看”，多是“察看”的意思，以此来对译“顾”，显然也并不合适。但《教师教学用书》的“参考译文”将其改成“拜访”，显然是未顾及语境而误用了敬词，有悖于传统文化的礼仪用语。

锁定名人

“七斗星座”应为“北斗七星”

◎杨西仑

2020年第21期《读者》上刊有贾平凹的《泉》，其中有这样一段话：“它们飞走了，我们就捡着抖落在树下的几片羽毛，幻想着也要变成一只鸟儿，住在树上，或飞到天空，看那七斗星座，究竟是谁夜夜把勺儿放在那里，又要舀些什么呢？”此处的“七斗星座”应为“北斗星”或“北斗七星”。

北斗七星属于大熊星座（天文学正名“大熊座”），是在北天的七颗明亮的星，它们是北斗一（天枢）、北斗二（天璇）、北斗三（天玑）、北斗四（天权）、北斗五（玉衡）、北斗六（开阳）、北斗七（瑶光）。因为七星的排列形状很像古代舀酒的工具——斗，故得名“北斗”。北斗一、二、三、四星组成斗身，也称“斗魁”，北斗五、六、七星组成斗柄，也称“斗杓”。北斗二和北斗一连线并向外延长约5倍处，可找到北极星，因此这两颗星又被叫作“指极星”。古语有云，“夜看北斗知北南”。北斗星不但是指示方向和认识星座的重要标志，而且还是人们用来辨别时序的星，北斗星在不同的季节和夜晚不同的时间，出现于天空不同的方位，所以古人就根据初昏时斗柄所指的方向来决定季节：斗柄指东，天下皆春；斗柄指南，天下皆夏；斗柄指西，天下皆秋；斗柄指北，天下皆冬。

北斗七星并不是一个独立的星座，而是大熊星座的一部分，更不能叫“七斗星座”。

不存在"孓孓"这种生物

◎杨宏著

莫言著中篇小说集《爆炸·欢乐》(浙江文艺出版社2020年5月出版)第69页上说:"水蛭又名蚂蟥,水蛭科蚂蟥属腔肠动物喜食水虿孓孓焙干研粉入药主治赤白痢疾……"句中"孓孓"应是"孑孓"之误。

"孑孓"是个联绵词,读作jiéjué,是蚊子幼虫的学名,由蚊卵于水中孵化而成。其体细长,胸部较头部及腹部宽大,游泳时身体一屈一伸,俗称跟头虫。"孑孓"除作为名词外,还可以表示肢体屈伸颠踬的形状。清纪昀《阅微草堂笔记·滦阳消夏录四》:"景州一宦家子,好取猫犬之类,拗折其足,捩(liè)之向后,观其孑孓跳号以为戏。"

"孓"字只能与"孑"组成词,既不能单独使用或重叠使用,也不能与其他字组合起来使用。"孓孓"难以索解。

"孑"字除了用于"孑孓"一词外,还可表示单独、孤单的意思。如"孑孑"义为特立、出众,又表示孤单、孤寂。清李渔《巧团圆·梦讯》:"小生姚继,字克承,楚之汉阳人也。幼失二亲,长无一时,孑孑孤行于世上,亭亭独立于人前。""孑立"义为独立无依,晋李密《陈情表》:"外无期功强近之亲,内无应门五尺之童,茕茕孑立,形影相吊。"此外还有"孑身"(单身、独身),"孑居"(独居),"孑然"(孤单的样子)等。

《火眼金睛》提示

图1,"收益"应为"受益"。
图2,"凉衣架"应为"晾衣架"。
图3,"别出心栽"应为"别出心裁"。
图4,"砥力前行"应为"砥砺前行"。

社交新风

微信：公私分明，建立界限感

◎徐默凡

微信（WeChat）是腾讯公司在2011年推出的即时通信程序，10年来，它极大地改变了我们的社交生活：我们在微信上和家人同学聊天，与同事伙伴讨论工作，向亲朋好友展示生活点滴……这个虚拟的社交世界已经全面渗透进普通人的日常工作和休闲活动中。

微信兼具了工作和休闲两个场域的社交功能，所以在享受微信便利的时候，我们也遇到了不少困惑。微信之前，我们朝九晚五，工作时间交给单位，休闲时间和家人分享，两者泾渭分明。微信之后，我们24小时在线，工作时间可以摸鱼刷圈，休闲时间也被领导“连环夺命call”，由此也带来很多疑问：上班的时候可以发娱乐性的朋友圈吗？下班以后在群里讨论工作可以不回吗？老板发的公司宣传文案一定要点赞吗？

显然，微信时代需要发展一些新的社交规则，来厘清工作和休闲的界限，也需要所有的使用者形成默契，打造和谐融洽的虚拟社会。我们抛砖引玉，粗略整理了一些规则，供大家参考。

关于好友：应该区分工作关系和私人关系，工作关系不要开放朋友圈，免得隐私泄露。被工作伙伴屏蔽的也不要心生怨气，亲密关系是需要精力管理的，只有把有限的精力投入到需要精心维护的关系上，才会给人带来满足感和幸福感。

关于工作群：群聊已经成为最高效的合作平台，工作时间应发尽发，参与者尽快回复。8小时之外不要发工作消息，世界不是围绕你的工作转的，拖到明天上班时间再处理也不会损失几个亿。工作群管理者应该尽量避免发者随心所欲，应者心怀不满，否则，长此以往，必将影响合作关系。强烈建议群主建群之始就要设定群规，明文规定工作群的使用时间。

关于朋友圈：这是你打造的私人生活媒体，工作宣传、推广不应该出现。如果确实爱工作超过爱生活，或者工作和生活已经水乳交融，那么请精心撰写文案、选择图片，不要转发公司自吹自擂的文章和千篇一律的新闻。管理者的手也不要伸得太长，“所有人必须转发”“必须给老总的公关稿点赞”之类，除了显示落后于时代的管理方式，没有其他任何作用。

关于私聊：同样要遵守时间界限，工作时间交流工作，休闲时间尽情闲聊。除非希望发展私人友谊，工作关系的好友即使是在休闲时间也最好不要聊过于私人的事务，否则会让人觉得莫名尴尬，严重的甚至有骚扰的嫌疑。不管什么时间，聊公司八卦都是禁忌，微信空间有强大的记忆力，断章取义的“截屏大法”轻则造成当事人“社会性死亡”，重则使人身败名裂，如果信谣传谣，还有触犯法律的嫌疑。

关于微信使用时间：工作时间理论上只能在微信上谈工作，不能和别人聊天，也不应该刷朋友圈，这就和上班不应该煲电话粥，不应该看电影、读小说是一样的。当然人不是机器，工作时间也需要休息调整，也有一些紧急的私人事务需要处理，所以偶尔使用也无妨，但是一定要有度。

规则数不胜数，因时因地而变化，但背后最重要的原则应该是一以贯之的，简单来说就是：公私分明，建立界限感。让我们一起来区分工作域和休闲域，做一个受人欢迎的微信使用者。

文章病院

“韶华”与“昭华”

◎马明辉

2021年2月26日，中央广电总台中国之声公众号登载了一篇文章，标题为《这一幕温暖所有人！刷屏的奶奶是谁？》，讲中国社会科学院原外事局研究员夏森，离休后心系贫困地区教育事业，累计捐出自己靠省吃俭用积攒下来的两百多万元，改善贫困乡村学校的教学条件，资助贫困大学生求学深造。当日该文被人民日报公众号转载。文中一位接受过夏森资助的大学生，毕业后选择成为一名援疆教师，她说：“我立志要以夏森奶奶为榜样，奉献自己，不负昭华。”此处的“昭华”应为“韶华”。

韶，读作sháo，从音召声，本为虞舜时乐名，也指美好。韶华，义为美好的时光，常指春光。也可指美好的年华，比喻美好的青年时代。北宋秦观《江城子·西城杨柳弄春柔》：“韶华不为少年留。恨悠悠。几时休。”不负韶华，即不辜负美好的青春年华。

昭，读作zhāo，从日召声，明亮之义，引申有明显、显著等义。昭华，常用于指名称，如美玉名、古代管乐器名、古代池名、古代皇宫女官名。昭华也有美好的意思，但是不用来特指时光或年华。受夏森老人资助的学生立志奉献自己，不辜负美好的年华，用“不负韶华”更妥当。

《“符篱集烧鸡”是啥鸡》解疑

“符篱集”错了，应是“符离集”。“集”即集镇，“符离集”即“符离镇”，位于安徽宿州市北。相传，其北有离山，地产苻草，而得名“符离”（古代“符”通“苻”）。“符离集烧鸡”为当地传统特色名品，和德州扒鸡、河南道口烧鸡、锦州沟帮子熏鸡，并称“中国四大名鸡”。

法庭对证用“对质”不用“对峙”

◎周　振

《报刊文摘》2021年3月24日4版刊登的《为己正名：等待31年的再审》一文，讲述了一个名叫张军的人，如何从医生、律师、政协干部变成为劳改释放犯、申冤者的经过。文中有这么一段话：“有一次，他作为律师在法庭上把检察官辩得说不出话，检察官嘟囔，‘你收了黑钱？这么卖力’。张军当庭要和检察官对峙，让对方拿出他受贿的证据。最后还是检察长出面道歉才罢休。”其中“对峙”一词使用失当，应为“对质”。

对质，指在刑事诉讼中使有关人员当面质问或对证。亦泛指与问题有关联的各方当面对证，以澄清事实。老舍《四世同堂》七二：“来到狱中，日本人马上教她和招弟对质，她们所说的完全与以前的口供相合。”

峙，义为直立、耸立；对峙，即相对而立，引申可用来比喻双方对抗，相持不下。葛剑雄《长城的价值》：“出入长城如入无人之境，真正沿着长城作武力对峙的例子并不多见。”

上述《报刊文摘》所刊之文中，检察官在法庭上被律师“辩得说不出话”，公开称律师之所以为被告“这么卖力”，是收了被告的“黑钱”，于是，律师要检察官当庭拿出能证明其受贿的证据。这里用“对质”恰如其分。

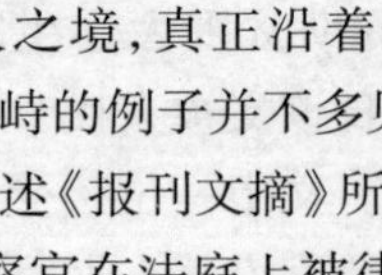

贵客临门“饮千殇”？

◎言蹊太

2021年5月14日《中国楹联报》第3版《联海纵横》栏目中有一篇文章，题目是《姓名撰联探讨》。文章有一段叙述了作者为一位友人撰嵌名联的经过：“青年李达贵是个不错的铝合金门窗师傅，他请我撰嵌名联，‘贵’字好组词，‘贵人、贵地、贵宾’等，但这个‘达’字可把我难住了，总不能说作动词用吧，那可不行，词性不对称，我习惯地翻开词典，查这个‘达’的组词，突然‘达人’一词映入我的眼帘，这正是符合我创作的主题词。于是我很快地把此联创作出来：达人配淑女，海誓山盟期百岁；贵客临蓬门，颜开笑逐饮千殇。”这副嵌名联中，下联的“贵客临蓬门，颜开笑逐饮千殇”着实有些不妥，贵客临门，主人笑逐颜开地迎接，置酒相待，是好事，但最后却来一个“饮千殇”，岂不大煞风景？作者想用的可能是“饮千觞”吧。

觞，本义为古代盛酒器。作为动词时，有向人敬酒之意。如：觞客（宴飨宾客）；觞祝（敬酒祝愿）；觞行（行觞，传杯）；等等。也指饮，喝。王羲之《兰亭集序》：“一觞一咏，亦足以畅叙幽情。”“饮千觞”即饮千杯，形容喝得尽兴，放在上引文的语境中十分合适。

殇，本义为未成年而死。后也指为国牺牲在战场上的人，或非正常死亡。鲍照《代出自蓟北门行》：“投躯报明主，身死为国殇。”

“殇”与“觞”，含义是一悲一喜，相差甚远。

何来“萌孽枝”

◎杨亚东

2020年11月25日《楚天都市报》A12版刊发了《青山区一万余棵行道树年底将换“高脚杯”发型》一文，其中写道：“青山区园林学习了上海的先进理念和技术，对大法桐、樟树等大树进行定型修剪、整形修剪、维护修剪，将树木修剪成‘高脚杯’形状，修剪中不仅要修剪下垂枝、枯死枝，还要细细修剪内膛枝、萌孽枝、交叉枝、平行枝、徒长枝。”句中的“萌孽枝”写法有误，应改为“萌蘖枝”。

“蘖”读niè，是个形声字，从木薛声。本义指被砍去或倒下的树木再生的枝芽，后泛指植物由茎的基部长出的分枝。“萌蘖”一词本指植物的萌新芽，后来比喻事物的开端，孙中山《致海外国民党同志书》：“激扬新文化之波澜，灌溉新思想之萌蘖。”也有动词词性，义为开始产生。“萌蘖枝”，是指由潜伏芽或不定芽萌发长成的枝条。在园艺中有项工作叫“除蘖”，即为了防止树姿紊乱和剪枝所引起的损伤，会定期除去树桩基部抽生的萌蘖枝。

“孽”音同“蘖”，也是个形声字，从子薛声。本义为庶出的，即宗法制度下家庭的旁支，亦有罪行、邪恶者之义。汉语中有“萌孽”一词，义为祸端、邪恶。“萌孽枝”实难索解，也明显不合原文语境。

检测窗

编校差错扫描(三十六)

◎王　敏

相应曰“和”闭拢“合”

【错例】人与人之间合睦相处,有效沟通很重要。

【简析】“合睦”应为“和睦”。“和”(hè)本作“咊”,形声字,从口禾声,本义指声音相应。《说文解字》:“咊,相应也。”另有异体“龢”,也是形声字,从龠(yuè,似笛古乐器,形符“龠”表示字义与音乐有关)禾声。《说文解字》:“龢,调也。”口相应曰和,乐相谐曰龢。“‘和、龢’实同一词”(王力《同源字典》),古时混用,如今规范化,以“和”为正体。“和”本义为动词,读hè,如“曲高和寡”。引申指相应,如“附和”。又特指依照别人诗歌的内容或格律写诗,如“和诗”。由声相应的hè,“和”引申指乐声和谐,读hé。《广雅·释诂三》:“和,谐也。”引申泛指关系和谐、协调、融洽,如“政通人和”“和洽”;进一步引申指恰到好处、适中,如“礼之用,和为贵”;又指温顺、不激烈,如“和蔼”“和颜悦色”。“和”(hé)也作动词,指调节、使和谐,如“调和”;再指结束战争或平息争端,如“握手言和”“和好如初”;还指比赛不分胜负,如“和局”“棋和了”;另指连带、伴随着,如“和衣而卧”“和盘托出”。又作介词,引出对象,如“和他有关”;还作连词,表并列,如“云和月”。“合”是会意字,从亼(jí)从口,会器盖与器体相扣合之意，本义指盖合、闭拢（与“开”相对）。《说文解字》：“合，合口也。”如“合眼”“合抱”。引申指聚在一起、结为一体（与“分”相对），如“合二为一”“齐心合力”；进一步引申作形容词，指整个、全部，如“合家老少”。另引申指符合、适合，如“合格”“合情合理”。“和睦”指和好相处、关系融洽，与闭拢、聚结无关，与整个、符合无涉，不能写成“合睦”。

“惩前毖后”非“毙”命

【错例】把纪律和规矩挺在前面，坚持惩前毙后、治病救人的原则。

【简析】“惩前毙后”应为“惩前毖后”。“毙”和“毖”都是形声字，但构字理据有别。“毙”本字为“獘”，从犬敝声，本义指仆倒。《说文解字》：“獘，顿仆也。”“獘”或从死作“斃”，后“斃”字简化，另造了从死比声的“毙”。如今规范化，以“毙”为正体。由仆倒，“毙”引申指失败、倒掉，如“多行不义必自毙”；又引申指死亡，如“毙命”“坐以待毙”。“毖”，从比必声，本义指谨慎小心。《说文解字》：“毖，慎也。”“惩前毖后”指吸取过去失败的教训，以后小心，不致再错。错成“惩前毙后”，显然于理不通。

“面面俱到”不用“具”

【错例】初学写稿，切忌面面具到。

【简析】“面面具到”应为“面面俱到”。“具”，甲骨文作，是会意字，从廾（gǒng，两手捧物）从鼎（食器），以两手举鼎会意，本义指供设酒食。《说文解字》：“具，共（供）置也。”“具”由此引申指酒食，如“草具”即粗糙简劣的食物，另

又泛指备办、准备，如“具状”即备办词状，“具食”即准备食物。再引申指有、具有，如“初具规模”“独具匠心”；还引申指备办的用品、器物，如“农具”“工具”。备办则全有，故“具”另作副词，相当于详尽、全部，如“具言”即详陈，“具告”即尽告。“俱”是形声字，从人具声，本义指偕同、共同。《说文解字》：“俱，偕也。”如“俱乐部”。“俱”也作副词，相当于一起、全、都，如“声泪俱下”“五脏俱全”。现代汉语中，“具”与“俱”用法有分工。作名词，始终用“具”不用“俱”，“家具”不能写成“家俱”；而作副词，表示全、都，如今用“俱”不用“具”，比如古籍中用“百废具兴”，现在规范写法是“百废俱兴”。正因如此，表示各方面都照顾到的“面面俱到”，不能写成“面面具到”。

向上“托”举拉拽“拖”

【错例】花萼拖着牵牛花，就像朝天的小喇叭。

【简析】“拖着”应为“托着”。“拖”和“托”都是提手旁，含义与手有关。“拖”，本字为“拕”，甲骨文写法从手从它（蛇），是会意字，以手拖蛇会意，本义指拉、拽。《说文解字》：“拕，曳也。”《广韵·歌韵》：“拕，曳也。俗作拖。”“㐌”是“它”的变体。如今规范化，以“拖”为正体。如“拖拉机”“连拖带拽”。引申指下垂、耷拉着，如“拖着辫子”“拖尾巴狗”。被牵引的东西往往拖在后面，因此“拖”又引申指不及时做、延长时间，如“拖延”“拖沓”。“托”是形声字，从手乇（tuō）声，本义指用手推物。《玉篇·手部》：“托，推也。”引申指用手掌或物体承举东西，如“托举”“托腮”。引申指陪衬、垫，如“衬托”“水果下面托一层纸”。用作名词，指器物的底座或类似底座的东西，如“杯托”“枪托”。牵牛花朝天开放时，花萼是向上“托着”花冠，而不是“拖着”。

语苑新谈

《论语》"素以为绚"的女性审美观(上)

◎石毓智

男女情感,是古今中外一个永恒的话题。孔子这位哲人,难道就没一些高见吗?有的。但是,十分遗憾,对夫子这方面的言论,后人要么视而不见,要么曲解成别的东西。

孔子对女性的态度,也有两面性。作为一个具有远大理想的政治家,他要谨防沉湎于女色而丧失大志;但是作为一个具有高超智慧的男性,他对女性有自己深刻而独到的见解。

夫子也是一个性情中人,深谙男女情感之道。《论语·子罕》有这么一则记载:

"唐棣之华,偏其反而。岂不尔思?室是远而。"子曰:"未之思也,夫何远之有?"〔唐棣树的花,偏偏摇曳。难道我不想念你?你住得太远(没办法呀)。"孔子说:"这是没有真正想念啊。(如果真想)有什么遥远呢?!"〕

多么浪漫啊,我们的夫子!的确,空间距离不会成为妨碍真正爱情的因素。把空间距离作为一种拒绝的因素,那算不上真正的爱情!

后世不少学者的解释,则令人大跌眼镜。有人认为孔子只是由此及彼地想到了对仁德的追求,对道的追求。这都是哪跟哪呀?夫子也是个正常的男性啊!难道就不允许夫子在进行文化、道德建设的同时,在自己的精神世界有一点儿自己的空间、发表一下自己的见解吗?

孔子论述女性美最精彩的,也是被后世学者曲解最严重的,是《论语·八佾》中的一段话:

子夏问曰:"'巧笑倩兮,美目盼兮,素以为绚兮。'何谓也？”子曰：“绘事后素。”曰：“礼后乎？”子曰：“起予者商也，始可与言《诗》已矣！”

这话的前两句“巧笑倩兮，美目盼兮”，见于《诗经·卫风·硕人》。倩，笑容美好的样子；盼，眼睛明朗的样子。原诗没有“素以为绚兮”，可能是子夏自己加上去，表达自己的见解。

上述师徒二人的对话到底是什么含义，让古今多少英雄竞折腰！现代研究《论语》的论著，什么解释都有，就是没有一个人认为，这是子夏和孔子谈女性美的精彩片段。具体说法不一，但是普遍认为，这是师徒二人在谈政治伦理问题。

易中天在《百家讲坛》详细讲解了他自己关于这段话的理解。易中天也承认，师徒二人之间的问答，就像打哑谜，让人摸不着头脑。他自己虽然也努力做了解释，但是不得不承认，这个弯，也实在转得太大了一点儿，让我们看得一头雾水。易中天先生这样解释道：原诗的意思实在很清楚，子夏为什么还要问？显然，他要“举一反三”。于是孔子回答“绘事后素”。绘事，就是画画；后素，即后于素。意思是说，画画，要先用白颜色打底子，然后才能画花纹。这也已经由此及彼，说开去了。谁知子夏竟大受启发，高兴地问：“礼后乎？”什么叫“礼后乎”？就是说，礼，也像绘画的花纹一样，要放在打底子的后面吧？孔子一听，就喜出望外地说：阿商呀阿商，启发我的人就是你呀（起予者商也），我可以和你讨论诗了（始可与言《诗》已矣）。孔子为什么会这样说？因为在孔子看来，礼乐也是要先打底子的。拿什么打底子？仁。仁爱或者仁义，就是礼乐的底子。仁为礼乐之本，当然要先仁义而后礼乐。这就叫“礼后”，或者说“仁先礼后”。至此，我才为易中天松了一口气。他花了这么大的力气，终于把事情说圆了！

然而，在我看来，不是孔子和子夏把弯转得太大，而是后人有一个思维定式，觉得像孔子这样的圣人，一定是言必大道理，怎么也不会像俗男人那样，谈女性的美。上述这段对话会不会是师徒二人私下的一则交谈，谈论什么样的女人为美？在给出我们的答案之前，先看师徒二人其他有关的言行和《诗经》同一首诗的上下文。

第一，子夏是一个既讲原则，又有灵活性的人。他的一个高见是“大德不逾闲，小德出入可也”（《论语·子张》）。闲，本义是栅栏，引申为限制。什么是大德？在外忠君，在家孝敬父母。什么是小德？多看一眼美女，谈论什么样的女性才是美。

第二，孔子虽然志存高远，恢复周朝的礼乐制度，然而能由此推断他就没有自己的精神世界吗？没有对优秀异性的向往吗？孔子的人格魅力，在于他的坦诚。据《论语·述而》，孔子曾经对他的学生说：你们认为我有什么隐瞒的吗（二三子以我为隐乎）？我没有什么隐瞒的呀（吾无隐乎尔）！我没有一件事情是要瞒着你们，不告诉你们，不让你们知道的（吾无行而不与二三子者）。这就是我，孔丘（是丘也）！

一个正常的孔子，一个坦诚的孔子，谈一点儿女性美方面的话题，人们没有理由大惊小怪。

第三，看看《诗经·硕人》的上下文，就会清楚那两句诗的真正含义是什么。这本来是搞懂那两句诗最应该做的事情，却被后世的学者忽略了。

硕人其颀（夫人身材修长），

衣锦褧衣（穿着绣花衣和外罩）。

齐侯之子（齐王的女儿），

卫侯之妻（卫王的妻子），

东宫之妹（齐太子的胞妹），

邢侯之姨（邢王的小姨子），

谭公维私（谭王是她的妹夫）。

手如柔荑（手指像柔软的初生草芽），

肤如凝脂（皮肤像凝结的油脂），

领如蝤蛴（脖子像又白又长的小天牛），

齿如瓠犀（牙齿像洁白齐整的瓠子），

螓首蛾眉(螓一样的头,蚕蛾状的眉)。

巧笑倩兮(乖巧的笑容甜美无比),

美目盼兮(美丽的眼睛闪烁动人)。

解读师徒二人对话的真正含义,这首诗有两条重要的信息不能忽略。

其一,这个美妇人是卫王的妻子。孔子周游列国,在卫国受到的待遇最好,呆的时间也最长。卫国时下还有一个绝色的南子,南子对政治很有兴趣,而且还召见过孔子。卫国好像有进口美女的传统,《诗经》说的这个历史美女是齐国人,时下美女南子则是宋国人。这段对话没有交代发生的时间地点,很有可能发生在他们居卫期间,看着眼前这位南子,想起《诗经》上这首诗,那么就会自然思考,她们为什么美?又美在何处?

其二,用了很多比喻来描写妇人之美,其中一个最经典,"肤如凝脂",即皮肤细白光润,质感如凝结的油脂。皮肤白嫩,是女性美的基础,俗话说"一白遮百丑",白皙的皮肤自身就性感,可以掩盖长相上的缺陷。这就是为什么那么多护肤品、化妆品,都有"增白"的效用,审美观古今中外都一致。

唐代诗人白居易的《长恨歌》就是借《诗经·硕人》的手法描写杨贵妃的:

回眸一笑百媚生,六宫粉黛无颜色。

春寒赐浴华清池,温泉水滑洗凝脂。

前两句说杨贵妃眼睛和笑容之妩媚,后一句写杨贵妃的皮肤细白质感如凝脂。简直就是《诗经·硕人》的翻版。

古今有一个对女性比较固定的审美观:白皙的皮肤,明亮的眼睛,唇红齿白,美好的态度。《诗经·硕人》正是给我们描写了这么一幅仕女图。提起这么一个女性,如果你的第一个反应是想到政治伦理,或者学术上的事,不是变态还是什么!其实,孔子和子夏很正常,是后来的学者让他们"变态"的!

网言网语

从“网抑云”到“网愈云”

◎洪晓雯

“你那么孤独，却说一个人真好”“年轻时我想变成任何人，除了我自己”……每到午夜，少男少女们从白天积极向上的姿态切换成颓废抑郁的“网抑云”选手，戴上耳机沉浸在自己的伤心世界，写下一段段心碎文字。网抑云，是2020年爆发的丧文化新梗。

网易云是一个深受欢迎的音乐播放平台。午夜听歌，一些伤感的音乐容易引起众人的共鸣，于是评论区出现了各种高考失利、失业失恋等忧郁文字，到后来大量无病呻吟、矫揉造作的伤感评论纷纷加入，就形成了“网抑云”的丧文化现象。

“网抑云”的诞生利用了谐音梗，谐音梗最早来自谐音修辞，但在网络语言中变得门槛很低，大多是没有营养的同音关系。比如：

A：你知道星星有多重吗？B：八克，因为星巴克。

诸如此类的谐音梗可以说是不胜枚举，其存在也无非是由于一时的搞笑，并无太多内涵。这是否意味着所有的谐音都到了“说了就要扣钱”的地步呢？好像也并非如此，比如：

今年是牛年。所以大家的新年祝福当然少不了——牛（扭）转乾坤！

这个例子也是生活中谐音运用的典型，但是与上面一例不同的是，它们不仅同音，而且做到了语义双关。在诙谐幽默的言语之中，传达了人们美好的祝福。而“网抑云”的诞生，也正是这一类巧妙的语义双关。

由网易云为何会想到网抑云呢？这说明抑郁是当代网民一种相当普遍的状态。社会现实中对某一心理现象的关注，往往会影响网络流行语的走向。当抑郁成为当代人的一种普遍心理状态时，“因网而抑，扩散成云”也就不奇怪了。网易云的感伤音乐击中了人们心中某个柔软的角落，引起了人们的共鸣，他们闻歌而泪，在评论区留下一条条带着自己印迹的忧郁文字，以此来宣泄自己无法排遣的负面情绪。渐渐地，“网抑云”变成一个流行语，“今天你‘网抑云’了吗？”“老网抑云了”“天天网抑云”……类似的说法层出不穷，不少青少年也跟风使用，颇有为赋新词强说愁的味道。

但是我们也要看到这样的一种奇怪现象：上一秒还忧郁地在键盘上敲下太宰治的“生而为人，我很抱歉”，下一秒就转头大喊：“妈，饿死了，该吃饭了！”这一类人其实并非是真正的抑郁者，也并非抑郁者的共情者，只是装模做样地模仿着这种文艺腔。他们跟风起哄，敲出一行行“厌世”的文字博取眼球，最终变成“人云亦云”的“网抑云”现象。

日益泛滥的“网抑云”消费着抑郁的情感，难以避免地对真正的抑郁群体造成一种伤害，于是越来越多的人开始致力于推动“网愈云”，来共同应对这种无病呻吟的“丧文化”。“网愈云”也像“网抑云”一样，既与“网易云”音近，又巧妙双关，且恰与“网抑云”语义相对，更表现出人们对于正能量文化的推崇。不少网民开始发表一些积极的、治愈的评论，开始让“网抑云”转向“网愈云”。

我们并不反对人们对消极情绪的宣泄，只是希望也有一种更为健康的社会心理导向，指引更为积极的网络语言环境。在“网抑云”的丧文化之后，我们看到了“网愈云”成为一股新力量，不禁要为之鼓劲喝彩。

真　香！

◎陆志成

“我才不会买这种华而不实的东西呢！……什么？这次促销降价这么多？买了买了，真香！”

不知从什么时候开始，“真香”逐渐流行起来，成为了我们生活中的常用语。从字面上看，“真香”不过是形容某个对象味道很香，但在网络传播中，“真香”已经俨然成为了一个新时代的新“典故”，并具有了新的意义和用法。

那么，“真香”典出何处呢？这还得从湖南卫视的节目《变形计》说起。在2014年的《变形计》第8季第3期中，来自城市的少年王境泽被安排交换到一个农村家庭体验不一样的生活。初到农村时，王境泽嫌弃那里条件不好，说“我王境泽就是饿死，死外边，从这里跳下去，也不会吃你们一点东西”，但仅仅几小时后，饿坏了的王境泽就大口吃起了饭，边吃边说“真香”。这一反差巨大的剧情一时传为笑谈。于是，网上的“吃瓜群众”便开始用这一事件中最为人所津津乐道的“真香”两字来概括这整个事件，进而又用“真香”来形容所有与此相似的情况，即：发誓不做某件事、不要某样东西却很快发现了那件事、那样东西的好处而改变想法，自我“打脸”。一个新时代的“典故”就这样诞生了。

在流行过程中，“真香”的句法功能也悄然发生了变化。本来，“真香”是程度副词“真”与形容词“香”的搭配，王境泽口中的“真香”是一个独立的二字感叹句，感叹他吃的饭香。网友们起初大体还是延续了这种用法，独立成句说“真香”或者说“××× 真香”。但后来，奇怪的事情发生了——在网络传播中，逐渐出现了“我真香了”这样的说法，在这里，“真香”实际上被用作了一个动词，意为“本不想做这件事但现在（因为发现这件事的好处）改了主意”。

乍一看，这似乎完全是乱来，一个程度副词加一个形容词的组合，怎么能当动词用呢？完全不合语法。但若仔细想一想，这种现象其实是有类似先例和相应理据的。比如，“滥觞”字面义为“浮起酒杯”，已经是一个既包含动词又包含名词的短语，但变成典故后，“滥觞”变成了表示“起源”的动词，出现了“XX 滥觞于 YY”这样的句式。这个句式从字面上看和“我真香了”一样，也是讲不通的，但早已得到了广泛认可，为汉语规范所接受。其中关键，就在于人们倾向于把一个典故浓缩、改造为一个词语来运用，在这个过程中，本不是词的短语变成了词，本来的词性也可以发生改变……然后这个词成了一个用来承载典故含义的语言符号，只能当作一个整体来理解，其内部结构被忽略，本来不合语法的用法也就被接受了。就此来看，古代与现代的典故词汇化现象其实是相通的。

不过，古代就被用作动词的“滥觞”已经为通用语言规范所认可，而现代被用作动词的“真香”眼下还只为网络语言所接受。究其原因，一方面是前者有着后者望尘莫及的历史积淀，另一方面，大概也跟两者语言形式本身的差别有关：“真香”比较口语化，生活中本就常用，用法改变时比书面语化、陌生的“滥觞”更容易引起接受者的“违和感”，让人感到别扭——熟人“整容”容易让人一时觉得难以接受，但很少有人在意一个不怎么见到的陌生人是否变了模样。

“真香”这简简单单的两个字竟然可以有这么多说道，真香！

说文解字

从“给颜真卿挑刺”说开去

◎刘志基

近日,某位具有书法博士学位和书法博士后经历的从事艺术教研的孙教授,在某书画频道的讲课视频中,指着《祭侄文稿》中的“刾”说:颜真卿把这个“刺”字写错了。并进一步论证说:“唐代官称之中,没有‘jiā(夹)史’,只有‘刺史’,对不对?”一石激起千层浪,这个给颜真卿挑刺的视频马上在网上“火”了起来,一般网友、业内人士,包括一些官方媒体一起发声,对这位孙教授进行种种批评指责。

孙教授的好友梁先生看不下去了,在网上撰文为她分辩:

从书法家的角度来说,但凡写过汉隶、北朝墓志以及初中唐楷行书的,都熟悉这个“从夹”的“刺”字写法在这个时期非常普遍。但是,他或许并不知道,孙鹤教授的主业是文字学,书法为副业,难道孙鹤不知道“从夹”的“刺”字在上述的历史中是常见的吗?她当然知道,只不过,她说颜真卿写了错字,这是文字学家的职业习惯所然。即站在文字学的角度来看,颜真卿这种写法是错字。

继而梁先生列举颜真卿书法中“刺”的写法“刾”“刺”并见,并以“刾”被施安昌先生在上世纪90年代编的《颜真卿干禄字书》列为“讹”类字为由,力主孙教授的说法是不错的。梁先生出头为朋友辩解的心情可以理解,但是他所说的这些理由和证据,恐怕只会把自己也搭进去,招来更多的批评。颜真卿写字“刾”“刺”并见,说明颜真卿掌握“剌”的两种写法，并将其用于“避复”，并不能证明颜真卿对如何写“刺”字总是“犯嘀咕”（梁先生语）。至于汉字构形演变层面的“讹变”现象，与写错字完全是不同的概念，如果真的是“站在文字学的角度来看”，更不应混为一谈。

虽然“给颜真卿挑刺”的事件确实是一个笑话，但是我以为，无论是对孙教授还是梁先生，作为个人，其实人们都没有必要大加指责。因为面对浩瀚的历史汉字材料，认错个把字，属于司空见惯寻常事，即便业内“大腕”也是难免。我们还是拿这个“刺”字来举例。

西周金文“濬司徒逘簋”（又名“康侯簋”）铭文曰“王▽伐商邑”，其中“▽”字形体如下：

这究竟是啥字？早期研究者一般认为是“朿”字（“朿”字之形，取象于“树木的刺芒”，正是“刺”的表意初文），比如大名鼎鼎的陈梦家先生就是这样认为的，他分析这篇铭文说：“‘朿’即‘刺’，和‘伐’同义。‘朿伐’，动词词组，攻击。”（《西周铜器断代·康侯簋》）然而，更多学者根据金文辞例，把这个所谓“朿”改释为“来”，比如杨树达《积微居金文说·濬司徒逘簋跋》谓此字“据文义当释作‘来’”。这种释读的根据，主要是西周金文辞例中，“来”往往可以后缀一个动词，如“来奠”（《殷周金文集成》2682）、“来见”（《殷周金文集成》10175）、“来遘”（《殷周金文集成》2765）、“来逆”（《殷周金文集成》260）、“来合事”（《殷周金文集成》4292）。这些词与《濬司徒逘簋》铭中的“来伐”用例相类，“来+V”的语意重点往往在后一个动词上，即表示进行某种行为而归来这一时间点，“来伐”重点在于“伐”，故铭文所述之事当在伐武庚（商纣之子，周武王灭商兴周后，封武庚管理商朝旧地，周公执政时武庚发动叛乱）战事进行之时。“同时文献”的例证，是最能说明问题的，因此释“▽”为“来”得到学界普遍认同。其实，即使从字形上看，这个字释“朿”也是不妥的，西周金文“朿”的字形如下：

显然更加逼近“树木的刺芒”形象描摹，而与“▽”距离颇大。与之相对，金文之“来”，构形与“▽”相近很多：

然而，即便相关研究已很充分，还有业内专家对“▽”的释读仍显首鼠两端之态。《殷周金文集成》，是由中国社会科学院考古研究所编的业内公认权威金文著录整理的专书。2007年，权威专业出版单位中华书局出版了《殷周金文集成（修订版）》，而书中将《渣司徒遙簋跋》的这句铭文写作“王朿（来）伐商邑……”（该书第2231页）。按照古文字释文的惯例，后面加括注的字，括号前的字符是表达释字的结果，括号中的字符是表达释词（即这个字在文例中记录语言单位）的结果。据此可知，这部书的编者还是认定“▽”是“朿”字，但表达的意思却是“来”。“朿”和“来”不可能发生古音通假的关系，这种解读显然是很令人费解的。

很显然，既然以上所举这些前辈专家和权威机构都会发生历史文字材料释读失准的问题，孙教授、梁先生们犯点错，虽然低级了很多，但也不必大惊小怪了吧。然而，我们虽然认为对他们个人没有必要大加指责，却并不认为发生了给颜真卿挑刺这样的事也可以云淡风轻地一笑了之。

孙教授显然是受过最高层次书法艺术专业教育的人士，

根据梁先生的介绍，她的主业还是“文字学”，因此，更让我们吃惊的是，她给颜真卿挑“刺”过程中表现出的专业素养，与她教育背景的反差。她的硕士论文和博士论文，乃至博士后出站报告都是如何通过的？如果我们的大学确实坚持了起码的专业标准，为什么培养出来的高层次人才会在自己的专业问题上犯如此低端的错误？与此相类，《滍司徒遂簋》中的那个所谓“朿（刺）”，在相关研究已经很充分的情况下，为什么在堪称权威出版机构的专业发表中还是未被拔除，同样是值得深刻反思的。

作为唯一一个三千多年文字传承未曾中断的文明古国，在现代化发展中，其历史文字资源如何传承，始终是一个严峻的课题。这个课题的重要意义，学界乃至我们国家的管理机构，已有充分的阐释，这里不必赘言。而将这门学问定位为“冷门绝学”，是对现实状态的尊重。“给颜真卿挑刺”这个事件充分证明了这种定位的精准性。而其中所反映的，并不是业内某一个体的问题，而是更深层的系统问题：如何拔除阻碍相关教学系统与科研系统与时俱进不断提升的那根“刺”，才是解决这一问题的关键所在。

《生命的价值》参考答案

1. 甚至没有——没有
2. 请教，——请教：
3. 吩付——吩咐
4. 无论别人出大价钱——无论别人出多少钱
5. 大明堂——大名堂
6. 仍凭——任凭
7. 彪升——飙升
8. 不名一文——不值一文
9. 很普通不过的——普通不过的
10. 光茫——光芒

向你挑战

生命的价值

（文中有十处差错，你能找出来吗？答案在本期找）

◎梁北夕　设计

有个年轻人，觉得自己太普通，甚至没有什么作为，看不到人生的希望，成天郁郁寡欢。

一天，他向一位哲学家请教，“你能告诉我，像我这样的人，活着有什么意义吗？”

哲学家想了想，捡起一块普普通通的石头，递给他，吩付道：“你把这块石头拿到集市上去卖；但是记住，无论别人出大价钱，你都别出手。”

年轻人疑惑不解，但还是照做。出人意料的是，由于年轻人一再拒绝出售，人们都以为这石头里有什么大明堂，出价越来越高。

第二天，年轻人又带着这块石头去玉石市场。仍凭别人怎么出价，他还是不肯出售，价格一路彪升，远远超过了一般玉石。

第三天，年轻人到珠宝市场去卖这块石头。照样，这块本来不名一文的普通石头，奇迹般成了出价最高的奇珍异品。

“怎么会这样呢？”年轻人好奇地问哲学家，“这明明是一块很普通不过的石头啊。”

“但是，”哲学家回答道，“如果你珍惜它，把它视为稀世珍宝，它便拥有了无上的价值！生命的价值，也一样。”

年轻人的眼神中，又亮起了希望的光茫。

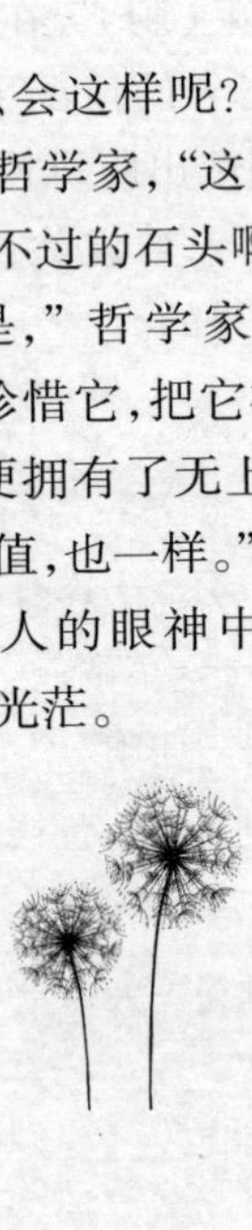

“邻距离”？

袁绪佳

这是某房产开发商为一居民小区制作的广告牌。此小区与一所有名的小学（武小）只有一道围墙之隔，并有小门互通，彼此为邻。然而，这能说“邻距离”吗？

邻，本为古代的一种居民组织，五家为邻。引申出邻近的、邻接的意思，如“邻国”“邻县”“邻家”“邻座”等等。进一步引申，还可以指住处相邻的人家，如“四邻”“邻人”“远亲不如近邻”等等。无论用哪个义项去理解，“邻距离”都不通！

零，有一个义项表示没有数量，如“一减一等于零”。字义引申，可表示“没有”“不”。如“零容忍”即决不容忍，“零增长”即与原数量相比数量上没有增长。“零距离”即没有距离，表示彼此邻接，距离可以忽略不计。

可见，上述广告牌如把“邻”改为“零”，庶几可通。也许有人会说，广告既想表达小区与“名校”相邻，又想借用“零距离”这一固定结构，用谐音方式创造出“邻距离”的说法，这属于修辞范畴。然而，还是不妥！“邻距离”在字面上无法说通，修辞必须以“可解释”为原则，能说通是前提条件。

火眼金睛

图中差错知多少？

史宗义　杨　丹　龙启群　张田田　提供

（答案在本期找）

1

2

3

4

ISSN 1009-2390

9 771009 239210 08>

YAOWEN-JIAOZI

咬文嚼字®

中秋

农历八月十五，我国传统节日。农历七、八、九月是秋季，旧时称孟秋、仲秋、季秋，合称三秋。宋代吴自牧《梦粱录·中秋》：“八月十五日，中秋节，此日三秋恰半，故谓之中秋。”中秋节又叫团圆节，这一天家人团圆，有赏月、吃月饼等习俗。

上海世纪出版集团

欢迎至邮局订阅本刊 邮发代号 4-641

国内统一连续出版物号 CN 31-1801/H

定价：6.00 元

09

2021

雾里看花

“镆店”何店

杨西仑

前段时间笔者在河南某处看见一个店招——北街镆店。这是卖什么的店？有人说，“镆”可能是汽车的一种零件，这是家卖汽车零部件的店；有人说，“镆”可能是一种金属模型，这是家做模型的店。到底是什么店？猜猜看，答案见本期。

名家语画

入党的日子就像生日

黄文健 / 文　臧田心 / 画

著名表演艺术家蓝天野，曾在经典话剧《北京人》中饰演曾文清、《茶馆》中饰演秦仲义、《蔡文姬》中饰演董祀，在电视剧《封神榜》中饰演姜子牙、《渴望》中饰演王子涛。蓝天野从艺 70 多年，先后出演或导演数十部经典文艺作品，深受广大观众喜爱。今年 6 月 29 日，在人民大会堂金色大厅，蓝天野获颁“七一勋章”。在谈到自己入党的日子时，蓝天野自豪地说：1945 年 9 月 23 日，“就像人会记得自己的生日，我永远不会忘记这个日子”。

咬文嚼字®

2021年9月1日出版

9

总第321期

主管：上海文艺出版总社
主办：上海文化出版社
编辑、出版：《咬文嚼字》杂志社
集团网站：http://www.shwenyi.com
E-mail：yaowenjiaozi2@163.com
官方微博：
http://weibo.com/yaowenjiaozish
电话传真：021-64330669
发行电话：021-64372608-181
邮购电话：021-64370935
地址：上海市黄浦区绍兴路7号
邮政编码：200020
发行：上海市报刊发行局
发行范围：国内外公开
订阅处：全国各地邮局
邮发代号：4-641
ISSN 1009-2390
CN 31-1801/H
印刷：上海中华印刷有限公司
印厂电话：021-60829062
021-60299079
定价：6.00元

名家语画
入党的日子就像生日 黄文健/文 臧田心/画/1

热点聚焦
红色资源 红色基因 红色江山 代宗艳/4

正音室
"新圩"中的"圩"不读"yú" 汤青武/7
疫苗"接种"莫读错 刘志凯/8

时尚词苑
踏石留印，抓铁有痕 何俊萍/9
转危为机探"风口" 高丕永/11
"实锤"新义 王冬雪/13

一针见血
错误的"拥虿者" 王宗祥/15
不是"变向"是"变相" 厉国轩/15
误用"辛丑除夕" 李景祥/16
不是"映射"是"影射" 汤生根/16
"一席戎装"？ 陈关春/17
"繁花似景"？"繁花似锦"！ 金甲/18
蓟州早已不属河北省 王云峰/18
两个全称皆有误 毛纬武/19
是"蒜末"不是"蒜沫" 盛祖杰/20
临汾不在山东 王泰元/20
是"劁猪"不是"敲猪" 史富泉/21
"癃闲"？"癃闭"！ 厉申东/21

语言哲思
掩盖还是彰显，这是一个问题 宗守云/22

微型讲坛
请慎用"聆听" 陈昌来 黄咪/24

追踪荧屏
《觉醒年代》语误两例 王莉/27
蒋介石是"食言"还是"失言"？ 秦武/29
"刀出壳，剑上弦"？ 杨为仁/30

文章病院

元好问不是“南宋文学家” 沈阳仁 /31
古代乐器有“磬、饶、拔、揭鼓”吗 杨昌俊 /32
人民币上的“中国人民银行”是谁写的 刘曰建 /33
磨盘称“硙”不称“皑” 杨亚东 /35
致公党有“会员”吗 毛萧山 /36
“籍籍”是有名还是无名？ 周岩壁 /37
《生死疲劳》文字三误 杨宏著 /38

语苑新谈

《论语》“素以为绚”的女性审美观（下） 石毓智 /40

网言网语

“套娃”的套路 王馨宇 /42
别内卷了，“躺平”吧！ 朱晨燕 /44
“社会性死亡”，“死”的是什么 黄雨虹 /46

社交新风

群有群规 徐默凡 /48

有此一说

“App”怎么念为好 南 园 /50
“越绝”的“绝” 胡文炜 /51

检测窗

编校差错扫描（三十七） 王 敏 /54

说文解字

“牛”是何时牛起来的 刘志基 /57

向你挑战

学会说“不” 林 琳 设计 /60

热点聚焦

红色资源 红色基因 红色江山

◎代宗艳

2021年5月16日出版的第10期《求是》杂志发表了中共中央总书记、国家主席、中央军委主席习近平的重要文章《用好红色资源，传承好红色基因 把红色江山世世代代传下去》。文章强调，革命博物馆、纪念馆、党史馆、烈士陵园等是党和国家红色基因库。要把红色资源作为坚定理想信念、加强党性修养的生动教材，讲好党的故事、革命的故事、根据地的故事、英雄和烈士的故事，加强革命传统教育、爱国主义教育、青少年思想道德教育，把红色基因传承好，确保红色江山永不变色。

“红色资源”指具有象征中国共产党革命精神意义的系列资源。《现代汉语词典》（第7版）“红色”有两个义项：其一用作名词，指红的颜色；其二是作属性词（即非谓形容词），象征革命或政治觉悟高的，如红色政权、红色根据地等。资源，则是个经济学名词，指一国或一个地区内拥有的物力、财力、人力等各种物质。在这里，“红色”象征我们党崇高的革命精神，“红色资源”即指承载革命精神的物质。红色文物、红色景区等都是重要的红色资源，承载着一个个闪光的历史记忆，是重温党的辉煌历程、传播革命文化、培育家国情怀的重要载体。党的十八大以来，习近平总书记在地方考察调研时多次到访革命纪念地，瞻仰革命历史纪念场所，反复强调要用好红色资源。

“红色基因”是代代传承的革命精神。它根植于中国共产党人的血脉之中,成为共产党人的遗传因子。“红色基因”孕育了永放光芒的抗洪抢险精神、抗震救灾精神、北京奥运精神、载人航天精神等,鼓舞着一代又一代中华儿女为了中华民族的伟大复兴而坚强自立、坚持梦想、勇往直前。

“红色江山”指社会主义国家和无产阶级专政的政权。其外延很广泛,政治性的有国家、政府、军队,情感性的有家乡山川、人文历史。中国今日的政权是从压迫者、剥削者手中夺过来的,“红色江山”代表了广大人民的根本利益。习近平总书记在党史学习教育动员大会上指出:“江山就是人民,人民就是江山,人心向背关系党的生死存亡。”这充分体现了我们党始终以人民的根本利益为宗旨,彰显了新时代我们党始终不忘初心、牢记使命的责任担当。“红色江山”来自人民、植根人民、服务人民,人民立场就是党的根本政治立场,同时,人民的拥护和支持也是我们党执政的最牢固根基。

“红色”是全世界语言中最早被命名的颜色之一,在埃及、希腊、中国、印度等古文明国家的彩陶、壁画和建筑中随处可见。受到地域、文化等差异的影响,“红色”的象征意义也不尽相同。在中国古代,许多宫殿和庙宇的墙壁都是红色的,官吏的官邸、服饰多以大红为主,即所谓“朱门”“朱衣”。在中国的传统文化中,五行中的火所对应的颜色就是红色。西方文化中的红色则象征生气、愤怒、危险,如 see red(生气)、red light(危险)。

象征是文艺创作中托意于物、藏意于象的一种表现手法。它集中描写某一特定的具体形象,来表现与之相似或相近的某种抽象概念或思想感情。简言之,象征是用具体形象的事物来表现抽象含义,借某事物表达特殊的意义,比如灯塔象征着目标、希望。

“红色资源”“红色基因”“红色江山”中的“红色”表达的是象征义，象征着中国共产党的革命精神。最初表现为1919年的“爱国、进步、民主、科学”的“五四精神”，核心是爱国主义。中国共产党在100年的发展过程中，形成了很多可歌可泣的“红色精神”，比如“军民团结、艰苦奋斗”的井冈山精神，“不怕艰难险恶”的长征精神，“改变作风、提高素质”的延安精神，“艰苦奋斗，勇于开拓，顾全大局，无私奉献”的北大荒精神，“自力更生、勇攀科学高峰”的“两弹一星”精神。

“红色资源”是中国共产党人的精神载体，“红色基因”是中国共产党人的精神内核，“红色江山”是一代又一代的中国共产党人共同努力奋斗的成果。秉持着这种“红色精神”，面对敌对势力的阻挠诋毁，面对自然灾害的汹涌来袭，我们不动摇、不懈怠、不折腾，用勤劳和智慧，用坚定与执着，写下了一个又一个令世人惊叹的“中国故事”。

革命理想高于天，红色血脉代代传。我们坚信，在习近平新时代中国特色社会主义思想指引下，我们一定能够把“红色资源”利用好，把“红色基因”传承好，把“红色江山”守护好。

《学会说“不”》参考答案

1. 想往——向往
2. 义气风发——意气风发
3. 心怡——心仪
4. 不知道该怎么办？——不知道该怎么办，
5. 老俩口——老两口
6. 妥胁——妥协
7. 壕华——豪华
8. 端祥——端详
9. 说到——说道
10. 抡过——抢过

正音室

“新圩”中的“圩”不读“yú”

◎汤青武

CCTV4 中文国际频道播出的电视剧《长征》第5集中，主力红军来到湘江边，桂系军阀出兵“围剿”。白崇禧与刘斐商讨作战方案，最后商定“在新圩用一个师的兵力打击共匪的尾部”（字幕同步显示）。剧中的白崇禧把地名“新圩”的“圩”读成“yú”，错了。

根据《汉语大词典》，“圩”有三个读音。读为yú，表示低陷、凹。如圩顶，指头顶凹陷。《史记·孔子世家》：“（孔子）生而首上圩顶，故因名曰丘云。”读wéi时，一指低洼地区防水护田的堤岸，一指围绕村庄的障碍物。读xū时，义为农村集市，是“墟”的俗写。有墟场的居民点有时亦以“圩”为名，如福建省龙岩市有大池圩，江西省兴国县有江背圩。

叫新圩的地方很多。剧中所说的“新圩”在广西壮族自治区桂林市灌阳县。“新圩”意思是新的集市，因附近村落集中，交通方便，成为集市，故名。灌阳县人民政府网站在介绍“新圩”时，称其境内有两个圩场，新卫圩日为二、五、八，新圩逢三、六、九为圩日。所以“新圩”的“圩”应读为xū。

疫苗“接种”莫读错

◎刘志凯

新型冠状病毒全球肆虐，通过科研攻关，目前多种新冠病毒疫苗已经研发成功，排队接种新冠疫苗成为近期处处可见的一道风景。然而遗憾的是，不少人将“接种”误读为 jiē zhǒng，不免令人尴尬。“种”字有三个读音：Chóng、zhǒng、zhòng，“接种”的“种”应读为 zhòng。

读 Chóng 时，“种”是姓氏，汉代有种暠。

读 zhǒng 时，“种”主要用作名词和量词。可表示物种、人种、类别，如工种。还指生物传代繁殖的物质，如高粱种。也可指胆量或骨气，如“你有种”。作量词，表示种类，如三种人。也可作姓。

读 zhòng，“种”主要用作动词。本指把植物的种子或秧苗埋入土中使它生长，如种树。引申为培养、移植，如种牙、种牛痘。

疫苗接种就是把疫苗注射到人或动物体内，用以预防疾病。“接种”的“种”显然不是物种、人种或繁殖的物质等意思，而是培养、移植之义。不能读 zhǒng，应读为 zhòng。

微语录·路

小和尚：如果进一步是死，退一步则亡，怎么办？

老和尚：往旁边走。

如果在人生的路上遭遇进退两难的境况，千万要相信：天无绝人之路，路的旁边，往往还有路。

（刘　芳 / 辑）

时尚词苑

踏石留印，抓铁有痕

◎何俊萍

2013年1月22日，在中国共产党第十八届中央纪律检查委员会第二次全体会议上，习近平同志在谈改进工作作风、落实八项规定时强调，要以踏石留印、抓铁有痕的劲头抓下去，善始善终、善作善成……让人民群众不断看到实实在在的成效和变化。“踏石留印、抓铁有痕”，铿锵有力，掷地有声，既表明了中央的决心，又契合民众的期盼，迅速成为“出镜率”很高的热词。

资料显示，早在2004年，同样谈党风廉政建设，南方网新闻中心转载《湛江日报》文章就提出，各级党政一把手要“亲力亲为，抓出成效，力求做到‘踏石留印，抓铁有痕’”。不过，成为热词，则是在2012年以后。其流行规律，和“打虎拍蝇”“撸起袖子加油干”等众多“习氏金句”异曲同工。

从字面上看，“踏石留印”指踏在石头上能留下印记，“抓铁有痕”指用手抓铁能留下痕迹。两者意象不同，但意思相同，均强调做事情要下足功夫，并持之以恒。借用“石”和“铁”等坚硬之物，比喻重要的领域或难打的硬仗。借用“留印”和“有痕”这种夸张表述来强调深入穿透，持之以恒，而不是蜻蜓点水，浅尝辄止。因此，“踏石留印、抓铁有痕”综合运用了比喻、夸张和对偶的修辞手法，强调干事创业和贯彻落实的钻劲与韧劲。

“踏石留印、抓铁有痕”的精神，顺应时代潮流，符合民众心理，很具感召力。而且，不限于党风廉政建设和全面深化改革工作，像安全生产、脱贫攻坚、能源发展、营商环境、城市整治、疫情防控，等等，均要强调并发扬这种精神，其应用十分广泛。例如：

（1）以抓铁有痕、踏石留印的作风抓好安全生产（标题，《湖南日报》2014 年 1 月 16 日）

（2）在下一步脱贫攻坚工作中，开封市将以抓铁有痕、踏石留印的韧劲抓好产业扶贫、金融扶贫，打好脱贫攻坚战。（《开封日报》2017 年 8 月 29 日）

“踏石留印、抓铁有痕”，语气坚决，精练而传神。

实际应用中，“踏石留印”和“抓铁有痕”经常连用，且顺序可以变动。

（3）以踏石留印抓铁有痕的劲头抓作风建设（标题，《光明日报》2019 年 12 月 4 日）

（4）抓铁有痕　踏石留印　狠抓落实　高标准高质量完成今年经济社会发展目标任务（标题，《河北日报》2019 年 2 月 2 日）

“踏石留印”和“抓铁有痕”结构相同，意思相近，因此它们也可以单独使用，并不影响意思表达。例如：

（5）以抓铁有痕的韧劲落实好十九大精神（标题，《湖南日报》2017 年 11 月 23 日）

（6）踏石留印真抓实干　矢志攻坚谱写新篇（标题，《信阳晚报》2021 年 1 月 6 日）

像“踏石留印”“抓铁有痕”两个意义相近、结构相同的四字短语连用，在汉语中相当普遍，不少已经约定俗成，收入成语词典了。例如：如切如磋，如琢如磨；如临深渊，如履薄冰；无源之水，无本之木；流水不腐，户枢不蠹；兵来将挡，水来土掩；取之不尽，用之不竭；近朱者赤，近墨者黑；仁者见仁，智者见智；同声相应，同气相求。跟这些成语的结构稳定相比，“踏石留印”和“抓铁有痕”的黏合度还不是很强，中间可适当地插入“要、必、重、贵、须”等词，使其指向性更为明确，意志更为坚定。例如：

（7）踏石重在留印　抓铁贵在有痕——落实学校党政工

转危为机探“风口”

◎高丕永

“风口”一词，本义是“因两旁高而使风速变大的地方”，如山口、楼口、胡同口等都是风口；后来，喻指“激烈、尖锐的社会斗争前沿，艰难困苦的地方”。“风口”还经常与“浪尖”组合，构成“风口浪尖”来使用。“风口浪尖”进一步引申指“激烈竞争的地方，批评、舆论等的焦点”。比如：“最近综艺节目《青春有你3》打榜倒牛奶事件再次把‘饭圈’乱象问题推上风口浪尖，并引起公众强烈关注。”（《光明日报》2021年5月9日）

如今的“风口”，又有了十分流行的新意义，值得探究一下。请看以下例句：

（1）如果搭不上科技自立自强的“快车”、赶不上数字经济与实体经济融合的“风口”，就会落在后面。（《人民日报》2021年1月12日）

（2）在疫情中我们看到，直播经济、外卖经济、线上办公、在线教育等创新经济冲上风口，成了拉动中国经济复苏的新增量。（《光明日报》2020年12月25日）

（3）进入新时代，杭嘉湖更是站上发展的风口，成为浙江和长三角地区富庶均衡的代表。（《新华每日电讯》2021年3

作要点（标题，《湖北文理学院报》2014年3月15日）

在汉语语库中，“绳锯木断”“水滴石穿”和“踏石留印”“抓铁有痕”语义相近，不同的是，前者已是耳熟能详的成语，我们期待，后者也早日成为成语大家庭的一员。

月3日）

（4）“碳中和”让绿色产业迎来新风口（标题，《工人日报》2021年5月18日）

以上例句里的“风口”（不妨称为“新‘风口’”），2010年代头几年已有使用，喻指“发展的机遇，好机会”。比如：“互联网企业从创业到上市，只要五年时间。这样的速度，只有站在信息化、全球化、资本化三个台风的风口，才能做到。”（《创业邦》2012年第7期）又如：“找到风口就能飞”（标题，《当代工人》2012年第15期）。到了2015年，新“风口”已经很流行了，并且以“旧词新用”的“身份”进入了教育部语言文字信息管理司所策划的《2015汉语新词语》一书。

与新“风口”几乎同时出现的，有与之同义的“台风口”。比如：“创业成功就两件事情，一个是优秀的创业者，一个是好的机会：台风口。”（《安徽商报》2012年5月4日）“台风口”，本义是“台风中心”，不过，其凶险的字面意义似乎难以与“发展的机遇，好机会”联系起来。相较之下，大家熟悉的“风口”，中性色彩，而且更为简练，用来比喻“发展的机遇，好机会”更为妥帖。所以，人们喜欢用新“风口”。

那么，“台风口”“风口”是从哪里来的呢？来自当时十分流行的同一借喻句的两个版本：“台风口”来自“站在台风口，猪都能飞起来”；“风口”来自“（台风来了，）站在风口上，猪都能飞起来”。这个借喻句里，“站”比喻“抓住”，“台风口”或“风口”比喻“移动互联网带来的好机会”，“猪”比喻“实力有限但能顺势借力手机等移动终端设备的企业”，“飞”比喻“蓬勃发展”。至今，人们在用到泛指的新“风口”时，仍然会拿原借喻句里的“猪”“飞”来“说事”。比如：“今天，在互联网新经济领域，最缺乏的不再是‘风口’，而是风过去了依然能够不被摔的‘猪’。”（《光明日报》2018年1月16日）

“实锤”新义

◎王冬雪

“实锤”，本义是力道十足、实实在在地锤击，是一个状中结构的动词性短语。例如：

（1）从章丘铁锅看“实锤慢打”的坚守（标题，《工人日报》2018年2月27日）

然而，近几年“实锤”在网络媒体上出现了新的意义和用法，逐渐词汇化，也就是由一个短语演变成一个词了。例如：

（2）香颂资本执行董事沈萌向记者表示，王府井此前和一些机构在交流中或有信披瑕疵，但按照现有的情况来看，指其存在内幕交易仍缺乏实锤。（《国际金融报》2020年6月15日）

例（2）的“实锤”不再表原有的字面义，而是变为名词，指“实质性证据”（比如图片、音频、视频等）。

“实锤”原本是用锤子敲击的动作，在隐喻认知机制的推动下，衍生出表示证据确凿的概念。隐喻是不同认知域之间的投射过程，客观真实世界中切实的锤击映射到主观心理世界中，形成强烈的确定性。早在“实锤”新义出现前，“锤”字本身已经完成了由客观存在域到主观认知域的投射，蕴含明确义，比如“一锤定音”“一锤子买卖”，不过明确义较弱，仍需借助数词“一”来增强肯定性。

由于“实锤”一词具有新颖性和形象性，因此常出现在新闻标题中，用来制造修辞效果，以达到吸引读者阅读的目的。例如：

（3）奥运延期　落下实锤（标题，《人民日报》2020年3月25日）

类似的新闻标题还有“‘马

兜铃酸致肝癌’是实锤还是误读”“《考不好没关系？》父子急倒众人　撒贝宁爆实锤”“中国工具篮里都是反制美方的实锤”，等等。

随着使用范围扩展，“实锤”又由名词用法逐渐向动词用法转化，表示“有了实质性证据”。例如：

（4）现在实锤了，是酒！（《兰州晨报》2020年9月24日）

另外，“实锤”具有一定能产性，经过高频类推，已经形成“××实锤”短语格式，比如“暖冬实锤”“变暖实锤”“人上人实锤”“渣男实锤”。

“实锤”新义日渐深入人心，还衍生出一批相关表达，比如“求锤得锤”“被锤了”。在网络上，有网友要求爆料人出示证据，爆料人便给出证据，称为“求锤得锤”。“被锤了”是“被实锤了”的简略说法，意思是被爆出实在的证据。

如今，“实锤”词义进一步扩大，从表示实质性证据演变为实际性措施。例如：

（5）球员降薪落下实锤（小标题，《人民日报海外版》2020年5月13日）

例（5）意为球员降薪这件事有了切实举措，确定实施。

进入互联网时代，网络信息纷乱复杂，有的真假难辨。人们迫切期望了解事情真相，获取真实有效的信息。凡事讲求证据，空口无凭，“实锤”便是还原事实的有效手段。

《“镆店”何店》解疑

走近一看，这是一家卖馍的店。“馍”在河南多指馒头，有时候也指饼。原来，店家错把“馍”写成“镆”了。“镆”用于“镆铘（mòyé）”一词中，既非“汽车零部件”，也非“金属模型”。镆铘，古代的宝剑名，有时也写作“莫邪”。现在，“镆”还用于化学元素名。2017年，第115号化学元素Mc中文名被命名为“镆”。

一针见血

错误的"拥虿者"

◎王宗祥

2021年5月26日《中华读书报》第19版刊有《〈湖山感旧录〉所记"释'皃雁丑'"公案之误》一文，文中说：1935年7月闻一多发表《诗新台鸿字说》，认为《诗经·邶风·新台》"鱼网之设，鸿则离之"中"鸿"为"蟾蜍之异名"。十年后，闻一多又写了《说鱼》否定了原来的看法。但郭沫若1947年8月为《闻一多全集》撰写序言，仍然依从闻一多已摈弃的"鸿亦当即蟾蜍矣"旧说，对闻一多之自讼置若罔闻。文中有这样一句："郭沫若却是'鸿亦当即蟾蜍矣'之说的拥虿者……"何来"拥虿者"？应是"拥趸"！

虿，音chài，指蝎子一类毒虫，可比喻佞人。还可指蜻蜓的幼虫，因形如蝎，故名。汉语中并无"拥虿者"。

趸，音dǔn。作副词，义为整批，如趸买。也可作动词，表示整批买进（准备卖出），如趸货。"拥趸"是方言词，指演员、运动员或运动队等的支持者。支持某一学说，也可称某学说的"拥趸"。且"拥趸"本就指人，不必说"拥趸者"。

根据文意，郭沫若应是"鸿亦当即蟾蜍矣"之说的"拥趸"，用"拥虿者"则不通。"拥趸"误为"拥虿者"，当是混淆"趸""虿"二字所致。

不是"变向"是"变相"

◎厉国轩

央视中文国际频道2021年6月6日晚播出的《中国舆论场》节目中，有观众提问："美台军事互动频频，还不断把日本推到冲突前线，是在玩火吗？日本会充当这个'炮灰'吗？"专家回答时说道："美国希望自己的盟友能够冲锋陷阵，而美国盟友的冲锋陷阵，这是一种所谓的变xiàng的美国优先原则。"字幕提示："让盟友'冲锋陷阵’是变向‘美国优先’”。此处“变向”为“变相”之误。

变相，是指事物的形式改变而内容本质未变，多指坏事。而变向，即改变方向、转向。美国一贯强调“美国优先”，即如果有利可图，美国必须首先享有。专家认为，在台海问题上，美国怂恿盟友日本冲在前面当炮灰，它却可以首先得利，这正是“一种所谓的变相的美国优先原则”。此处用“变向”说不通。

误用“辛丑除夕”

◎李景祥

“辛丑除夕之夜，我们全家祖孙三代聚在一起包饺子、看春晚，大家谈笑风生。”这是2021年2月23日《辽宁老年报》第6版《除夕夜互相赠诗表祝福》一文开篇第一句。2021年2月11日是农历庚子年的最后一天，怎么能说那是“辛丑除夕之夜”呢？

农历每年的最后一天为除日，也称岁除、岁除日。那一天晚上为除夜，亦称除夕、岁除夜。现在人们都用除夕指这一天。旧岁至此夕而除，次日即为新岁。《风土记》：“至除夕达旦不眠，谓之守岁。”现在不讲究什么守岁了，但还有不少人会选择看看央视播出的春晚，零点钟声响起，大家一起欢呼迎接农历新年的到来。

农历以天干地支组合纪年，天干为甲、乙、丙、丁、戊、己、庚、辛、壬、癸，地支为子、丑、寅、卯、辰、巳、午、未、申、酉、戌、亥。去年是庚子年，今年是辛丑年。2021年2月11日为农历庚子年的除夕，辛丑年的除夕在2022年1月31日。

不是“映射”是“影射”

◎汤生根

1970年8月23日至9月6日，党中央在江西庐山举行九届二中全会。会议一开始，围绕设不设国家主席问题，爆发了一场特殊的政治斗争。《中国共产党历史通览》（上册）在介绍这场斗争时写道：“在林彪支持下，陈伯达选编了关于‘称天才’的材料，并作了坚持设国家主席、映射攻击张春桥等人的发言。”（中共中央党校出版社2021年2月第1版第397页）其中的“映射”错了，应该写作“影射”。

所谓“影射”是借此说彼、借甲指乙，暗指某人某事。“影射”往往带有攻击性，如《醒世恒言·陈多寿生死夫妻》：“把一团美意，看作不良之心，捉鸡骂狗，言三语四，影射的发作了一场。”在九届二中全会上，陈伯达在发言时鼓吹“天才论”，坚持设国家主席，把矛头指向张春桥，尽管没有点张春桥的名，与会者都听得出是指向谁。用“影射”来形容陈伯达的发言是恰当的。

映射，即照射，也可作反射、反映解，如一滴水可以映射出太阳的光辉，脱贫攻坚题材的电视剧映射出时代的变迁。“映射”是一种物理现象，含义与攻击他人无关。说陈伯达的发言映射张春桥显然词不达意，不是作者想要表达的意思。

“一席戎装”？

◎陈关春

2021年4月11日《解放日报》第3版刊有《威斯敏斯特教堂鸣钟志哀菲利普亲王》一文，其中说：“菲利普亲王一席戎装的照片10日出现在英国多家报纸头版上。”这里使用的“一席戎装”，值得商榷。

席，芦苇、竹篾、蒲草等编织成的铺垫用品，如凉席。常指席位、位次，如出席、入席等。又指成桌的饭菜、酒宴，如宴席、酒席。作量词时，用于酒席或所说的话语，如一席酒、一席长谈。汉语中不见“一席”用于衣服的例子。

袭，《说文·衣部》：“袭，左衽袍。”衽：衣襟，指上衣前交领部分。左衽：衣襟在左边，古代汉族常服为右衽，死者之服用左衽。其他民族亦有左衽者。在现代汉语中，“袭”有袭击、继承和照样做等义。作量词时，用于成套的衣服，如一袭棉衣。上述引文中的“一席戎装”改用“一袭戎装”，就正确了。

“席”与“袭”同音异义，用法有别，不可不辨。

“繁花似景”？“繁花似锦”！

◎金　甲

2021 年 4 月 22 日《文汇报》第 11 版载有由几篇短文组成的长篇通讯《“课堂新家”：校内外远近资源“皆来风景”》，其中短文《梅花节　一个“当季课堂”》说：“每年一度的梅花节……在公园欣赏梅花的千姿百态，在校园展开文化的繁花似景。”其中“繁花似景”应作“繁花似锦”。

锦，本指有彩色花纹的丝织品，常用以形容美好的事物。繁花似锦，义为无数盛开的花朵像美丽多彩的锦缎，形容景色美丽。根据文章上下文，引文说的是梅花节期间，师生们在公园内欣赏梅花之美，在校园内欣赏各式各样丰富多彩的节目。在这种语境中，用“繁花似锦”没有问题。

景，有日光、光明、太阳、景色、景象等意义。繁花盛开，堪称景色一种。“繁花似景”语意不通。

蓟州早已不属河北省

◎王云峰

《问宋——赵宋王朝内政外交的得与失》（天地出版社 2021 年 6 月出版）第 188 页提到后晋石敬瑭将燕云十六州割让给辽国的历史，并列举了宋代燕云十六州对应的当今行政区划。其中将当时的蓟州标注为“今河北省蓟县”，此信息过于陈旧。蓟县 1973 年即归天津市管辖，如今为天津市蓟州区。

根据天津蓟州区政府网站资料，天津市蓟州区，古称无终、渔阳、蓟州。春秋时期，该地称为无终子国，战国时期为无终邑，秦代置无终县，属右北平郡管辖。到隋大业年间，该地改称渔阳县。唐开元十八年（730）置蓟州，渔阳县属蓟州管辖，明代初撤渔阳县，称蓟州。1913年改称蓟县。中华人民共和国成立后，蓟县先后由河北省通县专署、唐山专署、天津专署、廊坊专署管辖，1973年9月划归天津市管辖。2016年7月撤销蓟县，设立蓟州区，同年12月正式使用蓟州区这一名称。在2021年出版的图书中，应将宋代之“蓟州”注为“今天津市蓟州区”。

两个全称皆有误

◎毛纬武

2021年6月22日《杭州日报》A14版《一个世纪的回忆》一文说：“1953年7月我戴着朝鲜人民共和国和平勋章，从战场凯旋……”隔了几天，该报6月25日A20版《倾听档案中的红色回音》一文又写道：“1953年6月……表现出色的姜岩郁荣立三等功，并荣获朝鲜人民民主共和国军功章。”两文中的国名“朝鲜人民共和国”“朝鲜人民民主共和国”都错了，朝鲜的全称应为“朝鲜民主主义人民共和国”。

朝鲜民主主义人民共和国，成立于1948年9月9日。位于朝鲜半岛北部，南与韩国相连，北接中国和俄罗斯，西临黄海，东濒日本海，领土面积12.3万平方千米，人口2400万（2018年）。首都为平壤，其执政党为朝鲜劳动党。

附带说一下，1940年代中期曾有一个“朝鲜人民共和国”，于1945年8月15日朝鲜半岛解放后成立，但它仅存在于1945年9月6日至1946年初。其建立的初衷是让曾被日本侵吞了三十五年之久的朝鲜获得真正的独立，但最终遭到驻朝鲜美军审查及强制解散，以失败告终。

是“蒜末”不是“蒜沫”

◎盛祖杰

2020年10月12日《中国能源报》第24版上的《寒露吃蟹》一文中写道：

蟹的滋味，大腿肉丝短纤细，味同干贝；小腿肉丝长细嫩，美如银鱼；蟹身肉，洁白晶莹，胜似白鱼。吃时佐以醋、姜、蒜沫，喝点白酒，真是在“碧空寒露松枝滴”的时空佳境里……

其中“蒜沫”应为“蒜末”。

“末”是指事字，《说文》：“木上曰末，从木，一在其上。”本义为树梢。大概树梢有微弱之特征，“末”可引申指细的、碎的东西。如李白《酬张司马赠墨》诗：“上党碧松烟，夷陵丹砂末。”又如《晋书·鸠摩罗什传》：“乃以五色丝作绳结之，烧为灰末。”

“沫”从水，指水泡或液体形成的细泡。《玉篇》：“水浮沫也。”郭璞《江赋》：“挥弄洒珠，拊拂瀑沫。”或特指唾沫，如“相濡以沫”。

“蒜”剁碎后显然是“蒜末”，而非“蒜沫”。

临汾不在山东

◎王泰元

2021年4月6日《新民晚报》第21版刊有《风雨磨刀人》一文，其中说：“3月初的一天，我在小区大门外，遇见了久违的磨刀人。……边磨边聊，得知磨刀人今年71岁，山东临汾人，30年前来到上海磨刀……”文中说磨刀人是山东临汾人，有误。临汾在山西，不在山东。

临汾，地级市。在山西省南部，地处汾河下游。春秋晋置平阳县。隋开皇元年(581)改平河县，隋开皇三年(583)改临汾县，以濒临汾河而名。“临汾”一名始于此。1971年县城析出设临汾市。1983年临汾县撤销并人。2000年升设地级市。临汾市所辖吉县有名胜壶口瀑布。

如果磨刀人是临汾人,那他就不是山东人。山东无临汾。

是"劁猪"不是"敲猪"

◎史富泉

2021年6月2日《阳泉晚报》第6版刊发《童年二三事》一文,文章描写了童年所见"敲猪"过程,并写道:"敲猪人会把随身带着的油布伞和褡裢袋放下,掏出一个带有血迹的旧布袋,里面是几把锃亮锋利的手术刀、一团棉线和一根细长的带钩的长钉。小猪仔嗷嗷大叫,而他们无动于衷,一刀下去,剖开一个口子,三下五除二就解决了。"读到这里不难理解,文章所说的"敲猪"就是阉割小猪仔。但"敲"并无阉割之义,此处的"敲"应为"劁"。

劁,音qiāo。可表示割,如"劁刈"即收割。可表示阉割,如郭澄清《大刀记》第十六章:"这里,有两个人正在忙着劁猪。"

敲,读qiāo。有敲击、击杀、推敲等义,没有阉割之义。"劁"误为"敲",应是音同所致。

"癃闭"? "癃闭"!

◎厉中东

《益寿文摘》2021年2月22日刊有《凉肝清热治癃闭》一文,文末按语说:"本案之癃闲,貌似与后期之下利无关,然其病机为肝热挟风所致……"文题中称"癃闭",按语中称"癃闲",究竟是"癃闭"还是"癃闲"?正确的应是"癃闭"。

癃(lóng)闭,指小便量少,甚至不通的病。小便淋沥点滴而出曰"癃",小便全无曰"闭"。《黄帝内经·素问·五常政大论》:"其病癃闭,邪伤肾也。""癃闭"亦称"闭癃"。《黄帝内经·灵枢·本输》:"实则闭癃,虚则遗溺,遗溺则补之,闭癃则泻之。"中医病名中没有"癃闲","癃闲"说不通!

语言哲思

掩盖还是彰显，这是一个问题

◎宗守云

2021年2月19日，教育部官网发布《教育部关于做好2021年普通高校招生工作的通知》，通知要求“要协调相关部门和新闻媒体，严禁宣传炒作‘高考状元’‘高考升学率’‘高分考生’等”。高考成绩和录取分数线公布以后，某中学发布了这样一则通知：

（1）请全体教师严格遵守相关规定，请勿在任何网站、微信公众号等发布任何关于高考的消息，不允许宣传我校斩获全省文科第二名，更不能暴露我校目前文理科裸分上清北超十人，最终录取清北人数可超二十人！违反纪律者，学校将按相关规定严肃处理。

例（1）表面上遵守教育部的相关规定，不允许宣传学校在高考中取得的佳绩，实际上又通过具体细节彰显了高考佳绩，这是一种“明盖实彰”的话语手段。一方面，学校必须遵守教育部的有关规定，按照教育部的要求行事；另一方面，学校又希望高考佳绩被社会知晓，得到社会认可。在这种矛盾下，学校可谓煞费苦心，于是出现了例（1）这样的通知。

“明盖实彰”作为一种话语手段，是特殊语境的产物。在一个特殊语境中，由于社会性或制度性的需要，有些话语内容是不能言说的，必须掩盖起来，而由于个体性或实际性的需要，这些话语内容又可以通过特殊的细节方式彰显出来，于是说话人通过一种话语策略将二者协调起来，这就是“明盖实彰”的话语手段。

在文艺作品中，“明盖实

彰”的话语手段可以推动故事情节的发展。例如：

（2）且说韩二爷跟定邓车，窜房越墙，紧紧跟随，忽然不见了。左顾右盼，东张西望，正然纳闷，猛听有人叫道：“邓大哥，邓大哥！榆树后头藏不住，你藏在松树后头吧。”韩二爷听了，细细往那边观瞧，果然有一棵榆树，一棵松树，暗暗道：“这是何人呢？明是告诉我这贼在榆树后面。我还发呆么？”想罢，竟奔榆树而来。果真邓车离了榆树，又往前跑。韩二爷急急垫步紧赶，追了个嘴尾相连，差不了两步，再也赶不上。（石玉昆《七侠五义》）

例（2）中说话人沈仲元明着是掩盖邓车的行踪，实际上却是向韩彰暗示邓车的去向。这是沈仲元所处的特殊境况决定的：沈仲元是襄阳王手下的人，不能言说邓车的行踪；但他同时又想投靠三侠五义，所以用“明盖实彰”的话语手段向韩彰透露邓车的去向。

在曲艺中，“明盖实彰”的话语手段还可以造成包袱，成为娱乐的材料。例如：

（3）我是城西西岗的驻军的，对对对对对，就是5678部队，过去7685部队改的，为了保密，我们这是对外的代号，对内就是陆军45团。我们上回要的那1851本书怎么样啊？太多了？我跟你说我们这1851本书主要是保证全团人手一册。哦，只能解决300来册啊？那才能保证一个班一册，这样，再给我增加75套，我把连排以上的干部都解决了，中吧？谢谢谢谢。（小品《泄密》）

例（3）是小品主人公某部队机要参谋给图书馆打电话的内容，按照要求，部队的所有信息都是严格保密的，但小品主人公在电话中通过细节把所有秘密全部泄露出来，通过“明盖实彰”的话语手段造成既保密又泄密的话语冲突，从而造成笑料，达到娱乐目的。当然，这只是艺术的真实，不是生活的真实，在实际生活中是不可能发生的。

微型讲坛

请慎用“聆听”

◎陈昌来　黄　咪

中国是礼仪之邦，表现在语言使用上是有大量的敬词和谦词。而随着时代的变迁，后人对某些敬谦词的用法及使用对象和环境常不甚理解而误用。比如，随着PPT的熟练使用，我们常在一些讲话、汇报、答辩甚至学术报告的PPT中看到“谢谢聆听、感谢聆听、敬请聆听”等字样，或者听到类似表达，如“谢谢各位聆听”“感谢您的聆听”“感谢专家/领导聆听”等，目的在显示说者的谦虚及对听者的尊敬。但在这样的环境中这样的表达正确吗？

“聆”和“听”同义，但“聆者，听之知微者也”，“聆”有侧耳细听的意味。汉代扬雄《法言·五百》有“聆听”连用，如“聆听前世，清视在下，鉴莫近于斯矣”。这里的“聆听”表示仔细倾听，带有敬慕和尊崇之意。“聆听”是一个同义并列结构的合成词，表示集中精力认真地听，指虔诚而认真地听取，带有尊敬的感情色彩，含有聆听者诚恳谦虚的态度，也含有对说话者的崇敬之情，多用于书面语或者较为正式的场合。

根据“聆听”对象的不同，可以分为两类：

第一类：聆听他人的言语活动。根据听者和说话者身份不同，可以细分为下对上、上对下或对等。

下对上：听者和说者多是学生与老师、晚辈与长辈、下级与上级的关系，含有听者对说者的崇敬之情，多用于听取自己敬重之人的谈话和教诲。例如：

（1）信是孙犁老师亲笔写

的。我一遍一遍读着，像当面聆听一位尊师的教导。

（2）我今天上午刚刚参加了全国卫生工作会议，聆听了陈竺部长对今年工作的布置。

（3）各村党支部书记正有滋有味地聆听着这位远方客人的演讲。

（4）来自全国各地教学站的优秀学生会聚求是园，在竺可桢的雕像前聆听老校长的教诲，在浙大校友的院士廊感受求是校风的真谛。

（5）非常荣幸能得到这次机会，能够亲耳聆听主席的演讲，觉得非常幸运。

（6）我们能有机会、如此近距离地聆听总理的讲话，聆听施瓦布先生对世界经济的分析，非常幸运。

（7）甘肃代表团代表畅谈聆听习近平总书记重要讲话心得。

（8）湖北代表现场聆听习近平总书记重要讲话。

上对下或对等：听者和说者的关系与下对上相反，或者关系对等，用“聆听”表示听者的诚恳谦虚和对说话者的尊敬。例如：

（9）妻子默默聆听了儿子的“训导”。赶紧表示忏悔：“儿子你对。对，对，对。爸爸妈妈再也不那么讨论了，再也不影响你做功课了。儿子你可千万别生爸爸妈妈的气。”

（10）总统说，从西方新闻报道看中国的政策与亲自聆听主席的阐述是完全不一样的。

可见，无论听者和说者是何种关系，何种身份，“聆听”都含有听者用心认真听的意味，表示听者的谦逊和听者对说者的尊敬，往往在“聆听”前面有“亲自”“亲耳”“当面”“认真”“仔细”等表示恭敬的修饰语。“聆听”是听者的态度，跟说者无关。从这个意义和用法上看，“谢谢聆听、感谢聆听、敬请聆听、感谢各位的聆听、谢谢领导／专家的聆听”一类的用法是不恰当的，说者把自己放在了尊者的位置，不符合谦逊含蓄的文化传统。归根结底，误用“谢谢聆听”一类就是没有搞清楚到底是“谁聆听谁”。会议发言人或报告人说“谢谢聆听”实际上表达“(我)谢谢(您/你/你们)聆听(认真/仔细听我的讲话)”,“敬请聆听”是“(我)恭敬地请(您/你/你们)聆听(认真/仔细听我的讲话)”,这样的说法含有强求别人尊敬自己的意味。

当然,“聆听”还有第二类用法,即聆听其他的声音。这一类的对象可以是歌声、自然界的声音或其他虚拟的声音等。例如:

(11)她告诉我,为了摆脱压在心头的重负,她经常聆听这种音乐。

(12)她跪在那儿,聆听黑夜的各种声音。风儿幽幽叹息,教堂边的树林外传来汹涌的溪声,她半听半看到涓涓的细水。

(13)以前,我常常独自静坐,聆听从心灵深处发出的美妙音乐。

(14)乒坛名将邓亚萍说:当我站在奥运会那高高的领奖台上,聆听着那雄壮的国歌,仰望着那鲜艳的五星红旗徐徐升起,我由衷地感谢党。

这一类“聆听”的对象不是人的言语,多是音乐以及自然界的声音,不具有明显尊敬的感情色彩,使用的是其本义“用耳朵接受声音,倾耳细听、倾听”,但有认真听、仔细听、用心听的含义,也表明听者的态度。

说完“聆听”的用法,那么当你做完报告、演讲、答辩时,应该如何结束呢?其实有多种表达方式可以选择,简单点儿就用“谢谢”“谢谢大家/各位”等即可,复杂点儿可用“敬请/恳请批评指正/指教”“谢谢/感谢观看”(限PPT结尾),正式点儿也可用“感谢/谢谢垂听”,等等。总之,在报告、演讲、答辩等场合,说话人一定要慎用“聆听”。

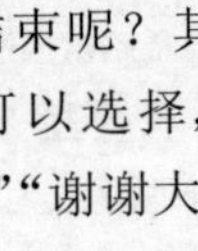

追踪荧屏

《觉醒年代》语误两例

◎王　莉

今年的热播电视剧《觉醒年代》无疑是部革命历史剧佳作，但白璧微瑕，笔者在CCTV官网观看这部剧时，发现其中有两处文字差错。简要分析如下。

1. "戗菜刀"应为"抢菜刀"

剧中陈独秀在北京居住的箭杆胡同附近，经常能听见"磨剪子嘞，qiāng菜刀"的吆喝声（如第7集）。字幕均误为"磨剪子嘞，戗菜刀"。

戗，有两个读音。读qiāng，可表示逆、反方向，如戗风。也可表示（言语）冲突，如两个人说戗了。读qiàng，表示填，如戗金，即器物上作嵌金的花纹。也可以表示支撑、支持，如用木头戗住这堵墙。"戗菜刀"是说不通的。

抢，读qiǎng时，可表示硬拿、争夺，如抢劫。表示抢先、争先，如抢步上前。还可表示刮、擦，如"抢菜刀"就是刮除擦去菜刀表面不平整的部分，让菜刀重新锋利。抢，还可读qiāng，表示撞，如呼天抢地。也可表示逆、相反之义。

所以，字幕中的"戗菜刀"均应为"抢菜刀"。

2.“有失偏颇”应为“失之偏颇”

第27集中，李大钊说：“我记得仲甫先生（陈独秀）曾说过一句话，他说，要二十年不谈政治，他要专心地去搞思想启蒙，当然现在他也认识到，当初说这句话有失偏颇了。因为科学和民主本身就离不开政治，民主本身就是政治。”（字幕同步显示）其中“有失偏颇”有误。

“偏颇”是偏向一方、不公平。“有失”中的“失”是失去之义，“有”字无实意，“有失”即失去。“有失”强调的是“失去”的对象，其后一般是褒义词。比如“有失公正”，指的就是“损失了、失去了”“公正”。而“偏颇”是贬义词。剧中用“有失偏颇”，字面意思只能是失去了偏颇，这是说不通的。

“有失偏颇”可改为“失之偏颇”。其中的“失”是失误、失当之义，“之”是介词，引入方法、原因等。“失之”分析的是“失”的原因，所以，其后一般是贬义词。因“偏颇”而造成了失误、失当，即“失之偏颇”。

微语录·智慧

一个调皮的小男孩，手捧一只小鸟，去挑战一位远近闻名的智者：“您说这只鸟是死的还是活的？”智者当然明白小男孩的用意，不慌不忙地回答：“如果我说是活的，你会捏死它；如果我说死的，你就让它飞走。孩子，这鸟是死的，你放了它吧。”

（乔　桥/辑）

蒋介石是“食言”还是“失言”？

◎秦　武

最近看央视播出的革命历史题材电视剧《东方》，第7集中蒋介石准备将政府迁往云南，派张群前往说服卢汉让出昆明。蒋经国等人担心张群有去无回。蒋介石说，张群去，绝无安全问题。因为张群有恩于卢汉，卢汉不会危及张群的安全。第8集，卢汉在起义后，让张群坐飞机离开昆明飞往香港。蒋介石闻知消息，不无得意地说：“我没 shī 言，卢汉不会对张群怎么样。”字幕同步显示为“食言”，有误。

食言，字面意思就是话已经说出而又吞下，表示言而无信、失信的意思。有成语“食言而肥”，即违背诺言，只图对自己有利。出发前，蒋介石未对张群做什么承诺，只是断言卢汉不会为难他。卢汉如何对待张群，决定权也不在蒋介石。显然此处用不上“食言”一词。如用“失言”倒是通顺的。

失言，即出言失当。蒋事先判断卢汉不会为难张群，事后证明他的这个判断无误，称没有“失言”还是可以的。

“刀出壳，剑上弦”？

◎杨为仁

搜狐视频上的谍战剧《天字一号》第1集中有这样一句台词：“老蒋是刀出qiào，jiàn上弦。”同步显示的字幕写作“老蒋是刀出壳，剑上弦”。笔者想问的是，刀能出“壳”？“剑”能上弦？

壳，指物体坚硬的外皮，有两个读音。读ké，一般用于口语中，如贝壳、脑壳、鸡蛋壳等；读qiào，一般用于书面语中，如金蝉脱壳。刀没有“壳”，只有“鞘(qiào)”。鞘，指用来装刀剑的套子。用来装刀的只能是“鞘”，而不能是物体本身固有的外皮“壳”。

剑，古代兵器，长条形，一端尖，两边有刃，安有短柄，现在击剑运动中的剑是细长的钢条，无刃。无论是古代兵器，还是现代的运动用剑，剑都是拿在手上的，无需也不能“上弦”。能上弦的是“箭”。箭装有尖头，末梢附有羽毛。将箭搭在弓弩上准备发射，即“箭上弦”，有成语“箭在弦上”，比喻事情到了不得不做的时候，也形容事态紧张。

电视剧字幕中此句台词，正确的写法应该是“刀出鞘，箭上弦”。

文章病院

元好问不是“南宋文学家”

◎沈阳仁

南宋文学家元好问曾写过一首《溪童》：“溪童相对采椿芽，指似阳坡说种瓜。想是近山营马少，青林深处有人家。”诗中描写了暮春时节，一群小孩子在溪边的香椿树上采摘香椿芽的生动情景……

这段话出自2021年4月30日《北京日报》第20版《春来说椿》一文。这首诗是元好问之作，但说元好问是南宋文学家，欠妥。

金是1115年由女真族完颜部领袖阿骨打建立的王朝。1125年灭辽，次年灭北宋。北宋灭亡后，1127年赵构在南京（今河南商丘南）称帝，南宋建立。南宋与金以秦岭、淮河为界，长期对峙。1234年金被蒙古和南宋联合进攻，灭亡。1276年南宋为元所灭。

元好问（1190—1257），字裕之，号遗山，世称遗山先生。元好问出生于太原秀容（今山西忻州）。自幼聪慧，七岁即能作诗，十六岁开始参加科考。兴定五年（1221）进士及第。三十五岁登宏词科第，授权国史院编修，居汴京。后又历任河南镇平、内乡、南阳县令，此后进汴京任尚书省令史、左司都事等职。天兴二年（1233）蒙古兵破汴京后，元好问被囚数年。晚年回乡隐居。元宪宗七年（1257），元好问病逝，享年六十有八。可见，元好问一直在北方生活，为金朝官员，金被灭后便不再为官。怎能说他是“南宋文学家”呢？以元好问的生卒年来看，可称他为“南宋时期文学家”。论其生平，则应称他为金末元初文学家。

古代乐器有“磐、饶、拔、揭鼓”吗

◎杨昌俊

2021年3月7日《西安晚报》第8版《行走的乐队：三彩骆驼载乐俑》一文中，有这样一段话：

远古的乐器还有埙、磐、钟、饶、鼓等。夏商周以来，乐器品种增多，周代时期文献记载已有七十种。春秋战国时期，青铜冶炼技术发达，铜质乐器大量出现，流行编钟和建鼓为主奏乐器的“钟鼓之乐”。秦汉至南北朝我国各民族间交往频繁，此间出现了筝、阮、三弦……锣、拔、星、揭鼓等。

这段文字提到了我国古代乐器，然而其中出现了多处文字问题。

“磐”应为“磬”。“磐”读作pán，义为大石头，亦指迂回层叠的山石。“磬”读作qìng，是一种用石、玉或金属制成的打击乐器，形如曲尺，悬于架上。

“饶”应为“铙”。“饶”读作ráo，意为丰裕、富足，引申出饱满、宽容等义。“铙”读作náo，为打击乐器，像钹，中间凸起部分比钹小。还指古代军中用于止鼓退军的青铜乐器，体短而阔，有中空的短柄，插入木柄后可手执，以槌击之而鸣。

“拔”应为“钹”。“拔”读作bá，义为拉出来、抽出来，引申出选取、提升、超出、攻克等义。“钹”读作bó，指一种铜制的圆形打击乐器，中部隆起呈半球状，其径约为全径的一半，以两片为一副，相击发声，有多种形制，各种变体。尽管在古汉语中，“拔”通“钹”，但现今应以规范为要，“拔”应改为“钹”。

人民币上的“中国人民银行”是谁写的

◎刘曰建

2021 年 6 月 23 日《北京青年报》B01 版刊有《仰望他们的永恒信仰 感受文化复兴的力量》，报道百名文学艺术界中共党员手迹展。文章写道，著名美术家、电影家、漫画家钟灵“很了不起，第一套人民币上‘中国人民银行’六个字就是他写的”。这一说法与事实不符。

中国人民银行 1948 年 12 月 1 日在华北银行、北海银行和西北农民银行的基础上合并组成，行址在河北省石家庄，同时发行第一套人民币。第一套人民币票面“中國人民銀行”六个字、面额数字及纪年等文字，是时任华北人民政府主席董必武应中国人民银行筹备处主任南汉宸（中国人民银行第一任行长）请求题写的。票面设计由晋察冀边区银行印刷局王益久和沈乃镛担任。当时第一套人民币在中国人民银行石家庄分行和河北平山县银行首先发行，面额只有十元、二十元、五十元，随后又发行了一元、五元、一百元、一千元等面值。

现在流通的人民币上的

“揭鼓”应为“羯鼓”。“揭”读作 jiē，义为举起，引申出掀开、披露等义。“羯”读作 jié，我国古代北方的少数民族，源于小月氏，曾附属匈奴，魏晋时散居于上党郡（治今山西壶关），被称为“羯胡”。羯人石勒建立后赵，为五胡十六国之一。《通典·乐四》：“羯鼓，正如漆桶，两头俱击。以出羯中，故号羯鼓。”

“中国人民银行”六字则另有一段故事。1950年初，中国人民银行印制局领导和中央美术学院的罗工柳和周令钊等设计了第二套人民币图案。行长南汉宸请当时的人民银行金融研究员马文蔚写了“中國人民銀行”和面额数字等文字，并未告知其用途。1983年马文蔚看到称人民币题字为他人所写的文章，给中国人民银行总行写信说明情况。1984年9月，中国人民银行总行经调查核实，特发（191号）“关于进一步给马文蔚同志落实政策”的公函给山西省分行：“马文蔚同志是一位对银行建设事业有贡献的知识分子，一九五〇年受南汉宸行长的委托，为人民币题写了‘中国人民银行’等字。‘中国人民银行’六个字不仅用于新版人民币，而且广泛地被各级人民银行用于机构的门牌上……”

第一套人民币

第二套人民币

为适应汉字简化，现在流通的人民币上“中国人民银行”的简体字“国”“银”，曾拟请马文蔚书写，但当时马文蔚年事已高写不了，便保留马文蔚笔迹的部分，即“国”的“口”、“银”的“艮”，而“口”内的“玉”、“艮”旁的“钅”则由他人书写，珠联璧合，天衣无缝，也是一段佳话。

人民币票面“中国人民银行”字样的前世今生，在中国金融史、货币史中都不可或缺，有必要厘清史实。

磨盘称“硙”不称“皑”

◎杨亚东

“坡远花全白，霜轻实更黄。杵头麸退墨，皑齿雪流香。”水的味道，土的味道，阳光的味道，成就了内蒙古荞麦的味道。

这出自2020年6月19日《内蒙古日报》第4版所刊《内蒙古荞麦如何实力“圈粉”？》一文。其中“皑齿”应为“硙齿”。

上文四句诗出自元代诗人许有壬五律组诗《上京十咏》中的第五首《粆面》（“粆面”即“糁面”）。全诗如下：“坡远花全白，霜轻实便黄。杵头麸退墨，硙齿雪流香。玉叶翻盘薄，银丝出漏长。元宵贮膏火，蒸墨笑南乡。”第二句有版本作“霜轻实更黄”，这属于古诗中常见的异文现象。但“硙齿”并无异文，它是正确写法。

“硙”是个多音字。读作wèi时，作名词，义为石磨、磨盘。《北齐书》：“又凿渠引漳水周流城郭，造治碾硙，并有利于时。”作动词，指磨碎、碾碎。陆放翁七律《蜗庐》：“有书懒读吾堪愧，睡起何妨自硙茶。”读作ái时，多作叠音词“硙硙”，形容词，可表高峻、洁白、坚固。诗中“杵头麸退墨，硙齿雪流香”的意思是：荞麦收获后，利用杵臼褪掉黑色麸皮，接着放入石磨碾碎，可以看到磨齿上的面洁白似雪，溢满清香。

这两句诗为原作之颔联，格律上讲究严格的对仗。作者以生产劳动中所用器具“硙”对“杵”，以硙之“齿”对杵之“头”，对仗十分工整。皑，音ái，洁白之义，如皑皑白雪。若改为“皑”字，则变为形容词“皑”对名词“杵”，错矣！将“硙”误作“皑”，应是形近所致。

致公党有"会员"吗

◎毛萧山

2021年6月7日《钱塘新区报》第2版刊有《致公党钱塘区支部召开成立大会》一文,其中说:"致公党钱塘区第一届支部吸收了原江干、上城、临平等城区基层组织的部分会员,以及组织关系从上海、丽水等地转来的会员……"

这里两次出现的"会员"均错了,应为"党员"。

在我国,有八个民主党派,分别是中国国民党革命委员会(简称民革)、中国民主同盟(民盟)、中国民主建国会(民建)、中国民主促进会(民进)、中国农工民主党(农工党)、中国致公党(致公党)、九三学社、台湾民主自治同盟(台盟)。各民主党派成员有不同的称呼。总的来说,党派名关键词是"党",如民革、农工党、致公党,其成员即称"党员";党派名关键词是"会",如民建、民进,其成员即称"会员";党派名关键词是"盟",如民盟、台盟,其成员即称"盟员";党派名关键词是"社",如九三学社,其成员即称"社员"。文中说的是致公党成员,应称其为"党员",而不应称"会员"。

还要指出的是,除了"中共党员"之外,对各民主党派成员,无论是"党员""会员"还是"盟员""社员",均可统称为"××成员",如农工党成员、民进成员、民盟成员、九三学社成员等。

“籍籍”是有名还是无名？

◎周岩壁

波兰作家切斯瓦夫·米沃什的《米沃什词典》是一部别具一格的回忆录，该书于2014年由广西师范大学出版社出版。书的第167页有这样几句话：“他感到自己的籍籍无名是一种痛苦。他渴望以某种形式显示自己的独特存在，这可能成为一种真正的激情，为此人们会采取不同的方式。”玩味文意，“他”所痛苦的显然是自己无名的状况。但是，“籍籍”一词并不是“无名”，而是“有名”。

《辞源》中“籍籍”有专门的词条，下设三个义项。其一为纷扰，如《汉书·刘屈氂传》：“事籍籍如此，何谓秘也。”其二为纵横交错貌。第三项云：“名声甚盛貌。”可见“籍籍”不但是有名，而且是很有名！它在古籍中是个常用词，并没有歧义。

我们只就《全唐诗》中拈出四条，以资佐证。李颀《放歌行答从弟墨卿》（卷一百三十三）：“徒尔当年声籍籍，滥作词林两京客。”李白《赠韦秘书子春二首》之一（卷一百六十八）：“高名动京师，天下皆籍籍。”韦应物《大梁亭会李四栖梧作》（卷一百八十六）：“英声久籍籍，台阁多故人。”高适《钜鹿赠李少府》（卷二百一十一）：“李侯虽薄宦，时誉何籍籍。”以上四例中均可看出，“籍籍”是名声显赫之义。

很明显，“籍籍”是有名，而非无名。文中“籍籍无名”可改作“寂寂无名”。

《生死疲勞》文字三误

◎杨宏著

作家出版社 2013 年 1 月出版了著名作家莫言的《生死疲勞》，这是全球唯一授权使用繁体字的版本。然而书中出现了多处繁简转换差错，现举三例，试析如下。

1. "情有獨鐘" 应为 "情有獨鍾"

第 90 页写道："陳縣長對驢有深厚感情，范書記對驢肉情有獨鐘。"其中"情有獨鐘"错了。

"鐘"是名词，指古代打击乐器，寺庙中悬挂用以报警、集合或报时的器具，古容量单位等。"鍾"则既是名词又是动词。用作名词时，指盛酒器，也指古容量单位。用作动词时，则义为汇聚、集中。

情有独钟，指因对某人或某事物特别喜爱而感情专注。其中的"钟"表示集中和专注。因此"情有独钟"的繁体应写作"情有獨鍾"。

2."千鈞一發" 应为 "千鈞一髮"

第 287—288 页写道："我看到這頭兇獸張開的大嘴、口中噴濺出的血沫子、兩眼射出的兇光……千鈞一發之際，我的後腿猛地翹起……"其中"千鈞一發"应为"千鈞一髮"。

"髮(fà)"是名词，指人的头发。古时也是长度单位("寸"的千分之一)。"發(fā)"作动词，有放出、显现、揭露、展开、奋起、启发等多种意义。作量词，用于枪弹、炮弹。

"千钧一发(fà)"的意思是千钧(古代三十斤为一钧)的重量系在一根头发上，形容情况极其危急。"千钧一发"的"发"

指的是头发，所以繁体是“髮”不是“發”。“髮”和“發”不能互换使用。

3.“臺風”应为“颱風”

第463—464页写道：“（她）喉嚨嘶啞地說：‘老師們、同學們，九號臺風帶來的暴雨，給我們全縣，也給我們學校帶來了巨大損失……’”句中“臺風”显然指台风。台风是发生在太平洋西部海洋和南海海上的热带气旋，是一种极猛烈的风暴。中心附近最大风力达12级或以上，同时有暴雨。其实，“台风”的繁体应该是“颱風”。

汉字中本就有“台”字，如“天台山”“台州”中的“台”，读作tāi。读为tái，星名，即三台，古代用三台来比喻三公。作敬辞，用于称呼对方和与对方有关的行为。如台鉴，即请对方阅览。又如台安，多用于书信结尾，用来表示对收信人的问候。

另有三个繁体字被简化为“台”。第一个繁体字是“臺”，其意义是高而平的建筑物，供眺望或游观之用。杜甫《登高》诗：“万里悲秋常作客，百年多病独登台。”其中的“台”繁体作“臺”。第二个繁体字是“檯”，其意义为桌子或类似桌子之物。如明代文秉《烈皇小识》：“一日，上御讲筵，足加于台楞上，意有惰容。”其中的“台”繁体作“檯”。第三个繁体字是“颱”，风名，与建筑物或桌子等无关。清代王士禛《香祖笔记》卷二：“风大而烈者为飓，又甚者为台。”这里说到的“（风）又甚者为台”即现在说的台风，《香祖笔记》中原本作“颱”，简化作“台”。

所以“台风”的繁体应是“颱風”，不能写成“臺風”。

《火眼金睛》提示

图1，“玉妆于成”应为“玉汝于成”。

图2，“症壮”应为“症状”。

图3，“怒不”应为“恕不”。

图4，“途径”应为“途经”。

语苑新谈

《论语》"素以为绚"的女性审美观(下)

◎石毓智

实际上,孔子和子夏的对话就非常直白,就是在谈论女性的审美问题。那么多弟子,问政,问人,问德,有一学生问老师什么样的女性才算美,我们不应该大惊小怪。

子夏问女性美,他补充的一句"素以为绚兮",如果结合原诗,就非常好理解了。在先秦汉语中,素,白色的绢;绘,绢上的彩绣。从审美效果来说,"素"与"绘"的关系,就如同女性"白皙的皮肤"与"闪亮的眼睛、唇红齿白"一样。黑亮的眼睛,红白的唇齿,就是绢上的彩绣,但是它们都要有白色的底子来衬托,才能达到高度的审美效果。

这么一来,孔子的话"绘事后素",也就很直白了,实际上进一步发挥了一下子夏的话。先有白色的底子,然后才能衬托出彩绣的美。对于女性,那就是白皙的皮肤,才能衬托出眼睛的黑亮,唇红齿白。孔子仍然是接着子夏的比喻来表达对女性的审美观,没把话说得那么直白,结果害得几千年来人们胡猜乱想。

子夏接着问:"礼后乎?"也就不难懂了。前面谈的都是女性的自然美,人毕竟是社会的,这样的女性如果再能学习"礼仪",那就是完美的女性了!这一下显示出子夏的与众不同,归到了老师的理论上去,孔子不禁说道:"启发我的是阿商呀,以后跟你多讨论讨论《诗经》!"

《诗经·硕人》给我们描写的正是这样一位女性,她天生丽质,出身名族(齐侯之女),又嫁于豪门(卫侯之妻),就是一位知礼,具有良好教养的女性。一句话,孔子和子夏所推崇的是

"知性美女"。

这首诗的前面七句全是描写"硕人"的出身门第,即教养、见识,接下来才是光彩照人的天生丽质。这首诗的真谛也在这里:礼仪第一,美丽第二。后天的修养可以使天生丽质锦上添花。子夏悟出了这一点,所以得到老师的夸奖。多么精彩的一段女性美的论述呀!可惜被后来的学人解释得不仅索然无味,而且牵强附会。

是不是我们别出心裁,标新立异,独此一家?也不是的。东汉经学大师郑玄有类似的解释,只是被后来的儒学大师们忽略罢了。下面是《史记集解》所引:

郑玄曰:"绘,画文也。凡画缋先布众色,然后以素分布其间以成其文。喻美女虽有倩盼美质,亦须礼以成也。"

用现在的话来说,就是:绘,绘画的线条。凡是画画,先涂上各种颜色,然后用白色分布其间,使得线条显现出来。用来比喻美女虽然有天生丽质,巧笑宜人,顾盼生辉,也必须用礼仪来显示她真正的美。郑玄的解释跟我们的一样。只是郑玄老先生可能没有见过人画画,更没有学过,把绘画的程序搞颠倒了。一般的程序都是先选用白色的材料,绢或者白纸,然后直接用彩笔勾勒出图像。

按照易中天的解释,孔子是说,"礼乐要以仁爱打底子"。这种说法很牵强,在孔子自身的理论中都说不通。礼乐是种具体的操作,人们都可以习礼、学乐。然而,孔子认为"仁"是一种最高的道德境界,他的弟子没有一个人达到这个标准,即使他最好的弟子颜回也只能"其心三月不违仁"(《论语·雍也》),孔子连自己都认为没有达到这个标准,"若圣与仁,则吾岂敢?"(《论语·述而》)"仁"是与"圣"同一级别,怎么能够随随便便拿来做"底子"用?

美好的、伟大的东西,往往是简单、直白的。要真正理解孔子的言论,最主要的一点是,我们要把他看成人,看成一个正常的人。

网言网语

『套娃』的套路

◎王馨宇

“套娃”本指一种源自俄罗斯的木质玩具，由多个一样图案的空心木娃娃一个套一个组成。可是今天的网络评论区里，我们经常看到“禁止套娃”这样的发言，你是否曾经感到不解？

原来，此“套娃”非彼“套娃”，网络用语中的“套娃”指的是“像套娃一样的行为”，也就是不断循环相同内容或模式的话，“套娃”从名词引申成了动词。总的说来，常见的“套娃”模式大致可分为四种：

第一种就是重复对方的话，即不断地重复内容完全一致的信息，与网络梗“人类的本质是复读机”有异曲同工之妙。如一张流传网络的表情包中，一台复读机对另一台复读机说：“原来你也是复读机呀。”然后对话就无休止地进行下去。

第二种是结构规则的递归使用，如：“反对你的意见，反对反对你的意见，反对反对反对你的意见……”首先对“你的意见”进行否定，接着再对否定进行二次否定乃至无限次否定。语言中同一个结构规则被反复使用，可以不断嵌套。

再来看第三种，属于语义嵌套。这个故事你一定耳熟能详：“从前有座山，山里有座庙，庙里有个老和尚给小和尚讲故事，讲什么故事呢？从前有座山，山里有座庙……”它的首尾由于“故事”一词的开放性串联起来，在故事中说故事，形成一个无限延伸的链条。

不过语义的嵌套，也对说者与听者的理解能力提出了更高的要求。比如美国一议员的奇谈怪论——“美国谴责中国谴责美国干涉中国内政是中国干涉美国内政”，理解起来就很困难，而且根本没有逻辑。如果“中国谴责美国干涉中国内政是干涉美国内政”，那么同理可证“美国谴责中国干涉美国内政也是干涉中国内政”，于是就在文字游戏中掉入了自掘的陷阱。

最后一种则属于循环论证，如："甲：我睡不着觉。乙：你为什么睡不着觉？甲：因为我心烦。乙：你心烦什么？甲：我心烦自己睡不着觉。乙：你为什么睡不着觉？甲：因为我心烦。"这是一种典型的论证谬误，其论证的前提中永远包含了要论证的结论。

以上四种"套娃"都具有迭代性，可以无限地延伸下去或进入死循环。

为了防止无聊的"套娃"行为，网友们又创作出了"禁止套娃"，意思是禁止这样无休止地循环嵌套下去。"禁止××"属于命令型祈使，本身具有类似于警告标语性质的严肃性，如"禁止吸烟""禁止停车"，听来便令人生畏。但网友随后又用诙谐的方式化解，在网络跟帖后出现"禁止禁止套娃""禁止禁止禁止套娃"……于是又开启了新的一轮"套娃"，令人忍俊不禁。不过，"套娃"行为看多了，嵌套本身的乐趣也会变得乏味。对"套娃"行为的禁止，体现出人们对套路重复的拒绝与厌倦。

"套娃"一般来说是一种语言游戏，但用在一些不合理的规定上，"套娃操作"就在调侃之外兼具了讽刺的意味。比如有一个段子是说："会员才可以在店里消费，消费才可以成为会员。"想要得到A，先要得到B；想要得到B，又要先得A。一旦这样的逻辑建立起来，便很难从内部打破，因为这本身就是个闭合的循环链条。商家在设计规则之初没有从实践的可操作性考虑，因而忽视了逻辑上的漏洞，引发了可笑的"套娃"问题。

"套娃"虽重复，不过适度"套娃"仍然趣味十足。比如在这里，当笔者要写结尾的时候，就把"要写结尾"这件事情写进结尾里，这样就可以用"要写结尾"这个想法解决写结尾这件事——完美贯彻了"套娃"的精神。

别内卷了，“躺平”吧！

◎朱晨燕

2021年的年中，“躺平”成了各大平台争论的焦点——是选择“躺平”还是应该拒绝“躺平”，这是一个问题。

“躺平”一词本指“平卧”，即“躺下身子背靠床面或地面”，引申为“休息”。这是一种身体的放松姿势，可以平摊而舒展肢体，是多么舒服的状态。而“躺平”了之后，人也会陷入舒适状态中，暂时忽略外界的干扰。因此，网络语言中的“躺平”指无论发生什么事情，内心都毫无波澜，对此不会有任何反应或者反抗，只是保持顺从的心态。例如，“面对高不可及的房价，很多青年从一开始就选择‘躺平’，购房从不在议事日程上出现”，这里的“躺平”就是遭遇困难而屈服、不作为的意思。

随着“躺平”的迅速走红，它从不作为、屈服、顺从的含义中又生发出了程度更深的含义——无欲无求、不思进取、得过且过的状态。同时，“躺平”在使用中也和特定的群体紧密相连，一提起“躺平”，形容的就是某一群具有“佛系”生活状态的年轻人。例如，最近许多网友讨论“为什么越来越多的年轻人想‘躺平’”，也有人提出“‘躺平’是年轻人应对‘内卷’的方式”。

由“躺平”还衍生出了一系列网语，“躺平主义”“躺平学”纷纷兴起。“躺平学”是主张放弃拼命工作攒钱、焦虑又伤身的生活，主动降低物质欲望的一种生活哲学。由网友编写的

"躺平学导论"的搞笑课程PPT也在网络流传，和之前流传的"摸鱼学导论"成为了网络最悠闲课程中的"双子星"。

"躺平"在短时间内成为"击中人心"的网络热词，一方面是因为这样的思想背景早已有之。"躺平"的含义和状态其实跟之前流行的"丧""宅""佛系"等异曲同工，相似理念的流行给"躺平"奠定了一个更好的接受环境。其实，躺平现象在其他国家也有体现，日本低欲望社会就是类似的例子。日本年轻一代不愿意再背负风险，在一个奋斗不再能改变命运的社会里，年轻人群开始对周围的一切丧失兴趣。丧失物欲、成功欲，既是日本低欲望社会的特点，也是"躺平"主张的表现。

另一方面，关于"内卷"等的争论还未平息，究竟是否应该鼓励"内卷"，难以达成社会的共识，"躺平"的出现更像是战场的转移。"躺平"的状态颓丧程度更甚，混日子、图清闲，这种状态与中国传统文化推崇的自强不息精神显然是相悖的，于是引发了一众"前浪"对"后浪"的深深忧虑。所以有人提出，千万不能因为不喜欢"内卷"，就采取"躺平"的态度，"躺平"是极不负责任的态度。当然也有人为年轻人辩护：对于青年一代来说，言必"躺平"仅仅是一种自嘲与解压的打趣方式，大多数年轻人从来没有将"躺平"作为现实的主流选择，读不懂这种吐槽，实在幽默感太少，对奋斗着的年轻人也是一种不公。

"躺平"在短时间内成为社会热点词语，引发激烈讨论，有着复杂的社会心理基础。年轻人拥有奋发向上的积极进取姿态，这本身是值得肯定的；但也应该看到，很多年轻人面对重压偏向照顾自己的感受，选择降低期望值，也是无可厚非的。也许当年轻人找到生活中的乐趣，也没有那些社会舆论的压力之后，很多孜孜以求的发展目标就会在不经意之中慢慢实现。

“社会性死亡”，“死”的是什么

◎黄雨虹

近来，人们在网络上频频看到“社会性死亡”一词，“死亡”这一不少人避讳的词语，忽然以一种新的姿态成为了网络热词。这让人不禁疑惑，“社会性死亡”，“死”的是什么？

“社会性死亡”一词最早的出处是美国作家托马斯·林奇所写的《殡葬人手记》。在书中，作者对死亡进行了分类：“死亡有多重意义。听诊器和脑电波测出的，叫‘肌体死亡’；以神经末端和分子的活动为基准确定的，叫‘代谢死亡’；最后是亲友和邻居所公知的死亡，‘社会性死亡’。”这一段文字中提出的“社会性死亡”，意指逝者的亲朋好友得知了他的死亡，是对于个体死亡的社会性确认。而如今作为网络流行语的“社会性死亡”，则有着另外的意思。

在网络语境中，人们常常用“社会性死亡”形容自己在公共场合出糗后非常尴尬的状态。目前已有四十余万成员的豆瓣“社会性死亡”小组较早将这个词带入了网友们的视野。通过在小组中发帖自嘲，许多人分享着自己日常生活的相关经历。这里所使用的“社会性死亡”是一种夸张的表述，表达出当事人内心极度尴尬的状态。而“社会性”则对“死亡”进行修饰，将出糗发生的场合限定在了具有社会属性的公共场所。“社会性死亡”，“死”的是人们在公众场合维持的体面形象，有点类似于开玩笑时所说的“我形象都没了”。

此外，网友们还常常会使用许多由“社会性死亡”衍生而出的词汇。比如“大型社死现场”，比起强调人所处的状态更偏重于对当时情景的形容：“上网课忘了关麦克风，老师和全班同学都听到我问我妈中午吃什么了，那一刻简直是‘大型社死现场’。”“公开处刑”则指做出使他人“社会性死亡”的行为：“吃年夜饭的时候刚和亲戚吹牛说自己每天早起晨跑，就被我爸‘公开处刑’：‘得了吧，你今天睡到十点才起。’”“社会性复活”则是通过自己的临场反应避免“社会性死亡”：“今天在路上认错了人，还上去拍了拍人家肩膀，幸亏我机智，当时就微笑着假装向他问路，及时‘社会性复活’。”

伴随越来越多人对“社会性死亡”的认识和使用，这个词也引申出了一层新的含义。在罗冠军事件等一些社会事件中，当事人们使用了这个原本在网络亚文化语境中用于自嘲的词语，表达出自己所遭遇的困境：在真相尚未明晰之时，便有许多网友对于这些事件发表极端的评价，而这些声音伴随人肉搜索等网络暴力手段，从网络空间蔓延到现实生活，中伤当事人的社会声誉，使他们逐渐失去工作、朋友等社会关系，陷入抑郁。在承受了一系列的身心伤害后，有一些人甚至选择了走向真正的死亡。如此“社会性死亡”，实在令人扼腕。对此，人民网、央视新闻等许多主流媒体也屡屡发文，呼吁网络空间中的理性。在“社会性死亡”的这一词义演变中，我们可以看到网络语言对于严肃话语体系的反哺。

“社会性死亡”式的自嘲，对于当下的年轻人来说，是积极排解自我情绪的一种方式。然而，另一层意义上的“社会性死亡”，却让我们不禁反思集体无意识下的网络暴力。“社会性死亡”，“死”的不应该是我们的理性思考，理智的声音才能助力营造更友善的网络话语环境。

社交新风

群有群规

◎徐默凡

网络时代，各种即时通信软件上社交群遍地开花，给社交生活带来极大的便利。联系工作，发布通知，召开会议，不管参与者身处何方，只要有人发起就立刻可以在网上刮起一场头脑风暴。但也不可否认，现在有些社交群口水发言泛滥，无效交流偏多，也占据了我们不少时间精力。那么，怎么才能提高社交群的交际效率？如何让群聊更健康，更高效？我们认为依靠聊天者的自我约束是很难做到的，关键的一个措施就是设立群规。国有国法家有家规，不以规矩不成方圆，社交群一旦有了群规，大家有规可依，才有可能使社交群长治久安，“可持续发展”。

社交群的第一责任人是群主，所以设立群规是群主当仁不让的事。如果没有想好群规，不愿意承担管理责任，那最好不要轻易拉群。建群伊始，群主就应该把群规整理成文字，在群公告中广而告之，大家认可之后严格遵守，这才能有效保护社交群的“生态环境”。当然，如果群员提出群规的不合理之处，群主也应该从善如流，及时修订，以获得大多数人的支持。

群规的内容可以详尽，可以简略；表达方式可以严肃，可以诙谐。但至少应该做到以下几点：

明确主题内容。我们说的社交群不是闲聊群、家族群或者八卦群，而是为了特定的社交目的组织起来的，那就一定会有特定的讨论内容。群主应该规定相应的讨论主题，禁止无关发言。当然，违反法律法规和公序良俗的讨论内容在任何群中都应该杜绝。

设置讨论时间。群主可以规定一个发言的时间段，不能太晚，以免影响别人休息。如果是工作群，也可以直接规定在工作时间内开放，硬性规定以杜绝996式内卷。

制定禁止规则。群主可以制定一些细则，有针对性地禁止某些发言，以减少无效交流。例如：通知发出以后，不需要人人回复“收到”“好的”“照办”；一个事项写全了再发送，禁止一句话一句话地零散发；禁止在公屏中和个别成员私聊；等等。越是正式的群，相关的规定应该越细致。

说明管理权限。群主应该坚持群聊的管理措施，经常提醒、警告违规者，如果是陌生人较多的正式群，有屡教不改的也可以禁言或者踢出群聊。只有措施严格，才能使群规得到有效贯彻。如是人数多的大群，群主也可以指定协助管理者，并说明其管理权限。

我们不妨举一个具体的例子来说明问题。笔者是一个高校教师，为了便于教学工作的顺利开展，现在基本每门课程都会建立一个课程讨论群，以下就是开设课程讨论群时的一个群规公告：

各位同学，本群是“×××课程”的讨论群。为了提高讨论效率，制定以下群规：

1. 请将本群昵称修改为“真实姓名＋学号”。

2. 本群只讨论和课程教学相关的内容，谢绝闲聊。

3. 本群所发通知，不需要回复“收到”“明白”等确认信息，以避免刷屏。

4. 为提高讨论效率，本群肯定性反馈信息（如“我懂了”“我了解了”）、开启话题的信息（如“我想问一个问题”“如果我回答得不好请大家补充”）以及礼仪性信息（如“谢谢老师”“老师辛苦了”）等都不用发布，直接提出问题或者参与讨论即可。

5. 本群讨论开放时间为每天早晨8:00—晚上10:00。

6. 本群由助教×××协助管理，感谢！

看到这个群规，你感觉如何？有啥补充建议吗？你是不是想着依样画葫芦，马上也去制定一个？群主们行动起来，一起来净化群聊环境吧！

有此一说

“App”怎么念为好

◎南　园

现在的中国，网络和手机都十分普及。出门在外，只要使用手机里的“App”，衣食住行统统一键搞定。显而易见，字母词“App”（也有写成“APP”或“app”的），已经是日常用词了。然而，字母词“App”的词义只有一个，却有了两种念法。比如，2021年2月6日，央视13频道的《朝闻天下》栏目播报了App个人信息保护管理暂行规定即将出台的消息，主持人念[æp]（方括号内标注国际音标，下同），记者则按三个字母的读音念[eipi:pi:]。同一天，上视新闻综合频道《上海早晨》栏目报道，工信部副部长点名批评了某些App滥用权限、广告弹窗关不掉的乱象。两位主持人，一位念[æp]，另一位念[eipi:pi:]。怎么会这样呢？

字母词“App”，来自英语的“app”。英语的“app”，提取英语“application”（意思是“应用程序、应用软件”）的前三个字母构成，发音为这三个字母在原词里的读音[æp]。英语的“app”，进入汉语成为字母词后，经历了汉语的“本土化改造”，比较明显的变化有三个。书写上，很可能是为了与汉字的大小相称，报刊上特别是荧屏上常用大写字母写为“APP”；意义上，英语的“app”，只是“application”的缩略形式，词义没有什么变化，进入汉语后，字母词“App”的指称范围缩小了，一般专指“手机程序、手机软件”；读音上，正如以上所述，有两种念法：少数人沿用

“越绝”的“绝”

◎胡文炜

《越绝书》,也称《越绝纪》。该书记录吴越二国的历史以及伍子胥、子贡、范蠡等人的活动,涉及吴越地区的政治、经济、文化诸方面。其中多采用传闻异说,所记与《吴越春秋》有出入。作者不明,有人说是春秋时伍子胥或子贡,也有人说是东汉袁康和吴平等人。该书是研究吴越地区历史的重要典籍。

《越绝书》书名中的“越绝”是什么意思?《越绝外传本事第一》中解释说:

问曰:“何谓越绝?”“越者,国之氏也。”“何以言之?”“按《春秋》序齐、鲁,皆以国为氏姓。是以明之。绝者,绝也。谓勾践时也。”

英语“app”的[æp],多数人则按字母读音念[eipi:pi:]。

为什么多数人喜欢按字母的读音来念“App”呢?原因主要有二。一是,汉语普通话语音系统里没有[æ]这个元音,也没有[p]这个辅音韵尾(只有[n]和[ŋ])。因此,在普通话语流中,[æp]这个读音,听起来比较生硬,比较突兀。二是英语26个字母的发音,相对来说与汉语普通话语音系统比较协调,更何况英语字母的读音在我国已经是人们耳熟能详的。

字母词“App”的两种念法并存,已经造成了听觉上的障碍,需要尽快统一。“二选一”,哪一种念法好呢?看来还是采用按字母读音[eipi:pi:]的念法为好。

用现在的话来说：

问："为什么叫'越绝'？""越，是诸侯国的姓。""为什么这样说？""因为《春秋》中也是以齐、鲁作为诸侯国的姓。凭此可知。绝，就是绝。是说勾践那个时期。"

"绝，就是绝。"令人费解。前人做过多种解释，主要有以下几种：

一说"绝"是"绝笔"。如俞樾《越绝书札记》："此绝字即绝笔获麟之绝。""《春秋》绝笔于获麟之年，吴越之事，略而未详，此书踵而成之，直至勾践之霸而绝，故曰绝者绝也，谓勾践时也。"（商务印书馆1956年12月版《越绝书》）至于书中还记载了勾践之后的内容，那是后人的"附益"，不是原作。

一说"绝"是"断灭""不继"的意思。上海古籍出版社1985年10月版《越绝书》："对于《越绝书》的这个'绝'字，历来解释甚多，并无定论。明田艺蘅在《留青日札》卷十七中把它解释为'断灭'，张宗祥手写本序言中说'绝者，绝也，殆不继之意'，均颇得其实。""颇得其实"，即赞同"断灭"和"不继"的见解。确实，勾践虽然灭了吴国，但是后来越国终究被楚国灭了，越国结束了，也就是断灭不继了。然而看这部书的全部内容，都是写越国如何复兴，怎样战胜吴国，并没有写越国如何被楚所灭。所以把书名解释为"越国断灭不继的书"，不符此书实际。

还有说"绝"是"卓绝""超群绝伦""空前绝后"等义。如《越绝书研究》（上海古籍出版社2003年5月版）："这个'绝'就是功勋卓绝的'绝'。"中华书局2020年8月版《越绝书》："绝是空前绝后的意思，说的是越王勾践时的功业。"无论说越这个诸侯国是空前绝后，还是勾践复国是空前绝后之举，似乎都显得有点夸张。夏、商、周，兴衰交替，都有各种各样的复杂历程，"空前"很难说，"绝后"更不能说。"超群绝伦"也一样。

也有将"绝"解释为"不绝"之义的。"断绝，引申为终止之义。”“不绝也。即反训为不可断绝的意思。”“不绝”倒是符合越国不甘灭亡、在绝境中不言失败、反败为胜的事实。但书名明明是“绝”，却来个“反训”，以相反的“不绝”来解读，将“越绝”解作“越不绝”，说《越绝书》是《越不绝书》，似有些勉强。

正因为以往各说的解释或多或少存在问题，所以李步嘉《越绝书研究》指出：“现代学者对《越绝书》‘绝’字意义的探求还在继续，他们的观点目前尚未超出明、清、民国学者诸说的藩篱，然而在讨论中，意见并未统一，这种情况自然暗示着我们还要深入地进行研究。”

笔者认为，这个“绝”应是“渡过”的意思。古汉语中的“绝”除了表“断”“尽”“极”外，还可作为“越”和“渡”来使用。

如战国荀况《劝学》：“假舆马者，非利足也，而致千里；假舟楫者，非能水也，而绝江河。”“假”指借用、利用。该句的意思是能利用车马的人，并不是因为他擅长用双脚走路才可以到达千里之外；能利用船桨的人，并不是因为他擅长游水才能横渡江河。其中“绝”是“渡过”。

又如战国末《吕氏春秋·悔过》：“今行数千里，又绝诸侯之地以袭国，臣不知其可也。”东汉高诱注：“绝，过也，过诸侯之土地。”意思是现在要走上几千里地，要越过别的诸侯国，去袭击那个国家，我不知道行不行得通。这里的“绝”就是指通过、越过。

《汉书·张良传》也有：“鸿鹄高飞，一举千里，羽翼以就，横绝四海。”颜师古注：“绝，谓飞而直度也。”意思是鸿鹄的羽翼已经丰满，飞上天空后，可以横渡四海。这里的“绝”是指渡、飞越。

《越绝书》展示了勾践时期越国反败为胜的过程，也就是展示了这一时期越国是如何励精图治，终于羽翼丰满，战胜敌国强吴，横绝四海，成为春秋一霸的全过程，这正是书名“越绝”的本意。

编校差错扫描(三十七)

◎王 敏

脚下小草怎成“荫”

【错例】手边留情花似锦，脚下留情草成荫。

【简析】“草成荫”应为“草成茵”。“茵”的本字“因”是会意字，甲骨文字形从大(人正面形体)从囗(wéi，垫席方正之形)，以人卧倒垫席会意，本义指席子。由于“因”后借作虚指，乃造加旁分化字“茵”。“茵”是形声兼会意字，从艹因声，因兼表义，本义指车上的垫席。《说文解字》：“茵，车重席。”《诗经·秦风·小戎》：“文茵畅毂。”毛传：“文茵，虎皮也。”唐代孔颖达疏：“茵者，车上之褥，用皮为之。言文茵则皮有文采，故知虎皮也。”引申泛指垫褥、铺垫的东西，如“茵褥”“茵席”。“荫”繁体字作“蔭”，形声字，从艹陰声，本义指树阴，名词。《说文解字》：“蔭，草阴地。”《说文解字句读》：“‘地’盖即‘也’之讹。”“草阴”指草木之阴，即树阴。1985年公布的《普通话异读词审音表》明确规定“树荫(yīn)”应作“树阴”，“荫”统读为yìn，动词，含义指遮蔽、遮盖，如“榆柳荫后檐”，再引申指庇护，如“荫庇”。近年来，最新版本的《现代汉语词典》《辞海》等都为“荫”注yīn音，含义即“树荫”，因此，“成荫”也并不算错。但是，上例中“脚下留情草成茵”是指绿草不遭踩踏，长得浓密柔软如席垫一般，恰与“花似锦”相对应。“草成荫”指脚下的小草遮天蔽日，覆盖成荫，这显然是说不通的。

"荼蘼"花开非"披靡"

【错例】沿着山间石阶走，会邂逅岩石中开得荼靡的小雏菊。

【简析】"开得荼靡"有两个问题。第一，"荼靡"应为"荼蘼"。第二，就算是写成"开得荼蘼"，还是句法不通。这里只说第一个问题。"蘼"是形声字，从艹縻（mí，牛缰绳）声，构成双音节词"荼蘼"，又叫木香，蔷薇科木本植物，直立或攀援灌木，高2~3米，花白色，有香气。荼蘼是春季最后盛放的花，荼蘼花开意味着春天结束。"开到荼蘼花事了""荼蘼不争春，寂寞开最晚"等诗句，说的都是这个意思。"靡"（mǐ）也是形声字，从非（分背、违离）麻声，本义指散乱、倒下。《说文解字》："靡，披靡也。"如"视其辙乱，望其旗靡"。而"风靡"则指草木随风倒下，后比喻风行、流行。"靡"从"非"取义，故又引申指无、没有，如"靡不有初，鲜克有终"。另引申指浪费，读mí，如"奢靡"。"靡"加草字头为"蘼"，双音节词"蘼芜"，古书上指芎䓖（xiōngqióng，一种香草）的苗。古时"荼蘼"有写成"荼蘼"的，但如今"蘼""蘼"已分工，而"荼靡"的写法则是完全错误的。

"状态"好坏不在"壮"

【错例】放下思想包袱，精神壮态就好了。

【简析】"壮态"应为"状态"。形声字"状""壮"繁体字为"狀""壯"，如今左半边声旁"爿"据草书简化，两字区别在形旁。"状"从犬，本义指狗的形状。《说文解字》："状，犬形也。"

引申泛指形状、样子，如“奇形怪状”。再引申，指事情表现出来的情形、情景，如“现状”“症状”。用作动词，指形容、描述（情状），如“不可名状”。又特指陈述、描绘有关事情的文书，如“诉状”“奖状”“委任状”。“壮”的形旁“士”字形结构不明，典籍中可指身材高大的男子。《诗经·郑风·女曰鸡鸣》：“女曰鸡鸣，士曰昧旦。”孔颖达疏：“士，男子之大号。”因此，“壮”本义指人体高大。西汉扬雄《方言》卷一：“秦晋之间，凡人之大谓之奘，或谓之壮。”引申泛指物大体硕。《说文解字》：“壮，大也。”《字汇》：“壮，硕也。”又特指身体强健，如“健壮”“壮实”，抽象泛指盛大、雄强、豪迈，如“壮阔”“雄壮”“悲壮”。又作动词，指使壮大、使加强，如“壮行”“气壮山河”。“状态”指人或事物表现出来的形态、样子，表现好是“在状态”，表现不好是“不在状态”。“状”是中性词，“壮”是褒义词，两者含义迥异。“状态”错成“壮态”，当是两字音同形近致误。

烧菜用“炝”不用“呛”

【错例】呛土豆丝是一道家常菜，制作简单，味道清爽。

【简析】“呛土豆丝”应为“炝土豆丝”。形声字“呛”“炝”声旁均为“仓”，区别在形旁。“呛”（qiāng）从口，本义指鸟啄食物。《玉篇》：“呛，鸟食。”引申指水或食物进入气管引起不适或咳嗽，又突然喷出，如“吃饭吃呛了”。另读 qiàng，引申指刺激性气体进入人体器官，使人感觉难受，如“呛鼻子”“呛眼睛”。“炝”（qiàng）从火，指的是烹饪方法。“炝土豆丝”是将土豆丝放入沸水煮至半透明，取出冷却后加作料，淋热油再拌匀。“呛土豆丝”字面含义是吃土豆丝吃呛了，这和“炝土豆丝”完全是两码事。

说文解字

"牛"是何时牛起来的

◎刘志基

汉字里的"牛",似乎比其他四脚类物种更牛气,有"物"字为证:作为形声字的"物",它唯一的表义符号就是"牛"。所谓"物",乃是天下万物的总称;牛,不过是万物之一而已。如此之"牛",如何能在"物"中以偏概全?对此《说文》做了如下解释:"物,万物也,牛为大物,天地之数起于牵牛,故从牛,勿声。"物中分叫作"半","半"字小篆作:

从"八"从"牛"会意,"八"表示"分",故"半"的造字意图就是"分牛"。《说文》对"半"的解释与对"物"的解释如出一辙:"牛为物大,可以分也。"物,可以分成"件",《说文》:"件,分也,从人从牛,牛大物,故可分。"

然而,许慎的这种阐述,并不符合最初汉字构形的真实,或者说,汉字里的"牛",本来并不怎么牛。我们来看几个殷商文字。

首先是"牧"。"放牧"的对象既有牛也有羊,殷商文字的构形很忠实于这种自然现象。穷尽目验这一时段的金文材料,可以发现"牧"字从"羊"者多于从"牛"者。从"羊"33见,具体分为两种构形。一是从"羊"从"攴(鞭之初文)":

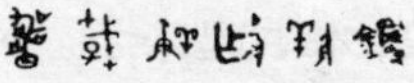

二是从"羊"从"攴":

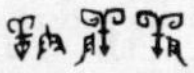

殷商金文之"牧"从"牛"者13见。同样分为两种构形。一是从"牛"从"攴":

二是从"牛"从"攴":

然而,到了西周,情况却发

生了变化。《殷周金文集成》中的西周“牧”字24见，从“羊”者仅一见：

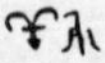（又羖父己簋）

值得注意的是，此字属于西周早期氏族铭文，“西周文字的形体，最初几乎完全沿袭商代晚期的作风”（裘锡圭《文字学概要（修订版）》第51页）。因此，严格讲，这个个别字例不妨归为殷商文字。如此，西周金文“牧”字则只留下从“牛”的字形。或从牛从攴：

或从“牛”从“攵”：

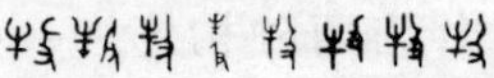

由此可知，“牛”是到了西周阶段，才牛起来了。而“牡”字的情况类同。

甲骨文“牡”构形多变，或从“牛”从“丄”：

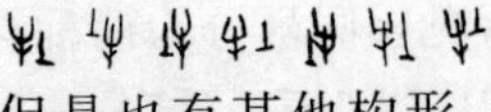

但是也有其他构形，如在《花园庄东地甲骨》中，有以下三个花东卜辞“牡”，分别从“豕”从“鹰”从“宰”：

（330）（198）（354）

而西周金文仅见从“牛”从“丄（非“土”，表示雄性的象形字符）”者：

（刺鼎）（荆子鼎）

“牢”，所指为祭牲，殷商文字有从“牛”从“羊”两种构形，穷尽统计《小屯南地甲骨》，前者如等，292见，后者如等，6见。而殷商金文则只有从“羊”者：（牢爵）。西周金文又是只有从“牛”的“牢”字：

（吕伯簋、貉子卣）

综合以上文字材料来看，汉字构形中的“牛”，是到了西周阶段才被高看一眼的。追究原因，人们很容易想到周人的重牛意识。《礼记·玉藻》记：“君无故不杀牛，大夫无故不杀羊，士无故不杀犬、豕。”这里所谓“故”，实指祭祀。连最高统治者国君不到祭祀这种特别重要的场合都不能杀牛，足可证明牛确实不一般。值得注意的是，这一记载表明，古人对牛的重视是与祭祀相联系的。检索笔者主持研发的古文字网络数

据库(https://wenzi.ecnu.edu.cn/,全国社科办《2017年度国家社科基金基础类重大项目结项成果概述》评价该数据库为“迄今最完备的古文字网络数据库”)的甲骨文数据库,可以发现牛在甲骨文中的出现,也都是用作祭牲的,此外并没有发现它对人的其他贡献。作为祭牲的牛,出现3748次,羊出现868次,豕出现739次。由此可见,至少在殷商时代,牛就在祭祀中被特殊看待了。于是,这样一个问题又凸显出来:为什么“牛”在汉字中的地位提升不是在殷商,却延迟至西周呢?

其实,这与汉字构形演变的偏旁“精简化”趋向相关。由于书写便捷和识记效率的驱动,人们在文字书写中往往用构形简单、容易书写、通用性强的偏旁取代构形繁难相对生僻的偏旁。举两个例子。

光:殷商金文28见,构形纷繁。与“火”旁相组合的偏旁或为“大”2见,作(1024,注:此为《殷周金文集成》的著录号,以下金文出处的数字同此)、(7018);或为“北”5见,作(8163)、(7192、8600)、(2001、流散欧美殷周有铭青铜器集录13);或为“女”作(5395.1、5395.2、6000);或为“卩”作等,18见。西周金文统一为从“火”从“卩”作等形,共18见。

伐:殷商文字凡112见,大多为从“人”从“戈”,亦有少数例外,殷商金文可从“𠬝”从“人”作(1011、10873.1)、(6718),从“𠬝”从“天”作(6718),或从“天”从“戈”作(4805.1),共计5见。西周金文作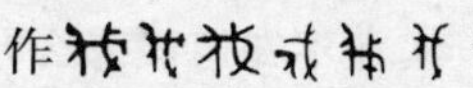诸形,统一为两个更通用的偏旁“人”“戈”的组合,共41见。

显然,“牛”兼并“羊”“豕”“马”“鹰”之类而成为牲类代表,同样是偏旁“精简化”趋势的产物。当然,要论上古写字人发动这一特定“精简化”运动的初心,重牛的意识一定是其中核心要素。

向你挑战

学会说“不”

（文中有十处差错，你能找出来吗？答案在本期找）

◎林　琳　设计

小柯是一名财会专业的大学生。刚毕业，他就离开家乡，来到了自己想往已久的城市。很幸运，他很快就找到了一份工作。小柯义气风发，干劲十足。他暗暗下定决心，一定要在这座心怡的大城市站稳脚跟。

不久，小柯就碰上了一件头疼的事——领导总是要他陪客户喝酒！实在不知道该怎么办？小柯打电话向爸妈求助，但是老俩口也说不出应对的方法。

就在小柯打算妥胁时，他的姑妈来到这座城市。

姑妈说：“你已经有经济收入了，你要请我吃顿饭。”小柯带姑妈来到自己常去的一家很实惠的饭店。没想到，姑妈硬拉着他进了一家壕华大酒店。小柯有些忐忑，自己刚工作不久，没多少钱，姑妈竟然还点了一大桌子菜！随着山珍海味陆续上桌，小柯彻底崩溃了，因为这桌菜远远超出了他的支付能力。小柯没有了胃口，磨磨蹭蹭的，好不容易才吃完这顿饭。

小柯拿着服务员递过来的账单，脸色通红通红。姑妈端祥着他的神情，哈哈大笑，说到：“你为什么不说‘不’？我一直等着你说‘不’。不管是工作上还是生活中，如果别人的要求超越了你可以承受的范围，一定要勇敢地说‘不’！姑妈听你爸妈说了你工作上的事，专程赶来见你，就是要让你勇于做到这一点。”

说完，姑妈就抢过账单，买了单。

火眼金睛

图中差错知多少？

李可钦　杨西仑　张坤堂　王志军　提供

（答案在本期找）

1

2

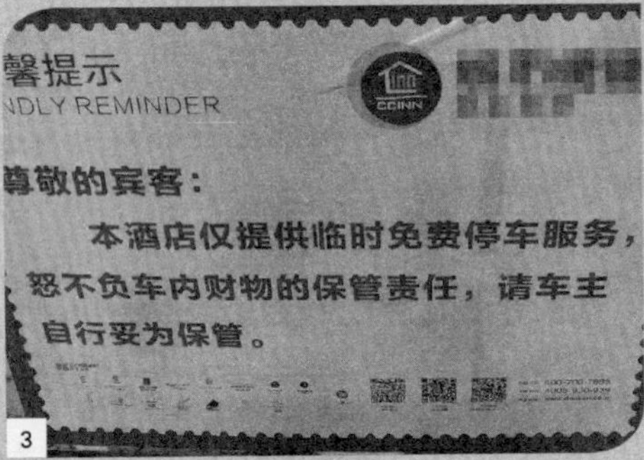

3

4

ISSN 1009-2390

YAOWEN-JIAOZI

咬文嚼字®

重阳

农历九月初九，我国传统节日。古人以九为阳数之极，九月初九故称“重阳”。九月初九，两九相重，故又称“重九”。民间有登高、饮酒、赏菊等风俗。

上海世纪出版集团

欢迎至邮局订阅本刊 邮发代号 4-641

国内统一连续出版物号 CN 31-1801/H

定价：6.00 元

10

2021

雾里看花

“促肉”是什么

肖燕君

这是一家位于汕头市某街的餐馆。“促肉”什么肉？猜猜看，答案本期找。

广角镜

我们有新家啦

上海出版改革又出新举措，上海世纪集团下属几十家出版单位，于9月、10月整体搬迁到世纪出版园。《咬文嚼字》杂志社将于10月16日搬到新家。我们新的地址是上海市闵行区号景路159弄A座3F，邮政编码为201101。热线电话不变，依然是021-64330669。读者朋友来信、来稿时，务必变更收件地址。我们也欢迎新老朋友来我们新家交流。

“感谢自己在最艰难的时候不放弃自己”

李　悦 / 文　臧田心 / 画

8 月 3 日，东京奥运会男子跳水单人三米板决赛，中国选手谢思埸夺得冠军，这是他在本届奥运会上获得的第二枚金牌。赛后，谢思埸三度流下热泪，场面十分感人。奥运冠军是运动员追求的崇高荣誉；但奥运冠军的获得，既需要天赋，更需要努力、坚持、磨砺，甚至是难以言说的泪水、煎熬和痛苦。谢思埸表示：“感谢自己在最艰难的时候不放弃自己！”向每一位奥运健儿致敬！

咬文嚼字®

2021年10月1日出版

10

总第322期

主管：上海文艺出版总社
主办：上海文化出版社
编辑、出版：《咬文嚼字》杂志社
集团网站：http://www.shwenyi.com
E-mail：yaowenjiaozi2@163.com
官方微博：
http://weibo.com/yaowenjiaozish
电话传真：021-64330669
发行电话：021-64372608-181
邮购电话：021-64370935
地址：上海市黄浦区绍兴路7号
邮政编码：200020
发行：上海市报刊发行局
发行范围：国内外公开
订阅处：全国各地邮局
邮发代号：4-641
ISSN 1009-2390
CN 31-1801/H
印刷：上海中华印刷有限公司
印厂电话：021-60829062
021-60299079
定价：6.00元

如发现本刊有装印质量上的问题，请在当月与承印公司联系调换。

名家语画
“感谢自己在最艰难的时候不放弃自己” 李　悦/文 臧田心/画/1

热点聚焦
进入“新”时代 何俊萍/4

锁定名人
“叨扰”不读“dāo扰” 言逆蝶/7
《白鹿原》文字献疑 时　未/8

时尚词苑
火热的“气氛组” 代宗艳/9
“共情”，让彼此距离更近 刘冰鑫/11
风云变幻说“韧性” 高丕永/13

一针见血
迁居不是“徒居” 厉国轩/15
“隽爱”应是“眷爱” 重　阳/15
“披沥即淘汰”？ 浦东轩/16
“钤印”误为“钦印” 新　德/16
“无独有偶”怎么用 屠林明/17
“辇”指车，“撵”驱赶 雷晓琪/17
不懂应称“不谙” 杨昌俊/18
“吴江”早已不是县 毛纬武/19
松软称“暄”不是“萱” 盛祖杰/19
说说年号中的“祐” 林锦春/20
应是“撂下电话” 周平果/20
“箭橹弓射”？“箭弩弓射”！ 辜良仲/21

语言哲思
参星和昴星 宗守云/22

追踪荧屏
“镖上”应是“摽上” 程　旭/24
“纷乱哝”误为“纷乱咙” 张应族/25
“浪涛”不能写成“浪滔” 梁德祥/26

学林
“怪物”与“幽灵”
——谈《共产党宣言》的一处翻译 徐茗 /27
从“敬畏”说到“畏友” 吕永进 常祖珍 /28

十字街头
“河东狮吼”≠“大声喧哗” 张清华 /31

社交新风
信息和情感不可混淆 徐默凡 /34

文章病院
夏衍就是沈端先 陈福季 /37
“阳炎空花”？“阳焰空花”！ 厉申东 /38
1948年还没有“赤脚医生” 周振 /39
“鸡鸣狗盗”非冯驩 郑文安 /41
错误的《李有才版画》 李景祥 /42

有此一说
“感同身受”新义或源自鲁迅之别解 陈璧耀 /43

检测窗
编校差错扫描(三十八) 王敏 /46

网言网语
“凡尔赛文学”和“凡学家” 任春霖 /49
家有神兽 李娟 /51

东语西渐
在英语世界怎么说“躺平” 陆建非 /53

说文解字
“力”有几个意思 刘志基 /56

向你挑战
山顶的风景 梁北夕 设计 /60

顾问
濮之珍 何伟渔
陈必祥 金文明
姚以恩
主编 黄安靖
副主编 王敏
特约编委
汪惠迪(中国香港)
田小琳(中国香港)
林国安(马来西亚)
吴英成(新加坡)
责任编辑 施隽南
朱恺迪
发稿编辑 戚新蕾
赵晓骏
封面设计 王怡君
特约审校
陈以鸿 李光羽
王中原 张献通
黄殿容 王瑞祥

进入“新”时代

◎何俊萍

2017 年 10 月 18 日，习近平在中共十九大报告中郑重宣告：“经过长期努力，中国特色社会主义进入了新时代，这是我国发展新的历史方位。”一时间，“新”成为了新闻热词。

2020 年 10 月 29 日，中共十九届五中全会指出，要立足新发展阶段，贯彻新发展理念，构建新发展格局，在危机中育先机、于变局中开新局，并要求把“三新”作为我国“十四五”时期发展的主线和核心要义。一时间，在各大主流媒体中，从文章标题到具体内容，“新阶段、新理念、新格局”占据了显著位置。

从“一新”到“三新”，“新”成主角，“新”遍全网，铺天盖地，目不暇接：新方位、新使命、新思想、新征程、新气象、新担当、新格局、新作为、新长征、新蓝图、新赶考、新机遇、新挑战、新阶段、新理念、新任务、新要求、新篇章、新纪元、新生代、新课标、新世纪、新能源、新思维、新材料、新产业、新世界、新科技、新道德、新媒体、新政策、新三板、新交规、新元素、新高考、新赛道、新动能、新风口……

可谓信手拈来，“新”成一片，不胜枚举，有你新我新、唯恐不“新”之趋势。理论工作者出版著作《读懂新时代》，文艺工作者创作歌曲《中国新时代》。

据统计，中共十八大报告用了 161 个“新”，中共十九大报告用了 175 个“新”，《中共中央关于制定国民经济和社会发展第十四个五年规划和二〇三五年远景目标的建议》用了166个“新”。“新”的使用范围之广，使用频率之高，可见一斑。

简要回顾历史，我们发现，“新……”往往成为一个时代或一个阶段的印记。从创办《新青年》，倡导新文化，到建立新中国，建设新世界，再到开创新时期，奋进新时代，一路走来，不断出“新”。

1915年，陈独秀在上海创办《青年杂志》，后改名为《新青年》，提倡科学，反对迷信，提倡民主，反对独裁，提倡白话文，反对文言文，在中国掀起一股思想解放的潮流——新文化运动，激起一批进步“新青年”的昂扬斗志。率先觉醒的“新青年”成为“五四运动”和中共早期组织的主力。

1949年3月，毛泽东在中共七届二中全会上便指出：“夺取全国胜利，这只是万里长征走完了第一步。……我们不但善于破坏一个旧世界，我们还将善于建设一个新世界。”1949年10月1日，中华人民共和国成立。“新中国”的诞生，成为改变中国和世界历史的大事件。

1978年12月，中共十一届三中全会开启了中国全面实施改革开放的历史“新时期”。

其实，“新”是汉语词汇中的熟客，自古一直用之，常与“老”“旧”“陈”“故”等对应。如新生—老生，新体诗—旧体诗，新茶—陈茶，新交—故交等。有些还对举使用，演变为成语，如喜新厌旧、推陈出新、革故鼎新、旧瓶装新酒。再如：

(1)“但见新人笑，那闻旧人哭。”(杜甫《佳人》)

从结构上说，“新”用在名词前占大多数，构成“新××”结构。为了突出“新”意，常有N个“新××”连用。例如：

(2)《新时代新理论新征程》(人民出版社出版，2018年10月)

(3)十九大报告的新思想、新论断、新提法、新举措(新华网2017年10月19日)

(4)助力新发现新发明新

方向新理念突破性跨越(《文汇报》2021 年 9 月 3 日)

所谓“四新经济”,是指与“新技术、新产业、新业态、新模式”相关的新型经济形态。2021 年 8 月 19 日,上海市公布经济数字化转型重点专项,连续用到了 10 个“新”:硬核新技术,在线新经济,制造新模式,商务新业态,金融新科技,科创新生态,航运新枢纽,农业新体验,数据新要素,数字新基建。

不管是书名、标题名,还是文章中,数“新”连用,足见社会对“新”的热捧和追求。

也有放在名词后的,构成“×× 新”的结构,如方法新、结构新、技术新等。又如:

(5)“城市转型理念新、思路新,生态转型亮点多、经验多,社会转型举措实、成效实。”(《江海晚报》2020 年 6 月 13 日)

有一大批“新 ×”“新 ××”经过长期的运用,已经约定俗成为单词,如新年、新春、新型、新兴、新任、新区、新潮、新意、新奇、新鲜、新中国、新文学、新常态等。

总之,“新”是一种潮流,一种创造,要准确概括其涵义,还真有难度,总体而言是表示与过去不一样,以示区别,更多的是强调一种状态,一种决心,一种期许。让我们携起手来,在继承传统的基础上,努力去创造“新”的、美好的未来。

《“促肉”是什么》解疑

据当地人说,“促”应该写成“烂”,“烂”是个方言字。当地的许多店,也确实是这样写的。“烂肉”是潮汕地区非常著名的一种特色小吃——把猪肉切成薄片,在猪骨熬成的沸汤里滚熟,连汤带肉盛出,一般还会搭配猪血、西洋菜。就烹饪方式而言,“烂”的本字其实是“焯”。在潮汕方言中,“焯”和“促”读音十分接近,后来便新造“烂”字代替。

锁定名人

“叨扰”不读“dāo 扰”

◎言逆蝶

2021年7月23日湖南卫视播出的节目《向往的生活》（第五季）中，何炅作为草坪音乐会主持人，在介绍表演阵容时说：“除了有我们一直叨扰大家的我们蘑菇屋的家人之外，我们还请了非常厉害的外援。”（字幕同步显示）这里何炅老师把“叨扰”的“叨”误读为dāo，其实应读成tāo。

“叨”是个多音字，读作dāo时，义为话多，如唠叨、絮叨、叨咕。读作tāo时，有两个义项，一是指贪婪，同“饕”。《说文·食部》：“饕或从口，刀声。”另一个义项为承受、受到（好处），古汉语中用于对受人恩惠、接受礼物表示感谢的谦词。如叨光、叨教。王勃《滕王阁序》：“他日趋庭，叨陪鲤对。”叨扰，意思是受到了对方的好处，打扰、麻烦了对方，通常用于受到款待后，向对方表示谢意时用的客套语。《二刻拍案惊奇》卷四：“我们只是叨扰，再无回答，也觉面皮忒厚了。”

在节目中，何炅想感谢白鳞洲居民对蘑菇屋成员的热情招待，“叨扰”用得很妥帖，但“叨”应读tāo。

《白鹿原》文字献疑

◎时 未

近读陈忠实先生的名作《白鹿原》(人民文学出版社 2019 年 1 月出版),发现个别文字的运用有值得推敲之处,兹举两例。

“晨星”无“灿”可言

“他们全是关学派至死不渝的信奉者追求者,是分布在县内各乡灿若晨星却又自甘寂寞的名士贤达,仁人君子。”(第 170 页)这句话的“灿若晨星”用得不妥。

晨星,即黎明时分挂在天上的星星,比喻人或物之稀少。《鲁迅书信集·致山本初枝》:“漫谈的人才也寥若晨星,令人感到寂寞。”“晨星”的特点是稀少,就明亮程度完全比不上夜晚的星星,因此无“灿”可言。揣测文意,小说大概是误“灿若星辰”为“灿若晨星”。星辰,是夜晚天空中闪烁发光的天体,星的通称。一字之差,意思完全不同了。

“空前仅有”是无还是有?

“无边无际密不透风的包谷、谷子、黑豆的枝枝秆秆蔓蔓叶叶覆盖了田地,大路和小道被青葱葱的田禾遮盖淹没了,这种景象在人们的记忆里是空前仅有的。”(第 378 页)其中的“空前仅有”令人迷惑。

空前,义为以前所没有的。冰心《寄小读者》:“有一天静极忽发奇想,想买几挂大爆竹来放放,震一震这寂寂的深山,叫它发空前的回响。”“空前”是从来没有,却不能保证“仅有”。小说这里是把“空前绝后”和“绝无仅有”杂糅而用了。空前绝后,语出宋代赵佶《宣和画谱》:“顾(顾恺之,晋代画家)冠于前,张(张僧繇,南朝梁代画家)绝于后,而道子(吴道子,唐代画家)乃兼有之。”即从前没有过,今后也不会再有,用来夸张性地形容独一无二。上引文想说的是道路被青葱的田禾遮盖住的场景在当地十分罕见,用“空前绝后”“绝无仅有”来形容似乎都略显夸张,用“空前”就可以了。

时尚词苑

火热的“气氛组”

◎代宗艳

近来，“气氛组”成为流行度极高、热度不断攀升的新晋流行语。如“考研气氛组”“星巴克气氛组”“努力气氛组”“赶地铁气氛组”等。

（1）“那些在星巴克里拿个笔记本电脑一坐就是一下午的人都是什么职业？”网友调侃：“星巴克气氛组。”星巴克中国微博颇为迅速地加入讨论：立即招募官方气氛组30人。（《南方日报》2020年12月24日）

（2）最近，“气氛组”一词受到热议……对于“气氛组”来说，具体做了什么无所谓，重要的是气氛感，要营造出做事的“氛围”。（《中国青年报》2021年1月28日）

（3）华山医院感染科忙碌中举办简单而欢乐的活动迎新年 张爸包饺子，加入原地过年“气氛组”（标题，《新民晚报》2021年2月11日）（注：“张爸”即张文宏医生）

所谓“气氛组”，是指营造气氛的人。“气氛组”一词起源于酒吧，本来是酒吧里的一种分工。作为气氛提供者，他们的主要任务是负责带嗨全场，带动消费。酒吧里的“气氛组”并不像一般意义上的“酒托”强行要求消费，而是在法律允许范围内发挥一定的暖场作用。后来，“气氛组”的适用范围从酒吧扩展至生活中的各种场合，现在可以引申为在各种场合中活跃、带动气氛的人。如“星巴克气氛组”就是指那些点了咖啡在星巴克久坐，用自带笔记本电脑噼啪打字，接电话时敲键盘不能停，假装业务繁忙的精英做派的人，给门店增加人气。“朋友圈气氛组”指的则是那些微信朋友圈半年不发一条，却经常活跃于朋友圈，频频点赞的人，他们会刷新自己的活跃度，吃瓜永远走在最前面，以此增添朋友圈动态热闹气氛。

“气氛组”被大家普遍接受并广泛运用，原因主要有二：一是“气氛组”是“2+1”式的名词性结构，如“打工人”“逆行者”等，读起来朗朗上口；二是“气氛组”的语义正是来源于“气氛”与“组”二者基本义的融合，简单易懂，满足了人们对语言经济简洁高效的语用需求。

如今，各种花里胡哨的“气氛组”相继走红。比如风雨无阻去图书馆，书没翻页，充电宝却没电了的“图书馆气氛组”；运动五分钟，摆拍两小时的“健身房气氛组”；表面朝九晚五按时打卡，实际只是每天摸鱼，带薪追剧，烘托公司打工气氛的“打工人气氛组”；每天不管上下班，一定都要跑着赶地铁的“赶地铁气氛组”；总是把减肥挂在嘴边，实际上还是该吃吃、该喝喝，从不锻炼的“减肥气氛组”；立志早睡、说了好几次晚安还在刷手机的“早睡气氛组”等。

“气氛组”不断走红，不仅其适用场合不断扩展，所指对象也从人扩展至物，如“新年气氛组”就是指彰显了新年别样韵味的事物。例如：

（4）城市中，如何寻找年味？在这个特别的辛丑牛年春节，成都的新年“气氛组”相当给力。不仅满街挂上了红灯笼，还有美轮美奂的灯光秀。（《成都日报》2021年2月16日）

营造合适的气氛固然重要，但无论何时千万不要浮于表面，人云亦云。与“气氛组”相比，“实干组”则更能为有趣的生活增添价值！

“共情”，让彼此距离更近

◎刘冰鑫

“共情”由人本主义创始人罗杰斯（1902—1987）提出，是一个心理学概念，指心理咨询师体验咨询者内心世界的能力。咨询师根据咨询者的言行表现，体验其想法和情感，使咨询者能更好敞开心扉，表达自我，从而达到良好的咨询效果。

近年来，“共情”一词广泛使用，频频亮相于各类媒体。“共情”已经不限于心理学领域，可以运用到生活、学习、工作等各个方面，指一方能够站在对方的角度思考问题，产生同理心。请看：

（1）在絮絮叨叨讲道理和动手的同时，还有一条中间的路，那就是与孩子“共情”，在孩子犯错后，共同讨论减少不良后果，避免错误再度发生的办法。（《广州日报》2019年10月23日）

（2）城市的灵魂，不仅在于经济之发达，更在于生活在其间的人们能感受到的“城市温度”。始终“与群众共情”，让群众吃得放心、行得顺畅、住得惬意、病得无惧、老得无忧，才不失为一座有温度、有魅力的城市。（《湖南日报》2021年1月25日）

例（1）“共情”的主体是家长，他们与孩子换位思考，平等沟通，解决问题；例（2）城市的领导与群众将心比心，解决种种实际问题，满足群众需求，改善民生。

“共情”的对象不限于人，也可以是事物，如文学作品、戏剧、影视等。例如：

（3）《山海情》之所以获得广泛的共鸣与共情，很重要的一点就在于做到了生活提炼、精神提纯，既能脚下有泥，还能

心中有火、眼里有光，处处彰显博大的家国情怀，蕴含巨大的精神力量和崇高的价值追求。(《光明日报》2021年1月29日)

渐渐地，“共情”不仅是单方面的情感认同，还可以是双方面的情感交互，相互理解。例如：

(4)共情是你和我彼此依傍，是两颗心相互温暖。在抗疫关键时刻，医患共情的精神力量点亮一盏盏温暖的灯火；回归常态，共情精神同样可以成为医患之间相互信赖、共克病魔的连心锁。(《光明日报》2020年9月17日)

“共情”往往产生积极的影响，让人们突破情感限制，促进人际沟通，与对方建立良好的信任关系，形成良好的社会氛围。但是“共情”有时也会产生消极影响。例如：

(5)随着疫情防控的推进，我们也看到，有些医护人员在自己和团队奋力抢救却仍回天乏术时，会感到深深的自责或内疚，陷入无能为力的感觉，容易陷入共情疲劳状态。(《天津日报》2020年3月3日)

疫情初期，医护人员由于封闭的环境、高负荷的工作、持续紧绷的神经，往往承受着极大的压力。面对病人的离世，医护人员会产生消极“共情”，感到无助并自责，怀疑自己的能力，沉浸其中，短时间无法走出。出现此类情况时，组织和同事要给予鼓励和帮助，让医护人员尽快从消极“共情”中走出来。

时下，积极的“共情”仍是主流，“共情”也成为某些工作的必然要求。例如：

(6)在抗疫的主战场践行“四力”(脚力、眼力、脑力、笔力)，这是一份弥足珍贵的经历；永远与人民共情，这是新闻工作者一生的坚守。(《人民日报》2020年4月2日)

新时代，理性的“共情”促人奋进，使人向上。因此，我们要善用“共情”，传递真善美正能量，为社会增添温度，使彼此联系更加紧密，共同营造和谐美好的社会生活。

风云变幻说“韧性”

◎高丕永

汉语的“韧性”，词典上只有两个义项：①物体受外力作用时，产生变形而不易折断的性质；②指顽强持久的精神。“韧性”一词，上世纪20年代已经在使用。比如：“其漂白能力，虽较次氯酸盐为弱，唯漂白丝织物时，不损伤其光彩及强韧性，斯较次氯酸盐为胜耳。”（《清华大学学报（自然科学版）》1925年第1期）又如：“对于这样的群众没有法，只好使他们无戏可看倒是疗救，正无需乎震骇一时的牺牲，不如深沉的韧性的战斗。”（鲁迅《坟·娜拉走后怎样》）

进入21世纪，“韧性”的使用量持续增长。特别是近七八年来，“韧性”颇为流行。请看以下例句：

（1）中国经济的强韧性是防范风险的最有力支撑。（习近平《谋求持久发展　共筑亚太梦想——在亚太经合组织工商领导人峰会开幕式上的演讲》，2014年11月9日）

（2）作为一项前无古人的开创性事业，“一国两制”没有现成的经验可循，不断应对和化解新情况、新问题、新挑战的过程，正是彰显“一国两制”强大生命力和制度韧性的过程。（《人民日报》2021年3月29日）

（3）韧性社会治理在治理空间上涵盖韧性社区、韧性城市和韧性社会三个层次。（《光明日报》2020年6月12日）

（4）老品牌历久弥新，新品牌快速崛起，它们散发出穿越时间与空间的生命力，展现出

上海城市发展的韧性和动力。(《解放日报》2021年5月11日)

(5)增强心理韧性 适应疫情“新常态”(标题,《中国青年报》2021年1月19日)

以上例句里的“韧性”,结合语境,用词典上“韧性”的两个义项来解释,都会让人感到“不到位”。实际上,大约从新世纪起,“韧性”有了一个新义项(以下简称“新‘韧性’”),一般指“在不改变自身基本状态的前提下,有效对抗外部干扰、抵御外部冲击,实现可持续发展的能力”。那么,新“韧性”是从哪里来的呢?

新“韧性”意译英语的生态学术语“resilience”而来。英语的“resilience”,本义是“弹性;(体力或精神等的)恢复能力”等。1970年代,西方科学家把“resilience”一词引入生态研究领域,该词开始有了引申义。不久,引申义的“resilience”又渐渐应用于其他科学领域。这个引申义的“resilience”,刚借入汉语时,有人按其本义译为“弹性”“恢复力”或“抗逆力”。但是,如此翻译并不能完全表达引申义“resilience”所强调的长期适应能力。相较之下,后来用“韧性”来翻译则更为恰当更为传神。

当下,新“韧性”为什么会这么流行呢?主要原因有两个:一是国际环境日趋复杂,不稳定性和不确定性明显增加,加之严重自然灾害频频发生,我们唯有不断增强各方面能力,卓有成效地对抗外部干扰,抵御外部冲击,实现可持续发展,方能顽强持久地从容应对。二是领袖人物和重要文件审时度势的引领。2014年11月至2021年4月之间,习近平主席在国际国内四十多个重要场合的讲话和文章中,一次又一次地用到了新“韧性”一词。2021年3月13日发布的《中华人民共和国国民经济和社会发展第十四个五年规划和2035年远景目标纲要》里,也有三处用到了新“韧性”。

一针见血

迁居不是“徒居”

◎厉国轩

《上海老年报》2021 年 5 月 4 日第 7 版《清代闲章印文》一文说：“林皋（1657—？）清初篆刻家……祖籍福建莆田，后徒居江苏常熟虞山。”句中的“徒居”应改为“徙居”。

“徙”音 xǐ，本义为迁移，如迁徙、流徙。后也指古代流放的刑罚。徙居，即搬家，从一居住地搬到另一处新的居住地。柳宗元《永某氏之鼠》：“数岁，某氏徙居他州，后人来居，鼠为态如故。”

“徒”音 tú，有多个义项，本义为步行，也有学生、同一派别的人、空的、徒然等义。“徒居”原指闲静修养，语出《黄帝内经·灵枢·厥病》：“厥心痛，卧若徒居，心痛间，动作痛益甚。”引申为无业闲居。《晏子春秋·外篇上十一》：“（景公）问于晏子：‘寡人夜者闻西方有男子哭者，声甚哀，气甚悲，是奚为者也？寡人哀之。’晏子对曰：‘西郭徒居布衣之士盆成适也。’”

上述引文是说林皋出生于福建莆田，后迁居江苏常熟虞山，与“徒居”无关，用“徙居”才妥帖。

“隽爱”应是“眷爱”

◎重　阳

2020 年 6 月 19 日《老年生活报》所刊《从古诗中感悟穿越时空的父爱》一文写到“洋溢着慈父的无限隽爱和对儿女炽热的呵护之情”。“隽爱”有误，正确的是“眷爱”。

“眷”，义为亲属，引申为垂爱、关心、怀念等。“眷爱”是指垂爱、爱念。出自南朝梁王筠《与云僧正书》：“弘法之情，既无彼此眷爱之深，特希降屈。”后世亦常用，如郭沫若《卓文君》第三幕：“像这样的人，怎值得你去眷爱呢？”

“隽”（juàn），本作雋，原指

鸟肉肥美。《说文解字·隹部》:"雋,肥肉也。"后来比喻深长的意味。如宋代黄庭坚《奉和王世弼寄上七兄先生用其韵》:"吟哦口垂涎,嚼味有余雋。"汉语中没有"雋爱"或"隽爱"一词,应是音同致误。

"披沥即淘汰"?

◎浦东轩

2021年5月8日《上海老年报》第5版《时光之物》一文中说:"新会变成旧,肯定经历了一段时光的披沥,并且幸存了下来,也许有点损伤,却大致良好。披沥即淘汰,优胜劣败,新生事物纵浪时间长河,随着水流翻滚冲撞,伪劣假货早已阵亡,最后还能保存下来,质量自有一定水平。""披沥"一词在这里用得不妥。

"披沥"源于成语"披肝沥胆",义为竭尽,多用于表示竭尽忠诚。明代梁辰鱼《浣纱记·论侠》:"向金阶披沥把衷肠诉。"后也有倾吐、显示之义,如郭沫若《文艺论集续集·革命与文学》:"而每当朝代换易,一些忠臣烈士所披沥的血泪文章,至今尤传诵于世的,我们也可以说是指不胜屈的。"

而上引文提到的时光"披沥"什么意思?"披沥"和"淘汰"又存在什么关联呢?揣测文意,作者是想说,新生的东西要经历时间的检验,优胜劣汰,伪劣假货经过时光大浪淘沙被淘汰,最后能保存下来的都是有质量有价值的东西。但这与"披沥"毫无干系。

"钤印"误为"钦印"

◎新　德

2021年5月20日《上海老年报》第8版《雅丽和谐的〈易元吉雏兔图〉》一文说:"绘画者在画面的左右下方,各留下了朱文钦印一枚。""钦印"错了,应是"钤印"。

"钤"音qián,义为印章,也

可指盖图章。钤印，可指在官方文件或书画、书籍上盖图章，也可指所盖的印章符号。我国自古文人就有在书画上留下印章的习惯，钤印大致有：书画家个人名章，包括姓名字号、斋堂阁馆等；闲章，包括古诗妙句、自讽嘲诩、鸟兽花押、随形骑缝等；鉴藏章，包括历代帝王收藏鉴赏印、收藏家鉴赏家的名章等。

“钦”音 qīn，义为尊敬、佩服，如钦佩、钦赞。也指对皇帝所做之事的敬称，如钦命、钦定、钦差、钦赐等。上引文与皇帝无关，“钦印”是说不通的。

“无独有偶”怎么用

◎屠林明

2021 年 4 月 22 日《上海老年报》所刊《诚信 + 服务赢得顾客心》一文先叙述了一种“以次充好，欺瞒顾客的行为”，接着写道“无独有偶，不久前我听一位好友说起一事”，一位店家老板“连夜帮助修好了水管”。之后文章归纳说：“这前后两位经商者的做法大相径庭。”两件“大相径庭”的事，能说是“无独有偶”吗？

所谓“无独有偶”，是说人或事物虽然罕见，却不是一个，偏偏还有类似情况，可以与之配对。偶，即双数，成对的。郭沫若《驴猪鹿马》：“这位东晋皇帝所闹的笑话，和西晋惠帝问虾蟆的叫声是为公还是为私，真真是无独有偶。”

可见，“无独有偶”是指某方面相同的两个人或两件事。上引文章中所写的是“大相径庭”的两件事，一差一好，对比强烈，显然不能说“无独有偶”，不妨改为“与之相反”。

“辇”指车，“撵”驱赶

◎雷晓琪

天监十年（511）的早春，丽日高照，暖风和煦，江南春意融融。梁武帝在大臣们的簇拥下，兴致勃勃地来到郊区祭祀。正在梁武帝尽情欣赏江南春景之际，一个老人突破护卫，快步跑到御撵前跪下，拦住了皇帝的车驾，大喊冤枉。随行的御林军见状大吃一惊，持枪殴打驱赶老者，但是被梁武帝制止了。

这段文字摘自《法制日报》2020年7月22日第10版《从梁武帝"接访"看古人伸冤渠道》一文，其中"御撵"的"撵"应为"辇"。

辇，音 niǎn，是个会意字，字形为两"夫"（男子）并行，拉车前进。"辇"的本义即古时用人拉或推的车，也可指肩舆，类似后世的轿子。秦汉后"辇"特指帝王、后妃所乘的车。上引文说老人拦住了皇帝的车驾，那应该就是梁武帝的"御辇"。

"撵"与"辇"同音，主要有两个义项。一个是驱逐、赶走，如"把捣乱的人撵出去"；一个是追赶，如"他走得太快，我撵不上他"。无论哪个义项，"御撵"都是讲不通的。

不懂应称"不谙"

◎杨昌俊

2021年6月25日《西北信息报》第5版《不打伞的雨》一文中写道："或许与职业有关，在教师这行里干的时间越久，与外面的联系也就越少，因而也就愈加的不黯世事，生活、做人都随之纯粹和简单了不少。"其中除了"愈加"后面的"的"应改为"地"外，"不黯世事"应写为"不谙世事"。

"谙"读作 ān，本义为知悉，熟记。唐代王建《新嫁娘词》（其三）："未谙姑食性，先遣小姑尝。"大意是说，新娶的媳妇还不熟悉婆婆的口味，做好饭菜先让小姑品尝。成语"不谙世事"，也作"不谙世故"，意为不懂得人情世故。

"黯"读作 àn，本义为深黑色。作形容词用时，义为阴暗，昏暗，引申指心神沮丧的样子。如"黯然"，可指阴暗的样子，也可指情绪低落的样子。宋代范仲淹《苏幕遮·怀旧》词:“黯乡魂,追旅思。夜夜除非,好梦留人睡。”“不黯世事”是说不通的。

“吴江”早已不是县

◎毛纬武

2021年7月26日中央气象台发布台风快讯:当日17时今年第6号台风“烟花”的参考位置“位于江苏省吴江县境内”。这里的“吴江县”明显错了,应称“苏州市吴江区”。吴江早已告别“县”,先是撤县设市,后又撤市设区。

后梁开平三年(909),吴江建县。元元贞二年(1296),升为吴江州。明洪武二年(1369),复为吴江县。清雍正四年(1726),分吴江县偏西地设震泽县,偏东地为吴江县。1912年,吴江、震泽两县复合为吴江县。1949年4月29日,吴江解放。1992年2月17日,国务院批准撤销吴江县,设立县级吴江市。2012年9月1日,国务院批准撤销县级吴江市,设立苏州市吴江区。吴江撤县设市已近30年,吴江撤市设区也近10年,不知为何中央气象台还念念不忘“吴江县”。

松软称“暄”不是“萱”

◎盛祖杰

2021年7月3日《中国电视报·副刊》的《棉花是朵母亲花》一文中写道:“新棉被都是新下来的棉花,被子都膨萱萱的软和。”这个“萱”字应改为“暄”。

“暄”是形容词,本指(阳光)温暖,方言中也用以表示物体内部空隙多而松软。张春学《赶集归来》:“竹篮里,挤着酒瓶希罕菜,还有几个暄腾腾的大面包。”其中的“暄腾腾的大面包”意思就是松软而有弹性的大面包。“暄暄”可以叠用,“膨暄暄”是松散柔软的意思,上述文章中描述了新棉花做的被子膨松而柔软,用“膨暄暄”形容很贴切。

“萱”字从草,萱草是多年生草本植物,花蕾称黄花菜,加工后可供食用。古人认为萱草可以使人忘忧,又称忘忧草。“萱”可指代母亲或母亲的居处,如椿萱、萱堂。“萱”是名词,“萱萱”不能用来形容松软。“膨萱萱”的写法是不规范的。

说说年号中的“祐”

◎林锦春

笔者在中草药类书稿的校对中经常见到《嘉祜本草》《嘉祐本草》《嘉佑本草》三个古籍书名,这三个书名指的是同一部书,到底哪一个书名是正确的呢?

通读上下文可以确定,这部书是宋代仁宗时期(1023—1063)的著作,“嘉祐”为仁宗赵祯在1056—1063年使用的年号。这部书以写作年代命名,正确的写法应是《嘉祐本草》。

“祐”“佑”“祜(hù)”,这三个字字形相像,极易混淆。从汉代到清代,“祐”字在年号中多次出现,如天祐、乾祐、景祐、皇祐、嘉祐、元祐、淳祐、宝祐、德祐、延祐等。这是因为“祐”原指天、神等的佑祝,这正是统治者期望的。年号中没有“佑”也没有“祜”。查典籍,东汉的安帝(107—125在位)名叫刘祜,这是帝王名,而非年号。

应是“摞下电话”

◎周平果

2021年第6期《老年知音》杂志刊登的《父亲的人生没有老年》一文有这样一段话:“有一次,我在单位正埋头工作,突然接到母亲的电话,说父亲感到身体很不舒服。我摞下电话,急匆匆赶回家,把他送到医院。”其中“摞下电话”的说法有误,应为“撂下电话”。

摞,读luò,动词,义为一个压着一个地往上重叠着放。

如：摞砖头；把碗摞在厨柜里。摞还可以作量词，用于整齐有序、重叠放置的东西。如：一摞草帽；这几摞书本刚从书店买回来。“摞下电话”显然不通。

撂，读 liào，义指放，搁下。如：他有急事，撂下茶杯就走了；房间太窄，很多东西被撂在过道边上。人们通完电话以后，把听筒放下，匆忙离开，也不管电话有没有放好，这正是“撂下电话”。

“箭橹弓射”？“箭弩弓射”！

◎辜良仲

《绿色天府》2021 年第 2 期《诗情画意》栏目所载长赋《竹“福”中华》写道：“伏羲创八卦，农具造竹钉。高转筒车，灌溉盛行。箭橹弓射，战事纷争。竹筒火箭，驰如流星……”其中“箭橹弓射”，应是“箭弩弓射”。

“弩”即弩弓，是一种利用机械力量射箭的弓，主要由弩臂、弩弓、弓弦和弩机等部分组成，也称作“窝弓”“十字弓”，是古代兵车战法中的重要组成部分，也是步兵有效克制骑兵的一种武器。虽然弩的备射时间比弓长，但是它比弓的射程更远，杀伤力更强，对使用者的技术要求也比较低，是古代一种大威力的远距离杀伤武器。

上引文主要罗列了从古至今，竹子在人类生活和历史中产生的影响和作用。箭、弩、弓，都是古代常用射具，且都可以用竹制成。橹，本义为大盾牌，是一种防具，早期通常由木制成，后也指一种使船前进的工具。“弩”音 nǔ，而“橹”音 lǔ，字形字义，大相径庭。“橹”不可射，可射的是“弩”，所以是“箭弩弓射”而非“箭橹弓射”。

参星和昴星

◎宗守云

先看两个例子：

（1）参星失色，军散。参芒角动摇，边候有急，天下兵起。（《隋书·天文志中》）

（2）西陆朝觌，当为昴星朝见，不得为奎星见也，故知出之为四月赐，非二月初开也。（《毛诗正义》）

例（1）“参星”和例（2）“昴星”都不是一颗星体的名称，而是一组星体的名称，“参星”和“昴星”，实际上是参（shēn）宿和昴（mǎo）宿，这是一组星体编码为一个概念的现象。

一组星体编码为一个概念，首先是视觉显著导致的。参宿和昴宿主要出现在冬季，是星空中非常显著的两个星宿。参宿共有七星，南宋郑樵在《通志·天文略》中论及参宿时说：“总有七星觜相侵，两肩双足三为心。”参宿七星，中间的三颗星排成一排，我国民间称为“福、禄、寿”三星；两侧各有两颗星，就是所谓的“两肩双足”。参宿七星都十分明亮，肉眼看上去排列距离也非常规则，在星空中特别惹人注目。昴宿是一个明亮的星团，肉眼通常能看到六七颗亮星，被称为“昴星团”或“七姐妹星团”。昴宿呈团簇状，和一般离散状的独立星体不同，在星空中也特别惹人注目。参宿（尤其是中间三颗星）和昴宿具有视觉显著性，在语言中非常容易编码为一个概念。人类学家马林诺夫斯基在《西太平洋的航海者》中写道：

（3）基比（Kibi）（三颗相隔很远的恒星，在我们的星空图上并不构成任何星座）来了。他也拒绝带上卡萨布瓦布瓦雷塔。乌卢瓦（Uluwa，昴宿星）来了。卡萨布瓦布瓦雷塔让他带上他。乌卢瓦说：“你等等，你要留神，凯基亚迪加（Kaykiyadiga）会来，他会带上你的。”凯基亚迪加（猎户座腰带处的三颗明星）来了。

这是巴布亚新几内亚东部

群岛关于库拉起源神话的内容，所谓“库拉”是当地的一种交换制度。在库拉起源神话中，参宿中间的三颗星和昴宿分别被编码为凯基亚迪加和乌卢瓦。

参宿和昴宿不但显著，而且空间排列接近。蒋南华在《彝族历法与向天坟》(《文史天地》2002年第12期)中说：“‘昴’是西方白虎七宿奎娄胃昴毕觜参的中星，其宿位与参宿接近。”空间排列接近，在语言中也容易并列共现。例如：

(4)苟足于是，而无所羡，故吾谓之乘参昴而跃飞景。(沈括《岸老堂记》)

(5)及其清露湿衣，仰见参昴，城头落月，大如车轮，是天将曙矣。(阮元《小沧浪笔谈》)

(6)你能系住昴星的结吗？能解开参星的带吗？(《圣经·约伯记》)

上三例都是参和昴并列共现的情形。例(4)(5)是“参昴”直接并列共现，例(6)“昴星”和“参星”出现在并列关系的前后句中，也是共现的情形。

其次，文化认同也会导致一组星体编码为一个概念。在特定文化中，一组星体往往可以编码为特定图案，然后用一个概念表达出来。比如例(3)，在库拉起源神话中，基比作为一个概念，用来表达当地文化背景下一组星体所形成的图案。文化认同具有差异性，库拉起源神话的基比在星座文化中没有对应的存在，“在我们的星空图上并不构成任何星座”。再比如，北斗七星，在汉民族文化中是“斗”，“斗”是一种舀酒的勺子，因此北斗七星俗称“勺子星”；在西方星座文化中，北斗七星属于大熊座，是大熊的图案；而在蒙古文化中，北斗七星是“弯曲的钩钩”：

(7)北极星拿蒙古语说就是阿拉坦·嘎达苏，意思是金色的钉子。蒙古人给星星起名也充满诗意，古尔本·诺海是三狗星，北斗七星叫道依乎尔·道伦敖都，意思是弯曲的钩钩。(郭雪波《包尔希勒草原的风》，《民族文学》2013年第11期)

追踪荧屏

"镖上"应是"摽上"

◎程 旭

电影《阳光姐妹淘》(中国版)中有这样一个场景,张丽君的奶奶患有老年痴呆症,晚饭时因为和孙女争收音机频道开始胡言乱语,扬言要把那些在饭桌上吵嚷的人的嘴扯开,再"用铁丝给它镖上,看你们谁再敢嘚瑟"(字幕同步显示)。这里的"镖上"用错了,应该是"摽上"。

镖,读 biāo,通常作名词。本义是指刀鞘末端所饰之铜,后常指一种旧式武器,形状像长枪的头,投掷出去杀伤敌人,如飞镖、袖镖、镖枪。旧时也用来称由镖局保护运送的财物。

摽,读 biào,《说文解字》:"摽,击也,从手票声。"本义为捶胸、击打,后指用胳膊紧紧地钩住,如"母女俩摽着胳膊走",也可用来指捆绑物体使相连接,如"桌子腿儿裂了,用铁丝摽住吧"。引申有结合、联结之义,如蒋子龙《农民帝国》上部第五章:"倘若再跟郭存先这样的村里强手摽在一块,由他在前边给挡着遮着,打开局面可能会更容易些。"

电影中奶奶想让那些阻挠她听收音机的人都闭上嘴,威胁说要"用铁丝给它摽上",这个场景显然与"镖"无关。

『纷乱哤』误为『纷乱咙』

◎张应族

2020年11月29日，央视戏曲频道《角儿来了》栏目播出了《纪念徽班进京230周年》。在“角儿来了书场”一段，说书人读了一首诗：丝弦竞发杂敲梆，西曲二黄纷乱咙。酒馆茶亭都走遍，更无人肯听昆腔。接着做了一番解释：“这四句诗成诗于乾隆四十七年……‘西曲二黄’呢，就是西皮和二黄。”然后他指了指自己的喉咙说：“这个喉咙的咙，他说‘纷乱咙’，那这里就说真假嗓全有，而且生旦也比较齐全了。”这种说法显然有臆想之嫌。

说书人念的这首诗，为清人檀萃所作。檀萃（1725—1801）是乾隆二十六年（1761）进士，虽仕途坎坷，但博览群书，著述宏富，是位大家。乾隆四十九年（1784），在云南禄劝当知县的檀萃，奉命督运滇铜赴京。在京观剧时，写下了这首《杂吟》：“丝弦竞发杂敲梆，西曲二黄纷乱哤。酒馆旗亭都走遍，更无人肯听昆腔。”后收入《滇南律诗集》中，为戏曲研究留下了珍贵的史料，引用率颇高。节目里说书人将成诗时间提早了两年，把“旗亭”误说成了“茶亭”。“西曲二黄”是不是西皮和二黄，戏剧界有不同的解读，姑且不论。“纷乱”怎么和“喉咙”搞

『浪涛』不能写成『浪滔』

◎梁德祥

电影《刘三姐》中，刘三姐出场时在江上唱山歌：“财主嚣，半夜举起杀人刀。害我不死偏要唱，唱得大河起浪tāo。”字幕同步显示的“浪滔”应该写作“浪涛”。

“涛”义为大的波浪，如惊涛骇浪。波涛也作浪涛。杨沫《青春之歌》：“那有节奏的雄伟的浪涛声，有力地诱惑着年轻的、对人生充满着幻想的林道静。”其中的“浪涛”即“波浪”之义。上述山歌唱词中“浪涛”一词，形象地写出了刘三姐山歌巨大的社会威力。

“滔”义为大水漫流，如滔滔，即形容波浪滚滚奔流的样子。汉语里没有“浪滔”这个词。

到一块了？原来，是说书人将原诗的第二句“西曲二黄纷乱哤”中的“哤”字当成了喉咙的“咙”。

“哤”音máng，义为语言杂乱。《说文解字》：“哤，哤异之言，从口龙声。一曰杂语，读若龙，莫江切。”《国语·齐语一》：“四民者，勿使杂处，杂处则其言哤。”韦昭注：“哤，乱貌。”后“哤”也泛指杂乱，诗人用“纷乱哤”表达了当时京城剧坛的“花雅之争”，生动形象也颇为贴切。

另外，格律诗要求第二句末字与第四句末字押韵。显然，“咙”“腔”不押韵，而“哤”“腔”是押韵的。

学林

“怪物”与“幽灵”

——谈《共产党宣言》的一处翻译

◎徐　茗

陈望道先生1920年翻译的《共产党宣言》，是国内第一个全文采用白话文的完整译本，被公认为“中文首译本”。陈望道译本正文首句：“有一个怪物，在欧洲徘徊着，这怪物就是共产主义。”而现在通行译本首句为：“一个幽灵，共产主义的幽灵，在欧洲游荡。”《共产党宣言》德文本此处用的单词是Gespenst，一译“怪物”，一译“幽灵”，两者的不同引起了笔者的兴趣。

翻检资料可知：在陈望道译本之前，留日学生民鸣曾根据日语译本将这个词译为“异物”；在陈望道译本之后，还有译本将这个词译成“巨影”（成仿吾、徐冰，1938）、“精灵”（陈瘦石，1940）、“怪影”（莫斯科译本，1949）。1930年的华岗本也译作“怪物”。而“幽灵”的译法首见于1943年的博古本。中央编译局校订、人民出版社1964年出版的单行本把Gespenst译为“幽灵”，从此确定下来。该单行本还专门加了脚注：“幽灵”一词，德文是Gespenst，该词有“幽灵”“鬼怪”“幻象”等含义。

马克思、恩格斯为什么把共产主义说成Gespenst，而不用褒义的词语来形容？原来，把共产主义比作Gespenst是当时欧洲流行的说法，是敌对者对共产主义的攻击和诅咒。马克思、恩格斯在《共产党宣言》开篇反讽地借用反动派的用词，凸显“Gespenst”——“共产主义”——在欧洲徘徊着。

从“敬畏”说到“畏友”

◎吕永进　常祖珍

如把“某某先生是一位令人敬畏的学者”解释为“某某先生是一位让人既敬重又畏惧的学者”，恐怕会使人疑惑：是这位先生脾气大，还是自视清高，难以接近？反之，如果是一位可敬又谦和的学者也可说他“令人敬畏”，那“畏”字又作何解？而前者并非杜撰，而是按照多部常用的权威工具书对“敬畏”的释义转换而成。

《现代汉语词典》（下称《现汉》）自1978年第1版到目前最新的2016年第7版，对“敬畏”的解释始终如一：“又敬重又畏惧。”其间或无例证，而所举例证，尽为“令人敬畏”。《汉语大词典》释为“既敬重又害怕”。李行健主编的《现代汉语规范词典》释为“既敬重，又害怕”。“敬重”何必“畏惧”？自然是词素“畏”的解释出了问题。《说文解字》：“畏，恶也。从甶虎省。鬼头而虎爪，可畏

这是对敌人心理上的威慑；同时，也是对反动派的“反向”批驳。

陈望道先生当时为何用“怪物”来翻译Gespenst？学界一般认为，陈先生翻译《共产党宣言》是根据日文和英文版翻译的，而spectre一词的翻译源自日文版的译法。也有学者考证，陈望道译本主要依据的底本为1906年幸德秋水、堺利彦合译的日译本，陈先生将spectre译为“怪物”，是受了该日译版的影响。

也。”“畏惧”是“畏”的本义，确定无疑。“由畏惧而顺服，引申为敬服。”（人民教育出版社辞书研究中心编《汉字源流精解字典》“畏”字条）“畏”字本义现代汉语常用，如“无私无畏”“大无畏”“无所畏惧”“令人生畏”等等。而其引申义“敬服”不管独用还是作合成词词素，都少见。如《现汉》第7版所收“畏”为首字的全部12个词语中，11个明确为“畏惧”义，只有“畏友”之“畏”解释模糊：“自己所敬畏的朋友。”“畏”是“敬服”？还是“畏惧”？依《现汉》“敬畏”的解释，“畏友”就成了“自己既敬重又畏惧的朋友”，这自然难以成立。《辞源》“畏友”条：“品格端重，使人敬畏的朋友。”只是《辞源》并未收“敬畏”词条。《现代汉语规范词典》释义略同《辞源》。以“敬畏”释“畏友”之“畏”，在上述词典范围内，终究归于同一循环。《汉语大词典》开辟新路，使人豁然：“在道义上、德行上、学问上互相规劝砥砺，令人敬重的朋友。”未对释“畏”字，当以“敬”“畏”同义。其实，《现汉》“畏”字条②义项即释“佩服”，且以“敬畏”“后生可畏”为例证，与“敬畏”释义矛盾。字典对“畏”字的释义及例证，也间接解释了“畏友”。如张书岩《标准汉语字典》“畏”字条②释义：“敬佩”，例证是“严师畏友”“后生可畏”。《汉字源流精解字典》释“敬服”，例证正是“敬畏”“畏友”。《汉语大字典》释“敬，敬服”。再上溯，《礼记·曲礼上》：“贤者狎而敬之，畏而爱之。”郑玄注：“心服曰畏。”古籍中，“畏天爱民、畏天悯人、畏服、畏后生、畏爱、畏敬、畏羡、畏慕”等词语，并不鲜见，有一些还活在现代书面语中。

因“畏”的本义和“敬服”义的引申关系，二者易被关联。尤其“敬服”义在现代汉语中的淡出，使注释者以今律古，造成“敬畏”释义本不该有的误解。又因释义的偏差，导致一些例证与释义相抵牾。如《汉语大词典》“敬畏”条下所举例证，像《史记·鲁周公世家》：“乃命于帝庭，敷佑四方，用能定汝子孙于下地，四方之民罔不敬畏。”唐代韩愈《贺太阳不亏状》：“陛下敬畏天命，克己修身。”其中“敬畏”自当为“敬顺；敬佩”义，难有“畏惧”之情。至于所举巴金《家》九：“祖父是全家所崇拜、敬畏的人，常常带着凛然不可侵犯的神气。”或因祖父的神气特点，其“敬畏”认为与“畏惧”有关。然而，如果理解为祖父因为晚辈的崇拜和敬服而自负，故有凛然之神气，因果明确，那“畏惧”也就无从谈起了。退一步说，即使“敬畏”在现代汉语应用中确有了“既敬重，又畏惧”的含义，那也应该另设义项。不过，该含义的“敬畏”与同义语素组成的表“敬佩”义的合成词“敬畏”本不是相同的结构。是否可以单立条目，当可另论。

纵观“敬畏”一词，前释一时疏忽，后来多家信从，读者或盲从，或迷惑而至今。并且，“敬畏”释义不当还间接影响了对“畏友”的理解。可见，词典释义中对合成词语素义的分辨识别，也应是一个值得注意的方面。

《山顶的风景》参考答案

1. 偏辟——偏僻
2. 迫不急待——迫不及待
3. 哪里——那里
4. 葱笼——葱茏
5. 不会是山顶，”——不会是山顶。”
6. 徒壁——陡壁
7. 彷佛——仿佛
8. 夜暮——夜幕
9. 气踹嘘嘘——气喘吁吁
10. 缈小——渺小

"河东狮吼"≠"大声喧哗"

◎张清华

笔者在武汉每日上下班乘坐地铁,都会在二号线宝通寺站进出。某一日,不经意间在安检层看见一幅宣传画。画面正中为一狮首人身像,拿着手机在地铁车厢内旁若无人地打电话。身边乘客手捂耳朵,侧目以对,都是满脸嫌弃状。画面右侧为十分醒目的八个大字"不在河东,不必狮吼",其下还有六个小字:"请勿大声喧哗"。

很明显,此处化用了一个成语"河东狮吼",单看字面意思,以"不必狮吼"来提醒乘客"请勿大声喧哗",加上画面新奇,创意大胆,大致可让人会心一笑。但仔细思索,便不难发现,此处的化用实为误用,难免弄巧成拙。

成语"河东狮吼",出自北宋文学家苏东坡的一首七言古诗《寄吴德仁兼简陈季常》,前

八句为：

东坡先生无一钱，
十年家火烧凡铅。
黄金可成河可塞，
只有霜鬓无由玄。
龙丘居士亦可怜，
谈空说有夜不眠。
忽闻河东狮子吼，
拄杖落手心茫然。

该诗是苏东坡离开黄州时写给好友吴德仁，兼送陈季常的诗。全诗以戏谑笔调，分别勾勒了吴德仁、陈季常和作者自身的形象。起首四句，是作者自嘲。因为缺钱，只能用自家柴火，烧普通的铅，空耗了十年时光，炼丹没有成功，双鬓无法由霜（白）转玄（黑）。紧接着的四句，作者善意地嘲笑陈季常（号龙丘居士），学佛未领会其真义。“谈空说有”指讲论佛学。“河东”是古郡名，位于今山西境内黄河以东，是一个历史文化悠久的地区，也是一个名人辈出的地方，单唐代而言，就出了名将尉迟恭、薛仁贵、郭子仪，一代女皇武则天，名相狄仁杰、裴度，文学家柳宗元、王之涣、王维、卢纶、司空图等。柳氏一族是河东名门之一，此诗中“河东”指代陈季常之妻柳真龄。“狮子吼”则是佛家用语。佛教传释迦牟尼初生时“分手指天地，作狮子吼声”（《景德传灯录》卷一），佛教经典称“狮子吼则百兽伏”，所以佛家用“狮子吼”代指“如来正声”，比喻佛祖讲经声震寰宇的威严。苏轼用此两个典故，戏言陈季常与妻子都学佛，却没有妻子领悟得精深。陈季常虽然能成天连宿谈论佛学，但只要妻子一发声，就会“拄杖落手心茫然”，因为妻子的造诣才是“如来正声”。此后九至十六句，则写吴德仁从不刻意求仙，却自得仙趣。由此可见，前面写自己和陈季常都是为了给吴德仁做铺垫和反衬。

后世常用“河东狮吼”形容惧内，起源正是出自此诗。但东坡先生调侃陈季常的原意，并没有惧内的意思。中华书局版《苏轼诗集》在此诗题下有注,称德仁不喜闻人过,公素未识面,必不以柳妒告之也。“河东狮吼”被用于形容惧内,大概是出于南宋洪迈。《容斋随笔》卷三记载:陈慥字季常,公弼之子,居于黄州之岐亭,自称“龙丘先生”,又曰“方山子”。好宾客,喜畜声妓,然其妻柳氏绝凶妒,故东坡有诗云:“龙丘居士亦可怜,谈空说有夜不眠。忽闻河东狮子吼,拄杖落手心茫然。”这里说柳氏凶妒,以暴烈“狮子吼”加以形容,说季常“好宾客,喜畜声妓”,由此推断季常胆小,一闻“狮吼”便“拄杖落手心茫然”,以此来形容惧内,确实是再形象不过了。但这已是脱离原诗背景、违背东坡本意的二度创作了。其实,历史上的陈季常出身名门,却不为功名所累,不贪权,不爱财,热衷于结交文人骚客,醉心于研究诗文佛法,实乃雅士。

此后更有明朝汪廷讷将此事敷写成《狮吼记》传奇剧。再后来南戏有《跪池》一出,更撮合《艺文类聚》卷二十五《人部·十九妒》制妒妇事,虚构而演为变革,都曾吸引过许多观众。现代以来,“河东狮吼”因其故事性强,更是多次被拍成电影电视。2002年上映的古天乐张柏芝版电影《河东狮吼》,脍炙人口,在民间声名远播。“河东狮吼”的引申义超过其本义,早已约定俗成,积重难返了。如今,除了用“河东狮”比喻女人凶悍善妒,相对地,也用“季常癖”来比喻男人胆小惧内。

可见,“河东狮吼”无论是其本义(佛教修为),还是其引申义(惧内),都不是普通意义上的“大声喧哗”的意思。武汉地铁站内的宣传画,将狮吼之意解释为“大声喧哗”,将原本的丰富内涵全都消解,实在是望文生义。这不仅是对“狮吼”的简单化处理,更容易让观者产生误解。

社交新风

信息和情感不可混淆

◎徐默凡

人类的语言具有两大功能，可以用一个成语来概括——表情达意:“表情”就是表达情感，“达意”就是传递信息。但在语言使用的过程中，我们往往会重视信息交流，而忽略了情感沟通，这和语言中情感表达的特殊性是有很大关系的。

情感表达最直接的手段就是情感形容词和心理动词，前者如高兴、悲伤、哀愁，后者如羡慕、嫉妒、怨恨。这些表达虽直接明确，但其实主要用于事后对感情的外在描述，并不经常用于自我感情的直接抒发——很少见到有人把这些词语挂在嘴边来表达自己的即时感情。

中国人受到传统文化习惯的影响，表达情感更加隐晦，直抒胸臆的手段比较少见，往往把情感混杂在概念信息中来“曲径通幽”。比如在概念意义之外加入褒义或者贬义的情感色彩，同样是“协同合作”的意思，好人就是“团结”，坏人则是“勾结”。再如称呼别人时，尊敬的用法是“一位”和“您”，不尊敬的则是“一个”和“你”。还有些词语字面上不是情感词，但实质上没有理性意义，纯粹用于情绪表达。比如詈骂语“垃圾”“人渣”，骂人者和被骂者都不会认为人会变成“垃圾”或者“渣滓”，只是表达极端的蔑视情绪而已。再如诅咒语“不得好死”，说话人和听话人也不会把它当成有可能实现的预言，而只是宣泄强烈的愤恨情绪。反之，祝福语、祝贺语等礼貌表达也是情感功能大于概念功能的，“天天快乐”“永远幸福”“一切顺利”在事实层面都是不太可能成立的,只是表达了一些美好的情感。

信息传递和情感表达的纠缠,就容易产生一个语言使用的误区:混淆信息和情感,把情绪当作信息来进行交流,甚至用情感宣泄来代替理性思考。这种情况在当下的网络交流中变得异常突出,最典型的一个例子就是偏激的粉丝言论。在谈到自己喜爱的明星时,有些粉丝会用唯美而非现实的语句抒情,把偶像彻底神化,如“他是人世间的永恒之光,照亮我灰暗的生命”。而在别人产生质疑时,粉丝的反驳也都是情绪化的,如:“抄袭怎么了,我喜欢就行了,我就是喜欢看他抄的!”“质疑她演技的就是妒忌!你知道她有多努力吗?”更有甚者,在一些明星违反社会公德甚至触犯法律以后,部分粉丝依然会罔顾事实,坚持用情感表达来代替事理分析,发出很多匪夷所思的言论,比如:“不管发生了什么事情,我永远爱哥哥!”“我喜欢他十年了,整个青春里都是他,不离不弃是我们永远的约定。”显然,这些言谈都失去了正常判断事理的能力,而以个人的情感喜好来决定是非对错。

不要觉得这样的粉丝言论太离奇,太偏激,其实类似混淆信息和情感的言论随处可见。在公共社交网络上,很多骂战就是因为这种混淆而引发的。比如这样的一则评论:“现在还有人有这种脱离时代的想法,是没脑子还是脑子里进了水?”前半句是一个信息描述,即使这个描述是正确的,由此得出的客观结论也只能限于“没有接受新观念”“不能与时俱进”,但是后半句的“没脑子还是脑子里进了水”却超出了信息推断的限度,带上了侮辱性的情感表达。由此带来的后续回应就不会是理性的讨论,可能也是谩骂式的——如“你才是脱离时代的脑残”,如此交流双方就会陷入一场毫无价值的情绪对抗中。

除了上述明显的混淆，还有一些隐蔽的情况。比如有些语言用法混合了信息传递和情绪表达，即使信息传递没有问题，因为情感表达不当也容易引发争论。比如新冠疫情防控期间，有不少留学生回国以后被查出病毒阳性，甚至由此而传染了周围的人群，于是就有人说这是“千里投毒”，甚至编出了这样的顺口溜：“建设家乡你不行，千里投毒第一名。”这个表达里固然有属于事实的部分——即千里回国后传染了病毒，但也有不符合客观事实的部分：“投毒”是一种主观恶意行为，而传染病毒则是无意识的，而且是感染者希望避免的。更重要的是，“投毒”带有强烈的感情色彩，说话人带有敌视甚至痛恨的情绪，听话人则被激发了委屈甚至受辱的情绪。本来可以通过理性讨论来解决的社会问题，变成了两种情绪的激烈对抗，引发了处于不同立场者的大规模骂战，导致了人群的撕裂和社会的危机，其中“千里投毒”的错误用法混淆了事实和情感，是难辞其咎的。

还有一种隐蔽的情绪表达就是语气语调，在书面交流中表现为标点符号。这些标点符号除了表现停顿以外，还带有强烈的感情色彩。最常见的就是叹号，一个陈述性的事实加上了叹号，就附加了强烈的情绪。再如表现反问语气的问号，反问句在语义上等于否定性的陈述句，但反问不仅是命题上的否定，还带上了质疑、批驳、讽刺等情感。因此，叹号和反问句都不可滥用，否则情感就会凌驾于事实之上，语气就会变得咄咄逼人，甚至触目惊心。比如：“情况就是这样了！特向大家报告！如有建议，请务必今晚反馈！”明明是请求建议，用了太多叹号，居然带上了胁迫的口吻，令人相当不快。在网络交流中，经常见到滥用叹号和反问句的情形，这也是造成情绪对抗的重要原因。

让信息的归信息，情感的归情感，人际交流会更有效。

夏衍就是沈端先

◎陈福季

《解放日报》2021年7月15日第6版刊有《〈风云儿女〉在这里诞生》一文，其中这样说道："1934年春天，由夏衍、沈端先等人组成的中共电影小组直接领导的中国第一家专门拍摄有声电影的左翼电影公司——电通影业公司改组成立。"这句话中把夏衍和沈端先说成两个人，是错误的。

夏衍（1900年10月—1995年2月），原名沈乃熙，字端轩，号端先。可见，夏衍就是沈端先。他是中国近代著名剧作家、电影艺术家和社会活动家，中国左翼电影运动的开拓者、组织者和领导者之一。早年参加过五四运动，1927年加入中国共产党。1929年，夏衍和鲁迅等人一同筹建中国左翼作家联盟，曾担任左联常委。1933年春，

夏衍与阿英、王尘无、司徒慧敏、石凌鹤成立党的电影小组。

电通影业公司又称电通股份有限公司，前身是一家电影器材制造公司，1934年在左翼文化工作者的参与下，改组为私营电影企业。由夏衍、田汉领导电影创作，司徒慧敏担任摄影场主任，拍摄了《桃李劫》《风云儿女》《都市风光》等一批反映当时社会现实，宣传抗日救亡运动的影片。

“阳炎空花”？“阳焰空花”！

◎厉申东

2021年6月17日《文汇报》第12版《钱锺书不就牛津大学哲学讲师》一文说：“《管锥编》论陆机《文赋》：‘迩来《文赋》，译为西语，彼土论师，亦颇征引。然迻译者蒙昧无知，遂使引用者附会无稽，一则盲人瞎马，一则阳炎空花，于此篇既无足借重，复勿堪借明也。’”其中“阳炎空花”系“阳焰空花”之误。

钱锺书的《管锥编》（中华书局1979年8月版）原文所用的成语“阳焰空花”，亦作“空花阳焰”，“阳焰”和“空花”原本都为佛教语。“空花”，即虚幻之花，隐现于病眼者视觉中的繁花状虚影，比喻纷繁的妄想和假相；“阳焰”，即阳光中浮动的细尘，指浮尘为日光所照时呈现的一种远望似水如雾的自然景象，比喻不切实际的想法。这个词语出自宋代释道川《颂古二十八首》其一：“空花阳焰，梦幻浮沤。”

“阳炎”，即耀眼的阳光。如郭沫若《北伐途次》二十：“武昌城远远地在阳炎中横陈着，脚跟是看不见的，白蒙蒙地好像是一座蜃气楼。”汉语中没有“空花阳炎”或“阳炎空花”这样的词语组合，它们的意思也欠通畅。

钱锺书在批评英国汉学家休斯在美任教期间翻译的陆机《文赋》不确切的问题时，用了“盲人瞎马”“阳焰空花”，恰如其分。上述文章中所写的“阳炎空花”应是音近之误。

1948年还没有“赤脚医生”

◎周　振

《南方文摘》2021年第11期第3版刊登的《九旬“愚公”护路59载：守望古道演绎一生“热肠”》一文，报道浙江金华市磐安县仁川镇新岭下村一位94岁高龄的老人，59年来，坚持为岭下一条8公里的古道砌坡坎、除杂草的故事。文中说，老人如此执着，源于21岁那年的一天，他在古道旁帮表伯放牛，被两旁山坡上交火的土匪击伤臀部。“在表兄弟的帮助下，他被送到（附近）千祥（村）一户赤脚医生家中医治并痊愈。后来他得知那名赤脚医生是一名党员，自此将党的恩情牢牢记在心中。”这里“赤脚医生”的说法不准确，宜改为“土医生”或“土郎中”。

赤脚医生，是上世纪六七十年代我国农村中经过短期培训，不脱离农业生产的医务人员。这个名称最早出现在上海市郊县。1965年6月26日，毛泽东主席批示“把医疗卫生工作的重点放到农村去”“培养一大批农村也养得起的医生”。就在这个夏天，上海市川沙县江镇（现属浦东新区祝桥镇）公社开始办医学速成培训班，学期4个月，学习内容是一般的医学常识以及常见病的简单治疗方法。学员学成后，回到大队当卫生员。但其中一名叫王桂珍的学员，她没有到大队去当卫生员，而是背起药箱，走村串户到田间地头为农民治病，还参加农业生产劳动，成为“赤脚医生第一人”。全国各地大力贯彻毛泽东主席的批示，纷纷开班培训赤脚医生，生产队中一些出身于医学世家或有一定医护能力的自学成才者也被吸收到赤脚医生队伍中。这个群体及其个体之所以被称为赤脚医生，是因为他们亦医亦农，“手上有老茧，脚上有牛屎”。1968 年 9 月，《红旗》杂志发表了一篇题为《从“赤脚医生”的成长看医学教育革命的方向》的文章，《人民日报》也刊载了此文。随后《文汇报》等各大报刊纷纷转载。毛泽东在批示上称赞“赤脚医生就是好”，“赤脚医生”的名称走向了全国。到 1977 年底，我国赤脚医生数量达到 150 万名。在当时医疗资源匮乏的年代里，赤脚医生承担着农民健康守护者的角色，为亿万农民提供了最基础的医疗服务。改革开放以后，我国经济得到了长足的发展，医疗卫生事业也迅速发展。1985年1月25日，《人民日报》发表《不再使用“赤脚医生”名称，巩固发展乡村医生队伍》一文，此后，“赤脚医生”逐渐消失。2004 年 1 月 1 日国务院颁布的《乡村医生从业管理条例》开始实施，乡村医生已取得县级以上地方人民政府卫生行政主管部门颁发的乡村医生证书，并已取得中等以上医学专业学历的，或在乡村医疗卫生机构连续工作 20 年以上的，或经过县级卫生行政部门医疗服务基本知识培训后考试合格的，经申请获批准注册，就可以在乡村从事正式的医生执业活动。“赤脚医生”历史就此结束。

可以说，“赤脚医生”是一个有时代限定的称呼，上述《南方文摘》所刊之文中的 94 岁主人公，他 21 岁被土匪击伤的事，应是发生在 1948 年左右，这时候显然还没有“赤脚医生”。

《火眼金睛》提示

图 1，“珠联壁合”应为“珠联璧合”。

图 2，“铁许磨针”应为“铁杵磨针”。

图 3，“天方夜潭”应为“天方夜谭”。

图 4，“淌水”应为“蹚水”。

“鸡鸣狗盗”非冯驩

◎郑文安

《秋水长天·王勃传》(作家出版社 2019 年 7 月出版)中有这样一段文字:“孟尝君由秦逃回齐国,半夜至关,其门客冯驩学鸡叫,乃得半夜出得函谷关。”此说不确,将两个与孟尝君有关的典故混淆了。

关于孟尝君的故事,《史记》《战国策》都有记载。战国时,齐国的孟尝君在秦国被扣留,他的一个门客装狗夜入秦宫,偷出早已献给秦王的狐裘,转献给秦王的一个爱妾,使孟尝君得以释放。随后靠另一门客装鸡叫,骗开了函谷关的城门,得以逃回齐国。两门客均未留下名姓,《史记》只说“最下坐有能为狗盗者”,“客之居下坐者有能为鸡鸣”。后人遂称之为“鸡鸣狗盗之辈”。

而冯驩(Huān)是孟尝君门下的另一类门客。初到孟尝君门下时,要鱼要车,后去薛收债,焚毁债券,为孟尝君买“义”回府,之后又为孟尝君设计“狡兔三窟”。史家称“孟尝君为相数十年,无纤介之祸者,冯驩之计也”。在一些史书中,“冯驩”也作“冯煖(Xuān)”或“冯谖(Xuān)”。

冯驩有超人的智慧和长远的战略眼光,为孟尝君的政治事业立下了汗马功劳,并非“鸡鸣狗盗之辈”。上文“其门客冯驩学鸡叫”改成“其门客学鸡叫”就可以了。

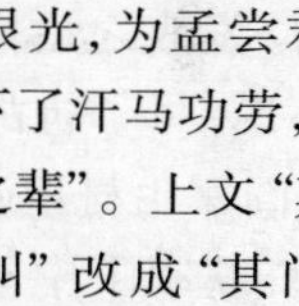

错误的《李有才版画》

◎李景祥

2021年7月19日《今晚报》第10版《访赵树理故居》一文提到了赵树理的中篇小说《李有才版画》。这个小说名写错了，是《李有才板话》才对。

赵树理原名赵树礼，是我国著名的小说家，“山药蛋”派文学的创始人。他的代表作短篇小说《小二黑结婚》发表于1943年，在农民群体中产生很大影响，轰动了整个解放区。《李有才板话》是赵树理在《小二黑结婚》发表之后同年创作的中篇小说，写了抗战时期敌后根据地阎家山村里政治生活的横断面，歌颂了中国共产党领导下的农村进步力量取得的胜利。老地主阎恒元把持了阎家山的村政权，村干部贪污盗窃，营私舞弊，欺压群众，却骗到了“模范村”的荣誉。贫农李有才带领小顺、小保和农村干部老杨等人，以“快板诗”为武器，同他们进行智斗，并取得胜利。因为小说主角李有才，无论村里发生什么事情，他都能够编成快板诗说唱传播，所以小说取名《李有才板话》，这里的“板”即指快板。

版画，是一种视觉艺术，即用刀子或化学药品等在铜板、锌板、木板、石板、麻胶板等板面上雕刻或蚀刻后印刷出来的图画。赵树理小说中的李有才从不制作版画，《李有才版画》是完全错误的。

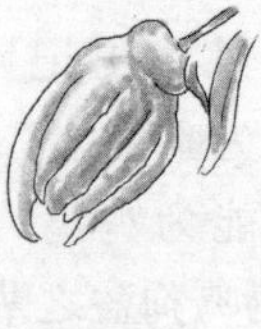

有此一说

“感同身受”新义或源自鲁迅之别解

◎陈壁耀

成语“感同身受”，原来只用于替别人表示感谢，如1973年出版的《现代汉语词典（试用本）》所说：“感激的心情如同亲身受到（恩惠）。代替亲友恳求别人时用来表示谢意。”（第320页）

这条成语最早出现的时间大致在晚清，笔者目前所见辞书中最早的引例为光绪二十九年（1903）出版的孙希孟《轰天雷》。这是一部描写戊戌变法后常熟奇人沈北山上书请慈禧归政光绪而创作的小说。该书第二回写韩稚芬对伯荪和仲玉两位说，“我乡后起能继我志者，必北山也”，又说“小女未字，望二兄作冰人，致意北山，嘱其用功。待得一举成名，小女当奉箕帚，一言为定”，因此而有“北山在京”期间，“万事求二兄代为照顾，感同身受”的话，就是替北山向两位表示感谢。

与孙希孟同时代的文人，都是这种用法。近读钱伯城、郭群一先生整理的《艺风堂友朋书札》，该书所收为清光绪二年进士，曾任清史馆总纂缪荃孙（1844—1919）的友朋书札，其中即多有此类用例，如：

（1）敬有恳者，从堂侄名福平，年三旬矣，前在苏中学堂毕业，升入高等，只以母老家贫，未能卒学。去年经山阳高等小学聘作教员兼管理，年余尚称妥协。……因子砺学使与侍有通家之谊，令其到宁晋谒，恳为位置一席，为养亲之地。老前辈于学务中，消息能通，遇有可以嘘拂之处，尚乞推爱玉成，感同身受。手恳，敬请台安。侍邵松年顿首。（邵松年五，第248页）

（2）寿丈承推毂，感同身受。渠趋前面谢，因便寄呈《晨风阁丛书》一部，求检入。（罗振玉四，第1242页）

这是旧时典型的替人表示谢意的基本用法，可以说是“感同身受”自晚清以来的唯一用法。但不知何时开始却衍生了一个新义，原有的基本用法反而不多见了，如：

（1）“大贾便便腹满腴，可怜腰细是吾徒”，九儒十丐，千古伤心，在一个失去社会常态和人心定力的动荡岁月，真是“百无一用是书生”，五斗米就可以让读书人不仅折腰而且殒躯呢，陈大师（寅恪）痛心张荫麟不能等闲看世变幻相，不禁掷笔长叹，虽惊呼衷肠，又感同身受，徒唤奈何！张先生的不得其时而死，是中国知识分子在国难如鱼烂的年代的一个缩影，也是一个悲怆的哀号。（散木《“可怜腰细是吾徒”——记张荫麟先生》，《博览群书》2000年第6期）

（2）“我”作为一个农民的儿子，自然对他父老乡亲的痛苦、抱怨，是感同身受的。（钱理群《序文两篇·一本让我惊心动魄的书》，《随笔》2009年第5期）

（3）对于城乡差别，我总有一种痛如切肤的感同身受。那茂密的田禾，就青青葱葱长在我心里。我身上能闻出粪土的腥味。（毕星星《坚锐的往事·走出乡村》）

不仅大陆，台湾学者同样如此：

曾收到过青年作者来信，洋洋洒洒数千言。大意是，他写了一组长诗，投稿给文学杂志，却遭到无情删削，从组诗中抽出几段刊载，其余却弃而不顾。他充满了愤慨，指出这组长诗在结构上前后呼应，通篇是惨淡经营的艺术构筑，如此横加拆散，全诗的意蕴也就破坏无遗了，是可忍孰不可忍。对于青年作者的愤慨，我心有戚戚，不但完全能够体会，而且感同身受。（郑培凯《雅言与俗语·一字不能易》）

可见其影响面已经很宽。所以后来《现汉》的释义就做了修改,增加了一个义项：原指感激的心情如同亲身受到对方的恩惠一样(多用来代替别人表示谢意),现多指虽未亲身经历,但感受就同亲身经历过一样。

新义之衍生,当与汉语词的多义性密切相关,即原来的“感谢”义衍变为“感受”,就是由“感”字的多义性决定的,而“感”之由感谢转义指感受,可能就是源自鲁迅先生的一篇文章：

奴隶们受惯了“酷刑”的教育,他只知道对人应该用酷刑。

但是,对于酷刑的效果的意见,主人和奴隶们是不一样的,主人及其帮闲们,多是智识者,他能推测,知道酷刑施之于敌对,能够给与怎样的痛苦,所以他会精心结撰,进步起来。奴才们却一定是愚人,他不能“推己及人”,更不能推想一下,就“感同身受”。(《南腔北调集·偶成》)

鲁迅先生这篇文章中的“感同身受”,属于修辞手法所谓的“别解”,即临时赋予某词以原来不曾有的新义。所以“感同身受”在这个特定的语境中,是由望文生义而形成的一种“别解”。只是这个别解是临时性的,没有普遍的意义。一般而言,别解义一旦离开特定的语境,其临时性的意义便不能成立。但就“感”字而言,却因其原有的多义性,又因为“感受”是如今的常用义,而原来用以替人表示“感谢”的旧义,文言色彩又比较重,今人大多已经陌生等缘故,所以这临时性的别解,遂因此演变成一种新解。这恐怕是作者始料所未及的。

因此,就新义的形成而言,如果溯源,或许正是源自鲁迅先生这篇杂文的“别解”,于是“感同身受”意外地被赋予了一个新义。所谓“地上本没有路,走的人多了,也便成了路”,这似乎也同样适用于社会语用之由习非成是而约定俗成。目前新义已逐渐取代了旧义成为常用义,而替人表示感谢的旧义,却很少有人使用了。

检测窗

编校差错扫描(三十八)

◎王　敏

“按捺不住”非“无奈”

【错例】看到这样的“小可爱”,网友按奈不住了。

【简析】“按奈”应为“按捺”。“奈”本字是“柰”,形声字,从木示声,本义指柰树,也指柰树的果实,即沙果。《说文解字》:“柰,果也。”后借用为“柰何”字。《玉篇》:“柰,柰何也。”汉隶或体作“奈”,后“柰”“奈”二字分别表示本义和假借义。“奈何”指如何、怎么办,“无可奈何”即无可如何、没有办法对付。“捺”(nà)也是形声字,从手奈声,本义指用手重按。《玉篇》:“捺,搦(nuò,按)也。”如“捺手印”。引申指抑制,“按捺”即控制、忍耐。“捺”另指一种汉字笔画,从上向右斜下。“按捺不住”指无法抑制、克制不住,这是一种强烈情感瞬间爆发的状态,与“无可奈何”的低沉情绪截然不同。“按捺不住”误成“按奈不住”,十有八九是因为把“捺”误读成了“奈”。

“扬帆”与“杨树”无关

【错例】一次最纯粹的体验,碧海蓝天,杨帆起航!

【简析】“杨帆”应为“扬帆”。“杨”繁体字为“楊”,形声字,从木昜声,本义指杨树。《说文解字》:“杨,木也。”杨树是一种落叶乔木，种类很多，常见的有白杨。又用作姓。"扬"繁体字为"揚"，其金文形体多样，如、、，一般认为其左半部分是昜，右半部分是丮（jǐ，持的本字），整个字是形声字，从丮昜声，昜兼表义（《说文解字》"昜，开也。一曰飞扬"）。其篆文字形减省，演化为从手昜声，楷化后即为"揚"，本义指向上举、升。《说文解字》："扬，飞举也。"如"扬鞭策马""扬起胳膊"。引申指在空中飘动，如"飞扬""飘扬"。再引申指（精神、情绪）高涨，如"斗志昂扬"。又指传播、使彰显，如"表扬""赞扬""颂扬"。也用作姓。"扬帆"即扯起船帆，指行船，误为"杨帆"，显然是字形接近致误。

"肓"差一点难"生育"

【错例】实施"三孩生肓政策"，是为了积极应对人口老龄化。

【简析】"生肓"应为"生育"。"肓"（huāng）是形声字，从肉（月）亡声，本义指心脏与膈膜之间的部位。《说文解字》："肓，心下鬲上也。"中医认为药力达不到"膏"（心尖脂肪）和"肓"，所以"病入膏肓"指病重无法医治了。甲骨文"育"作或，金文作或，是会意字，从人（或女，或母）从倒子（周围小点指婴儿出生时的体液），以人产子之形会意。该字《说文解字》小篆有两种写法：（楷化后为"毓"），为会意字，左半边的"母"讹为"每"；（楷化后为"育"），形声字，从𠫓（tū，倒子）肉声。无论哪种写法，其本义都指生育。《玉篇》："育，生也。"如"生儿育女"。引申指养活，如"哺育"。再引申指有目的地训练、培养。《说文解字》："育，养子使作善也。"如"教书育人"。"育""肓"字形仅差一点，含义判然有别，"生肓"是完全错误的。

“水泄不通”不用“泻”

【错例】早上的菜市场，堵得水泻不通。

【简析】“水泻不通”应为“水泄不通”。动词“泄”和“泻”都是形声字，形符相同，含义均与水相关，声符不同，读音却相同，两者区别，关键在本义。“泄”，本义指排出、流出。《篇海类编》：“泄，出也，发也。”如“排泄”“泄洪”。引申指情绪的发泄，如“泄愤”“泄恨”。再引申指走漏消息，如“泄密”“泄底”。又指失去信心等，如“泄气”“泄劲”。“泻”，本义指水急速流。《玉篇》：“泻，倾也。”如“一泻千里”“倾泻”。另特指拉肚子，如“上吐下泻”“泻药”。“水泄不通”应读为“水＋泄不通”，意思是连水也流不出去，形容防备极其严密或环境拥挤不堪，其含义与水急流、拉肚子无关，不能写成“水泻不通”。

无尽等待称“漫长”

【错例】慢长的等待，就是一种煎熬。

【简析】“慢长”应为“漫长”。形声字“慢”和“漫”声符相同，区别在形符。“慢”从心，本义指懈怠。《说文解字》：“慢，惰也。”如“君子宽而不慢”。引申指轻忽、不敬，如“傲慢”“怠慢”。借作“趮（mán，行迟也）”，义为走得不快，泛指迟缓，如“缓慢”“慢镜头”。“漫”从水，本义指水势盛大，没有边际。《玉篇》：“漫，水漫漫平远貌。”引申泛指长远、辽远，如“长路漫漫”。另作动词指大水漫流，如“漫溢”“漫出”。引申泛指遍布，如“漫山遍野”。再指随兴致做事，如“漫谈”“漫步”。“漫长”形容长得看不见尽头，虽然无尽等待的煎熬令人度日如年，但“漫长”不能写成“慢长”。

“凡尔赛文学”和“凡学家”

◎任春霖

在最近的社交媒体上，“凡尔赛”一词频频出现，如“大型凡尔赛现场”“校园凡尔赛最佳工具”。引爆网络热潮的“凡尔赛文学”究竟是什么？凡尔赛宫为何会与文学联系在一起？“凡学”“凡学家”这些看来很专业的称呼又是因何产生？这一切都要从它们的词源说起。

凡尔赛宫是法国巴黎著名的宫殿之一，曾作为法兰西宫廷百余年，一度是法国的政治、文化中心。它的内部陈设和装潢富于艺术魅力，五百多间大殿小厅处处金碧辉煌，宫内还陈放着来自世界各地的珍贵艺术品。日本漫画《凡尔赛玫瑰》以法国大革命为背景，主角之一玛莉皇后不顾普通民众日益窘困的生活状况，沉醉于凡尔赛宫中寻欢作乐的奢靡生活。出身于贵族阶级的皇后将富裕的宫廷生活看成理所当然，用轻巧淡然的语调来诉说自己的优越处境。“凡尔赛”从漫画风格变成网络流行语，一切源自微博，有一位博主模仿这种语调发布博文，被网友吐槽为“凡尔赛文学”。随着大量跟风的戏谑之作涌现，“凡尔赛文学”就被用来形容以故作无意的口吻，明贬实褒，彰显出自己的优越生活与过人之处。这种能体现个体优越性的叙事手法被大量用在网络平台上，高超的凡尔赛文学往往读来十分自然，却让人后知后觉地发现原来是低调的炫耀。后来，“凡尔赛文学”的写作技巧就被称为“凡学”，“出手不凡”的“凡尔赛文学”写作者，则被别人称为“凡学家”，从而引起了一轮又一轮的流行语热潮。

下面，请大家跟随镜头来欣赏一下古往今来“凡学家”的“凡尔赛文学”大秀！

镜头一：

台上放着黄梅戏《女驸马》，只听：“为救李郎离家园，谁料皇榜中状元。”

闻者落泪，默默感叹，状元岂是我等随随便便就能考上的？

镜头二：

李白默念：“小时不识月，呼作白玉盘。”

乍一听，不识月？原来诗仙小时候也这么可爱。仔细一想，白玉盘？我连见都没见过，肯定不会把月亮比喻成白玉盘，诗仙原来生活得如此富裕啊。

镜头三：

都市丽人悲伤感叹：“我怎么一直吃不胖？太难过了。”

围观者看了看自己减不下去的小肚腩，开始吐槽：“需不需要把我的肉分给你？”

欣赏结束，我们不难发现，“凡尔赛文学”先是借由抱怨或吐槽拉近与听众的心灵距离，随后又让听众体会到诉说者的优越之处。一前一后两相对比，给予对方更强烈的刺激，满足了诉说者的虚荣心。凡尔赛文学的兴起给予了更多人炫耀自己的媒介，若是仅用来玩笑戏谑倒也无可厚非。然而，网络上的“凡学家”为了维持自己的虚拟人设，编织了一个又一个环环相扣的华丽谎言。这种“凡尔赛文学”背后充斥着的消费主义与拜金主义不利于正确价值观的建构，更不应让世界观还未成熟的青年人一味效仿。

此外，“凡尔赛文学”大行其道与当代人迫切求得关注的心理不谋而合。互联网的高度发达为“凡尔赛文学”提供了绝佳的培养皿，夸张的话语、华丽的画面显然更容易引起广泛关注。因而渴望站在聚光灯下的人们自然不会放过这个不可多得的良机，短时间内，“凡学家”如同雨后春笋般层出不穷。在这场盛大的互联网狂欢面前，我们应当清楚，现实里的充实

家有神兽

◎李　娟

在过去的2020年，有一种幸福叫“神兽回笼”：9月，加长版的6个多月“寒假”终于过去了，大江南北的“神兽”们都即将迎来开学日的洗礼，家长们仿佛才真正迎来了春暖花开，喜大普奔之余，不禁感慨“开学真好！”“神兽”是2020年疫情环境下产生的一个网络新梗，道尽了网课期间家长与孩子之间的“爱恨纠缠”。

神兽本指中国民间神话传说中的神奇生物，这些生物的形象来源于想象，在现实中无法找到实体。如青龙、白虎、朱雀、玄武，常出现于传统建筑中，又称“圣兽”“瑞兽”，起驱邪、避灾和祈福的作用。因为“神兽”一词带有传奇色彩，在后来的网络游戏和武侠动漫中也被广泛应用，比如前几年流行的网络梗“召唤神龙”出自日本漫画家鸟山明的作品《七龙珠》，如果勇士能够集齐七颗龙珠，就可以召唤出神龙，实现任何愿望，神龙作为神兽的一种，也被赋予“瑞兽”的含义。正是网络游戏和动漫将“神兽”一词从神话传说推向了普通大众特别是年轻人群体。

“神兽”还有一层意思，即虚幻莫测，言行不按常理，不可捉摸。把自己家的孩子称为“神兽”，主要借用的就是这层含

……………………………………………………………………

美满与网络中的虚幻梦想本就有着云泥之别。获得尊重固然是人类的高级需求，但与其沉溺于“凡尔赛文学”堆砌出来的幸福泡沫，何不努力提升自己，去赢得真正的尊敬甚至崇拜？

义。2020年上半年，因受新冠疫情影响，全国各地中小学延期开学，孩子们在家上网课，没有教师的监管，常常调皮捣蛋，偷懒耍滑，还会做出一些让人哭笑不得的反常行为。家长们在外“乘风破浪”，回家还得和“熊孩子”斗智斗勇，不仅要照顾他们的饮食起居，还要使出各种招数监督网课学习，犹如和“神兽”相斗，可谓身心俱疲。因此，“神兽”便成为疫情期间居家上网课的孩子的代称。

与此同时，“神兽”一词也把中国家长对孩子的复杂心态描绘得淋漓尽致：他们是“神”，是家中的稀有生物，家长得罪不得，更指责不得，只能小心翼翼地伺候和供奉着；他们是“兽”，饭来张口，衣来伸手，晚上不睡觉，早上不起床，是典型的“夜行动物”。相处时间短，家长尚能将孩子当“神”伺候着，但时间太长便受不了，却也无可奈何，只能把他们称为“神兽”来宣泄一下。

虽然“神兽”一词是在2020年疫情背景下才出现的，但我们不能不看到家长在其中累积的复杂情感。现在每个家庭养育孩子的成本都很高，据统计，培养一个孩子到大学毕业少则几十万，多则几百万，此前有一些人把孩子称为“吞金兽”也不是没有道理的。近几年二孩政策开放，但生育率却并不高，除了经济花销之外，家长们考量的还有精力的付出。孩子出生后，家长的大部分精力都花在照顾孩子上，现在的孩子又大多个性独立，家长管教过轻过重都会引发“家庭事故”，所以学校一放假不少家长就吐槽：“神兽出笼，各回各家，各气各妈。”

把孩子称呼为“神兽”既表现了家长对孩子像对“神”一样的珍视，又有对现实育儿困境的无奈，因此“神兽”便成为了一个似褒似贬、意味不明的词语，其间蕴含的酸甜苦辣和五味杂陈之感想必也只有家长能体会。神兽进化过程漫长而艰难，养育孩子又何尝不是家长苦甜交错的修炼呢？

东语西渐

在英语世界怎么说“躺平”

◎陆建非

流行语“躺平”红遍整个网络；用英语，“躺平”该怎么说呢？

2021年6月6日新华网载文，题为：With enough to get by, are young people “lying flat”?（勉强度日，年轻人“躺平”着？）文章通过一个生活在景德镇的90后女孩“美美”的日常生活，介绍了“躺平”这个词。“美美”不受同龄人所面临的各种压力的影响，选择一种“随意、自由”的生活方式，每天在陶艺工作室做陶瓷，会会朋友，看看电影，读读书，文章把这种生活状态称为“躺平”。

On Chinese social media, Mei Mei can be categorized as someone who chooses to “tang ping”—the latest social buzzword, directly translated into “lying flat”. The expression reflects a new attitude toward work and life among some young people in a world of rapid change and expanding possibilities.（在中国的社交媒体上，美美可以被归为“躺平”的人，这是最新的社交热词，直接翻译为“平躺”。这种表达反映了在这个快速变化和可能性不断变大的世界上，一些年轻人对工作和生活的新态度。）

“躺平”作为中文流行词，英语中没有含义一模一样的现成对应词，聚焦“躺”字，lie flat是一种普遍的译法，义为“躺平，平躺，仰躺，仰卧”，同时，还有其他“躺”的选项，例如：lie on one's back, lie down, lay back等。lay back还可以转化成形容词 laid-back(躺平的，躺倒的，悠闲的)。

例如：I'd rather "lie down" than work myself to death.(我宁愿"躺平"，也不愿把自己累个半死。)

又如：Laid-back group refers to those who are tired, laying back on the side, and decide to choose a whatever attitude to something.(躺平族指那些累了，躺在一边，决定对某事采取"随便，什么都行"态度的群体。)

2021 年 5 月 26 日财新传媒(caixin.com)刊文，题为：Trending in China: Young Chinese Reject Rat Race, Embrace "Lying Flat"(中国流行趋势：中国年轻人拒绝"老鼠赛跑"，拥抱"平躺")，作者以 rat race 作为比较，老外立刻就会理解"躺平"的内在涵义了。rat race 在英语中指一种令人疲惫的竞争性常态。

在英语文化中，"躺平族"也被称为 couch potato 或 couch spud(沙发土豆)，义为"无所事事躺在沙发上看看电视的懒人"。

例如：Are you satisfied with being a couch potato and living in a blur？(你满足当一个懒惰的人，浑浑噩噩过一生吗？)

2021 年 6 月 7 日《上海日报》(*Shanghai Daily*)在一篇题为"Chinese divided over youngsters' preference for 'lying flat' living"(对于年轻人喜欢"平躺"的生活方式，中国人存在分歧)的文章中说，"躺平"的想法在西方早就有了。

Worldwide, "lying flat" is not a new phenomenon. "It first appeared in Europe, the United States, and later in Japan, roughly in sync with the coming of a particular stage of economic development," said Ma Liang, a professor with the School of Public Administration at the Renmin University of China.[在世界范围内，"躺平"并不是一个新现象。"它首先出现在欧洲、美国，后来出现在日本，大致与经济发展某个特定阶段的到来同步。"中国人民大学公共

行政学院教授马亮(音译)说。]

对这个流行词,英语媒体也有直接使用汉语拼音的案例,同时对它做了深刻的诠释。2021年6月5日《英国地铁报》(*Metro News*)在题为"Is the 'tang ping' trend the answer to our always-on work culture?"("躺平"潮流是我们"永远在线"职场文化的答案吗?)的文章中提出,有时"躺平"一会儿也不是不可以。

Maybe, rather than trying to tackle busyness with a stack of self-care tasks, we should just lie down on the floor.(也许,我们应该躺在地板上,而不是试图解决一大堆自个儿很当回事的任务。)

That's the concept of "tang ping", a new lifestyle trend growing among young people in China.(这就是"躺平"的概念,它是中国年轻人中日益兴起的一种新的生活方式。)

It's as simple as it sounds—"tang ping" translates to "to lie flat"—requiring that you just take a moment to lie down and do nothing. Well, that's the literal sense of the trend—but it's just one part.(这个词听起来很简单,翻译过来就是"平躺",意思是你花一点时间躺下来,什么都不做。好吧,这便是这种趋势的字面意义,但这只是一部分。)

因为"躺平"这个态度过于特殊,极具当代中国特色,而英语中没有可以直接用来代替的词,因此,我们有时也可使用更直白、更易懂的词语,比如:abandon(放弃,舍弃,丢弃,放纵),quit(放弃,退出,弃权),give up(放弃,投降),just do nothing(啥也不干),refuse to work(拒绝工作)。

甚至有网友受到英语习语"No pains, no gains."(没有付出,就没有收获/不劳则无获)的启发,推出了"No needs, no deeds."(没有需要,无须作为)的译法,言下之意就是,既然没有消费的需要,"我"就不必花费太多精力。这一译法颇为有趣,可圈可点。

说文解字

“力”有几个意思

◎刘志基

“力量”之“力”，甲骨文作等形，其造字本义，《说文》曰：“筋也。象人筋之形。”“象人筋之形”的说法显然是不对的，倒不是说这样的形体与“人筋”不像，而是说从古文字构形系统来看，它应该是一种农具。后面的讨论，可以充分证明这一点。

徐中舒《甲骨文字典》释“力”曰：“象原始农具之耒形。殆以耒耕作需有力，故引申为气力之力。”裘锡圭则对此说有所修正：“‘力’是由原始农业中挖掘植物或点种用的尖头木棒发展而成的一种发土工具，字形里短划象踏脚的横木……从形制上看，力、耜是一系由木棒式原始农具发展而来，耒则由树杈做的原始农具发展而来。”（《甲骨文中所见的商代农业》，载《全国商史学术讨论会论文集》）“力”的这种本义在甲骨文中可用动词，表以耒耜一类农具翻土耕作之义：“贞勿于壶力。”（《甲骨文合集》40764）这是贞问是不是在“壶”地运用“力”耕作。“力”充当表意的偏旁，则表现了它农具之义，近年来，有学者认为甲骨文“争”字（）“象两人共享一‘力’（耜）发土之形……就是‘耕’的本字，‘耕’则是‘争’的后起形声字”（贾文《说甲骨文“争”——古代的“耦耕”》，《中国历史文物》2005年第3期）。

然而，甲骨文的“力”在卜辞中还有另一种用法：“癸巳卜，妫力。不力。”这是卜问这个叫“妫”的妇会不会生个男孩，而这个“力”的意思，就是“生男”。“力”的这种用法，在甲骨文中更多写作在“力”上加了一个“女”旁的,隶定作“妿”:“甲申卜,𡿨,贞[帚(妇)]好冥妿。王佥曰:其隹丁冥,妿。其隹庚冥。引吉。三旬㞢一日甲寅冥。不妿,隹女。”(《甲骨文合集》14002)这段卜辞是说,妇好即将临盆,殷王为之占卜,是生男还是生女,看了卜兆后,殷王预测妇好会在干支“丁”或“庚”那天生,而且是“妿”,就是生男,大吉。但是结果未如殷王所愿,妇好在三旬零一天后的“甲寅”那天生了,却是“不妿”,生了个女孩。因为有“不妿,隹女”这个辞例的限定,“妿”的“生男”的意义无可置疑。“妿”在甲骨文中出现300多次,解释为生男,都很顺畅。

“妿”的“女”旁,又可以被换作“子”作,隶写作“劧”:“庚戌卜,我,贞帚(妇)鼓劧。”(《甲骨文合集》21787)这是名叫“我”的贞人庚戌日占卜,卜问叫“鼓”的妇是否“生男”。“女”旁换作“子”旁,生男的意思似乎更加明显了。

“妿”又可以表示一种祈祷生男的仪式。“甲戌卜:子乎㔾妿帚(妇)好。用。才。”(《花园庄东地甲骨》480)这条卜辞的意思是:“子”(殷商大贵族)命令叫“㔾”的下属,在地为妇好生男孩做祈祷仪式。

由此可见,“力”在甲骨文中,无论是用作整字还是用作偏旁,都呈现了这样一种信息:“力”这种农具,与生男是有联系的。说到这种联系,人们一般会想到“男”字。

甲骨文“男”作、,从“田”从“力”,戴家祥说:“男从‘田’从‘耒’,表示耕种之义。古代男耕女织,故‘男’字用作丈夫之义。金文‘男’或作人名用,或作爵位名称。”(《金文大字典》)但是,“男”在甲骨文中出现次数不多,且多为残辞,没有证据表明它可以表示“男女”之“男”。所以有的学者认为其实“妿”才是甲骨文的“男”:这个字的“甲骨文从‘女’从‘力’,代表母亲生下掌‘力(犁)’的小子,是性别男女的

‘男’初文……甲骨文从‘田’从‘力’的‘男’字为爵称，因田功而获爵位是‘男’的本义。到周代金文中爵称的‘男’就兼并了甲骨文中从‘女’从‘力’性别的男字”（夏渌《论古文字的兼并与消亡》，《武汉大学学报》1991年第2期）。当然，“妫”究竟是不是“男”，这还是一个值得进一步研究的问题，我们这里不下结论。

然而，不管怎样解释“男”字，都不影响我们对“力”在汉字构形系统中的意义判断：

农业生产，需要极大的体能承受力，须由体力强健的男子来充当主力。而“力”作为一种农具表达生男意义，正是凸显了古人的由此而生的造字思维。

从甲骨卜辞中殷王反反复复期待“妫（力）”，排斥“不妫”的辞例，可以感受到当时人们对“妫（力）”具有强烈的期盼赞美心态，因此不少学者将“妫”读为“嘉”，生男了就是“嘉”，没生男就是“不嘉”。应该说，这是一个可信的释读。这样的话，“妫（力）”就又生出了一个意义：“嘉”。

按照古文字的演化规律，一个字如果兼职意义过多，往往就会通过“加旁”来分化其所兼之职。比如“午”，表干支之外，又有“杵”义，为了分工明确，便在“午”上加“木”旁而造成“杵”字，专表“杵”义；“匕”，本为取食之器，因同声通假，读为祖妣之“妣”，后加旁从“女”作“妣”专表祖妣义。此例甚多，不烦一一。而“力”一字多义，也不免发生同样的演变，于是便有“力”加“口”旁的“加”字出现：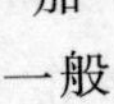。虢季子白盘：“王孔加子白义。”铭文意为：周王非常赞美子白的威仪。故此“加”当读为“嘉”，而这是“加”字最早的文献用例。嘉美一般是一种语言行为，故加“口”旁正合适。“加”的这个意义也见于传世文献，如《尚书·大禹谟》“加乃丕显”。

在甲骨文中，“力”的被期盼的意义，也见于“禾”。卜辞中多见“𠦪禾”的记录，“𠦪”

为“祈求”义，作为“祈求”对象的“禾”，与“力（ 妫）”显然具有类同的意义。“壬子贞，其奉禾于河，尞三小宰，沉三。”（《小屯南地甲骨》93）这条卜辞意为：壬子日贞问，是不是用尞祭，供奉三头圈养专供祭祀的羊，用将三祭牲投入水中的方式，向河神祈求禾的丰收呢。“力”与“禾”，一为农耕之具，一为农耕收获物，内在的联系不难体味，二字共有“嘉美”之义，是容易理解的事。于是，“嘉禾”一词频见于上古文献。《尚书·微子之命》：“唐叔得禾，异亩同颖，献诸天子。王命唐叔，归周公于东，作《归禾》。周公既得命禾，旅天子之命，作《嘉禾》。”《史记·鲁世家》言：“周公既受命禾，嘉天子命作嘉禾。”据此可以领悟，侯马盟书“嘉”字写作从“力”从“禾”绝非偶然：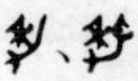。由于“力”与“加”本出一源，故侯马盟书的“嘉”字亦多从“禾”从“加”作：。

“鼓”在上古，多用于嘉仪，“用匽（宴）用喜，用樂嘉賓，及我□□，子子孫孫永保鼓之。”（齐鲍氏钟）“嘉而（爾）宾客，其台（以）鼓之。”（越王者旨于赐钟）这些铭文中的“鼓”虽然用作动词，施之于钟，但是嘉仪中总是钟鼓相配，故也侧面表达了嘉仪中鼓的存在。“鼓”的嘉义，则可以通过其初文“壴”，呈现于“嘉”的形体中。侯马盟书的“嘉”字也从“壴”作，或从“壴”从“力”作，或从“壴”从“加”作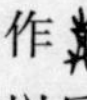。而后世通用的“嘉”，就以后者定形了。

嘉美之事总是值得庆贺的，于是“加”字又被“贝”加旁而生出了“贺”字作，见于中山王 方壶：“者（諸）灰（侯）皆（皆）賀。”

综上，我们尝试描写了“力”，以及源自“力”的意义谱系。是否合理，还请方家教正。最后将这字义谱系所涉字形载体排列如下，以便读者。

向你挑战

山顶的风景

（文中有十处差错，你能找出来吗？答案在本期找）

◎梁北夕　设计

在一个遥远而偏辟的村落，老族长病危。为了选出接班人，老族长叫来村里三个最优秀的年轻人，对他们说：“我就要离开了，想让你们帮我完成一个心愿。看见前面那座高山了吗？你们要攀登到山顶，然后回来告诉我你们见到的风景。”这是老族长的考验，三个年轻人心知肚明，听清吩咐便立刻上路了。

没过多久，第一个年轻人回来了。一到老族长跟前，他便迫不急待地开口：“族长，我到山顶了，哪里繁花夹道、绿树葱笼，风景迷人极了。”“孩子，这样的地方只会是山麓，不会是山顶，”老族长摇了摇头说。

再过了一段时间，又一个年轻人回来了。他对老族长说：“族长，我到山顶了，我看见了高大静穆的松树林，秃鹰在徒壁边盘旋。”族长叹了口气，彷佛自言自语地说：“唉，孩子，那不是山顶，只是半山腰啊。”

等了很久，一直等到太阳落山，等到夜暮降临，还没等到第三个年轻人回来。正当大家都在担心是不是发生了什么意外的时候，他忽然衣冠不整、满头大汗地撞进门来。谈起山顶的风景，他气踹嘘嘘，失望地说：“山顶什么风景也没有，只有高风拂面，天色茫茫，能看到的只有自己。我感到了孤寂与无助，感到自己十分缈小，十分无力。”老族长听了，露出了满意的微笑。原来，山的最高处，确实一无所有。

后来，第三位年轻人做了族长。

火眼金睛

图中差错知多少？

孙延宜　李可钦　龙启群　周　军　提供

（答案在本期找）

1

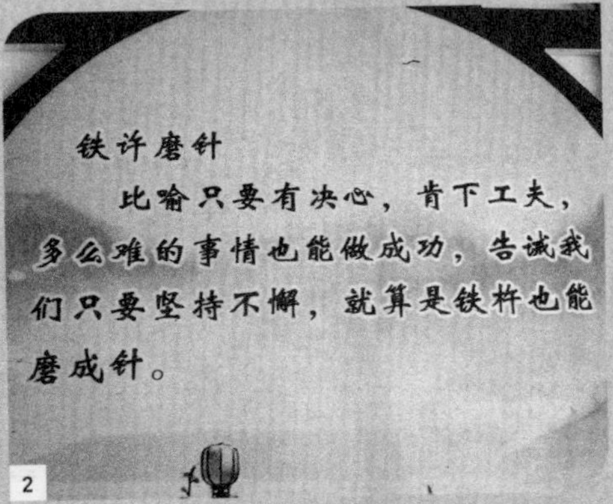

2

3

4

ISSN 1009-2390

10>

9 771009 239210

YAOWEN-JIAOZI

咬文嚼字®

上海世纪出版集团
欢迎至邮局订阅本刊 邮发代号 4-641
国内统一连续出版物号 CN 31-1801/H
定价：6.00 元

11
2021

雾里看花

如何以“简蔽”制梅

陈敏

笔者前段时间购买了腌制梅零食，零食包装上写着“以简蔽再造古法制梅工艺”。这句话让我好糊涂。“简蔽”大致是简陋、隐蔽的意思，“以简蔽”如何“再造古法制梅工艺”？这句话到底是什么意思？猜猜看，答案见本期。

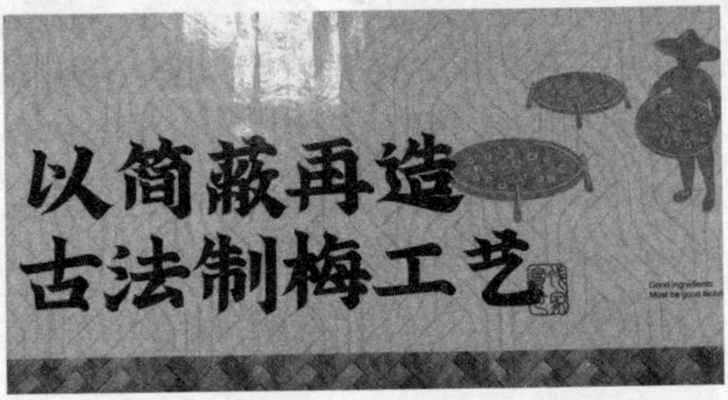

广角镜

我们有新家啦

上海出版改革出新举措，上海世纪集团下属几十家出版单位，于9月、10月整体搬迁到世纪出版园。《咬文嚼字》杂志社已于10月16日搬到新家。我们新的地址是上海市闵行区号景路159弄A座3楼，邮政编码为201101。热线电话不变，依然是021-64330669。读者朋友来信、来稿时，务必变更为新地址。我们也欢迎新老朋友来我们新家交流。

名家语画

“不辱使命，再立新功”

康　泰／文　臧田心／画

2021 年 9 月 17 日 13 时 34 分，神舟十二号载人飞船返回舱在东风着陆场成功着陆。航天员聂海胜、刘伯明、汤洪波在天宫空间站驻留三个月后安全返回地面。在接受采访时，聂海胜说：“无数攀登者、奋斗者，给了我们莫大的鼓舞。未来，中国将会有更多航天员刷新纪录，创造中国高度。中国航天科技工作者也一定会不辱使命，再立新功！”

咬文嚼字®

2021年11月1日出版

11
总第323期

主管：上海文艺出版总社
主办：上海文化出版社
编辑、出版：《咬文嚼字》杂志社
集团网站：http://www.shwenyi.com
E-mail：yaowenjiaozi2@163.com
官方微博：
http://weibo.com/yaowenjiaozish
电话传真：021-64330669
发行电话：021-53204165
邮购电话：021-53204211
地址：上海市闵行区号景路159弄A座3楼
邮政编码：201101
发行：上海市报刊发行局
发行范围：国内外公开
订阅处：全国各地邮局
邮发代号：4-641
ISSN 1009-2390
CN 31-1801/H
印刷：上海中华印刷有限公司
印厂电话：021-60829062
021-60299079
定价：6.00元

名家语画
“不辱使命，再立新功” 康　泰/文　臧田心/画/1

热点聚焦
说古道今话“小康” 曹志彪/4

追踪荧屏
莫把明君作暴君 孙延宜/7
“供品”非“贡品” 高良槐/8
谁解“了事佛身去” 龙启群/9

时尚词苑
四字格新语“学思践悟” 刘冰鑫/10
借词“单品”正流行 高丕永/12
非谓形容词“原生”和“次生” 南　园/14

一针见血
“溯汉水而下”？ 白林密/16
应是“侍讲学士” 沈阳仁/16
“巫山”非“乌山” 刘曰建/17
莫将“笙竽”作“芋艿” 晋　相/18
“弦”可更“辄”不可改 阎德喜/18
水漫金山不在雷峰塔 李华山/19
是说王维的，不是王维说的 陈福季/19
误引《爱莲说》 李可钦/20
“四部”包含“诗词曲” 李信宜/20
“搒”是钉竹签吗 得　喜/21
“小桥流水人家”不是宋词 厉国轩/22

借题发挥
七夕何来“残月” 郭明亮/23
“垂髫”应为“垂髫” 屠林明/24

学林
糊涂的“一辈子” 吕永进/25

语言哲思

楼下邻居刷墙买了几桶油漆？　宗守云 /28

文章病院

宋江杀了“阎婆媳”？　良　木 /31
“得陇望蜀”之“陇”不是指陕西　雷晓琪 /32
“裳”是裤子吗　陈文俊 /33
《中国通史》一处“张冠李戴”　陈大新 /34
前蜀姓王，后蜀姓孟　宁继忠 /35
“望年交”？“忘年交”！　李景祥 /36
文天祥何时写《过零丁洋》　汤青武 /37

语苑新谈

孔子对子路的盖棺论定　石毓智 /38

正音室

“道行”之“行”不读 háng　杨亚东 /42
身份证上“X”怎么读　吕政保 /43

社交新风

请拒绝“二元对立”的语言　徐默凡 /44

检测窗

编校差错扫描（三十九）　王　敏 /47

网言网语

换了“人间”　钟雨辰 /50
趣谈“× 了个寂寞”　杜星仪 /53

东语西渐

“割韭菜”英语怎么说　陆建非 /55

说文解字

“宀”的大千世界（上）　刘志基 /57

向你挑战

小小的钉子　林　琳　设计 /60

热点聚焦

说古道今话『小康』

◎曹志彪

习近平总书记在庆祝中国共产党成立100周年大会上的重要讲话中庄严宣告："经过全党全国各族人民持续奋斗，我们实现了第一个百年奋斗目标，在中华大地上全面建成了小康社会，历史性地解决了绝对贫困问题，正在意气风发向着全面建成社会主义现代化强国的第二个百年奋斗目标迈进。"全面建成小康社会的目标如期实现，展现了新时代中国特色社会主义的伟大成就，标志着中国开启了全面建设社会主义现代化国家的新征程。"小康"再度成为一个热词。

"小康"是中华传统文化中古老的词语，有着深厚的历史文化渊源。《诗经·大雅·民劳》："民亦劳止，汔（qì，差不多）可小康。"大意是说老百姓太辛苦了，也该稍稍得到点安乐了。这是"小康"一词首次出现。"小康"在中华民族发展史上经历了漫长的内涵演变，逐渐成为人们表达对政治清明、经济繁荣、社会安宁、家境富裕的向往和追求的通用词。

人们印象中，传统意义上的"小康"经常用在家庭层面。《现代汉语词典》："指家庭经济状况可以维持中等水平生活。"其实从古至今它都有两个层面的含义，既可指个体家庭生活的宽裕，如"小康之家"，也可指整个国家和社会的富足安宁，如"小康之世"。两者分别从个体和整体而言，后者包含了前者。从国家治理角度而言，主要着眼的是整个社会的"小康"，同时兼顾每个家庭。

儒家先贤们由于不满商周时期礼乐崩坏、社会动乱、民生凋敝的现状，一心向往远古三皇五帝时期的和谐安乐。《礼记·礼运》以此为范本描绘了"天下为公"的"大同"之世；同时提出"天下为家"的"小康"之世，作为比完美的"大同”理想相对低级的社会形态。

在古代，天下“大同”虚无缥缈，而对于安居乐业的“小康”，就像陆游《农家》诗所写的那样，“小康何敢望，生计且支撑”。晋代陶渊明笔下“黄发垂髫，并怡然自乐”的桃花源，只能是虚构出来的“小康”幻象。现实中，短暂或局部出现社会相对安定、百姓温饱问题有所改善的情况，就会被赞为“小康”。如宋真宗《北征回銮诗》：“继好安边境，和同乐小康。”像唐朝的“开元盛世”、清朝的“康乾盛世”等相对较繁荣的时期，算是古人眼里难得一见的“小康”。积贫积弱的近代中国，实现“小康”更是奢谈，洪秀全、康有为等人曾试图以“小康”乃至“大同”为理想进行社会革新，结果都以失败而告终。

中华人民共和国在建设富强的社会主义国家的不懈奋斗过程中，也采用了“小康”这样一个凝聚了中华民族无数代人理想的、为广大群众所熟悉的词语，来概括国家发展阶段性目标。现代“小康”的概念，是在改革开放之初由邓小平同志首先提出来的。邓小平在会见日本首相大平正芳时指出，中国20世纪的目标是实现小康。十二大报告首次把“小康”作为主要奋斗目标在正式文件中提出来。

现代意义上的“小康”水平，是指人们物质和文化生活等方面的基本需要得到较好满足的程度，用小平同志的话说就是“不穷不富，日子比较好过的水平”。随着中国特色社会主义建设事业的不断推进，“小康”社会的内涵和意义也不断得到丰富和发展。一开始主要是以国家经济发展指标来衡量。十三大确立了社会主义现代化建设三步走的战略部署，第二步就是到20世纪末国民生产总值比1980年翻两番，使人民生活达到小康水平。在实现基本小康的基础上，党的十五届五中全会第一次提出了“全面建设小康社会”的历史任务。十七大报告对“全面建设小康社会”又提出了新要求，即增强发展协调性、扩大社会主义民主、加强文化建设、加快发展社会事业、建设生态文明等。十八大报告进一步明确了“全面建成小康社会”的目标，十九大发出“决胜全面建成小康社会”的动员令，直到建党100周年庆祝大会上，习近平总书记庄严宣告我国已全面建成小康社会。

无论古代还是现代的“小康”社会，都被视为从贫困状况通向某种理想的高度繁荣富足状况的中间阶段，在古代通向的是“大同”之世，今天通向的是富强民主文明和谐美丽的社会主义现代化强国。古代“小康”是建立在落后生产力和封建私有制基础上的一种自给自足的小农社会，是长期处于贫困状态的百姓们对于温饱无忧的生活的向往。现代中国“小康”是建立在以公有制为主体、多种所有制经济共同发展的基本经济制度之上，以共同富裕为追求的中国特色社会主义的小康社会。古代“小康”多指物质生活上的温饱的解决，有时还包含社会安宁、百姓安居乐业的意思，是低水平的小康。现代“小康”的衡量标准从最初主要看重经济指标，发展到了涵盖社会发展的各个方面的指标。在社会领域上全覆盖，是包括经济建设、政治建设、文化建设、社会建设、生态文明建设各方面全面进步的小康；在地理区域上全覆盖，小康的实现在地域分布上没有“盲区”和“盲点”；在全国人口上全覆盖，是惠及家家户户，惠及每一个人的小康。由不充分、不平衡的小康发展到了更充分和更均衡的小康，由基本小康发展到了高水平小康。

“小康”作为一个有着悠久历史的词语，在不同时代都是人们追求美好生活理想的代名词，尽管形式没有变，但由于不断承载新的时代内涵，而不断焕发出新的生命力。到如今，全国人民在中国共产党领导下接续奋斗，全面小康得以真正实现，向中华民族伟大复兴的目标迈进了一大步。

追踪荧屏

莫把明君作暴君

◎孙延宜

2021年7月19日，中央电视台综合频道播出的电视连续剧《大决战》第38集中，刘厚同劝说傅作义与共产党和谈，刘厚同这样说道："我倒是想到了一个恰当的比喻，商汤残暴无能，导致民不聊生啊，而文王和武王呢，他们抛却了君君臣臣那些迂腐之见，毅然反抗，致使生民免遭涂炭。"（字幕同步显示）显然，这里将商纣王误说成商汤了。

夏朝末年，暴君夏桀弄得人心浮动，朝野不宁。当时的商族部落领袖汤（即电视剧所说的商汤，亦称"武汤""成汤"等）在内重用伊尹为首的一批贤臣治国，在外则联合其他不满夏朝统治的诸侯，一举击败并流放了夏桀，取而代之建立了商朝。而商纣王则是商朝末代君主，他重刑厚敛、拒谏饰非、沉湎酒色、穷兵黩武，导致各方诸侯与他离心离德。此时，西边的周国国力逐渐强大。牧野一战，商军被周武王所率诸侯联军击败，商纣王登上鹿台投火自尽，商朝遂画上了句号，取而代之的是周武王建立的周王朝。

500余年的商朝，商汤王与商纣王一头一尾，将二者混淆，实属荒唐。

“供品”非“贡品”

◎高良槐

电视连续剧《浴血坚持》第15集中，湘赣省苏维埃政府主席谭余保和他的警卫员被敌军追赶，跳进了白薯洞，爬不出去。第七天，一位大嫂祭拜她父亲时，听到呼救声前去查看。谭余保请她帮忙救他们上去。大嫂说：“等白狗子（指国民党军队）走了，我让人把你们弄上来。我这里还有我给我爹的gòng品，你们要是不嫌弃的话，你们先吃。”同步显示的字幕将“gòng品”写作“贡品”，错了，应为“供品”。

贡，即进贡、进献本地产物给帝王。贡品就是古代臣民或属国贡献给帝王的物品。《周礼·天官·大宰》：“五曰赋贡。”陆德明释文引晋干宝曰：“赋，上之所求于下；贡，下之所纳于上。”

而供品是供奉神佛或祖宗用的瓜果酒食等，是祭祀用品。如柳青《创业史》：“清明前三天，汤河流域的庄稼人，就开始上坟了。庄稼人们洗了手，提着竹篮，带着供品，香和纸。”

大嫂让谭余保他们吃的，是用以祭祀已故父亲之供品，而不是贡品。

谁解“了事佛身去”

◎龙启群

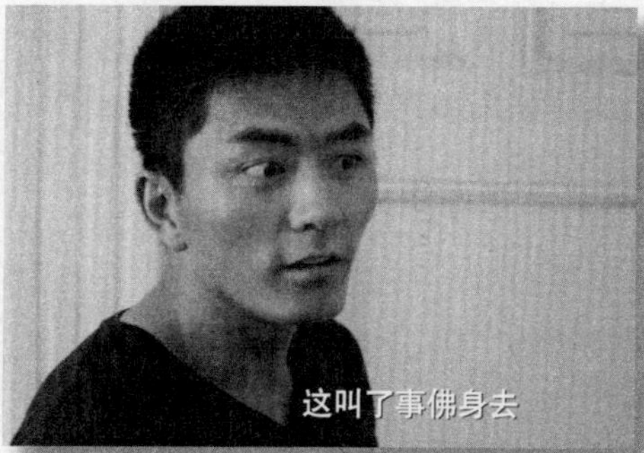

电视连续剧《刑警队长》第11集中，刑警队长顾铭破获了丁作君杀人案，《江海日报》刊登了顾铭连破大案的事迹。队员们正眉飞色舞地谈论着这篇报道，顾铭却一把抢过报纸，让队员们“该干吗干吗去！”他的徒弟林之华说：“知道这叫什么吗？这叫了事佛身去，深藏功与名，这样的领导才值得我们跟随。”（字幕同步显示）“了事”即办妥事情，“佛身”的字面意义就是佛的身体，“了事”如何“佛身去”？其实，“了事佛身去，深藏功与名”应是“事了拂衣去，深藏身与名”。

李白《侠客行》前八句为：“赵客缦胡缨，吴钩霜雪明。银鞍照白马，飒沓如流星。十步杀一人，千里不留行。事了拂衣去，深藏身与名。”拂，有甩动、抖动的意思。拂衣，即振衣而去。“事了拂衣去，深藏身与名”即事情完成后，侠客们便振衣而去，不留下姓名。这两句诗表现的是侠客为人排忧解难却淡泊名利的高尚人格，在此处用来说明刑警队长顾铭尚义气、重承诺、不图名利的高风亮节，非常恰当。

“了事佛身去”语意难解，闹出了笑话。

四字格新语"学思践悟"

◎刘冰鑫

党的十八大提出要坚持中国特色反腐倡廉道路，中央纪委和监察部积极响应号召，在官方网站上设立了《学思践悟》学习专栏，用它来传递重要声音，阐释精神理念，促进大家思考，以推动党风廉政建设和反腐工作开展。请看：

（1）善于学思践悟，密切关注"四风"问题新动向新表现，一个阶段盯住一个阶段的突出问题、把握一个阶段新的特点，手里有一摞知道哪里容易丢分的"错题集"，以"不贰过"的认真态度对重要节点、重点领域和岗位、关键环节"严防死守"，高分就会向你"招手"。（《中国纪检监察报》2018年6月15日）

随着该专栏影响力扩大，"学思践悟"不仅适用于反腐倡廉工作，而且适用范围不断扩大。例如：

（2）希望广大党员特别是青年党员认真学习马克思主义理论，结合学习党史、新中国史、改革开放史、社会主义发展史，在学思践悟中坚定理想信念，在奋发有为中践行初心使命。（《人民日报》2020年9月19日）

（3）近年来，福建省总（工会）大力推进"书香工会"建设，打造开放学堂，以劳动为师，引导干部职工在学思践悟中做有情怀的工会干部，用真情服务职工，助推工会工作不断改革创新。（《工人日报》2019年12月31日）

（4）坚定的信仰源于理论的灌注，学思践悟强军思想，必须带着忠诚学、带着使命学、带着感情学，自觉从人类历史大潮流、世界变化大格局、中国发展大趋势中坚定强军信念，从强军思想提出的时代背景、回答的核心问题、擘画的方略布局中坚定强军信念。(《学习时报》2017年9月27日)

例(2)—(4)涉及学习马克思主义理论、推进工会建设和坚定强军思想，在不同领域不同方面，"学思践悟"逐渐成为我们各项学习和实践应遵守的准则。

"学思践悟"由学习、思考、实践、领悟四个词语缩略而来，属于紧缩式缩略语，即抽取原词语中有代表性的语素，再将它们组合在一起，如"民警"(人民警察)、"纪检"(纪律检查)、"节假日"(节日、假日)、"陆海空军"(陆军、海军、空军)等。缩略语用简短的形式表达了丰富的内容，使用省时省力，符合语言应用的经济性原则。缩略语一经流行，它的形式和结构也随之固定，不能随意拆开或改动。

"学思践悟"四字短语，言简意赅，表意明确，常常出现在标题中。请看：

(5)学思践悟新思想　谱写武夷新篇章(标题，《闽北日报》2020年8月21日)

(6)学思践悟全会精神　凝心聚力矢志前行(标题，《中国航天报》2020年9月15日)

值得注意的是，"学思践悟"所表示的学习、思考、实践、领悟并不是被分割的四个独立环节，它们是相互联系、循环上升的一个整体，学而思，思而践，践而悟，悟而学。其中，"学"是基础和前提，"思"是"学"的延伸，"践"使"思"落到实处，"悟"承上启下，既是对上一过程的总结，也是下一过程的开端，如此反复推动我们的认识发展前进。

在新时代，各级干部和广大青年更应该勇于担当，"学思践悟"，要常学常新，知行合一，砥砺奋进，实现新目标，展现新作为。

借词“单品”正流行

◎高丕永

当下流行的新词“单品”，上世纪80年代初直接从日语借入，原词是日语用汉字书写的“单品”。借词“单品”有三个义项。

“单品”的第一个义项，指“成套物品、商品中的一件”，与“套装、套餐”等相对。比如：“方便面条中的汤料，实际上也是单品汤料中的一种。”（《国外食品技术》1980年第2期）“单品汤料”指“单独售卖的汤料”。又如：“年夜饭半成品需求增加 单品比套餐更受宠”（标题，《中国食品》2021年第2期）。汉语本来有一个与“单品”基本同义的词“单件”，但一般只用于工业制品。

“单品”的第二个义项，指“同一种类的物品、商品”。比如：“近年来日本出现了异军突起的单品商店。如有的商店专售晚礼服，有的专售袜子、拖鞋。”（《学习与研究》1988年第11期）又如：“2020年10月，他跟几个合作社签了赤松茸包销协议，一个月单品销量就达到了70万元。”（《光明日报》2020年12月11日）其中的“单品销量”相当于“赤松茸一种商品的销量”。

“单品”的第三个义项，是本文要着重诠释的义项，指“（商业）库存盘点的条目”，通俗地说，就是“商品属性全部相同的商品”。商品属性，包括品牌、产地、用途、成分（配置）、规格、花色、等级、价格、保质期、生产日期、包装容量等。也就是说，只要有一个属性不同，就不属于同一种单品。比如，其他属性都相同的绿茶，50克装的和100克装的是两种单品，手工炒制的和机器炒制的是两种单品，明前的和雨前的又是两种单品。选择多少商品属性来编制“库存盘点的条目”，由商家决定。选择的数量越多，越能满足顾客多元化和个性化的需求。但是，在计算机技术问世之前，却很难做到“多多益善”，因为一个出售成百上千种商品的商店，不可能承受如此巨大的统计负担。

上世纪90年代，计算机技术（包括POS机、条形码扫描仪等硬件）的应用，极大提高了按商品属性划分单品的能力。属性全部相同的商品对应一个条形码，经过扫描仪一扫就能记录进计算机系统。因此，对每一单品的每一活动进行管理的“单品管理”应运而生：管理者能及时了解“什么单品畅销、在什么时间畅销、销售变化周期有何规律、库存量情况如何、何时需要补充进货、顾客的多元化和个性化需求有什么变化”等信息，并且第一时间加以研判应对。

进入新世纪后，为了提升品牌知名度，“以点带面”扩大盈利，商家常常举办“单品营销（单品销售）”活动，即“在单品上集中人力物力进行的聚焦式营销”。比如：“单品营销魅力十足，几乎可以应用于所有商业领域，在商超、医药、服装鞋帽、餐饮等领域尤其适用。”（《农村百事通》2016年第6期）“单品突破”与“单品营销”同义。比如：“让贵州农产品叫得响传得开立得住——从‘单品突破’看农产品规模化标准化品牌化发展的破局之路”（标题，《贵州日报》2021年4月12日）。

目前，第三个义项的“单品”十分流行，往往带有“能满足顾客多元化需求，能凸显顾客独特个性”的附加意义，还常与“时尚、流行、经典、热门、独特、超级、爆款、必备”等词语一起使用。比如：“而今，集刺绣、中药、中国结等传统文化元素于一身的古老香包，在现代生活中‘如鱼得水’——它成为

非谓形容词"原生"和"次生"

◎南　园

"原生",指"最原始的、未经外界影响或未经加工修饰的"。与"原生"相对的是"次生",指"再次生成的、间接造成的、派生的"。"原生"和"次生",上世纪二三十年代已经用作定语,出现在借自日语或英语的专业术语中。当时,有"原生林"(原始林)、"次生林"(原生林被采伐或破坏后又恢复起来的树林),"原生矿"(成矿后从未经自然力移动和作用过的矿床)、"次生矿"(成矿后经自然力移动和作用过的矿床),"原生动物"(单细胞动物)等。

《现代汉语词典》没有收录"原生",只收录了"次生"并标明是"属性词",即"非谓形容词"。实际上,"原生"和"次生"都是非谓形容词,不能直接充当谓语,只有置于"是……的"之中才能充当谓语。比如:"在武大校园、在鼋头渚、在玉渊潭公园,无论是引进的还是原生的,一树繁花同样的烂漫悠然。"(《人民日报》2018年4月5日)也可以加上"的"字作定语。比如:"连续数月,世卫组织付出的艰苦努力都处于全球聚光灯下:……携手世界主要网络平台,应对随疫情次生的'信息流行病'……"(《人民日

游客争相购买的'网红'纪念品、年轻人日常佩戴的'时尚单品'、居家的常备保健品。"(《新华每日电讯》2020年6月13日)又如:"从大屏到小屏,从折叠到拼接,热门单品让核心技术和创新'可视'。"(《人民日报》2020年11月6日)

报》2020年5月18日)

"原生",可以加上表示"属性"的后缀"型"或"性"作定语。比如:"他们至今保存着古傣先民古朴原始的自然崇拜、祭祀、染齿、文身、赶花街等原生型傣族文化元素。"(《人民日报》2013年12月5日)又如:"应在保护乡村原生性景观的基础上,对现有基础设施与公共服务体系进行改造提升,坚决避免大拆大建,注重维护景观设施与乡村文化的关联性,让乡村旅游'留得住人、安得下心'。"(《人民日报》2019年4月9日)而"次生型""次生性"的说法则相对比较少见。

"原生"和"次生"的主要用法是直接作定语。改革开放后,出现了不少这样的新词语,常见的有"原生文明""次生文明","原生文化""次生文化","原生灾害""次生灾害","原生问题""次生问题","原生犯罪""次生犯罪","原生情感""次生情感",以及"原生家庭""原(生)生态""原生艺术""原生环境"和"次生影响""次生案件""次生舆情""次生垃圾""次生污染""次生疫情"等。

"原生"组成的词语和"次生"组成的词语相对称的,有时会成对使用。比如:"'入世'的原生问题与次生问题"(标题,《福建日报》2001年12月4日)。又如:"气象灾害往往有一种'多米诺骨牌效应',从原生灾害会产生次生灾害,这就需要综合应对,多部门联动。"(《人民日报》2012年5月14日)

有的"次生"词语,没有相对应的"原生"词语,如"次生污染""次生垃圾"。有的"原生"词语,没有相对应的"次生"词语,如"原(生)生态"。近年来出现的"原生广告"(把广告作为内容的一部分植入到实际页面设计中的广告形式)、"原生相机"(手机操作系统自带的照相应用程序)、"原生安卓"(没有经过第三方修改的安卓操作系统)等,也没有相对应的"次生"词语。

一针见血

“溯汉水而下”？

◎白林密

《国家人文历史》杂志公众号2021年6月19日刊发《遭遇乱世、重税时，为什么古人不去人烟稀少的地方避难？》一文。文章讲西晋“永嘉之乱”时期中原士民南迁，这样写道：“陕西、河南一带的士民溯汉水而下，最终抵达荆襄、长沙一线聚居。”“溯汉水而下”明显是个错误表述。

溯，义为逆流而上。《集韵》：“泝、遡、溯，《说文》：‘逆流而上曰泝洄。泝，向也，水欲下违之而上。’”“泝、遡”为“溯”的异体字，现已不用。“洄”与“溯”同义，皆表示逆流而上。如《诗经·秦风·蒹葭》：“溯洄从之，道阻且长。溯游从之，宛在水中央。”“溯”字引申，也有时间上向上推求、回想的意思。如人民英雄纪念碑碑文里就有：“由此上溯到一千八百四十年，从那时起，为了反对内外敌人，争取民族独立和人民自由幸福，在历次斗争中牺牲的人民英雄们永垂不朽！”

汉水，即汉江。发源于陕西西南部宁强县，总体流势由西北向东南，出陕西入湖北，最终由汉口龙王庙汇入长江。据此，陕西河段为汉水的上游，湖北河段为汉水的下游。“永嘉之乱”时期，陕西、河南人沿汉水到湖北，应该说成“顺汉水而下”或“沿汉水而下”。

应是“侍讲学士”

◎沈阳仁

2021年8月16日《今晚报》第12版《嘉庆大水〈津门拯溺图〉》一文写清嘉庆六年（1801）天津洪汛成灾，知县沈长春尽职救灾，有《津门拯溺图》描绘灾情和救灾之举，文中写道：“概述对于拯溺图的观感，‘此图之幅才五尺，中有四五万人衔恩泣’，这是吴鼒的诗句。吴鼒，嘉庆进士，官仕讲学士。”吴鼒的“鼒”音zī，义为小口的鼎。他不是“仕讲学士”，而是“侍讲学士”。

侍，为陪侍尊长之义。侍讲之称东汉已有，是侍从皇帝、皇太子，为他们讲授经义之人。三国之后有这一官职，但不常置。唐代有集贤院侍讲学士、翰林院侍讲学士，备君主顾问。宋代沿置，明清为翰林院之官职。《清史稿·职官志》：“侍讲学士，初制从四品。宣统元年升正四品。满洲各二人，汉各三人。”清代的翰林院，有掌院学士、侍读学士、侍讲学士、侍读、侍讲、修撰、编修、检讨、庶吉士等。

“仕”有为官、任职、职位等意义，历史上从未有过“仕讲学士”。

“巫山”非“乌山”

◎刘曰建

2020年8月10日《北京晚报》第20版《水中三城见底蕴》一文，说六十多年前修建密云水库的场景：“20多万人云集密云，肩拉背扛，干劲冲天，拦截住潮河白河，场面火爆，大有‘截断乌山云雨’的气魄。”其中“截断乌山云雨”应为“截断巫山云雨”。

“截断巫山云雨”出自毛泽东的《水调歌头·游泳》（一九五六年六月）。毛主席视察武汉长江大桥的建设施工，在武汉三次畅游长江后写下这首词，其最后几句是：“更立西江石壁，截断巫山云雨，高峡出平湖。神女应无恙，当惊世界殊。”其中用了我国古代的美丽神话。巫山，位于重庆市东部，东临湖北省巴东县，因形如“巫”字，故名。长江穿流其中，形成三峡。传说中楚襄王在游高唐时曾梦与巫山神女相遇，神女自称“旦为朝云，暮为行雨”。上面几句的大意是说：以后要在西边的长江上筑起大坝，把上游的山洪雨水截住，使之成为高峡平湖。神女那时应该安然无恙吧，她会惊讶世界变了模样。

“乌山云雨”不知所云，“巫山”误为“乌山”是音同所致。

莫将“笙竽”作“芋艿”

◎晋　相

2021年8月16日《北京晚报》第20版《天坛中和韶乐溯源》一文写道：“中国的音乐起源很早，伏羲作琴瑟，黄帝制笙芋，夔作鼓，伶伦、荣将铸钟等记闻，足见年代久远。”其中乐器名应是“竽”而非“芋”。

竽，yú，古代竹制簧管乐器，发音原理与笙相同，形似笙而略大，管数也比笙多。战国时竽曾在民间广泛流传。《韩非子·内储说上》讲齐宣王喜听吹竽，让三百人一齐吹奏，南郭先生本不会吹竽，却混在里面充数，给后世留下了一个“滥竽充数”的成语。据说汉代的竽多为36管，后来简至22管或23管，分为前后两排。隋唐时宫廷尚有竽，宋以后渐渐被笙替代。

芋，yù，多年生草本植物，其块茎俗称芋头、芋艿，为椭圆形或卵形，富含淀粉，可当粮食吃，亦可制淀粉、酒精。

“弦”可更“辄”不可改

◎阎德喜

《书屋》2018年第7期《命运之手》一文这样写道：“他将勇往直前，文学奖不会让他沾沾自喜，不公正的批评也不可能让他更弦改辄。”其中的“更弦改辄”有误，“辄”应是“辙”。

辙，车轮轧过的痕迹，引申指道路。“更弦改辙”，也作“改弦易辙”，意思是乐器换弦，车子改道，比喻改变方向、计划或做法。上述引文中的“小说家”，具有勇往直前的精神，不公正的批评改变不了他的前进方向。把这表述为“不可能让他更弦改辙”是准确的。

辄，《现代汉语词典》的释义是：总是；就。如：动辄得咎、浅尝辄止。“更弦改辄”，“改”是动词，“辄”是副词，“改辄”组合说不通。

水漫金山不在雷峰塔

◎李华山

2021年8月6日《沈阳日报》第12版《沈城古塔“活”向未来》一文主张“应把塔资源放在‘旅游目的地’平台上深入挖掘”，还有这样一段话：

到了西安，一定会去看看现存最早、规模最大的唐代大雁塔；到了杭州，也一定会到白娘子水漫金山救许仙的雷峰塔转一转……

例子是人们熟知的，却出了毛病。“白娘子水漫金山”之处不是雷峰塔。

“白蛇传”是我国民间传说故事，白蛇（即白娘子）下山化作人形，与许仙相恋结为夫妻，法海和尚因白蛇是妖，屡次从中破坏，最终将白蛇镇于雷峰塔下。“白娘子水漫金山救许仙”这段故事发生在金山寺。金山寺位于今江苏省镇江市。法海将许仙骗入寺中，白娘子“水漫金山”，使得许仙得以逃出。现在常用“水漫金山”来形容大水弥漫。

而雷峰塔在今浙江省杭州市西湖南岸夕照山，“雷峰夕照”是西湖十景之一。在传说中，白娘子最终被法海镇在雷峰塔下。从地图上看镇江金山寺到杭州雷峰塔的距离约有270公里，杭州雷峰塔不是在“水漫金山”的镇江金山。

是说王维的，不是王维说的

◎陈福季

2021年7月30日《解放日报》第12版刊出《在笔墨中听到淳美的歌声》一文，其中说：“画画带给我很大的安慰，就像唐代诗人王维说的‘诗中有画，画中有诗’。我觉得书画是视觉的，能让人静心；歌唱是有声的，是听觉的，能给人愉悦的心情。”这段话中将“诗中有画，画中有诗”的作者“苏冠王戴”了。这话是苏轼说的，用以说明王维画作和诗的特点。

王维（701？—761），字摩诘。诗书画都很有名，也精通音乐。苏轼在《书摩诘〈蓝关烟雨图〉》中说：“味摩诘之诗，诗中有画；观摩诘之画，画中有诗。”“诗中有画”即诗歌富有画面感，读诗如同置身于画中；“画中有诗”指画中充满诗意。

误引《爱莲说》

◎李可钦

2019 年 7 月 22 日《潮州日报》第 5 版文章《临湖而坐》写道：“真像一朵莲那么洁身自好，那该有多好！出淤泥而不染，濯青莲而不妖，中通外直，不蔓不枝，香远溢清，可远观而不可亵玩焉！”其中“出淤泥而不染”至“不可亵玩焉”出自周敦颐《爱莲说》，赞叹莲花之高洁。遗憾的是，所引文字出现了三处差错：“濯青莲”是“濯清涟”之误；“香远溢清”中的“溢”应为“益”，“益”是更加的意思；“香远益清”后少了一句“亭亭净植”。

清涟，语本《诗经·魏风·伐檀》：“河水清且涟猗。”猗，义同“兮”，语气助词。“清涟”意思是说水清澈而且有细波纹。如宋王安石《天童山溪上》诗：“溪水清涟树老苍，行穿溪树踏春阳。”“濯”是洗的意思，《爱莲说》中的“濯清涟而不妖”，是说莲在清水里洗涤过却不显得妖媚。

青莲，可指青色莲花，可指像青莲一样的颜色，也可指称与佛教有关的事物，等等。《爱莲说》中没有“濯青莲”。

“四部”包含“诗词曲”

◎李信宜

“中华文化源远流长，经、史、子、集、唐宋诗词、元曲、明清小说等等，经典著作汗牛充栋，名称就没办法列举了。”这句话出自2020年10月6日《梅州日报》第3版《再谈读经典有什么用》一文。且不说文中与“元曲”并称的应是“唐诗宋词”；这里将“唐宋诗词、元曲”与“经、史、子、集”并列也是不妥的。

“经、史、子、集”是我国传统图书分类的四大部类，称为四部。西汉《七略》将图书分为七略，分别是辑略、六艺略、诸子略、诗赋略、兵书略、术数略、方技略。西晋荀勖《中经新簿》将图书分为甲、乙、丙、丁四部。东晋李充《四部书目》交换乙、丙两部。到《隋书·经籍志》，四部正式定名为经、史、子、集，同时确定了四部的顺序。

经部，也称甲部，包括儒家经传和小学方面的著作，如《尚书》《礼记》。史部，也称乙部，包括各种历史著作，如《史记》。子部，也称丙部，包括诸子百家的著作，如《孙子兵法》。集部，也称丁部，包括历代作家的诗、文、词、赋、曲等著作，如《东坡全集》。

“四部”中“集”已包括“唐宋诗词、元曲”。不应将“唐宋诗词、元曲”与“经、史、子、集”并列。

“拶”是钉竹签吗

◎得 喜

《书屋》2018年第7期所载文章《〈金瓶梅〉别裁（上）》中有这样一段话：“（西门庆）一边将丈母与女婿案，呈报东昌府去，一边喝了公堂两边哼哈，将告密者暴打一顿，‘也吃我把那奴才拶了几拶子好的……’拶，大概是钉竹签吧，西门庆对此使用恶刑酷刑，也足见其对告密者之咬牙切齿……”说的是西门庆对所审通奸案的告密者“咬牙切齿”，对其施以酷刑“拶”。但是，“拶”并不是“钉竹签”。

拶，读zā，表示逼迫，如逼拶。唐代李山甫《禅林寺作寄刘书记》诗：“坐近松风骨自寒，茅斋直拶白雪边。”读zǎn，是一种旧时酷刑，也称“拶指”。这种酷刑是用绳穿小木棍五根，套入手指，然后用力收紧。如《二刻拍案惊奇》卷十二：“就用严刑拷他，讨拶来拶指。”其刑具叫“拶子”。西门庆用于对付告密者的正是这种酷刑。

上述引文提到的“钉竹签”，应该是一种叫“签爪”的酷刑，是用竹签钉手指脚趾。“拶”与“签爪”虽都与手指有关，但非同一种酷刑，不应混淆。

“小桥流水人家”不是宋词

◎厉国轩

2021年5月10日《益寿文摘》第6版刊有《家是一阕宋词》一文，其中说：“如果用一句宋词来描述我家，可以说是‘小桥流水人家’，属于‘婉约派’。而婆家呢，属于‘豪放派’，他们说起话来都是‘挥斥方遒’，‘指点江山’的姿态。”宋词中有“小桥流水人家”吗？没有！

“小桥流水人家”出自元代著名散曲作家马致远的小令《天净沙·秋思》：“枯藤老树昏鸦，小桥流水人家，古道西风瘦马。夕阳西下，断肠人在天涯。”前人论曲，无不推崇这首小令。周德清《中原音韵·小令定格》说此曲为“秋思之祖”。艺术眼光很高的王国维将它列为元人小令的“最佳者”，并评论说：“《天净沙》小令，纯是天籁，仿佛唐人绝句。”（《宋元戏曲考·元剧之文章》）

词是宋代盛行的一种文学体裁，它始于南朝梁代，形成于唐代而极盛于宋代。宋词句子有长有短，便于歌唱，因此有“长短句”之名。因是合乐的歌词，故又称曲子词、乐府、乐章、琴趣等。宋词当中不乏有“小桥流水人家”意境者，但“小桥流水人家”一句出自元曲，不能称之为“宋词”。

借题发挥

七夕何来“残月”

◎郭明亮

2020年8月25日《太原晚报》第24版刊有《七夕，那轮残月》一文，文中说：“每到七夕，我和妻都会在一轮残月的光映下，手牵手漫步于垂柳依依的河堤，缓缓地走进诗中的意境。”标题和引文中都存在问题，“七夕”哪有“残月”？

七夕，那轮残月

“银烛秋光冷画屏，轻罗小扇扑流萤。天阶夜色凉如水，坐看牵牛织女星。”杜牧，这个精致的唐朝男人，既有胸怀家国之气，又有儿女情长之致，一首《秋夕》让人遐想无限，天上人间，情意绵绵。

为此，每到七夕，我和妻都会在一轮残月的光映下，手牵手漫步于垂柳依依的河堤，缓缓地走进诗中的意境。

残月之下，这里一河之隔的乡村，感觉有点沉寂，有点空旷，也蕴含着几许柔美。透过朦胧的月色，隐约可见稻田里，菜园地，葡萄架下一派成熟之韵，它们怀揣着丰收的果实，在柔和的月光中安然入睡了。河边的一处池塘，月映荷花，蛙鸣飘散的清香在空气中荡漾。闻那飞舞的流萤，像似嗅到了什么瓜果的香气，不知疲倦地闪着

因为月球、地球和太阳三者相对位置的变化，从地球上看来，月球有盈亏变化。按先后出现的顺序，月亮可以细分为新月、蛾眉月（上蛾眉月）、上弦、凸月（盈凸月）、满月、凸月（亏凸月）、下弦和蛾眉月（下蛾眉月）。

新月，是农历月初形状如钩的月亮。蛾眉月是月初或月末形状像蚕蛾须那样的月亮，分为上蛾眉月和下蛾眉月。弦月指农历每月初七、初八和二十二、二十三日时的月亮，此时的月亮因形状如弓而被称为弦。初七、初八的为上弦月，二十二、二十三日的为下弦月。望日（通常是农历十五，有时是十六、十七日）的月亮是圆的，称为望月、满月。凸月是满月前后的月相，上弦月过后，称之为“盈凸月”，下弦月之前称为“亏凸月”。

“残月”，正是下蛾眉月的别称，指农历月末的月亮。而七夕，在农历七月初七，此时的月亮正是上弦月，七夕的月不能叫“残月”。

“垂髻”应为“垂髫”

◎屠林明

2021年1月15日《中国红十字报》第4版《见证：生命的礼物》报道遗体和人体器官捐献者的事迹，文中以《襁褓》《垂髻》《及笄》《壮年》《花甲》《耄耋》为小标题，记述了各年龄段的捐献者。其中的“垂髻”有误，应为“垂髫”。

> **垂髻**
>
> 七岁的瑶瑶，送进ICU就没能出来。悲痛不能自已的父母决定捐献她的眼角膜和遗体。一对眼角膜让北京地区的两位患者重见光明。
>
> 她的妈妈在朋友圈里写道：“不知道你在那边好不好、冷不冷？妈妈好想你！”看到照片里小姑娘那对明亮清澈的眼睛，我泪目，回复说：她在北京很好，那里冬天有暖气，一点也不冷。

上述文章中，小标题《垂髻》下写的是捐献者“七岁的瑶瑶”，“垂髫”可借指儿童，正符合“瑶瑶”的年龄。“髫”与“髻”两字的字形相近，但一以“召”为底，一以“吉”为底，要注意辨别。

髫，古代指孩子下垂的头发。垂髫，就是小孩子扎起来并下垂着的头发，借指儿童、幼年。如晋代陶渊明《桃花源记》：“黄发垂髫，并怡然自乐。”句中的“黄发”指老人，“垂髫”则指小孩子。句子大意是不论是老年人，还是小孩子，人人安适自在而有乐趣。

髻，在头顶或脑后盘起来的头发，即发髻，如飞天髻、蝴蝶髻。汉语中没有以“垂髻”指年龄的用法。

学林

糊涂的“一辈子”

◎吕永进

记得多年前央视一档访谈节目,受访者是大名鼎鼎的某先生。在访谈中,主持人多次说“您这一辈子”如何如何,当主持人再次用“您这一辈子”交流时,先生终于忍不住,略有愠色地说:“你这左一个一辈子,右一个一辈子的……”主持人方知不妥。自此,笔者与年事较高的人交谈时,不敢轻言“一辈子”。

“一辈子”究竟有多长?有社会人平均寿命的约数:人生不过三万来天。也有因人而异的个体寿命答案:黄泉路上无老少,三岁夭折和享年百岁,都是“一辈子”。“一辈子”是个口语词,现代汉语辞书如《现代汉语词典》《汉语大词典》《现代汉语规范词典》等释义,均不用定义法,而是用其书面语同义词“一生”“一生一世”等以词解词。如《现代汉语词典》释“一辈子”为“一生”。《汉语大词典》则释为:“一生一世。”而“一生”,上述辞书的定义大致是“从出生到死亡的全部时间”。这从科学的意义上应该说释义准确,似乎没什么疑问。“生的伟大,死的光荣”,我们说刘胡兰的一生是伟大而光荣的一生。

然而,在现实语言生活中,辞书用“一生”来注解的“一辈子”很多时候却并不指“从生到死”。如:“孩子他爹给二阎王背了一辈子的盐”,若按“一生”的同义词理解较劲地说,这是不可能的!但现实中我们又确实这么说,而且不管“孩子他爹”是否还在世,只要他“背盐”的时间持续得足够长,都可以这么说。这是因为“一辈子”“有时夸张地指到目前为止的生活历程”(《现代汉语规范词典》)。这个“一辈子”一般更适合于上了些年纪的人。但既然是“夸张”,或者说是“虚化”,有时也就没了年龄的限定,青年人,甚至儿童都可以说“我一辈子都没见过他这种人!”而像《红楼梦》中林黛玉赌气地对宝玉说:“这一去,一辈子也别来,也别说话。”这个“一辈子”又是指“从现在到人生终点”的“生活过程”。所以,这些打了折扣的“一辈子”是无老少之别的。以说话时间为基点,往前说往后说都成立。

或并不以说话时间为基点而上溯或后延,而是约指人生一段“较长”的历程。如某人七十大寿的寿宴上,宾客面誉寿星:“您老人家可是享了一辈子的福啊!”自然用的是“一辈子”这个社会约定的含义。不过,“较长的历程”虽然模糊,但并非虚指,因此,对年在古稀以下者,“一辈子”还是慎用为好。

由此看,现代汉语辞书在“一辈子”和“一生”“一世”“一生一世”互训的前提下,对其中核心词“一生”的注解就不能仅有本义一种,还需有符合语言生活实际的引申义,起码也应有补说。现在,少数辞书有了补说,进了一步,但对于完全同义词“一生”和“一辈子”的用法说明却又不尽相同,略有遗憾。

有“一辈子”,就有“半辈子”。“半辈子”是“人一生中的一半或大约一半的时间,一般指中年以前或中年以后的生活时间”(《现代汉语词典》)。自然是中年以前为“前半辈子”或“上半辈子”,以后是“后半辈子”或“下半辈子”,相应的书面语就是“前半生”和“后半生”,好像不怎么说“上半生”和“下半生”。“半辈子”的定义感觉比“一辈子”宽容,因为有了“大约”的限定。其实,现实生活中确切的“半辈子”比确切的“一辈子”的使用要少得多。享年九十,四十五岁是“半辈子”,也只是个大致的说法,并不如“一生”那么精确,不是确切的年月日统计。

另外,“半辈子”的“中年”这个分水岭,其年龄值也有其时代性,“中年”也有公共概念和个体概念之分。“人生七十古来稀”,类推则古代三十多岁就可以说“半辈子”了,这是古代的公共概念标准。随着人均寿命的增长,现代社会不惑之年说“半辈子”好像都为时过早了。这种词义内涵的时代性对交际的得体把握具有重要的影响力,所以,辞书释义的精准追求是任重而道远的。

作为个体而言的“前半辈子”和“后半辈子”往往更虚化,更倾向于借用公共概念而称说和理解。古人有言:不知生,焉知死。因为生命的长度不可预知,所以就个体而言的“半辈子”不能较真。而且,对个体而言的所谓“半辈子”“前半辈子”“后半辈子”,很多时候并不就是以公共概念的“中年”为分界,或是就其寿命的等分或约等分而言的。所以,“半辈子”“半生”及“半世”等系列同义词,在现代汉语辞书中也应有更符合语言事实的解说。

“人生识字糊涂始”,“一辈子”系列同义词在语言生活中需要“糊涂”的羡余度来增加表达的精准度,而在辞书注解时,则应尽量减少糊涂,多点明白。

微语录·智慧

年轻人:智慧从哪里来?

长者:智慧来源于精准的判断力。

年轻人:精准的判断力从哪里来?

长者:精准的判断力来源于经验。

年轻人:经验从哪里来?

长者:经验来源于错误的判断。

(刘　芳/辑)

语言哲思

楼下邻居刷墙买了几桶油漆？

◎宗守云

微信公众号“罗辑思维”有一篇推文《罗胖 60 秒：什么是“听懂”？》，文中写道：

(1) 看到一个段子。说楼上的邻居问楼下的，说，你好啊，我住你家楼上，我们是同样的户型，我家准备装修了，那请问你家刷墙买了几桶油漆啊？楼下说，13 桶。楼上说，哦好，谢谢。

过了好多天，楼上又问，哎，我买了 13 桶，但刷完墙之后怎么剩了 5 桶呢？你是不是记错了？楼下说，没错啊，我家也是剩了 5 桶啊。

推文评价说：“这虽然是个段子，但是在工作中，这种情况其实很常见，就是执行任务的人，经常无法理解布置任务的人的完整意图。”

在交际中，说话人说出一句话或一段话，不仅包含一定的意义，也往往包含特定的意图，听话人在听到这句话或这段话后，既需要理解对方话语的意义，也需要领会对方所要表达的意图，只有这样，交际才能取得预期的成效。例(1)楼下的邻居只是理解了楼上邻居话语的意义，没有领会对方的真正意图，这就造成了交际短路，导致双方无法有效沟通。当然也不排除楼下邻居恶作剧的可能，就是明明知道楼上邻居的意图，而偏偏不按对方的实际意图理解沟通，这属于品德问题，不是语言问题。

意义是话语所表示的内容，意图则是说话人希望达到某种目的的想法。相比而言，话语意义比较容易把握，只要习得了特定语言中形式和意义的联系和匹配，就可以理解特定语言形式的意义；话语意图则不容易把握，因为话语意图和特定说话人、特定语境有关，听话人要领会说话人的意图，有时需要通过细致的思索才能获知。

在交际中，说话人为了更清楚地表达自己的意图，常用“我是说”来明示对方。例如：

（2）王福升：外面有人找她。

陈白露：谁？

王福升：一帮地痞，都是吃卖命饭的。

陈白露：哼，谁管他们是吃什么饭的。

王福升：（立刻赔着笑）小姐，我是说，这帮人不好惹。（曹禺《日出》）

例（2）王福升说“一帮地痞，都是吃卖命饭的”，本来就包含不让陈白露招惹他们的意图，但由于陈白露不以为意，王福升用“我是说，这帮人不好惹”来明示自己的意图。

有时，听话人明知道对方话语有特定意图，但并不能领会这种意图。在这种情况下，听话人可以等待对方进一步说明，如例（3）；也可以用“这话是什么意思？”来追问，如例（4）。

（3）还有一次，她举着手机里的一张照片给我看，上面是一对夫妇和他们的儿女，爸爸抱着小儿子，妈妈和六七岁的女儿手拉手站在一起，背景是故宫。我妈问我，感觉怎么样？我不太懂她的意思，这四个人我都不认识，谈不上感觉，只是觉得画面温馨。我妈说，这就是当年要给你介绍的那个中学老师。我明白了，照片上的那位母亲，就是那位中学教师。（孙睿《替身》，《青年文学》2021 年第 6 期）

（4）唐龙握着方向盘道：“我认识你的时候，并不知道你爸是少将。你也不要把我看得太小肚鸡肠了。愿意看看风景，你尽管看。”

邱洁如问：“你这话是什么意思？”

唐龙拢拢头发："这么下去，再打十次范英明还得败。败了好哇，败了体谅的人就多了。我对你怎么样，你心里清楚。你什么都是自由的，想怎么飞，就怎么飞吧。就是这个意思。"（柳建伟《突出重围》）

当说话人的意图不能为对方所领会，交际障碍是不可避免的，这时，事情往往会朝着说话人预期相反的方向发展。例如：

（5）帅奎感慨，唉，其实我们不是敌人，你如果还要调查，你可以和我做做朋友，换一种角度介入。你来一趟地球上最高的高原，和我一起走几趟，你就知道了。李律师沉默了，良久后说，好啊，我和唐小姐商量看看。

帅奎本有嘲讽意思，想必唐美玲和她的律师不会再纠缠了。令帅奎想不到的是，一个星期后，李律师打来了电话，说，我可以去找您。（叶临之《伊斯法罕飞毯》，《天涯》2021年第4期）

例（5）帅奎的话语带有嘲讽的意思，有希望对方不再纠缠的意图，但对方并没有领会这一意图，对方按照话语的意义理解，答应去高原找帅奎，这是出乎说话人帅奎意料的。

交际是复杂的，话语内容也是复杂的，在一般性的交际场合，说话人需要明确传达自己的意图，听话人则要积极领会对方话语的意图，这样才能保证交际能够顺利进行。

《如何以"简蔽"制梅》解疑

"蔽"是"篦（bì）"字之误。北方农村有一种用高粱秸秆等编成的盛具叫"篦帘"，一般用来盛放面食，也可以用来晒玉米、稻谷、某些腌制品等。从广告旁的图片来看，腌制梅子正是放在篦帘中晾晒的。"以简篦再造古法制梅工艺"，意思是，用简单古朴的篦帘来复原古代制梅工艺。错把"简篦"写成"简蔽"，让人看了一头雾水。

文章病院

宋江杀了“阎婆媳”？

◎良　木

2021年《特别关注》杂志第5期《小鬼难缠》一文写道：“宋江杀阎婆媳刺配江州，入了牢房，他上下使钱。十两银子给差拨，管营处加倍送，营里管事的人都送银两，因此无一人不喜欢宋江。”熟悉《水浒传》的人都知道，引文中的“阎婆媳”是“阎婆惜”之误。

《水浒传》中，阎婆惜随父母流落到济州郓城县时，其父得病身亡，没钱安葬，宋江施舍棺木又给了十两银子，阎婆报恩将阎婆惜送与宋江为外室。宋江不重女色，阎婆惜便勾搭上宋江同房押司张文远。其后，晁盖写给宋江的信件及酬谢黄金，碰巧为阎婆惜所获，阎婆惜以官司相逼，宋江一怒之下将她杀死逃走。

阎婆惜为何叫婆惜？阎婆惜的故事最早出现在《大宋宣和遗事》中，其中阎婆惜是一名娼妓，而非宋江之外室。清代程穆衡《水浒传注略》中说：“《梦华录》：崇观以来，京华瓦肆主张小唱，李师师、徐婆惜。按徐与李并称，必系衏院（衏，音háng。衏院，指金、元时妓女或优伶的住所）中出色妓女，正与阎同时也。又黄雪簑《青楼集》载：陈婆惜，善弹唱，声遏行云。刘婆惜，滑稽歌舞，迥出其流。则元时娼妓，名婆惜者多矣。”可见“婆惜”应是当时妓女的常用名。至于“婆惜”的具体含义，有说“婆惜”是“婆所怜惜”之义，也有说是“老鸨爱惜妓院里女孩儿的美貌姿色”的意思。

婆媳，指婆婆与媳妇，与“婆惜”一字之差，差之甚远了。

“得陇望蜀”之“陇”不是指陕西

◎雷晓琪

在一次谈判时，苏联一方曾经指责中方发言对苏联进行了污蔑，把苏联比作虫子，还污蔑苏联对陕西和四川提出领土要求。原来，在谈判时，中方提供的中文文稿，用了“作茧自缚”“得陇望蜀”两个成语，而苏联的译员把这两个词语直译了过来。

这段文字出自《VSITA 看天下》2021 年第 9 期《外交场合，那些翻译酿成的大错误》一文。根据文意，指责中方“污蔑苏联对陕西和四川提出领土要求”，是因为“苏联的译员”对“得陇望蜀”的比喻义一无所知。但是，上文漏过了“苏联译员”的另一差错，即成语“得陇望蜀”之“陇”不是指陕西。

陇，本是山名，后指今甘肃省一带。现在，“陇”是甘肃省的别称。蜀，即今四川一带。东汉建武八年（32），光武帝刘秀已基本平定关东地区，与西北陇右隗嚣、西南巴蜀公孙述呈鼎足之势，刘秀率军亲征陇右隗嚣。岑彭率部攻破天水郡，与吴汉将隗嚣围困在西城。公孙述派兵援助隗嚣。此时，刘秀因京师骚动赶回洛阳。据《后汉书·岑彭传》记载，刘秀曾留下命令给岑彭，说：“两城若下，便可将兵南击蜀虏。人苦不知足，既平陇，复望蜀。”就是让岑彭平定陇右以后，领兵南下，攻取西蜀。岑彭决定水淹西城，结果失败。《东观汉记·隗嚣传》也有类似的记载。成语“得陇望蜀”正出自此，后来用“得陇望蜀”比喻贪得无厌。

可见，“得陇望蜀”之“陇”是指甘肃而非陕西。

“裳”是裤子吗

◎陈文俊

《语文月刊》2021年第2期刊载文章《“裳”要翻译成“下衣”吗?》,其中说:

在《三峡》的教学中,一些老师在强调重点实词时,常有把“猿鸣三声泪沾裳”中的“裳”翻译成“下衣”的情况。窃以为,这样翻译欠妥。“裳”的本义虽然是“下衣”,但在这里却不能这么解释,而应该用其引申义“衣服”。因为翻译成“下衣”明显不合逻辑,哪有人把裤子哭湿的。

“猿鸣三声泪沾裳”中的“裳”,有人认为应解释为“下衣”,也有观点认为指的是“衣服”,在此不展开讨论。但文章将其中“裳”字解释为“裤子”,值得商榷。

裳,《说文·巾部》:“裳,常或从衣。”即“裳”字在《说文》中为“常”之异体字。而“常”字,《说文·巾部》说:“下裙也,从巾尚声。”这说明“裳”就是“下裙”。段玉裁在“常”下注:“从巾者,取其方幅也。”《仪礼·丧服》郑玄注:“凡裳,前三幅后四幅也。”也就是说,裳(裙)前面有三片方幅,后边有四片方幅。这种多片方幅的裙子,与我们今天说的裙子大不一样,更不是裤子。著名语言学家王力先生编著的《古汉语常用字字典》(第4版)在“裳”字头下说:“裳 cháng,古人穿的下衣。”还特别提示:“【注意】古代男女都穿‘裳’,不是裤子,是裙的一种,但不同于现在的裙子。”(商务印书馆2005年7月版第40页)

所以,“裳”是下衣,但并不是裤子。

《中国通史》一处“张冠李戴”

◎陈大新

2015年6月上海人民出版社、江西教育出版社出版的《中国通史》(白寿彝主编)第六卷第401页上有一段文字写道:

这一时期研治《史记》的集大成者,是开元年间司马贞所著《史记正义》和张守节著《史记索引》,不仅是当时治《史记》的高水平之作,而且为后代进一步研究《史记》提供了详确的资料。

这段文字中的《史记索引》应为《史记索隐》,并且这里还将《史记正义》和《史记索隐》这两部著作的作者和书名“张冠李戴”了。

《史记索隐》是唐代司马贞所撰写的。司马贞,河内人,字子正。唐玄宗开元中,官朝散大夫、弘文馆学士。“索隐”是对古籍的注释考证,“史记索隐”就是对《史记》注释、考证。司马贞在《〈史记索隐〉序》中说:“今止探求异闻,采摭典故,解其所未解,申其所未申者,释文演注,又为述赞,凡三十卷,号曰《史记索隐》。”书中用大量的文献作为校勘材料,并考证了《史记》中的人名、史实以及司马迁生平等等。

《史记正义》则是唐代张守节之著作。张守节,唐玄宗开元时官诸王侍读,守右清道率府长史。“正义”指语言文字上恰当、准确的含义,常用作注释经史的著作的名称。“史记正义”即为《史记》作注。

《中国通史》这样一部巨著,撰写人员近400人,出现个别错误实也在所难免,但有指出来的必要,可于再版时加以改正。

前蜀姓王，后蜀姓孟

◎宁继忠

2021 年 8 月 4 日《济南时报》第 12 版《北宋的十一张面孔》一文写道：“没想到，卢多逊发现当今的年号‘乾德’与五代时后蜀后主王衍的年号用重了，如获至宝，立即向皇上报告。”此句中“后蜀后主王衍”有误，五代十国先后有前蜀和后蜀两个割据政权，王衍是前蜀后主。

前蜀，由王建所建。王建 903 年被唐封为“蜀王”，907 年称帝，建都成都，国号“蜀”，史称“前蜀”。前蜀共历二主，王衍（899—926）是王建幼子，前蜀的最后一个皇帝，因此称“前蜀后主”。王衍于 918 年即位，即位后荒淫无道，委政宦官，营建宫殿，巡游诸郡，耗费大量财力物力，使得国人不得安宁。同光三年（925），后唐出兵前蜀，仅七十天，前蜀灭亡。后唐庄宗李存勖假意下旨善待王衍，却遣人将王衍及其亲族杀害。

后蜀，由孟知祥所建。孟知祥 933 年被后唐封为“蜀王”，次年称帝，同样建都成都，国号“蜀”，史称“后蜀”。后蜀也历二主，孟知祥之子孟昶（919—965）为后蜀后主，934 年到 965 年在位。北宋乾德三年（965）宋出兵，六十六天入成都。孟昶遂降宋，被押送至汴京，授为检校太师兼中书令，封秦国公，七日后去世。

卢多逊是宋太祖、宋太宗时朝臣，“乾德”是宋太祖年号（963—968），同时是前蜀后主王衍的年号（919—925），所以上文说两者“用重了”。

“望年交”？“忘年交”！

◎李景祥

2021 年 8 月 23 日《今晚报》第 12 版《香谷医院李桂元》一文说：“李桂元交友广泛，经常乘坐自家胶皮去英租界拜望下野的曹锟。曹锟视李桂元为望年交的小友及私人医生，喜欢向他询问东洋时政以及在日期间的所见所闻。”其中的“胶皮”即黄包车，京津等北方地区称为洋车。而“望年交”则为“忘年交”之误。

李桂元（1896—1973），字香谷，天津人，22 岁时东渡日本学医，毕业后回国在天津开设香谷医院。行医同时广交朋友，认识了曹锟。曹锟（1862—1938），字仲珊，也是天津人。1895 年投袁世凯之新建陆军，1907 年被任命为北洋军第三镇统制。民国成立后任第三师师长。1919 年曹锟成为直系首领。随后在直皖战争和第一次直奉战争中，直系都获得了胜利。1923 年，曹锟逼当时的大总统黎元洪下台，又以五千银元一票收买国会议员“当选”为大总统，人称“贿选总统”。1924 年第二次直奉战争爆发，直系大败。冯玉祥发动“北京政变”，曹锟成了阶下囚。1926 年被软禁在中南海延庆楼的曹锟获释。他先去了河南开封，后回到天津。李桂元与曹锟相识、相交成了好友。天津沦陷后，日本侵略者找上门来，要曹锟担任伪职，曹锟坚决不当汉奸。1938 年 5 月曹锟因肺炎死去。

两个年龄差别很大的人结交成了知心好友，被称为“忘年交”。曹锟生于 1862 年，李桂元生于 1896 年，曹比李大 34 岁，两人是忘了年辈的朋友。“望”“忘”同音，但“望年交”不成词。

文天祥何时写《过零丁洋》

◎汤青武

《小说月刊》2021年第5期的《太平神饮》一文写文天祥率领抗元部队在赣州时的故事。其中有这样一段：

如豆的灯光下，将军（文天祥）正欲奋笔疾书，抒发情志，不料一回头，见寺院（文笔峰山顶禅寺）一城长老手捧一盏茶，进了营帐，说："佛门净地，可以食无酒，岂能诗无茶乎？'人生自古谁无死，留取丹心照汗青！'能写出此等千古绝句的当世文曲星，实在是配饮我这上等的太平猴魁！施主请！"

此处有误，文天祥在赣州抗敌时，还没有写出《过零丁洋》。

文天祥与赣州有关的时间有这样几个：咸淳十年（1274），文天祥被委任为赣州（今江西赣州）知州，当时元军还没有打到赣州。德祐二年（1276）七月，文天祥以同都督职出任江南西路，所辖包括赣州，但驻于福建汀州。景炎二年（1277）到景炎三年（1278）他真正带部进入赣州，经历了收复赣州大部到兵败退出赣州。

《过零丁洋》作于宋祥兴二年（1279）。祥兴元年，文天祥在广东海丰北五坡岭兵败被俘，押到船上。次年过零丁洋时，心有感慨，写作《过零丁洋》，留下了传诵千古的"人生自古谁无死，留取丹心照汗青"。被押至崖山后，张弘范逼迫他写信招降固守崖山的张世杰等人，文天祥出示此诗以明志。之后文天祥被送至大都（今北京），虽被威逼利诱，但始终不屈。至元十九年十二月（1283年1月）被害。所以，文天祥在赣州抗敌时，是不可能已经写出《过零丁洋》的。

语苑新谈

孔子对子路的盖棺论定

◎石毓智

比圣人还要牛的人,就是敢管圣人的人。这个人就是子路。在所有的弟子中,只有子路敢对孔子做的事不高兴,敢批评孔子,几次成功阻止了孔子失足,避免了他老人家晚节不保。

当孔子听到子路在卫国内乱中牺牲的消息,他说了这样一句话:

自吾得由,恶言不闻于耳。(《史记·仲尼弟子列传》)

子路像

这是夫子对这位爱徒一生功过的盖棺论定。一般的解释为,子路有勇力,他站在孔子身边,别人不敢再说孔子的坏话,因为怕子路收拾他们。如果真的这样,我们的圣人就成了黑社会老大了。靠武力来禁止别人说坏话,那是盗跖这类人干的事。

孔子一生都想做官,有时到了饥不择食的程度。有两次叛臣相召,孔子都答应下来了。不是子路竭力阻止,恐怕一个"叛臣的官僚",将成为孔子永远的污点,难以在后世再树立起圣人的形象。

第一次,鲁定公八年(前502),公山不狃凭借费城反叛季氏,他派人来召请孔子去做官。孔子探索治国之道已经很久了,但郁郁不得志,无处可以施展,没有人能任用自己(孔子循道弥久,温温无所试,莫能己用。——《史记·孔子世家》),就说:“当初周文王、周武王兴起于丰、镐而建立了王业,现在费城虽然小,该也差不多吧!”想要应召前去。子路很不高兴,阻止孔子。孔子说:“他们请我去,难道会让我白跑一趟吗?如果重用了我,我将在东方建立一个像周那样的王朝!”然而最终没能成行。

子路不悦的原因有二:其一,公山不狃属于乱臣贼子,做他的下属,就是个道德问题,节操不保。其二,费城是个弹丸之地,公山不狃一时得手,能坚持多久,还是个问题。夫子您还想把它作为复兴周朝的试验田,岂不是太幼稚了?子路的话很不客气:“没有可去的地方就算了嘛,为什么非去公山氏那里不可呢?”(末之也已,何必公山氏之之也?——《论语·阳货》)

第二次,孔子返回卫国,卫出公昏聩不用孔子。这时恰好佛肸做中牟的长官。晋国的赵简子攻打范氏、中行氏,讨伐中牟。佛肸就占据中牟,反叛赵简子,并派人招请孔子,孔子打算去。子路说:“我听老师说过:‘亲自做坏事的人那里,君子是不去的。’(亲于其身为不善者,君子不入也。——《论语·阳货》)现在佛肸自己占据中牟反叛,您想前去,这是为什么呢?”孔子说:“我是说过这句话。但我不也说过,坚硬的东西是磨不薄的;不也说过,洁白的东西是染不黑的。我难道是只中看不能吃的匏瓜吗,怎么可以老是挂着却不给人吃呢?”(不曰坚乎,磨而不磷;不曰白乎,涅而不缁。吾岂匏瓜也哉?焉能系而不食?——《论语·阳货》)子路为什么敢那么理直气壮地批评、阻止老师,因为老师您现在的做法跟您平时教导我们的不一致呀!

如果没有子路这个“纪检委员”,孔子将成为两个乱臣贼子的帮手。这不论在当时还是后世，孔子不挨骂，恐怕是不可能的。这就是孔子为什么感慨道："自从有了阿由，就没有别人骂了。"

子路不光管孔子的工作去向，还管孔子的生活作风问题。

鲁定公十四年，功夫不负有心人，孔子苦苦追求了多年的理想终于实现了，由大司寇理国相职务。在孔子治理下的鲁国蒸蒸日上，正朝着富强的方向发展。这么一来，齐国害怕了，马上觉察出，孔子这样执政下去，鲁国一定会富强，将来首先吞掉的是我们这个邻近的齐国。于是，齐国选了八十个美女，穿着华美，能歌善舞，外加骏马，一起送给鲁君。这些礼物先安置在鲁城南面。手掌大权的季桓子前去观看再三，最后长期留在那里，不理政事。子路先忍不下去了，说："老师，我们可以离开这里了。"子路首先提议要走，孔子开始还有些犹豫。子路为什么这样做？要臣季桓子先中招，接下来老师能不能顶住，子路不放心，那就干脆离开这个是非之地，一走了之。

子路也敢于对孔子的理论提出怀疑，甚至最严厉的批评。

孔子在陈、蔡之间，打算到楚国应聘。陈国、蔡国的大夫认为孔子如果在楚国被重用，那么陈蔡两国掌权的大夫们就危险了。于是他们双方就派人把孔子围困在野外。孔子和他的弟子无法行动，粮食也断绝了。跟从的弟子饿病了，站都站不起来。孔子却还在不停地给大家讲学，朗诵诗歌、歌唱、弹琴。（从者病，莫能兴。孔子讲诵弦歌不衰。——《史记·孔子世家》）

在这种情况下，孔子还能弦歌之声不绝，令我们肃然起敬，他真是一位靠道德和精神力量支撑着的伟人！但是，除了孔子，谁能受得了，忍得住？子路第一个脸带怒色来问孔子（愠见）："君子也有困窘的时候吗？（君子亦有穷乎？）"孔子说："君子在困窘面前能坚守节操不动摇，小人遇到困窘就会不加节制，什么过火的事情都做得出来。”（君子固穷，小人穷斯滥矣。——《史记·孔子世家》）敢向孔子发火的只有两人，一个是子路，一个是子贡。最后还是子贡前往楚国，搬来救兵，这帮“君子”才脱离了困境。

孔子说，自从有了子路，“恶言不闻于耳”。言下之意，孔子在收子路为弟子之前，可能做过不合适的事情。孔子是崇尚礼仪的，同时也渴望当官。《史记·孔子世家》记载了孔子年轻时候的一件事。孔子腰间还系着孝麻带守丧时，季孙氏举行宴会款待名士，孔子前往参加（孔子要绖，季氏飨士，孔子与往）。季孙氏的家臣阳虎阻挠说：“季氏招待名士，没有请你啊。”孔子因此而退了回来。孔子这次讨了个没趣，他个人的行为，违背当时的礼仪，季氏这边也觉得不吉利。孔子恐怕也是按捺不住对官场的向往和好奇，一时忘记了礼仪，这与他后来两次想到叛臣那里做官如出一辙。如果当时有子路这么一个人在跟前，恐怕就不会遭到阳虎的奚落。

子路为什么敢管孔子？其一，天性使然，他生性耿直，真的是无忧无惧。其二，他的资历比较深，属于孔子早期的学生，而且年龄只比孔子小九岁。人人都有犯错误的可能性，如果缺乏监督机制，那么这个可能性就很容易转换成现实。圣人也不例外。

《小小的钉子》参考答案

1. 没有他去过的地方——没有他没去过的地方
2. 法朗——法郎
3. 修整修整——休整休整
4. 行礼——行李
5. 规程——归程
6. 少了棵钉子——少了颗钉子
7. 防碍——妨碍
8. 真得——真的
9. 不得己——不得已
10. 俩天——两天

正音室

“道行”之“行”不读 háng

◎杨亚东

电影《狄仁杰之四大天王》中，皇帝在仪鸾殿召见江湖术士“幻天真人”，并对他说道：“据说你道行高深，还能破案除妖，过人之处远胜狄仁杰。那就请真人演练大法，让朕开开眼。”演员在说这段台词时读错了一个字，把“道行”之“行”读成了 háng。其实，此处“道行”应读为 dàoheng。

“行”是个多音字，有四个读音。可以读 háng，指行列、排行、行业、某些营业机构，如同行、银行。也作量词，用于成行的东西，如一行字。还可以读 xíng，有走、流通、临时的、可以等义，如步行、行商。也可以读 hàng，用于“树行子”，指排成行列的树木、小树林。又可以读 héng，口语中称僧道修行的功夫。

“道行”有两读。“行”读为 xíng 时，“道行”可表示通道。如《管子·问》：“关者，诸侯之陬隧也，而外财之门户也，万人之道行也。”可指行人。如《管子·形势》：“燕雀之集，道行不顾。”可指道德、品德。如《晋书·儒林传·杜夷》：“才学精博，道行优备。”还指佛法、佛教教义等等。“行”读为 héng 时，“道行”指佛教徒或道教徒修炼的功夫。如《红楼梦》第一〇一回：“这个散花菩萨，根基不浅，道行非常。”亦泛指人的涵养，还可以指能力、本领，如道行深。要注意，这里的“行”在口语中一般读作轻声 heng。

“幻天真人”据说能破案除妖，说他“道行”高深，显然与功夫、本领相关，故而应读 dàoheng，而不读 dàoxíng，更不可读为 dàoháng。

身份证上"X"怎么读

◎吕政保

一些身份证上的公民身份号码最后一位是"X"，这个"X"不少人会读成英文字母"x"，也有人将它读成"chā"。那么，这个"X"到底是什么？该如何读才是准确的呢？要读准这个"X"，还要从我国公民身份号码的编码原理上找答案。

根据国家标准《公民身份号码》(GB 11643—1999)，目前我国公民身份号码由18位数字组成。前6位为地址码，如上海市黄浦区为310101。第7至14位为出生日期码，如1995年1月1日出生的人，其身份号码第7—14位为19950101。第15至17位为顺序码，是在同一地址码区域范围内，对同年同月同日出生的人所编定的顺序号，其中奇数分配给男性，偶数分配给女性。第18位为校验码，校验码是按照公式计算出来的，计算结果为"0、1、2、3、4、5、6、7、8、9、10"这11个数字中的一个。因为校验码"10"为两位数，为了保证公民身份号码为18位，所以"10"用罗马数字"X"表示。

罗马数字是欧洲在阿拉伯数字传入之前使用的一套数字符号。罗马数字的表示方法较为复杂，在此不赘述。我们常见的罗马数字如"Ⅰ"表示1，"Ⅱ"表示2，"Ⅲ"表示3，"Ⅳ"表示4，"Ⅴ"表示5，等等。罗马数字"X"代表数字10。大部分人对公民身份号码的编码原理不甚了解，在读身份证上的"X"时，将其读为"chā"或"x"，这是可以理解的。但读音应和意义相互匹配，按编码原理来说，身份证上的这个"X"还是应读为"shí"。

社交新风

请拒绝“二元对立”的语言

◎徐默凡

世界上的现象是混沌一体的，但语言却是一个个孤立的符号，于是语言就会把描述的对象逐一分割。持续的气候变化被切割为春、夏、秋、冬，四季分明；连续的运动过程被划分为走、跑、跳、跃，节奏明确；完整的形体被描述为大、小、高、低，特征清晰……语言天生就有划分范畴、厘清边界的功能，这让我们能用有限的概念去把握纷纭复杂的世界。

语言的这种范畴划分功能还有一种极端情况，就是所谓的“二元对立”：把一个认知领域一分为二，造成非此即彼的两个对立概念。在语义学中，“二元对立”就产生了“绝对反义词”。比如“完整”和“残缺”，要么“完整”要么“残缺”，没有中间状态；再如“死”和“活”，要么“死”要么“活”，所谓“不死不活”只是修辞用法。显然，完全二元对立的现象或者性质是比较罕见的，所以绝对反义词的数量也很少，日常语言中大量的反义词其实都是“相对反义词”，也就是两个词语分处于极端的位置，但是有大量的中间状态存在。比如“热”和“冷”是相对反义词，只是气温感受的两个极端，其间还有“暖”“温”“凉”等中间状态；再如“美丽”和“丑陋”也是相对反义的，中间允许“端正”“秀气”“普通”等“不美不丑”的状态。

然而，在近年来的社会语言生活特别是网络语言中，出现了一种过度“二元对立”的语言使用倾向，也就是把本来不应该二元对立的领域处理为非此即彼的概念，把本来不是绝对反义词的词语用成了绝对反义词。比如，在学习上，只要有一点好成绩就是“学霸”，而稍有逊色立刻就变成了“学渣”，似乎普通的学生根本就不存在；在相貌上，一半是“帅哥”“仙女”，一半是“矬男”“巫婆”，似乎平凡的长相就此消失；在能力上，要么是“萌新”“小白”，要么就是“大佬”“达人”，似乎不存在演变的过程……近来一个“社交牛逼症”的流行语蹿红网络，用来描述非常善于和陌生人交往的人，不难看出，它和之前流行的“社交恐惧症”又构成了二元对立。

再观察一下还可以发现，网络语言不仅在认知人物时是二元对立的，在描述情感时，也出现了二元对立的倾向。只要感到无聊就是“郁闷”，心情有点不好就暗示自己“抑郁”了，而事情一旦不尽如人意立马就会“绝望”，甚至还把这种负面的极端情绪归结为“丧文化”。与之对应的则是另一种极端的情绪，如“爽爆”“狂喜”“喜大普奔”等等，两类情感中间没有过渡地带，就像坐过山车，在顶点和低谷之间反复冲刺。如果一个人的情感真是这样剧烈变化，再坚韧的神经也会受不了啊！

在这些两两对立的语词支配下，人们开始给自己、给别人贴标签，眼中只剩下非黑即白别无选择的简单逻辑，由此也丢失了宽容、豁达、容忍的心态，造成了不少无谓的争端和冲突。2020年底，网络流行语“内卷”席卷社会，教育内卷工作也内卷，职场内卷相亲也内卷，到处都在卷。转眼到了2021年，大家还没有卷明白呢，“躺平”又开始异军突起，学生躺平老师躺平打工人躺平资本家也躺平，人人都躺平。不难发现，“内卷”和“躺平”再次构成了二元对立的用法。在流行语的裹挟下，一个人要么内卷要么躺平，只能在两个极端间左右横跳。而事实上，在“内卷”和“躺平”之间，有许多从容不迫的选择：我们可以半卷半躺，可以工作卷生活躺，更可以步履稳健，健步前行……

英国作家乔治·奥威尔在著名的反乌托邦小说《1984》中设想过一种新语言，他举了一个例子：

如果你有一个“好”字，为什么还需要“坏”字？“不好”就行了——而且还更好，因为这正好是“好”的反面，而另外一字却不是。再比如，如果你要一个比“好”更强一些的词儿，为什么要一连串“精彩”“出色”等等含混不清、毫无用处的词儿呢？“加好”就包含这一切意义了，如果还要强一些，就用“双加好”。……最后，整个好和坏的概念就只用六个词儿来概括——实际上，只用一个词儿。

这段话揭示了一种荒诞的语言，这种语言中的概念都是二元对立的，所以一个概念领域甚至不需要两个词，只要一个词再加上一个逻辑词“不”就可以了。而要表达程度意义，可以再用一个逻辑词“加”。这样一来，语言会变得无限简化，貌似简单实用，但带来的后果极为严重：独裁者制造这种语言的目的就是要缩小民众的思想范围，最后让大家不能思考复杂的问题，因为根本没有词语可以表达复杂的思想。语言单位越来越少，思考的范围也就越来越小，思考的方式也越来越简单，最后语言使用者就会成为一群被洗脑的“乌合之众”。

这当然是小说中的场景，但有时候现实生活比小说更加奇幻，我们还是要警惕当今语言使用中过度二元对立的倾向，以免不知不觉陷入自我设置的思想桎梏中。

《火眼金睛》提示

图 1，“天燃气”应为“天然气”。
图 2，“椅靠”应为“倚靠”。
图 3，“農歷辛醜年”应为“農曆辛丑年”。
图 4，“挤兑”应为“挤对”。

检测窗

编校差错扫描(三十九)

◎王　敏

“庚子”“赓续”两分明

【错例】庚续百年初心，担当育人使命。

【简析】“庚续”应为“赓续”。“庚”甲骨文作，金文作，象形意味鲜明，结合康、庸等字分析，属象形字无疑，但所象事物不明。高亨《文字形义学概论》认为是古代的筛糠器，郭沫若《甲骨文字研究》认为是古乐器钲(zhēng)。钲，形似钟而狭长，有长柄可执，击之而鸣。《说文解字》：“钲，铙也。似铃，柄中，上下通。”铃有舌，钲铙无舌。段玉裁注：“柄中者，柄半在上，半在下，稍稍宽其孔为之抵拒，执柄摇之，使与体相击为声。”早在甲骨文中，“庚”已假借为天干第七位之名。后又借指年龄，如“同庚”“年庚”。

“赓”是会意兼形声字，从庚从贝，庚兼表声，本义指连续、继续。《尔雅·释诂下》：“赓，续也。”《说文解字》认为“赓”是“续”的古字：“，连也。从糸(mì)賣(yù)声。赓，古文續，从庚贝。”小篆“”为形声字，其形旁表义如丝线相连不断，其声旁字形接近“賣”(“卖”的繁体字)，故“”楷化后讹为“續”，如今简化为“续”。关于“赓”“从庚贝”会意，段玉裁注曰：“庚贝者，贝更迭相联属也。”他认为：“庚有续义，故古文續字取以会意也。”此说似与“庚”本指筛糠器、乐器钲等说法相容，因为筛糠、摇钲(类

似摇铃)的动作一般是连续进行的。典籍中“赓”多指歌咏吟诵的接续唱和,如《尚书·益稷》“乃赓载歌”就是“于是接着作歌”,同类还有“赓咏”“赓酬”“赓韵”等。如今,“赓”多泛指继续,如“赓即”就是随即,“赓续”则是同义连用,复指继续。现代汉语中“庚”不表示继续,“赓续”不能写成“庚续”。

升阶“跻身”不“拥挤”

【错例】当时与会的作者多是名家,我竟挤身其间,深感荣幸。

【简析】“挤身”应为“跻身”。“挤”“跻”都是形声字,区别在形旁。“挤”从手,本义指推开、除去。《说文解字》:“挤,排也。”《广雅》:“挤,推也。”引申指陷害。如“排挤”本义指推挤,引申指利用势力或手段使人失去地位或利益。又引申指拥挤,如“挤成一团”。还引申指挤压,如“挤牙膏”。“跻”(jī)从足,本义指登上、上升。《说文解字》:“跻,登也。”《易经·震》:“跻于九陵,勿逐。”孔颖达疏:“跻,升也。”如“跻峰造极”即“登峰造极”。引申指晋升,如“跻升”指的就是升迁。跻,强调的是位置升高了,从具体的物理空间的位置,到抽象的社会地位,都是如此。“跻身”特指因获得成绩而得以踏进或置身于某种位置更高的行列、境域等,突出的是社会地位的提高,与拥挤无关,不能写成“挤身”。

呼吸用“鳃”莫用“腮”

【错例】蝌蚪在水中用腮呼吸。

【简析】“用腮呼吸”应为“用鳃呼吸”。“腮”“鳃”都是形声字,区别在形旁。“腮”从肉(“月”),本义指面颊(jiá)

的下半部，如“尖嘴猴腮”“抓耳挠腮”“络腮胡子”等。在繁体字中，“腮”为俗字，其正字为“顋”。《广韵·咍韵》：“顋，顋颔，俗又作腮。”如今以“腮”为规范字。“鳃”从鱼，本义指鱼类等水生动物吸取水中氧气的呼吸器官。鱼鳃主要生在头部两侧。《玉篇·鱼部》：“鳃，鱼颊。”古人言鳃多指鳃盖，如今指鳃盖里面的部分，比如杀鱼时去除鱼鳃，一般是去除内鳃而保留鳃盖。在古汉语中，有把“鳃”写成“腮”的例子。但是，现代汉语中的“腮”“鳃”已经明确分工，把“用鳃呼吸”写成“用腮呼吸”是错误的。

泛指“偌大”别“承诺”

【错例】受疫情影响，诺大的影城空无一人。

【简析】“诺大”应为“偌大”。“诺”（nuò）是“若”的加旁分化字。“若”是象形字，甲骨文作，象人跽坐以双手顺发之形，本义指顺。《尔雅·释言》：“若，顺也。”其金文跽形不显，而有加“口”者写作，表示口头顺应之义。此义后加“言”旁，而本象双手顺发之形讹变为“艸”字头和一只手“又”，始于篆文作，现以楷体简化字“诺”为规范字。因此，“诺”是会意兼形声字，从言从若，若兼表声，本义指表示同意的应答声。《说文解字》：“诺，应也。”如“一呼百诺”。又引申指答应、允许，如“许诺”“承诺”“一诺千金”。另外，古代官员批“诺”字于公文之尾，表示许可，相当于后世的画行，如“画诺”。“偌”是形声字，从人若声。读 rè，本为姓。《玉篇·人部》：“偌，姓也。”后在近代汉语中借作代词，泛指这么、那么，读 ruò。如元王实甫《西厢记》：“老僧偌大年纪，焉肯作此等之态！”“偌”常误读为“诺”，“偌大”因此常误写为“诺大”，此为误读所致。“诺大”不能泛指巨大。

网言网语

换了“人间”

◎钟雨辰

“星河滚烫，你是人间理想。皓月清明，你是人间曙光……”在当今网络文化中，“人间××”的字眼已不罕见。仿佛万事万物只要与“人间”相连，便会自动加上一层朦胧而文艺的滤镜。然而在这些网语中，“人间”被流行文化赋予了新的内涵，与本义渐去渐远。键盘敲下的那些浪漫宣言，字里行间，早已悄悄换了“人间”。

“人间”一词古已有之，在词典中有“人类社会”“尘世”“民间”等含义，人们运用“人间××”的形式构造了无数习惯用语，如“人间天堂”“人间地狱”“人间仙境”等。这些用法中，“人间”基本保留了本义“在尘世的”，在结构上作为定语修饰其后的部分。“人间”后面的“××”多指非人间的处所，如仙境、地狱等。在整体上，“人间××”指“在人世间的像××一样的地方”，形容某个处所虽在人世间却拥有非人间的特征。例如，“苏杭真可谓人间天堂”指苏杭是在人间的天堂一般的所在，也就是说苏杭景色优美恰似天堂。

在如今的网络社交中，“人间××”指处所的传统用法逐渐退居幕后，而指人的用法正当流行。“人间”的第二种用法，是在“人间”后面附加比较抽象的形容词或名词。此处的“人间”还保留部分本义，指“人世间最高的、最纯粹的”，而此时“人间”后面的“××”则多是某种具有积极意义的品质或抽象事物，如“温柔”“理想”等。在整体上，这类“人间××”作为名词形容某个人是世间最高、最纯粹的“××”,或某个人拥有世间最高的“××”品质。与传统用法相比,此种用法将指代的范围从处所转移到人,多用于夸赞他人,普遍呈现出积极的情感意义。例如开篇所举的“你是人间理想”的例子,即说你是人世间最极致的理想,从而表达说话人的倾慕与赞美之情。

当下粉丝文化还赋予了“人间××”第三种用法:粉丝们总是热衷于用各种方式为偶像进行宣传,其中一种方式就是利用“人间××”的形式为偶像取绰号。这类作为绰号的“人间××”同样是具有积极意义的夸赞名词,其中“人间”后面的部分多是具象的事物,一般是粉丝找到偶像身上的某个特质,再和某种具体的事物相对应,组成这种“人间××”的绰号来夸赞偶像。例如“人间水蜜桃”是说偶像的皮肤粉嫩水灵,如果水蜜桃变成人大概就是这个样子。而“人间喇叭”则是描写这个人说话声音响亮,就好像是喇叭转世来到人间。

在“人间××”的第三种用法中,“人间”完全背离在汉语中的本义,更倾向于指“人类中的”的含义,而这一含义可能与日韩文化的输入及译介有关。最著名的一个例子是日本小说家太宰治的作品《人间失格》,其书名的日文是“にんげんしっかく”。其中“にんげん”有“人”的意思,指向社会性的有情感的“人”,而“にんげんしっかく”直译成中文的意思近似于“失去了生而为人的资格”。同时在日语中,“にんげん”与“人間”是一个词,其语音和意义都相同。因此在将书名“にんげんしっかく”译成中文时,译者很有可能参考了日语中“人間”(即“にんげん”)的含义,选取与其形态相似的汉语词“人间”作为译名的一部分。在这种翻译策略中,汉语词“人间”也逐渐融入了日语词“人間”代表的“人类”“人类中的”等含义。这种

“人间 ××”用于夸赞，比“人间 ××”的第二种用法更显生动有趣。

例如想要夸赞一个人气质温柔的时候，同样用“人间××”来形容，用“人间温柔”指明此人拥有世间最高最纯粹的温柔，固然可以清晰明白地传达赞美之情，但若用“人间四月”“人间春水”一类来形容则会让人琢磨“四月”“春水”的特点，稍加思考便能得出这是说温柔明媚的四月天、温柔灵动的春水若成人形，便如此人形状，不但用生动的意象加深了读者印象，还增加了语言超常使用的新鲜感。

“人间 ××”在汉语中的用法大致呈现出以上三种类型。在当今网络文化中，后两种“人间 ××”式的夸赞更是随处可见。然而夸赞有风险，使用“人间”还需谨慎。在选取“人间××”式的绰号时，如不能根据其特点准确找到对应的事物，或找到的事物本身含义并不简单明确，则难免会使人一头雾水。例如“人间灭火器”的绰号就让人觉得不知所云，究竟是能使人心中平静祛除“火气”，还是所到之处皆无热度“火”不起来？此外，“人间 ××”的使用频率也不宜过高。例如文章开篇展示的流行语，其原句是“星河滚烫，你是人间理想。皓月清明，你是人间曙光。举世皆浊，你是澄澈目光。山河冷漠，你是人间炙热。众人平庸，你是人间星光。世事无常，你是人间琳琅。满树繁花，你是心之所向。”这样的夸赞和告白固然浪漫，可众多“人间 ××”的堆砌难免让人觉得过于理想而不切实际，类似于一种“强捧”。

可见，使用“人间 ××”式的夸赞还需注意态度真诚、接地气，让被吹到天上的追捧回到“人间”。

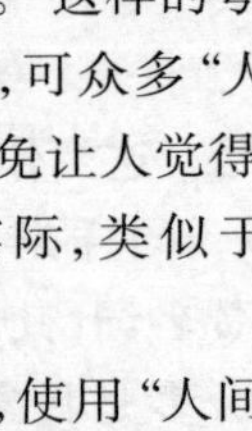

趣谈“×了个寂寞”

◎杜星仪

“好累，面试了个寂寞。”

“谈恋爱谈了个寂寞。”

“复习的都没考到，感觉复习了个寂寞。”

“这难道就是热闹了个寂寞？”

网络交流中，“寂寞”一词作为口头禅被许多人挂在嘴边，“×了个寂寞”的格式也在网络上流行。这是为什么呢？

在“×了个寂寞”结构中，“寂寞”受量词“个”修饰，用作名词。对“寂寞”一词溯源可以发现，该词主要用作形容词，表示“寂静无声”或者“孤单冷清”。“寂寞”用作名词，并不常见。2009年7月，当时百度贴吧一句“哥吃的不是面，是寂寞”走红，由此，“哥×的不是A，是寂寞”造句大赛开始，该句式迅速流行。在这一格式中，“寂寞”与“不是”后面的名词相对，开始当作名词使用，这为“×了个寂寞”格式的出现奠定了基础。

在格式上，“×了个寂寞”也是对“×的不是A，是寂寞”格式的简化，表现出更强的生命力。“×的不是A，是寂寞”中的“×”和“A”，基本属于动宾短语，如“这看的不是书，是寂寞”“唱的不是歌，是寂寞”等，“看书”“唱歌”都属动宾结构，“×”不存在形容词、名词等的使用情况。而在“×了个寂寞”结构中，“×”不仅包括动宾短语中的动词（“买了个寂寞”），还包括形容词（“热闹了个寂寞”）、名词（“秋天，秋天？秋了个寂寞”），不仅涵盖“×的不是A，是寂寞”的全部应用情况，而且在词性方面表现出更强的自由性，使用更加广泛。

在语义上，“× 了个寂寞”主要表达两种意思：

其一，表示竹篮打水一场空，什么都没有做成，常用来描述客观状况。如“选课选了个寂寞”，可能因为网络崩盘、系统破坏等客观因素未能实现选课这件事。又如“现场看无人机看了个寂寞”，可能受现场密集人群、突发天气状况等外因影响没能观览无人机起飞升天的全过程。

其二，表示事情的结果未达到理想状态，不尽如人意，通常透露出说话人的主观心态。如“识谱太慢了，练了一下午琴又练了个寂寞”，也许在旁人看来，这种练习是量变的积累过程，总归有所提升，但是说话人自认为识谱太慢，主观上觉得一下午的练习并无成效。再如，“每天都很忙，也不知道忙了个啥，最后忙了个寂寞”，说话人自认为没能忙出想要的结果，像是空忙一场，但也许在别人看来，说话人的忙碌也是有价值的。

无论是客观表达还是主观表达，其一定程度的夸张都映射出说话人失望、无奈的情绪。

显然，“× 了个寂寞”在语义方面高度凝练和概括，稍加改变即可套用，这种新奇简约的表达方式具有网络化、口语化的特征。然而，将复杂的情绪都套用到同一个结构之中，凡有生活不如意，就感叹一句“× 了个寂寞”，经济便捷的同时也造成情感表达的过简，很难表现出具体的情感内容，这不利于语言的健康发展。网络时代的今天，流行语层出不穷，就像“× 了个寂寞”替代“× 的不是 A，是寂寞”一样，也许一段时间之后它也会被新的表达结构所替代，到时候我们这篇文章也就只能是“写了个寂寞”了。

东语西渐

『割韭菜』英语怎么说

◎陆建非

"割韭菜"是中国股民创造的一个流行语,是股民对自己反复被收割(割利)的一种自嘲。散户在缺乏对股市正确认知的情况下,贸然入市,最终赔了一大笔钱,而且极易反复犯错、反复赔钱,像韭菜被割一样,割了一茬又一茬,周而复始。

英语中提到汉语流行语"割韭菜",有将其直译为"be picked like leeks"的。"pick"的意思是摘,"leek"义为韭葱,意思就是像韭葱一样被摘了。还有翻译成"cut/chop the leek"的,意思是切韭葱,因是直译,同时附有解释:"It's a self-deprecating term implying they are being played for suckers."这句话的意思是,割韭菜是一个自嘲的说法,暗示他们是被玩弄的傻瓜。"self-deprecating"即"自黑","sucker"原义为吮吸者、吃奶的孩子等,引申为混蛋、傻子,也可指那些容易上当的人。"be played for suckers"是"被骗,被愚弄"的意思,割韭菜一般割的就是天真、容易上当的人,所以用这个说法很贴切。例如:

(1)Don't wait till the short squeeze is over to sell, you would get played for a sucker.(不要等轧空头完了再卖,那时就被割韭菜了。)

(2)I bought Gamestop when it's at its highest, and then I got played for a sucker when the rug pull happened.(我在最高价位买入了游戏驿站,在割韭菜时我被割了。)

例句(2)中出现了"rug pull"的说法,"rug pull"原义为"地毯从脚下被抽走,突然失去支撑点,掀翻了某人",特指股市中"毫无征兆的暴跌"。

"割韭菜"的说法过于栩栩如生,痛彻心扉,极能引起共情,没多久便出圈了。该词渐渐外延到股票之外的领域，语境随之扩大，泛指“利用信息不对称、认知不对称，占（交易）对手的便宜，猛赚大钱”，简言之就是“骗钱”。那些“杀猪盘”“收智商税”等行为，本质上都是“割韭菜”。

理解了“割韭菜”的延伸义，便可找到与之对应的英文表达。选项还真不少。例如“harvest”（收获、收割）：

（3）I've always tried to follow tips, buying a stock on the rise and then selling it again when I lose money. I've had my riches "harvested" by others in the market.（我总是听消息，追涨杀跌，被割韭菜。）

又如“rip off”。“rip”的本义是“撕开、扯开”。20世纪初，“rip”在美国监狱里的黑话中表示“to steal”（偷）。在监狱这种混乱之地，是以暴力撕开受害者的衣物或其他物件实施偷抢的。1960年代，在非裔美国人群体中，“rip off”这个短语被广泛使用。“off”是副词，表示“离开”，和偷、抢这类动作搭配默契。“rip off”带有“坑骗、敲竹杠、漫天要价”的意思。如：

（4）These funds could be ripping you off.（这些基金可能在割你们的韭菜。）

这个动词词组也可变成对应名词词组“rip-off”，即“一场割韭菜的骗局”。

其他的翻译选项还有：“get whacked”，意思是被重击；“get stuck/trapped”，即受骗、被卡、陷进去；等等。如：

（5）I got whacked on that fund.（我被那个基金割韭菜了。）

（6）When institutional investors do a rug pull, retail investors oftentimes get stuck/trapped.（当机构投资者“拉地毯”时，散户投资者往往会被割韭菜。）

行文至此，笔者突然想起一句美国习语：“Quit while you are ahead.”（在势头劲爆时你就该止步。）把这一习语用到股市语境中，意思就是“在股票还在继续上涨的时候，你就该卖掉赚钱”。

说文解字

“宀”的大千世界（上）

◎刘志基

“宀”是汉字的基本字符，甲骨文中就反复出现二十多次，均象“一极两宇两墙之形”的传统居舍建筑：

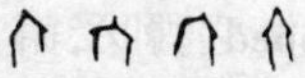

根据“宀”在甲骨卜辞中的用法，于省吾认为它就是宅舍之“宅”最初的写法，甲骨文也有“宅”字，但是在甲骨文中只用作居住的动词，因而不同于后来的“宅”。（《甲骨文字释林》）值得注意的是，甲骨文的“六”字多与“宀”同形：

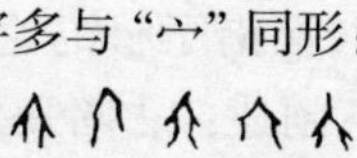

有的学者据此认为甲骨文“宀”应该是表示房舍的“庐”，因而可以借其音表示“六”（“六”之古音与“庐”近，如“六安”之“六”即音lù）。虽然这个意见并非定论，只是可备一说，但还是有益于我们对“宀”的造字本义的理解。

甲骨文中的“宀”，对于当时的人来说，究竟有什么意义？考古发现可以帮助我们获得符合实际的认识。在殷墟除了发现许多宫殿建筑的遗址外，还发现不少供人居住的地穴。“在殷墟发现的这种地穴，呈圆形竖井或长方竖井的形式，比储藏物品的地窖稍大而浅，但是仍然十分狭窄，更没有任何修饰，有的穴壁还留有挖掘工具的痕迹，上面挖有许多脚窝或台阶，以供奴隶们上下……”（《殷墟——奴隶社会的一个缩影》，文物出版社1976年版第16页）这就说明，殷商时代并没有完全脱离原始的穴居生活，而藏物，更是多用地窖，就连甲骨文这样重要的殷王室档案文件，也都是储存在地窖里的，当然这也是它们能够保存下来，三千年后被我们从地下发现的原因所在。

穴居的印记，甲骨文中亦不鲜见。卜辞中表示上下的"陟降"二字，甲骨文写作：

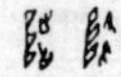

左边的"阜"就是居穴中的踏级形象，是两脚沿踏级而上，是两脚沿踏级而下。考古发掘所发现的史前居穴，或"从底部竖一木柱，直通穴外，有横木捆绑，供人上下坑攀登"，或"为斜坡台阶"以供上下进出之用。（见《中国文化史词典》，浙江古籍出版社1987年版第13页）可见"阜"字取象确有实物的依据。

卜辞中表示"来去"的"各出"二字，甲骨文写作：

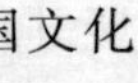

前者描摹的是人足（）入于内，后者描摹的是人足自而出的形象。人们的来去出入都以""为出发点或者目的地，足见其为人们的居处之所无疑。而""的形象，则又显示在造字当时的民居多为掘地而成的地穴。

徐中舒主编《甲骨文字典》所认定的基于穴居的甲骨文造字颇多，如：

"高"，原形作，象高地穴居之形。冂为高地，口为穴居之室，为上覆遮盖物以供出入之阶梯。高之得义，由穴居之高引申，非由后世之台观得义也。

"京"，原形作，下端正象绝高的穴居，中有立柱之形，上端象自深穴上出有土阶及小屋顶覆盖之形。

居住之所由地下上升到地上，是人类居住文化的一次重大变革。《淮南子·氾论训》对此有如下阐述："古者民泽处复穴，冬日则不胜霜雪雾露，夏日则不胜暑热蚊虻（méng），圣人乃作，为之筑土构木，以为宫室，上栋下宇，以蔽风雨，以避寒暑，而百姓安之。"而这种文化的进步，正与汉字早期的造字过程同步，“宀”的构形，不仅是简单的居舍形态描画，也昭示了宜居革命的伟大胜利。

由此，我们可以明白，甲骨文中为什么经常要占卜“乍（作）宀”：

丁卯卜。乍（作）宀于兆。/勿乍宀于兆，四月。（合集 13517）

辛未卜，乍（作）宀。（合集 22246）

辛未［卜］，乍（作）宀。（合集 22247）

殷王占卜之事，一定是他所关注之事，而一次次“乍（作）宀”之卜，则一定是当时一次次重大建筑工程的启动。而这种工程，不仅是“乍（作）宀”。如下甲骨文从“宀”字足可证明这一点：

《合集》34687 第 1 条：“己亥卜，其若？”第 2 条：“己亥卜，其若？”象茅草覆盖“宀”之形。《合集》14250：“甲午卜，㱿贞：祖。”字是于上又加二爪（手）字，象以两手持茅草覆盖“宀”之形，是字之繁构，此字被释为“茨”。《说文》：“茨，以茅苇盖屋。从草，次声。”卜辞“其茨若”，就是卜问新建房屋要盖顶的工程是否顺利。“茨祖”则是指修建某祖先宗祠的覆盖屋顶之事。

《花东》甲骨文第 502 片第 3 条：“于南。”第 4 条：“于北。”字从“之”从“宀”，被认为是“臺”字（即“台”）。小徐本《说文・至部》：“臺，观四方而高者也。从至，高省，与室、屋同意。之声。”段玉裁注本从之。字从“之”得声，从“宀”得义，当即“臺”字。可知当时在地面建筑出现的基础上，已经有了高台，《花东》502 片就是占卜是将高台建在南面还是北面。

甲骨文中频见关于地面建筑的占卜，自然是因为此事与人们生活密切相关，而基于这种文化的土壤，“宀”在汉字造字本义的表达中也生成了林林总总的意蕴：安宁之所、富足依凭、珍宝象征、福祸所依、守卫对象、生存空间……可谓多姿多彩，令人目不暇接。容后一一道来。

向你挑战

小小的钉子

（文中有十处差错，你能找出来吗？答案在本期找）

◎林　琳　设计

汉斯是个德国商人，常年在外奔波。他把东边的货卖到西边，西边的货卖到东边，欧洲大陆上就没有他去过的地方。

这一次，汉斯把货卖到法国，大赚了一笔法朗。他打算回家看看，也想度个假，好好修整修整。他给家人买了礼物，把行礼打好包，驾着马车踏上了规程。一路上，他总是到了深夜才投店休息，一早便继续赶路，他想快点回到家乡。

一天清晨，汉斯正要出发，店主叫住了他，说道：“你的马马掌上少了棵钉子，补上再走吧。”汉斯不以为意，笑了笑说：“再有几天就到家了，我可不能为了钉子耽误时间。”驾着车就走了。

又过了一天，正好路过一家钉马掌的店，老板对他说：“你的马马掌快掉了，不钉一下吗？”汉斯还是说：“我马上就到家了，不能因为马掌防碍归期。”

稍后，马掌真得掉了。汉斯想，掉就掉了吧，继续赶路，不能因这点小事耽误行程。因为缺了马掌，不得己马慢了下来。并且，没多久马还瘸了起来。有个牧马人经过，见后对他说：“你要让马把脚养好，不然它会走得更慢。”可汉斯说，马上就到家了，不碍事。

结果，还有不到俩天的路，马倒下了。汉斯只好丢下马车，扛着包裹徒步回家。这段路程，汉斯走得千辛万苦，筋疲力竭，好几天才到家。最后，他也倒下了。

火眼金睛

图中差错知多少？

李　央　沈　金　杨西仑　汤青武　提供

（答案在本期找）

1

2

3

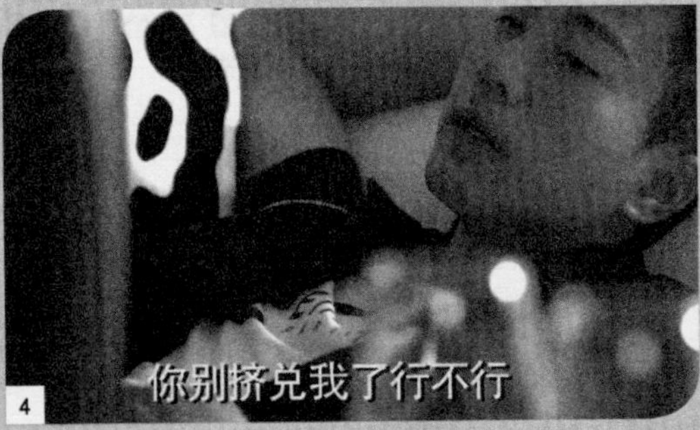

4

ISSN 1009-2390
11>
9 771009 239210

YAOWEN-JIAOZI

咬文嚼字®

冬至

二十四节气之一，在12月21日、22日或23日。这天，太阳直射地面的位置到达一年的最南端，北半球夜间最长，白昼最短。按照古人的解释，“至”义“极”，冬至“昼夜长短极”，故称“至”。冬至，民间有祭祖、吃饺子等习俗。

上海世纪出版集团

欢迎至邮局订阅本刊 邮发代号 4-641

国内统一连续出版物号 CN 31-1801/H

定价：6.00元

12

2021

名家语画

“敢于有梦、勇于追梦、勤于圆梦”

康　泰 / 文　臧田心 / 画

2021 年 10 月 16 日，神舟十三号飞行乘组三名航天员翟志刚、王亚平、叶光富奔赴中国空间站，11 月 8 日王亚平成为我国第一位出舱女航天员。王亚平是年轻人心中的偶像，她曾在接受记者采访时，对年轻人说：“梦想就像宇宙中的星辰——看似遥不可及，但只要你努力，总有一天你能触摸到它。作为年轻人，一定要敢于有梦、勇于追梦、勤于圆梦。”

咬文嚼字®

2021年12月1日出版

12
总第324期

主管：上海文艺出版总社
主办：上海文化出版社
编辑、出版：《咬文嚼字》杂志社
集团网站：http://www.shwenyi.com
E-mail：yaowenjiaozi2@163.com
官方微博：
http://weibo.com/yaowenjiaozish
电话传真：021-64330669
发行电话：021-53204165
邮购电话：021-53204211
地址：上海市闵行区号景路159弄A座3楼
邮政编码：201101
发行：上海市报刊发行局
发行范围：国内外公开
订阅处：全国各地邮局
邮发代号：4-641
ISSN 1009-2390
CN 31-1801/H
印刷：上海中华印刷有限公司
印厂电话：021-60829062
021-60299079
定价：6.00元

如发现本刊有装印质量上的问题，请在当月与承印公司联系调换。

名家语画
“敢于有梦、勇于追梦、勤于圆梦” 康泰/文 臧田心/画/1

热点聚焦
“赶考”，永远在路上 代宗艳/4
从“谋而后动”到“谋定快动” 曹志彪/6

借题发挥
石碑量词不用“甬” 李景祥/9
“自牧”精神不可失 陆荣/10

时尚词苑
年轻人能甘于“躺平”吗 王冬雪/11
“内卷”是什么意思 南园/13
“智商税”探微 高丕永/15

一针见血
“一饮一啄”才对 王中原/17
“复刻”不可写作“覆刻” 盛祖杰/17
“鞠”乎？“掬”也！ 辜良仲/18
“拄杖”莫作“驻杖” 余培英/18
应是“侯栗侯梅” 厉国轩/19
“契阔”不能写成“挈阔” 杨宏著/19
“踽踽而行的水牛”？ 杨昌俊/20
误用“含菁咀华” 胡礼湘/21
此“会员”不同彼“会元” 鲁智勇/21
“白”冠“杜”戴 李可钦/22

语言哲思
“把大象装进冰箱” 宗守云/23

学林
简析几个常用字　苏培成 /26
“四川北路”之外　史有为 /28

追踪荧屏
“抡元”夺魁无关“纶”　孙晓青 /33
“悬壶”怎能“济世”　张德民 /34

社交新风
名不正言不顺　徐默凡 /35

文章病院
说说“畲”与“畬”　居容人 /38
书院书店一字间　言蹊太 /39
苏子瞻被贬“儋州”　洪　竹 /40
“徇私”不可写作“循私”　雷晓琪 /41
何来关龙逢？无关伍子胥！　偶　见 /42
人大机构细说明　郭光辉 /43

语苑新谈
从“乌鸦”到“高雅”　石毓智 /45

检测窗
编校差错扫描(四十)　王　敏 /49

网言网语
谁道人生无再少，吾辈皆言“爷青回”　高安奕 /52
你是“可爱本爱”吗　茅嘉琪 /53

说文解字
“宀”的大千世界(下)　刘志基 /55

向你挑战
人生的背篓　梁北夕　设计 /60

顾　问
濮之珍　何伟渔
陈必祥　金文明
姚以恩
主　编　黄安靖
副主编　王　敏
特约编委
汪惠迪(中国香港)
田小琳(中国香港)
林国安(马来西亚)
吴英成(新加坡)
责任编辑　施隽南
朱恺迪
发稿编辑　戚新蕾
赵晓骏
封面设计　王怡君
特约审校
陈以鸿　李光羽
王中原　张献通
黄殿容　王瑞祥

热点聚焦

“赶考”，永远在路上

◎代宗艳

“进京赶考”是中国古代科举考试制度的专有词语。在中国古代，应考的人先要通过院试成为秀才，再通过乡试成为举人，才有资格进京会试，最后通过殿试成为进士。由于每次考进士的时间是确定的，考试的地点又多在皇帝所在的京城，所以便有了“进京赶考”一说。例如：

(1)绍兴某书生，进京赶考，名落孙山，借住在京中亲戚家。(曹绣君《古今情海》)

1949年3月23日，毛泽东率领中共中央机关离开中国革命的最后一个农村指挥所——西柏坡，向北平进发。临行前，毛泽东对周恩来说：“今天是进京赶考的日子，进京‘赶考’去。”周恩来回答说：“我们应当都能考试及格，不要退回来。”毛泽东说道：“退回来就失败了。我们决不当李自成，我们都希望考个好成绩！”同年3月25日，中共中央机关、人民解放军总部顺利迁入北平。在这里，“进京赶考”这个连动式词语被赋予了新的语义功能，用来喻指完成入驻北京，进而解放全中国的革命任务。

“赶考”一词在语言使用中浮现出的新义新用法与人类思维当中隐喻的认知机制有关。隐喻是一种修辞手段，指用一种事物暗喻另一种事物。隐喻基础是相似性，因此人们联系社会实际，用“赶考”来比喻完成某种政治任务。“赶考”遂成为中国共产党政治语言中一个重要概念，具有了独特的政治内涵及功能。在不同的历史时期，“赶考”具有不同的引导执政实践的时代意蕴。

2013年7月11日，习近平总书记来到革命圣地西柏坡。他深刻指出："当年党中央离开西柏坡时，毛泽东同志说是'进京赶考'。60多年过去了，我们取得了巨大进步，中国人民站起来了，富起来了，但我们面临的挑战和问题依然严峻复杂，应该说，党面临的'赶考'远未结束。"如今，"赶考"一词已经深入人心，频现于各大网络平台和报纸杂志当中。例如：

（2）缅怀香山革命历史，就是要始终保持党的先进性和纯洁性，以"赶考"的清醒和坚定答好新时代的答卷，使"中国号"这艘巨轮继续乘风破浪、扬帆远航。（《科技日报》2021年3月26日）

（3）西柏坡位于河北省石家庄市平山县，是解放全中国的最后一个农村指挥所，"三大战役"在这里指挥，"两个务必"在这里发出，"进京赶考"从这里动身，新中国从这里走来。（《解放军报》2021年5月8日）

在这场跨度70余年的"赶考"中，历史和时代是出卷人，中国共产党是答卷人，人民是阅卷人。"赶考"的核心便是勉励中国共产党人面向未来，把革命事业不断推向前进。70多年来，"赶考"始终作为与时俱进的时代命题，激励着一代又一代中国共产党人攻坚克难，团结带领全国人民为实现中华民族伟大复兴而接续奋斗。

2021年7月1日，在庆祝中国共产党成立100周年大会上，习近平总书记庄严宣告："过去一百年，中国共产党向人民、向历史交出了一份优异的答卷。现在，中国共产党团结带领中国人民又踏上了实现第二个百年奋斗目标新的赶考之路。"

"赶考"之路，任重道远。当前，按照习近平总书记的指示，我们已经重整行装再出发，不忘初心，砥砺前行，向第二个百年奋斗目标大步迈进。让我们怀着对实现新的百年奋斗目标的憧憬，奔赴新的"赶考"之路！

从"谋而后动"到"谋定快动"

◎曹志彪

古语说:"凡事豫则立,不豫则废。"无论是治国安邦、驭臣掌兵还是为人处世,我国都有重视事先运筹谋划的传统。新近有一个反映这一思想的新词语频频见诸报端,那就是"谋定快动",意思是谋划敲定之后就迅速采取行动。例如:

(1)要坚持谋定快动,发挥好市政协常委"领头雁"的示范带头作用和专委会基础性作用。(《文汇报》2021年1月27日)

(2)对领导干部而言,工作中既要有谋定后动的思考力、决策力,还要有谋定快动的执行力、行动力……(《人民日报》2021年1月28日)

(3)长三角各地谋定快动,合力创造更多可能,奋力跑出加速度。(《新华日报》2021年2月22日)

往前追溯,"谋定快动"在古代和近代汉语中并没有作为固定词组来使用,现代汉语中很长一段时间里也难觅踪迹,到近年才出现。以下是其中比较早的两例:

(4)回顾8个多月的改革历程,该局始终坚持谋定快动、以人为本、灵活创新,确保了企业生产工作平稳有序开展。(《国家电网》2012年第10期)

(5)中山要谋定快动,通过"换挡"来加速经济社会发展。(《南方日报》2013年6月27日)

在汉语的历史上曾出现过几个与"谋定快动"形近义似的词组,都表示"谋划"与"采取行动"的关系。

第一个是"谋而后动"。它是一个成语,意思是"计划稳妥后再采取行动"。商务印书馆出版的《中华成语大典》《新华成语大词典》等少数几本成语词典中有收录。最早出处为西汉扬雄的《法言·修身》:“珍其货而后市,修其身而后交,善其谋而后动,成道也。”三国魏曹植《汉二祖优劣论》也有:“尔乃庙胜而后动众,计定而后行师,故攻无不陷之垒,战无奔北之卒。”起初其结构的独立性和固定性还不怎么强,而从南北朝到唐代就基本定型了。如南朝梁刘峻《广绝交论》:“苞苴所入,实行张霍之家,谋而后动,毫芒寡忒,是曰量交。”唐代孙过庭《书谱》:“故以达夷险之情,体权变之道,亦犹谋而后动,动不失宜,时然后言,言必中理矣。”“谋而后动”作为成语,使用至今。

第二个是“谋定(而)后战”,意思是用兵打仗时,计谋定好再采取行动。现在看到最早的例子是《新唐书·李光弼传》:“光弼用兵,谋定而后战,能以少覆众。”稍晚的司马光的《资治通鉴》,以及后来的《宋史》《元史》《明史》《清史稿》等史料言及战事时,有大量的用例。与“谋而后动”一样都是表示谋划的重要,但“谋定后战”加上“定”字,以强调谋划要确定妥当,将“动”改为“战”,由表示一般意义上的采取行动转而专用于战事。不过常见的词典没有把它当作成语收录。

第三个是“谋定(而)后动”,意为谋划确定之后才采取行动。大致在清代中晚期的典籍中开始大量使用,如清官修的《清宣宗实录》:“朕所望者,惟当计出万全,谋定后动,一劳永逸,以靖海氛。”李鸿章《李文忠公选集》:“鸿章即遵示电覆丹崖,速与英国妥议定购,谋定后动,庶无责言。”“谋定后动”与“谋定后战”一样,都强调事先必须谋划妥当这一点,只是将“战”换成了“动”,由专指战事扩大到指所有行动,扩充了词义的范围。“谋定后动”现在仍常用,但是一般成语词典也没有收入。

这几个词语先后出现,到如

今“谋定快动”登场，它们在词义上大致是这样一个演进过程：要表示先作出谋划然后采取行动，就有了“谋而后动”；为了突出行动前的谋划必须敲定妥当，于是由“谋而后动”演化出了“谋定后战”“谋定后动”；为了强调谋划之后采取行动必须迅速，于是就有了“谋定快动”。

“谋定快动”是对“谋而后动”“谋定后动”的“升级”，不但丰富了内涵，而且更全面反映了“谋”和“动”之间的辩证关系。完成任何一项任务，既要“谋”也要“动”，而且“谋”要“定”，“动”要“快”。“谋定”是先决条件，重在扎实调研，吃透实情，深思熟虑，科学决策，要的是研究能力和决策能力。“快动”是关键所在，重在迅速行动，尽早落实，抢占先机，快出成效，要的是执行能力和落实能力。

“谋定快动”的流行与当下现实背景分不开。我们正站在实现“两个一百年”奋斗目标的历史交汇点上，去年10月29日党的十九届五中全会重点研究了“十四五”规划问题并提出建议，确立了2035年远景目标，向全党全国各族人民发出了开启全面建设社会主义现代化国家的总动员，吹响了向第二个百年奋斗目标进军的冲锋号。今年3月11日十三届全国人大四次会议表决通过了《中华人民共和国国民经济和社会发展第十四个五年规划和2035年远景目标纲要》，为我国近五年和中长期发展擘画了蓝图，规划了路径。全国各级地方政府的新五年规划也都相继制定完成。从这点来讲，蓝图已绘就，奋进正当时，接下来我们面临的就是如何去落实好宏伟规划，把发展蓝图变成美好现实。从国家到各级政府乃至各行各业，正以“时不我待、只争朝夕”的精神，快速行动，奋力推进新发展规划的落实。

也正因如此，“谋定快动”与通常的流行词语不大一样，不是先在民间传播，而是一开始就活跃在主流媒体上，如中央及地方的党报党刊等。

借题发挥

石碑量词不用“甬”

◎李景祥

石佛寺塔 »

一座残塔
两甬石碑
解沈城千年之谜

相关阅读

石佛寺塔的保护与修……

2010年

7月，根据沈北新区政府工作意见，沈阳市文化局委托沈阳故宫古建园林公司制定《石佛寺舍利塔加固工程实施方案》。

7月27日，沈北新区启动石佛寺塔加固维修工程，对塔基进行回填加固，对须弥座青砖进行补砌，对塔身裂缝进行灌浆补缝。

8月26日，石佛寺塔加固维修工程顺利完工，此次加固维修工程基本排除塔体安全隐患，实现了确保塔体稳定的维修目的。

小传

石佛寺塔即辽双州双城县时家寨净居院舍利佛塔，建于辽咸雍十年（1074年）七月，现位于沈北新区兴隆台街道石佛寺一社区七星山顶部。

该塔明代曾进行较大规模修缮；20世纪30年代因自然因素毁坏。残塔为六角七层密檐式，现仅存南、东南、西北三面塔基及部分塔身，塔角为圆形倚柱，正中有佛龛，两侧有胁侍，上有宝盖、飞天，具有典型的辽塔特征。

1982年6月，沈阳市

《沈阳日报》2021年7月16日第12版刊文介绍了沈阳市沈北新区石佛寺塔的保护与修缮，标题为《一座残塔 两甬石碑 解沈城千年之谜》，文中也多次用“甬”计量石碑，如：“1982年6月，沈阳市文物考古工作队对古塔地宫进行清理，发现石函一具、石碑两甬。”“地宫内的石函两侧各立了一甬小石碑。”“甬”可以做“石碑”的量词吗？

“甬”音yǒng，本义指古时钟上用于悬挂的钟鼻。后借指“桶”，再引申指古代两旁有墙垣遮蔽的通道，如甬道、甬路。浙江省内有甬江，流经宁波，因而“甬”也是宁波的别称。在“甬”的众多义项中，未见作石碑量词的用法。

碑的量词，比较常见的有“块”“座”“方”等。另外还有用“通”来计量碑的，如《西游记》第二十二回：“忽见岸上有一通石碑。”“通”作为量词时，可用于击鼓的一个段落，也可用于书信、文章、文件、电报等，如杜甫《可叹》：“群书万卷常暗诵，《孝经》一通看在手。”古代石碑多刻文刻字，所以“通”既可以用于碑文，也可用于碑。《沈阳日报》所刊文章把“通”误为“甬”了。

“自牧”精神不可失

◎陆　荣

谦谦君子　卑自以牧

——日记中所见朱自清先生的自省精神

■马庆洲

他不过27岁(按
年谱》算法，以虚
不乏自省之词。
愚公(系指马公
月4日延，日记
晋荣轩，知陈君
送了。此又因

以五十岁的生命，留下了多达数百万字的文字，其勤可知。然而，日有所思，夜有所梦，从朱先生日记所记这些梦中，我们仍能体会到他的自警自励。1933年1月27日，“今日西洋留学生插足较少者，大约只有中国文学一科，我辈当知努力”（卷9，页189）；

最难得恰如其分。……人为自己活着，也为别人活着。在不伤害自己身分的条件下顾全别人的情感，都得算是诚恳，有诚意。”(《朱自清全集》卷3，江苏教育出版社，1996年2版，页406-408)得体的言行，是一个人修养之外在体现，其养成非一日之功，朱

道：“我自我
一场革命，
10，页394)
太太来找朱
报，”对她太
俩兴致勃
不进报纸，

2021年6月2日《中华读书报》第5版有一篇赞扬朱自清先生自省精神的文章，标题是《谦谦君子　卑自以牧》。这里的“卑自以牧”错了，应作“卑以自牧”。

“谦谦君子，卑以自牧”，语出《易经·谦卦》：“谦谦君子，卑以自牧也。”王弼注：“牧，养也。”高亨注：“余谓牧犹守也，卑以自牧谓以谦卑自守也。”孔颖达正义：“君子之义，恒以谦卑自养其德。”可见，“自牧”即“自守”或“自养”，“卑以自牧”即以谦卑自守，或以谦虚的态度修养自己。郭沫若《断断集·旋转乾坤论》：“普天下的男子凡是在恋爱的时候，他的‘卑以自牧’的情怀都不亚于张生。”

“谦谦君子”指“谦虚谨慎、能严格要求自己、品格高尚的人”。用“谦谦君子，卑以自牧”形容朱自清保持谦虚、时时自省的品格，恰如其分。“卑以自牧”也作“卑己自牧”，近似的还有“谦卑自牧”“谦冲自牧”等，“谦卑”与“自牧”是其核心语义。误为“卑自以牧”就丧失了其最根本的核心含义。

时尚词苑

年轻人能甘于“躺平”吗

◎王冬雪

近日，一篇《躺平即正义》的帖子横空出世，“躺平”一词迅速走红，年轻人是否应该“躺平”这一问题也引发热烈讨论。

“躺平”的本义指人的身体平卧下来，例如：

（1）甩掉高跟鞋赤足“溜达”，累了席地而坐甚至躺平，都是岁月赋予她们的自然和真实。（《文汇报》2020年6月15日）

“躺平”，一种从直立到躺倒的肢体动作，通过“隐喻—认知机制”的改造，衍生出新的意义——采取“不作为”“不反抗”“不努力”的人生态度。例如：

（2）它硬生生地打破了入学前师长编织的“考上大学即可躺平”的美梦，让我们认识到人生每个阶段都要经历外界的衡量与筛选——象牙塔里绩点为王，写字楼里业绩为王。（《北京青年报》2020年10月26日）

（3）入圈快三年，总是控制不住“剁手”的她早已在“坑底躺平”，精致的Lolita洋装摆满了整个衣柜，“这些都是白花花的银子”。（《中国青年报》2020年9月14日）

以“躺平”为生活理念的群体被称为“躺平族”，他们追求低姿态、低欲望的生活方式，面对各种压力选择“一躺了之”。社会上一部分人极力批判年轻人这种“躺平”的姿态，多次呼吁他们“拒绝躺平”“奋勇向前”。但是，我们是不是也应该思考一下，为何“佛系”“躺平”这些“丧文化”的产物会在新一代年轻人中流行开来？他们为何甘做“躺平族”？说到底，还是由于社会经济环境。

当一个人感知到社会带来的过高经济压力时，心理上自然会产生反感、退缩的情绪，从而导致消极逃避的行为。“躺平族”并不是当代中国特有的社会现象。早在20世纪八九十年代，日本泡沫经济破灭，民众不堪重负，便催生出一批“不上班不上学”“封闭在家”的“蛰居族”。21世纪初，全球金融危机爆发，“不升学不就业不进修”的“尼特族”群体日益壮大。当下，中国经济发展进入新时代，正面临许多新矛盾和新问题，社会竞争激烈而残酷。青年人在内卷的裹挟下疲惫不堪，便以“躺平”为宣言，抗拒疲于奔命的现实生活。不过，客观地说，在我国甘于“躺平”的年轻人毕竟只占极少数；绝大部分年轻人始终以积极的态度面对压力，以昂扬的斗志应对困难，这才是主流。

由于使用频率的提升，“躺平”的使用范围也日渐扩大。其一，“躺平”的使用主体从人扩展到各种事物，新闻报道中“平台无权躺平”“气温躺平”之类的表达不乏其例，又形象又生动。其二，“躺平”的句法功能多了，起初在句中只可充当谓语，现在既可与其他成分组合后充当状语，如“躺平地参与竞赛”，也可独立充当定语，例如：

（4）剧里的青年不是“垮掉的一代”，更不是“躺平的一代”，而是一群勇于担当、奋斗不止、不怕牺牲、甘于奉献的“了不起的新青年”。（《北京日报》2021年6月18日）

今天，人们可以自由选择快节奏或慢节奏的生活方式，然而饱食终日、好逸恶劳的价值观绝不可取。“躺平”并不能“躺赢”，新一代青年岂能甘于“躺平”！须以奋斗的姿态向前，珍惜韶华，不负青春！

“内卷”是什么意思

◎南　园

2020年，新冠疫情给社会和个人生活带来了很大的负面影响。随之，“内卷”一词频繁出现在媒体上。请看以下例句：

（1）疫后新形势　企业挣扎求存　警惕经济现内卷（标题，香港《文汇报》2020年6月5日）

（2）专访陶冬：以国内大循环为主体不代表经济内卷（标题，《经济观察报》2020年8月31日）

（3）身处活力时代，别拿“内卷”泄气（标题，《环球时报》2020年8月10日）

（4）散散“内卷”式阴郁气（标题，《新民晚报》2020年10月21日）

汉语借词“内卷（化）”，上世纪80年代中期借自英语的“involution”。原词里，前缀“in”指“向里面”，词根“volut”指“卷，转”。曾经有人把“involution”译为“过密化”。比如：“早在1960年代初，美国人类学家克利福德·格尔茨（Clifford Geertz）便根据他对印度尼西亚水稻农业的深入研究，揭示了传统农业中的‘过密化’问题。”（《中国经济史研究》1993年第1期）如今，普遍接受和使用的译名是“内卷（化）”。

根据格尔茨的定义，社会学术语“内卷”指“社会或文化形式在某一发展阶段达到一种确定的形式后，难以突破或转化，只有通过使内部更加地复杂化而继续下去的现象”。简明一点，可以把术语“内卷”理解为“没有发展的增长”。例（1）（2）里的“内卷”，就是这个意思。然而，例（3）（4）里的“内卷”，意义有很大不同，主要用于“激烈的、过度的内部竞争”。这个从社会学“破圈”而来的“内卷”，在职场、高校圈里用得比较多，并通过互联网的循环“发酵”，很快成为“网红词”。比如：“从学术走向大众的网红词里，‘内卷’算是最近最火热的一个。”（《经济观察报》2020年8月31日）2020年10月中下旬，年轻网民在“打工人”的标签下，用各种各样的段子集体吐槽，调侃给自己带来压力的“内卷”，使不见经传的词语“打工人”一夜爆燃。

“内卷”，一般用作名词，有时也用作动词。比如：“最近‘内卷’这个词很出圈，就业‘内卷’、高等教育‘内卷’困境……甚至有人说幼儿园也‘内卷’了……到底是什么意思？”（《新民晚报》2020年10月21日）有时，作动词用的“内卷”省略为“卷”。比如：“‘内卷’这个词不知什么时候已经成为我的大学同学的口头禅。不管是看到了其他人夸张的成绩，还是夸张的论文字数，都要高呼一句：‘卷起来了！’”（《安徽文学》2020年第9期）句里的“卷起来了”，指“激烈竞争又来了”。

“内卷”及其缩略形式“卷”，还可以用如形容词。比如：“经常关注一些微博职场热门话题的人们，可能看到过网友‘内卷化’的吐槽。比如某发达省份一所中学招聘教师，投递简历者多数是清华北大等名校的硕士博士，于是评论中出现了这样的说法：‘超级内卷’‘这也太卷了’‘名校硕博卷在高校也就算了，都卷到中学去了’。”（《济南时报》2020年10月28日）其中“太卷了”的“卷”，是典型的形容词用法。

“智商税”探微

◎高丕永

近六七年来，常见“智商税”这种奇特的说法。实际上，“智商税”并不是真实的税种，只是用来喻指“因智商不够而付出的物质上、精神上的代价”。比如：“如今各种互联网营销手段层出不穷，智商税无处不在，一不小心就被当作韭菜收割了。”（《电脑报》2020年第35期）又如：“专家：家长应科学认识视力矫正，拒绝‘智商税’”（小标题，《新华每日电讯》2020年6月15日）。

用“智商税”构成的动宾短语里，当“交税”的是“消费者”时，多见的自然是“交智商税”。比如：“也有不少声音认为，少儿编程并非必需，跟风报班就是交‘智商税’。”（《光明日报》2021年7月14日）与“交”类似的动词，还有“付”“缴”。比如：“消费者在选择商家时，要擦亮双眼，不要为‘假门面’付‘智商税’”（标题，《北京日报》2020年12月23日）。又如：“90后‘基金理财课’销售：别中了套路，又缴了智商税”（标题，《中国青年报》2021年3月19日）。

用“智商税”构成的动宾短语里，当“收税”的是“商家”“商品”时，常见的动词当然是“收（取）”。比如：“‘量子波动速读’来收‘智商税’了——教育学者：没有科学依据，违反基本教育常识”（标题，《海南特区报》2019年10月17日）。近年来，还有指“（非法牟利）强度大、涉及面广”的动词“收割”。比如：“对消费者个人来说，收到来历不明、莫名其妙的快递，如果需要‘到付’，一定

要保持警惕,别被收割了'智商税'。"(《新华每日电讯》2021年1月5日)

"智商税"说法刚出现时,很多受众不太理解。有些文章就解释说:"智商税"等于"低智商税"。比如:"'智商税',又称'低智商税',就是因为自己的无知和低智商而付出的代价。"(《今晚报》2015年8月31日)我们根据语料的对比和分析得出结论,两者确实同义,因为"智商税"的确是比它"年长"八九岁的"低智商税"的缩略形式。但是,"低智商税"和"智商税",字面上意义相差甚远,怎么会变成同义的呢?

这可以从政府征收的、真正的税赋设置里找到较合理的解释:税赋主要有三种财政功能,即支付政府的花费、维持经济成长的稳定、减少收入和财富分配的不公平。然而,税赋的设置也有一部分出于非财政的理由,比如为了鼓励或限制某些活动,相应的征税规则是:对应该限制的活动加税或开始征税,而对应该鼓励的活动减税或不设税项。像烟草制品对人的健康有很大的危害,为此好多国家都重征了"烟草税"。这条征税规则似乎可以用来解释比喻义的"智商税"和"低智商税":高智商理应鼓励,根本谈不上交"税";只有低智商才是加以限制的对象,应该上交"智商税"(或"低智商税")。就这样,在这个特殊的语境里,"低智商税"和"智商税"成了同义词语。

微语录·爱情

爱是一种感觉,当这种感觉不复存在时,也会不离不弃。所以,爱其实是最初许下的诺言,不离不弃是对当初诺言的履行。

(夏　远/辑)

一针见血

“一饮一啄”才对

◎王中原

《演讲与口才·学生读本》2021年第4期第13页的一篇文章，写了国学大师黄侃尊师重道的故事，标题是《一饮一喙，莫非师恩》。正文中提到黄侃不远千里冒雨赶到章太炎家中给他祝寿，“有人对他说：‘今天情况特殊，你不来祝寿，老师也不会怪你的。’他则动容地说：‘一饮一喙，莫非师恩！’”标题和正文中的“喙”都应改为“啄”。

“一饮一啄”是个成语，语出《庄子·养生主》：“泽雉十步一啄，百步一饮，不蕲畜乎樊中。”成玄英疏：“饮啄自在，放旷逍遥。”饮义为喝水，啄指鸟类吃食，原指鸟类要吃就吃，想喝就喝，生活自由自在，后泛指人的饮食。《儒林外史》第四十五回：“今日有三处酒吃，一处也吃不成，可见一饮一啄，莫非前定。”上引文中黄侃想表达的是，自己的一切都是受了老师的恩惠，所以用“一饮一啄”是合适的。

“喙”读 huì，义为鸟兽的嘴，如长喙、短喙。也借指人的嘴。如不容置喙、百喙莫辩。“一饮一喙”说不通。

“复刻”不可写作“覆刻”

◎盛祖杰

2021年第35期《中国电视报》A14版《八路军“虎口”抢救〈赵城金藏〉》一文中这样说道：“《赵城金藏》以我国第一部木刻本大藏经《开宝藏》为底本覆刻，是我国民间于金代刊刻的汉文大藏经。”其中“覆刻”应为“复刻”。

复，有重复、再、又等义；复刻，原指木刻书籍的重行刻印。阿英《版本小言》：“但‘善本’也不一定是初刻，有时复刻本，因作者删改增补过，或者复刻者精细地校阅音注过，会比原刻，或原作者刻，是更为优胜的。”后来，以印刷、临摹、拓印、翻拍等方式，按作品原件制作与其内容相同物品的行为，均可称“复刻”。《赵城金藏》是公元1148年至1173年间由民间募资在山西刻印的佛学藏经，当时当地归金朝统辖，刻本都用金代年号，故名“金藏”。其版式、文字都以《开宝藏》为范本而重新刻印，此处用“复刻”恰如其分。

覆，义为翻转，底朝上翻过来，遮盖，例如天翻地覆、覆巢无完卵。“覆”不能用来表示重复，“覆刻”属同音致误。

“鞠”乎？“掬”也！

◎辜良仲

2021年8月20日《中国老年报》08版刊登散文《鞠一捧新凉听浅秋》，文末说：“鞠一捧新凉听浅秋。我聆听着，不经意间，西风来了，秋天的脚步近了，更近了。”两处“鞠一捧”均应改作“掬一捧”。

“掬”意思是双手捧起。朱自清《绿》：“我又掬你入口，便是吻着她了。我送你一个名字，我从此叫你‘女儿绿’，好么？”

“鞠”义为弯曲、鞠躬，表示恭谨谦逊，引申指小心谨慎。《论语·乡党》：“入公门，鞠躬如也。”诸葛亮《后出师表》：“臣鞠躬尽瘁，死而后已。”上文作者想以双手捧起那如水的新凉，感受那渐浓的秋意，显然应用“掬”不用“鞠”。

“拄杖”莫作“驻杖”

◎余培英

《珠江商报》2021年9月24日A4版《保护方言是文化自信的体现》一文中有这样一段话：“上周，全国首家省级实体语言类博物馆——岭南方言博物馆在佛山举行开馆仪式，90岁的暨南大学教授、暨南大学汉语方言研究中心荣誉主任、中国方言学研究泰斗詹伯慧从轮椅上缓缓站起来，驻着拐杖激动地向佛山致敬。”这里“驻着拐杖”应是“拄着拐杖”。

拄，音 zhǔ，是个形声字，从手主声，本义为支撑，指为了支持身体用棍杖等顶住地面。驻，音 zhù，也是一个形声字，从马主声。本义为车马停止，后引申有停留、留住、居留其地等义，如驻足、驻颜、驻防、驻外。拐杖只能用“拄”，不能用“驻”。

应是“侯栗侯梅”

◎厉国轩

《上海老年报》2021 年 1 月 26 日 7 版《梅花诗话》一文说：“‘山有木多梅’，是《山海经》中的记载；《诗经》则有‘山有佳卉，候栗候梅’之句。可见，梅花已有数千年的栽培史了。”这段话中所引的“山有佳卉，候栗候梅”错了，《诗经》里的这两句应是“山有嘉卉，侯栗侯梅”。

“山有嘉卉，侯栗侯梅”出自《诗经·小雅·四月》，意思是山上有美好名贵的花卉，有栗子树和梅树。这里的“侯”是个语气助词，用于语首或语中，相当于“惟”。《尔雅·释诂》：“伊、维，侯也。”邢昺《尔雅疏》：“皆发语辞。”杨树达《词诠》：“侯，语首助词，无义。”“侯 × 侯 ×”这种句式《诗经》中还有多例，如：“瞻彼中林，侯薪侯蒸”（《小雅·正月》）、“侯作侯祝，靡届靡究”（《大雅·荡》）、“侯主侯伯，侯亚侯旅，侯彊侯以”（《周颂·载芟》）。

“候”有时节、等待、问好、情况等多个义项。“侯”“候”两字虽然形音接近，但是含义相去甚远，不可混为一谈。另“佳卉”“嘉卉”虽均形容美好的花卉，但《诗经》原文用的是“嘉卉”，也不应擅改为“佳卉”。

“契阔”不能写成“挈阔”

◎杨宏著

小说《我是爱你的，你是自由的》（江苏凤凰文艺出版社

2017年4月出版）中写道："很多年前的你爱一个人，怀揣生死挈阔的心，你怀疑，你不安，你假装懂事，你喜怒无常。"这里的"挈阔"为"契阔"之误。

契阔，语出《诗经·邶风·击鼓》："死生契阔，与子成说。"毛传："契阔，勤苦也。"但有人认为毛传的解释不正确。清代黄生《义府》以为："契，合也；阔，离也；与死生对言。"契阔也有久别或久别重逢的意思。《后汉书·独行传·范冉》："(王)奂曰：'行路仓卒，非陈契阔之所，可共到前亭宿息，以叙分隔。'"郭沫若《漆园吏游梁》下："庄周一说惠施，便说不出来的欢喜，正想走去诉说年来的契阔，诉说心境的变迁。"也有人认为"契阔"含有以生死相约的意思。曹操《短歌行》："越陌度阡，枉用相存。契阔谈宴，心念旧恩。"无论如何解释，这个词都不能写作"挈阔"。

挈，音qiè，本义为用手提着，也有带、领之义，如提纲挈领、扶老挈幼。"挈阔"讲不通。

"龋龋而行的水牛"？

◎杨昌俊

2021年9月23日《黔东南日报》第7版刊有《写韵秋荷》一文，其中写道："此时，随风飘荡的，还有渔船，袅袅飘散的炊烟，涓涓流淌的小溪，龋龋而行的水牛……一切似乎与秋荷无关，其实密不可分，那是江南的秋意画卷，也是秋荷的心灵家园。"引文中的"龋龋而行"，无疑是"踽踽而行"之误写。

"踽"读作jǔ，本形容独自走路的样子，常叠用为"踽踽"。《诗经·唐风·杕杜》："独行踽踽，岂无他人？"大意是说，我独自行走孤零零，难道没人同行？后也引申指落落寡合的样子，还可形容小步慢行的样子。

"龋"，读作qǔ，本指蛀牙，是一种牙病，指食物残渣在牙缝间发酵，产生酸性物质，破坏牙齿表面的釉质，导致其被腐蚀而形成空洞或残缺。也指发生腐蚀性病变的牙齿，俗称虫牙。

龋不能叠用，而且与行走无关，“龋龋而行”显然是错误的。

误用“含菁咀华”

◎胡礼湘

2018年3月7日《亳州晚报》第15版刊有散文《母亲的哲学》，文章最后一段说道：“在我看来，母亲虽不会高谈阔论，但她的语言却含菁咀华，她的生活里处处都有哲学。就连我这修过马克思主义哲学的寒门学子都自叹不如。”这句话中“含菁咀华”用得不妥。

“含菁咀华”也作“含英咀华”，是个成语，出自唐朝韩愈《进学解》：“沉浸酴郁，含英咀华；作为文章，其书满家。”咀，义为细嚼，引申有体味之义；英、菁和华皆指花朵，引申有精华之义。“含英咀华”就是把花朵含在嘴里慢慢咀嚼，比喻琢磨、体味或领会诗文的精华。宋代周必大《益公题跋》第十卷：“秉烛快读，虽未容含英咀华，固可望之止渴矣。”郭沫若《今昔集·关于“接受文学遗产”》：“含英咀华，钩玄提要，我看对于接受文学的遗产上，一定会有很切实的贡献。”

上引文中作者想表达的意思是，母亲的语言虽然朴素，但是蕴含生活哲理，耐人寻味。而不论是“含英咀华”还是“含菁咀华”，都是琢磨、体会诗文精华，主语应该是人，而不是文章、诗词，不是人说的话。

此“会员”不同彼“会元”

◎鲁智勇

《学生古代文化常识辞典》（商务印书馆2016年出版）第124页第6行写道：“（会试）第一名称会员。会试后一般要举行复试。”看到这我吃了一惊：会试第一名怎么是这个“会员”呢？应该是“会元”吧！

古代科举考试中，乡试第一名称“解元”，会试第一名称“会元”，殿试第一名称“状元”，我们常说的“连中三元”，也是指在乡试、会试和殿试中都获得第一名。

元，义为开端、始源。《说文解字》：“元，始也。”如元年、元月。引申出第一、头等之义。“会元”即会试成绩的第一名，取的便是“元”的“第一”之义。

员，原为方圆的“圆”本字，也作计量单位，表物或人的数量。后也指从事某种职业的人员，或一定团体组织中的成员。“会员”即通过正式手续加入某个会社的成员，明显不符合“会试第一名”之义。

“白”冠“杜”戴

◎李可钦

2020年8月24日《商洛日报》04版刊有文章《再读王维诗》，其中写道：“在我的意识里，杜甫的诗好像比王维的稍稍难解一些。但据说杜先生每得新句，都要先让老妪们听得懂了，他才肯把这首诗留存。”这里用典有误，得新句要老妪能解才留存下来的是白居易。

白居易（772—846），字乐天，晚年号香山居士，中唐时期著名的现实主义诗人，代表作有《长恨歌》《琵琶行》《赋得古原草送别》等等。白居易作诗力求通俗易懂，为世人广传，传说他每写完一首诗，就念给老年妇女听，对方不懂就修改，力求做到她们都能懂。对此历来多有论述。孔平仲《孔氏谈苑》：“白乐天每作诗，令一老妪解之，问曰：‘解否？’妪曰解，则录之；不解，则又改之。故唐末之诗近于鄙俚。”清钱泳《履园丛话·谈诗》：“白香山使老妪解诗，为千古佳话，余亦谓诗非帷薄之言，何人不可与谈哉？”

杜甫，盛唐时期伟大的现实主义诗人，他写诗有严格的要求，自言“为人性僻耽佳句，语不惊人死不休”，但未见有文献记载他作诗要老妪能解才肯把诗留下来。上述文章应是将白居易的事算到了杜甫的头上了。

“把大象装进冰箱”

◎宗守云

说到“把大象装进冰箱”，我们马上会想到赵本山、宋丹丹表演的小品《钟点工》。在小品中，宋丹丹说：

（1）这么地吧，我先给你出两道幽默智力题儿，一来呢，测验一下你的智商，二来呢，缓解一下尴尬的气氛。啊，听好啊，可招笑了。说，要把大象装冰箱，拢共分几步？哈哈哈哈哈哈哈。三步：第一步，把冰箱门打开；第二步，把大象装进去；第三步，把冰箱门带上。

把大象装进冰箱，在现实中是不可能存在的，但在思维和语言中是可以存在的，人的头脑中可以浮现出“把大象装进冰箱”的画面，并用语言表达出来。人的头脑中形成“把大象装进冰箱”的画面，可以通过缩小大象比例实现，当我们想象一个缩小比例后可以装进冰箱的大象，“把大象装进冰箱”就出现在思维中，并可以形诸语言。这种语言现象，属于违比例意象的表达。

“意象”是人的头脑中浮现出的画面及画面中的具体内

容。如果意象的比例符合客观真实世界的比例,是合比例意象,比如“把苹果装进冰箱”,这在客观真实世界中是可能存在的;如果意象的比例不符合客观真实世界的比例,是违比例意象,比如“把大象装进冰箱”,这在客观真实世界中是不可能存在的。再比如,“母鸡下了一颗蛋,比鸭蛋还大”,虽然事出意外,但在客观真实世界中仍然可能存在(东亚网2011年6月3日有一篇报道《巨型鸡蛋重110克,“个头”比鸭蛋还大》),是合比例意象;“母鸡下了一颗蛋,比母鸡还大”,这是夸张渲染,在客观真实世界中不可能存在,是违比例意象。

违比例意象虽然不反映客观真实世界的情形,但在思维和表达中都非常重要。实际上,人类对于用望远镜观察的宏观世界和用显微镜观察的微观世界的想象,很大程度上都是通过违比例意象实现的。例如:

(2)作为棒旋星系的银河系,有着多条旋臂,而据美国CN-T网站近日消息称,美国国家航空航天局(NASA)研究表明,银河系一个悬臂上有处“断裂”,即一组伸出的恒星和气体云。天文学家将其描述为“就像从一块木板上伸出来的碎片”,这是第一次在银河系上发现与旋臂方向截然相反的主要结构。(《科技日报》2021年9月2日)

(3)就像蜘蛛捕捉猎物一样,我们的免疫细胞也会协同合作,捕捉并“吃掉”细菌。据11日发表在《科学进展》杂志上的一项研究,美国范德堡大学医学中心研究人员发现了免疫细胞的抗菌新机制,有助于开发对抗金黄色葡萄球菌和其他病原体的新策略。(《科技日报》2021年9月13日)

例(2)头脑中形成的银河系、恒星、气体云的意象,比例都是大大缩减的,例(3)头脑中形成的免疫细胞、细菌、金黄色葡萄球菌、病原体的意象,比例都是大大扩增的,这都是违比例意象的表达。

有时，违比例意象还可以用于语言游戏。“把大象装进冰箱”其实就是语言游戏，在现实中，只有合比例意象所反映的事物才能分三步装进冰箱，而这道幽默智力题是把违比例意象当作了合比例意象，所以才令人捧腹。再比如：

（4）前些年曾有一个段子很流行，说有“四大工程”是“给长城贴瓷砖，给赤道镶金边，给珠峰装电梯，给黄河安栏杆”。其中有几层讽刺意思：不切实际的痴心妄想；热心做高成本却没必要的事；有钱花不到点儿上的“土豪”思维。（《工人日报》2014年4月22日）

例（4）“给长城贴瓷砖，给赤道镶金边，给珠峰装电梯，给黄河安栏杆”都是违比例意象的笑话，在现实中是不可能存在的。

违比例意象也有消极的一面，就是它有时候会禁锢人的思维。例如：

（5）清康熙时钦天监丞杨光先在批驳西方地理学时写道：“若然，则四大部洲，万国之山河大地，总是一大圆球矣。……所以球上国土人之脚心与球下国土人之脚心相对……竟不思在下之国土人之倒悬。……有识者以理推之，不觉喷饭满案矣。夫人顶天立地，未闻有横立、倒立之人也。……此可以见大地之非圆也。”（谢纳《地缘政治图像学视域中的中国现代性转型》，《学术研究》2020年第6期）

有人说，杨光先不相信地球是球形，是因为他不了解经典的万有引力定律，这当然是对的；但另一方面，这也是违比例意象导致的，由于违比例意象不能反映事物的真实状况，杨光先在当时的社会背景下不能理解有关地球的知识，无法形成合理的违比例意象，也是在所难免的。

《火眼金睛》提示

图1，“仔细桃”应为“仔细挑”。
图2，“意见薄”应为“意见簿”。
图3，“蛰人”应为“蜇人”。
图4，“侯诊区”应为“候诊区”。

学林

简析几个常用字

◎苏培成

一、哪。近代汉语里的指示代词近指用“这(zhè)”,远指用“那(nà)”。后来由远指的“那(nà)”引申出疑问代词“那(nǎ)”。如:人的正确思想是从那(nǎ)里来的。后来字形分化,“那(nǎ)”加意符“口”变成“哪(nǎ)”,“哪(nǎ)”是从口那(nǎ)声的形声字。“现代汉语的‘哪’字,直到‘五四’时代还写作‘那’(和指示代词‘那’字同一写法)。实际上,在中古时代,疑问代词‘那’字比指示代词‘那’字常见。依现有史料看来,疑问代词‘那’的产生时代早于指示代词‘那’字。”(王力《汉语语法史》,《王力文集》,山东教育出版社 1990 年版第 11 卷第 112 页)另外,《集韵·戈韵》有一“哪(nuó)”字:“哪哪,傩人之声。”与我们上面讲的“哪”字没有关系。

二、賣。《说文·出部》:“賣,出物货也。从出,从買。”是会意字。另外,《说文·贝部》:“賣,衒(xuàn)也。从贝,𡍬声。𡍬,古文睦。读若育。”賣是形声字。衒(xuàn):边走边叫卖。上述的“賣”与“賣”是形音义都不同的两个字。

段玉裁《说文解字注·贝部》:“賣字不见经传。”“按,賣隶变作賣,易与賣相混。”隶变后,賣字罕用,实际是已经与賣相混,不再单独使用。汉字中像賣这样的死字还有相当的数量,但是因为见于《说文》,总还不能完全去掉,在大型字书里保有一席之地。

三、曾。《说文·土部》:“增,益也。从土,曾声。”在古籍中“曾”常假借为“增”表示增加。

例如，《孟子·告子下》：“所以动心忍性，曾益其所不能。”桓宽《盐铁论·诏圣》：“虽曾而累之，其亡益乎！”这两句话里的“曾”要读为“增”，意思是增加。这不是写了错别字，这是“曾”字的假借用法。古代字少，增加的“增”还没有创造出来以前，需要写增加的时候，只能临时借用一个同音或近音的字来代替，后世才造出“增”字，“增”是后造的本字。

裘锡圭在《文字学概要》中详细讲了“在已有的文字上加注意符”的用例。并指出“由第三种途径产生的形声字为数最多”，裘说的“第三种途径”就是我们这里说的由“曾”到“增”的途径。我个人感觉现代用字中这样假借的例子并不多见。后来才明白，裘是就古籍用字说的，这个恐怕还是点明为好。

四、草。《说文·艸部》：“草（zào），草斗，栎实也。一曰：象斗子。从艸，早声。”栎实今写作皂，读 zào。《说文·艸部》：“艸（cǎo），百卉也，从二屮。”后来，草和艸这两个字的音义都发生改变。指栎实的“草”改写为“皂”或“阜”，指百卉的“艸”改用“草”，读 cǎo。字义也发生相应的改变。

五、更。“更”小篆作。《说文·攴部》：“更，改也。从攴，丙声。”是形声字。隶变后作“更”，从形体上无法拆分出攴和丙，变为独体字。这样的形声字还有一批。又如“年”字，小篆作。《说文·禾部》：“年，谷熟也。从禾，千声。”是形声字。隶变后，分不出“禾”与“千”，变为独体字。

六、啟。甲骨文作，从手开启门户，是会意字，本义指开启。引申为教导。《说文·攴部》：“啟，教也。从攴，启声。《论语》曰：‘不愤不启。’”为了区分本义和引申义，在本义上加区别号“口”，成为“啟”字。

七、强。《说文·虫部》：“强，蚚也。从虫，弘声。”强的本义指蚚（qí），蝇的一类。依据《说文》，表示强有力要用“彊”字。《说文·弓部》：“彊，弓有力也。

“四川北路”之外

◎史有为

本体说“路”：“四川北路”是上海一条普通的马路。吕叔湘先生却从这个路名里发现了出乎常人认识的问题。他认为“四川北路”应该是由“四川路＋北”构成。结构应该是“四川 –[北]– 路”（吕叔湘《汉语语法分析问题》66 节）。他在一次口头解释中指出：这条路的原名是“北四川路”，后来才将“北”嵌入到中间。可见两个直接成分是“北＋四川路”，而

……………………………………………………………………………………

从弓，畺(jiāng)声。”《孟子·梁惠王上》：“弱固不可以敌彊。”因“彊”笔画多书写不便，后多借用“强”。因“强”字的声旁是“弘”，与“彊”不同音，用“强”不是同音假借，只是偏旁相同而借形。

八、站。《说文·立部》：“立，住也。从大立一之上。”是会意字。后来语言里出现了“站”这个词。《广韵·陷韵》：“站，俗言独立。”《集韵·陷韵》：“站，久立也。”这与“独立”义有了区别。戚继光《纪效新书·射法》：“凡射，或对贼对靶，站定观靶子或贼人，不许看扣。”

“站”又用于蒙古语译音，原指路，后指驿站。元代通用“站”。《元史·兵志四》：“元制，站赤者，驿传之译名也。盖以通达边情，布宣号令，古人所谓置邮而传命，未有重于此者焉。”（站赤：驿站）

以上 8 个字是裘锡圭先生在《文字学概要》里分析《形声字产生的途径》一节中没有涉及的字，我不避浅陋，狗尾续貂，请读者指正。

不是“四川＋北路”。嵌入式这种组成结构是个新玩意儿，在直接成分分析法里让人为难，最后不得不承认直接成分可以有非连续的“四川……路”。这样才摆脱了尴尬。可是人们还是愿意将这类格式认作“四川＋北路”，因为韵律上的确分成这样的两段。可见韵律与结构并非总是一致的。上海有南京东路、南京西路两段，连在一起共同组成了“南京路”。只有嵌入式分析才能在语义上解释和理解这些路名。

查查历史才知道，“四川北路”和“北四川路”有些不同。不同处在于参照系的变化。四川路桥以北的“北四川路”是相对于桥南“四川路”的，这是两条虽然相接，但管辖者不同的马路。四川路属于英租界。而“北四川路”所在地，南段原属美租界/公共租界（始于1848年），1877年上海公共租界工部局开始翻造“北四川路”，其北段属华界的闸北，也是日侨聚居区，后划归虹口区。二战胜利后国民政府将北四川路和四川路以及南端几条路连成一条路，分别改名为四川北路、四川中路和四川南路。如今的四川南路，原属法租界，分别有孟斗班路（Rue Montauban）、天主堂街、新北门大街（1943年改名天台路）几段。这样一看，原来“北四川路”的参照系仅仅是老“四川路”而已。而“四川北路”的参照系则是连成一条路后的新路自身。尽管改名后的组成者还是“四川路”＋“北”，但表面结构形式已经不同，而且参照内涵也大大不同。因此“北四川路”并不能成为嵌入式“四川北路”的证据，而只能是嵌入式结构的认识激发点。

嵌入式确实在汉语母语者心理中嵌入了一个新的结构，而且逐渐被全国认可并习惯。这样的地名虽然不合传统，却是个时髦。从上海开始，全国各大城市都群起仿效。例如广州有“新港东路、新港中路、新港西路”，青岛有“香港东路、香港中路、香港西路”，泉州有“温陵北路、温陵南路”，都是“四川北路”“南京东路”的拷贝类型。这是一次富有创新意义的事件，应该归功于有创新精神的上海。这也说明，语法也是可以嵌入的，可能是外来的，也可能是自创的。然而，“四川 –[北]– 路”在形式上总是怪怪的。怎么会出现这种嵌入格式？这至今仍是悬案。对汉语人而言，“四川北路”等的出现是一次新的结构嵌入，原来传统的格式还在许多道路上使用着，并不容易被嵌入式“统一”过去。比如北京的“东长安街、西长安街”“南长街、北长街”“东交民巷”“南锣鼓巷”；又如长春的“北凯旋路”“北远达大街”；再如常州的“南大街、北大街”。

那么除此以外，其他与“四川北路”同形式的路名难道都是嵌入式类型吗？

那可不一定。北京东城区有三条路，分别叫“酒仙桥路”“酒仙桥北路”和“酒仙桥东路”。这三条路可不是连成一条线的路。“酒仙桥路”是南北向的，“酒仙桥北路”却是东西向的，与“酒仙桥路”呈丁字形相交关系，而非延长关系。“酒仙桥东路”虽然也是南北向的，却只与“酒仙桥路”平行。也就是说这是完全无延长关系的三条路。它们只与“酒仙桥”有关。因此，“酒仙桥北路”只能是“酒仙桥北 – 路”的结构，“酒仙桥东路”也只能是“酒仙桥东 – 路”。

北京月坛附近的两条东西向的平行马路，一条为月坛北街，另一条是月坛南街。它们甚至完全不相交，更不可能是一条路的两个区段。它们只能理解为“月坛之北的街(月坛北 – 街)”和“月坛之南的街(月坛南 – 街)”。

广州有一个“白云新城”，在它的东西两边有两条平行路。东面的叫“云城东路”，西面的叫“云城西路”。意思是白云新城之东 / 西的路。它们互不隶属，甚至都不相交，也不能统称为“云城路”。“刺桐城”泉州也有两条南北向的平行马路，东边的一条叫“刺桐东路”，西边的一条叫“刺桐西路”，中间隔了一长条区域。它们既不能按“四川 –[北]– 路”去理解，也无法按“月坛北 – 街”去分析。广州的只能分析为“云城东 – 路”“云城西 – 路”，泉州的则只能分析为“刺桐 – 东路”和“刺桐 – 西路”。

当然，现实并不那么令人舒服，还有让我们为难的。北京海淀区原来只有“中关村大街”，三环路以南的延伸路段曾称白石桥路，后来因为中关村大街北部延伸出一段，因此重新加以命名，南段的白石桥路改为“中关村南大街”，北段新延伸的称为“中关村北大街”。这三段路是否都是“中关村大街”的一部分，谁也不敢说。因为人们的习惯里“中关村大街”只指北起四环路、南至三环路的那一段，不能包括南北的另外两段路。这段路又确实是以中关村地理范围命名的。但这三段路又是南北一条线。因此，“中关村南大街”就有两种合理的理解：其一是“中关村 – 南大街”，其二是“中关村南 – 大街”，可就是不能理解成嵌入式“中关村 –[南]– 大街”。

为什么会出现这样三种结构？看来大都与参照系有关：

甲、如果以现场的一个物理存在作为命名的参照系，那么其结构必然是“月坛北 – 街”或“酒仙桥北 – 路”以及“云城东 – 路”。这些道路都因在参照物（月坛、酒仙桥、白云新城）的北面或东面而得到如此命名。

乙、如果以道路自身的走向作为参照系，那么其结构就可能是嵌入式的“四川 –[北]– 路”或“南京 –[东]– 路”。这些马路都是因马路太长而将自身切分成两段或三段，并如此命名。

丙、如果不属于以上两种，而且是几条不连接的道路，那么有可能以它们互相之间的方位作为参照系，那结构可能就是“刺桐 – 东路”和“刺桐 – 西路”。

延伸说“站”：路是一种线条状的地理存在，如果不是线条状，而是点状的地理存在，会如何命名呢？北京海淀区有一个后增加的公交车站叫“海淀黄庄南站”，以前曾有个相对立的“黄庄站”，由于“海淀黄庄南站”的出现而改名为“海淀黄庄北站”。“站”是一个点，不是一条线，不可能有一个总的“海淀黄庄站”，也不可能有嵌入式的“海淀黄庄 –[南]– 站”。它只能是“海淀黄庄之南”的“站”。这更证明它们都是“海淀黄庄南 / 北 – 站”的结构。这是因为它们以“海淀黄庄”作为命名的参照。这与上面的“甲”类机制一致。每到此站，乘务员报出“海淀黄庄南到了！下车的请从后门下！”这证明这种站名确实是甲种结构。

如果是“北京南站”呢？那就可能有参照歧解。参照有两种，一种是外部参照，“月坛”就是一个外参照，“月坛南 – 街”是建在月坛的南面，这条街与月坛互不隶属。另一种是内参照，在一个大北京内，在北京南部建设的火车站，以北京内的方位作为参照，当然就应该叫“北京南 – 站”。这就是内参照。另一种理解是以“北京站”“北京西站”为参照物，那有两种可能的结构：或者是“北京南 – 站”，或者是“北京 – 南站”。从铁路售票实际公示的来看，都是以“北京南”出示的，因此是“北京南 – 站”。而在旅客的口中，又称呼为“南站”。这是对“北京 – 南站”的简称。因此，“北京南站”有两种实际存在的结构。管理方明显是以“北京南 – 站”来命名的。这属于甲种机制。而旅客方还可能有“北京 – 南站”的理解。同样，“天津西站”也存在管理方是“天津西 – 站”，而旅客方却可能是“天津 – 西站”。后一种存在于口语。英语翻译为 Tianjinxi Railway Station，明显是管理方的真实表白。

我们得承认：可能有两种合理的结构理解存在于不同人群中。

我们也得承认：语言世界是复杂的，路名结构也可能不那么简单。

追踪荧屏

“抡元”夺魁无关“纶”

◎孙晓青

京剧《清风亭》中，张继保参加科举考试，主考官李魁深出场吟道：“昨夜文光射斗牛，今朝紫气满鳌头。不知谁是 lún 元客，打点珊瑚一网收。”“lún 元”字幕同步显示的是“纶元”。错了，应为“抡元”。

“抡”是多音字，此处读作“lún”，义为选择、选拔。“抡元”指科举考试中选第一名。明代沈德符《万历野获编·科场·甲辰科首题》：“今山阴朱相公主甲辰试。首题为‘不知命’章，初命题即约同事，必三段平做，不失题貌，始可抡元；若违式即佳卷亦难前列。”上述唱词“不知谁是抡元客”意思是，不知道此次考试谁是第一名。

“纶”也是多音字，读作“lún”时作名词，字义多与布料有关，如青丝带子、钓鱼用的丝线等，均可称“纶”。也特指皇帝的诏书、制令等，如“纶言”“纶诏”。现用作某些合成纤维的名称，如“涤纶”。“抡元”不能写成“纶元”。

“悬壸”怎能“济世”

◎张德民

电视剧《破局1950》中有一画面,医院里一块牌匾,上书四个大字“悬壸济世”。其中“壸”字错了,应是“悬壶济世”。

《后汉书·方术传下·费长房》中有:“费长房者,汝南人也。曾为市掾。市中有老翁卖药,悬一壶于肆头,及市罢,辄跳入壶中。市人莫之见,唯长房于楼上睹之,异焉,因往再拜……遂能医疗众病。”后来以“悬壶”谓行医卖药。济,义为渡,也可解释为救助,济世即救世。端木蕻良《乡愁》五:“我之悬壶问世,多半都是志在济世活人。”后以“悬壶济世”作为古代对医者道者救人于病痛、普济众生的一种颂誉之称。

壸,读音为kǔn,本义指宫中道路或小巷,引申指宫内,亦泛指妇女居住的内室。《诗经·大雅·既醉》:“其类维何,室家之壸。”《集传》:“壸,宫中之巷也。”由此可见,壸既不能悬,更不能济世。误“壶”为“壸”,只因形似而致。

社交新风

名不正言不顺

◎徐默凡

名字，是每个人区别于其他人的重要标志，它取之于父母师长，一般会伴随一个人的终生。辨名识人，见名思人，名字已经成为一个人的代表。当一个人拍着胸脯自呼其名“我某某某如何如何”的时候，自尊自重之意就会借着名字传递出去。

从理论上说，名字只是一个任意性符号，采取任何形式都可以，但是人们往往会选择好词佳字，在名字上祈求顺遂幸福的人生。人如其名，是取名者的美好期盼。然而，名字终是父辈所起，孩子大了，不见得认同父辈们在名字中所寄寓的美好愿望，但是改名字又是一件很麻烦的事情，所以不少人将就了一辈子。不过，在网络社交生活中，一个人终于可以自主、自由地使用多个名字了，这也可算是科技改变生活的一个小小福利了。

我们可以在微信、微博、网络游戏等虚拟世界中取一个自己喜欢的名字，扮演一个心目中的理想角色。虽然是取名自由了，但背后的思路依然有迹可循。有人是留下蛛丝马迹和自己真实姓名关联，如“杨”拆为“易木”，“亦亦”谐音为“一一”；有人扮演喜爱的动漫角色，如“路飞”“哪吒三太子”；有人向喜爱的作品或者名人致敬，如“永不消逝的电波”“薛定谔的咸鱼”；有人则是宣示自己的人生态度，如“人淡如菊”“逆风飞扬”……当然也有很多名字，起名的缘由让人捉摸不透，比如“最后半根萝卜”“浣熊之爪”等等，可能起源于一些个人的“典故”，倒也不失神秘感和趣味性。

五花八门的网络名字，无疑彰显了网民的个性，也为虚拟生活增添了情趣。有一个颇为巧妙的例子：有一位语言学专业出身的网民，他的偶像是现代语言学之父索绪尔，他的微信网名叫“琐屑儿”，一方面是通过谐音向偶像致敬，另一方面也表达了记录生活碎片留住美好时光的朋友圈风格。

不过，在起网名时也还有一些会让人困惑的做法，最好要避免。

首先是一些不文明用语必须杜绝。社会禁忌语如脏话、生殖器、排泄物等最好不要进名字，否则让人恶心。有些人用英语或者谐音来遮掩不文明用语，其实既不幽默也没有脱敏。还有占人便宜要做人长辈的，比如“×××是你爹”“你大爷就是你大爷”，有些女粉丝喜欢用“×××的老婆”“×××女友”来自称，其实也是口头占便宜的一种变体。

其次是太冗长的名字，让人记不住，也就没啥个性可言了。比如“浪迹天涯孤独归来仍是少年”，非常抒情，可惜别人不会认真记住。可资证明的就是，你的名字起得再长意味再丰富，别人要叫你还是会用两三个字的简称，比如长达十二个字的“浪迹天涯孤独归来仍是少年”最后大概率会被别人叫作“小浪”。还有一点额外的坏处，就是骗子要盗用名字的时候，很容易造出一个以假乱真的小号，比如“浪迹天涯孤独归來仍是少年”，把“来”改为“來”，几乎没人会发现。

再次也不要用一些怪字，避免给别人识读和称呼带来困扰。比如“馫鱻灥麤靐朤”这一类太繁复的，“尐尒尕尗尛尜”这一类不常用的，当然还有用造字法搞出来的“火星文”一类的残缺字。这一点其实和真实世界中起名字是一样的，用这些怪字可谓“损人不利己”。网络世界还有一个变体，就是用标点符号或者表情符号作为名字，这和怪字一样会给别人带来麻烦。比如有一个人叫“，，，”或者叫“”，你该如何称呼他呢？

最后，没必要把自己的职业身份挂在真实名字后面。比如“××× 教授”“××× 律师”“××× 老师”“××× 医生”，这些职业称呼都是敬称，把它挂在名字后面，就好像自我介绍的时候一本正经地大声宣布：“我是 ××× 大人物。”这就好像要强迫别人尊敬自己似的，至少给人一种故意显摆的感觉。当然，如果不是真实姓名，哪怕是昵称，加上这些职业称呼就没太大问题，大家都会知道你只是一个虚拟身份，也就不会对号入座了。

当然，还要注意交际媒介的区别，微信是熟人圈，相对要守规矩一点；微博是陌生人世界，所以起名字也就更狂野。而对一些网络游戏来说，身份的虚拟性更强，精灵古怪、放飞自我也没有太大关系。

一个好的名字能加强别人的印象，也能加深别人对你的理解，然后别人就会重视你的网络发声。一个古怪或者搞笑的名字要想得到别人的尊重就要花费更多的力气。名不正则言不顺，这里的“名”原本指的是“名分”“名义”，但如果照字面义曲解为“名字”，也同样很有道理。

《人生的背篓》参考答案

1. 哀声叹气——唉声叹气
2. 报怨——抱怨
3. 尊嘱——遵嘱
4. 汗流加背——汗流浃背
5. 有什么感受？——有什么感受。
6. 气喘嘘嘘——气喘吁吁
7. 慢条丝理——慢条斯理
8. 不明究里——不明就里
9. 张口接舌——张口结舌
10. 半响——半晌

文章病院

说说"畲"与"畬"

◎居容人

《娄底日报》2021年8月10日第7版刊有《吃秋》一文,其中有段文字这样写道:"不知哪日,(母亲)端一碗饭坐到门槛上,猛地想起,一拍大腿,站起来说:是的,我说呢,还有一块火畲地的小米没有收!"引文中的"火畲地",应写为"火畬地"。

"畬"是个多音字,读作yú、时,本义为耕种三年的田,后泛指田地。《尔雅·释地》:"田,一岁曰菑,二岁曰新田,三岁曰畬。"读作shē时,指用刀耕火种的方式种田。刀耕火种是一种古代山地常用的耕种方法,即用刀将草木砍断堆在田里,再用火焚烧田地里的草木,以灰做肥料就地挖坑下种,这样耕作的田地叫"畬田"。宋代范成大《劳畬田》诗序:"畬田,峡中刀耕火种之地也。春初斫山,众木尽蹶。至当种时,伺有雨候,则前一夕火之,借其灰以粪。明日雨作,乘热土下种,即苗盛倍收。无雨反是。"在一些地方也可称为"畬地""火畬地"。

"畲",读作shē,指畲族,是我国少数民族之一,主要分布在福建、浙江、江西、广东、安徽五省的部分山区,主要从事农业,以福建、浙江两省为多。"畲"古代同"畬","畲族"古代也作"畬民",因其从事畬耕(刀耕火种)得名,现代汉语中在指称民族时以"畲"为规范字形,且"畲"一般只在表示民族时使用。

畲与畬,字形差别细微,使用范围不同,"火畬地"作为方言词,又较为冷僻,很容易写错。

书院书店一字间

◎言蹊太

《中国楹联报》2021年9月3日第2版刊有《联嵌书名显妙奇》一文,文中提到一副对联:“公羊传经,司马论史;白虎论德,雕龙文心。”接着解释说:“清代阮元为浙江沽经精舍撰此联。精舍,类似古代的书院。联中列出四部经典:公羊高的《公羊传》、司马迁的《史记》、班固的《白虎通》、刘勰的《文心雕龙》,俱是精舍的主要课业。”其中“沽经精舍”错了,浙江没有“沽经精舍”,只有“诂经精舍”!

诂经精舍是清代的书院,原址位于杭州。清嘉庆二年(1797),浙江学政阮元于西湖孤山上构屋五十间,集全省通经之士纂辑《经籍籑诂》。后阮元升任浙江巡抚,乃将其辟为精舍,用于教学。教学内容为经史疑义及小学、天文、地理、算法等。清同治年间,上海亦设诂经精舍,光绪初并入求志书院。诂(gǔ),义为用当代通行语解释古代语言文字的意义;诂经,即用通行的话解释古代经传典籍。“诂经精舍”得名也与其所在地曾经为训诂材料编纂处有关。阮元《西湖诂经精舍记》:“及抚浙,遂以昔日修书之屋五十间,选两浙诸生学古者,读书其中,题曰诂经精舍。精舍者,汉学生徒所居之名;诂经者,不忘旧业,且勖新知也。”

沽(gū)义为买。多指买酒。也指卖,如待价而沽。亦可用于以不正当的手法博取名誉,如沽名钓誉、沽名邀誉。沽也是天津的别称。“诂”与“沽”形音皆近,但词义大相径庭。“诂经精舍”是书院,“沽经精舍”就成书店了。

另外上引文中对阮元所撰对联的引述也有误,正确的其实是:“公羊传经,司马记史;白虎论德,雕龙文心。”

苏子瞻被贬『儋州』

◎洪竹

《不忘初心，一念江南》（中国华侨出版社2014年1月出版）讲述了一个艺名"琴操"的蔡姓大家闺秀幼年不幸沦为杭州艺伎的故事。她与苏轼相遇、相识，共同听琴、论诗，最后却难免相别。其中有这样一段文字："（琴操削发为尼后）听说苏东坡已被贬至瞻州，隔着苍茫大海如同隔着浮世幽冥，早已远得再也看不见。"此处"瞻州"实为"儋州"之误。

据《宋史·苏轼传》："绍圣初……又贬琼州别驾，居昌化。昌化，故儋耳地，非人所居，药饵皆无有。"绍圣是宋哲宗赵煦的第二个年号（1094—1097），苏轼在1097年被贬去琼州（辖境相当于今海南省海口市及琼山等地），实际却居住在昌化军的儋州（辖境相当于今海南省西部儋州等市县境）。

"儋"音dān，儋州古称儋耳，在今海南省海南岛西北部，是海南最早设置行政建制的地区，西汉时就在此设儋耳郡，唐武德五年（622）改称儋州。民国时期废州、府，儋州改称儋县。1993年，儋县撤县设市，恢复古名，设立县级儋州市，2015年，经国务院批准，县级儋州市升级为地级市。

苏轼在儋州住了三年，在元符三年（1100）哲宗驾崩后，才遇赦北还。在即将离去时，苏轼曾写诗表达了对这个流放地的留恋之情，将儋州称为故乡。《别海南黎民表》："我本儋耳人，寄生西蜀州。忽然跨海去，譬如事远游。平生生死梦，三者无劣优。知君不再见，欲去且少留。"如今儋州有纪念苏轼的东坡书院，郭沫若曾在此题过诗。

"瞻"音zhān，义为向前或向上看，也可用作姓。我国古今并无"瞻州"，误"儋"为"瞻"，应是两字形近所致。

“徇私”不可写作“循私”

◎雷晓琪

《中国新闻周刊》2021年第26期所刊登的《济南中院三法官受贿案：律师送钱“不是行贿”？》一文，提到了一个在律师界引起不小争议的观点：“中国是人情社会，律师行贿法官，不一定是谋取不正当利益，甚至可能只是推动法官公正办案……法官中流行‘循私不枉法，枉法不循私’的潜规则。法官如果收了钱，就不敢在案件上循私，更不敢枉法裁判。”这段话中出现的三处“循私”都应为“徇私”。

徇，音xùn，本义指巡行，引申指依从、曲从。徇私，即曲从私情，为了私情放弃原则，做出一些不合法或错误的事。汉代桓宽《盐铁论·刺复》：“富者买爵贩官，免刑除罪，公用弥多而为者徇私。”《中华人民共和国刑法》中有徇私枉法罪：“司法工作人员徇私枉法、徇情枉法，对明知是无罪的人而使他受追诉、对明知是有罪的人而故意包庇不使他受追诉，或者在刑事审判活动中故意违背事实和法律作枉法裁判的，处五年以下有期徒刑或者拘役。”

循，音xún，本义为顺着走，引申有沿袭、遵从、依照、遵守等义，如循法、循规蹈矩。“徇”和“循”都有依从的意思，但是“循”搭配的多是应该依从的对象，如制度、规矩、习俗、法律等；而“徇”搭配的多是不应该依从的对象，如私情、私利等，带有明显贬义。古籍中有“循”“徇”相通的用法，但现汉中“循”“徇”有比较明确的区分，“徇私”不可写作“循私”。

何来关龙逢？无关伍子胥！

◎偶　见

2018 年 12 月 25 日《解放日报》刊发了中国社会科学院历史研究所杨博博士所撰《孔子为何最为赞赏颜回》，以白话文再现了孔子及其弟子“厄于陈蔡”时的故事场景。其中有一段孔子解答子路“积德行义，为何还会陷入如此境地”之疑惑的话语：“你以为仁义之人必然会受人信任，如此则伯夷、叔齐就不会饿死在首阳山；你以为睿智之人必定受用，如此则王子比干就不会遭受剖心；你以为忠诚之士必定会得到回报，如此则关龙逢就不会遭到刑杀；你以为进谏之人必定会被听从，如此则伍子胥就不会被杀害……”此段文字值得一议。

孔子（前 551—前 479），名丘，字仲尼，中国古代思想家、教育家，儒家学派创始人。鲁定公十四年（前 496），他带领一班弟子周游列国，推销其仁义主张。“厄于陈蔡”讲的是孔子与弟子周游列国时，在陈国和蔡国之间被困面临断粮危机时的故事。关于这个故事，从战国的《庄子》到被认为是三国时期伪托的《孔子家语》，传有多个不同的版本，其出场人物、故事情节、对话内容皆有较大出入。杨博士所述内容似乎本自《史记·孔子世家》，孔子原话是：“有是乎！由，譬使仁者而必信，安有伯夷、叔齐？使知者而必行，安有王子比干？”其中并无关龙逢、伍子胥的事迹。

关龙逢，在有些典籍中也作“关龙逄（páng）”，是发、桀两代夏王的相，中国历史上第一位名相，因为进谏忠言而被桀所杀。

伍子胥是春秋末期吴国大

人大机构细说明

◎郭光辉

2021 年 9 月 14 日《解放日报》第一版所刊《打通“变废为宝”链，促进减量化资源化》一文第三段，提到了“市人大常委会城建环保委”。这里的“常委会”三字不妥，应该删去。因为城建环保委是市人大的机构，不是市人大常委会的机构。

人大常委会是人民代表大会的常设机关，在人民代表大会闭会期间，行使宪法和法律赋予的职权。人大常委会的组成人员，是由人民代表大会从其代表中选出的，可以说他们是人民代表大会的常务代表。人大常委会对代表大会负责并报告工作，受它监督。在每年的人民代表大会会议上，常委会必须向大会报告一年来的工作，在换届的代表大会上，要报告五年来的工作，请代表们审议并表决，并由大会做出决议。人民代表大会的决议通过后，常委会必须贯彻执行。人民代表大会有权改变

夫、军事家。吴越争霸中，夫差继位后打败了越国，越王勾践投降，伍子胥认为应一举消灭越国，但是夫差为伯嚭所谗，拒采其“联齐灭越”主张。后又被诬陷有谋反之心，夫差赠剑令其自尽。

而且，孔子“厄于陈蔡”的时间是鲁哀公六年（前 489），伍子胥自刎的时间是公元前 484 年，即鲁哀公十一年，这一年，孔子结束了历时十四年、“累累若丧家之犬”的周游列国回到鲁国，其“厄于陈蔡”之险已过去了五年。可见孔子“厄于陈蔡”时，是不可能说出“伍子胥被杀害”的内容的。

或者撤销人大常委会不适当的决定，有权依照法定程序罢免人大常委会组成人员。

专门委员会是人民代表大会的专门委员会，属于人民代表大会的工作机构，由人民代表大会产生，受人民代表大会领导，对人民代表大会负责。在人民代表大会闭会期间，专门委员会受人大常委会领导。目前，全国人大设有民族委员会、宪法和法律委员会、监察和司法委员会、财政经济委员会等11个专门委员会。地方省级人大，以上海市人大为例，设有法制委员会、内务司法委员会、财政经济委员会等8个专门委员会。上引文提到的“城建环保委”，全称“城市建设环境保护委员会”，就是其中之一。

工作委员会是人大常委会根据需要设立的工作机构。目前，全国人大常委会设有法制工作委员会、预算工作委员会、香港特别行政区基本法委员会、澳门特别行政区基本法委员会。大多数省级人大常委会设有法制工作委员会、预算工作委员会、代表工作委员会。

从产生方式上来讲，人大专门委员会的组成人员由人民代表大会的主席团提名，人民代表大会全体会议表决通过。而工作委员会的组成人员由人大常委会委员长（主任）会议提名，人大常委会会议表决通过。从人员组成上来讲，专门委员会采用委员会制，由主任委员、副主任委员和委员组成。而工作委员会则是由主任、副主任和委员组成。从工作方法上来讲，专门委员会是集体行使职权，实行少数服从多数的原则；而工作委员会是工作机构，实行首长负责制。专门委员会成员必须是人大代表，而工作委员会成员不要求是人大代表。

所以“专门委员会”和“工作委员会”是两类不同的机构。“专门委员会”是人大的机构，前面不能加“常委会”；“工作委员会”是人大常委会的机构，前面必须加“常委会”。要注意它们的区别，准确使用。

从“乌鸦”到“高雅”

◎石毓智

现在人们一般不会想到，“高雅”的“雅”原来就是指乌鸦，而且在历史上两者之间存在着词义发展关系。表面上看来，“雅”与“鸦”这两个字写法不一样，意思也大相径庭。凡是跟“乌鸦”有关的词语，大都是负面的意思，比如“天下乌鸦一般黑”“闭上你的乌鸦嘴”等。然而，凡是带“雅”的词语都是褒义，诸如“雅致”“高雅”“雅量”“风雅”等。迄今为止，所有的词典也都没有说明这两个字之间存在什么关系，都认为是因为两者偶然语音相近而采用相同的字形，就是所谓的“假借”关系。本文将揭开两者之间的历史文化联系，从中也可以领悟到中华文化传统的一个有趣的方面。

根据《说文解字》，“雅”是“鸦”的本字，后来的工具书都采用这一说法。偏旁为“隹”的字大都是与鸟类有关，诸如“雕”“鹰”“雁”等，它们跟以“鸟”为偏旁的字属于同一义类。现代汉语里两者的声韵母相同，可是声调不同，“雅”读上声，而“鸦”则是阴平。这也是汉语词汇演化中的普遍现象，同一来源的词，由于词义发生了分化，在读音上也有所区别，最典型的就是“好”，表示静态的属性（即用作形容词）读上声，然而表示心理行为（即用作动词）则读去声。

中国古代有这么一种文化传统，用某种鸟的叫声来形容一个地方人的说话特点，有时甚至再用这个比喻来指代这个地方的族群。语言的本质是语音，而人的说话声音与鸟叫的声音发生联系是很自然的事。下面先看两个经典的案例。

今也南蛮鴃舌之人，非先王之道，子倍子之师而学之，亦异于曾子矣。(《孟子·滕文公上》)

蚕丛及鱼凫，开国何茫然！(李白《蜀道难》)

“鴃”就是伯劳鸟。孟子用伯劳鸟的叫声来形容南方人说话的特点，接着来描写南方人的行为特点。李白诗中的“鱼凫”是一种水鸟，这里是用来指代古时候生活在四川一带的一个少数民族。这也是基于同样一种文化思维传统，先用鸟声来形容一个地方人的说话特点，进而指代他们的语言，再进一步发展就是引申来指代这个族群。这里边还有人类学的一个共性，即用一种语言来定义一个民族，这方面典型的例证就是在英文中表示语言类别和民族名称的往往是同一个词，比如English、French、German、Chinese、Japanese等都是有两个意思，既指一个民族，又指该民族所说的语言。

了解到上述中华文化的传统，我们做一个大胆的假设，中原地区的先民是用最爱叫的鸟类“乌鸦”的声音来区别音乐的类别，又进一步用来描写自己所说的语言，结果就用“鸦”的本字“雅”来表示。乌鸦是最常见的一种鸟类，生活在中国各个地区，它们有个特点，就是一群乌鸦在一起，就会叫个没完。这一点很像人类的语言交际，只要有人群的地方，通常都会有语言交际。明白了这种相似性，就不难理解中原地区的人们用乌鸦的声音来描写自己的语音特点，而用叫声各有特色的其他鸟类来描摹其他地方的人的说话特点，结果就有用伯劳鸟形容南方人的语言特点，用水鸟描写西南族群的说话特点，继而命名这个地区的族群。

上述这些推断可以从“雅”的词义演化过程证明。“雅”字的最早用法都是限于声音，不描写视觉概念或者抽象的概念，因为这是受乌鸦这种飞禽声音来源的制约。《诗经》里的"雅"用于诗歌分类,有《大雅》和《小雅》之分。既然知道了"雅"跟声音有关,那么可以推知这里的"大雅"和"小雅"就是一种音乐分类:"大雅"指的是声音洪亮的音乐,相当于现在的交响乐或者打击乐;"小雅"则是指轻音乐,诸如琴瑟之类演奏的音乐。这可以从它们的诗歌内容上推知,下面是《诗经》里这两个部分的第一首诗篇:

文王在上,于昭于天,周虽旧邦,其命维新。(《诗经·大雅·文王》)

呦呦鹿鸣,食野之苹。我有嘉宾,鼓瑟吹笙。(《诗经·小雅·鹿鸣》)

《文王》诗篇内容庄重,宜用现在《黄河大合唱》那样的音乐;《鹿鸣》诗篇是描写田园风光,宴请嘉宾,宜用《茉莉花》那样的曲调。

根据现有文献记录,用"雅"来描写中原地区的人们所说的话,始于《论语》。

子所雅言,《诗》《书》,执礼,皆雅言也。(《论语·述而》)

杨伯峻《论语译注》把上面的"雅言"翻译成"普通话",其实就是中原这个地方的人所说的方言。后来干脆就用"雅"字来替代标准语或者官方语言,比如先秦时的训诂词典《尔雅》和魏晋时期编纂的《广雅》都是指中原一带方言的词汇系统。

"雅"先指音乐,后又引申为指语言,公元前三世纪的用法都是指有声现象。尔后的词义自然引申,就是由指代语言发展为描写这个地方的人的各个方面的特点。因为中原地带是中华民族文明的核心,代表着各个时期文化科技的最高水平,那么这个"雅"字就扩展到与中原人有关的各个方面的特点。下面分别举例说明。

(一)合乎规范,正确,例如:"法二后王谓之不雅。"(《荀子·儒效》)

(二)高尚,不俗,例如:"履仁秉义,雅志淳固。"(《三国志·魏书》)

(三)高尚的情怀,例如:

“既未悉雅怀，聊申往意。”（《梁书·袁昂传》）

（四）高尚的气度，例如：“有俗材而无雅度者，学知吏事，乱于文吏。”（《论衡·程材》）

（五）庄重的仪容，例如：“魏王雅望非常。”（《世说新语·容止》）

总结以上分析，中国的先民有这样一种传统，用鸟的叫声来描写一方人的说话特点，再进而指这个地方的人，最后扩展到该地区的人们的一切行为。中原地区的人们先用“乌鸦”的声音来描写音乐，进而描写这个地方的人所使用的语言。因为中原地区一直是文明最发达的地方，那么与“雅”字有关的都带上了褒义，指示正确的、规范的、优美的、大度的、文明的等。

有人也许会有疑问，我们的先人怎么会用不那么审美的鸟类“雅（乌鸦）”来形容描写自己的语言。其实，审美观会随时代的变化而变化，也会因地域的不同而不同。《广雅》里有这么一段话：“古有鸦经占吉凶，南人喜鹊恶鸦，北人反之，师旷以白项者为不祥。”可见在历史上某个时期，南北方人关于喜鹊和乌鸦的审美观正好相反。最重要的是，“雅”的词义引申最初是声音方面的，那么与勤叫善叫的乌鸦联系起来就容易理解了。

如此一来，大家就不难明白“乌鸦”与“高雅”之间存在着词义上的内在联系，这种引申关系，只有从民族文化思维的角度去理解才能明白。

微语录·心理

很想见到一个人，但一直没有机会见；当机会真正到来时，却又不想见了。很想做一件事情，但一直没机会做；但当机会真正来临时，却又不想做了。很想说出心里的一句话，但一直没机会说；但当真正有机会说时，却又不想说了。

（乔　桥/辑）

检测窗

编校差错扫描(四十)

◎王　敏

“勾”上了一个“对钩”

【错例】勾形符号“√”如今一般用来表示正确或合格。

【简析】“勾形符号”应为“钩形符号”。“勾”本作“句”(gōu),甲骨文为,金文为,小篆为,是形声字。《说文解字》认为“句”“从口丩(jiū,古同纠)声”,但《字源》认为:“当是从丩口声。”因为“句”本义指弯曲,《说文解字》:“句,曲(qū)也。”而象形字“丩”甲骨文作,小篆作,本象二物屈曲纠缭之形,可作“句”之形符。而且“句”“口”均在见钮、侯部,“句”以“口”为声旁,远比“丩”(在宵部)贴切。后来,“章句”之“句”别读“九遇切”,今读jù。在晋代碑刻中,“句”中“口”写成了“△”,后分化出“勾”,“勾”和“句”就成了音形义都不同的两个字。“勾”从弯曲引申指用笔画出钩形符号,表示删除或截取,如“一笔勾销”“把重点词勾出来”。再引申指描画出形象的轮廓,如“勾画”“勾勒”。由截取,“勾”还引申指招引、引出,如“勾起兴致”。弯曲的物件聚合起来容易纠缠不清,“勾”因此常带不正直的属性,如“勾结”“勾通”。“钩”本字为“鉤”,是会意兼形声字,本义指形状弯曲的金属钩子。《说文解字》:“鉤,曲也。从金从句(gōu),句亦声。”金属钩为常用工具,头部弯曲,前端多尖锐,有探取、悬挂、连接之用,

如“钓钩”“挂钩”等。钩子可挂住物件，“钩”引申指探取，如“钩取(落物)”，再引申指探索，如“钩沉(史料)”。“钩”也泛指像钩子的东西，如“锄钩”(即锄头，农具)、“吴钩”(一种弯形刀，兵器)等。“钩”是“勾”的加旁分化字，如今“勾”与“钩”的区别有三方面：一、从名词义看，指钩子或钩形物用“钩”不用“勾”，如“吊钩”“秤钩”，又如汉字笔画横、竖等末端的钩形折笔“横钩”(乛)、“竖钩”(亅)、“横折钩”(𠃌)等，而“勾股定理”用“勾”不用“钩”；二、从动词义看，“钩”须用钩子，具体动作如“钩高枝”，抽象比喻如“钩玄提要”，“勾”多用笔，如“勾点”“勾押”，又如“勾描”“勾边”，另有泛指弯曲的，如“勾腰”“勾手”；三、从褒贬义看，表示贬义用“勾”不用“钩”，如“勾引”，另如“勾搭”“钩搭”两种写法原本都用，但因贬义的感情色彩，如今用“勾搭”，类似的还有“勾心斗角”。“√”形状似钩，显然是“钩形”而不是“勾形”。常有人问：打上一个“√”，是“打钩”还是“打勾”？不妨记住“‘勾’上了一个‘对钩’”，指画“√”的动作应用动词“勾”，指“√”的名称应用名词“钩”。弄清了“勾”“钩”的分工，“打钩”问题迎刃而解。

关心重视需“计”较

【错例】人们常说：“一日之际在于晨。”

【简析】“一日之际在于晨”应为“一日之计在于晨”。“计”是会意字，从言从十，本义指合起来计算。《说文解字》：“计，会也，筭(suàn)也。”段玉裁注：“会，合也。筭，当作算，数(shǔ)也。”引申泛指计算，如“估计”“不计其数”。再引申指考虑、关心，如“计功谋利”“不计报酬”。又引申指谋划、打算，如“设计”“从长计议”。用作名词，指谋划的产物，即计划、计策、计谋，如"锦囊妙计""百年大计"。另外，"计"还可指测量或核算度数、时间、温度等的仪器，如"晴雨计""湿度计"。"际"繁体字为"際"，是形声字，从阜祭声，本义指两堵墙壁相交之处的缝。《说文解字》："際，壁会也。"段玉裁注："两墙相合之缝也。"引申指交界或靠边的地方，如"天际""边际"。由两墙之交引申指中间、里边，如"脑际""胸际"。再引申指彼此之间，如"人际""国际""星际"。又指"正当……的时候"，如"临别之际""危难之际"。用作动词，"际"由两墙相合引申指适逢、恰遇，如"际会""际遇""遭际"，又特指人与人之间的往来，如"交际"。"一日之计在于晨"大意是说早上的时光特别宝贵，要充分利用，不得浪费，因此要仔细考虑，做好计划、安排。这个古谚中的"计"与边界、时候、交往都无关系，"一日之际在于晨"语义不通，根本是错误的。

浮水称"氽"(tǔn)沉水"汆"(cuān)

【错例】油汆花生米味道香美，是大众喜爱的小吃。

【简析】"油汆花生米"应为"油氽花生米"。"氽""汆"都是会意字，字形极相似，区别在上部。"氽"从人从水，以人在水上会意，本义指在水上漂浮。《字汇》："氽，水推物也。"如明无名氏《白兔记·访友》："浅水滩头，氽下一个坐婆来，这不是刘老娘！"引申指用油炸。如"氽猪肉皮"。"汆"从入从水，以入水会意，本义指一种烹调方法，即把食物放入沸水中稍煮一下，如"汆丸子""鲫鱼汆汤"。引申指人钻入水中，如"将身子汆进水里"。"汆子"可指猛子，即游泳时头朝下钻到水里。"油氽花生米"即油炸花生米，花生米炸熟后会浮在沸油表面，就像人浮于水面，抓住这个特征，就不会写成"油汆花生米"了。

网言网语

谁道人生无再少，吾辈皆言“爷青回”

◎高安奕

近年来，“弹幕”成为了许多热门网络流行语的新出处。2020年12月1日，弹幕视频网站哔哩哔哩宣布“爷青回”被评为2020年年度弹幕，成为该网站年度使用频率最高的弹幕用语，标志着一股网络怀旧风潮的形成。这位神秘的“爷”是谁？“青回”又是怎么回事？还请听我细细道来。

其实，“爷青回”是“爷的青春回来了”的缩略形式，本是“爷青结”（即“爷的青春结束了”）的衍生词，但热度却远超于它。在使用中，“爷青结”一般用于表达自己喜爱的东西消失的幻灭感，相反地，“爷青回”传递出的就是时隔多年再次看到记忆中某事物的激动心情。

“爷青回”与“爷青结”虽是近年来新兴的流行词语，但缩略语这种形式早已渗透进人们的语言生活：“五古”“七律”“孔孟”等古代汉语缩略词沿用至今，现代化的“政协”“人大”“欧盟”等缩略语在中国已成为家喻户晓的通用语。今天，缩略语更是通过互联网如春笋般涌入人们的视野。前些年“喜大普奔”“累觉不爱”等四字格缩略语风靡一时，近期“xswl（笑死我了）”“y1s1（有一说一）”等首字母缩略语又成为了网语热门。而这也不仅仅是在汉语中出现的特殊现象，在其他语言里也有类似的情况，如英语使用者在网络上常用的“lol（laugh out loud）”“btw（by the way）”等。可见缩略语是一种语言的共通现象，其特点是言简义丰，可谓“麻雀虽小，五脏俱全”。

再说回“爷青回”，这是一

你是『可爱本爱』吗

◎茅嘉琪

“可爱本爱”本是饭圈用语（“饭圈”指粉丝群体），后来网友从中提炼出“××本×”的结构，并且开始在日常聊天中广泛使用。

“本”在《现代汉语词典》中有一个解释是“指示代词，指自己方面的”，可以在后面加上“人”“身”等，指当事人自己。作为“××本×”这个结构中的固定元素，“本”可以被用来当作反身代词，来指代“本”字前面的词语。但是不同于“本”后接名词的一般用法，“××本×”结构中“本”后面的部分重复了“本”前面部分的一个语素，前后两项共用一个成分，具有互相说明的复制关系。

个蕴含着极大能量的词语：当我们以“爷”自称时，会自然而然地自信起来，所以“爷青回”三个字充分显示出人们对于一代人回忆与经历的强烈自我认同感，通过将某些事物打上“青春”的烙印，大胆表露着对某一事物以及其所属时代的归属感。由此，具有相同情感的人们构成了一个个回忆“共同体”，形成了一股大众风潮。原本隐晦而难以表达的情感，一句“爷青回”就能让大家都心领神会，感同身受。不管经历、阅历如何不同，“爷青回”或许是描述我们在那一刹那感受的最贴切的符号，是一种超越了时间的情感表达，内蕴非常丰富。

“爷青回”比“爷青结”更流行的现状，也反映出当今时代大众怀抱希望、乐观积极的心理状态，人们通过互联网这种新兴媒介抒发着对于时间的渴望和留恋，表达着对青春的赞美与向往。九百多年前，苏轼发出了“谁道人生无再少？门前流水尚能西”的豪言壮语；如今，“爷青回”散发着同样的魅力，展现出当今时代人们独特的精神意志。

"可爱本爱"中后一个"爱"就是前面"可爱"的意思。此外,这个结构还利用了"本"的另一个义项,即"事物的根本、根源",因此结构中的"×"也是对"××"中最典型的、最本质含义的强调。所以,"可爱本爱"指的就是"可爱人群中最典型的一个"。

"××本×"这个结构从形式上来说可以大致分为三类:AB本A(如"仙女本仙"),AB本B(如"可爱本爱"),ABC本C(如"柠檬精本精")。不难发现,"AB本×"中的"×"可以是"A"也可以是"B",选择"A""B"中的哪一个作为"×"并不是随机的,这取决于"AB"的语义表达重心在哪一个语素上。从数量上来说,"AB本B"式最多,这可能是因为汉语使用者在说一个词语的时候,会更多地将语义重心放在词的后半部分,而5个字的"ABC本C"远没有4字的"AB本B"读来顺口。

从目前的使用情况来看,"××本×"结构中的"××"主要有名词和形容词两类:"××"是名词的情况相对来说更为常见,一般是强调对象的身份或者该身份拥有的特质。如"拿走这份雅思口语攻略,你就是学霸本霸",强调在学习这件事上你比其他人更突出更优秀,比其他人更能代表"学霸"这个群体。又如"仙女本仙! 林志玲穿深蓝礼服,长发披肩显可爱",强调穿深蓝礼服、长发披肩的林志玲比其他人都更像是一个"仙女"。

"××"是形容词的情况和它是名词的情况略有不同。"土拨鼠就是可爱本爱,呆萌本萌",这个句子里的"××本×"结构表示对象土拨鼠特别可爱、呆萌,此时整个结构的意义变成了"非常××"或者"××极了",表示的是某人或物在性状程度上的加深,且比其他人或物在该性状程度上更深。

"××本×"强化了"××"和"×"的组合,起到了语义增强的效果。"××本×"的用法给了人们新鲜感、陌生感,这也是它能在网络上长期流行的原因之一。

说文解字

“宀”的大千世界(下)

◎刘志基

1. 安宁之所

地面居舍建筑的出现,直接导致“百姓安之”的生存状况,也大大丰富了人们的文化观念。这些,都呈现于“宀”的构字中。“安”字甲骨文写作:

写作“从女在宀下”,而女形之中或旁边又多出一笔,之所以多出这一笔,大概是因为甲骨文中还有一个“从女在宀下”的字:。但此字并非“安”却是“宾”字,为了与这个相区别,“安”字才在“女”旁边加上一笔以示区别。卜辞曰:“癸酉卜,爭,貞王腹不(安),亡征。”(合集 5373)这是卜问:殷王腹部不安适,病情会不会延续。其中的用的就是“安”本义。而其造字意图,则描摹一女子居于“宀”中,女子体弱力单,容易为外界自然力所伤害,而居于“宀”中,则得平安无恙。显然,“安”的造字意图充分展示了“宀”式建筑给予人们的庇护和恩惠。

“安”“定”常可同义连缀,而“定”的造字意图又与“安”字相类,《说文》:“定,安也。从宀从正。”释义准确,析形有误。“定”字在古文字中又可从宀从丁写作(侯马盟书),古文字“正”本从“丁”得声,由此可证“定”中的“正”也是表音的偏旁。战国文字“定”还可以在从宀从正形体上再标注表音字符“丁”,写作(古玺汇编 3061),这表明当时以“正”表“定”字之音或已不太准确,故再加注“丁”这一声旁。这

都表明：“定”字的“安也”本义只是由“宀”来表示的。甲骨文“定”写作，用作地名，本义未显。而春秋时代的蔡侯镈之“定”（原形作）则确切已用“安也”之义：“天命是遷，定均庶邦。”“遷”读“将”，表示“遵奉”，“定均”之义则为“安定调和”。与“定”类似仅以“宀”表“安”义的字还有“宴”“宓”等，可见在造字者的心目中，“宀”（地面的民居建筑）已成为他们安居保障的象征。

2. 富足依凭

安居的具体内涵，离不开富足与好运，而这类意义，也是“宀”在构字中所具有的。

“富”，《说文》曰：“备也。一曰厚也。从宀，畐声。”“备也”“厚也”都是丰富之义，而表达这种意义的只是“宀”，中山王嚳鼎：“母（毋）而喬（骄），母（毋）眾（众）而囂。”其中即“富”字，从宀，畐声。“毋富而骄”，就是富了不要骄横。

“实”，《说文》曰：“富也。从宀，从贯，贯，货贝也。”《说文》析“实”字之形，与其初形不合，西周金文散盘“实”字作，从“宀”“周”“贝”。“周”，是“琱”的本字，象琱玉之形，贝则古以为币，它们与“宀”一同，会富足之意。对于《说文》“实”的析形，有人认为是财货充实于室内的意思，如《说文义证》引《六书故》“贯盈于内，实之义也”。然而，《说文》的释义明明是“富也”，即今日“殷实”，《国语·越语下》“府仓实，民众殷”，可证“实”中之“宀”犹“富”之“宀”，富足之义无可置疑。

3. 珍宝之最

地面居舍既然具有如此价值，则不免受人格外珍视。于是“宀”作为表义偏旁，又有“珍宝”意义。“宝”字初形颇多异体，甲骨文写作：

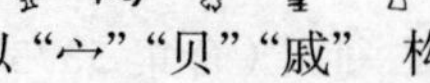

以“宀”“贝”“戚”构成，“贝”和“戚（珍贵玉器）”都是当时珍宝，它们的珍贵性，自然并不因其放置于居舍之内还是

之外而受影响，因此，“宀”也同样是用来表达“珍宝”之义的。甲骨文“宝”用作人名，但是殷商金文“宝”字却尽用“珍宝”之本义：

（賁尊）（乃孫作祖己鼎）

賁乍（作）父癸寶障（尊）彝。（賁尊）

乃孫乍（作）且（祖）己宗寶。（乃孫作祖己鼎）

“寶尊彝”，就是珍贵的祭祀器物；“宗宝”即置于宗庙中的祭祀宝器。而其“宝”字构形，除了表义的“宀”“贝”“玉”外，还增加了表音的“缶”，一直传承至后世通用繁体字。《说文》：“寶，珍也，从宀，从王，从贝，缶声。”《说文段注》对《说文》析形的解读是：“玉与贝在屋下。”仔细斟酌，玉与贝这种珍宝，并不只是在屋下才成为宝贝的，因此《说文》“从宀，从玉，从贝”之说，是以最具珍宝属性的三物来表达“宝”字本义。

4. 福祸所依

“福”字构形，西周春秋金文有从“宀”之形体，或从“宀”“福”声，或从“宀”“祐”声：

（王伯姜鼎）（邾大宰钟）（黄子壶）

“王伯姜鼎”铭文为：“王白（伯）姜乍（作）季瞰（姬）（福）女障（尊）鼎。”为人名。邾大宰钟：“用□釁（眉）壽（壽）多富（福），萬年無彊（疆）。”此“富”之义确为祸福之“福”。黄子壶：“黄子乍（作）黄父（夫）人行器，鼎（则）永祜寤（福）。”此“寤”之义亦祸福之“福”。

无独有偶，与“福”同义之“祜”，亦多从“宀”之形：

（黄君孟鼎）（黄子盉）

而其辞例，皆为“则永祜福”。祜福之字，本以关涉神灵的“示”为表义偏旁，而以“宀”替换“示”来表义，无疑呈现了造字思维中“宀”与“福佑”的联系。基于这种联系，我们更容易理解“宀”与灾祸的联系。甲骨文“灾”有多种形体，其中

一款,即为从“宀”:

“□□[卜],□,貞不隹(唯)膀(孽)。”(合集7996)从火、宀会意,即灾害之“灾”。“不唯孽”,谓不会有凶咎吧?

5. 守护对象

“守”字古文字从“宀”从“又”(“又”或加饰笔)写作:

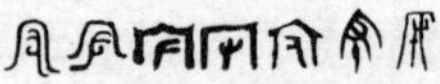

“又”为人手,乃所以守者,而“宀”则为被守的对象。这又表明,在造字者的眼里,居所建筑才是最应加以守卫的。殷商西周金文之“守”多作族名或人名,其得名是否与“守护”有关已难稽考。而春秋时“侯马盟书”之“不守二宫”,战国“守丘”刻石之“守丘”(即“守墓”),“守护”之义则无可置疑。

与“守”形成对照的,则是“寇”字。甲骨文作:

象盗寇手持干梃入于“宀”内抨击行凶,其中小点,或象室中什物遭击打而狼藉形。卜辞曰:“气至六日戊戌允出[来嬉],有(寇)才曼。”(《合集》583反)这条卜辞是说:六日以后的戊戌日果然发生的外来灾祸,贼寇出现在曼地。西周及以后的金文“寇”字除了用其本义外,多用为官名“司寇”之“寇”,而此“寇”之义也即贼寇。字形方面,“宀”下的人由贼寇变成了受害者,写作:

或从人从攴,或从人从戈在“宀”下,象人以暴力强入“宀”内,见强取之意。可见寇之祸患最集中的表现就是将人从“宀”中驱赶出去进而将他人之“宀”据为己有。

6. 生存空间

从“宀”之字又多有“无所不包”类意义:

(察)(完)(审)

“察”,《说文》:“覆也。从宀、祭。”《说文解字系传》改为:“从宀祭声。”非常正确。“覆也”是覆盖,即无所不包,而表达其义的字符则是“宀”,由此来表达其“明察洞悉”之义。

《睡虎地秦简－秦律123》:“自二日以上为不(察)”。有人这样解释《说文》的训释:“覆之义引申为自上审下,察义亦然。”(郑知同《说文商议》)然而,“自上审下”之说不可信,因其无法解释其他从“宀”之字。

“完”,《说文》:“全也。从宀元声。”“完全”之义,仅用一个“宀”来表达,其实与“察”的以“宀”表示“覆也”没啥不同。又有“审”字,《说文》:“宷,悉也,知宷谛也。从宀、釆。,篆文宷,从番。”《说文解字系传》说得更加明白:“宀,覆也;釆,别也。能包覆而深别之。”这也就是说,“从宀、釆”的意思就是把一切(宀)都辨别(釆)清楚了。

“宀”之所以有无所不包的意义,或许与古人把自然天地定义为一所大房子有关。《淮南子·览冥训》:“往古之时,四极废,九州裂,天不兼覆,地不周载……女娲炼五色石以补苍天,断鳌足以立四极。”所谓“极”,就是房屋的梁柱。可见,古代神话中所描绘的人类远古惨祸,不过是自然界这所大房子的轰然倒毁而已。因而世间一切,也都成了“宀”中之物。

值得注意的是,“审”的甲骨文金文字形与小篆有别:

(甲骨文)(金文)

卜辞曰:“壬辰……(宷)焚……取。”(《合集》10678)因辞例残缺,“审”字之义待考。而西周五祀卫鼎铭“余贾田五田”之,当释为审,较之,只是在其构形上加“口”,这种情况是古文字演变通例,故两字确为一字。从甲骨文宷字构形来看,此字实象“宀”中存米形。对此构形意图,或有如此解说:室中存米数量有限,主人应是清楚的。如果此说准确,则当时“审”中的“宀”还是用其质朴的本义。以后人们思维演进,“宀”被演绎出“生存空间”意蕴,故又将“米”改换为“釆”,升级了“审”的构字理据。联系“察”“完”诸字都相对后起来看,这恐怕是符合历史事实的。

向你挑战

人生的背篓

（文中有十处差错，你能找出来吗？答案在本期找）

◎梁北夕　设计

有个年轻人，感觉生活的压力太大，整天哀声叹气。于是，他向一位哲人请教：如何才能从重压中解脱。

听了年轻人的报怨，哲人递给他一个背篓，然后指着门前上山的小路说："你背着这个篓子上山，每走十步就捡一块石子放在篓子里，我在山顶等你。"说完，哲人快步上山了。一头雾水的年轻人在后面尊嘱而行。

年轻人整整花了半天时间，才背着一篓石子汗流加背地爬到了山顶。没等他歇一会儿，哲人便让他说说这一路上有什么感受？

"越来越沉，感觉无法承受。"年轻人气喘嘘嘘地回答。

"这就是你的生活越来越沉重的原因。"哲学家慢条丝理地说道。年轻人不明究里，一脸茫然。

哲人接着说："每个人来到这个世界上，都背着一个空篓，每走一段人生路，都捡一些东西放进去，这可能是让你觉得越走越累的原因。"

"有什么办法可以减重吗？"年轻人问。

"有啊！"哲人说，"不过这个问题要你自已来回答，事业、爱情、父母、朋友等等，你愿意丢掉哪个呢？"年轻人张口接舌，半响说不出一句话。

"其实，我们篓子装的不是负担，而是责任，是我们放进去再也不想拿出来的东西，它们曾并将继续给我们带来快乐和幸福。你觉得累，是因为你把背篓里的东西，当成石头，当成负担了。"

年轻人若有所悟，告别哲人，轻快地离去。

看图说话

“漫步”和“慢步”

胡礼湘

这是一块位于某学校走道里的标牌，意思都明白，是要人做到遵德守礼，保持校园良好秩序。但是这里的“漫步”值得商榷，用“慢步”才准确。

“漫”从水，本义为水势盛大、无边无际的样子。引申有辽远、充满、遍及、多等义，如漫长、漫天、漫山遍野等等。进一步引申可指散漫、随便，如“漫步”即没有目的、悠闲地走动。杨沫《青春之歌》：“因为时间还早，他们就在车站外面的一片空地上并肩漫步着。”

“慢”从心，本义是懈怠。引申有轻视、轻忽、对人无礼等义，如怠慢等。也指慢走、慢行，以及迟缓、缓慢等。“慢步”义为脚步缓慢。巴金《春》：“众人慢步地在前面走。”

“漫步”和“慢步”，有一定的相似性，在一些语境中也可以相互替代使用。但是“漫步”强调随性、没有目的性，“慢步”强调行走速度不快。稍稍琢磨不难发现，上述标牌是想让大家在走廊里放慢脚步，不要奔跑疾走，以免发生不必要的冲撞，因而用“慢步”更妥当。

火眼金睛

图中差错知多少？

胡峥嵘　张　勇　提供
杨昌俊　阎德喜

（答案在本期找）

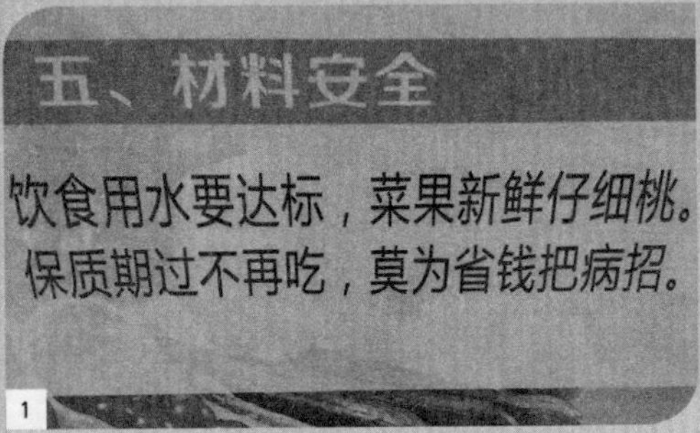

1

2

3

4

邮政　微店　微信公众号　电子版

ISSN 1009-2390
12
9 771009 239210

2021年荣誉校对名录

田玉道	吴孝成	陈关春	侯新民	张骏鹏
姜登榜	叶才林	霍民起	孙延宜	厉国轩
阎德喜	李学东	谢海华	蔡美权	李景祥
孙凯歌	李映霞	朱　侃	李晓伟	陈琢如
严佳明	杨利军	董元勇	张　峣	